VERLAG ANTJE
KUNSTMANN

DAS BUCH

Die Geschichte Amerikas wird immer noch so erzählt: Kolumbus »entdeckt« einen fremden Kontinent und kehrt mit Geschichten über ungeahnte Reichtümer in die »alte Welt« zurück. Die europäischen Imperien stürzen sich auf den Kontinent und versuchen, so viel wie möglich von dieser erstaunlichen »Neuen Welt« zu erobern. Obwohl sich die indigenen Völker wehren, können sie den Ansturm nicht aufhalten.
Mit »Der indigene Kontinent« legt Pekka Hämäläinen eine weitreichende Gegenerzählung vor, die die grundlegendsten Annahmen über die amerikanische Geschichte erschüttert. Er zeigt eine souveräne Welt indigener Völker, deren Mitglieder keineswegs hilflose Opfer kolonialer Gewalt waren, sondern den Kontinent auch nach der Ankunft der ersten Europäer jahrhundertelang beherrschten. Selbst als die weiße Bevölkerung explodierte und die Landgier der Kolonialisten immer zügelloser wurde, blühten die indigenen Völker dank ihrer ausgefeilten Diplomatie und Führungsstrukturen auf.
Der Beweis für den Widerstand der Ureinwohner wird heute in den Hunderten von indigenen Nationen deutlich, die es in den Vereinigten Staaten und Kanada noch gibt. »Der indigene Kontinent« ist eine Pflichtlektüre und gibt den indigenen Völkern ihren rechtmäßigen Platz im Zentrum der amerikanischen Geschichte zurück.

DER AUTOR

Pekka Hämäläinen, geboren 1967 in Helsinki, ist seit 2012 Rhodes Professor für Amerikanische Geschichte an der Universität Oxford.

PEKKA HÄMÄLÄINEN

DER INDIGENE KONTINENT

Eine andere Geschichte Amerikas

Aus dem Englischen von
Helmut Dierlamm und Werner Roller

Verlag Antje Kunstmann

INHALT

FÜNFTER TEIL

DER BESTÄNDIGE INDIGENE KONTINENT

SECHSTER TEIL

DAS HERZ DES KONTINENTS

SIEBTER TEIL

AMERIKANISCHE REVOLUTIONEN

ACHTER TEIL

DAS ZEITALTER DER REITERIMPERIEN

EINLEITUNG

DER MYTHOS VOM KOLONIALEN AMERIKA

Eine alte, tief verwurzelte Geschichte über Amerika geht ungefähr so: Kolumbus stolpert über einen fremden Kontinent und kehrt mit Erzählungen über unermessliche Reichtümer zurück. Die europäischen Imperien machen sich sofort auf den Weg, sie wollen sich so viel wie möglich von dieser erstaunlichen Neuen Welt unter den Nagel reißen. Obwohl sie dabei aneinandergeraten, lösen sie eine Ära kolonialer Expansion aus, die rund vier Jahrhunderte lang andauert, von der Eroberung der Insel Hispaniola im Jahr 1492 bis zum Massaker von Wounded Knee im Jahr 1890. Zwischen diesen beiden historischen Augenblicken ergreifen die europäischen Imperien und das aufkommende amerikanische Imperium Besitz von Seelen, Sklaven und Territorien, sie enteignen und zerstören Hunderte von indigenen Gesellschaften. Die Indianer wehren sich, können den Angriff aber nicht aufhalten. Es fehlt ihnen zwar nicht an Einfallsreichtum und Widerstandswillen, aber dem rohen Ehrgeiz der Neuankömmlinge, deren überlegener Technik und den eingeschleppten tödlichen Mikroben, die die Körper der Indigenen mit schockierender Mühelosigkeit zerstören, sind sie nicht gewachsen. Die Indianer sind dem Untergang geweiht; die Europäer sind zur Übernahme des Kontinents bestimmt; die Geschichte ist ein linearer Prozess, der unumkehrbar auf die Vernichtung der Indigenen zusteuert.

Der indigene Kontinent erzählt eine andere Geschichte. Dieses Buch zeigt die amerikanische Historie in neuem Licht, indem es die Ansicht infrage stellt, wonach die koloniale Expansion unvermeidlich gewesen sei und der Kolonialismus das Geschehen auf dem Kontinent ebenso bestimmt habe wie die Lebenserfahrungen der Menschen vor Ort. Dieses Buch löst sich von derart veralteten Annahmen und berichtet von einer

Welt, die bis weit ins 19. Jahrhundert hinein in überwältigendem Ausmaß indigen geprägt blieb. Es vertritt den Standpunkt, dass wir nicht von einem »kolonialen Amerika«, sondern von einem *indigenen* Amerika sprechen sollten, das nur langsam und ungleichmäßig kolonialisiert wurde. Verschiedene europäische Kolonialmächte beanspruchten bis zum Jahr 1776 zusammengenommen fast den gesamten Kontinent für sich, aber die indigenen Völker und Mächte kontrollierten ihn. Die Karten in modernen Lehrbüchern, die einen großen Teil des frühen Nordamerika mit hübschen farbigen Markierungen darstellen, verwechseln absonderliche imperiale Ansprüche mit tatsächlichem Besitz. Die hier erzählte Geschichte der überwältigenden und anhaltenden indigenen Macht ist nach wie vor weitgehend unbekannt und ist zugleich der größte blinde Fleck im gemeinsamen Verständnis der amerikanischen Vergangenheit.

Die Realität eines indigenen Kontinents ist weitgehend verborgen geblieben, weil die europäischen Mächte und ganz besonders die Vereinigten Staaten den Staat und seine Bürokratie mit Machtbefugnissen ausgestattet haben, während indigene Nationen ihre Macht über Verwandtschaftsverhältnisse definierten und sicherten. Die europäischen Neuankömmlinge beurteilten die Indianer von Anfang an nach europäischen Maßstäben. Spätere Historiker hielten es genauso und konzentrierten sich auf die staatliche Macht als treibende Kraft des Geschehens in Amerika. Verwandtschaft konnte aber ebenso eine Quelle großer Macht sein, und indigene Nationen verfügten über entwickelte politische Systeme, die eine flexible Diplomatie und Kriegsführung ermöglichten, selbst wenn die Euroamerikaner dies oft nicht erkannten. Indianer blockierten und zerstörten immer wieder koloniale Projekte und zwangen die Kolonialisten jahrhundertelang, die indigene Lebensweise, Souveränität und Dominanz zu akzeptieren. Das können historische Überlieferungen zeigen, dafür muss sich aber die amerikanische Geschichtsschreibung von den historischen Mainstream-Erzählungen lösen, die europäische Ambitionen, Perspektiven und Quellen bevorzugen.

Die traditionelle Mustererzählung ist tief in unserer Kultur und Denkweise verankert. Man muss sich dabei nur vergegenwärtigen, wie Red Clouds Krieg und Custers »Last Stand« üblicherweise verstanden werden. Die Lakota-Indianer und ihre Cheyenne- und Arapaho-Verbündeten besiegten die Vereinigten Staaten zwischen 1866 und 1876 in zwei Kriegen –

zunächst entlang des Bozeman Trails in einem Konflikt, der unter der Bezeichnung Red Clouds Krieg bekannt geworden ist, und in der Schlacht am Little Bighorn, in der sie George Armstrong Custers 7. US-Kavallerieregiment vernichteten. Beide Niederlagen werden in der herkömmlichen amerikanischen Geschichtsschreibung als Abweichungen oder – je nach Sichtweise – (un)glückliche Zufälle gesehen. Schließlich hatten sich die Vereinigten Staaten bis zu diesem Zeitraum bereits zu einer den gesamten Kontinent umfassenden militärisch-industriellen Macht entwickelt, die sich anschickte, die Expansion über die Westküste hinaus fortzusetzen. Die Lakota hatten die Vereinigten Staaten in einem geschichtsträchtigen Augenblick gedemütigt, in dem die Nation drauf und dran war, ihre Frontier-Identität abzulegen und in ein modernes Zeitalter der Wirtschaftsunternehmen, der Bürokratie und der Wissenschaft einzutreten. Die katastrophalen Niederlagen wurden schlechter militärischer Führung und einem schlauen Gegner zugeschrieben, der mit dem Kampfgebiet vertraut war.

Aus der Perspektive der Native Americans wirken Red Clouds Krieg und Custers Last Stand jedoch nicht wie historische Anomalien, sondern wie der logische Höhepunkt einer langen Geschichte indigener Macht in Nordamerika. Es handelte sich eher um erwartbare als um außergewöhnliche Ereignisse. Seit dem Beginn des Kolonialismus in Nordamerika bis zu den letzten militärischen Triumphen der Lakota kämpfte eine große Zahl von indigenen Nationen erbittert um den vollständigen Erhalt ihrer Gebiete und ihrer Kulturen und widersetzte sich den imperialen Absichten Frankreichs, Spaniens, Großbritanniens, der Niederlande und schließlich auch der Vereinigten Staaten. Zu dieser indigenen »Unendlichkeit der Nationen« (»infinity of nations«) zählten die Irokesen, Catawba, Odawa, Osage, Wyandot, Cherokee, Comanchen, Cheyenne, Apachen und viele andere. Jede einzelne Nation war und ist zwar eine charakteristische Gemeinschaft, aber die europäischen Neuankömmlinge trennte eine kulturelle Kluft von allen indigenen Bewohnern des Kontinents, und diese Kluft sorgte für Angst, Verwirrung, Zorn und Gewalt. Diese Spaltung befeuerte einen der längsten Konflikte der Geschichte, gleichzeitig war sie Ausgangspunkt für eine jahrhundertelange Suche nach gegenseitigem Verständnis und einer Beilegung des Streits – für eine Suche, die bis zum heutigen Tag andauert.[1]

Als große Fallstricke beim Blick auf die Native Americans erweisen sich grobe Verallgemeinerungen einerseits und eng gefasste Besonderheit andererseits. Historikerinnen und Historiker neigten lange dazu, die Indianer als menschlichen Monolithen zu betrachten, der einem einzigen – und urzeitlichen – kulturellen Geflecht entstammte, als eine Rasse, die durch ihre tragische Geschichte der Enteignung und ihren heroischen Kampf ums Überleben definiert war. Diese Tradition liegt vielen populären Büchern zugrunde, die die Geschichte des indigenen Amerika als Ideendrama gestalten, das sich oft mehr mit den Vereinigten Staaten beschäftigt als mit den Indianern selbst. In diesen Darstellungen treten Indianer als eindimensionale Klischeegestalten auf, deren Komplexität und Unterschiedlichkeit aus dramaturgischen Gründen glatt gebügelt wurden. Sie werden zu bloßen Requisiten bei der gewalttätigen Transformation der Vereinigten Staaten zu einer Weltmacht herabgestuft: Indigener Widerstand und indigene Leiden steigern die dramatische Wirkung und ermöglichen den Menschen heute einen flüchtigen Blick darauf, wie viel verloren ging und um welchen Preis.

Am anderen Ende des Spektrums befindet sich eine ehrwürdige Tradition von Stammesgeschichten, die sich jeweils auf eine einzige Nation konzentrieren und eine umfassende Darstellung ihrer Traditionen, politischen Strukturen, ihrer materiellen Kultur und historischen Erfahrungen bieten. Diese notwendige und oft hervorragende wissenschaftliche Arbeit hat Hunderte von zuvor in die Obskurität verbannte indigene Gruppen als energische, kreative und widerstandsfähige Akteure der Geschichte zu neuem Leben erweckt und einen im Halbdunkel verharrenden Kontinent mit menschlicher Struktur erfüllt. Der Nachteil dieser Vorgehensweise ist ihre Kleinteiligkeit. Jede Nation tritt uns als einzigartige Gruppe entgegen, die in ihrer jeweils eigenen Mikrowelt fest verankert ist. Wenn man sich vorstellt, dass man diese detaillierte Darstellung fünfhundert Mal wiederholen müsste, erkennt man schnell die Problematik. Eine Untersuchung des indigenen Amerika auf diese Art gleicht der Betrachtung eines pointillistischen Gemäldes aus einer Entfernung von nur wenigen Zentimetern: Sie überwältigt; sie verliert den Zusammenhang; die umfassenderen Strukturen sind nicht zu erkennen.

Durch eine leicht veränderte Perspektive kann jedoch ein neues und schärferes Bild von Nordamerika entstehen. So wählt *Der indigene Kontinent* einen Mittelweg zwischen der allgemeinen und der spezifischen Betrachtungsweise. Das Buch enthüllt ein breites Spektrum indigener amerikanischer Welten, die vom frühen 16. bis zum späten 19. Jahrhundert Aufstieg und Niedergang gleichermaßen erlebten. Indianer und Kolonisten konkurrierten an zahlreichen Stellen um Territorien, Ressourcen, Macht und Vorherrschaft, wobei das Überleben beider Seiten oft auf dem Spiel stand. Jedes Gebiet hatte seine besonderen Merkmale und bot ein Spiegelbild der erstaunlichen physischen Vielfalt des Kontinents: Die Risiken und die Dynamik der Kriegführung, der Diplomatie und der Zugehörigkeit wirkten sich, je nach Schauplatz des Geschehens, entlang der Küsten und Flusstäler, in Waldlandschaften oder im Grasland, unterschiedlich aus.

Dieses Buch ist zuallererst eine Geschichte der indigenen Völker, aber es ist auch eine Geschichte des Kolonialismus. Die Geschichte Nordamerikas, die dabei zum Vorschein kommt, ist die Geschichte eines Ortes und eines Zeitalters, die vor allem von der Kriegführung geprägt ist. Der Kampf um den Kontinent war im Wesentlichen ein vier Jahrhunderte andauernder Krieg, in dem fast jede indigene Nation gegen die vordringenden Kolonialmächte kämpfte – manchmal im Rahmen von Bündnissen und manchmal allein. Über die Indianerkriege in Nordamerika ist zwar schon oft geschrieben worden, doch dieses Buch bietet einen allgemeinen indigenen Blick auf den Konflikt. Der Krieg war für indigene Nationen oft ein letztes Mittel. Sie versuchten in vielen – wenn nicht sogar in den meisten – Fällen, die Europäer in ihre Gemeinschaft aufzunehmen und sie zu nützlichen Mitgliedern ihrer Gesellschaft zu machen. So handelten keine Bittsteller; die Europäer waren die Bittsteller – ihre Leben, Bewegungen und Ambitionen wurden von den indigenen Nationen bestimmt, die die Neuankömmlinge in ihre Siedlungen und verwandtschaftlichen Netzwerke einbezogen, auf der Suche nach Handelsbeziehungen und Verbündeten. Indianische Männer und Frauen waren geschickte Diplomaten, kluge Händler und energische Anführer. Die überheblichen Europäer hielten die Indianer für schwach und unzivilisiert, sahen sich schließlich dennoch gezwungen, erniedrigenden Vereinbarungen zuzustimmen – eine Umkehrung gängiger Annahmen über die Vorherrschaft der Weißen und die Enteignung der Indianer, die bis heute Bestand haben.

Wenn es zum Krieg kam, gewannen meist die Indianer. Ältere, diskreditierende und groteske Vorstellungen von »wilden« Indianern und »edlen Wilden« suggerieren ein gewisses Ausmaß an Brutalität im Kampf, aber für die meisten Gräueltaten waren die Kolonisten verantwortlich. Viele Kolonisten, vor allem die Briten, Spanier und Amerikaner, verübten ethnische Säuberungen, Genozide und andere Verbrechen. Manche von ihnen entschieden sich aber auch für einen gemäßigteren Umgang mit den indigenen Völkern. Es gab Kolonisten, die den Indianern mit völliger Verachtung begegneten und sie ausrotten wollten, aber es gab auch Kolonialregime, die eine Verständigung mit ihnen anstrebten. Es gab viele Arten des Kolonialismus – den Siedler-, den imperialen, den Missionars-, Ausbeuter-, Händler- und den juristisch unterlegten Kolonialismus; sie treten im Verlauf der hier erzählten Geschichte kumulativ auf. Von entscheidender Bedeutung ist dabei, der Entwicklung des Kolonialismus nachzuspüren: Die Tiefe und die Reichweite der indigenen Macht lässt sich nur im Kontrast zur massiven kolonialen Bedrohung aus Europa verstehen. Ich habe versucht, das umfassende »Potenzial« des Kolonialismus bei der Zerstörung von Leben, Nationen und Kulturen aufzuzeigen. Der Übersee-Kolonialismus war ein gewaltiges Unterfangen, bei dem Mut und Einsatz gefragt waren. Die europäischen Eindringlinge waren rücksichtslos, weil sie tief verwurzelte rassistische Ideologien vertraten und weil so viel auf dem Spiel stand. Für die meisten von ihnen gab es kein Zurück.

Eine Geschichte Nordamerikas in einem Band kann nicht allen indigenen Nationen, Regionen und Ereignissen die gleiche Aufmerksamkeit widmen. Große indigene Nationen und Bündnisse konnten es mit den europäischen Imperien auf Augenhöhe aufnehmen, und sie prägen einen großen Teil der Geschichte durch ihre bloße Fähigkeit, Nordamerika für die indigenen Völker zu bewahren. Aber auch die kleinen Nationen und ihr Widerstand waren für die Schaffung des indigenen Kontinents unentbehrlich. Die Erhaltung der indigenen Macht und Souveränität war eine allumfassende Anstrengung: Jeder koloniale Vorstoß, so kleinräumig er ausfallen mochte, konnte einen Dominoeffekt von indigenen Rückzügen auslösen. Dieses Buch nimmt dementsprechend immer wieder ein lokal stark begrenztes Geschehen unter die Lupe; genau dort, in unmittelbaren und persönlichen Begegnungen, spielte sich die harte Realität der Kolonisierung und des Widerstandes gegen die Kolonisierung ab. Indigene Amerikaner kämpften um ihr Land und um ihr Leben, und sie taten dies auch für zukünftige Generationen. Es kam auf jeden Zentimeter an.

Dieses Buch umfasst einen enormen historischen Zeitraum – vier Jahrhunderte und einen Kontinent –, aber ein einziges Thema gibt ihm seine Form, Richtung und Bedeutung: Macht. Macht wird hier definiert als die Fähigkeit von Menschen und ihren Gemeinschaften, einen Raum und seine Ressourcen zu kontrollieren, die Handlungen und Wahrnehmungen anderer zu beeinflussen, sich Feinde vom Leib zu halten, übernatürliche Wesen aufzubieten und Veränderungen einzuleiten oder sich ihnen zu widersetzen. Hier folgt die Geschichte eines langen und turbulenten Zeitalters, in dem in Nordamerika viele Beteiligte um die Vorherrschaft kämpften und keine Seite dominierte. Diese Erzählung versucht nachzuvollziehen, wie Menschen Macht erlangten, verloren und – in seltenen Fällen – mit Fremden teilten und im Verlauf dieses Geschehens viele neue Welten erschufen. Das Buch lässt sich wohl am besten als eine Biografie der Macht in Nordamerika beschreiben. Die Geschichte folgt wichtigen Handlungen und entscheidenden Wendepunkten quer durch den umkämpften Kontinent und zeigt, wie verschiedene Teile davon zu geopolitischen Krisenherden wurden, auf denen sich die Rivalitäten verschärften und die geschichtlichen Abläufe in Gewalt umschlugen.

Das Buch ist inklusiv und nimmt europäische Kolonisten und Native Americans gleichermaßen in den Blick, aber die üblichen Akteure, Ereignisse und Wendepunkte der amerikanischen Geschichte bleiben hier im Hintergrund. Der Stamp und der Tea Act, das Boston Massacre und die Ausarbeitung und Verabschiedung der Verfassung der Vereinigten Staaten spielen in dieser Geschichte nur eine marginale Rolle. Indianer kontrollierten den größten Teil Nordamerikas, und oft wussten sie nichts über die Taten und Leistungen der Europäer jenseits ihres eigenen Gebiets. Und wenn sie etwas wussten, war es ihnen egal. Die indigenen Völker interessierten sich stattdessen für die Ambitionen und Erfahrungen anderer indigener Völker – der Irokesen, Cherokee, Lakota, Comanchen, Shawnee und vieler anderer.

EIN HINWEIS ZU TERMINOLOGIE UND STIL

Wörtliche Zitate habe ich gelegentlich modernisiert, wenn die Schreibweise das Verständnis erschwerte. Unter Berücksichtigung eines Stichworts von Nancy Shoemaker bezeichne ich an Kriegshandlungen beteiligte indigene Männer und Frauen als »Soldaten« oder »Soldatinnen« und nicht als »Krieger«. Die Ansiedlungen eher sesshafter indigener Nationen sind »Städte«, während die Ansiedlungen eher nomadisch lebender Gruppen als »Dörfer« bezeichnet werden. Anstatt von »Häuptlingen« zu sprechen, verwende ich eher die indigenen Begriffe für Anführer, wie »Sachem« oder »Weroance«, oder spreche von »Amtsinhabern« oder »Beamten«, denn sie waren indigene Verwaltungsbeamte. Bei den Namen der indigenen Nationen habe ich die von ihnen selbst bevorzugten Bezeichnungen verwendet: Odawa anstelle von Ottawa; Lenape anstelle von Delaware; Wyandot anstelle von Huronen; Illini anstelle von Illinois; Meskwaki anstelle von Fox; Ho-Chunk anstelle von Winnebago; Muscogee anstelle von Creek; Ojibwe anstelle von Ojibwa. Die Irokesen werden auch Haudenosaunee genannt.[2]

ERSTER TEIL

DIE MORGENDÄMMERUNG DES INDIGENEN KONTINENTS

(Die ersten siebzig Jahrtausende)

KAPITEL 1

DIE WELT AUF DEM RÜCKEN DER SCHILDKRÖTE

KELP, SEETANG, WAR DER SCHLÜSSEL ZU AMERIKA. Während der letzten Eiszeit, die vor etwa 2,5 Millionen Jahren einsetzte, banden gewaltige Eisschichten weltweit so viel Wasser, dass der Meeresspiegel dramatisch sank und die Erdoberfläche eine völlig neue Gestalt annahm. Inseln verbanden sich zu Landengen, und Meeresböden wurden zu Wiesen. Zum folgenreichsten Wandel in Nordamerika kam es in der Beringstraße, wo vor rund 70 000 Jahren eine 1000 Kilometer breite Landbrücke trockenfiel, die Asien mit Amerika verband. Durch diesen neuen Landstreifen – Beringia – wanden sich Flüsse, er war mit Seen gesprenkelt und mit Gräsern und Buschwerk bedeckt, die Tieren als Nahrung dienten, und er lockte von Westen herkommende Menschen nach Amerika.

Die Gletscher Nordamerikas begannen vor etwa 21.000 Jahren abzuschmelzen. Die kilometerdicken Eisschichten flossen nach und nach in die Ozeane zurück, und auf der Ostseite der Rocky Mountains bildete sich ein schmaler eisfreier Korridor. Gruppen von Menschen zogen etwa 11.000 Jahre vor Beginn unserer Zeitrechnung durch diese neu entstandene Passage nach Süden und gelangten schließlich in die große kontinentale Graslandschaft, wo es von riesigen Säugetieren nur so wimmelte: Sie trafen auf imposante Mammuts, sechs Tonnen schwere Mastodons, Bisons mit knapp zweieinhalb Metern Schulterhöhe, am Boden lebende Riesenfaultiere, Kurznasenbären, Kamele, Pferde und verschiedene Antilopenarten. Größe und Zahl der Tiere verlangten den menschlichen Neuankömmlingen einen gewissen technischen Erfindergeist ab. Jägergruppen verwendeten nach und nach Feuersteine, Hornstein (Chert), Obsidian und andere formbare Gesteinsarten für die Herstellung von scharfkantigen, geschickt behauenen Speerspitzen, die auch dicke Tierhäute mit tödlicher Effizienz durchbohrten. Jäger legten Hunderte von Kilometern zurück, um in den

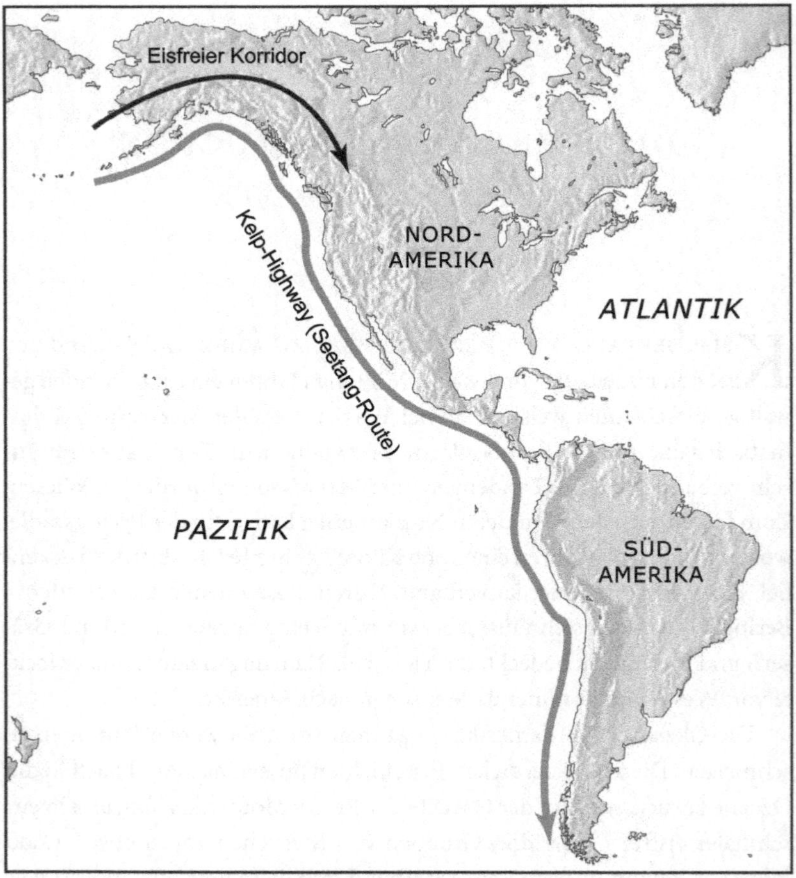

Der »Kelp-Highway« (die »Seetang-Route«)

besten Aufschlüssen erstklassige Steine aufzusammeln oder zu brechen. Weniger gefährliche Strategien der Nahrungsbeschaffung – Sammeln, Fischen und die Jagd auf kleinere Beutetiere – ergänzten den Speiseplan und sicherten den Lebensunterhalt wachsender, widerstandsfähiger menschlicher Gemeinschaften.[1]

Doch die westliche Hemisphäre des Kontinents war nach wie vor nur äußerst dünn besiedelt. Weitere Migrationswellen kamen auf einer älteren und sehr wahrscheinlich häufiger genutzten maritimen Route voran, die der Pazifikküste folgte. Dort waren Menschen küstennah und in Umiaks

(Robbenfellbooten) unterwegs. Sie lebten von der vielfältigen Fauna und Flora, die in den kühlen Gewässern der Offshore-Zone an der Küste und vor Flussmündungen gedieh – einem »Kelp-Highway«, der vom Nordosten Asiens bis zur Andenküste reichte. Die nährstoffreichen Tanggründe waren die Lebensgrundlage für große Fischbestände, für Schalentiere, Seevögel und Seeotter, und sie boten den Menschen eine reichhaltige Grundlage für eine abwechslungsreiche Ernährung. Für diese am und vom Meer lebenden Menschen war die Nahrungssuche sicherer und höchstwahrscheinlich auch effizienter als für die Großwildjäger im Landesinneren. In den küstennahen Mangrovenwäldern fanden sie eine große Vielfalt an Meeresfrüchten. Sie zogen von einem ertragreichen Standort zum nächsten und teilten sich auf, wann immer es nötig war. Hochgradig mobile, auf dem Seeweg weiterziehende Jäger und Sammler könnten auf diese Weise bereits um 16.500 vor Beginn unserer Zeitrechnung Monte Verde im heutigen südlichen Chile erreicht haben, einen 16.000 Kilometer südlich der Beringstraße gelegenen Ort. Die frühesten Spuren von Menschen in Nordamerika sind im Südwesten gefunden worden, wo sich die Anwesenheit von Menschen 23.000 Jahre zurückdatieren lässt.[2]

Die Menschen, die sich mit bemerkenswerter Geschwindigkeit über eine gesamte Hemisphäre ausgebreitet hatten, setzten sich dabei über furchterregende Widerstände hinweg. Die westliche Hemisphäre weist, im Gegensatz zu ihrem östlichen Gegenstück, eine ausgeprägte Nord-Süd-Orientierung auf, und weiterziehende Menschen mussten mit einer enormen Vielfalt von klimatischen und ökologischen Lebensumständen fertigwerden und ihre Nahrungssuche, Werkzeuge, Kleidung, Behausungen, soziale Systeme und Denkweisen immer wieder aufs Neue schwierigen Lebensbedingungen anpassen. Viele Schöpfungsgeschichten von Native Americans erzählen von steigenden Fluten und ungeheuren Wassermassen, die für schmelzende Gletscher zu stehen scheinen, die sich über das Land ergießen. Bereits zu diesem frühen Zeitpunkt war klar, dass der amerikanische Doppelkontinent durch eine erstaunliche menschliche Vielfalt und Widerstandsfähigkeit geprägt sein würde.

Vor dieser Welt hatte es noch eine andere gegeben, eine Inselwelt, die im Himmel schwebte und von glücklichen Himmelsmenschen bewohnt wurde. Aber eine unerklärliche Schwangerschaft der Himmelsfrau erzürnte ihren Ehemann. Er riss einen großen Baum aus, wodurch sich ein Loch im Himmel auftat, und stieß die Himmelsfrau hindurch, die in eine viel tiefer liegende Wasserwelt stürzte. Enten fingen die Himmelsfrau mit ihren Flügeln auf und legten sie auf den Rücken einer Schildkröte, die sie dort ausruhen ließ. Die Schildkröte deutete die Ankunft der Himmelsfrau als gutes Omen. Diese war jetzt keine Ausgestoßene mehr. Die Tiere des Wassers – der Biber, der Seetaucher und viele andere – tauchten tief hinab, um Erde vom Meeresgrund zu holen, auf der die Himmelsfrau gehen konnte, aber es misslang ihnen allen. Nur die Bisamratte war erfolgreich, sie brachte eine Handvoll Erde mit. Die Tiere verteilten sie auf dem Rücken der Schildkröte und sahen, dass die Erde die Fähigkeit hatte, sich auszubreiten. Sie wurde zuerst zu einer Insel und dann zu einem gewaltigen Stück Festland. Das war der Geburtsort und die Heimat des Volkes der Irokesen. Die Himmelsfrau bekam eine Tochter, die selbst zwei Söhne gebar: Tharonhiawagon, der gut, und Tawiskaron, der böse war. Tawiskaron kam auf die Welt, indem er ein Loch in die Flanke seiner Mutter riss und sie dadurch tötete. Aber Tharonhiawagon erschuf aus ihrem Körper die Sonne und die Seen, Flüsse und Berge. Tawiskaron versuchte, vor Neid wie von Sinnen, die Schöpfung seines Bruders zu beseitigen, und Tharonhiawagon tötete ihn. Dies war kein Zeichen der Störung, sondern des Gleichgewichts. Die Welt war weder von Grund auf böse noch grundsätzlich gut. Die Himmelsfrau hielt sie im Gleichgewicht.[3]

Auch das Volk der Pawnee erhielt Führung von höherer Warte, aber das Volk selbst kam von unten. Am Anfang stand Tirawa – Vater – im Mittelpunkt des Geschehens dort unten, aber die Welt hatte keine Gestalt, keine Ordnung, sie war ein einziges Durcheinander. Tirawa versammelte die himmlischen Mächte. Er tat seine Gedanken kund und schuf himmlische Götter, die für Ordnung sorgen sollten: den Abendstern im Westen, der für den Pawnee-Mann stand, und den Morgenstern im Osten, der für die Pawnee-Frau stand. Der Morgenstern gebar das erste Wesen auf Erden, und durch seine vier Helfer – Wind, Wolken, Blitz und Donner – geleitete er die Pawnee in die Prärie, wo sie den Mais und den Büffel entdeckten, die Grundlage ihrer materiellen und spirituellen Existenz. Der Schöpfungsmythos der Pawnee berichtet nicht von katastrophalem Wandel und umwälzender Bewegung, sondern von einer Suche nach gesellschaftlicher und kosmischer Bewegung an einem ganz bestimmten Ort. Für die Pawnee waren – und sind – der Platte, der Republican und der Loup River in den Great Plains der Mittelpunkt der Welt.[4]

Ein Schöpfungsmythos der Cherokee – die sich selbst *Ani-Yun-Wiya*, »wahre Menschen«, nennen – berichtet von der langsamen Erschaffung der Welt. Am Anfang war die Erde eine in einem Meer schwimmende Insel, die mit Seilen an *gälûñ'lätï* befestigt war, einem Himmelsgewölbe aus massivem Felsen. Die Erde war weich und nass, und die Tiere schickten den Großen Bussard los, der die Welt dort unten für sie herrichten sollte, aber er hatte Mühe, trockenes Land zu finden. Er wurde müde, und seine Flügel berührten immer wieder den Boden und schufen so eine Reihe von Tälern und Bergen. Dieses bergige Land wurde zum Cherokee-Land. Der Große Bussard schuf zuerst die Tiere und Pflanzen, erst später dann den Menschen. Zuerst waren da nur ein Bruder und eine Schwester. Er schlug die Schwester mit einem Fisch und befahl ihr, sich zu vermehren. Am Anfang gebar sie an jedem siebten Tag, und der Welt drohte eine Überbevölkerung. Deshalb bekam sie jetzt nur noch ein Kind im Jahr, und die Welt kam wieder ins Lot.[5]

Die Sicangu Lakota besitzen, wie auch die Cherokee, einen Schöpfungsmythos, der auf gegenseitigen Beziehungen zwischen Menschen und Tieren und Menschen und der Erde beruht: »Vor dieser Welt gab es schon eine andere, aber die Menschen in ihr wussten sich nicht zu benehmen und menschlich zu verhalten«, und *Tȟuŋkášila* (»Großvater«) beschloss, eine neue Welt zu erschaffen. Er riss die Erde auf, und Wasser strömte heraus und überflutete alles. Alle Menschen und Tiere starben, mit Ausnahme der Krähe. Die Krähe bat *Tȟuŋkášila* um einen Ort, an dem sie sich ausruhen konnte. *Tȟuŋkášila* bedeckte die Welt mit festem Land und vergoss Tränen, die zu Meeren, Seen und Flüssen wurden. Er öffnete seinen Pfeifenbeutel, entnahm ihm Tiere und Pflanzen und gestattete ihnen, sich über das Land zu verbreiten. Dann erst formte er aus Erde menschliche Wesen. Er versprach, die neue Welt nicht zu überfluten, wenn die Menschen seine Schöpfung mit Respekt behandeln würden. »Nun«, sagte er, »wenn ihr gelernt habt, euch wie Menschen zu benehmen und in Frieden zu leben, miteinander und mit den anderen Lebewesen – den zweibeinigen, den vierbeinigen, den vielbeinigen, den fliegenden, jenen ohne Beine und den grünen Pflanzen –, dann wird alles gut sein. Wenn ihr aber diese Welt schlecht und hässlich macht, dann werde ich auch diese Welt zerstören. Es liegt an euch.«[6]

Während viele Schöpfungsmythen indigener Nationen in Nordamerika die Erschaffung des Universums mit der Erschaffung eines bestimmten Volkes verbinden, erzählen die Kiowa eine Geschichte, die ihre besondere Eigenschaft erklärt: ihre geringe Zahl. Das Volk der Kiowa – *Ka'igwu*, »erstes Volk« – kam »einer nach dem anderen durch einen hohlen Baumstamm in diese Welt«. Aber dann kam eine schwangere Frau, und sie blieb stecken. Viele Menschen wollten immer noch aus diesem hohlen Stamm hinauskommen, aber der Ausgang war versperrt, deshalb zählten die Kiowa nie mehr als 3.000 Menschen.[7]

Die Navajo kamen aus einer tiefer gelegenen Welt, aber sie entwickelten sich noch, als das geschah. Der Erste Mann und die Erste Frau waren die Nebelmenschen, denen es an Disziplin mangelte und die die *hózhó* störten, die »Harmonie«. Sie wanderten durch verschiedene Welten, in jeder einzelnen davon kamen sie zu Wissen und Vernunft, und schließlich gelangten sie in die heutige Welt, vollständig ausgebildet und mit einem ausgeglichenen Verhältnis zwischen den Geschlechtern bei Chancen und Problemen. Der Erste Mann und die Erste Frau wussten jetzt, wie sie angemessen miteinander, mit anderen Völkern und mit allen Lebewesen umzugehen hatten. Sie wurde zur Wandelbaren Frau, heiratete die Sonne und zog gemeinsam mit ihr an den westlichen Ozean, wo sie zusammen vier Clans aufzogen und dann gemeinsam mit ihnen nach Dinétah zurückgingen, um dort ihre Welt zu vervollständigen.[8]

Diese und viele andere Schöpfungsmythen erklären, wie eine neue, multiethnische Welt – das indigene Amerika – Gestalt annahm. Die Schöpfungsmythen stehen im Kern nicht unbedingt im Widerspruch zu wissenschaftlichen Theorien über die Besiedlung des amerikanischen Doppelkontinents. Hinweise auf Land, das während der Eiszeit trockenfiel, und auf das Verschwinden trockenen Landes, als die Gletscher zu schmelzen begannen, sind in den indigenen Schöpfungsmythen unschwer zu erkennen. Die in den Schöpfungsmythen allgegenwärtigen – plötzlich auftretenden, verheerenden, regenerativen – Überflutungen berichten von den radikalen Veränderungen, mit denen es die Menschen in Nordamerika ab etwa 17.000 v. Chr. zu tun bekamen. Diese Geschichten erhellen ein indigenes Amerika, das alt, komplex und dynamisch ist. An der Pazifikküste Mittel- und Nordamerikas gibt es 143 verschiedene indigene Sprachen, die höchstwahrscheinlich das Ergebnis einer über einen Zeitraum von 35.000 Jahren ständig fortschreitenden Abspaltung von einer einzigen gemeinsamen Ausgangssprache sind.[9]

Die ersten Amerikaner teilten die Welt nicht in Hemisphären und Kontinente auf. Sie hatten weder Meere noch Ozeane überquert, um nach Amerika zu gelangen, und dachten nicht, dass sie in irgendeiner Art von neuer Welt angekommen seien. Sie hatten es während ihrer Reisen mit massiven ökologischen Umwälzungen zu tun bekommen und sie überlebt, und das oftmals, indem sie die zu bewältigenden Aufgaben auf die verschiedenen Geschlechter aufgeteilt hatten. Von alles überragender Bedeutung war dabei, dass man die Welt und ihre Unvorhersagbarkeit – ihre Gefahren und die Gaben, die sie bereithielt – verstand. Alles hing von einer angemessenen Beziehung zum Land und seinen Lebensformen ab. Diese Menschen dachten nicht, dass sie neues Land in Besitz nahmen, weil sie schon immer dort gewesen waren.[10]

Im Jahr 10.000 v. Chr. lebten Menschen in nahezu allen Teilen der westlichen Hemisphäre des Doppelkontinents, vom immer noch von Gletschern bedeckten Alaska und dem Yukongebiet bis nach Monte Verde in Südamerika. Nordamerika war zu einem indigenen Kontinent geworden und sollte es für einen Zeitraum von fast 12.000 Jahren bleiben. Die Menschen in beiden Amerikas lebten im Jahr 10.000 v. Chr. als Jäger und Sammler, und es ging ihnen gut. In ihrer Welt herrschte kein Mangel an großen Beutetieren. Sie entwickelten neue Jagdmethoden, jagten arbeitsteilig in kleinen Gruppen und pflegten die notwendigen Rituale, mit denen sich eine angemessene Beziehung zwischen Jäger und Beute herstellen ließ: Sie folgten den Tieren und lenkten sie zu einem Ort, an dem sie getötet werden konnten – oft geschah das in der Nähe eines Wasserlochs; sie streckten die Tiere mit koordinierten Speerstößen nieder; verarbeiteten das Fleisch und die Knochen und Felle für den unmittelbaren und zukünftigen Bedarf. Die Überfülle an Beutetieren hielt noch zwei Jahrtausende lang an, aber dann begannen die kontinentalen Eisdecken rasch zu schmelzen, und die Riesensäugetiere starben nach und nach aus, geschwächt von einem sich erwärmenden und zunehmend wechselhaften Klima. Die Menschen machten weiter Jagd auf die Großtiere, weil sie offensichtlich nicht erkannten, wie stark deren Populationen inzwischen gefährdet waren. Vielleicht versetzten sie ihnen auch durch den verstärkten Einsatz des Feuers einen unbeabsichtigten Todesstoß. Bis zum Jahr 8000 v. Chr. wurden rund drei Dutzend Arten von Großsäugetieren ausgelöscht.[11]

Etwa zu diesem Zeitpunkt verlegten sich viele First Americans im Westen Nordamerikas auf die Bisonjagd. Die Bisons waren selbst erst vor relativ kurzer Zeit über die Beringia-Landbrücke zugewandert. Sie waren aggressive, fruchtbare und hochgradig anpassungsfähige Tiere, die der Ausrottung entgingen, indem sie sich auf das Abweiden von Kurzgräsern spezialisierten. Im Verlauf der Jahrtausende schrumpften sie buchstäblich, wurden leichter, schneller und mobiler, passten sich so an die sich verändernden Lebensbedingungen im regenarmen Westen an und überlebten. Auch die Jäger mussten sich anpassen. Eine fein bearbeitete, eingekerbte und extrem dünne und deshalb durchschlagskräftige Speerspitze stand für den Aufstieg einer neuen Jagdkultur. Dabei agierten die Menschen in äußerst mobilen Gruppen; sie konnten die Herden über Hunderte von Meilen hinweg verfolgen, Dutzende von Tieren stellen, um sie zu töten, oder ganze Herden in einen Canyon ohne Ausgang, in einen Abgrund oder über eine Felskante treiben.[12]

Das Klima erwärmte sich, begünstigte das Wachstum von Gräsern und anderen Nahrungsquellen, und die Tierpopulationen breiteten sich aus und drängten die Jäger zu immer neuen Innovationen. Die Erfindung der Atlatl, der Speerschleuder, um das Jahr 7500 v. Chr. war ein Durchbruch. Die Atlatl, ein Holzstock mit einem Schaft an einem und einem Hakenwiderlager am anderen Ende, ermöglichte es einem Jäger, einen leichten Speer schneller und weiter zu werfen. Das geschah mit einer ruckartigen Bewegung, mit der die gespeicherte Energie wie bei einer Sprungfeder gebündelt wurde. Durch die Atlatl, die wie eine Verlängerung des Jägerarms wirkte, wurde die Jagd zu einer relativ sicheren und einfachen Angelegenheit. Jäger, die zu Fuß unterwegs waren, konnten ihre Beute jetzt aus einer Entfernung von bis zu 130 Metern erlegen. Für Jäger zu Wasser erwies sich die Atlatl als besonders nützlich, weil sie eine Hand für die Lenkung des Bootes frei ließ. Geriffelte Speerspitzen kamen außer Gebrauch.[13]

Die ersten Amerikaner töteten ihre Beutetiere zwar zu Tausenden, aber sie behandelten ihr Jagdwild mit Respekt und Sorgfalt. Sie mussten das Verhalten der Tiere ganz genau kennen, um zu erfolgreichen Jägern zu werden, und sie mussten wissen, wie man den Lebensraum der Tiere manipuliert – vor allem mit günstig platzierten Feuern –, um die Bewegungen von Herden vorhersagbar zu lenken und den Jagderfolg zu sichern. Sie mussten sich den Tieren mit den richtigen Gedanken und Zeremonien nähern, um sich des Opfers zu vergewissern, und sie mussten die Gaben der Tiere – Häute und Fell, Fleisch, Knochen, Blut – mit Ehrerbietung und Mitleid annehmen. Hätten sie das nicht getan, hätten die Geister der Tiere sich empört, und die uralten verwandtschaftlichen Bande mit den Menschen wären gelöst worden. Es war dieses an Respekt und Fürsorge orientierte Denken, das Nordamerika mehrere Jahrtausende lang zu einer Welt des Jägers machte. Erst ab etwa 4500 v. Chr. standen die Menschen vor der Notwendigkeit, andere Lebensweisen zu entwickeln.

Eicheln, die Nüsse von Eichen, enthalten viel Eisen, Kalzium, Kalium, Ballaststoffe, Kohlenhydrate, einfach ungesättigte Fettsäuren und die Vitamine A, B und E. Sie wirken außerdem stabilisierend auf den menschlichen Stoffwechsel und den Blutzuckerspiegel. Die ersten Amerikaner, die an Nordamerikas Westküste heimisch wurden, setzten bei ihrer Ernährung stark auf Eicheln und Kelp und begründeten eine ganze Kultur mithilfe dieser Nahrungsmittel. Sie entwickelten raffinierte Steinmörser und Mahlwerke, mit denen sich die Gerbsäure aus den wertvollen Nüssen herausholen ließ, und für den Transport und die Lagerung der Nüsse flochten sie leichte und geräumige Körbe. Nomadengruppen errichteten Siedlungen in der Nähe von Eichenwäldern, verbanden sich auf diese Art mit dem Land, und schon bald betrieben sie Ackerbau in kleinem Umfang unter der Anleitung lokaler Anführer, die den Brandrodungs-Feldbau und die Zuteilung von Land und Ernteerträgen koordinierten. Die Eichelernte fiel so üppig aus, dass die Gruppen an der Westküste nur ein marginales Interesse am Anbau von Mais entwickelten.[14]

Diese mit der Pazifikküste verbundene indigene Welt lehnte jede Art von politischer Zentralisierung ab. Die Gemeinschaften bestanden aus mehreren eng miteinander verbundenen Verwandtschaftsgruppen, die exklusive Rechte an Wildnahrung, Jagd- und Fischgründen miteinander teilten. Nahrungsmittel, Werkzeuge, Heilpflanzen und Luxusgüter kursierten über lokale und Fernhandels-Netze und schufen ein riesiges regionales Netz, das auf Reziprozität und Teilen beruhte, und die Meeresströmungen transportierten Ressourcen – Treibgut, Redwoodstämme, Bambus – buchstäblich bis zu den Siedlungen. Das Land, das später unter dem Namen Kalifornien bekannt werden sollte, war eine wohlhabende, politisch hoch entwickelte und sichere Welt. Es war eine maritime Kultur, die mit einem ungewöhnlich fruchtbaren, üppig mit Seetang bewachsenen und von großen Eichenbeständen geprägten Küstenstreifen verbunden war. Dieses Land war möglicherweise die am dichtesten besiedelte Region Nordamerikas.

Der Verlauf der Entwicklung an der indigenen Westküste verweist jedoch zugleich, bei allen spezifischen Merkmalen, auf eine umfassendere Dynamik: Überall auf dem amerikanischen Doppelkontinent bewerteten die Menschen die Möglichkeiten, die ihr Umfeld ihnen bot; die westliche Hemisphäre teilte sich in zahlreiche einzigartige Welten auf. An der Nordwestküste begünstigten der warme Kuroshio und der Nordpazifikstrom ein gemäßigtes Klima und starke Regenfälle. Der Lachs wurde zum Hauptnahrungsmittel und zum Zentrum der einzigartigen Kultur der dort lebenden Menschen. Ihnen galten die Lachse als unsterbliche Lebewesen, die während des Winters in unterirdischen Häusern lebten. Nach diesem Glauben nahmen die Lachse, wenn sie im Frühjahr mit geeigneten Gebeten angerufen wurden, ihre Fischgestalt an, tummelten sich in den Flüssen und brachten sich selbst als Opfer dar. Jäger wagten sich in Einbäumen aufs Wasser hinaus und verfolgten Wale, Robben, Meerotter und andere große Beutetiere, die in den Tangwäldern an der Küste günstige Lebensbedingungen vorfanden, und erweiterten ihre Lebenswelt – ihre wirtschaftlichen und gesellschaftlichen Netzwerke und ihr spirituelles Leben – bis weit auf den Pazifik hinaus.[15]

Diese dramatische Ausdehnung und die gestiegenen Ambitionen erforderten Anpassungsfähigkeit, Kompromisse und Kreativität. Relativ klassenlose örtliche Gemeinschaften wichen stärker hierarchisch verfassten Ordnungssystemen, die sehr viele Arbeitskräfte mobilisieren und eine gesellschaftliche Arbeitsteilung durchsetzen konnten. Die Nordwestküste war um das Jahr 1300 christlicher Zeitrechnung herum übersät mit prächtigen, aus Zedernbrettern errichteten Häusern, die bis zu 150 Meter lang und mehr als 20 Meter breit sein konnten und zahlreichen Familien Platz boten. Diese Häuser waren mit dekorativen Blendfassaden ausgestattet und wurden mit stilisierten Tierdarstellungen geschmückt, die bestimmte Clans repräsentierten. Vor den Häusern standen kunstvoll geschnitzte, hoch aufragende Totempfähle. Die Gruppen an der Nordwestküste entwickelten sich zu hierarchisch gegliederten Gesellschaften, in denen die Einzelpersonen nach ihrem genealogischen Abstand zu den Familien der Elite eingestuft wurden. Die großen Häuser waren ein Mikrokosmos der Kultur an der Nordwestküste, sie symbolisierten und schützten sie. So wie die Haushalte auf einem System der gesellschaftlichen Rangstufen gründeten, verhielt es sich auch mit den zahlreichen Gruppen – den Tlingit, Haida, Kwakiutl, Bella Coola, Makah, Chinook und anderen –, die sich die Region teilten. Die Haushalte, die gemeinsam eine Nation bildeten, konkurrierten offen um Prestige und Macht. Den Rahmen dafür gaben die prächtigen Potlatch-Zeremonien ab, bei denen wohlhabende Familien ihre Besitztümer öffentlich mit den weniger Begüterten teilten und sich dadurch ihrer herausragenden Stellung versicherten. Was im kleinen Maßstab funktionierte, wiederholte sich auch im großen Rahmen. Die Gruppen an der Nordwestküste hatten Ambitionen, Überfluss und Rivalität in eine den Zusammenhalt fördernde gesellschaftliche Kraft verwandelt. Ein großer Teil des Landes war der Gemeinschaft vorbehalten und kein Privatbesitz, sondern eine gemeinsam genutzte Ressource. Im Jahr 1500 v. Chr. waren die indigenen Welten in Nordamerika blühende Gemeinwesen. Sie beruhten auf der Nutzung von Seetang und Eicheln, auf Jagd und Fischerei und legten die Grundlage für spätere Kulturen.[16]

KAPITEL 2

DER EGALITÄRE KONTINENT

MAIS IST EINE DER GRÖSSTEN ZÜCHTUNGSLEISTUNGEN der Menschheit. Er kommt in der freien Natur nicht vor; seine Körner sind zu fest mit den Kolben verbunden, deshalb ist eine Selbstvermehrung nicht möglich, und die Pflanze muss ausgesät und gepflegt werden, um zu überleben. Sie ist ein von Menschen durch systematische und kühne Manipulation geschaffenes und perfektioniertes kulturelles Artefakt. Die Wildform war die Teosinte, eine krautige, nicht essbare Berggrasart, die im Hochland Mittelamerikas heimisch war, aber der Mais hat nur wenig Ähnlichkeit mit der Teosinte. Die Teosinte hat mehrere dünne Stängel, einen kleinen Kolben und harte Hüllspelzen, während Mais nur einen einzigen, schweren Stängel hat, der mehrere schwere Kolben tragen kann.[1]

Hochlandvölker kultivierten den Mais vor 9000 bis 6000 Jahren. Sie verfeinerten die Pflanze immer weiter, prüften die Samenkörner und züchteten zahlreiche lokale Varianten, die sich in Geschmack, Struktur und Farbe unterschieden und in verschiedenen Klimata und Höhenlagen und auf unterschiedlichen Böden gediehen. Die Größe der Kolben variiert zwischen wenigen bis zu 50 Zentimetern, und sie konnten eine Vielzahl von Körnerreihen enthalten. Diese hochgradig anpassungsfähige Pflanzenart eignete sich, von kundiger Menschenhand gepflegt, für den Anbau in großen Teilen der Welt. Das Tehuacán-Tal war ein frühes Zentrum des systematischen Maisanbaus, und das auf landwirtschaftlicher Tätigkeit beruhende Dorfleben fasste dort um 1500 v. Chr. Fuß. Es folgte eine politische Zentralisierung, die zum Aufstieg von Imperien führte. Diese Reiche brachten Menschen durch militärische Macht, ansprechende religiöse Zeremonien und den einsetzenden Fernhandel in ihren Einflussbereich.[2]

Ineinandergreifende lokale Handelsnetze verbreiteten Maissamen von

Mittelamerika aus nach Süden und Norden. Die Kultivierung von Mais setzte im südwestlichen Regenwaldgebiet des Amazonas um 4500 v. Chr. ein, und in das semiaride Hochland im Südwesten Nordamerikas gelangte die Pflanze um 2000 v. Chr. Zu einer wahren Revolution der Ernährung kam es später mit der Züchtung des *Maiz de Ocho* im ersten Jahrtausend unserer Zeitrechnung. Der Maiz de Ocho war ein großer Schritt in der langen Evolution der Maispflanze, er war robust, anpassungsfähig und leicht zu verarbeiten. Er blühte schnell, verlangte weniger Arbeitsaufwand und gedieh auch unter harten Witterungsbedingungen. Als Bauern vor etwa 1500 Jahren mit dem Anbau von Bohnen und Kürbissen gemeinsam mit dem Maiz de Ocho begannen, schufen sie damit ein ökologisch kompatibles Trio von Feldfrüchten – die »drei Schwestern« –, mit dem sie die Herstellung von Nahrungsmitteln und die Ernährungsweisen in Nordamerika revolutionierten.[3]

Indigene Bauern sorgten durch den gemeinsamen Anbau der drei Nutzpflanzen für eine ganze Reihe von äußerst nützlichen Synergieeffekten. Die hohen und kräftigen Maisstängel gaben eine stabile Stütze für die Bohnenranken ab, denen sie als Kletterhilfe dienten. Der große Nährstoffbedarf der Maispflanze konnte dem Ackerboden rasch den Stickstoff entziehen; dieser ist ein wichtiger Bestandteil der Fotosynthese, des Vorgangs, bei dem Lichtenergie in für das Pflanzenwachstum nützliche chemische Energie umgewandelt wird. Bei diesem Problem konnten die Bauern auf die Unterstützung der Bohnen setzen. Auf Knötchen an ihren Wurzeln leben Mikroben, die der Luft Stickstoff entnehmen, den sie in eine von der Mais- und Kürbispflanze nutzbare Form umwandeln und dann dem Boden als natürlichen Dünger zurückgeben. Während die Bohnenranken an den Maisstängeln der Sonne entgegenwachsen, sorgen Kürbispflanzen für wichtigen Schutz: Sie breiten sich in Bodennähe aus und bieten mit ihren großen Blättern viel Schatten. Das unterstützt den Boden bei der Speicherung von Feuchtigkeit und hält Unkraut fern, und die stacheligen Haare schrecken Nagetiere und andere Schädlinge ab. Das Ergebnis dieser sich gemeinschaftlich ergänzenden Pflanzmethode war ein nahezu idealer menschlicher Speiseplan: Mais hat einen hohen Anteil an Kohlenhydraten, während Bohnen, vor allem in getrockneter Form, reich an Eiweißen sind, und gemeinsam liefern die drei Gemüsesorten die meisten unentbehrlichen Vitamine und Mineralien.[4]

Reiche Ernten und ein Überfluss an Nahrungsmitteln förderten, wie schon in früheren Epochen in Mittelamerika, den Ehrgeiz und die Innovationsbereitschaft. In der gesamten Großregion entstanden Städte aller Größenordnungen, in denen eine große Zahl von Menschen zusammenfand, die neue Ideen und Technologien entwickelten. Schamanen – indigene Ärzte und Ritenkundige – reisten auf Straßen und Wasserwegen, sie suchten und teilten Wissen, das ihnen bei der Herstellung der kosmischen Ordnung half. In der zweiten Hälfte des ersten Jahrtausends wandten sich die Völker der Hohokam und Mogollon vom einfachen Feldbau ab und verlegten sich in ihren hoch gelegenen wüstenartigen Heimatregionen am Oberlauf des Rio Grande und westlich davon auf von Kanälen gespeiste großflächige Bewässerungssysteme und Terrassenfeldbau. Sie legten unterirdische Wasserreservoire an und bauten Bewässerungskanäle und Auffangleitungen für Flutwasser. Sie züchteten größere Maissorten durch Hybridisierung und konnten schon bald mehrere Tausend Menschen ernähren. Für die intensive landwirtschaftliche Arbeit waren hauptsächlich die Männer verantwortlich, aber in Übereinstimmung mit einer uralten Tradition gehörten das Land und der Ernteertrag den Frauen, deren verwandtschaftliche Netzwerke für die Bewahrung der öffentlichen Ordnung sorgten. Diese Völker errichteten mehrstöckige Lehmziegelbauten mit großen Innenhöfen. Die Großmütter bildeten das gesellschaftliche und moralische Zentrum dieser aufstrebenden landwirtschaftlichen Gemeinschaften, und Frauen begannen mit der Herstellung von handwerklichen Gebrauchsgegenständen und Lebensmitteln für externe Märkte, so wie es die Herkunftsmythen vorweggenommen hatten.[5]

Weltweit steigende Temperaturen leiteten um das Jahr 900 n. Chr. einen neuen Klimazyklus ein, die (mittelalterliche) Warmzeit, die für längere Wachstumsphasen sorgte. Die Hohokam- und Mogollon-Bauern profitierten enorm von den neuen klimatischen Bedingungen, aber den größten Nutzen zogen die Ancestral Pueblo daraus. Um das Jahr 1050 n. Chr. herum hatte sich der 16 Kilometer lange Chaco Canyon auf dem Colorado-Plateau zu einem führenden städtischen Zentrum entwickelt, das sich ein Quasi-Monopol auf den äußerst lukrativen Handel mit Türkissteinen sicherte, einem Luxusgegenstand. An diesem Ort errichteten die Ancestral Pueblo im Verlauf von drei Jahrhunderten ein monumentales, gemeinschaftliches Steingebäude, das später unter dem Namen Pueblo Bonito bekannt wurde. Es diente als politisches, Handels- und religiöses Zentrum der Welt des Chaco Canyon. Möglicherweise wurde der Pueblo Bonito unter Einsatz von Sklavenarbeitern errichtet.[6]

Das fünf Stockwerke hohe, sorgfältig ausgeführte und D-förmige Sandsteingebäude bestand aus Hunderten von Räumen, mehreren Treppenaufgängen und zwei großen, ganz vom Gebäude umschlossenen zentralen Plätzen mit mehr als dreißig *Kivas,* unterirdischen Kulträumen. Das Gebäude lag mit seinen hohen Mauern auf der Nord-, Ost- und Südseite inmitten Dutzender großer Häuser, die bescheidener ausfielen. Und dennoch lebten vielleicht nur zwanzig Familien dort. Pueblo Bonito könnte ein von einer Führungselite verwaltetes Verteilungszentrum gewesen sein, das Waren von den in Randlagen wohnenden einfachen Mitgliedern der Gemeinschaft aufnahm, die regelmäßige Pilgergänge zu den großen Häusern unternahmen. 650 kerzengerade angelegte Straßenkilometer verbanden das wie ein Magnet wirkende Zentrum mit rund 75 Gemeinschaften, und der Pueblo Bonito war mit massiven Lagerräumen für Mais, Bohnen, Kürbisse und andere importierte Güter des täglichen Bedarfs ausgestattet. Über Fernhandelsnetze wurden Luxuswaren aus Mittelamerika angeliefert, und eine rätselhafte 65 Kilometer lange Große Straße nach Norden (Great North Road) wurde möglicherweise gebaut, um Pueblo Bonitos materielle und spirituelle Vorrangstellung zu symbolisieren. Die Siedlung bestand aus zwei gleich großen Teilen, vielleicht sollte das die Dualität zwischen dem Heiligen und dem Säkularen widerspiegeln – oder den unterschiedlichen Rang der Eliten und der einfachen Menschen. *Kachinas,* Geistwesen, bewegten sich zwischen Unterwelt und Erde. Sie verkörperten die Dualität der Pueblo-Welt, von der in Schöpfungsmythen berichtet wird.[7]

Vor Tausenden von Jahren, irgendwann nach 1700 v. Chr., begannen Menschen damit, Erde zu einer schmalen, leichten Erhebung am Unterlauf des Mississippi zu schaffen. Eine Generation nach der anderen hielt an diesem Vorhaben fest, die Menschen transportierten Hunderttausende von Kubikmetern Erde, bis sie schließlich, vier Jahrhunderte später, das erreicht hatten, was sie wollten: einen gut 22 Meter hohen, vogelförmigen Erdhügel, sechs konzentrisch angeordnete, C-förmige Erdwälle, die als Wohnstätten gedient haben könnten, und einen großen, zentralen Platz, der zum Fluss hin ausgerichtet war. Die gesamte Anlage war durch Deiche vor den dramatischen jährlichen Überschwemmungen geschützt. Sie diente als Siedlung, war ein Kultzentrum und eine Drehscheibe für Handel, die große Mengen an Kupfer, Jaspis, Quarz, Pfeifenstein, Haifischzähnen und Meeresmuscheln aus allen Himmelsrichtungen aufnahm – und höchstwahrscheinlich neu verteilte. Die ursprünglichen Bewohner der Stadt waren untereinander gleichberechtigte Jäger, Fischer und Sammler, die wohl ein hierarchisches politisches System schufen, um Arbeitskräfte in größerem Umfang mobilisieren zu können.

Die Organisatoren dieses Wirtschaftssystems waren Pioniere, und ihr Experiment dauerte sechs Jahrhunderte, bis etwa ins Jahr 700 v. Chr. Andere Menschen machten dort weiter, wo sie aufgehört hatten. Adena-Hopewell, eine neue »Mound-Builder«- (»Erdhügel-Erbauer-«) Kultur, entwickelte sich am Mittellauf des Ohio, wo Menschen sich zusammentaten, um gewaltige, für Kultzwecke bestimmte Erdhügel in unterschiedlichen Formen zu errichten – kreisförmig, achteckig, quadratisch –, die als Sinnbilder für die zentrale Bedeutung, Macht und Demut ihrer Erbauer und Nutzer dienen sollten. Diese Menschen importierten Obsidian und Bärenzähne aus den Rocky Mountains, Glimmer und Quarz aus den Appalachen, Kupfer und Pfeifenstein von den Großen Seen und Schildkrötenpanzer und Haifischzähne aus der Karibik. Und sie waren selbst geschickte Handwerker, die erstaunliche Kupferbildnisse und Masken mit Darstellungen von Vögeln, Fischen, Bibern, Bären und menschlichen Gesichtern herstellten. Ihre gesellschaftliche Ordnung beruhte auf Verbindungen zwischen den einzelnen Völkern. Diese Verbindungen lösten sich schnell auf, als Mais und Bohnen im 5. Jahrhundert zu Hauptnahrungsmitteln wurden; die lebensspendenden Pflanzen machten verwandtschaftliche Netzwerke zu einzelnen Selbstversorgern. Die Bevölkerung nahm zu, die Menschen zogen in von Erdwällen umgebene Städte, und die persönlichen Verbindungen wurden durch stärker formalisierte Beziehungen ersetzt. Städte rivalisierten um landwirtschaftlich genutzte Gebiete und eine politische Vorrangstellung, und das überlieferte kollektive Ethos zerfiel. Bis zum frühen 6. Jahrhundert n. Chr. war die große Adena-Hopewell-Kultur in zahllose miteinander rivalisierende Gruppen zerfallen.[8]

Die indigene Geschichte Nordamerikas wurde gegen Ende des ersten und zu Beginn des zweiten Jahrtausends christlicher Zeitrechnung durch ein auffälliges Muster einer gleichzeitigen Zentralisierung und Dezentralisierung geprägt. Regionale Zentren gewannen an Macht und erregten dadurch den Unmut der ihnen untergeordneten Gruppen, die schließlich aufbegehrten oder sich abspalteten und manchmal neue Gemeinwesen gründeten. Das Muster zeigte sich deutlich in der Abfolge von den Mogollon zu den Hohokam und den Ancestral Pueblo im Südwesten, und es war besonders ausgeprägt bei der Verlagerung von Poverty Point zur Adena-Hopewell-Kultur im Mississippi-Tal. Die vielleicht dramatischste Ausprägung dieser Kultur-Transformationen entwickelte sich im 11. Jahrhundert, auf dem Höhepunkt der Warmzeit, im American Bottom, einer 100 Kilometer breiten Flussniederung am Zusammenfluss des Missouri und des Mississippi. An einer uralten Flussfurt und Wegkreuzung stand ein bescheidenes Dorf von Jägern und Sammlern. Aber um die Jahrtausendwende siedelten sich Neuankömmlinge in diesem Gebiet an. Sie bauten Mais an und rissen die bestehenden Gebäude ab, damit sie an dieser Stelle eine Stadt errichten konnten.

Die Neuankömmlinge legten in der bis dahin sumpfigen Flussniederung, die reich an sehr fruchtbarem Schwemmland war, Felder an und begannen mit dem Bau ihrer neuen Hauptstadt. Ihre äußerst ehrgeizigen Eliten mobilisierten einfache Mitglieder der Gemeinschaft und Sklaven für die Trockenlegung von Sumpfland und das Anlegen von rechteckigen, für alle Bewohner zugänglichen Plätzen. Enorme Mengen an Erde wurden bewegt, die für die Errichtung gewaltiger Erdhügel und den Bau von erhöhten, breiten Straßen zur Verbindung der einzelnen Bauten miteinander verwendet wurden. Die große Stadt wurde in einem Gittermuster angelegt, und zur größten Leistung der Neuankömmlinge sollte ein gewaltiger, zentraler Erdhügel werden – ein imposantes, pyramidenförmiges Bauwerk, das sich mit vier Terrassen dreißig Meter über die Umgebung erhob, und das auf einer Grundfläche von rund 65.000 Quadratmetern, sechseinhalb Hektar. Europäer nannten den künstlichen Hügel Jahrhunderte später *Monks Mound*.[9]

Cahokia, wie diese neue Stadt schließlich genannt wurde, wurde gebaut, um zu beeindrucken und seine Bewohner auf angemessene Art im Kosmos zu verankern; ihre Geografie war heilig. Monks Mound orientierte sich an den Haupthimmelsrichtungen, und die wichtigsten Erdhügel im Stadtzentrum waren ihrerseits am Monks Mound ausgerichtet und aufein-

Darstellung Cahokias durch einen modernen Künstler

ander bezogen. Monks Mound überragte die Grand Plaza, eine künstlich angelegte ebene Fläche von enormen Ausmaßen, die durch das Auffüllen von sumpfigen Senken mit Erde geschaffen worden war und im wörtlichen Sinn für eine vertikale Distanz zwischen den Eliten und den einfachen Mitgliedern der Gemeinschaft sorgte. Auf Monks Mound verbanden Führungspersönlichkeiten und Priester die obere und die untere Welt und herrschten über ihr Volk, von dem sie Demut und Loyalität erwarteten, die ihre Welt absicherte. Die Führungspersönlichkeiten der Stadt, vielleicht auch die einfachen Menschen, konsumierten den Koffein und das Alkaloid Theobromin enthaltenden Black Drink, von dem sie sich eine rituelle Reinigung erhofften.[10]

Cahokia war auch ein wirtschaftliches Experiment. Die Eliten der Stadt – die Führungspersönlichkeiten und die Priester – verlangten Luxusgüter, die zu ihrem eigenen ästhetischen Vergnügen und als Statussymbole dienen sollten. Die Stadt war von Satellitensiedlungen umgeben, deren Anführer dem obersten Anführer in Cahokia Loyalität schuldeten und ihre Treue durch Geschenke deutlich zu machen suchten. Zugleich war Cahokia auch ein blühendes Handelszentrum. Bedingt durch die Lage der Stadt in der Nähe der Zusammenflüsse von Mississippi, Missouri und Illinois River, reichte das Hinterland für Handel und Austausch von den Großen Seen bis zur Golfküste und zu den Appalachen. Importiert wurden Bedarfsgüter wie Salz und Sandstein und Luxuswaren wie Kupfergegenstände, Mill-Creek-Hornstein und fein gearbeitete Steinmesser.

Cahokia mag als kollektive Anstrengung von Menschen gegründet worden sein, die sich selbst als eine durch verwandtschaftliche Beziehungen verbundene Gemeinschaft verstanden, aber im Lauf der Zeit verwandelte es sich in einen von einer Elite angeführten Staat. Auslöser dieser Entwicklung waren die kolossalen Bauprojekte, für die ein ungeheurer Arbeitsaufwand zu leisten war. Der Monks Mound allein bestand aus rund 620.000 Kubikmetern Erde, die von Arbeitern in Tragkörben zur Baustelle geschafft werden mussten. Die Fertigstellung dieses einen gigantischen Bauvorhabens könnte etwa 370.000 Arbeitstage in Anspruch genommen haben; es war zwar der größte Erdhügel, allerdings nur einer von letztlich rund 200 Mounds, die über das gesamte Stadtgebiet verteilt waren. Ohne die Ausübung von Zwang war ein solches Vorhaben nicht fertigzustellen, und das begünstigte die Entstehung einer hierarchisch gegliederten Gesellschaft. Eine Aristokratie erlangte die Befehlsgewalt über die Menschen niedrigeren Ranges und deren Arbeitskraft, und das erfolgte vermutlich auch durch die Anwendung körperlicher Gewalt.

Cahokia war zu einem Schauplatz der Machtausübung geworden. Tausende von einfachen Menschen verbrachten jetzt – ob die Eliten sich dabei nun auf ein spirituelles Mandat beriefen oder auf nackte Gewalt setzten – einen großen Teil ihrer Zeit mit Erdarbeiten zu rituellen Zwecken und dem Anbau von Nahrungsmitteln für den Adel. Sie waren dabei auf die Großzügigkeit ihrer Anführer angewiesen, um wenigstens Zugang zu einem Teil der Reichtümer zu erhalten, mit denen die boomende Metropole überschwemmt wurde. Bei einem von der Elite ausgerichteten Fest wurden 4000 Stück Rotwild gezählt, 18.000 Tontöpfe und eine große Menge starken Tabaks. Ketten aus Meeresmuscheln, Muschelschalen-Anhänger und Rasseln, außerdem Figurinen von Raubvögeln, Schlangen und Göttinnen, die aus Quarzkristallen, Glimmer und Bleiglanz angefertigt wurden, gelangten aus Cahokia in die benachbarten ländlichen Siedlungen und kündeten von der Macht und Großzügigkeit der Elite.

Die Macht der Elite war nur oberflächlich politischer Natur; ihre wahren Quellen und Ausdrucksformen waren spiritueller Art. Die Anführer und Priester wussten – bzw. behaupteten zu wissen –, wie man mit nicht-menschlichen Wesen zu kommunizieren hatte, wie sich die Sonne, die Erde, die Jahreszeiten, der Regen, die Feldfrüchte und das Wild beeinflussen und beherrschen ließen. Dem obersten Anführer mussten die gewaltigen Mengen an Mais und Luxusgüter zufließen, damit er sie an die Bedürftigen weitergeben und so Verpflichtungen schaffen konnte. Außerdem mussten die nicht-menschlichen Schöpferwesen günstig gestimmt werden, Bündnisse mit äußeren Mächten geschlossen und die eigene Bedeutung kundgetan werden. Macht wurde in Cahokia hochgradig personalisiert und durch den obersten Anführer und seine Lineage verkörpert. Die Bewohner von Cahokia – zumindest ein großer Teil von ihnen – gelangten zu der Ansicht, dass die Macht eines Anführers auch auf das Leben nach dem Tod erweitert werden sollte. Im frühen 11. Jahrhundert wurden rund 270 Menschen rituell geopfert und in einer Reihe von Massengräbern bestattet, damit sie Mitgliedern der Elite im Tod Gesellschaft leisten konnten. In einem anderen Fall wurden 118 weibliche Gefangene nach Cahokia gebracht und getötet. Ein Massengrab war mit mehr als 22.000 zu einem Vogelmuster angeordneten Meeresmuschel-Ketten bedeckt worden.

Cahokias theokratische Anführer schlossen Bündnisse mit den Eliten der Mound-Builder-Dörfer der Umgebung und schufen so ein stets veränderliches Netz von Allianzen, das den Bestrebungen mittelalterlicher Barone und anderer Adliger in Europa glich, die sich um die Herrschaft über weit verstreute Burgen und umstrittene Gebiete bemühten. Zu *Chunkey*-Spielen versammelten sich die Menschen in riesigen Arenen und sahen den Wettkämpfern zu, die bei diesem Spiel einen scheibenförmigen Stein auf den Boden schleuderten und dann Speere mit dem Ziel hinterherwarfen, das Geschoss möglichst nah am späteren Haltepunkt des noch nicht ruhenden Steins zu platzieren. Wenn Gesandte aus Cahokia die Dörfer der Umgebung besuchten, hatten sie Kriegskeulen und Chunkey-Steine dabei, womit sie möglicherweise sowohl die wettbewerbsorientierte wie auch die kooperative Seite der wechselseitigen Beziehungen hervorzuheben suchten. Der Einfluss ihrer Diplomatie scheint im Herzen des Kontinents für eine lange Ära des Friedens und der Stabilität gesorgt zu haben – für eine Pax Cahokia. Die Stadt Cahokia könnte in ihrer Blütezeit bis zu 15.000 Einwohner gezählt haben, und hinzu kamen noch weitere 30.000 Menschen in ihrem Umkreis, die die große Stadt versorgten.

Cahokia war der Zenit – und vielleicht das Vorbild – einer weitverbreiteten Mississippi-Kultur, die für einen Zeitraum von mehr als acht Jahrhunderten in einer sich stetig verschiebenden Konstellation von regionalen Varianten einen großen Teil der Eastern Woodlands umfasste. Große Bevölkerungszentren steigerten ihre Nahrungsmittelproduktion fast bis zur Tragfähigkeit unter den Bedingungen eines ungewöhnlichen Klimas, in dem lange Sommer und lange Wachstumsperioden mit einer langen Niederschlagsperiode zusammenfielen. Aber dann, im frühen 14. Jahrhundert, veränderte sich das Klima erneut, und die Warmzeit ging zu Ende. Eine weltweite Abkühlung des Klimas, die Kleine Eiszeit, sorgte für unvorhersehbare Regenfälle, Dürrephasen und Kälteeinbrüche und zwang die Menschen zu einer grundsätzlichen Neuorientierung. Die Kleine Eiszeit schuf die Rahmenbedingungen für eine Welt, in der alles kleiner ausfallen musste: Ernten, Märkte, Siedlungen, Erdhügel, Bündnisse und Ambitionen. Die Welt der Menschen am Mississippi wurde kleinräumiger und stärker von Gleichheit geprägt; die Priester-Elite verlor ihre Autorität, weil es ihr nicht gelungen war, für Regen zu sorgen und den Wohlstand zu erhalten. Aber die Welt wurde auch gewalttätiger, als die Menschen aufbrachen, um an anderen Orten nach neuen Ressourcen und Bindungen zu suchen. Eine gewaltige Überschwemmung könnte Mitte des 14. Jahrhunderts zur endgültigen Aufgabe von Cahokia geführt haben, aber die große Stadt hatte zuvor bereits einen sich über mehrere Generationen hinziehenden Niedergang erlebt. Cahokias Dahinschwinden war symptomatisch: Als die Stadt endgültig aufgegeben wurde, waren auch alle anderen größeren Orte am Mississippi bereits unbewohnt. Die Menschen scheinen in der gesamten Osthälfte des Kontinents die tyrannische Priesterkaste abgelehnt und einer stärker an der Gemeinschaft und an Gleichberechtigung orientierten gesellschaftlichen Übereinkunft den Vorzug gegeben zu haben.[11]

Eine parallele Abfolge von Instabilität und Anpassung entwickelte sich im Westen des Kontinents. Eine schlimme Trockenperiode in der Region des Chaco Canyon erzwang die Aufgabe des Pueblo Bonito um das Jahr 1130. Viele Ancestral Pueblo, denen Ernteausfälle und Hungersnöte drohten, gaben ihre Dörfer und großen Häuser auf und zogen nach Süden, wo sie im Tal des Rio Grande nach und nach neue Identitäten entwickelten und zu Hopi, Zuni und Pueblo wurden. Andere wandten sich nordwärts in Richtung der Mesa-Verde-Region, wo sie mit bemerkenswerter Kreativität in einer unwirtlichen, felsigen Landschaft eine neue Kultur schufen. Dabei stützten sie sich auf ihre lange Erfahrung mit Bautechniken und errichteten unter Felsvorsprüngen erneut Häuser mit zahlreichen Räumen und Steinpaläste mit Dutzenden von Räumen, mehreren unterirdischen Kivas und Türmen auf hohen Schlafkammern. Sie passten ihren Umgang mit Wasser an die Lebensbedingungen in der Trockenwüste an und verlegten sich auf Terrassenfeldbau, bei dem Geröllsperren und Rückhaltedämme Oberflächenwasser sammelten und den Mutterboden für den Mais-, Bohnen- und Kürbisanbau vor Erosion schützten. In der Region Mesa Verde lebten im 13. Jahrhundert möglicherweise bis zu 20.000 Menschen.[12]

Das Einsetzen der Kleinen Eiszeit sorgte jedoch, wie im Osten des Kontinents, für Veränderungen, die schließlich zum Zerfall dieser frühen Ackerbau-Gesellschaften führten. Als die Ernteerträge immer mehr zurückgingen und die traditionellen hierarchischen autoritären Systeme zerfielen, gingen die Menschen auseinander. Das Volk der Hohokam gab nach mehreren aufeinanderfolgenden Umweltkatastrophen die meisten seiner aus Lehmziegelbauten bestehenden Dörfer und seine im Tal des Salt River angelegten Bewässerungssysteme auf. Auf eine massive, über eine Generation hinweg anhaltende Dürreperiode am Ende des 13. Jahrhunderts folgte eine sich in die Länge ziehende Periode mit spärlichen und unberechenbaren Regenfällen, und beides zusammen förderte interne wie auch nach außen wirkende Gewaltausbrüche. Die Hohokam verschwanden nicht; die Form ihrer Gemeinschaft veränderte sich, und sie wandelten sich zu einer kleineren Gruppe, die später zum Volk der Tohono O'odham werden sollte.[13]

Das weiter südlich lebende Volk der Mogollon scheint auf die sich wandelnden Lebensbedingungen früher und entschlossener reagiert zu haben. Irgendwann im späten 12. Jahrhundert entstand südlich des Rio Grande in den Ausläufern der Sierra Madre Occidental eine neue Stadt: Paquimé. Das von mehreren großen Flüssen umgebene Paquimé entwickelte sich rasch zu einem großen Handels- und politischen Zentrum für sein Umland, in dem etwa 10.000 Menschen in Hunderten von Siedlungen lebten. Die Erbauer der Stadt waren Maisbauern, Bewässerungstechniker und Händler, und sie errichteten eine neue, von einer Lehmziegelmauer umgebene Stadt, Erdhügel für religiöse Zwecke, Ballspielplätze und einen 2000

Eine Luftaufnahme von Pueblo Bonito

Räume umfassenden Wohnkomplex, der Ähnlichkeit zur Architektur der Ancestral Pueblo aufwies.[14]

Paquimé entstand in der Übergangszone von Nordamerika und Mittelamerika und verkörpert einen der größten Wendepunkte in der Geschichte des Doppelkontinents. Nordamerika schlug eine andere Richtung ein als die übrige westliche Hemisphäre. Anderenorts entwickelte sich die historische Dynamik in Richtung größerer Konzentrationen von Macht, monumentaler Kultzentren und Städte. Und Nationen, denen viele Tausend Menschen angehörten, hatten dauerhaft Bestand und erreichten Höhepunkte im großen Maya-Stadtstaat Chichén Itzá im Norden der Halbinsel Yucatán, im Reich der Inka, das im Westen Südamerikas eine Nord-Süd-Ausdehnung von mehr als 3200 Kilometern erreichte, und, im 15. Jahrhundert, in der Stadt Tenochtitlán im Tal von Mexiko, die 150.000 Einwohner hatte und von einem Aztekenherrscher und Hohepriestern regiert wurde. Zu diesem Zeitpunkt waren die Ruinen von Cahokia bereits von Gras überwachsen.[15]

Die Kleine Eiszeit brachte zwar für die Agrargesellschaften Nordamerikas gewaltige Probleme mit sich, aber für die Jäger des Kontinents war sie

Paquimé heute

ein Segen. Das feuchtkalte Klima begünstigte das Gedeihen von Büffel- und Moskitogras, der bevorzugten Nahrung der Bisons, und der Frühling war nass und förderte das wichtige frühzeitige Wachstum von Gräsern nach den Entbehrungen des Winters. Der einzigartig anpassungsfähige und fruchtbare Bison, die einzige überlebende Spezies der Megafauna, hatte jetzt keine ernsthaften Rivalen und Fressfeinde mehr, und die Herden erweiterten ihr Verbreitungsgebiet von den Ausläufern der Rocky Mountains bis in Weidegründe, die Hunderte von Kilometern östlich des Mississippi lagen und von der Subarktis bis zum Golf von Mexiko reichten. Und dort, wo die Bisonherden kleiner wurden, rückten wachsende Rotwildherden nach, deren Lebensraum einen großen Teil der östlichen Hälfte des Kontinents umfasste.

Die Mehrheit der Indianer Nordamerikas entwickelte sich zu Generalisten, die sich als Ackerbauern, Jäger und Sammler selbst versorgten. Anstatt sich um einen maximalen landwirtschaftlichen Ertrag zu bemühen – ein Bestreben, das die Ancestral Pueblo, die Bewohner Chahokias und andere frühe Ackerbaugesellschaften angetrieben hatte –, lauteten ihre Ziele Stabilität, Sicherheit und Solidarität. Anstelle von Priester-Herrschern bevorzugten sie Anführer, deren höchste Verpflichtung der Erhalt des Konsenses und die Förderung von politischen Systemen war, die auf Teilhabe beruhten. Macht ging nicht von den Anführern aus, sondern floss gewissermaßen *durch* sie *hindurch.* Die meisten Nordamerikaner lebten in Dörfern, nicht in Städten. Die Ancestral Pawnee, Arikara, Mandan und Hidatsa waren untypische Fälle. Sie siedelten im oberen Mississippi-Tal, wo das Grundwasser durch Kapillarwirkung an die Oberfläche gelangte. Sie lebten in Dörfern mit domförmigen Erdhütten, die Einwohnerzahl lag eher bei mehreren Hundert als bei Tausenden. Sie betrieben Gartenbau und legten nur selten Befestigungen an. Diese weitreichende Abkehr von Hierarchien, Elitenherrschaft und Verstädterung im großen Stil mag aus Nordamerika – neben Australien – den egalitärsten Kontinent der damaligen Zeit gemacht haben.[16]

Die indigenen Völker Nordamerikas zeichneten sich auch durch ihr vorherrschendes gemeinsames Gedankengut aus, dazu gehörten auf einer breiten Grundlage beruhende und sorgfältig ausbalancierte Wirtschaftsweisen. In den Graslandschaften des Binnenlands – den Great Plains – wimmelte es von Dutzenden Millionen von Büffeln. Gewaltige Herden färbten die Prärieebene bis zum Horizont dunkel und lockten Menschen an. Die Shoshonen zogen vom Großen Becken ostwärts, die Blackfoot kamen aus dem Nordosten, und die Crow, Omaha, Ponca und Kansa verließen ihre Dörfer und Felder im Tal des Missouri. Die Kiowa zogen vom oberen Yellowstone-Tal nach Süden und schmiedeten ein Bündnis mit den dort ansässigen Apachen. Die ehemaligen Bauern gaben die Bodenbearbeitung nicht auf, aber sie alle jagten jetzt auch Bisons, umzingelten sie bei großen, gemeinsamen Jagden und erlegten sie mit Speeren und Pfeilen; sie trieben sie in verborgene Pferche in Flussbetten oder über Felskanten, von denen die Tiere in den Tod stürzten. Jäger in den Black Hills versetzten Bisonherden in Panik und lenkten die desorientierten Tiere in einen durch Steine begrenzten Korridor, der sie zu einem Büffelsprung führte, einer tiefen Doline, wo der Absturz das Töten erledigte. Die Blackfoot bezeichneten die Methode des Büffelsprungs als *pis'kun,* »tiefer Blutkessel«, und das Blackfoot-Wort für ihren wichtigsten Ort dieser Art bedeutet »zertrümmerter Kopf«. Letzeres bezog sich auf einen Vorfall, bei dem Büffel, die fast 20 Meter in die Tiefe stürzten, einen jungen Jäger zerquetscht hatten. Der Ort war Tausende von Jahren für diese Art von Jagd genutzt worden, und Tausende von Bisons waren dort getötet, zerlegt und zu Nahrung, Werkzeugen und Kleidungsstücken verarbeitet worden. In den Great Plains könnte es Hunderte von Büffelsprüngen gegeben haben.[17]

Gegen Ende des 15. Jahrhunderts war nahezu jeder Winkel Nordamerikas von Menschen bewohnt oder wurde zumindest von ihnen genutzt. Menschen hatten Saatgut untersucht, sortiert und perfektioniert, und sie hatten Bäche und Flüsse jeder Größenordnung nutzbar gemacht, um der Wüste Gärten abzuringen. Sie hatten gelernt, die Geister wohlgesinnt zu stimmen, sie beherrschten demütig die Erde und sie hatten neue Methoden ersonnen, um in ihrem Lebensumfeld Pflanzen ernten und Tiere erlegen zu können. Für ihre Mühen waren sie reichlich belohnt worden. Ihre Gemeinschaften waren wohlhabend, sie wurden größer, breiteten sich über ihre Kernsiedlungsgebiete hinweg aus und bewohnten und bewirtschafteten die leeren Räume dazwischen. Der Kontinent war die Heimat von rund fünf Millionen Menschen geworden.[18]

Führungspersonen in Nordamerika waren keine Autokraten, die über Untertanen herrschten und sie zur Unterwerfung zwangen, vielmehr waren sie Schlichter und Vermittler, die sich für Konsens einsetzten. Sie versuchten nicht, die eigene Macht zu maximieren, sondern die Anzahl ihrer Gefolgsleute. Gute Anführer waren arm. Von Verbündeten nahmen sie Handelswaren und Geschenke an, aber um effektiv regieren zu können, mussten sie die meisten Güter unter ihrem Volk verteilen. Ihre Belohnung bestand aus Loyalität und sich erweiternden Netzwerken fiktiver Verwandtschaft, die sich auf zahlreiche verbündete Nationen erstrecken konnten. Dies wurde, von wenigen Ausnahmen abgesehen, in Nordamerika zur Norm. Verwandtschaft – ein alles durchdringendes Gefühl von Verbundenheit und wechselseitigen Verpflichtungen – wurde zum zentralen Organisationsprinzip des menschlichen Lebens. Verwandtschaft war das entscheidende Bindemittel, das Völker und Nationen zusammenhielt. Es wäre ein Fehler, diese Organisationsform als Versagen oder kulturelle Verirrung zu betrachten, wie das Neuankömmlinge aus Europa fast unweigerlich taten. Nordamerikanische Indianer hatten mit hierarchisch gegliederten Gesellschaften und allmächtigen geistlichen Anführern experimentiert und beides für mangelhaft und gefährlich befunden. Sie hatten sich für eher horizontal gegliederte, partizipatorische und egalitäre Daseinsformen entschieden – sie hatten ein kommunales Ethos entwickelt, dem jeder Mensch durch seine Gedanken und Taten folgen konnte, wenn er zum Teilen seiner Besitztümer bereit war. Ihre ideale Gesellschaft war ein grenzenloses Gemeinwesen, Commonwealth, das sich – zumindest theoretisch – unbegrenzt auf Außenstehende erweitern ließ.

KAPITEL 3

BLINDE EROBERUNGEN

AUF DER ANDEREN SEITE DES OZEANS HATTEN VÖLKER und Nationen, entsprechend der Entwicklung in Nordamerika, zwei Klimaepochen durchlebt. Während der Warmzeit, die im 10. Jahrhundert einsetzte, eröffneten sich ihnen erstaunliche Chancen, und dann, ab dem Einsetzen der Kleinen Eiszeit im 12. Jahrhundert, hatten sie mit schwindenden Zukunftsaussichten zu kämpfen. Auf der Halbinsel, die die Westspitze der eurasischen Landmasse ausmacht, fielen die Übergänge besonders hart aus.

Europa, ein nur unscharf definiertes geografisches Gebiet, hatte den nördlichen Teil des sich ausbreitenden Römischen Reiches ausgemacht, das im Jahr 117 n. Chr. nahezu alle Anrainerstaaten des Mittelmeeres beherrschte. Als das überdehnte Römerreich im Verlauf des 3. Jahrhunderts durch den Druck der Germanischen Völkerwanderung aus dem Osten geschwächt wurde, erlangte Byzanz (ab 330: Konstantinopel) die Vorherrschaft im Mittelmeerraum. Das Macht- und Handelszentrum verlagerte sich nach Osten, und Europa wurde zur vernachlässigten Peripherie von geringer Bedeutung.

Als Rom wieder zu dem kleinen Stadtstaat schrumpfte, der es einst gewesen war, füllten Hunderte kleine Lehnsgüter und Fürstentümer das gähnende Machtvakuum, das die verschwundene Großmacht hinterließ. Europa verharrte bis ins 10. Jahrhundert hinein in diesem kümmerlichen Zustand einer atomistischen Ordnung, als sich die Welt wieder zu erwärmen begann. Die Bauern Westeuropas entwickelten das System der Dreifelderwirtschaft, bei der das Ackerland in dreijährigem Wechsel bewirtschaftet wurde: Der Anbau beschränkte sich auf jeweils zwei Felder, während das dritte als Brache ein Jahr lang unbebaut blieb. Dieses System war eine der wichtigsten Entwicklungen der europäischen Geschichte, es verhalf dem Kontinent zu wachsendem Wohlstand und mehr Bedeutung.

Brutale Kriegsherren stellten Privatarmeen auf, die aus schwer bewaffneten Reitersoldaten bestanden, und beanspruchten für sich selbst riesige private Lehnsgüter. Das Land wurde von einer kleinen Machtelite beherrscht, und die ortsansässigen Bauern wurden auf den Status von Leibeigenen zurückgestuft, landwirtschaftlichen Arbeitern, die an den Besitz eines Grundherrn gebunden und selbst Teil davon waren. Als Gegenleistung erhielten sie den Schutz der Grundherren und ihrer Ritter gegen die Wikinger, die Muslime und gegen einheimische Gesetzlose. Der Krieg wurde als heilige Unternehmung verherrlicht und mit Vorstellungen von Pflicht, Ehre und Loyalität durchdrungen. Die einfachen Menschen gerieten, wie in Cahokia und anderswo in Nordamerika, unter die Herrschaft eines auserwählten Kaders heiliger Männer, die sie für den Bau von riesigen Bauwerken rekrutierten, mit denen das Jenseits verherrlicht werden sollte – und sie selbst als Gottes Diener auf Erden.[1]

Die Parallelen zwischen den beiden Kontinenten sollten jedoch nicht von Dauer sein. Die Königshäuser von Frankreich und England stritten in den 1330er-Jahren um den Anspruch auf den Königsthron in Frankreich. Es war der Beginn eines zermürbenden, immer wieder aufs Neue aufflammenden Krieges, der kein Ende zu nehmen schien. Stehende Heere traten an die Stelle der von lokalen Kriegsherren angeführten feudalen Privatarmeen, und die Kosten für die Kriegführung stiegen enorm, was die Monarchen und ihre Höfe zu Innovationen zwang. Die französische und die englische Krone verlegten sich auf effizientere Methoden der Kriegführung und -finanzierung, indem sie neue Steuern und Zollgebühren erhoben und die althergebrachten königlichen Kabinette zu frühen Formen staatlicher Bürokratien erweiterten. Am Ende des Hundertjährigen Krieges im Jahr 1453 – als England auf seine Ansprüche auf dem europäischen Festland verzichtete – waren beide Königreiche weit fortgeschritten in ihrer Entwicklung zu Militärstaaten, die Steuern erhoben und unter der Führung mächtiger Herrscher standen, riesige Armeen aufbieten konnten und von großer Frömmigkeit geprägt waren. Ein neues Machtgeflecht entwickelte sich zwischen Monarchen und Händlern wie auch zwischen Höfen, Städten und Klerus. Herrscher gewährten Städten Handelsprivilegien, und Städte gelobten den Herrschern als ihren Beschützern ihre Loyalität. Städte waren die großen wirtschaftlichen Antriebskräfte der sich herausbildenden Nationalstaaten in Westeuropa, sie waren geprägt von wirtschaftlicher

Tätigkeit, von Innovationen, beispiellosem Reichtum und hochfliegendem Ehrgeiz. Frankreich und England verfügten gegen Ende des 15. Jahrhunderts über die Mittel und die organisatorischen Fähigkeiten für eine Expansion nach Übersee.[2]

Überraschenderweise war es jedoch Spanien – vielleicht das schwächste der westeuropäischen Königreiche –, das die ersten bedeutenden kolonialen Außenposten in der westlichen Hemisphäre gründete. Muslime aus Nordafrika waren im frühen 8. Jahrhundert auf der Iberischen Halbinsel gelandet, hatten das Westgotenreich besiegt und gegen dessen Nachfolgestaaten gekämpft, die sie im Lauf mehrerer Jahrhunderte immer weiter nach Norden zurückdrängten. Das Christentum zog sich vor den Eroberern zurück, die es für den ganzen Kontinent bedrohende Ungläubige hielt. Die iberischen christlichen Königreiche begannen fast unmittelbar nach den ersten muslimischen Vorstößen mit der Reconquista, aber sie kam nur langsam voran. Erst im 13. Jahrhundert gelangen entscheidende Siege, als christliche Heere die wichtigen muslimischen Herrschaftszentren Córdoba und Sevilla eroberten. Granada, die letzte muslimische Enklave auf der Halbinsel, wurde zum tributpflichtigen Vasallen des Königreichs Kastilien.[3]

Das Christentum hatte sich, angeführt von den iberischen Königreichen, gegen eine kolossale islamische Bedrohung behauptet. Es war ein Triumph, der rasch in eine energische Expansion mündete, die über die territorialen Grenzen Westeuropas hinausführte, und die Spanier gingen voran. Durch die jahrhundertelange Reconquista war ihre Kampffähigkeit gut ausgebildet, ihre Gesellschaft kriegserprobt und der Militäradel war in die höheren Kreise der gesellschaftlichen Hierarchie aufgestiegen. Im 15. Jahrhundert eroberten die Spanier die Kanarischen Inseln vor der Küste Westafrikas; sie erwarben damit einen Stützpunkt im Atlantik und eine erste koloniale Erfahrung in Übersee und in der Unterjochung eines nichteuropäischen und nicht-muslimischen Volkes. Die Kanaren waren vor der Ankunft der Spanier von den aus Nordafrika stammenden Guanchen bewohnt, die heftigen Widerstand gegen die spanische Kolonisierung leisteten, aber den unbekannten europäischen Keimen zum Opfer fielen. Die wenigen Überlebenden wurden als Sklaven auf die portugiesische Insel Madeira und nach Spanien verkauft. Die Erfahrungen in puncto Grausamkeit und Brutalität, die sie auf den Kanaren gemacht hatten, sollten sich für die spanischen Abenteurer in der »Neuen Welt«, die sie bald zu sehen bekommen sollten, als nützlich erweisen.[4]

Paolo dal Pozzo Toscanelli, ein Astrologe und Kartograf aus Florenz, schuf im Jahr 1474 sein Meisterwerk: eine Karte, auf der die westlichen Randgebiete Europas und Nordwestafrikas zu sehen waren, ein Stück von Ostasien und dazwischen der »Oceanus Occidentalis«, der Atlantische Ozean. Toscanelli wollte, wie alle Kartenmacher, reale geografische Strukturen darstellen, aber wenn die Faktenlage dünn wurde, übernahm die Vorstellungskraft die Regie. Er platzierte Cipangu, das »Land der aufgehenden Sonne« – das war Marco Polos Name für Japan – in der Nordwestecke Mittelamerikas. Westlich von Cipangu verzeichnete Toscanellis Karte Cathay (China) als ebenfalls direkt über den Ozean hinweg von Europa aus erreichbares Land. Die westliche Hemisphäre fehlte vollkommen; an ihre Stelle setzte Toscanelli eine Gruppe von Phantominseln, die nur in Legenden existierten.

Toscanellis bemerkenswerte Karte beflügelte die Vorstellungskraft eines erfahrenen Seefahrers aus Genua und ermutigte ihn dazu, dem portugiesischen Königshof im Jahr 1484 eine beispiellose Erkundungsfahrt vorzuschlagen: Er würde gen Westen segeln – nicht südwärts, um Afrika herum, wie andere es vor ihm versucht hatten –, um Indien, China, Japan und die sagenhaften Gold- und Gewürzinseln des Ostindischen Archipels zu erreichen. Sein Vorhaben wurde prompt als absurd zurückgewiesen. Kolumbus versuchte sein Glück dann bei Königin Isabella und König Ferdinand von Kastilien und Aragón, wurde jedoch erneut abgewiesen. Aber nachdem Granada, die letzte muslimische Stadt auf der Iberischen Halbinsel, im Januar 1492 an Spanien fiel, gaben die spanischen Monarchen, durch portugiesische Vorstöße entlang der afrikanischen Küste und in Richtung der Kanarischen Inseln alarmiert, ihr Einverständnis für die Finanzierung des aus ihrer Sicht bizarr anmutenden Unternehmens. Christoph Kolumbus stammte aus einfachen Verhältnissen und war ein autodidaktisch gebildeter Kosmograf; er bekam für seine Seereise ins Unbekannte den Auftrag, in der klassischen Manier der Reconquista enorme Besitztümer für sich selbst und seine Geldgeber zu ergattern. Westeuropa wandte sich, angeführt von Spanien, von den gefährlichen Gewässern des Mittelmeers ab und orientierte sich in Richtung des Atlantiks und der noch unerschlossenen Reichtümer, die dort warteten. Aber es war ein Un-

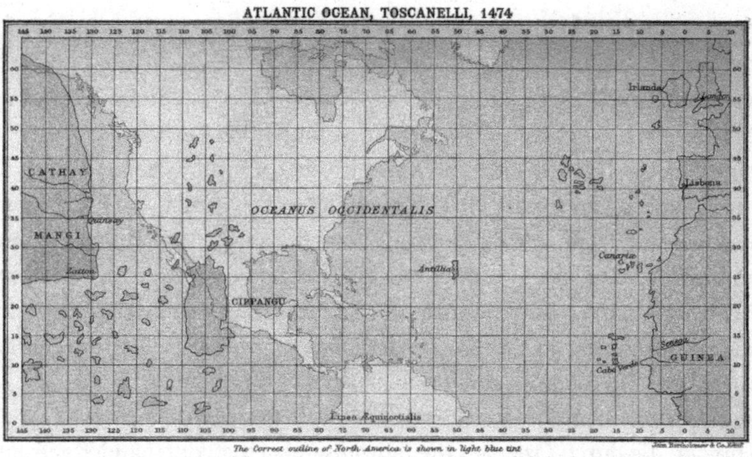

Paolo dal Pozzo Toscanellis 1474 angefertigte Karte des Atlantischen Ozeans

terfangen auf gut Glück. Isabella und Ferdinand, die sich von dem überempfindlichen Seemann nur wenig erhofften, versprachen ihm eine Ernennung zum Admiral, Vizekönig und Gouverneur eines jeden Landes, auf das er stoßen werde, und den Erhalt dieser Titel »von Nachfolger zu Nachfolger für immer und alle Zeit«. Nicht zuletzt sollte Kolumbus, und das war für ihn von unmittelbarerem Interesse, auch ein Zehntel des Nettoertrags aller Schätze erhalten, die er erobern würde.[5]

Im Herbst des Jahres 1492 sichteten die Taíno, ein indigenes Volk, das einen großen Teil der Karibik beherrschte, drei merkwürdige Schiffe, die sich der Küste näherten. Als die Neuankömmlinge landeten, schienen die Taíno, selbst erprobte Seefahrer und Händler mit weitreichenden Kontakten, sie durchaus als Ergänzung für ihr hierarchisches Netzwerk zu begrüßen. Die Taíno auf Hispaniola waren in fünf mehrschichtigen Gemeinschaften organisiert, die von obersten Kaziken (Königen) angeführt wurden, und die Fremden konnten als untergeordnete Verbündete in dieses System eingegliedert werden.

Kolumbus und seine aus 88 Männern bestehenden Schiffsbesatzungen hatten einen Ort erreicht, den der Kommandeur für Ostindien hielt. Er war zwar erleichtert, als er auf Land stieß – die Überfahrt hatte nach einem vorangegangenen Zwischenstopp auf den Kanaren länger gedauert als erwartet –, aber die Menschen, auf die er jetzt traf, waren für ihn eine Enttäuschung. Sie begrüßten die erschöpften Spanier mit Geschenken und Essen und hofften, die Fremden in ihr Verwandtschaftssystem aufnehmen zu können, aber sie lebten in bescheiden anmutenden Dörfern, in denen es keines der wertvollen Güter gab – Gold, Silber, Gewürze, Seide –, nach denen Kolumbus und seine Gefährten suchten. Der enttäuschte Kolumbus versklavte die Taíno. Er war überzeugt davon, dass die Indianer die Spanier für Abkömmlinge des Himmels hielten, und verwechselte möglicherweise die Ehrfurcht, die sie für die spanischen Schiffe und Metallwerkzeuge empfanden, mit Verehrung. Er nannte das Land – eine Insel, wie er bald darauf feststellte – San Salvador und beanspruchte es für Spanien.[6]

Kolumbus hatte unwissentlich zwei Teile der Menschheit zusammengebracht, die durch Ozeane viele Jahrtausende lang voneinander getrennt gewesen waren. Den Spaniern mochten die indigenen Bewohner San Salvadors als vollkommen fremdartig und ihnen selbst unterlegen vorgekommen sein, aber die beiden Menschengruppen waren genetisch identisch. Alle bedeutsamen Unterschiede zwischen ihnen waren kulturell bedingt. Kolumbus mag desillusioniert gewesen sein, aber er wusste, was er als guter Europäer tun sollte. Er entstammte einer Gesellschaft, in der die gesellschaftliche Stellung eines Menschen weitgehend von der Geburt bestimmt wurde. Man fand einen Lebenszweck im Predigen, im Kämpfen oder indem man anderen Menschen diente. Kolumbus und seine Zeitgenossen hegten kaum einen Zweifel hinsichtlich der Stellung der Taíno in dieser Rangordnung. Aus der Sicht der Spanier waren sie primitive Heiden, die auf einer abgelegenen Insel lebten, und deshalb waren sie ihnen vertraut: Spanische Seesoldaten hatten nur wenige Jahrzehnte zuvor auf den Kanarischen Inseln ähnliche Menschen unterworfen. Die Eroberung der Kanaren hatte als Versuchslabor für den Übersee-Imperialismus gedient: Sie hatte die Spanier gelehrt, wie man Fremde zu Untertanen, ja sogar zu Sklaven machte. Der vom Gedanken an Gold besessene Kolumbus verbrachte auf den Westindischen Inseln Wochen mit der Suche danach, und im Verlauf dieser Zeit begann er damit, gute Indianer von schlechten Indianern zu unterscheiden. Gute Indianer waren sanftmütig und gaben gelehrige Diener ab; schlechte Indianer widersetzten sich den spanischen Forderungen und leisteten Widerstand. Gute Indianer konnten bekehrt werden; schlechte Indianer sollten versklavt werden. Kolumbus hatte Spanien eine

Christoph Kolumbus nimmt auf Hispaniola Geschenke des Kaziken (»Königs«) entgegen. Kupferstich von Theodor de Bry, 1594

Blaupause für ein Reich in der Neuen Welt geliefert. Nach der Rückreise nach Spanien mit dem Ziel, sich die königliche Unterstützung zu sichern, kehrte er ein Jahr später mit 15 Karavellen, zwei kleineren Schiffen und 1500 Mann nach Amerika zurück. Er hatte eine neue Ressource ausgemacht, und die Spanier versklavten sofort 1600 Indianer.[7]

Kolumbus und die spanischen Konquistadoren, die seinem Beispiel folgten, empfanden die amerikanischen Tropen als merkwürdig angenehm. Die amerikanischen Tropen waren gesund und gastfreundlich – eines der Ergebnisse der Kleinen Eiszeit, und die Konquistadoren stürmten innerhalb eines Jahrzehnts durch Española, Puerto Rico, Jamaika und Kuba, immer auf der Suche nach den nicht aufzufindenden Gewürzinseln, aber schließlich rafften sie Gold zusammen und machten die Einwohner zu ihren Sklaven. Außergewöhnliche Tiere und Technologien – Pferde, Gewehre und Stahl – verschafften den Neuankömmlingen, die sich außerdem auf eine fest verwurzelte Tradition gewaltsamer Eroberung stützten, stimulierende militärische Siege. Doch erst die Krankheitskeime, die die Europäer in sich trugen – Pocken-, Masern-, Influenza- und andere Erreger –, ermöglichten die vollständige Unterjochung der Großen Antillen. Sie suchten die solchen Gefahren schutzlos ausgesetzte indigene Bevölkerung mit tödlicher Effizienz heim. Der militärische Imperialismus löste in Verbindung mit dem biologischen Imperialismus das erste Massensterben unter den Native Americans aus. Hunderttausende Menschen starben, und die meisten Überlebenden wurden als rechtlose Heiden versklavt. Die Spanier strebten nach schnellen Profiten und gingen gründlich vor. An Españolas »Perlenküste« zwangen sie versklavte einheimische Taucher zu lebensgefährlichen Tauchgängen beim Einsammeln von Perlen. Schon bald fanden sich die Spanier als Herren über die nahezu menschenleeren Inseln wieder. Sie setzten die Suche nach neuen Einnahmequellen fort und erkannten nach und nach, dass die Inseln auf drei Seiten von einer unbekannten Landmasse umgeben waren. Das war nicht das Bild, das auf Toscanellis Landkarte zu sehen war.[8]

Ein unerschütterlicher Glaube an die spanische Überlegenheit über die Indianer und ein moralischer Kreuzzug für die Verbreitung des Christentums unter den Heiden ermutigten die Neuankömmlinge aus Spanien zu ihrem Tun. Papst Alexander VI. hatte Isabella und Ferdinand bereits 1493 die Herrschaft über Amerika und das Recht zur Bekehrung von Indianern zugesprochen. Eine Ansiedlung im Osten der Karibik, der die Spanier den Namen Isabela gaben, diente als Stützpunkt und Bereitstellungsraum für Überland-Vorstöße, und bei diesen Expeditionen stießen die Kundschafter schon bald auf einen neuen Ozean – den Pazifik –, der bis zum Horizont reichte. Es wurde deutlich, dass es vom Atlantik aus keine direkte Durchfahrt nach Asien gab; welche Schätze es auch immer zu heben galt, man würde sie in dieser merkwürdigen neuen Welt finden müssen. Spanien änderte den Kurs. Nicolás de Ovandos aus 30 Schiffen bestehende Flotte, die 2500 Siedler an Bord hatte, leitete 1502 mit der Landung auf einer Insel, der sie den Namen Santo Domingo gaben, die Kolonisierung des amerikanischen Doppelkontinents ein. Kundschafter und einheimische Informanten enthüllten schon bald darauf die Existenz wohlhabender indigener Reiche, deren Herrschaftsgebiet nicht allzu tief im Binnenland des Kontinents lag. Die goldhungrigen Konquistadoren hatten jetzt ihre neuen Ziele, die sich als erstaunlich verwundbar erweisen sollten. Kleine Gruppen spanischer Soldaten sollten für die Eroberung eines gewaltigen Reiches innerhalb von weniger als 20 Jahren ausreichen.[9]

Spanische Konquistadoren fielen ab 1519 mit kleinen, aber schwer bewaffneten Streitkräften in die sagenhaft reichen mittelamerikanischen indigenen Imperien ein. Hernán Cortés eroberte mit 1300 Mann Tenochtitlán, die Hauptstadt des Aztekenreiches. Die Schiffe hatte er nach der Landung zerstören lassen, um sicherzustellen, dass ihm seine Männer nicht von der Fahne gehen würden. Cortés führte das *Encomienda*-System ein, eine modifizierte Form des europäischen Feudalismus, in der unterworfene indigene Gemeinschaften einzelnen Konquistadoren übertragen wurden, zur Verwaltung und zum eigenen Gewinn. Sein draufgängerischer Vorstoß hatte, mit massiver Unterstützung durch die Pocken und indigene Verbündete, Neuspanien (Nueva España) geschaffen, ein eindeutig spanisch geprägtes Reich, das einem bereits existierenden imperialen indigenen Fundament übergestülpt wurde. Zehn Jahre später stieß Francisco Pizarro, inspiriert von Cortés' Großtat, bis ins Herzland des Inkareiches vor. Er marschierte auf den steil ansteigenden und abfallenden Inka-Fernstraßen und schockierte die Fußsoldaten des Reiches mit seiner Kavallerie. Pizarro nahm Atahualpa gefangen, den *Sapa Inka* (»einzigen Inka«) und Herrscher des Inkareiches. Das von den Spaniern als Peru bezeichnete Gebiet brachte den Eroberern bis zum Jahr 1550 mehr als 80 Tonnen Gold und Silber ein, außerdem gewaltige Mengen an Nahrungsmitteln, die von großen, terrassierten Feldern kamen, auf denen Kartoffeln, Quinoa und Mais wuchsen. Pizarro hatte, wie vor ihm schon Cortés, sein Ziel erreicht, indem er sich selbst an die Spitze eines bereits existierenden Netzwerks von Arbeitern, Vasallen und Reichtümern gesetzt hatte.[10]

Spanien schien in den 1550er-Jahren, wenig mehr als ein halbes Jahrhundert nach der ersten Landung Kolumbus', kurz vor der Beherrschung der gesamten Hemisphäre zu stehen. Es hatte sich eine charakteristische Form der spanischen Kolonisierung entwickelt, die sich aus der Erfahrung der Reconquista und der Aneignung der Kanarischen Inseln speiste. Die spanische Kolonisierung erhielt einen enormen Schub durch das, was mittlerweile auch als »Kolumbianischer Austausch« (»Columbian Exchange«) bezeichnet wird, den großflächigen und interkontinentalen Transfer von Menschen, Tieren, Pflanzen, Ideen, Technologien und Krankheiten zwischen dem amerikanischen Doppelkontinent, Europa und Westafrika. Es starben sehr viel mehr Indianer an europäischen Krankheiten als an Kugeln und Stahl aus Europa. Die spanische Krone beherrschte ihre amerikanischen Kolonien mit eiserner Hand, stülpte ihnen ihr hierarchisches Regierungssystem über und kontrollierte sorgfältig Planung, Tempo und praktische Umsetzung der Kolonisierung. Spaniens amerikanisches Imperium sollte zu einem Reich der Kleinstädte werden, die allesamt daran mitwirkten, das politische, gesellschaftliche und religiöse Leben unter der Aufsicht eines *Adelantado* zu kontrollieren, eines Adligen, der im Dienst seines Königs stand. Neuspanien sollte zu einem hierarchisch gegliederten, multiethnisch zusammengesetzten Imperium mit einer einzigen Sprache (kastilisches Spanisch), einer einzigen Religion (der römisch-katholischen) und einem einzigen Herrscher (dem spanischen König) werden, zu einem Imperium, das mithilfe einer aus örtlichen Verwaltern bestehenden durchsetzungsstarken Bürokratie vom Mutterland aus regiert wurde. Ein äußerst effizientes Transportsystem von jährlich verkehrenden und schwer bewaffneten Flotten brachte den gestohlenen Reichtum – Silber, Gold, Perlen, Zucker, Salz, Felle und Sklaven – nach Spanien und befeuerte dort weitere koloniale Ambitionen.[11]

Nachdem Spanien die nahezu vollständige Kontrolle über die Küsten der Karibik erlangt hatte, verlegte es seinen Schwerpunkt von der gewaltsamen kolonialen Expansion – die immer ein Unternehmen mit ungewissem Ausgang ist – zur bürokratischen kolonialen Verwaltung. In diesem frühen Stadium war plötzlich Raum für kritische Stimmen wie diejenige des Dominikanerpaters Bartolomé de Las Casas, der die von Spaniern im frühen 16. Jahrhundert an Native Americans verübten Gräueltaten kritisierte und eine mildere Form des Kolonialismus befürwortete. Das veranlasste den König von Spanien, Karl I. (der gleichzeitig als Karl V. Kaiser des Heiligen Römischen Reiches deutscher Nation war), im November 1542 zum Erlass der *Neuen Gesetze (Leyes Nuevas)* für die Kolonialgebiete in Lateinamerika und die Behandlung der »Indios«, mit denen das Encomienda-System reguliert und die Versklavung der indigenen Bevölkerung verboten wurde.[12]

Spanien war, als die Mitte des 16. Jahrhunderts näher rückte, zur mächtigsten Nation der Welt geworden, die jährlich aus Amerika eintreffenden Silberflotten stützten seine Macht in Europa und darüber hinaus. Aber dann begann seine expansionistische Dynamik zu schwinden. Die Eroberung eines Imperiums in der Neuen Welt war durch den Einsatz von Kavalleriepferden, Stahl, Schießpulver und ansteckenden Krankheiten bemerkenswert leichtgefallen: Große indigene Imperien fielen wie Dominosteine an die angreifenden kleinen Armeen der Konquistadoren und brachten den Eroberern enorme Mengen von Silber und Gold ein. Spanien hatte in der Neuen Welt mit minimalen Investitionen und Verlusten ein gewaltiges Imperium erworben. Es gab noch kleinere, ärmere und schwerer zugängliche mittelamerikanische Reiche, die man unterjochen und plündern konnte, aber die Spanier hatten sich an schnelle und gewaltige Profite gewöhnt; die bescheideneren, eher abgelegenen und isolierten Reiche schienen der Mühe nicht wert zu sein. Auf der Suche nach neuen Chancen und Eroberungen richteten die immer ehrgeizigeren Spanier jetzt den Blick nach Norden. Sie dachten, sie hätten alle Zeit der Welt. Während die Spanier mächtige indigene Reiche eroberten, machten sich die Franzosen und Engländer, immer mit dem Blick auf den Rivalen, eben erst daran, das übrige Amerika weiter im Norden zu erkunden. Sie sollten enttäuscht werden.

ZWEITER TEIL

VON WEITEM WIE RIESEN

(Das lange 16. Jahrhundert)

KAPITEL 4
TERRA NULLIUS

Sie entdeckten die drei Schiffe, die am blauen Horizont auftauchten und sich langsam dem Ufer näherten. Die Calusa-Indianer hatten von solchen Dingen gehört, und sie wussten, was sie zu erwarten hatten. Die Männer auf diesen wuchtigen Schiffen waren Fremde aus dem Süden, wo sie bereits zahllose Völker getötet und sich zu Herren über diejenigen erklärt hatten, die am Leben geblieben waren. Ihre Schiffe umgingen normalerweise das Calusa-Land auf dem Weg hinaus auf die hohe See, aber jetzt kamen sie direkt auf sie zu.

Es waren Männer, die alles haben wollten, was die Calusa besaßen: ihr Land, ihre Reichtümer, ihre Arbeitskraft, ihre Seelen. Die Calusa wussten genau, wie sie mit ihnen umgehen mussten. Die Karibik war nach wie vor – den tödlichen Epidemien, Versklavungen und Massentötungen zum Trotz – ein indigener Lebensraum mit dichten Handels- und diplomatischen Netzwerken, über die sich Informationen schnell und weiträumig verbreiteten. Die Calusa ließen die Schiffe bis nahe ans Ufer herankommen und überschütteten sie dann mit einem Pfeilhagel. Der Angriff schockierte die Spanier; ein solches Vorgehen hatten sie von Indianern, die sich mit Gewehren, eisernen Waffen und Galeonen konfrontiert sahen, nicht erwartet. Der Befehlshaber der kleinen Flotte war Juan Ponce de León, ein Veteran von Kolumbus' zweiter Reise nach Amerika im Jahr 1493. Für ihn hatten sich die Dinge in der Neuen Welt sehr gut entwickelt. Er hatte auf den Großen Antillen einen Aufstand des Taíno-Volkes niedergeschlagen und Puerto Rico für die spanische Krone beansprucht, die ihn dafür 1508 mit dem Amt des Gouverneurs der Insel belohnte. Puerto Ricos Zucker, Gold und indianische Sklaven hatten Ponce de León unermesslich reich gemacht. Ponce de León wusste nur wenig über das Land und die Menschen, die er sich unter Berufung auf die Doktrin der *Terra nullius* (»menschenleeres Land« oder »Niemandsland«) zu eigen machen wollte. In Wirklichkeit war Florida die Heimat von rund 350.000 Indianern.[1]

Europäische Nationen verweigerten die Anerkennung der indigenen Souveränität, weil sie die Native Americans als Wilde betrachteten und der Ansicht waren, dass die Indianer ihr Land nicht auf angemessene Art und Weise nutzen, es nicht durch intensive Bewirtschaftung verbessern und deshalb in einem kulturlosen Zustand belassen würden. Ponce de León wusste nicht, dass die 22.000 Menschen zählenden Calusa ein riesiges Territorium und zahlreiche tributpflichtige Dörfer beherrschten, die über Hunderte von Kilometern verstreut waren. Außerdem hatten sie in den Küstengewässern große, durch Trennwände aus Muschelschalen und Sedimenten eingehegte Wasserbecken angelegt, in denen sie Fische und andere Meerestiere fingen. Ihr Machtzentrum war ein enormes Bauwerk, in dem 2000 Menschen untergebracht waren. Nach der Eroberung Mittelamerikas hielten die Spanier Florida, das »Blumenland«, für eine erntereife, leicht zu pflückende Frucht. Ponce de León, vom entschlossenen indigenen Widerstand überrascht, trat 1514 einen eiligen Rückzug nach Puerto Rico an. Die Spanier bezeichneten ihre Bezwinger als *gente de color quebrado*, »blassgesichtige Menschen«.

Der äußerst hartnäckige Ponce de León unternahm 1521 einen zweiten Versuch und führte sein aus 200 Kolonisten bestehendes Invasionskommando zur selben Stelle an Floridas Golfküste. Er befahl seinen Männern, Häuser zu bauen. Sie stellten nicht eines davon fertig. Die Calusa machten sofort mobil, und es kam zu einer erbitterten Schlacht. Ponce de León wurde von einem Pfeil getroffen. Er befahl den Rückzug nach Kuba, wo er bald darauf an der Pfeilwunde starb. Noch im gleichen Jahr folgte Alonso Álvarez de Piñeda der Golfküste in westlicher und anschließend in südlicher Richtung, entdeckte die Mündung des Mississippi und kam zu dem Schluss, dass Florida keine Insel, sondern eine Halbinsel sei und zu einer Landmasse von unbekannter Größe gehörte.[2]

Die Gebiete im Norden schienen, von den spanischen Besitztümern in der Karibik und in Mexiko aus betrachtet, vielversprechende Ziele für neue koloniale Unternehmungen zu sein. Giovanni Caboto, ein venezianischer Seefahrer im Dienst der englischen Krone, landete 1497 im Norden dieses unbekannten Landes und zeigte den Europäern mit seinem Unternehmen, dass sie es hier tatsächlich mit einem neuen Kontinent zu tun hatten. Die Inseln in der Karibik hatten aus der Sicht der Konquistadoren ihren Glanz eingebüßt. Sie bezeichneten die Bahamas als »die nutzlosen Inseln« (»las islas inutiles«), weil es dort weder Gold noch Perlen zu holen gab. Die spanischen Ambitionen richteten sich jetzt auf den Norden, wo eine noch unerschlossene Menge von Bodenschätzenund eine große Zahl von Sklaven und Konvertiten nur auf sie zu warten schien. Die Geografie übte dabei eine einladende Wirkung aus. Die schiere Breite Mittelamerikas schien einen uneingeschränkten Zugang zum Herzland des Kontinents zu eröffnen, während die Halbinsel Florida wie eine gewaltige Landbrücke weit in die Karibik hinausragte. Spanische Sklavenjägerschiffe stießen im zweiten Jahrzehnt des 16. Jahrhunderts nach Norden vor und machten dabei enorme Gewinne. Indigene Sklaven waren auf den Zuckerinseln der Karibik zu einer Seltenheit geworden. Dort hatten mehr als 20 von Versklavung und Epidemien geprägte Jahre zu einem demografischen Zusammenbruch geführt, während die weiter nördlich lebenden Indianer größer und stärker waren und eine scheinbar unerschöpfliche Handelsware zu sein schienen. Einige Sklavenhändler stellten sie sich als Riesen vor.[3]

Die Geografie lenkte die spanische Kolonisierung noch auf eine andere Art in Richtung Norden: Kundschafter hatten bei ihren Reisen bis zum Beginn der 1520er-Jahre herausgefunden, dass es von der Karibik aus keine schiffbare Durchfahrt nach Asien gab. Ungeduldige Konquistadoren richteten ihre Ambitionen jetzt auf den nördlichen Kontinent, wo es die Hindernisse, mit denen sie es in den Tropen zu tun bekommen hatten – extreme Hitze, merkwürdige Krankheiten, steil aufragende Gebirge und undurchdringliche Urwaldlandschaften –, nicht zu geben schien. Sie unternahmen die ersten Vorstöße in dieser Richtung. Die Spanier hatten im Verlauf einer Generation der Erkundung und Kolonisierung gelernt, dass an der Küste zwar nur wenige Reichtümer zu holen sein mochten, dafür aber das Landesinnere vermutlich viele Schätzr enthielt. Auch Florida schien nur dünn besiedelt zu sein. Die Spanier wussten nicht, dass Floridas indigene Bevölkerung tatsächlich innerhalb von nur zwei Generationen durch ansteckende Krankheiten mehrere Hunderttausend Menschen verloren hatte.[4]

Im Jahr 1528, sieben Jahre nach Ponce de Leóns Tod durch einen Calusa-Pfeil, betrat Pánfilo de Narváez, der 1511 Kuba erobert hatte, die Bühne.

Athore, der Sohn des Timucuan-Anführers Saturiwa, und der französische Entdecker René de Laudonnière, Kupferstich von Theodor de Bry nach einer Zeichnung von Jacques le Moyne

Er hatte in Sevilla nachdrücklich für sein Unternehmen geworben und war damit erfolgreich gewesen: Der Indienrat hatte ihn mit der Kolonisierung Floridas, der nördlichen Golfküste und des gesamten Landes in westlicher Richtung bis zum Pazifik beauftragt. Im Erfolgsfall würden Narváez' Besitztümer selbst Cortés' gewaltiges Lehensgebiet in Mexiko in den Schatten stellen. Für Narváez' neues Unternehmen standen fünf Schiffe, 80 Pferde, rund 400 Seesoldaten, zehn Frauen, mehrere afrikanische Sklaven und fünf Franziskanermönche zur Verfügung. Es war Spaniens bis dahin ambitioniertester Versuch, Nordamerika zu besetzen, dem eigenen Kulturkreis einzuverleiben und zu säubern.[5]

Es erwies sich bald, dass das Unternehmen absolut inkompetent geplant und ausgeführt wurde. Narváez' Zielort war der Rio de las Palmas an der westlichen Golfküste, aber der Golfstrom, die stärkste Meeresströmung der Welt, sorgte dafür, dass die Schiffe ihr Ziel um Hunderte von Seemeilen verfehlten: Die Spanier landeten an der Westküste Floridas, wo sie eine indigene Stadt der Timucua sichteten. Die Indigenen flohen, und Narváez nahm das Land für Spanien in Besitz. Ein Kundschaftertrupp nahm vier Indianer gefangen, die den Spaniern von einem fernen Landstrich unter der Herrschaft des Volkes der Apalachee erzählten, in dem es viel Gold gebe. Die nordamerikanischen Indianer hatten verstanden, was die Spanier antrieb. Narváez teilte seine Streitmacht auf. Ein Kontingent folgte zu Fuß und mit Pferden dem Küstenverlauf, das andere segelte küstennah in dieselbe Richtung. Beide Einheiten hatten den Rio de las Palmas in Tamaulipas zum Ziel, wo sie sich wieder vereinigen sollten. Doch dazu kam es nie. Das Schiffskontingent verlor schon bald den Kontakt zu den Überland-Marschierern und erkannte, dass der Rio de las Palmas noch Hunderte von Meilen entfernt war. Die Seefahrer warteten ein Jahr lang auf die Ankunft der Fußsoldaten, dann gaben sie auf und nahmen Kurs auf Kuba.[6]

Unterdessen war das zu Lande operierende Kontingent kein koloniales Unternehmen mehr, sondern folgte einem sehr viel älteren indigenen Drehbuch. Die Einheit war nur knapp 150 Kilometer von Kuba entfernt, hätte aber ohne die Begleitung durch Schiffe genauso gut auf der anderen Seite der Welt unterwegs sein können. Unter der Führung von Narváez und seinem stellvertretenden Befehlshaber Álvar Núñez Cabeza de Vaca, einem Adligen, der zugleich königlicher Schatzmeister der Expedition war, marschierten rund 300 Spanier und eine kleine Zahl von Afrikanern in Richtung Nordwesten, dem Gebiet der Apalachee entgegen. Sie durchquerten heißes Sumpfland und reißende Flüsse und folgten den Hinweisen listenreicher Indianer, die sie mit ihren Erzählungen von Reichtümern, die am Zielort angeblich auf sie warteten, zum Weitermarschieren drängten. Die Spanier erreichten das Gebiet der Apalachee im Juni, als ihre Eroberungsfantasien bereits im Schwinden begriffen waren. Sie griffen das erste Dorf an, das sie zu sehen bekamen, und nahmen die Frauen und Kinder des Ortes als Geiseln. Der Dorfvorsteher bot sich selbst für einen Austausch an und wurde ebenfalls zur Geisel.[7]

Das Land der Apalachee war jedoch weder ein Azteken- noch ein Inka-Reich, an dessen Spitze sich die Konquistadoren selbst als neue Herrscher einsetzen konnten. Anstatt Reichtümer zusammenraffen zu können, mussten sie sich mit dem Beschaffen von Proviant begnügen und dabei auch noch Indianer abwehren, die sich, wie Cabeza de Vaca berichtete, »andauernd kriegerisch« verhielten: »Sie töteten uns Leute und Pferde an den Wasserholplätzen«, und »wenn wir ihnen zu Leibe gehen wollten, flüchteten sie sogleich in die Lagune und verwundeten von dort aus unsere Männer und Pferde«. Der gefangene Anführer der Indigenen beschrieb das Land der Apalachee als arm und nur dünn besiedelt, doch in Wirklichkeit war es eine blühende, Zehntausende von Menschen zählende Nation. Er riet den Fremden dringend, in Richtung der Küste zu marschieren, wo sie sich in einem Ort namens Aute reichlich mit Mais, Bohnen und Fisch versorgen könnten. Narváez schluckte den Köder.[8]

Apalachee-Soldaten legten in einer Lagune einen Hinterhalt und empfingen die Spanier bei ihrem Eintreffen dort mit einem Pfeilhagel. Cabeza de Vaca war schockiert von der Angriffswucht und Präzision der indigenen Bogenschützen, die »von Weitem wie Riesen aussehen« und mit ihren Geschossen eine Ulme »von einer Seite zur anderen durchbohrt« hatten. Hier, in weglosen Sümpfen und an schmalen Wasserarmen, neutralisierten die Indianer die technische Überlegenheit der Spanier durch überlegene Mobilität und einen kreativen Umgang mit dem Gelände. Die Konquistadoren schafften es bis zum Meer, aber sie waren auf ihrem Marsch bedrohlich geschwächt worden. Die erschöpften Spanier waren allerlei Krankheitserregern ausgesetzt, und nach kurzer Zeit war ein Drittel von ihnen krank. Sie flohen auf eilig zusammengezimmerten Flößen vor den Bogenschützen der einheimischen Indianer; als sie an der Westküste Floridas landeten, griffen die Camone-Indianer sie sofort an und töteten weitere von ihnen. Ein Sturmwind trieb Narváez' Floß aufs offene Meer hinaus und ließ ihn später stranden. Er starb an Dehydrierung, mit Blick auf seine nur auf dem Papier existierenden riesigen Besitztümer, über die er niemals herrschen sollte.[9]

Die überlebenden Konquistadoren waren für die indigenen Völker keine Bedrohung mehr. In diesem Zustand, ohne Schusswaffen, ohne Pferde und geschwächt, wurden sie jetzt einfach nützlich. Und Cabeza de Vaca wurde zur Verkörperung dieses reduzierten Status. Er hatte immer noch 40 Mann unter seinem Kommando, und die Capoque- und Han-Indianer nahmen sie freundlich auf, gaben ihnen zu essen und heilten ihre Krankheiten. Das war die andere Seite des indigenen Territorialanspruchs: Außenstehende, die sich als schwach erwiesen und um Mitgefühl baten, wurden mit einiger Wahrscheinlichkeit als Verbündete und Familienmitglieder angenommen. Die überlebenden Schiffbrüchigen wurden zu Arbeitern. Es war ein demütigender Rollentausch, die Möchtegern-Konquistadoren fanden sich zu Feuerholzsammlern, Wasserträgern und Rodungshelfern herabgestuft. Cabeza de Vaca erfand sich selbst neu und wurde zum Händler. Er schlüpfte damit in eine Rolle, die ihm eines der wertvollsten Rechte verschaffte, über die man als unfreie Person in Amerika verfügen konnte: Mobilität. In den folgenden Jahren war er, gemeinsam mit drei Landsleuten, zu denen auch ein freigelassener afrikanischer Sklave namens Estebanico gehörte, bei verschiedenen indigenen Nationen als Händler unterwegs. Cabeza de Vaca übernahm außerdem im Bestreben, sich das europäische medizinische Wissen zunutze zu machen, die Rolle eines heiligen Mannes und eines Heilers. Das Quartett unter seiner Führung war zwei Jahre lang auf indigenen Straßen unterwegs, suchte Dörfer der Native Americans auf, erhielt dort Essen, Unterkunft und Begleitschutz; sie mochten jedoch aus der Sicht ihrer Gastgeber eher unterhaltsam und nicht so außergewöhnlich gewesen sein, wie sie sich selbst sahen. Die vier Männer beschlossen schließlich, südwärts in Richtung Ciudad de México, Mexiko-Stadt, zu ziehen, wo sie im Sommer 1536 ankamen.[10]

Die Geschichte von Cabeza de Vaca und seinen schiffbrüchigen Gefährten ist die Geschichte von Nordamerikas früher Kolonisierung im Kleinen. Die unwahrscheinliche Reise der vier Überlebenden, die sie von Florida bis nach Mexiko führte, war für angehende Kolonisten Verlockung und Lehre zugleich. Sie warf ein Schlaglicht auf einen bis dahin unbekannten Kontinent voller Reichtümer und potenzieller Untertanen, aber sie stellte Nordamerika auch als einen indigenen Kontinent vor, auf dem der Mensch allgegenwärtig war – selbst nach vielen Krankheitsausbrüchen–, und machte deutlich, dass für Neuankömmlinge, die indigene Lebensregeln missachteten, kein Platz sein würde. Cabeza de Vaca hatte diese Tatsache akzeptiert und wurde mit Verwandtschaft und Zugehörigkeit belohnt. Sein geschmeidiges Eintauchen in diese Verhältnisse bot eine Alternative – so brüchig sie auch sein mochte – zu den rücksichtslosen Methoden von Cortés, Pizarro und anderen europäischen Eroberern, deren Vorgehensweise sich aus der jahrhundertelang betriebenen Reconquista ableitete. Als Cabeza de Vaca über das berichtete, was er gesehen hatte, löste er damit unabsichtlich einen wahren Ansturm von Invasoren auf Nordamerika aus. Er selbst hatte sich nur gemäßigt zu Reichtümern des Nordens geäußert, aber eine ausgeprägt spanische, von Cortés' und Pizarros verblüffenden Eroberungszügen inspirierte Vorstellung von der

Neuen Welt setzte sich dennoch durch. Die Spanier glaubten, gleich hinter dem Horizont warteten wohlhabende Kulturen nur noch auf ihre Entdeckung.

Der neue Schub der spanischen Kolonisierung beruhte einerseits auf Fantasterei und hatte andererseits Methode. Der grenzenlos ehrgeizige Cortés steckte seine unermesslichen Reichtümer nach der Eroberung des Aztekenreiches im Jahr 1521 innerhalb eines weiteren Jahres in den Bau einer Flotte, die entlang der nordamerikanischen Pazifikküste nach goldenen indigenen Städten und zugleich nach der bislang unauffindbaren Passage durch den Kontinent vom Atlantik zum Pazifischen Ozean suchen sollte. Seine Vorstöße erbrachten nur geringen Reichtum, dafür sehr viel geografisches und praktisches Wissen: Die Spanier erkannten, dass Niederkalifornien (Baja California) eine Halbinsel war und dass Asien und Nordamerika zwei räumlich voneinander getrennte Kontinente waren. Sie lernten außerdem, dass die indianischen Küstenbewohner den Fremden, die in ihre Fischgründe eindrangen, nicht freundlich gegenübertraten und dass sie für den Schutz ihrer Gewässer kämpften. Es gab nur wenig Gold, und die Vorstellung von einem armen und primitiven Kontinent setzte sich fest. Dieses falsche Bild sollte europäischen Kolonisten jahrhundertelang Mut einflößen und sie zugleich nicht mehr loslassen.[11]

Antonio de Mendoza, der Vizekönig von Neuspanien, entsandte 1538 zwei Männer – Estebanico, den Schwarzen Sklaven, der es mit Cabeza de Vaca bis nach Mexiko-Stadt geschafft und die Freiheit erlangt hatte, und Marcos de Niza, einen weit gereisten Franziskanermönch, den man als Fray Marcos kannte – mit dem Auftrag, das Land zu erkunden, das Cabeza de Vaca wenige Jahre zuvor durchquert hatte. Die Indianer, denen die beiden Männer bei diesem neuen Unternehmen begegneten, erzählten von einem Ort namens Cíbola und von großartigen Tieren und Reichtümern in dem weiter nördlich gelegenen Gebiet. Estebanico zog bis Cíbola weiter, das in einer exponierten Mesa-Landschaft unweit des Oberlaufs des Rio Grande lag. Cíbolas Bewohner verweigerten dem ungebetenen Fremden den Zutritt zum Ort und wiesen ihm eine Unterkunft außerhalb der Stadt zu, ohne Essen oder Wasser anzubieten. Als Estebanico sich am darauffolgenden Tag den Anführern der Stadt näherte, töteten ihn die Indianer. Fray Marcos tadelte die Zuni-Anführer von Cíbola – mit einem gewissen räumlichen Abstand –, aber die ließ sein Vortrag kalt. Fray Marcos drohte, das berichtete er jedenfalls, dass »Unser Herr Cibola züchtigen werde«. Er bekam zur Antwort, dass »niemand der Macht von Cibola widerstehen kann«. Marcos gab sich ungerührt und näherte sich jetzt selbst der Stadt, wagte es aber nicht, sie zu betreten. In seiner Unsicherheit über das weitere Vorgehen errichtete er einen Steinhaufen, befestigte ein kleines Kreuz an seiner Spitze und verließ den Ort. Er kehrte nach Mexiko-Stadt zurück und erzählte dort Geschichten von wilden Tieren, die so gewaltige Hörner hätten, dass sie nur mit seitwärts geneigtem Kopf weiden könnten, und von Cíbola, einer Stadt, die größer sei als Mexiko-Stadt und zugleich nur eine von sieben Städten dieser Größenordnung. Mendoza, der jetzt angebissen hatte, entsandte im März 1540 seinen Günstling Francisco Vázquez de Coronado als Anführer einer Expedition von 300 spanischen Soldaten, mehr als 1000 indigenen »Verbündeten«, sechs Franziskanern und rund 1500 Pferden und Packtieren. Fray Marcos sollte sie zu »großartigeren Städten« führen, wo die Menschen »aus goldenem Geschirr aßen«.[12]

Coronado, der jüngste von sechs Brüdern, war hoch motiviert; seine Aussichten, in Spanien Land zu erben, waren gering. Nach einer fast fünf Monate dauernden Reise auf indianischen Wegen erreichte die Expedition schließlich Cíbola. Es war eine typische Stadt von Pueblo-Indianern. »Dies bedrückte die Soldaten nicht wenig, [besonders], als sie sahen, dass auf alles, was der Mönch ihnen erzählt hatte, das Gegenteil [zutraf]«, berichtete Coronado. Er schickte Marcos mit einem Brief nach Mexiko-Stadt zurück, der ihn als Lügner brandmarkte, dann plünderte er die Stadt. Die Pueblo, Nachfolger der Anasazi-Kultur, hielten die Spanier für böse *Kachinas,* Geister ohne Vernunft. Coronado, der mit allen Mitteln nach Reichtum und Ruhm strebte, schickte Kundschafter in alle Himmelsrichtungen und schlug dann am Rio Grande ein Winterlager bei den Pueblo auf, die von der Gier der Spanier schon bald abgestoßen wurden. Die Indianer versuchten, die Eindringlinge zu verjagen, und die Spanier plünderten als Vergeltung weitere 13 Städte. Indianern, die zu fliehen versuchten, fingen sie ein und verbrannten sie auf dem Scheiterhaufen. Der Krieg sollte bis zum Frühjahr 1541 dauern.[13]

Ein Indianer hatte Coronado im Winter 1540 in Albuquerque aufgesucht, dem größten der Zuni-Pueblos, von wo aus es nicht mehr weit zu den von riesigen Bisonherden bevölkerten Graslandschaften war, und ihm von Quivara erzählt, einem sagenhaft wohlhabenden Königreich tief im Innern des Kontinents. Die Geschichte, die der von den Spaniern El Turco genannte Indianer erzählte, grenzte ans Absurde. Er fabulierte von »Fischen, so groß wie Pferde, und einer großen Zahl von riesigen Kanus mit mehr als 20 Ruderern auf einer Seite« und einem Fürsten, der ein Schläfchen »unter einem großen Baum« hielt, »an dem eine große Zahl goldener Glöckchen hing« – einem nordamerikanischen Tenochtitlán. Die Expedition erreichte Anfang Juli 1540 Hawikuh, ein einfaches, aus Lehm und Lehmziegeln errichtetes Bauwerk der Zuni am Little Colorado River, und bereitete sich auf die Einnahme des Ortes vor. Die Zuni streuten eine Linie aus heiligem Maismehl zwischen den Fremden und ihrer Stadt. Die Spanier ließen sich davon nicht beeindrucken und überschritten die Linie, was die Zuni mit Pfeilschüssen beantworteten. Die Spanier besetzten die Stadt. Sie forderten Nahrung und Kleidung, brannten mindestens 13 weitere Städte nieder, vergewaltigten Pueblo-Frauen und hetzten scharfe Hunde auf Pueblo, die Widerstand leisteten. El Turco wusste mittlerweile, was er von den spanischen Neuankömmlingen zu halten hatte: Sie waren organisierte Plünderer, die von der Gier nach Edelmetallen und reichen indigenen Imperien besessen waren. Er wusste höchstwahrscheinlich, was ihn erwartete, während er die Spanier Hunderte von Kilometern in nordwestlicher Richtung durch eine schier endlose Graslandschaft bis zu einem bescheidenen Dorf der Wichita-Indianer führte. Coronado erkannte, dass El Turco ihn und seine Truppe »bis zu einem Ort« gelockt hatte, »an dem unsere Pferde verhungern würden«. El Turco gestand unter Folter, dass er die Spanier bis tief ins Landesinnere geführt habe, damit sie dort verdursteten. Coronado ließ ihn sofort mit der Garrotte erwürgen.[14]

Coronados Vorstoß war Spaniens bis dahin ambitionierteste Expedition nach Nordamerika, und sie war ein kläglicher Fehlschlag. Ihr Ende hätte kaum symbolträchtiger sein können: Coronado stürzte von seinem Pferd und erlitt dabei Verletzungen, die ihn dauerhaft beeinträchtigten. Er minderte seine Verluste, indem er die eigene Marschroute bis zum Tal des Rio Grande zurückverfolgte, um dort bei den Pueblo zu überwintern. Das dezentrale politische System der Pueblo verblüffte ihn. Es gab keinen ranghöchsten Anführer, den man festnehmen und ersetzen konnte; er wusste nicht, wen er angreifen sollte. Sein Plan für ein Reich in der Neuen Welt war zunichtegemacht, und er kehrte nach Mexiko-Stadt zurück, ließ aber zwei Franziskanermönche bei den Pueblo, die Missionsarbeit leisten sollten. Die Pueblo töteten sie. Coronado musste sich in Mexiko-Stadt einer offiziellen Untersuchung seiner Vorgehensweise stellen, aber er wurde entlastet. Er war zu diesem Zeitpunkt bereits ein kranker und gebrochener Mann und mag zum Nutznießer höfischen Mitleids geworden sein. Spanien verabschiedete 1542/43 »Neue Gesetze«, um die gegen Indianer verübten Verbrechen einzudämmen.[15]

Der indigene Widerstand und die gewaltigen Entfernungen machten Nordamerika zu einer Sackgasse für das spanische Weltreich. Seine Konquistadoren, die über riesige technologische Vorteile gegenüber den Indianern verfügten, mochten nach wie vor furchterregend aufgetreten sein. Sie marschierten weiterhin in indigene Siedlungen ein, verbreiteten dabei Siegeszuversicht und verlangten Unterwerfung. Doch ihre Eroberungen waren unbeständig, sie schufen keine gefestigten Kolonialreiche wie Española oder Mexiko. Die koloniale Expansion der Spanier kam teilweise auch wegen der simplen Logistik nur langsam voran. Spanien war zu einer Weltmacht geworden, indem es jährlich aus Dutzenden von Schiffen bestehende Flotten zum amerikanischen Doppelkontinent entsandt hatte. Dieses Vorgehen band das Spanische Weltreich an seine Hafenstädte und machte die Expansion zu Lande zu einem schwierigen Unterfangen. Die Entfernungen waren riesig, selbst zu Pferde, und zu viele Native Americans waren Nomaden und deshalb kaum zu stellen. Nordamerika war, im Unterschied zu Mittel- und Südamerika, ein ungünstiges Ziel für Spaniens auf die unmittelbare Übernahme der Herrschaft eingestellten Kolonialismus. Gezielte indigene Fehlinformationen brachten eine Expedition nach der anderen zum Scheitern. Auch eine kulturelle Barriere stand der Eroberung im Weg: Die meisten indigenen Nationen waren zumindest teilweise matrilinear verfasst, mit Frauen als Haushaltsvorständen, die auch über institutionalisierte Autorität verfügten. Solche Gemeinwesen irritierten die Konquistadoren, die kämpfen und männliche Anführer ersetzen wollten. Jahrzehnte, die von Plünderungen, Terrorkampagnen und Bekehrungen geprägt waren, erbrachten nur begrenzte Ergebnisse; die spanischen Ansprüche auf den Kontinent waren gegen Ende des 16. Jahrhunderts allenfalls dürftig. Es sollte keine für Spanien bestimmten Flotten voller Schätze aus Nordamerika geben.[16]

Der Grund dafür war nicht einfach, dass die Spanier ihr Herrschaftsgebiet überdehnt hatten. Die nordamerikanischen Indianer verfügten über zahlreiche praktische Vorteile gegenüber den europäischen Invasoren: über eine umfassende Kenntnis des Landes und der Umweltbedingungen, weit gespannte Netzwerke von Verbündeten und flexible politische Systeme, die rasche Mobilisierungen gegen heraufziehende Bedrohungen zuließen, ob diese nun von Indigenen oder von Europäern ausgingen. Die Native Americans verfügten, und das war vielleicht der wichtigste Punkt, über eine höchst ertragreiche Landwirtschaft, die eine große Zahl von Menschen ernährte, über blühende und gut geschützte Städte an Flussläufen und über schlagkräftige Armeen.

Hernando de Soto war einer der fähigsten spanischen Offiziere, als er im Spätfrühling 1539 mit einer von ihm selbst finanzierten und aus neun Schiffen bestehenden Expedition an der Westküste Floridas landete. Er war im Alter von 14 Jahren nach Amerika gekommen und hatte unterdessen ein Vermögen angehäuft, das er gestohlenen Inka-Schätzen verdankte. Narváez hatte völlig unvorbereitet die Aufgabe übernommen, Florida zu erobern, aber Soto bediente sich jetzt der bei der Unterjochung der Native Americans in Mittelamerika gesammelten spanischen Expertise. Er galt als Fachmann für die Jagd auf Indianer und brachte eiserne Ketten und Halsringe für den Transport der menschlichen Beute mit, die er gefangen nehmen wollte. Selbst sein Gott schien es gut mit ihm zu meinen: Soto traf bei seiner Landung auf Juan Ortiz, einen Überlebenden der Narváez-Expedition, der bei den Indianern lebte, und engagierte ihn als Dolmetscher.

Eine Begegnung in der Stadt Vitachuco auf der Halbinsel Florida war typisch für das ganze Unternehmen. Die Spanier rückten in die Stadt ein, und als sie dabei auf Widerstand trafen, nahmen sie den Anführer Vitachuco gefangen, einen Mann von eindrucksvoller Gestalt. Nachdem er die Eindringlinge mehrere Tage lang zwangsweise hatte begleiten müssen, packte Vitachuco seinen Entführer Soto während einer Mahlzeit am Genick und schlug ihn bewusstlos. Die Spanier töteten Vitachuco sofort. Die Apalachees im Norden Floridas brannten ihren Hauptort nieder, bevor die Spanier ihn einnehmen konnten, und versagten so den grausamen Eindringlingen jede Art von Beute. Sotos Marschkolonne, die aus mehr als 600 Soldaten, Hunderten indigenen Trägern und Hunderten von Pferden, Mauleseln, Kühen, Schweinen und Kriegshunden bestand, verließ Florida dann in nordöstlicher Richtung auf einem Kurs, der sie zur Hauptstadt der Cofitachequi Nation führte. Dort sollte es Gerüchten zufolge sehr viel Gold, Silber und Perlen geben. Die Spanier berichteten, sie hätten dort zwölf Pferdeladungen Perlen gefunden. Sie trafen auf die Anführerin der Nation, auf die »Dame von Cofitachequi«, die sich in einer Sänfte tragen ließ. Sie legte Soto eine Perlenhalskette um; Soto blieb ungerührt und nahm sie gefangen.

Es sah vielversprechend aus für die spanischen Abenteurer, die glaubten, dass sie größeren Reichtümern entgegengingen. Sie überquerten – als erste Europäer – die Appalachen und zogen auf einer wild mäandrierenden Route durch den Südosten des Kontinents, nahmen Geiseln, plünderten Lebensmittelvorräte, brannten Siedlungen nieder und folterten und töteten jeden, der ihnen Widerstand leistete.

Bald standen sie tatsächlich vor der Chance, viele Reichtümer zu erobern: Der Konquistadoren hatten das Herzland der nach wie vor blühenden Mississippi-Kultur der Mound Builders erreicht, die in großen, von Schutzwällen umgebenen Städten lebten und mit Luxuswaren handelten. Der von Cortés' Vorgehensweise beeinflusste Soto kündigte sich selbst bei der Natchez-Theokratie als »Sohn der Sonne« an. Ein Natchez-*Mico* (»Anführer«) forderte ihn auf, seine Macht zu zeigen, indem er den Fluss trockenlege, und ließ den anmaßenden Fremden verstummen. Die Spanier zogen weiter. Nach drei im Felddienst verbrachten Jahren war Sotos Armee zu diesem Zeitpunkt bereits erschöpft. Sie hatte sich viel zu weit von der Küste entfernt und war dem Untergang geweiht. Soto wurde krank. Er starb am Mississippi. Aber sein Wüten war damit noch nicht beendet: Die Krankheit, die ihn tötete, könnte unter den Indianern im Südwesten eine Pandemie ausgelöst haben.[17]

Soto und andere Konquistadoren glaubten, sie würden neues Land für das Spanische Weltreich erobern, aber in Wirklichkeit lenkten die Indianer den Kurs der Europäer umsichtig und schickten sie mit fantastischen Geschichten von Schätzen immer weiter. Die noch verbliebenen Mitglieder von Sotos Expedition überquerten schließlich den Mississippi und kamen in das Gebiet der Caddo-Konföderation, das an das kontinentale Grasland angrenzte. Die Caddo lebten in einer Vielzahl von Gemeinschaften, die Städte, Tempel-Mounds, Felder und Jagdgründe umfassten. Jede dieser Gemeinschaften war mit anderen durch gut überwachte und gepflegte Überlandwege verbunden. Die Caddo lebten in einem hierarchisch gegliederten Gesellschaftssystem und errichteten große Kultstätten in der Tradition von Cahokia. Ihre Erbpriesterschaft, die *Xinesi,* bildete eine selbstbewusste Elite, die aber in einem engen Austausch mit dem Volk stand, und beriet sich mit rangniederen Anführern, *Caddis*, mit dem Ziel, zu einer Übereinkunft zu kommen. Die Männer übernahmen das Pflügen, die Frauen die Aussaat und das Auspflanzen, und die Xinesi führten die Rituale aus, die eine reiche Ernte sicherten. Das Handelsnetz der Caddo, mit dem überschüssiges Getreide vertrieben wurde, reichte vom Tal des Mississippi bis nach Florida. Der Caddo-Nation könnten insgesamt mehr als 100.000 Menschen angehört haben. Als die Spanier eintrafen, führten Grenzpatrouillen der Caddo sie von ihren Siedlungen weg und in Gebiete, in denen sie die Orientierung verlieren und verhungern sollten. Sotos Expeditionsheer, das immer noch 300 Mann zählte, musste das Land der Caddo mit leeren Händen verlassen.[18]

Der indigene Widerstand sorgte für eine lange Pause bei Spaniens Vorstößen ins Innere des Kontinents. Erst in den 1580er-Jahren kam ein neues Unternehmen in Gang, als der Franziskaner-Orden eine Reihe von Expeditionen in ein Gebiet unternahm, dem man den hochtrabenden Namen Neu-Mexiko gegeben hatte. Es lag im Norden und war etwa 1300 Kilometer von der nächsten spanischen Kolonie entfernt. Bei ihrer Ankunft stellten die Franziskaner fest, dass die Pueblo nur wenig Geduld mit den franziskanischen Vorstellungen hatten, wie sie ihr persönliches Leben zu führen hatten; die Pueblo hatten das nötige Weltwissen von der Maismutter (Corn Mother) und der Gedankenfrau (Thought Woman) mitgeteilt bekommen, die ihnen gesagt hatten, wie man die Erde fruchtbar machte, wie man den heiligen Mais anbaute und wie man die eigene Bestimmung auf Erden erfüllte. Die Maismutter hatte sie gelehrt, wie man Kivas baute, unterirdische zeremonielle Versammlungsräume, wo sie der spirituellen Unterwelt näher kamen, in der die Menschen und der Mais ihren Ursprung hatten. Die Maismutter war gut zu ihnen gewesen. Die Pueblo-Gesellschaft florierte und bestand gegen Ende des 16. Jahrhunderts aus mehr als 200.000 Menschen.

Die Pueblo blickten materiell und spirituell mit Zuversicht auf ihre Stellung in der Welt und hatten kein Interesse an fremden Gottheiten. Frustrierte Franziskaner schimpften auf die Maismutter und die Gedankenfrau, und die empörten Pueblo töteten die ersten ungebetenen Fremden, die Abbilder ihres hingerichteten Gottes überallhin trugen. Der Vizekönig von Neuspanien reagierte auf diese Entwicklung mit der Entsendung von Don Juan de Oñate, einem in Mexiko geborenen Konquistador, dessen Mutter von Cortés und Montezuma abstammte. Er sollte im Land der Pueblo auf eigene Kosten Missionsstationen aufbauen. Oñate führte 1598 ein Kontingent von zehn Franziskanerpriestern, 500 Kolonisten, 700 Pferden und 80 Lastkarren den Rio Grande hinauf. Ungeachtet früherer spanischer Expeditionen in dieses Gebiet wusste er nur sehr wenig über das Binnenland »Neu-Mexiko«, das er für Spanien in Besitz nehmen sollte. Sein Vertrag sah vor, dass ihm jährlich zwei Schiffsladungen mit Waffen und Gerätschaften für den Bergbau zustanden. Sie sollten ins Binnenland an die Kolonie geliefert werden, zu deren Gründung er fest entschlossen war.

Die Reise flussaufwärts war eine anhaltende Zurschaustellung imperialen Draufgängertums: Oñate legte sieben Zwischenhalte ein, um eine aufwendige Zeremonie abzuhalten, mit der Spaniens Herrschaft über jede neu hinzugekommene Region bekräftigt wurde, »vom Laub der Bäume in den Wäldern bis zu den Steinen und dem Sand des Flusses und von den Steinen und dem Sand des Flusses bis zum Laub der Bäume in den Wäldern«. Die Abgesandten der Indianer ließ er wie Spanier kleiden, um ihre Unterwerfung dramatisch in Szene zu setzen, und den indigenen Städten, durch die sein Weg führte, gab er spanische Namen. Umgeben von den Mönchen in seiner Begleitung, las Oñate jeder neuen Gruppe von indigenen Führungspersönlichkeiten das *Requirimiento* vor, ein Dokument, das erklärte, wie omnipotente Autorität und Rechtsprechung von Gott auf Jesus, auf den Papst und auf den König von Spanien übergeht, der Oñate entsandt hatte, um die Indianer dem christlichen Gemeinwesen zuzuführen. In seinen neuen Besitztümern war Oñate monatelang zu Pferde unterwegs, begutachtete Probestücke von Erzen und entlockte den Pueblo-Oberhäuptern Treueschwüre auf Philipp II. von Spanien. Mit offenkundiger Hybris verzichtete Oñate auf die Festschreibung der Aneignung des Pueblo-Gebietes in Form von Verträgen. Nach der spanischen Denkweise genügte eine offiziell festgehaltene spontane Unterwerfung für die Übertragung der Souveränitätsrechte.[19]

All diese Ereignisse spielten sich weit entfernt vom imperialen Zentrum ab – es war eine räumliche Trennung, die das Tal des Rio Grande für die Kolonisatoren zu einem tückischen, aufrührerischen Ort machte. Die Furcht vor dem Unbekannten, die Feindseligkeit der Indigenen und die Entfernung von den Sitzen der spanischen Amtsgewalt förderten die Angst und die Aggressionen. Als spanische Männer von Pueblo-Frauen sexuelle Dienste verlangten, verschärften sich die wechselseitigen Abneigungen auf gefährliche Art und Weise. Oñates Neffe Juan de Zaldívar kletterte im Januar 1599 zum Acoma Pueblo hinauf, einer mehr als 500 Jahre alten Siedlung, die auf einer 110 Meter hohen Sandstein-Mesa errichtet worden war, und forderte von den Bewohnern Nahrung und Unterkunft. Ein Pueblo-Dolmetscher machte Zaldívar drei Angebote, während die Pueblo als »kastilische Hurenböcke« geschmäht wurden. Als Zaldívars Männer zurückgewiesen wurden, wüteten sie im Ort. Die Pueblo wehrten sich und töteten elf Spanier, auch Zaldívar war unter den Toten. Mehrere spanische Soldaten sprangen über die Felskante in den Tod. Oñate erklärte den Kampf zur Rebellion und bestand darauf, dass »dieses Vergehen streng bestraft werden sollte, als ein Exempel nicht nur für die besagten Pueblo, (…) sondern auch, weil die anderen Indianer, die sich unterwarfen, erfahren sollten, dass wir über genügend Stärke und Macht verfügten, um eine solche Missetat und Dreistigkeit zu bestrafen«. Oñate befahl einen Angriff, der mehr als 800 Pueblo das Leben kostete. Alle Überlebenden im Alter von zwölf bis 25 Jahren wurden für eine Zeit von 20 Jahren versklavt, und allen Männern, die älter als 25 Jahre waren, wurde ein Fuß abgehackt. Die entsetzten Pueblo ließen die Franziskaner jetzt in ihre Ortschaften, aber das Massaker, die Verstümmelungen und die Versklavung vergaßen sie nie. Diese Eindringlinge sollten ihr Verhalten von Grund auf ändern oder sterben.[20]

Die rücksichtslose Unterwerfung des Acoma Pueblo erinnerte vage an die Eroberung der Mexico-, Inka- und Maya-Staaten durch kleine und entschlossen agierende Gruppen von Konquistadoren, aber Acoma war nicht Cuzco oder Tenochtitlán. Die grausame Plünderung verbreitete Furcht und Schrecken unter den Pueblo, für die eine derart ungeheuerliche Grausamkeit nahezu undenkbar war. Doch sie führte nicht zur Kapitulation. Die Spanier dachten, alle Pueblo-Gemeinschaften seien, wie sie das in Mittelamerika vorgefunden hatten, Bestandteile einer einzigen Gesellschaft, übersahen dabei jedoch, dass die Pueblo in Wirklichkeit ein führungsloser Verbund autonomer Städte waren. Zur Eroberung der Pueblo-Welt hätte es einer ganzen Reihe von Massakern bedurft. Dazu fehlte sogar den gewalttätigen Konquistadoren der Wille; Oñate wollte allerdings nicht, dass seine Männer als nachsichtig erschienen: »Solltet Ihr Milde zeigen wollen, nachdem sie [die Gefangenen] festgesetzt worden sind, so solltet Ihr die Indianer mit allen möglichen Mitteln glauben machen, dass dies auf ein Ersuchen des Mönchs hin geschieht, der Eure Streitkräfte begleitet.«[21]

Vor Oñates rücksichtslosen Methoden schreckten sogar die Staatsbeamten in Spanien zurück. Sie stellten sich selbst mittlerweile als Bevollmächtigte eines modernen, aufgeklärten Reiches dar, warfen Oñate übermäßige Grausamkeit vor und schickten ihn nach Spanien zurück. Die Spanier errichteten eine Kette von Missionsstationen und gründeten 1609 im oberen Tal des Rio Grande Santa Fe als Hauptstadt von Neu-Mexiko. Der König von Spanien erklärte Neu-Mexiko zur Kronkolonie, schraubte die Ambitionen seines Reiches zurück und verbot Erkundungsreisen, die über die Wasserscheide des Rio Grande hinausführten. Das bedeutete, dass aus Neu-Mexiko keine Bergbaukolonie nach mexikanischem Vorbild werden würde. Unter den Indianern sollten 20 Jahre lang keine Missionare mehr leben.[22]

Oñates Vorgehen war brutal gewesen und entstammte einem anderen Zeitalter, doch die offizielle imperiale Vorgehensweise war schlicht naiv. Die Spanier hielten den nordamerikanischen Kontinent für viel schmaler, als er in Wirklichkeit war, und verfielen deshalb auf den Gedanken, dass eine einzige von einer Garnison geschützte Stadt sich zur Hauptstadt eines Reiches entwickeln könnte. In Wirklichkeit war Santa Fe eine isolierte Siedlung unter mehr als 60 aus Lehmziegelgebäuden bestehenden Städten, die von einer überwältigenden Zahl von Pueblo-Indianern bewohnt wurden. Sante Fe herrschte über niemand. Der Ort überlebte, weil die Pueblo das zuließen und die Spanier ihnen noch nützlich sein konnten. Franziskanermönche hatten aus ihrer Sicht zwar falsche Vorstellungen von den sichtbaren und unsichtbaren Welten, aber sie brachten Pferde, Karren, Stoffe und andere wertvolle Dinge ins Land. Ihre Schweine waren schmackhaft, und ihre Werkzeuge waren schärfer, leichter und stabiler als die Werkzeuge der Pueblo.[23]

Spanien hatte bei der Kolonisierung der westlichen Hemisphäre einen bedeutsamen Vorsprung erreicht, aber die nordamerikanischen Indianer hatten die spanische Expansion gestoppt: Gegen Ende des 16. Jahrhunderts gab es auf dem gesamten Kontinent keine bedeutenden spanischen Siedlungen – nur kleine Unternehmungen mit dem Ziel, zu plündern. Nordamerika war nach wie vor ein zutiefst indigen geprägter Kontinent. Der Kontrast zu den erstaunlichen spanischen Erfolgen in Mittel- und Südamerika war verblüffend: Wie konnten relativ kleine indigene Gruppen im Norden dem spanischen Kolonialismus trotzen, wenn ihm die eindrucksvollen Azteken-, Inka- und Maya-Reiche so leicht zugefallen waren? Die Spanier hatten die Antwort darauf vor Augen: Die dezentralisierten, auf Verwandtschaftsbeziehungen beruhenden und egalitären politischen Systeme gaben keine guten Ziele für imperiale Vorstöße ab. Das erkannten die Spanier aber nicht, weil die indigenen Nationen sich so stark von den hierarchisch gegliederten europäischen Gesellschaften unterschieden. Den Spaniern entging auch eine grundlegende Tatsache bei der indigenen Kriegführung: Die Indianer kämpften in ihrer Heimat und mussten keine Schlachten und Kriege gewinnen; sie durften sie nur nicht verlieren.

KAPITEL 5

DAS POWHATAN-REICH

Während Träume von Gold, Sklaven und indigenen Reichen eine spanische Expedition nach der anderen nach Nordamerika lockten, erkundeten englische und französische Seefahrer die Ostküste des Kontinents und unternahmen ihre ersten Versuche zur Kolonisierung der Neuen Welt. Sie taten das leiser als die Spanier; meist waren sie auf der Suche nach Fischen und Pelzen, die schwächere, dafür aber konstantere Begehrlichkeiten ansprachen. Während Spanien auf ein formalisiertes System der Eroberungen setzte, das sich in der Karibik und in Mittelamerika herausgebildet hatte, arbeiteten Engländer und Franzosen mit einem flexiblen System, das auf Handel beruhte. Sebastiano Caboto – Giovannis Sohn, der, wie zuvor schon sein Vater, in englischen Diensten stand – segelte 1508 bis zur Nordspitze der Hudson Bay und dann an der Küste entlang südwärts, um Neufundland herum, bis hinunter zur Chesapeake Bay. Auf diesem Weg begegnete er »einer so großen Vielzahl bestimmter großer Fische«, dass »sie manchmal seine Schiffe aufhielten«.[1]

Cabot, wie die Engländer Sebastiano und seinen Vater nannten, war auf etwas gestoßen, das später unter der Bezeichnung Great Fishery bekannt werden sollte. Für Menschen, die aus nördlichen Breitengraden hierherkamen, hielt die lange Küste mit ihren zahlreichen Buchten einen faszinierenden Schatz bereit: Eine warme, starke Meeresströmung wirbelt durch den Nordatlantik und erzeugt außergewöhnliche Mengen von nahrhaftem Phytoplankton, von denen sich wiederum die weltweit größten Fischbestände vor den Küsten Neufundlands, Labradors und Akadiens ernähren. Die Kabeljauschwärme und Walschulen erreichten enorme Ausmaße.[2]

Die Great Fishery lockte schon bald Fisch- und Walfangflotten aus England, Frankreich, Spanien, Portugal und den Niederlanden an, und Hafenstädte wie Bristol, Plymouth, Saint Malo, Cádiz, Lissabon und Amsterdam verwandelten sich in geschäftige Zentren des transatlantischen Handels. Der portugiesische Seefahrer João Álvares Fagundes gründete 1521 – zu einer Zeit, als Cortés das Azteken-Reich eroberte – an der Südküste Neufundlands einen Stützpunkt, den man als die erste europäische Kolonie in Nordamerika bezeichnen könnte. Das Unternehmen konzentrierte sich auf Landwirtschaft für den eigenen Bedarf, Seifenherstellung und Fischerei, mit Prospektion für den Bergbau oder Versklavungen hatte es nichts zu tun. Fagundes' Siedlung bestand etwa fünf Jahre lang.[3]

Die Kommerzialisierung der europäisch-indigenen Begegnungen schritt rasch voran. Die Narragansett und Wampanoag an der mittelatlantischen Küste hießen 1524 Giovanni da Verrazano willkommen, einen Italiener in französischen Diensten. Sie hatten kaum Verwendung für Gold, freuten sich aber sehr über die blauen und roten Glasperlen, die der Gast ihnen überreichte und die sie in ihren bereits bestehenden Handel mit einheimischem Kupfer und in kleine, zylindrische Muschelketten, die *Wampum,* einbauen konnten. Trotz des Handels entschied sich die mächtige Wabanaki-Konföderation von vier Algonkin-Völkern – Mi'kmaq, Maliseet, Passamaquoddy und Penobscot – dafür, die ungebetenen Neuankömmlinge und ihre Krankheiten auf Abstand zu halten, und verbot Verrazanos Kundschaftertrupps einfach, an Land zu gehen.

Jacques Cartier, ein sturmerprobter Seefahrer aus Saint Malo, der die Küste Neufundlands erkundet hatte, segelte 1535 den Sankt-Lorenz-Strom hinauf. Für seine Suche nach Reichtümern hatte er Donnacona, einen Dorfvorsteher der Irokesen, und dessen beide Söhne als Führer verpflichtet. Doch die drei Irokesen verfolgten ihre eigenen Ziele. Nachdem sie weit genug gereist waren, sagten sie Cartier, dass man sich jetzt der Stadt Stadacona nähere. Sie erwies sich als bescheidenes Dorf der Irokesen – das sollte eigentlich Frankreichs Tenochtitlán sein, ein Einfallstor nach Amerika und seinen Reichtümern. Der aufgebrachte Cartier setzte Donnacona fest und nahm ihn mit nach Frankreich, wo der Indianer vier Jahre später starb.[4]

Englands und Frankreichs Engagement bei der Kolonisierung war nicht sehr ausgeprägt. Beide Staaten folgten keiner klar formulierten Methode der Eroberung und Verwaltung, und sie mussten sich auf private Investoren stützen, die schnelle Gewinne erwarteten. Der englische Staat war im Vergleich zum Spanischen Weltreich außerordentlich schwach, und einigen seiner wichtigsten Persönlichkeiten schien es an Eroberungslust zu fehlen. Heinrich VII. hatte Giovanni Caboto und seinen Söhnen »alles Festland, alle Inseln, Ortschaften, Städte, Schlösser und alle anderen von ihnen entdeckten Orte« zugesprochen, aber als Sebastian Cabot irgendwo in der Nordostecke Nordamerikas anlandete, »wagte [er] es nicht, über die Reichweite einer Armbrust hinaus ins Land vorzurücken«. Als John Rut 1527 in Heinrichs Auftrag bei der Suche nach einer Nordwestpassage nach China scheiterte, ließ das Interesse des Königs an Amerika nach. Die englischen Seefahrer verzichteten auf die Zusammenstellung kostspieliger Expeditionen mit ungewissen Erfolgsaussichten und zogen Überfälle auf spanische Schatzflotten vor. England schien sich beim Ringen um die Aufteilung Nordamerikas mit einer nachgeordneten Rolle zu begnügen und knabberte nur an den Randbereichen.[5]

Englische Misserfolge und das Zögern des Landes machten den Franzosen Mut, die ihrerseits die Spanier provozierten. Jean Ribault erkundete 1562 Florida als potenzielles »Neufrankreich«, und zwei Jahre später führte René Goulaine de Laudonnière 200 Hugenotten nach Florida, wo sie am Ufer des Saint Johns River im Nordosten der Halbinsel Fort Caroline errichteten. Philipp II., König von Spanien, entsandte sofort eine Flotte mit dem Auftrag, das fremde Fort in dem Land, das er als sein Eigentum betrachtete, zu eliminieren. Dies sollte zum ersten direkten Zusammenstoß zwischen europäischen Mächten in Nordamerika führen. Pedro Menéndez de Avilés landete im Herbst 1565 etwa 80 Kilometer südlich des Forts und erhob einen Besitzanspruch auf das Land als sein persönliches Lehen; die Europäer betrachteten amerikanisches Land von Anfang an als Vermögenswert und Handelsware. Die einheimischen Saturiba-Indianer führten die Soldaten durch sumpfiges Marschland bis zu den Hugenotten – und zu einem Gemetzel, das eine Kolonialmacht an der anderen verübte. Menéndez befahl einen Sturmangriff im Morgengrauen, der zum Tod von mehr als 100 Mitgliedern der »bösartigen lutherischen Sekte« führte, die sterben mussten, weil sie »Lutheraner und gegen unseren heiligen katholischen Glauben« waren. Es war ein vernichtender Schlag gegen Frankreichs Ambitionen an der südlichen Atlantikküste, der jedoch nicht verhinderte, dass die Franzosen mit dem Recht des Entdeckers Florida für sich beanspruchten.[6]

Fort Caroline war ein militärischer Stützpunkt, und Menéndez setzte für einen gewissen Zeitraum seinen militärischen Aufbau in Florida fort. Er gründete San Agustín an der Atlantikküste – das sich später zum Städtchen Saint Augustine entwickeln sollte –, hinzu kamen noch mehrere Garnisonen im Binnenland. Menéndez wusste sehr wohl um die schlimme Bilanz Spaniens auf der Halbinsel, zu der auch der Bericht eines Calusa-Anführers gehörte, der 200 Spanier versklavt hatte, und strebte nach einer sanfteren Form des Kolonialismus. Als Gouverneur von Florida holte er Jesuiten-Missionare ins Land und suchte den Kontakt zu den in der Westhälfte der Halbinsel lebenden Calusa.

Ein *Mico Mayor* (»oberster Anführer«) der Calusa verheiratete seine Schwester symbolisch mit Menéndez, um ein Bündnis zu schließen. Außerdem ließ er sich taufen. Der Mico Mayor herrschte mithilfe strategischer Eheschließungen über mehrere Zusammenschlüsse und schien die Spanier für eine Ergänzung seines riesigen Bündnis-Netzwerks zu halten. Die Jesuiten erkannten die zentrale Bedeutung der Frauen der Elite in der hierarchisch gegliederten und polygamen Gesellschaft der Calusa und tauften auch die Ehefrau des Mico Mayor. Dafür übersahen sie geflissentlich die Tatsache, dass sie, wie alle Calusa, glaubte, dass jeder Mensch über drei Seelen verfüge: eine war in der Pupille des Auges zu finden, eine zweite im eigenen Schatten und eine dritte im eigenen Spiegelbild. Der Kern der Religion und Gesellschaft der Calusa blieb den Jesuiten verschlossen. Ein spanischer Soldat, Hauptmann Giles de Pysière, staunte über Florida als »neueste Entdeckung der Welt«, in der es nur so wimmelte von »gewaltigen Land- und Seeungeheuern« und fliegenden Eidechsen »mit dem Kopf und Hals einer Schlange«, die Menschen fraßen. Ein halbes Jahrhundert nach Ponce de Leóns Landung in Florida wussten die Spanier herzlich wenig über ihre angebliche Kolonie. Pysière glaubte immer noch, dass Florida eine Insel sei. Spanische Beamte verließen sich, unwissend und exponiert, wie sie waren, auf eine intensive Überwachung des Verhaltens der Indigenen und ernannten Siedlungsbevollmächtigte und Grenzlandrichter, die zur Wahrung der öffentlichen Ordnung auf Auspeitschungen setzten.[7]

Die Guale waren von den fortgesetzten spanischen Einmischungen in ihr politisches und gesellschaftliches Leben abgestoßen; als auch noch der Nachfolger ihres Anführers eilig hingerichtet wurde, begannen sie 1597 einen kurzen Krieg. Dieser Krieg vertiefte Menéndez' Engagement für eine

Beilegung der Konflikte. Die Jesuiten errichteten Missionsstationen, die im Unterschied zu den Forts den Native Americans Gastfreundschaft, Nahrung und Unterkunft boten. Guale-Anführer nahmen spanische Geschenke an und übernahmen katholische Rituale, die sie jedoch den eigenen Bedürfnissen anpassten: Sie betteten die Rituale der Fremden in eigene religiöse Traditionen ein und sorgten für eine Umverteilung der Geschenke, um das Einheitsgefühl untereinander zu stärken. Spanische koloniale Ansprüche zerbröckelten angesichts der indigenen Solidarität. Die Spanier konnten hier nicht die spanische Lebensart pflegen, und Menéndez schien sich nicht entscheiden zu können, ob er sich auf die Indianer einlassen oder sie bekämpfen sollte. *Mestizaje* – die Vermischung der Völker – wurde üblich und brachte eine sanftere Ausprägung des Kolonialismus hervor.

Florida, das eher Zuschüsse benötigte als Gewinne abwarf, war für die Spanier zu einer unangenehmen Last geworden, aber strategische Zwänge nötigten sie zum Bleiben. Die gesamte Karibik wurde von Piraten heimgesucht, die es auf die spanischen Silberflotten abgesehen hatten und Spanien ein Vermögen raubten. Ein Stützpunkt in Florida war aus diesem Grund von entscheidender Bedeutung: Er konnte zumindest einen gewissen Schutz gegen die Piraten bieten. Gegen Ende der 1590er-Jahre ersetzten Franziskaner die erfolglosen Jesuiten in Florida und begannen ein intensives Missionierungsprogramm, das die Präsenz der Spanier auf der Halbinsel für die indigenen Bewohner vergrößerte. Die Guale begannen zwei Jahre später einen Krieg, als ein Mönch sich in ihre Politik und Heiratsbräuche einzumischen versuchte, indem er gegen die Polygamie wetterte. Fray Pedro de Corpa hatte Don Juan, einem neuen Mico Mayor, untersagt, mehr als eine Frau zu heiraten, weil er zuvor zum Christentum übergetreten war. Als die Guale zurückschlugen, ließen sie nur einen der Mönche am Leben. Die Guale behielten ihr System von weiblichen Micos und höhergestellten Ehefrauen, die über die Arbeitskraft der Frauen verfügten.[8]

Das spanische und französische Scheitern im strategisch zentral gelegenen Florida öffnete eine Tür für England. Der relativ schwache englische Staat hatte sich mit dem Einstieg in den Wettbewerb um den amerikanischen Doppelkontinent Zeit gelassen, obwohl die gesamte Atlantikküste nördlich von San Agustín neuen kolonialen Unternehmungen offenzustehen schien. Richard Hakluyt der Jüngere, ein fanatischer Befürworter des englischen Übersee-Kolonialismus, drängte seine Landsleute zur raschen Errichtung von Siedlungen »an den Mündungen großer schiffbarer Flüsse« von Florida bis zur Insel Cape Breton. Das umfasste einen knapp 2600 Kilometer langen Küstenstreifen, in dem es keinerlei europäische Präsenz gab. Hakluyts Landsleute beherzigten seinen Aufruf, sie sollten der ersten englischen Kolonie den Namen Virginia geben, zu Ehren von Elisabeth I., der »jungfräulichen Königin«, die ihre ehrgeizigen Höflinge aus Englands Südosten, die »West Country Men«, damit beauftragte, die Besiedlung Nordamerikas anzuführen. Hakluyt, der mit den früheren europäischen Unternehmungen in Amerika sehr gut vertraut war, befürwortete einen gut ausgestatteten Kolonisierungsplan, der mit militärischer Macht unterstützt werden sollte. Sein Ideal war das mächtige Spanische Weltreich, das zu kolonialen Unternehmungen in der gesamten Hemisphäre fähig zu sein schien, während die Engländer sich immer noch in kleinen Stützpunkten an den Küsten zusammendrängten, was ihm Sorge bereitete. Hakluyt schrieb, England solle sich nicht mit bloßen Fischerei- und Versorgungsstützpunkten begnügen, sondern müsse Selbstversorger-Kolonien gründen, die »den Ruhm des Evangeliums mehren«, »die wahre Religion bringen« und verhindern würden, dass sich »der spanische König über das ganze ungenutzte amerikanische Festland ausbreitet«. Die Engländer sollten befestigte Marinestützpunkte, Missionsstationen und Handelsposten für die Indianer und Bauernhöfe für den Lebensunterhalt ausgedehnter kolonialer Siedlungen nach dem spanischen Vorbild errichten. Aber Hakluyt war außerdem der – vielleicht etwas widersprüchlichen – Ansicht, die Kolonisierung könnte eine gemütliche Beschäftigung für die gesellschaftliche Elite sein, wenn sie mittellose Engländer und die Native Americans dazu überreden könnte, die schwere körperliche Arbeit in den Kolonien zu übernehmen. Mit diesem Programm war die englische Führungsschicht auf dem besten Weg, sich mit vielen Menschen anzulegen.[9]

Die Roanoke-Indianer hießen 1584 zwei Schiffe auf einer der schmalen, lang gezogenen, der mittleren Atlantikküste vorgelagerten Inseln willkommen, die zusammengenommen einen mehr als 300 Kilometer langen Schutzschild für die breite Bucht auf ihrer Westseite bildeten. Wingina, der oberste *Weroance* (»Anführer«) von Wingandacoa, dem Siedlungsgebiet der Roanoke, schickte zur Begrüßung der ungebetenen Besucher eine kleine Flotte von Booten los. Er erfuhr, dass Walter Raleigh, ein unglaublich reicher Höfling, zwei Schiffe über den Atlantik entsandt hatte, um Handelsverbindungen aufzunehmen. Wingina trat den Fremden mit der unvergleichlichen Zuversicht eines erfahrenen Anführers gegenüber. Die Engländer berichteten: »Sein Erscheinen war von der folgenden Art: Er verließ seine Bootsflotte als erster Mann (...) und kam mit einem Gefolge von 40 Mann zu der Anlegestelle der Schiffe. Als er dort eintraf, breiteten seine Diener eine lange Matte auf dem Boden aus, auf die er sich setzte.« Als die Engländer sich Wingina näherten und dabei ihre Waffen drohend zur Schau stellten, »rührte er sich nicht von der Stelle«. Winginas ruhige Autorität gab der Begegnung ihren Rahmen. Die Roanoke erlaubten den Fremden zu bleiben, solange sie sich an die Sitten der Gastgeber hielten und sich im Umgang mit ihren Waren großzügig zeigten. Die Engländer boten verschiedene Dinge an, und Wingina entschied sich für einen Zinnteller, der »ihn vor den Pfeilen seiner Feinde schützen würde«. Zufrieden mit dem Ergebnis dieser Begegnung, machten sich die Engländer auf die Heimreise und konnten es kaum erwarten, die neue Besitzung Wingandacoa ihrer Königin vorzustellen. Deren Berater wollten spanische Vorstöße nach Nordamerika unbedingt vereiteln.[10]

Die Engländer entschieden sich jedoch für das falsche Ziel, als sie zunächst einmal ihre europäischen Rivalen ins Visier nahmen. Das Land hinter Roanoke gehörte mehreren mächtigen Völkern aus der Algonkin-Sprachfamilie, von denen eines, die Ossomocomuck Nation, die Insel als Teil ihres Territoriums beanspruchte. Zahlreiche Weroance geboten über weitläufige Handels- und diplomatische Kontakte und hatten bereits seit Jahrzehnten mit europäischen Fischern und Entdeckern verhandelt. Völker und Dörfer waren durch Verwandtschaftslinien miteinander verbunden, und Vertrautheit signalisierende Wörter – »Onkel«, »Schwester«, »Bruder« – festigten Gemeinschaften und Nationen durch gegenseitige Verantwortlichkeit und Rechenschaft. Die Roanoke-Anführer erwarteten von den jüngsten Neuankömmlingen, dass sie sich ebenfalls an die bewährten Praktiken der Großzügigkeit, Gegenseitigkeit und Höflichkeit hielten.

Die Neuankömmlinge hatten andere Vorstellungen. Die West-Country-Geldgeber stellten sich als humane Kolonisatoren dar, aber die von ihnen entsandten Kontingente entlarvten diese Vorstellungen rasch als reine Fiktion. Die Engländer hatten, ebenso wie die Spanier, eine imperiale Denkweise entwickelt, bevor sie sich an Kolonisierungsvorhaben in Übersee wagten. Der Philosoph John Locke sinnierte ein Jahrhundert später vage über »unbewohntes Land im Innern Amerikas«, wo man den Indianern beibringen könnte, das Land besser zu bearbeiten und sich nützlich zu machen. So wie die Reconquista zuvor bereits die Spanier auf Eroberungen im amerikanischen Doppelkontinent vorbereitet hatte, brachten auch die Engländer Erfahrungen als Eroberer nach Nordamerika mit, die sie bei der langen und gewaltsamen Eroberung Irlands durch die Tudor-Dynastie erworben hatten. Kolonisten und gezielte Ansiedlungen (Plantations) waren bei der Niederschlagung des irischen Widerstands von entscheidender Bedeutung gewesen, und Kolonisten und Ansiedlungen, so war die Denkweise, würden den indigenen Widerstand auch in Amerika eliminieren. Englische Politiker bezeichneten die Iren wie auch die Indianer als minderwertige Menschen – als bösartig, verschlagen, barbarisch –, die für das Land, auf dem sie lebten, keine Souveränitätsrechte besäßen und auch nicht haben könnten. Koexistenz sei möglich, aber nur, wenn die Indianer die Engländer oder Spanier als ihre Herren akzeptieren würden.[11]

Die Indianer waren von den Neuankömmlingen zunächst beeindruckt. Eine Seuche brach aus, und viele Indianer starben daran »in einem kurzen Zeitraum«, wohingegen sie den Engländern kaum etwas auszumachen schien. Das ließ sie als mächtiges Volk erscheinen, das Zugang zu *montoac* oder *manit,* »spiritueller Macht«, hatte, aber nicht zwangsläufig selbst eine Macht von solcher Art war. Die englischen Neuankömmlinge verhielten sich nicht entsprechend. Sie errichteten einen durch eine Palisade geschützten befestigten Ort und grenzten sich so von ihren einheimischen Gastgebern ab, und sie waren knauserig mit ihren neuartigen Werkzeugen: mit kupfernen und eisernen Kesseln, die feuerfest waren und unzerbrechlich zu sein schienen, und eisernen Messern und Äxten, die erstaunlich mühelos Haut, Knochen, Holz und Muscheln durchschnitten. Die Weigerung, ihre außergewöhnliche Technologie mit anderen zu teilen, kennzeichnete sie als unsozial, und schließlich benahmen sie sich völlig rücksichtslos. Sie erwarteten von den Indianern, dass sie sich gelehrig und fügsam verhielten und sich ausbeuten ließen, und als die Indianer diesen Vorstellungen nicht entsprachen, schlugen die Engländer um sich. Als ein Indianer einem Kolonisten einen silbernen Becher stahl, ließ der Anführer der Kolonie den Wohnort des Diebes niederbrennen. Die Engländer waren der Ansicht, jedes Zeichen von Schwäche könnte ihnen zum Verhängnis werden. Als sie glaubten, Wingina plane ihre Vertreibung, schlug ihm ein Kolonist den Kopf ab.[12]

Der Mord schwächte den indigenen Widerstand nicht, er befeuerte ihn. Die Kolonisten unternahmen keine ergiebigen Kundschaftergänge, die über ihren Stützpunkt an der Küste hinausführten. Nach nur einem Jahr wollten sie bereits evakuiert werden, weil sie einen Aufstand befürchteten; mit einer Flotte von Sir Francis Drake, der eben erst eine Weltumsegelung hinter sich hatte, kehrten sie in die Heimat zurück. Als im darauffolgenden Jahr Raleighs drittes Kontingent von Kolonisten eintraf – 14 Familien, vier von ihnen mit Kindern –, waren die Indianer bereit. Die neuen Kolonisten verschwanden fast spurlos. Der einzige Anhaltspunkt für das, was ihnen widerfahren war, bestand aus dem in einen Baumstamm geschnitzten Wort »CROATOAN« – einem Hinweis auf eine nahe gelegene Insel oder Siedlung.[13]

Die Engländer ließen dennoch nicht von ihren kolonialen Plänen ab. Ihrer Ansicht nach gab es gar keine andere Wahl. Das sich entwickelnde merkantilistische Denken in Europa ging davon aus, dass die Welt nur über begrenzte Ressourcen verfügte und dass der Wohlstand der Nationen von Edelmetallen abhing. Nationen, die auf das Anhäufen von Gold und Silber verzichteten, seien unweigerlich dem Untergang geweiht, und der Schlüssel zu dauerhaftem Wohlstand seien Überseekolonien, die das Mutterland mit Edelmetallen und Rohstoffen versorgten. Bevor Drake sich seiner Rettungsaktion für die Kolonie in Roanoke widmete, hatte er 1586 mit seinen Angriffen die Hafenstädte Santo Domingo und Cartagena auf den Westindischen Inseln zerstört und San Agustín schwer heimgesucht – ein kühner Doppelschlag, der Spaniens Schwäche außerhalb des mittelamerikanischen Raums offenlegte und Englands Eintritt in den Kampf um Nordamerika verkündete.[14]

Wenn die Südflanke Nordamerikas, von den Westindischen Inseln aus betrachtet, auf spanische Konquistadoren wie ein leicht einzunehmendes Ziel wirkte, so galt das auch für die Küste im Osten und Norden, die englische Seefahrer lockte. In der Frühzeit der imperialen Expansion war das Wasser so wichtig wie das Festland. Überall an der Atlantikküste gab es einladende Meeresbuchten, breite Flussmündungen, schützende Naturhäfen und fruchtbares Land.

Im Spätfrühling des Jahres 1607 entdeckten die Powhatan drei Schiffe, die sich Chesepiooc näherten, einer Stadt »an einem großen Fluss«. Dicht an einer kleinen Landenge gingen die Schiffe vor Anker. Auf dieser sumpfigen Ausbuchtung gab es keine Siedlungen, doch sie gehörte zum Reich der Powhatan, in dem 24.000 Menschen lebten und das einen Landstreifen umfasste, der von der Atlantikküste bis zu den Appalachen reichte. Aus der Sicht der Indigenen war an diesem Ereignis nichts Ungewöhnliches, denn Geschichten über ähnliche Anlandungen – durch Cartier, Menéndez, Ponce de Léon und viele andere – waren entlang der ganzen Küste schon seit Generationen im Umlauf gewesen. Die Neuankömmlinge machten auch keinen besonders bedrohlichen Eindruck: Sie zählten nur wenig mehr als 100 Menschen und waren ausnahmslos männlich, was eher auf ein Interesse am Handel als an einer Landnahme schließen ließ. Die Engländer taten das, was sie schon seit Jahrhunderten getan hatten: Sie steckten mit Zäunen ein Territorium ab und errichteten ein Fort. Innerhalb weniger Wochen entstand so ein großes Bauwerk mit dreieckigem Grundriss und einer Befestigung an jeder der Ecken. Zu Ehren ihres Königs, James I., nannten sie es Jamestown. Dieses Vorgehen war eine Beleidigung und eine Verletzung der Souveränität der Powhatan. Noch bedrohlicher war, dass die Fremden sich den Satelliten-Dörfern der Powhatan näherten und sie in ihren Einflussbereich zu bringen versuchten. Die Indianer waren beunruhigt, hielten sich aber vorläufig noch zurück. Powhatan-Soldaten legten Kriegsbemalung an und töteten einige Kolonisten, was offensichtlich als Warnung gedacht war.[15]

Die Engländer begriffen nicht, mit wem sie es hier zu tun hatten, in dem Land, das sie selbst jetzt Virginia nannten. Die Powhatan, die sehr viel mächtiger waren als die meisten indigenen Bündnisse, auf die die Europäer in Nordamerika bisher getroffen waren, standen unter der Herrschaft von Wahunsenacawh, einem obersten Anführer. Er galt als ehrgeiziger und kluger *Mamanatowick* und trug damit einen Titel, der mit *manito* verbunden war, »spiritueller Macht«. Wahunsenacawh hatte zahlreiche örtliche Weroance unterworfen und damit seine Macht auf über 30 Städte ausgeweitet. Er war ein »Hüter vieler Geister« und herrschte über 15.000 Menschen in einem weiten Landstrich, der Tsenacommacah genannt wurde, »dicht bewohntes Land«. Der etwa 60 Jahre alte Anführer residierte in Werowocomoco – dem »Haus des Königs« –, nahm dort die Tributleistun-

Captain John Smiths Karte von Virginia aus dem Jahr 1624

gen von Gruppen aus den Satelliten-Dörfern entgegen und hatte rund 100 Ehefrauen. Diese Familienverhältnisse lieferten die Grundlage für ein expansives, aus Verwandtschaftsgraden geknüpftes Netzwerk, mit dem er sein Reich zusammenhielt. Siebzig Jahre zuvor hatte Hernando de Soto versucht, ein ähnliches, auf Verwandtschaften beruhendes Reich unter den Natchez an sich zu reißen – mit katastrophalem Ausgang.

Wahunsenacawh hatte eine Reihe von rivalisierenden Nationen unterworfen und seinen Söhnen, Brüdern und Schwestern bei einigen der Besiegten Führungspositionen zugeschanzt, gestattete aber den fügsamen Anführern besiegter Gruppen, ihre Positionen zu behalten, solange sie Soldaten stellten und Tribute in Form von Pelzen, Kupfer, Perlen, Mais und Fleisch entrichteten – was bis zu 80 Prozent ihrer Besitztümer ausmachen konnte. Im Gegenzug adoptierte Wahunsenacawh besiegte gegnerische Anführer und ihre Soldaten und nahm sie in sein schützendes Bündnis auf. Er war ein *Quioccosuk*, ein »Gott auf Erden«, dessen spirituelle Macht das Reich schützte. Jetzt wollte er sich einen direkten Zugriff auf die bemerkenswerten Waffen der Neuankömmlinge verschaffen; Qualm, Geruch

Powhatan [Wahunsenacawh] in einem Langhaus in Werowocomoco (Detail aus John Smiths Landkarte von 1624)

und Lärm der englischen Schusswaffen erzielten eine tiefe psychologische Wirkung.

Wahunsenacawh empfing seine Besucher in einem 45 Meter langen, fensterlosen, fassförmigen Palast, wo er im rückwärtigen Teil des Holzgebäudes auf einer erhöhten Bank thronte, während seine Ehefrauen und Berater, zu seinen Füßen auf Matten sitzend, ihm Gesellschaft leisteten. Er war gewiss kein Mann, der einer Gruppe von Fremden das Feld überließ, so eindrucksvoll deren Schiffe oder mitgeführte Waffen auch sein mochten. Wahrscheinlicher war, dass er sie als potenziellen Zugewinn für sein Reich sah. Captain John Smith war von Wahunsenacawh beeindruckt, und er wunderte sich, dass »die Form ihres Gemeinwesens eine monarchische Regierung ist, in der ein Kaiser über viele Könige oder Gouverneure herrscht. Ihr oberster Herrscher wird Powhatan genannt und leitet seinen Titel von seinem Hauptwohnort namens Powhatan ab«. Sein Wille »ist ein Gesetz und muss befolgt werden: sie verehren ihn nicht nur als einen König, sondern als einen Halbgott. Die Herrschaft der ihm untergeordneten Könige, die sie *Werowance* nennen, beruht auf Bräuchen, und sie können durch ihre Befehle über Leben und Tod bestimmen.« Es sah fast danach aus, als hätte sich Smith den Powhatans als untergeordneter König anschließen können.[16]

Doch im Mai 1607 nahmen 200 Powhatan Smith und zwei weitere Kolonisten am Chickahominy River gefangen, vielleicht im Rahmen eines Machtspiels: Wahunsenacawh wollte die Engländer in sein Reich eingliedern und seine Macht steigern. Smith wurde am Leben gelassen, seine Begleiter getötet. Im Dezember wurde er Wahunsenacawh vorgeführt, der den Engländer symbolisch zu Tode knüppeln und dann von seiner zehn Jahre alten Tochter wieder ins Leben zurückholen ließ. Sie war den Engländern als Pocahontas bekannt. Smith verstand das Ritual als Bestätigung dafür, »wie sehr mich Powhatan [Wahunsenecawh] liebte und respektierte«. Smith und die anderen überlebenden Kolonisten waren als Familienmitglieder wiedergeboren worden. Die Powhatan-Frauen erzielten 1608 eine reiche Maisernte und teilten jetzt ihren Ertrag. Im Verlauf des zweiten Winters der Kolonie verhungerten keine Kolonisten mehr wie noch im Winter zuvor. Powhatan-Frauen, die sehr autonom handelten und das gesellschaftliche Leben aktiv mitgestalteten, hatten sie gerettet. Wahunsenacawh hatte sein Reich erweitert, indem er die Engländer absorbierte, auch wenn das verwandtschaftliche Band nach wie vor dünn war. Wahunsenacawh setzte dabei auf den Eindruck, den auf diesem Weg beschaffte exotische und nützlich Waren machten: farbenprächtige Stoffe, Kupferkessel, Schwerter, Beile und eine Menge Gewehre.[17]

Die Halbinsel, vor der die Kolonisten vor Anker gegangen waren, war mit dem Festland durch eine schmale Landbrücke verbunden – eine Situation, die von den Siedlern als Segen empfunden wurde: Sie dachten, ihre Siedlung sei deshalb besser gegen Angriffe zu verteidigen, ob diese nun von Spaniern oder Indianern ausgingen. In Wirklichkeit isolierte die Halbinsel die Kolonisten vom Festland, seinen Ressourcen und seiner offenen Landschaft. Die Siedler blieben in ihrem Fort zusammengedrängt, konnten nicht jagen und hatten als Trinkwasser nur das schmutzige und ungewöhnlich salzhaltige Wasser des »großen Flusses« zur Verfügung, der an einem Meteorkrater vorbeifloss, aus dem Salze an die Oberfläche gelangten. Sie benannten den Fluss dennoch nach ihrem König. In der Ferne, »auf der

Spitze bestimmter roter, sandiger Hügel in den Wäldern«, sahen sie »drei große Häuser«, und jedes von ihnen war »an die sechzig Fuß lang«.[18]

Es waren noch keine zwei Monate seit der Ankunft der Engländer vergangen, als die ersten an Fieber und der Ruhr starben. Der heiße und feuchte Sommer brachte Millionen von Stechmücken hervor und verwandelte Jamestown in ein Malarianest. Nach acht Monaten lebten nur noch 38 Kolonisten. Die in London ansässige Virginia Company schickte mehr Menschen, aber das Sterben unter den Kolonisten nahm kein Ende. »Zu trinken gab es nur Wasser, und unsere Unterkünfte waren Luftschlösser« – felsiger Strand –, beklagte Smith. »Unsere außerordentlich harte Arbeit beim Transport und Einsetzen der Palisaden, und das bei dieser Art von Unterkunft und Essen, strengte uns so sehr an und ramponierte uns.« Diese Lebensumstände waren für Engländer, die davon ausgegangen waren, dass ihre mühsamste Unternehmung in der Neuen Welt allenfalls die Suche nach einer Durchfahrt zur Südsee oder zum Pazifischen Ozean sein würde, schlicht inakzeptabel. Im Sommer 1609, ihrem zweiten in Amerika, boten sie Wahunsenacawh an, ihn zum Lehnsmann von James I. zu krönen, und überbrachten ihm großzügige Geschenke, verbunden mit der Hoffnung, ihn so zum Untertanen herabstufen zu können. Wahunsenacawh nahm die Geschenke an, verweigerte aber das Niederknien, und damit war die Sache erledigt. Die Gentlemen-Kolonisten waren nach Nordamerika gekommen, um die mutmaßlich leicht zu erwerbenden Reichtümer aufzuspüren, von denen Hakluyt gesprochen hatte – Gold, Kupfer und Wale –, und jetzt mussten sie sich plötzlich um den Anbau von Feldfrüchten zur Sicherung ihrer Ernährung kümmern; dazu aber waren sie weder bereit noch in der Lage. In dieser Hinsicht stellten sie bei den Powhatan-Männern eine Geistesverwandtschaft fest, denn auch die hassten es, »bei irgendeiner Art von Frauenarbeit gesehen zu werden«.[19]

Im Unterschied zu den Powhatan fehlten den Engländern jedoch die Frauen, die den größten Teil der Feldarbeit übernahmen. Während der »Hungerzeit« in den Jahren 1609/10 aßen sie Hunde, Katzen, Ratten und Pferde, und manche wurden sogar zu Kannibalen. Sie starben reihenweise. Die Überlebenden mühten sich verzweifelt, die Fiktion von der eigenen Unbesiegbarkeit aufrechtzuerhalten, und versuchten deshalb, ihre Toten vor den Powhatan zu verbergen. Wahunsenacawh schickte der dahinschwindenden Kolonie Lebensmittel und verband damit offensichtlich das

Ziel, sie als neues tributpflichtiges Dorf in sein Reich aufzunehmen. Aber die Engländer erwiesen sich als böse Verwandte. John West De La Warr, der neue Gouverneur von Jamestown, machte sich an den Wiederaufbau der Kolonie, aber er hielt sich kein Jahr in diesem Amt. Die Kolonisten versuchten sich an systematisch betriebenem Landbau, gaben dies jedoch schon bald zugunsten privater Parzellen wieder auf. Sie gaben der Umzäunung den Vorzug vor der Allmende. Viele von ihnen bauten überhaupt nichts an und suchten stattdessen nach Gold und Silber, was Smith zur Verzweiflung trieb: »Es gab keine Gespräche, keine Hoffnung, keine Arbeit, sondern nur: Gold schürfen, Gold waschen, Gold veredeln, Gold verladen.« Die Faszination, die von den Edelmetallen ausging, war auch die Motivation für den neuen königlichen Freibrief, die Second Virginia Charter, mit dem die Virginia Company die Befugnis zur Kolonisierung sämtlichen Landes zwischen dem 34. und 40. Breitengrad, vom Atlantik bis zum Pazifik, erhielt. Die Virginia Company entsandte Hunderte von neuen Kolonisten, die das gigantische Geschenk gewinnbringend nutzen sollten. Doch auch sie waren, wie schon ihre Vorgänger, im neuen Land weitgehend fehl am Platz. Sie verweigerten sich jeder Art von körperlicher Arbeit und hungerten bereits nach kurzer Zeit. Nur 60 von ihnen überlebten den Winter. Einige von ihnen aßen die Toten, und einige drangen in Städte der Powhatan ein, stahlen Lebensmittel und nahmen Geiseln. Wahunsenacawh beauftragte eine der ihm tributpflichtigen Gruppen, die Paspahegh, mit der Überwachung und Disziplinierung der Kolonisten. Die Engländer unternahmen einen Überraschungsangriff auf eine Stadt der Paspahegh und töteten 65 Bewohner. Dieser Überfall führte zum Krieg.[20]

Jamestown geriet in eine noch tiefere Krise. Smith, die letzte Hoffnung der Siedlung für bessere Beziehungen zu den Powhatan, war bei einer Schießpulver-Explosion verwundet worden und anschließend nach England zurückgekehrt. Zwei Jahre später – die Kolonisten hatten Jamestown inzwischen bereits aufgegeben und sich ein Stück weit vom Wasser entfernt niedergelassen – tauchten zwei Schiffe aus England auf, die weitere Soldaten-Kolonisten an Bord hatten, diesmal waren es 300. Jamestown wurde wieder besiedelt, und die Kolonisten nahmen ihr Projekt wieder auf, diesmal aber mit einem verzweifelten Gefühl der Dringlichkeit, das sie dazu antrieb, Maisfelder der Powhatan abzubrennen, indigene Kinder willkürlich zu erschießen und ganze Siedlungen niederzumetzeln. Ihre Vorgehensweise war ganz und gar widerwärtig, und auch viele Weiße wendeten sich angeekelt davon ab. Dutzende von Kolonisten schlossen sich, des Blutvergießens müde, den Powhatan an, sie verbündeten sich mit ihnen. Anführer der Kolonisten befahlen, die Abtrünnigen zu jagen, und ließen sie nach ihrer Festnahme auf dem Scheiterhaufen verbrennen oder aufs Rad flechten, wo man ihnen nach und nach die Knochen brach. Die Kolonie schwankte zwischen Verzweiflung und Brutalität und verschlang sich selbst.[21]

Captain Samuel Argall nahm in seiner Verzweiflung Pocahontas gefangen, Wahunsenacawhs innig geliebte Tochter. Das gelang ihm 1613 mit der Hilfe eines Weroance der Patawomeck Nation. Pocahontas, die auch unter dem Namen Matoaka bekannt ist, hatte erst kurz zuvor einen Soldaten der Patawomeck geheiratet und war möglicherweise bereits Mutter geworden. Sie war zwar eine von beiden Seiten anerkannte Diplomatin, aber die Kolonisten hielten sie als Geisel gefangen, um Wahunsenacawh davon abzuhalten, sie alle zu töten. Sie akzeptierte die Bekehrung zum Christentum, erhielt den neuen Namen Rebecca und John Rolfe zum Ehemann, einen Witwer in Jamestown. Wahunsenacawh akzeptierte ein Friedensangebot der Engländer. Es beinhaltete einen sicheren Zugang zu englischen Waren – eisernen Pflügen, Mühlsteinen, Haustieren und exotischen alkoholischen Getränken –, der sein Ansehen und seine Stellung bei den Engländern wie auch bei seinem eigenen Volk bestätigen sollte. Rolfe begann mit dem Anbau einer milden und süß duftenden Tabaksorte, die in London zu einer Sensation wurde.

Die Virginia Company beschloss 1616, Pocahontas und etwa ein Dutzend weitere Native Americans nach England zu bringen, um dort für die eigenen kommerziellen und moralischen Erfolge in der Neuen Welt zu werben. Pocahontas wurde widersprüchlich als indianische Prinzessin und gute christliche Ehefrau zugleich dargestellt. Sie hatte ein umfangreiches und anstrengendes gesellschaftliches Programm zu absolvieren, und nach einem knappen Jahr in England erkrankte sie und starb. Wahunsenacawh starb zwei Jahre später. Zu diesem Zeitpunkt nutzten die Kolonisten im Bestreben, die eigenen Gewinne zu maximieren, sogar die Straßen von Jamestown für den Tabakanbau. Englische Freibeuter brachten 1619 die ersten versklavten Afrikaner nach Virginia. Zwei Jahre später produzierte Virginia 335.000 Pfund Tabak.[22]

Die Kolonie war dennoch alles andere als sicher. Der Titel des Mama-

Pocahontas, Kupferstich von Simon van de Passe, 1616

natowick ging auf Wahunsenacawhs jüngeren Bruder Opechancanough über, der sah, wie der Tabak-Boom die Arroganz der Kolonisten beflügelte. Tausende neue Kolonisten strömten ins Land, und mit ihnen kamen Rinder und Schweine. Opechancanough pflegte äußerlich freundliche Beziehungen mit den Engländern, während er insgeheim einen massiven Angriff plante. Eine große Zahl unbewaffneter Powhatan besuchte am 21. März 1622 die Engländer in verschiedenen Siedlungen am James River und blieb über Nacht. Einige von ihnen frühstückten am nächsten Morgen mit ihren englischen Gastgebern. Dann begannen sie ihren Vorstoß, griffen sich die Waffen ihrer Gastgeber und vereinigten sich mit anderen Powhatan zu einem koordinierten Angriff. Diese Attacke erfolgte so plötzlich, dass »nur wenige oder niemand die Waffe oder den Schlag wahrnahm, der ihnen den Tod brachte«. Die Indianer stopften Brot in die Münder der toten Kolonisten, als Warnung, nicht »das ganze Land zu verschlingen«. Die Indianer töteten auch die Kühe, Schweine und Pferde der Kolonisten. Die Powhatan-Frauen hassten die freilaufenden Tiere, die ihre hingebungsvoll gepflegten Gärten und Felder verwüsteten. Die Kolonisten, die sehr schnell zwischen Arroganz und Opferbewusstsein wechseln konnten, beklagten, wie »an jenem unheilvollen Freitagmorgen dreihundertsiebenundvierzig Männer, Frauen und Kinder unter den blutigen und barbarischen Händen jenes heimtückischen und unmenschlichen Volkes fielen, gegen alle Gesetze Gottes und der Menschen, der Natur und der Nationen« – fast ein Drittel der Gesamtbevölkerung der Kolonie. Opechancanough ließ den Überlebenden keine Nachricht zukommen und hüllte sich in Schweigen. Die Engländer kamen hinsichtlich der Powhatan zu dem Schluss, dass »es sehr viel leichter ist, sie zu erobern, als sie mit angemessenen Mitteln zu zivilisieren«.[23]

Der Konflikt entwickelte sich zu einem Abnutzungskrieg, der sich zunächst mehr auf die Zerstörung von Ressourcen als auf das Töten von Menschen konzentrierte. Die Engländer planten ihre Angriffe für die Zeit der Maisernte und hofften darauf, den Indianern dadurch einen Hungerwinter zu bereiten. Im Jahr 1624 erzielten sie damit einen spektakulären Erfolg: »Wir haben uns mit äußersten Anstrengungen an den Wilden gerächt und an diesem Fluss all ihren Mais niedergemäht, der allerorts in überreichen Mengen angepflanzt worden war, in der Hoffnung auf einen arglistigen Frieden und mit der Absicht, sich selbst für einen künftigen

Krieg zu versorgen«. Die Kolonisten brachten dagegen »eine reiche Maisernte« ein, die Jamestown letztlich rettete. Opechancanough übte mit Guerilla-Angriffen Vergeltung, die bei den Kolonisten so sehr gefürchtet waren, dass sie den Anbau ihrer Feldfrüchte ganz einstellten, was Mais und Tabak gleichermaßen betraf. König James I. widerrief den Freibrief für die Virginia Company und wandelte die in Bedrängnis geratene Kolonie in eine königliche Besitzung um, die von einem durch ihn eingesetzten Gouverneur verwaltet wurde. Im Jahr 1632 waren beide Seiten erschöpft und traten in eine kurze, unruhige Friedenszeit ein. Ein neues Kontingent englischer Kolonisten, diesmal waren sie römisch-katholischer Konfession, gründete eine weitere Tabakpflanzer-Kolonie, die den Namen Maryland erhielt. Sie lag im fernen Norden der Chesapeake Bay und war weit vom Gebiet der Powhatan entfernt.[24]

Die gegen Tsenacommacah gerichteten englischen Invasionen wurden unterdessen fortgesetzt. Opechancanough reagierte 1644 mit einer Vielzahl koordinierter Hinterhalte, einer erprobten Taktik der Powhatan, mit der die Kolonisten zurückgedrängt werden sollten. Powhatan-Soldaten töteten mehr als 400 Engländer. Ein indigener Gefangener sagte aus, dass die Powhatan angriffen, weil »die Engländer ihnen ihr ganzes Land wegnahmen und sie ganz aus dem Land vertreiben würden«. Die Virginia-Kolonisten waren anderer Ansicht: »Die raffinierten Indianer« wüssten, dass die schwer angeschlagenen Kolonisten »unruhig und in den eigenen Reihen uneinig« seien, »und auf Anweisung von Opechancanough, ihrem König, trafen sie die Vorbereitungen für ein weiteres Massaker«. Im Jahr 1646 wankten beide Seiten, und die General Assembly von Virginia nahm Friedensverhandlungen mit Necotowance auf, Opechancanoughs Nachfolger. Opechancanough war mittlerweile über 90 Jahre alt und so gebrechlich, dass er mit einer Trage transportiert werden musste. Man brachte ihn nach Jamestown und stellte ihn dort als komischen Kauz zur Schau. »Seine Augenlider wurden so schwer«, fiel den Kolonisten auf, »dass er nichts mehr sehen konnte, wenn sie nicht von seinen Dienern hochgezogen wurden.« Zwei Wochen später erschoss ihn ein wütender englischer Wachtposten.

Opechancanoughs Reich wurde mithilfe von verwandtschaftlichen Bindungen errichtet, die auf Blutsverwandtschaft oder Heirat beruhten und von militärischer Macht unterstützt wurden; sein Reich verschwand mit seinem Tod. Sir William Berkeley, der Gouverneur von Virginia, hatte ihn ursprünglich, vor seiner Ermordung, als Trophäe nach England schicken wollen. Opechancanoughs elender Tod in englischer Gefangenschaft demoralisierte sein Volk, aber er hinterließ ein gewaltiges Vermächtnis. Der jahrzehntelange Widerstand der Powhatan gegen die englische Expansion beschränkte die kolonialen Siedlungen für einen langen Zeitraum auf das von den Gezeiten geprägte Gebiet an der Küste und die Ostseite der Chesapeake Bay. Das wirkte indirekt wie ein Schutzschild für viele indigene Nationen im Landesinneren.[25]

Opechancanough mag, neben Anführern der Apalachee, Guale, Calusa und Cofitachequi, über ein tieferes Verständnis des europäischen Kolonialismus verfügt haben als andere Native Americans auf dem Kontinent. Von Kindesbeinen an hatte er möglicherweise Geschichten über merkwürdige Männer gehört, die aus dem Nichts auftauchten, und sich über die Taten der Eindringlinge den Kopf zermartert. Er hatte drei brutale Kriege gegen die Engländer geführt und den Aufstieg und Fall des Powhatan-Reiches miterlebt. Er hätte erklären können, was die Indianer über die Neuankömmlinge dachten, welches Verhalten sie von ihnen erwartet hätten und was seiner Ansicht nach in Zukunft geschehen sollte, aber kein Kolonist fragte ihn danach. Opechancanough wurde als menschliches Wesen geboren, bei seinem Tod schmähte man ihn als Wilden.[26]

Virginia als englische Kolonie überlebte, aber es war eingegrenzt, beengt und ungesund. Der englische Staat konnte Soldaten, Kolonisten, Kaufleute und Diplomaten in alle Welt entsenden, aber er wirtschaftete mit knappen Kassen und war nicht in der Lage, imperiale Projekte angemessen zu unterstützen. Virginia war ein typisches Beispiel. Zehntausende von Indianern und mächtige indigene Bündnisse grenzten es auf drei Seiten ein und reduzierten seine Bedeutung auf die eines bloßen Stützpunkts am Rand eines indigenen Kontinents. Der königliche Freibrief Second Virginia Charter, der territoriale Ansprüche erhob, die von einem Ozean zum anderen reichten, klang jetzt wie Hohn auf Englands imperiale Ambitionen. Die Kolonie war von Florida durch eine Landgrenze isoliert, die eine Zusammenarbeit zwischen den Imperien vereitelte. Virginia gab nahezu alle Bemühungen auf, die Haus- und Nutztiere unter Kontrolle zu halten. Die Kolonisten ließen ihre Schweine, Kühe und Pferde frei herumlaufen und die Felder der Indigenen zertrampeln; die sich selbst überlassenen zahmen Tiere waren in vielen Fällen effektivere Kolonisten als ihre Besitzer.

Im Jahr 1675 saßen die englischen Kolonisten, inzwischen mehr als 40.000 an der Zahl, immer noch an den Ufern der Chesapeake Bay fest und bauten fieberhaft Tabak an, die wirtschaftliche Lebensversicherung der Kolonie. Die an ihre Felder gebundenen Engländer wussten nach wie vor herzlich wenig über den riesigen Kontinent und seine vielen Völker, Sprachen und Reichtümer.[27]

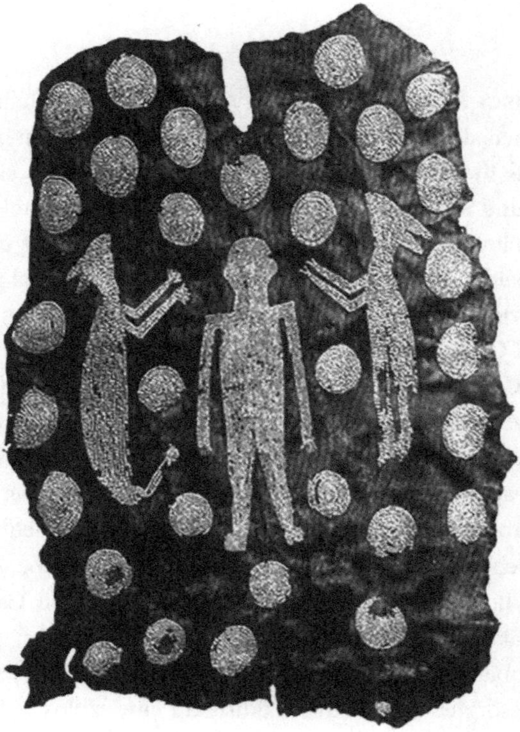

Powhatans (Wahunsenacawhs) Mantel

KAPITEL 6

KRIEGE AN DER KÜSTE

EINIGE FISCHER DES WABANAKI-VOLKES gingen im Jahr 1605 auf einer kleinen, der nördlichen Atlantikküste vorgelagerten Insel ihrer Arbeit nach, als in ihrer Nähe Kapitän George Weymouth, ein englischer Schiffbauer und Seemann, mit seiner Mannschaft anlandete. Der Kapitän und seine Männer waren auf der Suche nach Trinkwasser und Proviant. Sie fanden beides, entdeckten aber auch die Wabanaki, nahmen prompt vier von ihnen gefangen und verschleppten sie nach London. Sechs Jahre später ergriff Captain Edward Harlow, ein anderer britischer Abenteurer, in der Cape Cod Bay mehrere einheimische Indianer, die genau zu wissen schienen, wie sie diese Situation bewältigen konnten, denn sie hatten mit den Europäern bereits Handel getrieben und sie auch bekämpft, wenn es notwendig war. Sie erzählten ihren Häschern, dass es auf ihrer Heimatinsel Noepe – »Trockenes Land inmitten des Wassers«, das heutige Martha's Vineyard – sehr viel Mais von hervorragender Qualität gebe. Als das Schiff dort landete, flohen sie sofort. Geschichten von Verrazano, Cartier und anderen europäischen Sklavenjägern waren bei den indigenen Gemeinschaften in Küstennähe überall noch in frischer Erinnerung. Fischerei, Sklaverei und Habgier sorgten an der Atlantikküste für eine explosive Mischung.

Die Wabanaki, ein amphibisch lebendes Volk, hießen 1614 einen Engländer willkommen, der genau wusste, was zu tun und was zu sagen war; er trat ihnen mit Bescheidenheit gegenüber und gebrauchte die richtigen Worte. John Smith war nach Amerika zurückgekehrt, diesmal betrieb er Handel mit an der Küste lebenden Indianern von Maine bis zur Massachusetts Bay; er tauschte Fische gegen Pelze. Gleichzeitig agierte er nach wie vor im Kolonialstil. Er besuchte die Abenaki und Wampanoag und beanspruchte ihr Land für die Kolonie »Neu-England«. Nach getaner Arbeit

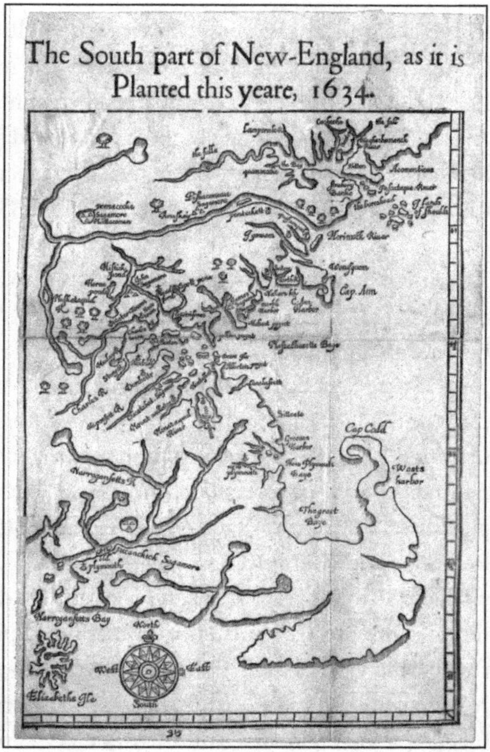

Eine Karte des südlichen Neuengland von 1634

kehrte er nach England zurück und überließ es dem Kommandeur seines zweiten Schiffes, Handelsabkommen mit den einheimischen Nauset und Patuxet zu schließen. Doch der Mann trieb keinen Handel mit den Einheimischen, sondern nahm etwa zwei Dutzend von ihnen gefangen und segelte dann nach Malaga in Spanien, wo er seine Gefangenen als Sklaven verkaufte.[1]

Entlang der mittelatlantischen Küste begann der Kampf um die Vorherrschaft zu Wasser. Zwei große Seemächte – England und die Republik der Vereinigten Niederlande – entsandten Schiffe, die die Küstenlandschaft nach Naturhäfen, Landzungen und Fischgründen absuchen sollten, während Algonkin-Seefahrer sie beobachteten und, wenn nötig, zu Abwehrmaßnahmen griffen und Schiffe attackierten und enterten. Die indigene Seemacht war so überwältigend, dass sie einen großen Teil der Atlantikküste jahrzehntelang von kolonialen Stützpunkten frei halten konnte. Ein früher Kolonisierungsversuch, der von englischen Puritanern und West-Country-Geschäftsleuten ausging, scheiterte im Sagadahoc River im Sankt-Lorenz-Golf unter der Führung des eigensinnigen Raleigh Gilbert kläglich. Algonkin-Schiffe beherrschten die Küste und sorgten dafür, dass die ungebetenen Fremden isoliert blieben und hungerten. Die entmutigten Kolonisten segelten bei der ersten sich bietenden Gelegenheit nach Hause.[2]

An einem neuerlichen Versuch im Jahr 1620, der mit einem einzigen Schiff, der *Mayflower,* unternommen wurde, waren 102 Kolonisten beteiligt, die an einem verwaisten Küstenstreifen landeten; eine kurz zuvor ausgebrochene Seuche hatte fast 90 Prozent der Wampanoag getötet. Bei dieser Krankheit könnte es sich um eine Leptospirose gehandelt haben, die über den Urin europäischer Ratten verbreitet worden war. Die Kolonisten nahmen sofort ein verlassenes indigenes Dorf in Beschlag. Sie waren überglücklich: Vor ihren Augen lag »ein großes Stück gerodeten Landes«, eine Belohnung nach ihrem biblischen Exodus. »Unser Land ist voll«, schrieb ein Kolonist, während »ihr Land leer ist«. Zu den Neuankömmlingen zählten 37 militante Separatisten, die den protestantischen Glauben und die europäischen Gesellschaften insgesamt von Überbleibseln des Katholizismus reinigen wollten – von Prunk, Hierarchie, Korruption und formelhafter Liturgie – und eine neue Ordnung mit einem ausgewogenen Verhältnis von Vernunft und Glauben, Intellekt und Emotionen anstrebten. Etwa 40 der Neuankömmlinge waren »Strangers« ohne kirchliche Bindung. Als der Kapitän die vorgesehene Landungsstelle verfehlte, wurden die Strangers aufsässig. Die gegnerischen Gruppen handelten am 11. November 1620 einen Vertrag aus, den »Mayflower Compact«, und das Schiff warf Anker an der Nordspitze einer Halbinsel, der die Neuankömmlinge den Namen Cape Cod gaben.

Die fürchterlich dezimierten Wampanoag suchten verzweifelt nach neuen Verbündeten und nahmen die ernsthaften und eifrigen Neuankömmlinge bei sich auf. Der erste Winter war brutal, und etwa die Hälfte der Europäer starb. Samoset, ein Sachem (Anführer) der Östlichen Abenaki, und Squanto, ein Patuxet-Indianer, halfen bei der Vermittlung eines Beistandspakts auf Gegenseitigkeit zwischen Ousamequin – dem *Massasoit,* »Groß-Sachem«, des Wampanoag-Bündnisses – und den Kolonisten. Ousamequin glaubte, dass der Pakt ihm das Recht gebe, von den Neuan-

Ousamequin raucht ein Kalumet mit John Carver, dem Gouverneur der Plymouth Colony, 1621 (unbekannter Künstler)

kömmlingen Tribut zu verlangen, und schon bald darauf verpflichtete er sie zum Beistand bei einem Kampf gegen einen rivalisierenden Sachem. Er erlaubte den Engländern, eine Kolonie zu errichten – Plymouth –, weil sie nützlich waren. Es war klar, dass die Engländer ohne die Indianer nur sehr wenig ausrichten konnten, und die Kolonisten, arm, wie sie waren, ließen sich bereitwillig auf kleinere Tauschgeschäfte ein. In erster Linie wollten sie ihre kleinen Parzellen bewirtschaften und ihren Glauben entsprechend ihren Überzeugungen ausüben. Im Herbst 1621 feierten die Engländer ihre erste erfolgreiche Ernte. Neunzig Wampanoag-Männer, angeführt vom Massasoit, waren eingeladen, um diesen Erfolg gemeinsam mit den Kolonisten zu feiern. Der Höhepunkt des Festmahls war *nasaup,* ein Gemisch aus gekochtem Maismehl, Gemüse, Obst und Fleischstücken.[3]

Die Kolonisten missdeuteten Ousamequins Großzügigkeit möglicherweise als Unterwürfigkeit und dachten, der Sachem könne auf den Status eines Untertanen des Königs von England erniedrigt werden. Doch Ousamequin lehnte das Christentum in aller Offenheit ab, und William Bradford, der Gouverneur der Plymouth Colony, brandmarkte die Wampanoag als böswillige Wilde. Die Engländer dachten, wie schon die Spanier vor ihnen, dass die Indianer das Land nicht auf angemessene Weise nutzten, weil sie den Boden nicht verbesserten, es war ein Echo von Lockes Einschätzung der Neuen Welt. »Das Land ist noch unbebaut; der Boden noch nicht bearbeitet; die Städte sind noch nicht errichtet; das Vieh noch nicht untergebracht«, klagte ein Siedler. »Wir sind umgeben von unbeholfenen und trägen Menschen, den Eingeborenen dieses Landes, die sich nicht einmal selbst auf eine angenehme und sorgenfreie Art zu helfen wissen, geschweige denn uns.« Die Kolonisten kamen nicht auf die offensichtliche alternative Erklärung: Die Indianer entschieden sich schlicht dafür, den ungebetenen Fremden nicht zu helfen. »Gott spricht heute auf andere Art zu uns als einst«, schrieb Bradford, » deshalb müssen wir uns Gottes gegenwärtigem Handeln widmen und nicht seinem gewohnten Handeln.« Die Engländer baten die Indianer um Hilfe beim Maisanbau. Und die Pilgerväter umgaben, wie die Virginier 14 Jahre zuvor, ihre ungeschützte Siedlung mit einem Palisadenzaun.[4]

Das militärische Können der Algonkin zu Wasser und zu Land wirkte abschreckend, und so blieb Plymouth bis zum Jahr 1629 die einzige Kolonie in Neuengland, bis die Massachusetts Bay Company 80 Kilometer weiter nördlich Boston gründete, an einer Stelle, an der ein hervorragender Naturhafen die Aussicht bot, in zentraler Lage zu Wohlstand zu kommen. Die Furcht der Indigenen vor einer kolonialen Invasion wurde Wirklichkeit, als zwischen 1630 und 1633 3000 Puritaner nach Massachusetts kamen; diese Entwicklung wurde später bekannt als »Great Migration«. Der Zustrom von Puritanern sorgte für den Durchbruch. Die Kolonie wurde zum Zielort eines regen Schiffsverkehrs, der mehr Versorgungsgüter und mehr Menschen ins Land brachte. Dass viele von ihnen Frauen waren, beunruhigte die Indianer: Diese Neuankömmlinge waren gekommen, um zu bleiben. Noch beunruhigender war, dass die englischen Familien sich in alle Himmelsrichtungen ausbreiteten, Wälder rodeten, landwirtschaftliche Anwesen absteckten und Straßen anlegten, ohne die Indianer zu fragen. Als die Kolonisten dann eine große Zahl von Schweinen, Rindern, Schafen und Pferden ins Land brachten, nahmen die Indianer das als Invasion eines fremden Volkes wahr, die ihre eigenen Felder, ihre Ernteerträge und ihren Lebensunterhalt bedrohte. Das Massachusetts-Projekt war von Anfang an ein zweideutiges Vorhaben. Die Engländer beanspruchten Land für ihre Kolonie ohne die Zustimmung der indigenen Bewohner; im Siegel der Kolonie bildeten sie aber einen Indianer ab, dem sie ein Bibelzitat aus der Apostelgeschichte in den Mund legten: »Come Over and Help Us«. Das Siegel sollte für ein christliches Gemeinwesen stehen, das auch die Native Americans einschloss. Es war ein Schwindel, der darauf abzielte, finanzielle Mittel für das koloniale Projekt einzuwerben. Die Engländer hatten, im Unterschied zu den Spaniern und Franzosen, die die Kolonisierung mit dem Geschenk der europäischen Kultur und Religion rechtfertigten, nur geringe Skrupel hinsichtlich des Begriffs »Kolonie«. Sie formulierten kurzerhand fiktionale Eigentumsrechte an indigenen Territorien und verbargen die Substanzlosigkeit solcher Ansprüche hinter wohlformulierten Urkunden und Freibriefen.[5]

Imperiale Rivalitäten zwischen den europäischen Mächten verschlimmerten die angespannte Lage in Neuengland. Die Niederländer waren, mit weniger Aufsehen als die Spanier, Franzosen und Engländer, 1609 in den Kampf um Nordamerika eingetreten, als Henry Hudson, dem es nicht gelungen war, über Nordamerika einen Seeweg nach China zu finden, einen Fluss erreichte, der heute noch seinen Namen trägt. Als niederländische Händler in den 1610er-Jahren ins Hudson Valley kamen, erkannten sie, dass dies ein Standort war, der ihnen enorme Vorteile bot. Der Hudson war mehr als 250 Kilometer weit ins Landesinnere schiffbar und ermöglichte den Zugang zu lebhaften indigenen Märkten im Tal des Sankt-Lorenz-Stroms und an den Großen Seen. Die geschäftstüchtigen Niederländer hatten kein Interesse an der Bekehrung und »Zivilisierung« der Indianer, die sie vielmehr als Kunden und Handelspartner betrachteten.

Die Indianerpolitik der Niederländer war durchgehend praxisorientiert. Niederländische Händler stellten rasch fest, wer die Macht in Händen hielt, und agierten entsprechend. Sie knüpften enge Beziehungen zur Mahican Nation, die den Binnenhandel beherrschte. Die Niederländer errichteten am Hudson 1614 Fort Nassau und verkauften mithilfe der Mahicans Gewehre, Schießpulver, eiserne Gerätschaften und Werkzeuge bis weit ins gewaltige Hinterland. Im Gegenzug wurde Fort Nassau mit Biberpelzen überschwemmt, Nordamerikas begehrtester Handelsware, mit der die Niederländer ein Vermögen verdienten. Im Fort arbeiteten nur etwa vier Dutzend Menschen, die Hälfte davon stellten die Händler, die andere Hälfte bestand aus Soldaten. Diese Art von sanftem Kolonialismus entsprach nicht unbedingt bewusster Planung – die imperialen Ambitionen der Niederlande in Asien beanspruchten den größten Teil der verfügbaren Ressourcen –, aber die relative Bescheidenheit ihrer Operationen in Nordamerika sollte den Niederländern sehr zugutekommen.[6]

Der kaufmännische Erfolg der Niederländer alarmierte die Engländer und löste einen unerwarteten imperialen Wettbewerb aus, der sich auf verarbeitete Muschelschalen konzentrierte. Muschelschalen waren das Rohmaterial für die Wampumketten, die vielen Indianern im Osten des Kontinents als heilig galten. Sie bemalten sie mit verschiedenen Farben und verzierten mit ihnen die bei religiösen Zeremonien verwendeten Gürtel. Die Wampumgürtel markierten den gesellschaftlichen Status, stabilisierten Grenzbeziehungen und wurden als Gedächtnishilfe benutzt, wenn es galt, überlieferte Geschichten aufs Neue zu erzählen. Wampum diente auch als Währung, und in dieser Praxis sahen die unternehmerisch denkenden niederländischen Händler eine Chance. Sie fingen an, die Indianergruppen an der Küste mit metallenen Bohrern zu beliefern, die es ihren Kunden ermöglichten, Wampum im industriellen Umfang zu produzieren. Indigene Frauen schafften auf diese Weise die Herstellung von eineinhalb bis drei Metern Wampum pro Arbeitstag, und schon bald waren im Nordosten rund drei Millionen als Währung geltende Wampumketten im Umlauf, die eine expandierende Tauschwirtschaft befeuerten. Europäer hatten eine Währung akzeptiert, die ihnen noch kurz zuvor so gut wie nichts bedeutet hatte.

Die nach wie vor instabilen Puritaner-Kolonien wollten unbedingt in das lukrative Wampum-Geschäft einsteigen, um ihre Schulden bei den europäischen Lieferanten begleichen zu können – die Errichtung von Kolonien war ein extrem teures Unterfangen –, deshalb suchten sie den Kontakt zu den Wabanaki, die vorzügliche Seeleute und Pelztierjäger waren und große Mengen von erstklassigen Biberpelzen, aber auch Schwertfische, Kabeljau oder Glattwale liefern konnten. Die Wabanaki lebten weit nördlich der Hauptfundgebiete von Muschelschalen und hatten ihrerseits großes Interesse am Zugang zu Wampum; die Puritaner fingen jetzt mit der Wampum-Beschaffung bei ihren indigenen Nachbarn an, um mit diesem Zahlungsmittel den Wabanaki Pelze abzukaufen. Ihre Methoden waren rau, sie reichten von gewöhnlicher Erpressung bis zu nur unzulänglich verbrämten Tributzahlungen. Neuengländer und Niederländer benutzten Wampumgürtel jetzt als Währung bei ihrem Binnenhandel. Der Massachusetts General Court erklärte Wampum im Jahr 1637 zum legalen Zahlungsmittel, das gegen Schillinge und Pennys eintauschbar war. Weetamoo, eine *Saunkskwa* – weibliche Sachem – vom Volk der Pocasset im Wampanoag-Bündnis, setzte bei ihrer umfangreichen Diplomatie mit Kolonisten nahezu ausschließlich auf Wampum. Es entwickelte sich eine prekäre Dynamik, und die Wabanaki begannen sorgfältig darüber nachzudenken, wie weit sie sich auf die Indianer im Landesinneren einlassen sollten. Für sie war das Binnenland ein furchterregender Ort, wo der Kampf um Gebiete die Welt aus dem Gleichgewicht brachte. Die amphibisch lebenden Mi'kmaq, nicht die Engländer, waren ihre gefährlichsten Nachbarn. Mi'kmaq trieben Handel mit Europäern, besorgten sich immer mehr Schusswaffen und Schießpulver und erweiterten ihren Machtbereich bis tief ins Landesinnere wie auch bis weit aufs Meer hinaus, wo sie sich im Sankt-Lorenz-Golf ein Quasi-Monopol auf Fischgründe und andere maritime Ressourcen sicherten. Sie wurden zur führenden Seemacht an der Nordostküste. In ihrem Windschatten erweiterten die Wabanaki ihre eigenen Operationen im Tal des Sankt-Lorenz-Stroms und in Neufrankreich, was den Händlern und Verwaltungsbeamten in Neuengland schwer zusetzte.[7]

Die Neuengländer sahen sich unvermittelt von den Wabanaki zur See und von den mächtigen Pequot an Land umzingelt. Das Pequot-Bündnis hatte sich, wie auch die Powhatan, im frühen 17. Jahrhundert rasch erweitert und mehrere benachbarte Gruppen in den eigenen Einflussbereich gezogen. Die Pequot bezeichneten die Narragansett aus eigenem Machtbewusstsein heraus als »weibische Männer«. Die Pequot hatten einen hohen Organisationsgrad erreicht, zählten etwa 30.000 Menschen und lebten unter einem Groß-Sachem und mit einem Rat, der das ganze Bündnis umfasste, und beherrschten den Pelz- und Wampum-Handel im Connecticut Valley. Ihre Macht reichte von den Küstenebenen über Bindungen auf Gegenseitigkeit bis zu den der Küste vorgelagerten Inseln, und sie verweigerten kategorisch jede Art von Tributzahlung an die Engländer. Die Engländer taten sich mit dieser Realität schwer. Was sagte das Fortbestehen der Pequot-Oberherrschaft über das Streben der Kolonisten nach einem vollkommenen christlichem Gemeinwesen und über ihren Wert in den Augen ihres Gottes aus? Sie empfanden die Indianer als undankbare und unregierbare unzivilisierte Sünder, und dennoch gelang es ihnen nicht, sie zu unterwerfen. Die Neuengländer waren ehrgeizige Siedler-Kolonisten, die darauf aus waren, die Indianer zu unterdrücken und zu beherrschen, aber sie hatten mit einer Reihe von Defiziten zu kämpfen: Es fehlte ihnen an besonders profitablen Anbaupflanzen wie etwa Tabak, sie waren zu arm, um afrikanische Sklaven kaufen zu können, und sie setzten sehr stark auf landwirtschaftliche Nutztiere – auf Ochsen, Rinder, Schweine und Pferde –, weil sie in den Wäldern nicht jagen konnten oder sich nicht trauten. Ihre gezähmten Nutztiere benötigten ausladende Wiesen und Weiden, aber den Kolonisten gelang es nicht, sich genügend Land zu verschaffen. Sollten sie sich am Ende als unwürdig erweisen?[8]

Schließlich gelang ihnen doch noch ein Durchbruch. Die Europäer des 17. Jahrhunderts lebten in einer rätselhaften und furchterregenden Welt, in der sie überall böse Vorzeichen sahen, Hexen über das Schicksal eines Menschen entscheiden konnten, Schwalben auf dem Grund von Seen überwinterten und Gott aufseiten der Rechtschaffenen ins Weltgeschehen eingriff, indem er ihre Feinde niederstreckte. Im Jahr 1633 suchte eine ungewöhnlich ansteckende Pockenepidemie die immunologisch wehrlosen Indianer in Neuengland heim, als ob Gott wollte, dass die Engländer sich durchsetzten. Mehr als 80 Prozent der Native Americans in der Region starben. Die mächtigen Pequot verloren 4000 Menschen. Die traditionellen Heilmethoden blieben wirkungslos, die Geister zürnten. Auch den Engländern galt dieses Geschehen als göttliche Intervention; auf diese Weise ermutigt, verlangten sie von den dezimierten Pequot die Anerkennung der englischen Oberherrschaft, Tributzahlungen in Form von Wampum und die Zustimmung zu englischen Siedlungen im Tal des Mystic River, einer wichtigen Handelsader. Die Pequot weigerten sich. Von den Engländern erwarteten sie allenfalls ein freundliches Entgegenkommen mit Geschenken und Waren und die Einnahme der ihnen zukommenden Stellung als tributpflichtige Gruppe unter der Suzeränität der Pequot. Beide Völker befanden sich an einem toten Punkt, sie rangen um eine Form der Koexistenz, wobei keines von beiden nachgeben wollte.[9]

Das lange Abrutschen in eine sich überallhin ausbreitende, apokalyptische Gewalt begann im Frühjahr 1634, als John Stone, ein Händler aus Vir-

Endicotts Landung auf Block Island, Stich von A. R. Waud, ca. 1876–1881

ginia und ein grober, harter Trinker, zwei Pequot als Geiseln nahm und sie zwang, sein Schiff den Connecticut River hinaufzulotsen. Pequot und ihre Niantic-Verbündeten bemächtigten sich des Schiffes und töteten Stone und seine Besatzung. Stone wurde unter den Kolonisten allgemein verachtet – er war wegen eines gegen eine verheiratete Frau gerichteten sexuellen Übergriffs bestraft worden –, aber seine Ermordung belastete die Beziehungen zwischen den Kolonisten und den Pequot dennoch; die Engländer konnten es nicht dulden, dass die »Wilden« auch nur ein Mitglied ihrer Gemeinschaft ermordeten. Zwei Jahre später, im Juli 1636, enterte eine Gruppe von Kämpfern aus dem Volk der Manisse, das dem Narragansett-Bündnis angehörte, das Schiff von John Oldham, von dem sie glaubten, dass er mit ihren Pequot-Feinden Handel trieb. Die Manisse töteten den Kapitän, schnitten ihm die Hände und Füße ab und stahlen seine Fracht. Die Kolonisten bestanden darauf, dass »das Blut der Unschuldigen nach Vergeltung rief«.[10]

Ende August brach Colonel John Endicott, ein für seinen religiösen Eifer bekannter Mann, zu einer Strafaktion gegen die auf Block Island lebenden Manisse auf. Seiner 90 Soldaten zählenden Streitmacht gelang die Landung auf der Insel, aber die Invasoren schafften es nicht, die Indianer zum

Kampf zu stellen, weil die sich schnell in die Sümpfe der Insel zurückzogen. Endicott kehrte daraufhin aufs Festland zurück, um die Pequot dort für die Tötung eines englischen Händlers zu bestrafen. Die Engländer gingen nahe einer an einem kurzen Flusslauf gelegenen größeren Stadt an Land. Am Morgen entsandten die Indianer einen Parlamentär; die Engländer sagten, dass sie die Köpfe der Soldaten verlangten, die ihren Landsmann getötet hätten. Der Pequot-Unterhändler räumte ein, dass er selbst zu einem früheren Zeitpunkt heimtückische englische Seeleute getötet habe, bestritt aber den jüngsten Vorwurf. Die Engländer griffen die Stadt an und »feuerten auf alle, denen wir nahe genug kamen, zündeten ihre Wigwams an, vernichteten ihren Mais, und viele andere Dinge für den Lebensbedarf, die sie vergraben hatten, holten wir heraus und nahmen wir mit«. Wenig später unternahmen die Pequot »viele kühne Angriffe« gegen Fort Saybrook an der Mündung des Connecticut River und zerstörten »alles, was ihnen im Weg stand«. Der in Bedrängnis geratene John Winthrop, Gouverneur der Massachusetts Bay Colony, bat die Plymouth Colony eindringlich, »sich uns gegen den gemeinsamen Feind anzuschließen, der, sollte er nicht unterworfen werden, sich für sie als genauso gefährlich erweisen würde wie für uns, und, sollte er sich durchsetzen, alle Indianer im Land veranlassen würde, sich zusammenzuschließen, um die Engländer ganz auszurotten«. Der puritanische Geistliche Roger Williams schrieb später, offensichtlich als Rechtfertigung, dass »die Pequot jetzt mit noch schlimmeren Verwüstungen begannen, sodass die Regierung von Connecticut beschloss, eine Streitmacht gegen sie zu entsenden«. Uncas, ein Sachem der Mohegan, hatte sich mit den Engländern gegen die mächtigen Pequot verbündet. Auch nach einer bereits seit Generationen andauernden kolonialen Expansion betrachteten viele indigene Nationen andere Indianer nach wie vor als ihre gefährlicheren Rivalen.[11]

Die Engländer – deutlich in der Unterzahl und in weit verstreuten Siedlungen lebend –, die sich mit zunehmendem indigenen Widerstand konfrontiert sahen, gingen davon aus, dass ihnen nur zwei Optionen blieben: entweder gegen die Pequot oder gegen die Narragansett Krieg zu führen. Sie wählten die Pequot als Gegner, die einerseits mächtiger, zugleich aber auch verwundbarer zu sein schienen. Das erwies sich als die richtige Entscheidung. Mehrere den Pequot tributpflichtige Gruppen sahen angesichts der Unruhen ihre Chance gekommen, die Herrschaft zu wechseln, und liefen zu den Narragansett über, die prompt die Engländer über die plötzliche Schwächung der Pequot unterrichteten. Die Narragansett schwächten ihre Rivalen, indem sie die Engländer gegen sie kämpfen und sie töten ließen.[12]

Der Krieg, der als Pequot War in die Geschichte einging, steht für den Übergang vom in erster Linie mit den Mitteln der Seefahrt betriebenen englischen Kolonialismus hin zu einem stärker an Landnahme interessierten territorialen Kolonialismus, bei dem auch Eigentum – Farmen, Lebensmittellager, Häuser – und Nichtkombattanten ins Visier gerieten. Die Engländer erkannten, dass sie es zu Wasser nicht mit den Pequot aufnehmen konnten, deren Kampfkraft auf leichten Kanus beruhte, die in flachen Küstengewässern gut zu manövrieren waren. Deshalb planten sie einen Überland-Angriff, um den Pequot Einhalt zu gebieten, die immer wieder Fort Saybrook und andere englische Stützpunkte attackierten, Lagerhäuser zerstörten, die Flussschiffahrt unterbrachen und Kolonisten töteten. Mehr als 300 Soldaten der Narragansett, Mohegan und Wangunk kämpften gemeinsam mit den Engländern. Diese indigenen Völker wollten, ebenso wie die Kolonisten, ihre Beziehungen zu den Pequot, die bis dahin den Handel mit den Engländern dominiert hatten, auf eine neue Grundlage stellen. Doch im Unterschied zu den Kolonisten hielten sie eine Koexistenz mit den Pequot und den Engländern nach wie vor für möglich. Sie schlossen sich dem Feldzug an, um für mehr Sicherheit in einer indigenen Welt zu sorgen.[13]

Den Pequot war klar, dass sie mit einem Angriff zu rechnen hatten, sie sammelten sich in Mistick, einem befestigten Dorf auf einem Hügel, das knapp einen Kilometer von einem Fluss entfernt lag, den die Kolonisten Mystic River nannten. Die Pequot rechneten allerdings nicht damit, dass die Engländer sich einer neuartigen Taktik bedienen würden. Die Engländer trafen auf »zwei nahezu uneinnehmbare Forts« und beschlossen, das näher gelegene anzugreifen. Der Überraschungsangriff erfolgte noch vor dem Morgengrauen. Als die Pequot erkannten, was vor sich ging, hatten die Engländer und ihre indigenen Verbündeten sie bereits eingeschlossen. Die Engländer feuerten Salven durch Lücken in der Palisade und töteten Menschen im Schlaf. Pequot-Soldaten leisteten zähen Widerstand, ihre Pfeile und Kugeln fanden ihre Ziele trotz der starken Körperpanzer der Engländer und töteten und verwundeten innerhalb weniger Minuten zwanzig der Angreifer. Die Angreifer schien der Mut zu verlassen. Aber dann sahen die Pequot das Feuer: Die Dächer ihrer Häuser brannten, die

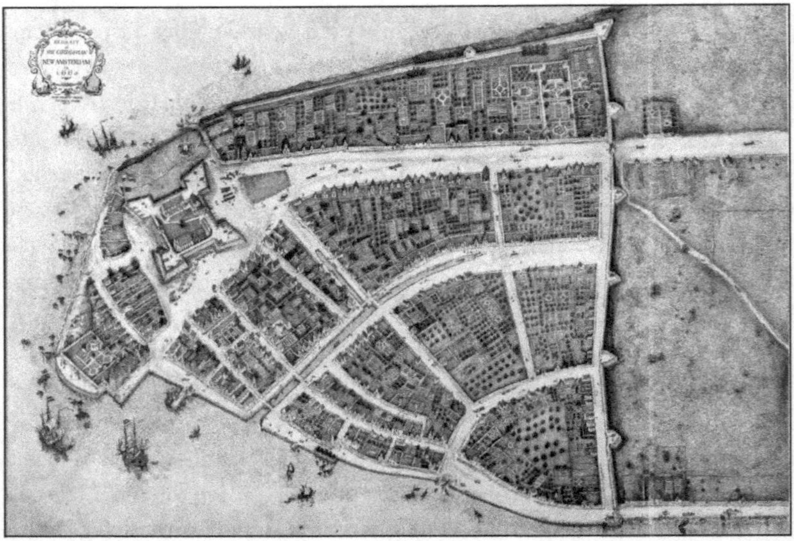

Karte der Stadt Neu-Amsterdam in Neu-Niederland, 1660

Flammen griffen von einem Gebäude auf das nächste über und arbeiteten sich in Richtung der Ortsmitte vor. Die englischen Soldaten riegelten die beiden Ausgänge des Ortes ab und schossen alle Menschen nieder, die hinausstürmten. Die eingeschlossenen Pequot »kämpften höchst verzweifelt durch die Palisaden«, aber der dicht bebaute Ort verwandelte sich innerhalb einer halben Stunde in einen Aschehaufen. 300 bis 400 Pequot, die meisten von ihnen Frauen, Kinder und Alte, waren getötet worden. Das Gemetzel war so grauenhaft, dass die Kolonisten es von sich fernzuhalten versuchten: »Der ALLMÄCHTIGE ließ einen so furchtbaren Schrecken auf ihre Seelen herabkommen, dass sie von uns fortstürzten und direkt in die Flammen liefen, wo viele von ihnen zugrunde gingen.«[14]

Die Brutalität des Angriffs schockierte auch die indianischen Verbündeten der Kolonisten: Sie hatte mit angemessener Kriegführung nicht das Geringste zu tun. »Unsere *Indianer* kamen zu uns und freuten sich über unsere Siege«, schrieb Captain John Underhill, ein Söldner aus Neuengland, aber die Narragansett, Mohegan und Wangunk »schrien *mach it, mach it;* das bedeutet: es ist böse, es ist böse, weil er brutal ist und zu viele Menschen tötet«. Underhill räumte selbst ein, dass »gefragt werden kann, warum geht ihr so hart vor (wie manche gesagt haben), sollten Christen nicht mehr Gnade und Mitgefühl zeigen«? In der Bibel fand er eine bemühte Rechtfertigung: »Manchmal verkündet die Schrift, dass Frauen und Kinder mit ihren Eltern zugrunde gehen müssten; manchmal verhält es sich anders: Aber wir werden das jetzt nicht disputieren. Wir erhielten für unser Vorgehen genügend Licht durch Gottes Wort.« Völkermörderische Gewalt war für Underhill nicht nur gerechtfertigt, sondern notwendig, weil die Pequot ein »unverschämtes und barbarisches«, minderwertiges Volk seien, das vernichtet werden müsse, um Platz für eine bessere Welt zu schaffen. Nach dem Friedensschluss begannen Engländer und Indianer mit dem Austausch von Körperteilen – von Köpfen, Skalps, Händen, Füßen. Das waren keine Trophäen, sondern kulturelle Mittel, um Buße zu tun und in einer zertrümmerten Welt die Ordnung wiederherzustellen. Die Körperteile waren bildliche Symbole für Tod und Leid, Zeichen für die Erneuerung von Austausch und Zusammenarbeit, Loyalität und Verbindungen.[15]

Der Zusammenfluss des Hudson und des Mohawk River war einer der begehrtesten Orte im Nordamerika des frühen 17. Jahrhunderts, und er gehörte den eindrucksvollen Irokesen, den »Menschen des Langhauses«, die jahrhundertelang in dieser Region gelebt hatten. Als die kolonialen Ambitionen expandierten, suchten die Irokesen nach Mitteln und Wegen, sie einzudämmen. Die wirkungsvollsten Mittel bot der Handel. Die Irokesen erlaubten 1624 der Niederländischen Westindien-Kompanie den Bau von Fort Orange am Zusammenfluss von Hudson und Mohawk und die Ansiedlung einer Gruppe von Kolonisten. Mit diesem Vorstoß engagierten sich auch die Niederlande bei der Kolonisierung Nordamerikas, aber die niederländischen Methoden unterschieden sich von der Vorgehensweise der Spanier, Engländer und Franzosen. Weil die Niederländer nach Gewinnen und nicht nach Macht und Vorherrschaft strebten, erlaubten ihnen die Irokesen zu bleiben. Die Indianer akzeptierten Fort Orange und nannten die Niederländer *Kristoni*, »Ich bin ein Metall-Hersteller«. Diese Entwicklung war ein bedeutender Erfolg für die Niederländer. Die rund 20.000 Menschen zählenden Irokesen lebten in 13 massiv befestigten und kaum einnehmbaren Städten, die von den Europäern passenderweise als »Burgen« bezeichnet wurden. Für die Niederländer waren die Irokesen eine große Gemeinschaft potenzieller Lieferanten von Fellen, die zugleich auch Kunden waren und eine neue Kolonie unterstützen konnten. Nur ein

Jahr später, 1625, errichtete die Niederländische Westindien-Kompanie auf der Insel Manhattan, an der Mündung des Hudson in den Atlantik, eine befestigte Siedlung, die den Namen Neu-Amsterdam erhielt. Peter Minuit, der künftige Gouverneur von Neu-Niederland, hatte die Insel 1621 gekauft. Der genaue Kaufpreis ist umstritten, aber am wichtigsten war, dass die Transaktion zwischen ihm und den Irokesen auf gegenseitiger Verständigung beruhte. Sie gaben Minuit die indigene Zustimmung zum niederländischen Stützpunkt. Die Niederländer staunten, in welchem Ausmaß sich die einheimischen Indianer »irgendeines Ziels, einer Beschränkung oder Grenze nicht bewusst sind und sich zu wundern scheinen, wenn ihnen entsprechende Fragen gestellt werden«.[16]

Doch die Hoffnungen, aus der Verbindung zu den Irokesen Nutzen zu ziehen, wurden entäuscht. Die Mohawk, Mitglieder der Irokesen-Liga, attackierten ihre Mahican-Rivalen so lange, bis sie ein Quasi-Monopol für den Handel mit Fort Orange erlangt hatten. Die niederländischen und die Mohawk-Interessen entwickelten sich in verschiedene Richtungen, was die niederländische Position unsicher werden ließ. Die Mohawk gewährten den Mahican nur gegen Tributzahlungen den Zugang zu Fort Orange, eine Situation, die das Fort effektiv zum Privateigentum der Mohawk machte. Mohawk-Soldaten bewachten die Zugangswege zum Fort und entschieden darüber, wer hineindurfte. Die Rolle der niederländischen Händler bestand nur darin, Waren verfügbar zu machen – eine Aufgabe, die von den Mohawk sorgfältig überwacht wurde. Als die Niederländer versuchten, den Handelsverkehr für die Mahican zu öffnen, wurden sie von den Mohawk bestraft. Schon bald kam es auf beiden Seiten zu Morden. Mohawk-Soldaten verwüsteten die Häuser wohlhabender niederländischer Landbesitzer, töteten ihr Vieh und verbrannten im Hafen ein niederländisches Schiff. Aus der Sicht der Niederländer hatten sich die Mohawk von Kunden zu Oberherren entwickelt. Gedemütigte niederländische Kolonisten misshandelten und entführten Anführer der Mohawk, was die indianische Nation nur noch stärker gegen sie aufbrachte. Als sich sechs niederländische Händler im Jahr 1626 einer Gruppe von Mahican-Kämpfern anschlossen, töteten die Mohawk drei von ihnen und verbrannten als Warnung einen der Leichname.

Die Niederländer wollten Neu-Niederland unbedingt aus dem festen Griff der Mohawk befreien – es war ein zermürbender Zustand, der sie durch ihre Rivalität zu den angrenzenden englischen Kolonien verwundbar machte. Die Niederländische Westindien-Kompanie bot, um ihrer bedrängten Kolonie einen Entwicklungsschub zu verschaffen, protestantischen Einwanderern preisgünstiges Land und wohlhabenden niederländischen Investoren Adelstitel an. Das veränderte den Charakter der Kolonie drastisch: Die meisten der ursprünglichen Kolonisten waren Arbeiter der Kompanie gewesen, die sich für sechs Jahre verpflichteten und während dieser Zeit kein Eigentum erwerben konnten. Durch das herrische Auftreten der Mohawk verunsichert, begannen die Niederländer jetzt damit, den Indianern Land abzukaufen. Als die Niederländische Westindien-Kompanie 1633 am Connecticut River das Fort Goede Hoop errichtete, stimmte sie einer Tributzahlung an die dort lebenden Pequot zu, obwohl das Fort über eine Garnison von mehr als 150 Infanteristen und Seesoldaten verfügte. Neu-Niederland entwickelte sich bis zum Ende des Jahrzehnts zu einem schnell wachsenden Netz aus Bauernhöfen, Obstplantagen, Städtchen und kleinen Forts, die sich entlang des Long Island Sounds ausbreiteten. Ein besonders deutliches Zeichen der Zugehörigkeit zur Kolonie waren Obstbäume. Doch Neu-Niederland war eine Kolonie mit einem besonderen Merkmal. Die Niederländer waren, im Unterschied zu den Engländern, Spaniern und Franzosen, nicht der Ansicht, sie könnten ein Eigentumsrecht für ein Land beanspruchen, auf dem nach wie vor Indianer lebten, mit denen sie Handel trieben. Sie erhoben Anspruch auf das Land nur in Absprache mit den Indianern, nicht über sie hinweg. Sie wussten, dass sie ihre Kolonie in Bündnisse mit ihren indigenen Kunden einbetten mussten.

Neu-Niederland war jedoch nach wie vor ein Unternehmen von bescheidenem Umfang, das anfällig blieb für die Launen des Mutterlands. Die Niederländische Westindien-Kompanie büßte im Jahr 1640 ihr Handelsmonopol ein und wurde zu einer administrativen Körperschaft. Der Handel stand nicht länger im Mittelpunkt der niederländischen Unternehmungen in Nordamerika, und in Neu-Niederland vollzog sich ein Wandel vom Handels-Außenposten zur aufstrebenden Kolonie. Willem Kieft, der Gouverneur von Neu-Niederland, ein strenger und reizbarer Mann, war zutiefst beunruhigt von dem Zustand, einer Minderheiten-Gruppe unter den sehr viel zahlreicheren indigenen Nationen anzugehören. Er machte die niederländische Oberherrschaft geltend, indem er von den benachbarten Algonkin-Gruppen eine jährliche Tributleistung verlangte, die in

Form von Mais, Fellen und Wampum zu entrichten war. Die niederländischen Kaufleute waren nahezu über Nacht durch niederländische Kolonisten ersetzt worden. Die Algonkin, bei denen die Gastfreundschaft viel galt, waren entsetzt.[17]

Die Niederländer entwickelten schnell eine imperiale Denkweise durch eine toxische Mischung aus Ehrgeiz und Arroganz, die von Furcht angetrieben wurde. Die rücksichtslosen niederländischen Kolonisten ließen – wie auch die Engländer – ihre Schweine und Rinder in den Maisfeldern der Indigenen weiden, und als die Raritan-Indianer, die der Lenape Nation angehörten, die Schäden anrichtenden Tiere töteten, schlugen die Niederländer wild um sich. Kieft, der seine Amtsgewalt zu bekräftigen suchte, befahl im Februar 1643 einen unverhältnismäßigen Angriff, bei dem er 50 Soldaten und 20 Seeleute beauftragte, die Ernte der Raritan zu vernichten und so viele Gefangene wie möglich zu machen. Es kam zu einem heftigen Kampf, bei dem drei Raritan getötet wurden. Auf dem Rückmarsch der Niederländer zu ihrem Stützpunkt verstümmelte ein Kolonist die Genitalien eines gefangenen Raritan. Die Antwort kam ein Jahr später, als Raritan auf Staten Island vier Kolonisten töteten. Kieft wollte die Köpfe der Mörder haben und setzte Prämien für Raritan-Skalps aus – zehn Fathom (60 Fuß) Wampum für jedes Exemplar. Die Kopfprämien sorgten nur für noch mehr Gewalt und verwickelten die Kolonie in einen zermürbenden Dauerkonflikt, der immer wieder aufs Neue aufflammte. Kieft verlangte, dass die an Gewaltakten beteiligten Raritan vor ein niederländisches Gericht gestellt werden sollten. Die Raritan Nation lehnte das ab.[18]

Nur kurze Zeit später ankerte ein niederländisches Handelsschiff in der Nähe von Raritan-Ortschaften südlich von Staten Island. Einige Raritan kamen an Bord des Schiffes, aber »anstatt die übliche Freundschaft und Bereitschaft zum Handel zu zeigen, fingen [sie] an zu spotten«. Sie schlugen einem Händler mit Eichhörnchenfellen ins Gesicht, und weitere Raritan stürmten herbei, »alle ausgestattet mit Tomahawks, Degen und anderen Waffen«. Als die Raritan das Schiff mit ihren schweren Kanus umringten und den Händlern befahlen, an Land zu gehen, reagierten die mit einem eiligen Rückzug. Es kam zu weiteren Tötungen und Beleidigungen, aber die niederländischen Kolonisten lehnten Kiefts Kriegsforderungen ab. Der wütende Gouverneur löste am 23. Februar das frei gewählte Leitungsgremium der Kolonie auf und kündigte einen Angriff an, der zwei Tage später erfolgen sollte, bei Dunkelheit und in der Nähe eines niederländischen Forts auf der Insel Manhattan. Bei dem Konflikt, der später als »Kieft's War« in die Geschichte eingehen sollte, kamen rund 1000 Menschen ums Leben.[19]

Die Raritan wurden am 25. Februar von Gewehrschüssen geweckt; es kam zu keiner Schlacht, es wurde ein Gemetzel. »Ein großes, schrilles Geschrei« lag in der Luft, als die Soldaten sich an die Arbeit machten. »Kleinkinder wurden von der Mutterbrust gerissen und in Gegenwart der Eltern in Stücke gehackt, und die Stücke wurden ins Feuer und ins Wasser geworfen, und andere, an kleine Bretter gebundene Säuglinge, wurden zerhauen, erstochen und durchbohrt.« Die wenigen Indianer, die nach dem Blutbad noch lebten, »hatten abgeschnittene Beine, und manche hielten ihre Eingeweide in den Armen«. Mindestens 80 Raritan wurden ermordet. Ganz in der Nähe waren 40 weitere Raritan »auf die gleiche Art im Schlaf angegriffen und auf die gleiche Art massakriert worden«.[20]

Die Raritan und ihre Verbündeten übten Vergeltung durch Überfälle auf Farmen und die Ermordung von Kolonisten, und sie trugen den Krieg bis in die Vororte von Neu-Amsterdam. Der schwer bedrängte Kieft sicherte sich den Beistand von John Underhill, dem Söldner aus Neuengland, dessen Hauptqualifikation aus der Organisation des sechs Jahre zurückliegenden Massakers an Hunderten von Pequot bestand. Er sollte die Unterwerfung der Indianer zu Ende bringen. Underhill führte im März eine gemischte Streitmacht von 130 niederländischen und englischen Soldaten zu einer indigenen Ortschaft auf einem Hügel nahe des Hudson-Tals und ließ den Ort umstellen. Wie zuvor schon in Mystic befahl er einen Nachtangriff. Die Soldaten setzten den Ort in Brand und warteten darauf, dass die Bewohner zu fliehen versuchten. Dann schossen sie 500 bis 700 Menschen nieder.[21]

Die Anführer der niederländischen Kolonisten, die im Gegensatz zu den Soldaten nicht an den Kämpfen teilnahmen, hatten genug gesehen. Sie beklagten sich darüber, wie »die armen Bewohner von Neu-Niederland« von »bösartigen Heiden und barbarischen Indianern [...] verfolgt worden sind«. Und sie ließen die Niederländische Westindien-Kompanie wissen, dass Neu-Niederland »insgesamt durch eine gedankenlose Kriegslust in Schutt und Asche gelegt worden ist«. Die Auflösung von Neu-Niederland hatte begonnen. Peter Stuyvesant, der neue Gouverneur, beanspruchte das

Land »innerhalb der Reichweite eines Kanonenschusses« von Fort Oranje aus – es war sein schwächlicher Versuch, die niederländische Macht aufs Neue zu bekräftigen.[22]

Die Massaker an den Pequot und den Raritan, die in einem zeitlichen Abstand von sechs Jahren begangen wurden, schienen einen umfassenden Zusammenbruch der indigenen Macht im Nordosten des Kontinents anzuzeigen. In Wahrheit offenbarten die Massaker eine tief verankerte europäische Furcht vor fortbestehender indigener Macht: Die Angriffe fielen so heimtückisch aus, weil die Kolonisten sich vor den Indianern fürchteten, die eine Unterwerfung unter ihre Herrschaft verweigerten. Die Kriege gegen die sehr viel zahlreicheren und größeren indigenen Nationen belasteten die Kolonisten bis an den Rand des Zusammenbruchs. Die indigenen Männer waren überlegene Soldaten, die seit jungen Jahren für den Krieg ausgebildet und auf ihn vorbereitet worden waren und einen strengen Krieger-Kodex verinnerlicht hatten, der ihnen von militärisch verfassten Gesellschaften eingebläut worden war. Krieg war für sie eine von Spiritualität durchdrungene Normalität, während die europäischen Eindringlinge mit der natürlichen Umgebung und der schwer fassbaren Art der indigenen Kriegführung zu kämpfen hatten. Ihre Farmen und Felder grenzten unmittelbar an das Heimatland und an die Jagdgründe der Indigenen, was den Alltag der Kolonisten mit der Furcht vor Repressalien erfüllte. Die Europäer drohten auch ihren technologischen Vorsprung zu verlieren, als unabhängige Händler unter Verstoß gegen die Kolonialgesetze mit dem Verkauf von Schusswaffen und Munition an ihre indigenen Kunden begannen. Die Massachusetts Bay Company hatte bereits im Jahr 1629 angeordnet, dass alle Männer »im Gebrauch von Waffen geübt« sein müssen, und sie verbot den Indianern das Betreten der Kolonie »mit Ausnahme genau festgelegter Zeiten«. Diese Verfügung hatte keinen Bestand mehr.[23]

KAPITEL 7

DIE PEQUOT SOLLEN NICHT MEHR PEQUOT HEISSEN

Der Mohegan-Sachem Uncas schien überall zu sein und in jedes größere Geschehen, das sich im Grenzgebiet zwischen den Kolonisten und den Indianern entwickelte, entscheidend einzugreifen. Im Jahr 1626, im Alter von 36 Jahren, hatte er eine Mohegan-Pequot-Allianz geschmiedet, indem er die Tochter von Tatobem heiratete, dem Groß-Sachem der Pequot. Uncas akzeptierte zunächst eine dem älteren Sachem untergeordnete Rolle, nur um nach Tatobems Tod 1633 gegenüber den Pequot sofort die Machtfrage zu stellen. Uncas überredete die Narragansett zu einem Bündnis mit ihm, hatte aber mit der Oberherrschaft der Pequot zu kämpfen, die unterdessen die Niederländer in ihren Einflussbereich gezogen hatten. Die Pequot untersagten Uncas, bei den Narragansett zu leben. Uncas, der Anhänger beraubt, schienen die Optionen auszugehen. Das Gebiet der Mohegan schrumpfte rasch zusammen, und ihm blieb nur noch eine Handvoll Weggefährten.[1]

Aber dann entdeckte Uncas einen Ausweg in Gestalt der Kolonie Connecticut in Neuengland. Er ging auf die Neuankömmlinge zu und knüpfte Verbindungen zu den führenden Puritanern. Er warnte die Kolonisten vor einem unmittelbar bevorstehenden Angriff der Mohegan und gewann so ihr Vertrauen. Als die Engländer gegen die Pequot Krieg führten, unterstützte Uncas, der sich mit den hochmütig auftretenden Pequot überworfen hatte, die Kolonisten. Als die Pequot eine vernichtende Niederlage erlitten, adoptierte er mehrere Überlebende als neugeborene Mohegan. Er war einer der maßgeblichen Unterzeichner des 1638 geschlossenen Vertrags von Hartford (Treaty of Hartford), der alle Indianer enteignete, die sich ihm nicht anschlossen. Uncas versprach, mit den Engländern in Frieden zu leben; im Gegenzug sollten die überlebenden Pequot zwischen den Mohagan und den Narragansett aufgeteilt werden. Dieses Vorgehen war gleichermaßen eine Revanche und ein Versuch der ethnischen Auslöschung. Die Vertragsklausel, nach der »die Pequot nicht mehr Pequot, sondern Narragansett und Mohegan heißen sollen«, war ebenso sehr von Uncas wie von den Kolonisten beeinflusst. Die Engländer, die sich, umgeben von mächtigen indigenen Bündnissen, ihrer Schwäche sehr bewusst waren, erwarteten von den Mohegan und Narragansett, dass sie die Pequot bestraften und, »sobald sie das können, entweder den Ober-Sachem unserer vormaligen Pequot-Feinde, der das Sagen bei der Ermordung der Engländer hatte, bei den besagten Engländern abliefern oder ihnen die Köpfe abschlagen«. Als der Frieden kam, hatten die Engländer noch über 300 gefangene Pequot in ihrem Gewahrsam. Sie brachten viele von ihnen zur Kolonie Providence Island, unweit des von Spanien beherrschten Mosquito Island, und tauschten sie dort gegen afrikanische Sklaven ein. Die Neuengländer wollten keine Pequot mehr in ihrer Nähe haben.[2]

Nach der vollständigen Niederlage der Pequot wurden die Mohegan zu einer bedeutenden Macht in der Region. Uncas versuchte jetzt, den führenden Narragansett-Sachem Miantonomi durch Intrigen zu entmachten, während er zugleich die Engländer – offensichtlich durch gezielte Fehlinformationen – zu einem Vorgehen gegen die Narragansett veranlasste. Mitte der 1640er-Jahre begannen die Engländer mit Übergriffen gegen das Land der Narragansett. Uncas nahm Miantonomi gefangen und lieferte ihn an die Engländer aus. Die Engländer verurteilten den Sachem zum Tode und baten Uncas, das Urteil zu vollstrecken. Uncas' Bruder Wawequa hieb einen Tomahawk in den Schädel des Sachems, und eine Delegation der Puritaner wohnte dem Vorgang als Zeugen bei. Die Narragansett unterzeichneten bald darauf einen Friedensvertrag mit der Kolonie Connecticut.[3]

Uncas' opportunistische diplomatische Manöver und seine Fähigkeit, Bündnisse zu schmieden und zu brechen, waren für die Kolonisten beim Kampf um die Vorrangstellung und die Macht in der Region ein erheblicher Nachteil. Uncas und seine Mohegan standen endlose koloniale Angriffe durch, große und kleine – und überlebten diese nicht nur als Volk, sondern kontrollierten dabei die Welt in ihrem Lebensumfeld. Die Engländer und Niederländer, die noch in ihren kleinen kolonialen Enklaven ausharrten, blieben vergleichsweise isoliert und machtlos. Sie brachten nur wenig mehr zustande als flüchtige Einblicke in die indigene Politik, die weiterhin das allgemeine Geschehen bestimmte. Die Engländer dachten, sie könnten über Krieg und Frieden in der Neuen Welt entscheiden, aber in den meisten Fällen wurden sie von den Indianern gelenkt, wenn es galt, Indianerkriege zu führen und zu finanzieren und Waffenstillstände oder Friedensverträge durch Waren- und Geschenkgaben zu erleichtern, nachdem die Kämpfe beendet waren. Die Kolonisten – ob es nun Spanier, Franzosen, Engländer oder Niederländer waren – konnten arrogant und brutal sein, aber die Indianer hatten gelernt, sie zu ihrem eigenen Vorteil auszunutzen: Wenn diese Leute in geeigneter Weise betreut und manipuliert wurden, konnten sie nützlich sein.

Die berüchtigten Massaker an den Pequot und Raritan verzerren die historische Realität auf grundsätzliche Art und Weise: Sie lassen die Kolonien mächtiger aussehen, als sie in Wirklichkeit waren. Die kolonialen Siedlungen in Nordamerika bestanden gegen Mitte des 17. Jahrhunderts aus rund zwei Dutzend kleinen Hafenstädten und einer Handvoll Forts von geringer Bedeutung in den Küstenebenen, die nur durch massive Verluste an Leib und Leben zu sichern waren. Forts schufen Imperien, lautete die europäische Denkweise, doch die Engländer scheiterten bei diesem Vorhaben. Die englischen Kolonisten, von indigener Macht in ihrem Expansionsstreben eingedämmt, hatten sich entlang der Atlantikküste nord- und südwärts ausgebreitet und sich dabei an die schützenden Flussmündungen und Meeresarme geklammert. Vorstöße ins Innere des Kontinents waren dabei nur flüchtiges Stückwerk. Die Appalachen und das Land westlich davon blieben weißen Menschen weitgehend unbekannt. Plymouth, Massachusetts, Connecticut und Rhode Island waren Unternehmungen von bescheidenen Ausmaßen, ihre Gesamtbevölkerung erreichte kaum 30.000 Menschen, und Neu-Niederland war ein fragiles Unterfangen, das vom Mutterland vernachlässigt und von einer rücksichtslosen Führung untergraben wurde. Nur den reichen Tabakkolonien Virginia und Maryland gelang es, Native Americans im großen Stil um ihr Eigentum zu bringen; überall sonst hielten die Indianer stand. Die Plantagenbesitzer in Virginia mehrten ihren wachsenden Reichtum jetzt auch noch durch den Verkauf von Schusswaffen an die Westo, ein von den Irokesen verdrängtes, mittlerweile in der Diaspora lebendes Volk, von dem sie im Gegenzug indianische Sklaven erhielten. Die Westo wurden zu professionellen Sklavenjägern und Händlern. Sie errichteten eine Stadt an den Wasserfällen des James River, und von dort aus brachten sie ihre Gefangenen mit Kanus zu den Tabakplantagen Virginias. Sie nahmen auch die spanischen Indianer-Missionsstationen in Georgia und Florida ins Visier und brachten von dort Tausende Sklaven mit.[4]

Wenn es unter den großen europäischen kolonialen Projekten im 17. Jahrhundert eine Ausnahme gab, dann war das die zweite Phase des französischen Kolonialismus. Die Franzosen hatten seit ihrer demütigenden Vertreibung aus Florida Mitte der 1560er-Jahre die kolonialen Bestrebungen ihrer Rivalen in Nordamerika aus der Ferne beobachtet und ihre eigenen Ambitionen auf den Nordosten des Kontinents beschränkt. Sie errichteten eine Kolonie von Strafgefangenen auf Sable Island und einen kleinen Handelsstützpunkt, Tadoussac, im unteren Sankt-Lorenz-Tal. Die einheimischen Indianer gestatteten den Europäern keine Reisen, die westwärts über diesen Stützpunkt hinausführten; sie wollten sich das Monopol für den Pelzhandel sichern. Frankreichs lukrativstes Unternehmen in Nordamerika waren die bereits zur Tradition gewordenen Fischzüge von Schiffen aus der Normandie, dem Baskenland und der Bretagne in den Schelfgebieten der Großen Neufundlandbank. Rund 300 französische Fischereischiffe und Walfänger segelten jährlich in dieses Gebiet, mischten sich dort unter die Hunderte von niederländischen, englischen und portugiesischen Schiffen und fuhren massive Gewinne ein.[5]

Frankreich unternahm nach einer fast vier Jahrzehnte anhaltenden Unterbrechung einen neuen Vorstoß zur Kolonialisierung, der sich jetzt auf die kühleren Breitengrade richtete und dem eine andere Denkweise zugrunde lag: Die Franzosen bemühten sich intensiv um Bündnisse mit indigenen Nationen. Der Anführer des neuerlichen Versuchs war Samuel de Champlain, der einer Familie von einfachen Seeleuten entstammte. Er gehörte einer Expedition an, die 1605 Port Royal in Akadien gründete, und drei Jahre später stand er an der Spitze einer Expedition entlang des Sankt-Lorenz-Stroms, die das Ziel verfolgte, den gesamten Pelzhandel in der Region zu übernehmen. An einem strategisch bedeutsamen Ort, an dem sich der große Fluss plötzlich verengt, errichtete er einen Handelsposten: Quebec. Champlain war, ebenso wie die von großem Eifer angetriebenen frühen französischen Eroberer in Florida, ein Abenteurer, der in der Neuen Welt nach einer persönlichen und nationalen Erfüllung strebte. Anders als seine Vorgänger war Champlain zugleich auch ein Realist, der sich der begrenzten Macht Frankreichs auf dem amerikanischen Doppelkontinent vollkommen bewusst war. Die französische Einwanderung nach Nordamerika wurde sehr viel stärker begrenzt als der Zustrom aus England und Spanien, und das ging auf die Politik des französischen Königshofs und der mächtigen Handelsgesellschaften zurück, die sich auf koloniale Unternehmungen in Asien konzentrierten. Die Franzosen, mittlerweile in der Auseinandersetzung mit ihren europäischen und indigenen Widersachern in Nord- und Südamerika deutlich ins Hintertreffen geraten, sahen sich zur Innovation gezwungen. Champlain, ein frommer Katholik, der glaubte, dass alle Menschen Gottes Kinder seien, hatte außerdem erkannt, dass die indigenen Völker der Schlüssel zu jedwedem Erfolg sein würden, der den Franzosen in Amerika noch beschieden sein könnte. Wie ein Spiegelbild von John Smiths Bemühungen weiter im Süden stellte sich Champlain Quebec als das Herz Neufrankreichs vor, als eine bis dahin beispiellose koloniale Unternehmung, die nicht auf einer französischen Oberherrschaft über die Indianer beruhen sollte, sondern auf Handel, gemeinsamem Besitz und verwandtschaftlichen Verbindungen.[6]

Champlain pflegte seine Verbindungen zu mächtigen französischen Gönnern, Investoren und Klerikern mit ungewöhnlicher Energie – er sollte es letztlich auf 27 Atlantik-Überquerungen bringen –, und mit ähnlicher Sorgfalt widmete er sich den Beziehungen zu den Indianern. Bereits im Jahr 1603 hatte er sich für die Errichtung eines Forts in Trois-Rivières eingesetzt, um »die Freiheit einiger Stämme zu sichern, die es aus Furcht vor ihren Feinden von den bereits erwähnten Irokesen, die den gesamten Lauf des besagten Flusses in Kanada unsicher machen, nicht wagten, jenen Weg zu benutzen«. Champlain wollte Quebec mit indigenen Verbündeten umgeben, und er selbst adoptierte drei Montagnais-Mädchen, die er Glaube, Hoffnung und Nächstenliebe nannte – das entsprach seinem Plan für ein Neufrankreich als ein gemeinsam bewohntes Gebiet im Kleinen. Von entscheidender Bedeutung war seine Bereitschaft, Seite an Seite mit seinen indigenen Verbündeten zu kämpfen, mit den Wyandot, Algonkin und Montagnais, denen die Furcht vor den mächtigen, 4500 Kämpfer starken Mohawk gemeinsam war. Die Vorderlader-Arkebusen, mit denen Cham-

Skizze (eine 1885 entstandene Reproduktion eines Bildes von 1609), die Samuel de Champlain im Kampf mit Irokesen zeigt

plain und seine Soldaten in den Kampf zogen, mochten zwar klobig und beschwerlich zu transportieren sein, aber der Schock, den sie auslösten, war überwältigend. Im Jahr 1609 lud Champlain ganz in der Nähe des Sees, der später nach ihm benannt werden sollte, seine Arkebuse mit vier Kugeln und ging, herbeigerufen von seinen indigenen Verbündeten, alleine auf die Linie der Feinde zu. Er »zielte direkt auf einen der drei Häuptlinge, und durch diesen Schuss fielen zwei von ihnen zur Erde«. Ein weiterer Schuss, den einer seiner Soldaten aus dem Wald heraus abfeuerte, »[erstaunte] sie erneut so, dass sie, da sie ihre Häuptlinge tot sahen, ihren Mut verloren und flüchteten«. Der traditionelle indigene Körperschutz und die Schilde waren mit einem Schlag nutzlos geworden. Französische Missionare bekehrten ein Jahr später den ersten indigenen Anführer, Membertou von den Mi'kmaq.[7]

Französische Händler, die sich von Champlains Vorstellung von einer Koexistenz inspirieren ließen, schmiedeten eine enge Partnerschaft mit der 30.000 bis 40.000 Menschen zählenden Wyandot-Konföderation, deren 28 Städte sich eng aneinandergedrängt um die den Mittelpunkt bildende Georgian Bay gruppierten. Von dort aus gingen außerordentlich mobile Wyandot-Jäger und -händler an Bächen und Flüssen aller Größenordnungen auf die Jagd nach dicken Winter-Biberpelzen und brachten dann die bearbeiteten Felle nach Quebec zu den Frühjahrsmärkten, wo sie im Gegenzug ihre Kanus für die Heimreise mit Gewehren, Kugeln, Schießpulver und Metallwerkzeugen beluden. Die Wyandot ließen die Franzosen wissen, dass mit ihnen nicht zu feilschen war, und dennoch erstreckte sich ihr Handelsimperium vom Unterlauf des Sankt-Lorenz-Stroms bis zu den westlichen Großen Seen. Die enorme Ausdehnung ihres Einflussbereichs stellte eine existenzielle Bedrohung für die Irokesen dar, die bereits seit Generationen im Gebiet der Großen Neufundlandbank und im Sankt-Lorenz-Tal mit Europäern Handel getrieben und sich an den Gebrauch von europäischen Metallgegenständen, von Messern, Äxten, Kesseln, Pfannen und Nadeln, gewöhnt hatten. Die Mohawk, die zur Irokesen-Liga gehörten, machten sich auf eigene Faust daran, den in Neufrankreich entstandenen indianischen Handel entlang des Sankt-Lorenz-Stroms auszulöschen und ein eigenes Monopol auf die Biberjagd rund um das Tal und im Westen zu errichten. Die Franzosen, Niederländer, Wyandot und alle anderen, die den Mohawk dabei in die Quere kamen, mussten künftig mit kriegerischem Widerstand rechnen. Champlain, der De-facto-Gouverneur von Neufrankreich, war einer von ihnen.[8]

Champlain gab 1622 den Forderungen der Mohawk nach, weil er der Gewalt, die den Pelzhandel, den eigentlichen Daseinszweck Neufrankreichs, unterbrach, unbedingt ein Ende setzen wollte. Die Niederländer kamen hinsichtlich der Macht der Mohawk zu ihren eigenen Schlussfolgerungen und beendeten die engeren Beziehungen; und Champlain, der das als Gelegenheit sah, unterbreitete der indianischen Nation ein Friedensangebot. Die Mohawk akzeptierten einen Vertrag, der ihnen die Freiheit ließ, sich auf ihre indigenen Rivalen zu konzentrieren. Sie attackierten Montagnais-Städte im Sankt-Lorenz-Tal und sicherten so die Nord- und Westflanke von Iroquoia, dem Heimatland der Irokesen. Im Süden und Osten machten sich die Mohawk, die »Hüter der östlichen Tür«, daran, die Niederländer zu disziplinieren, weil diese, dem Profit den Vorrang vor der Politik einräumend, Fort Orange für die Mahican geöffnet hatten. Bis 1628 hatten die Mahican und die Niederländer genug durchgemacht. Die Mahican stimmten einer jährlichen Tributzahlung in Form von Wampum zu, und die Niederländer fanden sich damit ab, dass sie das Irokesen-Bündnis mit Warenlieferungen zufriedenstellen mussten. Sachems der

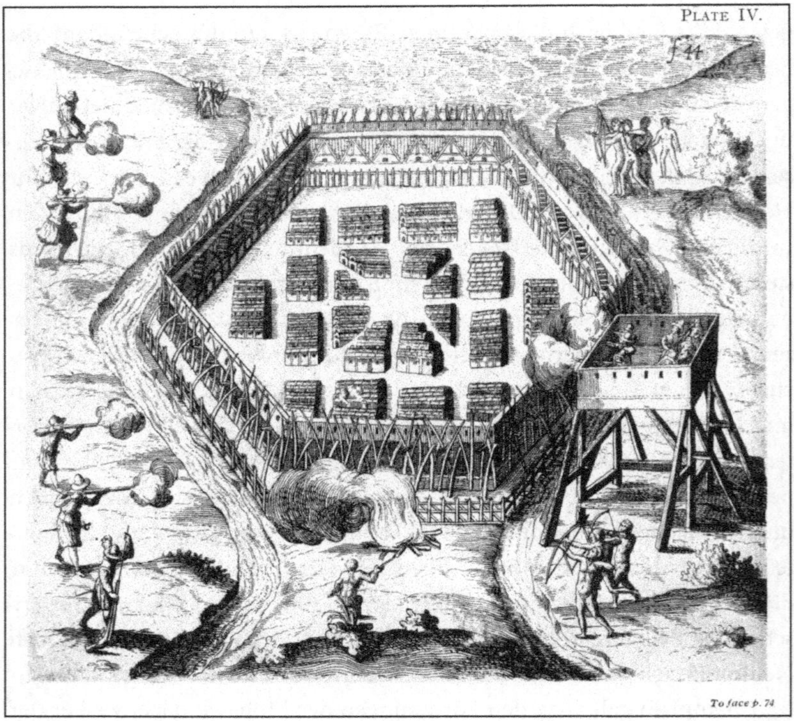

Belagerung eines Irokesen-Dorfes

Mohawk kontrollierten jetzt, wer im Fort Handel treiben durfte – und wessen Schusswaffen, Kugeln und Schießpulver indigene Regime im Nordosten stärken oder stürzen konnten.[9]

Frankreichs Unterstützung für seine indigenen Verbündeten beruhte nicht auf Altruismus; sie wurde durch einen großzügigen Handel mit Biberpelzen und durch die gesellschaftliche Alchemie des Teilens erlangt. »Der Biber macht alles perfekt«, erklärte ein Montagnais-Jäger, der sich über französische Händler »lustig machte«: »Er macht Kessel, Beile, Schwerter, Messer, Brot; kurz gesagt, er macht alles.« Und die Feststellung, dass der Biber auch ganz Neufrankreich machte, ist nur eine leichte Übertreibung. Die ganze Kolonie bestand 1627 aus nur 85 Menschen, doch ihre Charta erhob einen Besitzanspruch auf ganz Nordamerika, von Florida bis zum Polarkreis. Kardinal Richelieu, Erster Minister im Staatsrat von König Ludwig XIII., gründete in jenem Jahr zur Unterstützung der Kolonie die

Compagnie de la Nouvelle-France (auch: Compagnie des Cent-Associés), mit der die Einwanderung erleichtert werden sollte. Die Erwartungen blieben unverändert bescheiden. Die (Handels-)Gesellschaft sollte während der ersten zehn Jahre ihres Bestehens 1500 Franzosen »beider Geschlechter« ins Land bringen und musste bei Nichterfüllung der Auflage mit massiven Sanktionen rechnen. Es war klar, dass die Zusammenarbeit mit den Indianern beim Handel mit Biberpelzen die Lebensader Neufrankreichs bleiben würde.[10]

Neufrankreich war jedoch zugleich ein religiöses und moralisches Projekt, das französische Verwaltungsbeamte, Missionare und Soldaten für eine gemeinsame Anstrengung zur Durchsetzung akzeptablen Verhaltens mobilisierte. Hochzeitsbräuche, und hier vor allem die Polygynie, boten Anlässe für Auseinandersetzungen zwischen Jesuiten und Indianern. Für indigene Männer bedeutete es ein unentbehrliches Statusmerkmal, mehrere Frauen zu haben, und zugleich war es eine Versicherung, dass sie mehr Kinder zeugen würden, die zum Wohlstand und Ansehen des Haushalts beitrugen. Als französische Missionare die indigenen Hochzeitsbräuche infrage stellten, widersetzten sich indigene Frauen wie Männer dieser Kritik massiv. Aber eine große Zahl von Frauen – insbesondere als Gefangene lebende Nebenfrauen – bemühte sich um Entlastung von hartem Arbeitszwang und fehlender Selbstbestimmung unter der Aufsicht gebieterischer und gewalttätiger Ehemänner. Missionare und das Christentum konnten für sie und andere Frauen nützlich sein: Sie konnten ihnen ein anderes Leben bieten.[11]

Zu Beginn der 1630er-Jahre umfasste Neufrankreich, das von seinem Netzwerk aus indianischen Verbündeten nicht mehr zu trennen war, einen expandierenden Herrschaftsbereich rund um das Tal des Sankt-Lorenz-Stroms. Französische Händler suchten den Kontakt zu den Indianern wegen ihrer Pelze, Jesuitenmönche bemühten sich um die Seelen der Indigenen, und beide Gruppen zusammen verankerten die Franzosen in Nordamerika. Champlain verfasste 1631 eine kleine Schrift über die französische und englische Kolonisation in der Neuen Welt und stellte darin fest, dass die Engländer »uns nicht ganz Neufrankreich verweigern und nicht infrage stellen können, was die ganze Welt uns zugestanden hat«.[12]

Ein Algonkin-Anführer namens Tessouat versuchte im Jahr 1636 unentschlossene Wyandot-Sachems anzuspornen, sich ihm bei einem Feldzug gegen die Irokesen anzuschließen. Nach Angaben eines Jesuiten-Paters erklärte er, dass »sein Körper ein Beil sei; er meinte damit, dass die Erhaltung seiner Person und seiner Nation gleichbedeutend sei mit der Erhaltung der Beile, der Kessel und des ganzen Handels der Franzosen mit den Huronen«, und damit erfasste er die enorme Bedeutung des technologischen Wandels, der über seine Welt und die Welt vieler anderer indigener Völker gekommen war. Das machte ihn jedoch noch nicht zum Untergebenen der Franzosen. Tessouat erklärte sich selbst vielmehr zum »Herrn der Franzosen« und verkündete, dass »er uns [die Franzosen] nach Kébec zurückführen und dafür sorgen würde, dass wir alle übers Meer zurückfahren«. Neufrankreich überlebte nur, weil er beschloss, genau das nicht zu tun. Die Indianer hatten schnell gelernt, wie man mit den aggressiven Neuankömmlingen umgehen musste: Wenn Verhandlungen scheiterten, mussten sie auf demonstratives Selbstbewusstsein setzen.[13]

Mitte des 17. Jahrhunderts waren die von europäischen Mächten gegründeten Kolonien in Maine auf den Küstenstreifen am Atlantik unterhalb des Penobscot River beschränkt, und die meisten dieser Kolonien waren klein und verwundbar. Die europäischen Karten waren bemerkenswert genau, wenn es um die Abbildung von Küsten und Flüssen ging, aber der Rest des Kontinents war nach wie vor eine Terra incognita. Die englischen, französischen und niederländischen Kolonien waren noch nicht zu Ausgangspunkten für die territoriale Expansion geworden, und nur die Franzosen verfügten über einen Plan für die Kolonisierung – einen Plan, der auf Koexistenz setzte. Alle Kolonialmächte kämpften schlicht ums Überleben. Ihr Blick richtete sich nicht auf neue Eroberungen nach Westen, vielmehr schauten sie nach Osten, in Richtung ihrer Mutterländer, in Erwartung von Nachschubgütern, Waffen und Soldaten, die für Sicherheit sorgen sollten. Die Siedlungen waren eher Ausgangsposten und Stützpunkte als voll entwickelte Kolonien. Es ist bezeichnend, dass die abgelegene Great Fishery nach wie vor das lukrativste europäische Projekt war, und das war ein Wirtschaftsunternehmen, keine Kolonie.

Das Spanische Weltreich hatte einen frühen europäischen Ansturm ausgelöst, der in erster Linie aus rücksichtslosen Plünderungen bestand, ein Vorgehen, das zwar einträglich, aber nicht nachhaltig war. Es hatte nicht zu dauerhaften Besitztümern in Nordamerika geführt. Die Spanier stellten um das Jahr 1600 ihre Vorgehensweisen ernsthaft infrage. Mehr als ein Jahrhundert im Zeichen des Kolonialismus hatte nur an der Oberfläche des indigenen Kontinents gekratzt.[14]

DRITTER TEIL

DER KAMPF UM DAS GROSSE AMERIKANISCHE BINNENLAND

(Vom Beginn bis zur Mitte des 17. Jahrhunderts)

KAPITEL 8

DER AUFSTIEG DER FIVE NATIONS LEAGUE

IROQUOIA, GEBURTSORT UND HEIMATLAND der Irokesen, tauchte im 8. Jahrtausend v. Chr. unter schmelzenden und zurückweichenden Eisschichten auf, und das trockene Land dehnte sich mithilfe der Himmelsfrau und ihres Sohnes Tharonhiawagon auf dem Rücken der Schildkröte in alle Himmelsrichtungen aus. Aber nicht das gesamte Wasser war verschwunden. Tiefe, vom Eis geformte Rinnen wurden zu Flüssen, die Iroquoia in Nord-Süd-Richtung durchzogen und später als Connecticut, Hudson, Delaware, Susquehanna, Allegheny und Ohio bezeichnet wurden. Gemeinsam begrenzten sie ein ausgedehntes, rechteckiges Gebiet, das sich über knapp 650 Kilometer vom Connecticut River bis zum Eriesee erstreckte.

Ein weiteres Ensemble von Flüssen – Mohawk und Ottawa River und der Sankt-Lorenz-Strom – erleichterte die Mobilität entlang einer Ost-West-Achse und bot über den Ontario- und den Eriesee einen Zugang zum großen Binnenland. Auf diesen Wasserstraßen gelangten Mais, Bohnen und Kürbisse nach Iroquoia und sorgten für ein Bevölkerungswachstum, das die Zahl der Irokesen im 15. Jahrhundert auf 20.000 bis 30.000 Personen anwachsen ließ. Die Irokesen neigten von Anfang an zur Zentralität. Eine günstige Geografie reichte jedoch für den Machterwerb nicht aus; dafür bedurfte es außerdem der politischen Kreativität und Flexibilität. Land war unentbehrlich für die Zugehörigkeit und das Überleben, aber die Menschen brauchten, um sich Land sichern zu können, zuallererst einen gesicherten Zugang zu Flüssen, die Bodenbewirtschaftung, Mobilität, Handel, Kriegführung und Bündnisse ermöglichten. »Dish with One Spoon« (»Schüssel mit einem Löffel«), ein uraltes indianisches Gesetz, erleichterte das Teilen von Gebieten und Ressourcen.

Ein Langhaus der Irokesen

Die Nationen von Iroquoia hatten sich über Generationen hinweg gegenseitig bekämpft, aber gegen Ende des 15. Jahrhunderts setzte die »Große Liga des Friedens und der Macht« (»Great League of Peace and Power«), ein ritueller und spiritueller Vertrag, dem Blutvergießen ein Ende. Das Fundament der Großen Liga war das »Große Friedensgesetz« (»Great Law of Peace«), eine mündlich überlieferte Erzählung, die die Entstehung der Great League of Peace and Power nachverfolgt, eines in Schichten gegliederten Bündnisses von fünf Nationen – oder Ratsfeuern –, die sich an den südlich und östlich des Ontariosees gelegenen Finger-Lakes konzentrierten. Die Irokesen nannten sich selbst Haudenosaunee, was so viel wie »das ganze Haus« bedeutet. Jeder Nation fiel innerhalb des metaphorischen Langhauses eine bestimmte Rolle zu. Die Mohawk, »das Volk des Feuersteins«, dienten als Hüter der östlichen Tür, und die Seneca, »das Volk des großen Hügels«, waren die Hüter der westlichen Tür, und gemeinsam umschlossen sie die drei anderen Nationen: die Oneida, »das Volk des aufrechten Steins«, die Onondaga, »das Volk des Berges«, und die Cayuga, »das Volk an der Anlegestelle«, die in der Mitte des Irokesengebietes lebten.[1]

Die Five Nations League war die kollektive, auf die Außenwelt hin orientierte Front der Great League of Peace and Power, die für Handel, Diplomatie und den Krieg mit Außenstehenden zuständig war. Die Five Nations versammelten sich bei den Onondaga, den Hütern des Feuers, im symbolischen Zentrum von Iroquoia südlich und östlich des Ontariosees. Dort kam der Große Rat der 50 Sachems – der Clan-Anführer – zusammen, um über das gesamte Bündnis betreffende Angelegenheiten zu beraten. Die Sachems sollten sich an die Lehren des sagenumwobenen Friedensstifters halten, der die »Gute Nachricht von Frieden und Macht« an Hiawatha – der Name bedeutet so viel wie »derjenige, der kämmt« – übermittelt hatte, einen kulturellen Helden. Er hatte einst einen menschenfeindlich gesinnten Sachem der Onondaga namens Tadadaho geheilt, einen Mann, der so voller Hass gewesen war, dass sein Haar sich in ein wildes Gewirr von Schlangen verwandelt hatte. Hiawatha entwirrte Tadadahos Haar und stattete ihn und alle Irokesen mit der Gabe der Vernunft aus. Jede Nation stimmte einheitlich ab, und alle Entscheidungen des Großen Rates mussten einstimmig getroffen werden. Ein Jesuiten-Missionar, der die Onondaga-Nation während einer Ratsversammlung besuchte, zeigte sich vom Ablauf der Beratungen überrascht und beeindruckt: »Ihre Politik in diesen Dingen ist sehr weise und hat nichts Barbarisches an sich. (…) Alle Delegierten der verschiedenen Nationen sind dort anwesend, um ihre Beschwerden vorzutragen und die erforderliche Genugtuung in Form gegenseitiger Geschenkgaben zu erhalten – auf diese Art wahren sie ein gutes Einvernehmen untereinander.«

Einer seit Langem gepflegten Tradition entsprechend, fungierten höherrangige Frauen als Oberhäupter der Irokesen-Clans und wiesen den Sachems ihre Rollen zu. Aus den Reihen der erwachsenen Männer wählten sie geeignete Kandidaten aus, die die wichtigsten Kriterien erfüllten: Eloquenz, die Fähigkeit, zuhören zu können, und die notwendige Weisheit, um einen Konsens zu finden. Die Clan-Mütter konnten die in den Rat entsandten Sachems auch wieder entlassen, und sie entschieden über das Schicksal von Gefangenen – eine bedeutende Verantwortung im politischen Leben der Irokesen. Ein französischer Gefangener staunte über die zentrale Rolle der Frauen in der Politik der Five Nations: »Er oder sie, die Person, die Vorschläge zu machen hat, unternimmt dann den ersten Schritt und ruft die Ältesten seiner oder ihrer Familie zusammen, und wenn es etwas ist, was die Krieger betrifft, werden ein oder zwei Anführer aus derselben Familie als Zeugen für die vorgeschlagene Sache hinzugezogen. Jeder trägt dann seine Auffassung auf eine sehr ernsthafte Art vor, und anschließend einigen sie sich auf eine Vorgehensweise. Sobald das abgeschlossen ist, wird einer der Ältesten bestimmt, der zu den anderen Familien geht, um sie einzuladen, ich meine damit die Ältesten und Kriegshäuptlinge, sofern es die Angelegenheit erfordert.« Die Frauen erledigten, wie bei vielen anderen indigenen Nationen im Osten, die gesamte Feldarbeit, und die Beiträge der Irokesen-Frauen zum Wohlstand und zur Sicherheit ihres Bündnisses waren überwältigend und stärkten die Rolle der Clan-Mütter als Entscheidungsträgerinnen: Sie stießen politische Initiativen an, die nicht der Unterstützung der Männer bedurften, um Zustimmung zu finden. Die Herrschaft der Frauen hatte eine praktische Dimension: Männer waren Jäger und Händler, die weite Wege zurücklegten und oft länger abwesend waren. Die Langhäuser, die mehreren Familien ein Zuhause boten, gehörten den Frauen. Unter allen indigenen Nationen kamen die Irokesen einem Matriarchat am nächsten. Ein Jesuiten-Priester gelangte zu der Auffassung, dass »nichts (…) realer ist als diese höhere Stellung der Frauen. Es ist ihnen zu verdanken, dass die Nation tatsächlich besteht.« Der Jesuiten-Missionar Joseph-François Lafitau stimmte dieser Einschätzung zu und bezeichnete die Regierungsform der Irokesen als Gynäkokratie, Frauenherrschaft.[2]

Die Irokesen folgten, angeführt von Clan-Müttern, einer Vorstellung von Frieden und Zugehörigkeit unter dem Baum des Großen Friedens, der wie ein schützendes Dach über das Gebiet von Iroquoia hinaus erweitert werden konnte, um alle Fremden mit einzubeziehen, die zeigten, dass sie imstande waren, sich die richtige Denkweise anzueignen. Die Five Nations League war eine politische wie auch eine spirituelle Körperschaft, die sich dem Frieden, der Einheit und der Zusammenarbeit verschrieben hatte. Die europäischen Invasionen im frühen 17. Jahrhundert verliehen diesem Ideal eine neue Dringlichkeit und militarisierten es. Das führte zum Krieg und zu einer bis dahin beispiellosen Ausübung indigener Macht.[3]

Die Mohawk sprachen gegen Ende der 1620er-Jahre in Fort Orange mit den Niederländern über die gegenseitigen Handelsbeziehungen. Und nachdem sich die Mohawk mit den Niederländern geeinigt hatten, schlossen sie sich den anderen Nationen der Irokesen in deren Absicht an, den französisch-indianischen Handel im Tal des Sankt-Lorenz-Stroms ein für alle Mal zu beenden. Sie drangsalierten und töteten Wyandot, Algonkin und andere mit den Franzosen verbündete Indianer und zwangen sie zum

Rückzug. Mit zunehmender Macht und vor dem Hintergrund wachsender eigener Ambitionen unternahmen die Irokesen eine konzertierte Anstrengung zu einer Neugestaltung der geopolitischen Verhältnisse im Nordwesten, die ihren Bedürfnissen dienen sollte: Sie wollten den Zustrom und die Bewegung von Pelzen, Schusswaffen, Metall, Menschen und Macht nach Süden und in ihre Dörfer umlenken. Im Jahr 1633 nahmen die Irokesen Kontakt zu englischen Handelsschiffen auf, die in Tadoussac im Unterlauf des Sankt-Lorenz-Stroms Anker geworfen hatten. Der über diesen Vorstoß entsetzte Champlain beschwor die Irokesen, die Franzosen, die »sie immer geliebt und verteidigt hatten«, nicht fallen zu lassen. Er erinnerte sie daran, dass er »ihnen bei ihren Kriegen persönlich beigestanden hatte« und dabei auch »selbst von einem Pfeil verwundet wurde«.[4]

Nur kurze Zeit später schrieb John Winthrop in Boston einen Brief an seinen Freund Simonds D'Ewes. Winthrop sinnierte in diesem Schreiben über die Politik in Massachusetts und seine Pläne und versicherte seinem Freund, dass »ich immer noch, wie früher, reichlich Gesellschaft und Arbeit habe. Aber die Eingeborenen in dieser Gegend hat Gott so sehr heimgesucht, dass in einem Bereich von 300 Meilen der größte Teil von ihnen durch die Pocken hinweggerafft wurde, ein Geschehen, das bei ihnen immer noch anhält: Sodass Gott hierdurch unseren Anspruch auf diesen Ort geklärt hat, und diejenigen, die in dieser Gegend noch verbleiben, insgesamt keine 50 mehr, haben sich unserem Schutz unterstellt und sich selbst und ihre Interessen aus freien Stücken auf bestimmte Grenzen eingeschränkt.« Hinter der misstönenden Gegenüberstellung seiner eigenen robusten Gesundheit und des Massensterbens unter den Native Americans stand mehr als nur ein gedanklicher Ausrutscher: Winthrop deutete den Blutzoll als ein Zeichen des Schicksals.[5]

Nach Winthrops Auffassung hatte Gott das Land von den Wilden befreit, um Amerika an eine würdigere Rasse zu übergeben. Winthrop lag damit zumindest in einem Punkt richtig; ohne diese biologische Katastrophe hätte es in Nordamerika möglicherweise gar kein Neuengland – und auch keine englischen Kolonien – gegeben. Die Todeszone erstreckte sich von der Atlantikküste bis zu den Appalachen und von der Chesapeake Bay bis zum Tal des Sankt-Lorenz-Stroms und vernichtete zahlreiche indigene Gemeinschaften. Doch in Nordamerika war nichts vorherbestimmt, ungeachtet Winthrops Überzeugung von der göttlichen Parteilichkeit. Dieselbe

Epidemie, die den Engländern eine völlig neue Welt zu öffnen schien, löste die stärkste indigene Expansion aus, seit die ersten Migrationen über die gesamte Länge der Hemisphäre hinweggezogen waren. Die Irokesen-Liga, die fast die Hälfte ihrer Mitglieder verloren hatte, zog in den Krieg, um die eigenen Reihen wieder aufzufüllen, indem sie andere Indigene zu Irokesen machte. Ein alter Wyandot-Sachem sagte zu den Jesuiten, dass er »noch [nicht] weiß, ob wir dem Wüten dieses Dämons entkommen werden. Ich habe früher schon Krankheiten in diesem Land erlebt, aber so etwas habe ich noch nie gesehen.« Das zentrale Gebiet der Irokesen-Föderation, das inmitten niederländischer, französischer und englischer Kolonien sowie mehrerer indigener Nationen lag, war nach dem Wüten der Pocken plötzlich stark gefährdet. Die Five Nations League war außerordentlich exponiert und ungeschützt und brauchte neue Menschen, um zu überleben. Das bedeutete Angriffe auf indigene Siedlungen und die Entführung von Gefangenen. Massentod und Leid verlangten nach Krieg.[6]

Es war eine besondere Art von Krieg – eine charakteristische militärisch-kulturelle Dynamik, die als »Trauerkriege« (»mourning wars«) bezeichnet wird. Die Irokesen nutzten mit ihren Kanuflotten Flussläufe und Seen, um einen wohlüberlegten taktischen Krieg zu führen, der darauf abzielte, selbst unauffindbar zu bleiben, die Feinde in Schach und Marktorte offen zu halten und das spirituelle Gleichgewicht ihrer Welt wiederherzustellen, indem sie andere zu Irokesen machten. Ihr logistisches Können und ihr spiritueller Mut waren überwältigend. Jede Rückkehr einer Kampfeinheit bot Anlass für eine gemeinschaftliche Feier, wie ein Jesuit feststellte: »All die Menschen kamen, um diesen Triumph der Wilden mitzuerleben. Freude erfüllte die Seelen der Sieger, während diejenigen der Besiegten der Sorge anheimfielen. Als alle gelandet waren, wurden sie zu den Hütten der Algonkin geführt. Manche warfen sich auf denjenigen, der ihnen übergeben worden war, rissen ihm die Nägel aus, schnitten ihm mehrere Finger ab und verbrannten seine Füße mit heißen Steinen.« Das politische Spektakel – das Geltendmachen ihrer Vorherrschaft – stärkte die Einigkeit der Irokesen und ihre spirituelle Vorrangstellung.[7]

Das Massensterben verlangte auch nach einer beherzten und kreativen Diplomatie. Die Five Nations, deren Ziel die Stabilisierung der eigenen Welt war, setzten dabei einerseits auf Krieg und Raubzüge, bei denen sie Gefangene machen wollten, aber sie gingen andererseits auf die Niederlän-

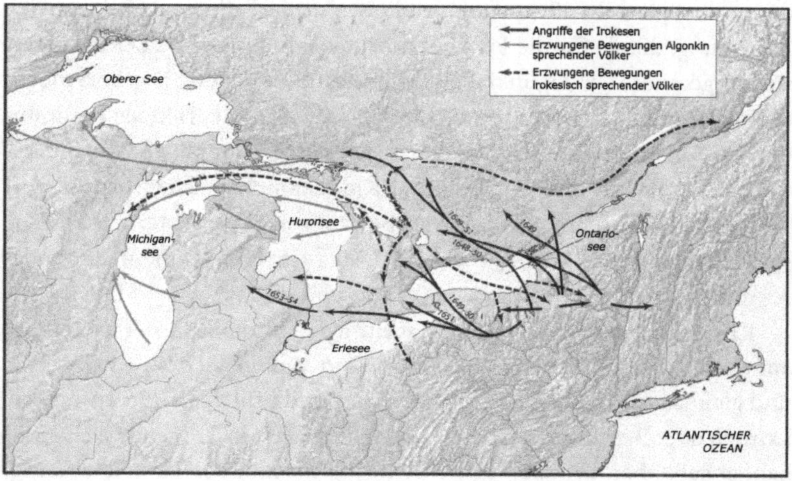

Die Trauer-Kriege der Irokesen

der, Franzosen, Wyandot, Mahican, Munsee, Montagnais und andere indigene Nationen zu und verbanden damit die Hoffnung auf Frieden und die Überwindung von Hindernissen für den Handel. Niederländische Geschäftsleute in Manhattan hatten die Mohawk jahrelang mit Geschenken überhäuft, weil sie unbedingt engere (Handels-)Beziehungen zur mächtigsten indigenen Nation im Nordosten knüpfen wollten. Ein Mohawk-Anführer namens Agheroense erschien im August 1645 in der Kolonie und unterbreitete in fließendem Niederländisch ein Angebot für ein Bündnis mit Neu-Niederland. Er hatte »sein Gesicht mit glänzenden gelben Farbstreifen bemalt«, was Gouverneur Willem Kieft, der prompt einen Vertrag mit der Mohawk-Nation schloss, offensichtlich beeindruckte. Die Niederländer lebten, im Unterschied zu den Spaniern in Neu-Mexiko, nicht mit den einheimischen Irokesen zusammen, und diese räumliche Trennung sorgte für stabilere Beziehungen zwischen beiden Gruppen.[8]

Nur wenige Wochen später traf Kiotsaeton, ein Abgesandter der Mohawk, in Trois-Rivières ein, einem französischen Fort am Unterlauf des Sankt-Lorenz-Stroms, um *Onontio* (»Großer Berg«, mit diesem Namen bezeichneten die Indianer den Gouverneur von Neufrankreich) einen Appell vorzutragen. Der Amtsinhaber war zu jener Zeit Charles de Montmagny. Onontio begrüßte Kiotsaeton und seine beiden Weggefährten, die sich auf dem Appellplatz des Forts zu seinen Füßen niederließen, »als Zeichen der Zuneigung, die sie für die Franzosen hegten«. Ihnen gegenüber befanden sich Abgesandte der Algonkin, Montagnais und Wyandot. Das Fort mochte ein Stützpunkt der Franzosen gewesen sein, aber die Irokesen bestimmten den Ablauf des Treffens. Colliers – prächtige Wampum-Halsbänder – symbolisierten ein gutes Gefühl, und Kiotsaeton trug seinen Appell vor: »Wir haben in unserem Land eine große Zahl von Kriegsliedern; wir haben sie alle vergessen; wir haben nur noch Lieder der Freude und nichts anderes mehr.«[9]

Kiotsaeton, der dem Krieg vorerst entsagt hatte, konzentrierte sich jetzt auf das dringlichste Thema: Handel. »›Dort verläuft der Weg, sehr eben und geradeaus‹, sagte er. Er beugte sich vor und prüfte, ob irgendwo noch Dornen oder Buschwerk zu sehen waren und ob es noch irgendwelche Erdhaufen gab, über die man beim Gehen stolpern konnte. ›Es ist alles fertig, wir können den Rauch unserer Dörfer sehen, von Quebec bis zum äußersten Rand unseres Landes. Alle Hindernisse sind beseitigt.‹« Kiotsaeton hatte eine umfassende Vorstellung von Zugehörigkeit. Er wollte, dass die Franzosen, Algonkin, Montagnais, Wyandot und Irokesen »nur eine einzige Nation bilden, und ich wäre einer von euch«.[10]

Kiotsaetons Bemühungen hielten die mit Kanus operierenden Irokesen nicht davon ab, die alljährlich dem Sankt-Lorenz-Strom folgenden Handelsflotten französischer Kanus anzugreifen oder französische Handelswege im Landesinneren zu blockieren. Neufrankreich bestand aus lediglich 300 Kolonisten, und das erst vor Kurzem gegründete Montreal war nicht mehr als ein Weiler. Die Kolonisten fürchteten sich vor den benachbarten Mohawk und brachten kaum den Mut auf, außerhalb des befestigten Ortes Wasser zu lassen. Die Angriffe der Indianer gingen über einfache Raubzüge und Plünderungen hinaus. Die Irokesen begannen 1648 – Quebec, Trois-Rivières, Tadoussac und Montreal erlebten bis zu diesem Zeitpunkt gerade eine erfreuliche, aber seltene Pause bei den Angriffen von Indigenen – einen sorgfältig organisierten Feldzug, mit dem sie den französischen Pelzhandel im Gebiet der Großen Seen zum Stillstand bringen wollten. Ihre Kampfeinheiten nahmen erstklassiges Gelände für Fallensteller ein, machten Gefangene und drangen bei ihren den ganzen Sommer andauernden Feldzügen westlich und nördlich des Ontariosees weiter vor. Das Ergebnis dieses Geschehens war eine massive Diaspora: Wyandot,

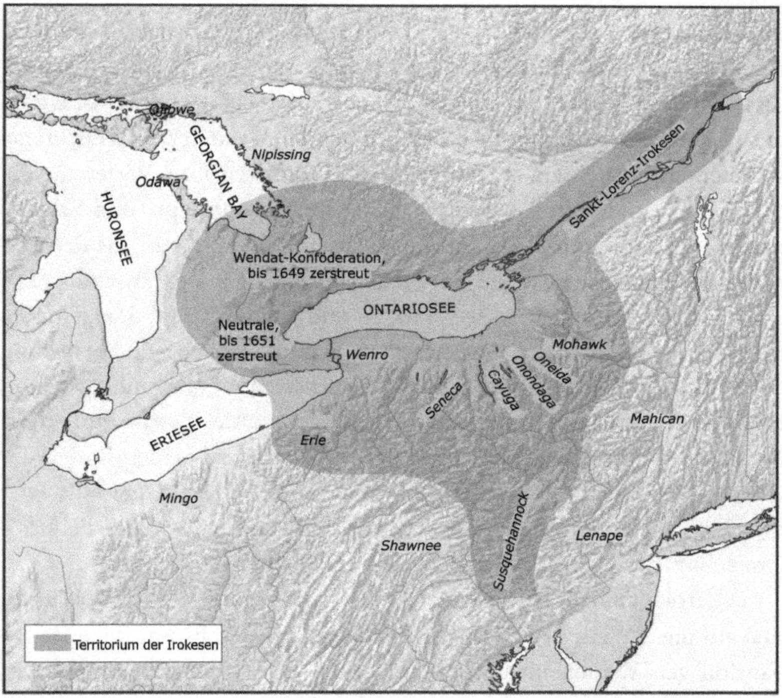

Dominanz der Irokesen im Binnenland um die Mitte des 17. Jahrhunderts

Wenro, Nippissing, Erie, Neutrale (frz. *Neutres* /engl. *Neutrals*) und Petun gaben allesamt ihre angestammten Heimatgebiete auf und zogen sich weit nach Westen zurück, wo sie schließlich am Südufer des Oberen Sees und am Westufer des Michigansees neue Siedlungsschwerpunkte bildeten. Mindestens ein Dutzend Nationen floh vor »dem Wüten der Irokesen« und verteilte sich entlang der Großen Seen an Orten, die ihnen wie »das Ende der Welt« vorkamen. Die Irokesen selbst könnten bis zum späten 17. Jahrhundert fast 3000 Wendat in die eigenen Reihen in Iroquoia aufgenommen haben.

Das Land westlich des Michigansees war jedoch keineswegs leer und unbewohnt. Es gehörte den Algonkin sprechenden Anishinaabeg-Völkern – Odawa, Potawatomi, Sauteur und Ojibwe –, die seit dem 15. Jahrhundert im Gebiet rund um die Großen Seen gelebt hatten und deren verwandtschaftliche Netzwerke, *nindoodemag*, einen großen Teil der Region umfassten und die Mobilität, das Schließen von Bündnissen und den Handel erleichterten. Die Flüchtlinge gerieten mit den an den Großen Seen ansässigen Völkern zunächst aneinander, aber der nicht nachlassende Druck der Irokesen sorgte schon bald dafür, dass sich alle anderen Gruppen zusammentaten. Die einheimischen Indianer öffneten ihre Dörfer für die Emigranten und nahmen sie mit zahllosen Aussöhnungs- und Schlichtungs-Zeremonien in ihr Heimatland Anishinaabewaki auf, das den Huron- und Oberen See und die Nordhälfte des Michigansees umschloss. Die einheimischen Dörfer wuchsen stark an und wurden zu großen gemischten Siedlungen, in denen die Menschen sich um eine Wiederherstellung der Normalität in einer so plötzlich destabilisierten Welt bemühten. Schon bald gab es etwa zwei Dutzend Dörfer mit gemischter Bevölkerung in einem Dreieck, dessen Gebiet vom Illinois River bis zu beiden Enden des Oberen Sees reichte. Die Franzosen bezeichneten diese Region als *Pays d'en haut*, »Oberland«. Dessen Zentrum bildete *La Baye des Puants* – Green Bay –, wo jetzt rund 10.000 Menschen lebten.[11]

Die Irokesen hatten Tausende von Menschen nach Westen vertrieben und auf diese Weise ein riesiges Territorium erobert. Es war die erste Expansion gen Westen im großen Stil in der frühen amerikanischen Geschichte. Aber das setzte dem Krieg noch kein Ende, er schien immer weiter zu eskalieren, während sich die Gegner der Irokesen zerstreuten. Die Erklärung für diese Entwicklung war ebenso simpel wie einmalig: Die Irokesen brauchten die Menschen dringender als das neue Territorium. Sie benötigten die Gefangenen, um ihre von der Epidemie dezimierte Bevölkerung wieder zu verstärken, um unterbrochene Lineages zu kitten, den Schmerz durch Vergeltungsakte zu lindern und die spirituelle Vitalität ihrer Gemeinschaften wiederherzustellen. Die von den Five Nations ausgeübte massive Gewalt war eine strategische, emotionale und spirituelle Reaktion auf katastrophale Verluste. Die Trauerkriege der Irokesen veränderten die gesellschaftlichen Verhältnisse im nordamerikanischen Binnenland in einem kaum mehr fassbaren Ausmaß.[12]

Außerdem stärkten die Trauerkriege den Einfluss der Clan-Mütter. Als die Armeen der Irokesen für die Angriffe auf ihre Gegner mobilisiert wurden, begleiteten die Clan-Mütter die Soldaten beim Auszug aus den Dörfern bis zum Waldrand, wo die Männer ihre Kriegskleidung anlegten. Die Soldaten schnitzten unter den aufmerksamen Blicken der Clan-Mütter Piktogramme in Baumrinden, um die Stärke der Expedition zu dokumentieren. Bei der Rückkehr der Soldaten – sie brachten fast immer Gefangene mit: Männer, Frauen und Kinder – entschieden die Clan-Mütter darüber, ob die Gefangenen tatsächlich oder nur rituell in ihre Haushalte aufgenommen werden sollten. Die für die tatsächliche Adoption ausgewählten Personen durchliefen eine »beschleunigte« Zeremonie, in der sie den Namen und die gesellschaftliche Rolle eines verstorbenen Irokesen oder einer Irokesin erhielten. Diese Menschen – man bezeichnete sie als *we-hait-wat-sha,* »einen Körper, den man in Teile zerschneidet, die dann verstreut werden« – wurden in die Clans hineinadoptiert und dort zu vollwertigen Mitgliedern der Irokesen-Liga, die dazu verpflichtet waren, das Bündnis im Kampf zu verteidigen, auch gegen ehemalige Verwandte. Die nur rituell Adoptierten wurden hingegen als »Onkel« oder »Neffen« bei Irokesen-Familien zunächst untergebracht. Dann wurden ihre Gesichter rot und schwarz bemalt, und man gestattete ihnen, ein Festmahl zu veranstalten und ihre ehrenvollen Kriegstaten vorzutragen, bevor sie schließlich hingerichtet wurden. Die verurteilten Gefangenen wurden an einen Pfahl gebunden, und ihre neuen Verwandten »streichelten« sie abwechselnd mit brennenden Fackeln. Frauen zerschnitten die Leichname und kochten die einzelnen Teile in Kesseln, damit die Irokesen die spirituelle Kraft der Gefangenen in sich aufnehmen konnten. Das damit verbundene Ziel der Irokesen war, »ihre Nationalität« aufzulösen, um so die eigene zu stärken.

Die Irokesen veranstalteten diese Zeremonien nicht, weil sie nach dem Krieg verlangten, sondern, weil sie den Frieden wollten. Das rituelle Absorbieren der Körper und Seelen von Feinden – ob nun real oder nur vorgestellt – linderte den Schmerz der Irokesen und half ihnen, wieder zur Vernunft zu kommen; es stellte die Normalität wieder her. Eine epische Erzählung erinnerte sie daran, wie Deganawidah, der Friedensstifter, Hiawatha, der alle seine Töchter verloren hatte, die Gute Nachricht von Frieden und Macht offenbarte. Deganawidah zeigte Hiawatha die Beileidszeremonien, die ihm halfen, sein Leid zu überwinden und zu klarem Denken zurückzufinden. Die Gute Nachricht von Frieden und Macht würde Krieg und Blutvergießen überflüssig machen. Aber sie konnte den gewaltigen Schmerz nicht lindern, den die Pocken mit sich gebracht hatten. Hunderte von trauernden Familien verlangten nach Krieg, der ihnen Gefangene einbringen würde, die verlorene Verwandte ersetzen sollten, und Clan-Mütter statteten große Kriegsaufgebote mit einem Auftrag aus, der Trost bringen konnte.

Um die Jahrhundertmitte waren die Irokesen für die Kriegführung hervorragend ausgerüstet. Ihre rund 2000 Soldaten besaßen 300 Arkebusen und waren »geschickt im Umgang« mit den schweren Steinschlossgewehren, wenn es an Land und an Bächen und Flüssen zu Nahkampf- oder Hinterhalts-Gefechten kam. Ein typischer Kampf begann mit einer einzigen Salve – das Laden der Gewehre nahm fast eine halbe Minute in Anspruch –, auf die sofort eine Attacke mit eisernen Äxten und Messern folgte. Französische Beamte in Quebec kamen zu dem Schluss, dass sie »die Irokesen nicht absichtlich reizen dürfen«. Zugleich waren sie sich einig, dass sie »die Irokesen, ob nun in den Bergen oder im Tiefland, daran hindern müssen«, ihre eigenen indianischen Verbündeten »in Sichtweite unserer Siedlungen« anzugreifen.[13]

Die Mohawk und Seneca überwältigten 1648 die Attignee-Wyandot, 700 Menschen wurden dabei getötet oder gefangen genommen. Im darauffolgenden Jahr brach eine 1000 Mann starke Armee der Irokesen der Wyandot-Konföderation das Rückgrat, verlor dabei aber selbst rund 300 Soldaten – eine Katastrophe, die nach Vergeltung und noch mehr Gefangenen verlangte. Die Irokesen erzählten den Jesuiten, dass »alle vier Nationen der oberen Irokesen im Alarmzustand waren; dass sie sich zusammenschlossen und bewaffneten, um« ihre Feinde »zurückzuschlagen«. Die Nationen an den Großen Seen mussten sich darauf einstellen, dass in jedem Jahr mit Invasionen der Five Nations zu rechnen war. Die Soldaten der Five Nations, die ihre Feldzüge aus ihrem zwischen dem Hudson Valley und dem Ontariosee gelegenen Kerngebiet heraus begannen, stießen in westlicher Richtung über den Oswego River und den Ontariosee hinaus bis tief in die Region hinein vor, immer auf der Suche nach Gefangenen und dem spirituellen Gleichgewicht. Bis zum Jahr 1660 hatten die Irokesen gegen sämtliche im Gebiet der Großen Seen ansässigen Nationen gekämpft und dabei eine riesige Zone der Verwüstungen hinterlassen. Uralte indigene Bündnisse brachen zusammen, und Wendake, das Heimatland der Wyandot, zerfiel. Auf der Suche nach einer Zuflucht zerstreuten sich die Menschen in alle Himmelsrichtungen. Die Irokesen stießen vor, um die Überlebenden der zerschlagenen Nationen, die *we-hait-wat-sha,* zu absorbieren – nicht zu töten –, sie vernichteten andere Nationen, um die eigene wieder aufzubauen. Sich in dieser neuen Welt zurechtzufinden, konnte mitunter schwierig sein. Ein adoptierter Abgesandter der Five Nations unterbreitete 1655 den Wyandot und den Franzosen ein Friedensangebot und verkündete dabei: »Meine Brüder, meine Seele hat sich nicht verändert, obwohl ich das Land gewechselt habe, und mein Blut ist nicht irokesisch geworden, obwohl ich bei ihnen wohne. Mein Herz ist ganz und gar das eines Huronen, ebenso wie meine Zunge.« Kriegsgefangene machten mittlerweile mehr als die Hälfte der irokesischen Bevölkerung aus, was sowohl für Schutz als auch für Dissonanzen sorgte.[14]

Die Five Nations League war zur dominierenden Macht in den Eastern Woodlands geworden, ihre beweglichen Siedlungen umfassten einen Herrschaftsbereich, der die an der Atlantikküste zusammengedrängten französischen, englischen und niederländischen Kolonien bei Weitem übertraf. Doch Frankreichs verantwortliche Politiker taten sich schwer mit der Anpassung an eine gesellschaftliche Ordnung, in der Iroquoia, nicht Neufrankreich, die dominierende Macht war. »Wollte man ihnen glauben«, schrieb ein Missionar der Jesuiten, »wäre Neufrankreich entweder nahezu vollständig irokesisch, oder wir hätten hier keine Franzosen mehr, es sei denn, sie lebten unter den Irokesen.« Die Franzosen zogen sich zurück. Sie taten wenig, um die Five Nations zu beschwichtigen, ignorierten aus einem imperialen Reflex heraus die Bitten der Indianer um Verständigung, Koexistenz und fairen Handel. Unter schwerer Verletzung des indigenen diplomatischen Protokolls inhaftierten sie Gesandte der Irokesen und hielten sie in Montreal und Quebec als Geiseln fest. Ein Jesuitenpater offenbarte die französische Denkweise mit der Schlussfolgerung, dass »es keinem Zweifel unterliegt, dass im Fall einer Niederlage der Agnieronnon [Mohawk] gegen die Franzosen die anderen Nationen der Irokesen mit Freuden einen Kompromiss mit uns schließen und uns ihre Kinder als Geiseln übergeben würden als Zeichen ihres Vertrauens«. Der französische Kolonialismus operierte nach denselben moralischen Grundsätzen wie der englische und spanische Kolonialismus; die Unterschiede zwischen den drei Mächten entsprangen der realen Leistungsfähigkeit und nicht der freien Wahl der Mittel.[15]

Die Irokesen gingen jetzt zur Belehrung und Bestrafung der arroganten

Franzosen über. Ein Jesuiten-Priester klagte: »Überall treffen wir auf den Irokesen, der uns wie ein aufdringliches Phantom allerorts zusetzt. Wenn er uns im Kreis unserer neuen Christen entdeckt, erschlägt er sie in unseren Armen; wenn er uns auf dem Fluss begegnet, ermordet er uns; und wenn er uns in den Hütten unserer Wilden ertappt, verbrennt er uns mit ihnen.« Die Jesuiten jammerten im Jahr 1660: »Letztes Jahr sorgten sie dafür, dass wir so laut weinten, dass man es noch in Frankreich hören konnte, und heute lassen sie uns nur die Tränen, die wir für unsere Toten vergießen.« Armeen der Onondaga und Mohawk »überzogen die Umgebung von Kebec mit Feuer und Blutvergießen, (...) machten Tadoussac zur Wüstenei (...) [und] hinterließen ihre Spur auf der gesamten Île d'Orléans, wo sie vor allen anderen den Monsieur Seneschall Delauson und seine tapferen Gefährten ermordeten (...) und Trois-Rivières trauern ließen.« Als ein königlicher Bevollmächtigter für Neufrankreich 1663 in Erwartung weiterer Massaker anordnete, dass »alle französischen Kolonisten in nicht weit voneinander entfernten Dörfern« zusammenleben sollten, übernahm der König von Frankreich die unmittelbare Herrschaft über Neufrankreich. Zur Rettung der um ihr Überleben kämpfenden Kolonie rief er ein Auswanderungsprogramm ins Leben, mit dem unverheiratete Frauen, die *filles du roi*, in die Kolonie gebracht werden sollten. Die Frauen gründeten Familien, die halfen, Neufrankreich zu stabilisieren.[16]

Die überwältigende militärische Dominanz der Irokesen machte sich schnell auch wirtschaftlich, politisch und kulturell bemerkbar. Nachdem ihre Stellung in der Welt gesichert war, unternahmen die Irokesen gemeinsame Anstrengungen zur Sicherung ihres Grenzgebiets durch Handel, Diplomatie und Bündnisse. Das taten sie nach ihren eigenen Bedingungen. Die Niederländer hatten sich schon lange zuvor mit ihrer untergeordneten Rolle im Schatten der Irokesen, und hier besonders der Mohawk, abgefunden. Ein niederländischer Pastor schrieb, dass »die bedeutendste Nation unter all den Wilden und Indianern hier, mit der wir auch den meisten Umgang haben, die der Mahakuaas [Mohawk] ist, die sich auch alle anderen Indianer in unserer Nähe tributpflichtig gemacht hat«. Die Irokesen verweigerten bei geschäftlichen Transaktionen auch die Annahme der englischen und niederländischen Währung und bestanden stattdessen auf der Verwendung von Wampumperlen. Wampumperlen waren bereits seit den 1620er-Jahren ein wichtiges Tauschmittel und Handelsgut gewesen, und die Niederländer hatten bis zur Jahrhundertmitte neue Techniken zur Herstellung von Muschelperlen entwickelt. In der Folge enstand daraus ein lukratives Handelsdreieck, in dem die Niederländer für ihre Fertigprodukte von Algonkin in Neuengland Perlen erhielten, für diese Perlen dann von den Five Nations Felle kauften und diese Felle schließlich nach Europa verschifften, um damit Waren für die nordamerikanischen Märkte zu erwerben. Ein großer Teil des Wohlstands von Neuengland wurde durch Wampum erworben, ein klassisches Produkt der Irokesen.

Die Expansion der Irokesen war von einem Streben nach Stabilität und Macht motiviert, und bis zur Mitte des 17. Jahrhunderts hatten sich die Five Nations unentbehrlich gemacht. Niemand konnte sie ignorieren. Neufrankreich richtete einen Fonds für die Auslösung irokesischer Gefangener ein und versorgte die Irokesen mit Pensionszahlungen. Sachems der Mohawk trafen sich 1659 in Fort Orange mit niederländischen Unterhändlern und trugen dabei eine Reihe von Forderungen vor, und jede einzelne Abmachung wurde durch die Übergabe einer Wampumkette bekräftigt. Sie sagten, dass »es ganz falsch ist, dass die Niederländer [die Indianer] so stark kritisieren, ohne dabei auf die Stammeszugehörigkeit zu achten«, und sie rügten die Niederländer, die Indianer als »Hunde« und »Schurken« (»rascals«) bezeichnet hätten. Die Sachems forderten, dass die Niederländer ihre Lenape-, Mahican- und Catscill-Verbündeten respektvoll behandeln und »brüderlich mit ihnen zusammenleben« sollten. Die Mohawk, die sich ihres Einflusses und ihrer Stellung in der Welt sicher waren, hatten mehr erreicht als eine bloße Eindämmung der Europäer. Sie erwarteten jetzt die Einhaltung von Abmachungen.[17]

KAPITEL 9

FEINDE DES GLAUBENS

ZWEI JESUITEN-PRIESTER GALTEN AB MITTE MÄRZ 1649 als vermisst, seit dem Angriff einer Kampfgruppe der Irokesen auf ein Dorf der Wyandot in der Nähe von Sault Sainte Marie an der Mackinacstraße, dem schmalen Verbindungsstück zwischen dem Huron- und dem Michigansee. Pater Paul Ragueneau wollte gerade einen Suchtrupp losschicken, als die Jesuiten »einige Wilde auf dem Weg erblickten, die direkt auf uns zukamen. Wir dachten alle, das seien die Irokesen, die näher rückten, um uns anzugreifen; aber als sie näher herankamen, erkannten wir, dass es Wyandot waren, die vor den Kämpfen flohen und dem Gefecht entkommen waren. Diese armen Wilden riefen bei uns großes Mitleid hervor. Sie alle waren von zahllosen Wunden gezeichnet. Einer von ihnen hatte einen Schädelbruch; ein anderer einen gebrochenen Arm; im Auge eines weiteren steckte ein Pfeil.«[1]

Der Irrtum der Jesuiten war verständlich. Die Irokesen hatten ihnen jahrzehntelang ständig zugesetzt, weil sie deren Rivalen und Feinde, vor allem die Wyandot, Illini, Odawa, Ojibwe, Montagnais, Naskapi und Nippissing, missioniert und seelsorgerisch betreut hatten. Die Jesuiten konzentrierten ihre Anstrengungen so stark auf die Feinde der Five Nations, weil diese die benachbarten indianischen Nationen geschwächt und bedürftig gemacht und in den Zustand der Verzweiflung versetzt hatten – sie waren perfekte Zielgruppen für die jesuitische Glaubensbotschaft von einem besseren Leben im Jenseits. Die Jesuiten und ihr unermüdlicher Anführer Claude-Jean Allouez, die sich eifrig um die Seelen der Opfer der Irokesen bemühten, gründeten im Gebiet der Großen Seen eine Reihe von Missionen wie auch kleinere Stationen. Die Irokesen tolerierten diesen kleinen Fußabdruck zunächst noch, aber als französische Händler sich anschickten, mit ihren ebenso manövrierfähigen wie robusten Kanus den Jesuiten in Richtung Westen zu folgen, und die großen indigenen Gemeinschaften in der Nachbarschaft der Missionen aufsuchten, um dort Schusswaffen zu verkaufen, hatten die Five Nations genug. Das Töten von Jesuiten erlangte bei ihnen jetzt die gleiche Bedeutung wie das Töten indigener Feinde.

Die Wyandot berichteten den Jesuiten, was den beiden Priestern widerfahren war: »Die Irokesen kamen mit einer Zahl von 1200 Mann; sie besetzten unser Dorf und nahmen Pater [Jean de] Brebœuf und seinen Gefährten gefangen und steckten alle Hütten in Brand. Dann ließen sie ihre Wut an diesen beiden Patres aus; sie packten beide, zogen sie nackt aus und fesselten jeden an einen Pfahl. Sie banden ihnen die Hände zusammen. Sie rissen ihnen die Fingernägel aus. Sie deckten sie mit einem Hagel von Knüppelschlägen ein, auf die Schultern, die Lenden, den Bauch, die Beine und ins Gesicht – es gab kein Körperteil, dem diese Qual erspart blieb.« Brebœuf ertrug diese Folter stoisch und beeindruckte damit seine jesuitischen Glaubensbrüder. »Von der Wucht dieser Schläge überwältigt, hörte er nicht auf, immer wieder von Gott zu sprechen, und ermutigte all die neuen Christen, die wie er selbst Gefangene waren, die Leiden gut zu ertragen, damit sie gut sterben könnten, um gemeinsam mit ihm ins Paradies einzugehen.«[2]

Die gründliche Beschreibung gibt auch das Grauen und die Verwirrung der Jesuiten wieder, als die Irokesen über sie herfielen. Die Gewalt war methodisch und spektakulär zugleich – eine Form der kulturübergreifenden Kommunikation, die schockieren sollte. Die Irokesen wollten die Jesuiten vom Landesinneren fernhalten, wo sie den Operationen und Ambitionen der Irokesen in die Quere kamen; die Gewalt diente politischen, wirtschaftlichen und spirituellen Zwecken, sie sollte die gesellschaftliche Ordnung dort wiederherstellen, wo sie von der europäischen Expansion gestört worden war. Aber der erschöpfende Berichtsstil diente noch einem weiteren Zweck. So furchterregend die Folter für die Jesuiten auch war, viele von ihnen begrüßten sie und erstrebten sie sogar: je größer das Leiden, desto größer war das Opfer im Angesicht Gottes. Brebœuf, dem der Tod unmittelbar bevorstand, sprach so zu seinen getauften indigenen Schützlingen: »Meine Kinder, lasst uns die Augen in höchster Not gen Himmel richten; erinnern wir uns daran, dass Gott der Zeuge unserer Leiden ist und schon bald unsere höchste Belohnung sein wird.«[3]

Die Jesuiten erstrebten das Märtyrertum an einer Wirkungsstätte, die für sie eine heidnische Wildnis war, aber das massenhafte Märtyrertum war auf lange Sicht nicht durchzuhalten. Der Jesuitenorden, die Societas Jesu, war in Nordamerika ein relativ bescheidenes Unternehmen, das noch nie mehr als 30 bis 40 aktive Missionare im Einsatz hatte. Dennoch verkörperte dieser Personenkreis eine bedeutende Investition, denn diese Priester hatten an Seminaren in Frankreich eine gründliche Ausbildung in klassischer Philologie und Theologie erhalten und außerdem indigene Sprachen erlernt, indigene Sitten und Gebräuche studiert und sich mit der Geografie ihrer künftigen Einsatzorte vertraut gemacht. Nach ihrer Ankunft in Nordamerika lebten sie in indigenen Gemeinschaften und passten sich an die Lebensweise der Indigenen an. Ein jeder Priester war jeweils für Hunderte von Seelen zuständig, und die Gesamtgruppe der Missionare war ein wichtiger Aktivposten des Ordens. Das Problem bestand darin, dass die meisten Jesuiten als Individuen ihrer irdischen Existenz nur einen geringen Wert beimaßen. Tief im mystischen Katholizismus verankert, strebten sie einen Zustand des »Gleichmuts« an, der Auslöschung des Ichs, das sie als eine von Gott wegführende Wesenheit betrachteten. Die Jesuiten waren aus der Sicht des französischen Reiches in der Neuen Welt eine gefährdete Ressource.[4]

In den Jahren von 1642 bis 1649 starben acht Jesuiten eines gewaltsamen Todes, und die Missionare brandmarkten die Irokesen als »Feinde des Glaubens«. Die Jesuiten in der Missionsstation Saint Ignace auf Mackinac Island erinnerten sich daran, dass der 16. März 1649 »für den Beginn unseres Unglücks stand – jedoch nur, wenn das als Unglück gelten kann, was zweifellos für viele der von Gott Auserwählten die Erlösung gewesen ist«. Die Irokesen, »Feinde der Huronen, etwa eintausend an der Zahl, die gut mit Waffen versehen waren – und meist mit Feuerwaffen, die sie von den Niederländern, ihren Verbündeten, erhielten –, trafen während der Nacht an der Grenze dieses Landes ein, ohne dass wir ihr Näherkommen bemerkt hätten«. Noch während der Nacht erkundeten die Irokesen die Lage vor Ort und griffen dann im Morgengrauen an. Wie die meisten Gefechte zwischen Irokesen und Wyandot im Verlauf der Trauerkriege war auch diese Auseinandersetzung eine einseitige Angelegenheit: »Dieses Dorf wurde eingenommen, fast ohne dass ein einziger Hieb geführt wurde«, berichtete ein Jesuiten-Pater, »nur zehn Irokesen wurden dabei getötet. Ein Teil der Wyandot wurde an Ort und Stelle massakriert; die anderen wurden gefangen genommen, und ihnen standen noch Grausamkeiten bevor, die schlimmer als der Tod waren.«[5]

Die *Jesuit Relations,* der jährliche Bericht der Jesuiten-Priester in Nordamerika, wurden zu einer Litanei irokesischer Gräueltaten: niedergebrannte Städte; Menschen, die auf dem Scheiterhaufen verbrannt wurden; das Tal des Sankt-Lorenz-Stroms ist das Tal, das »von den feindlichen Irokesen heimgesucht wird«; Indianer von Missionsstationen, die ihre eigenen Siedlungen niederbrennen, »damit sie den Irokesen nicht als Zuflucht und Festung dienen können«; Wyandot, die ihre Städte verlassen und »flüchten, wohin sie nur können«; Irokesen, die Wyandot gefangen nehmen, »in Sichtweite von Montreal«, vor der Tür zu Neufrankreich. Die Wyandot waren ständig auf dem Rückzug und dabei bestrebt, einen möglichst großen Abstand zu den Irokesen zu halten. Einige von ihnen »stürzten sich in die abgelegensten Tiefen des Waldes«, während andere sich dafür entschieden, »[lieber] den Tod im Wasser oder von Felsen hinab zu finden als durch die Feuer der Irokesen«. Eine Streitmacht von 300 Irokesen plünderte 1649 Saint Jean, eine Missionsstation für die Tionontati-Indianer in der Georgian Bay.[6]

Der Gesamtplan der Societas Jesu hatte sich auf die Errichtung dauerhafter Missionsstationen in Nordamerika konzentriert, die die Indianer beobachten, beherrschen und ausbilden sollten, alles mit dem Ziel, die indigenen Religionen durch die biblische Lehre zu ersetzen. Ihre idealtypische Landschaft bestand aus einer Vielzahl von unter strategischen Gesichtspunkten platzierten Missionsstationen in direkter Nachbarschaft zu großen indigenen Siedlungen, umgeben von Äckern, Gärten und Werkstätten. Die Jesuiten wollten ihre Schützlinge an die Scholle binden. Die Irokesen hatten das nahezu unmöglich gemacht, und die Jesuiten stellten sich als Opfer dieser Entwicklung dar. Sie beklagten, dass sie jetzt »einige Wandermissionen betreiben müssen«, während andere zu den »weiter entfernten Inseln des großen Sees« umzogen, »sechzig, achtzig, hundert Leagues von uns entfernt; andere nahmen ihren Weg über Land, durchquerten tiefe Wälder und erklommen Berge«. Die Jesuiten zerstreuten sich, und ihr göttlicher Plan für Nordamerika war zunichtegemacht. Ein Missionar, der befürchtete, dass das Engagement des Mutterlandes für die Missionen in der Neuen Welt dahinschwinden könnte, beharrte darauf, dass »der

Geist des Glaubens [in Amerika] nicht weniger heilig ist als im Louvre und in den meisten prunkvollen Palästen Europas«. »Meine Feder kann die Wut der Irokesen bei diesen feindlichen Zusammenstößen nicht mehr wiedergeben«, verzweifelte ein anderer. Wieder andere Missionare, bei denen die Neophyten ausblieben, beschworen apokalyptische Bilder vom Teufel und der Hölle herauf, um Konversionen zu erzwingen.[7]

Im Sommer 1650, der auf einen Hungerwinter folgte, zogen sich die Jesuiten gemeinsam mit Dutzenden von Wyandot-Familien nach Quebec zurück. Sie fanden dort keine Ruhe: Die Irokesen nahmen jetzt Neufrankreich ins Visier. Soldaten der Irokesen befuhren die Wasserwege mit ganzen Flotten von zwölf Meter langen Kanus, die bis zu 18 Kämpfern Platz boten, und tauchten jetzt in Trois-Rivières auf, wo sie Wyandot-Flüchtlinge gefangen nahmen und töteten und unter den Kolonisten Furcht und Schrecken verbreiteten. Die Ankunft von 36 Kanus der Wyandot wurde von den Franzosen in Quebec zunächst bejubelt, weil sie dachten, die Menschen würden »kommen, um unsere Kolonie zu vergrößern«. Die Kolonisten in Montreal waren da realistischer. Die Siedlung »wäre ein irdisches Paradies für die Wilden und die Franzosen, wenn es die Einschüchterung durch die Irokesen nicht gäbe, die ständig dort auftauchen und den Ort fast unbewohnbar machen«.[8]

Die Irokesen gaben der Geopolitik eine neue, ihren eigenen Bedürfnissen entsprechende Gestalt. Eine 1000 Mann starke Armee der Irokesen nahm im Sommer 1652 bei einem einzigen Feldzug 500 bis 600 Wyandot gefangen. Für Neufrankreichs wichtigsten Verbündeten war das ein lähmender Rückschlag, der zugleich die Kolonisten einer erhöhten Gefahr aussetzte. Frankreichs koloniales Unternehmen in Nordamerika schien zu scheitern. Die Verfolgung der beiden Ziele des französischen Kolonialismus – Pelzhandel und Rettung der Seelen – geriet unter dem Druck der Irokesen ins Stocken. Die Five Nations hatten die Franzosen jetzt genau dort, wo sie sie haben wollten: geschwächt, verängstigt, verwirrt und gefügig. Abgesandte der Irokesen machten Neufrankreich im Sommer 1653 ein Friedensangebot.[9]

Die Franzosen konnten es kaum glauben. »Endlich haben wir Frieden«, frohlockte ein Jesuit. »Gebe Gott, dass diese Worte im Mund der Franzosen so wahr wären, wie sie für die Bewohner von Neufrankreich freundlich und angenehm klingen!« Anderswo nährte die überraschende Entwicklung wiederum nur die bereits bestehende Furcht und Paranoia. Viele Kolonisten glaubten, dass »die Irokesen hinterhältig sind und nur Frieden schließen, um uns in einem neuen Krieg zu ihrem eigenen Vorteil zu verraten«. Dennoch kam für den bereits zitierten Jesuiten »dieser Wandel so unerwartet, diese Richtungen im Denken der Barbaren so überraschend, dass, so muss man eingestehen, ein höherer Geist als der des Menschen dieses Werk angeleitet hat«. In irdischen Gefilden war dieser Geist in der politischen Organisation der Five Nations League zu finden. Ihre von Koordination und wohlüberlegter Entscheidungsfindung geprägte Tradition, die von den Clan-Müttern mit ihrer moralischen Autorität gelenkt wurde, ermöglichte nuancierte und – wann immer es nötig war – schnelle Wendungen der Außenpolitik. Die Mohawk hatten sich ursprünglich gegen den Frieden mit den Franzosen ausgesprochen, weil sie befürchteten, dass er den Onondaga einen unverhältnismäßig großen Nutzen bringen würde, schlossen sich aber dennoch dem Konsens an. Neufrankreich war durch eine entschlossene und geschickte Diplomatie der Five Nations in den Einflussbereich der Irokesen gebracht worden.[10]

Die Five Nations schlossen Frieden mit Neufrankreich, weil sie der Ansicht waren, dass die Kolonie, sosehr sie mittlerweile in Bedrängnis geraten war, als Lieferantin von Waffen und Handelswaren immer noch nützlich sein konnte. Den Irokesen waren die Beziehungen zu anderen indigenen Nationen schon immer wichtiger gewesen als die Beziehungen zu den europäischen Kolonien, die für sie in erster Linie Marktplätze, Verkaufsstellen und Lieferanten von Waffen und Metallgegenständen waren. Zu Beginn der 1650er-Jahre standen die Irokesen, und hier vor allem die Onondaga, vor zunehmenden Konflikten mit der Erie Nation, die einen großen Teil des Südufers des Eriesees beherrschte. Die Onondaga und die Mohawk baten Neufrankreich im Frühjahr 1654 um Waffen und Soldaten. Die Franzosen lieferten beides. Die Indianer wandten sich mit der Bitte um Waffen auch an die Niederländer. Ein Anführer der Onondaga schlug dann vor, wie ein Franzose festhielt, »die Huronen-Kolonie von uns zu trennen und die Familien – Männer, Frauen und Kinder – dazu zu bewegen, geschlossen ins« Land der Onondaga umzuziehen, im Rahmen einer friedlichen Wiederholung der Trauerkriege. Die Franzosen sahen sich selbst »in ebenso großer Verwirrung wie die Huronen selbst (…) ›Wir sehen deutlich‹, sagten diese Anführer der Huronen zu uns, ›dass diese beiden Irokesen-Nationen, die von gegenseitigem Neid angetrieben werden, uns jeweils für die eigene Seite gewinnen wollen. Uns droht in jedem Fall ein Unglück, für welchen Plan wir uns auch immer entscheiden‹.« Sie hatten recht. Die Irokesen kehrten im Sommer 1654 zur gewalttätigen Variante der Trauerkriege zurück, als sie mit einer Armee von rund 1500 Soldaten die Erie angriffen. Zwei Jahre später siedelten sich mehr als 50 französische Priester, Arbeiter und Soldaten in Sainte-Marie de Gannentaha an, einer neuen Missionsstation in unmittelbarer Nachbarschaft zum Hauptort der Onondaga.[11]

Neufrankreich war eine stark beschädigte Kolonie. Der Pelzhandel, ihr wirtschaftliches Rückgrat, war durch den Krieg zum Erliegen gekommen, und der Jesuitenorden, ihr spiritueller Rückhalt, war bedenklich geschwächt. Der Pelzhandel sollte sich mit der Zeit erholen, aber für das Unternehmen der Jesuiten ging es jetzt, nach der Aufgabe von Missionsstationen, der Ermordung von Priestern und angesichts einer wachsenden Zahl von Apostaten, um das bloße Überleben. Der amtierende Gouverneur von Neufrankreich empfing 1658 fünf Gesandte der Five Nations, die ihm mitteilten, dass »die Irokesen und die Niederländer durch eine eiserne Kette vereint sind und ihre Freundschaft nicht zerbrochen werden kann«. Die Mohawk prahlten, dass die Franzosen »nicht durch eine Tür gehen können, um zu pissen«, ohne erschossen zu werden. Bis zu diesem Zeitpunkt hatte die Great League of Peace and Power nahezu alle Irokesen in ihre Reihen aufgenommen.

König Ludwig XIV. übertrug 1663 die direkte Verwaltung der Kolonie seinem Finanzminister Jean-Baptiste Colbert. Colbert, einer der fähigsten Verwaltungsbeamten aller Zeiten, begann mit der Umgestaltung Neufrankreichs zu einer zentralisierten Kolonie und zu einer treibenden Kraft des Kontinents, basierend auf Erforschung, Wirtschaftsreformen und Emigration aus Frankreich nach Übersee, für die nicht nur *filles du roi* gewonnen werden sollten. Er machte aus der Kolonie ein königliches Lehen und strebte die Umgestaltung des auf großräumige Ausbreitung angelegten französischen Systems von Forts und Missionsstationen zu einer kompakten, auf landwirtschaftliche Nutzung setzenden Kolonie im Tal des Sankt-Lorenz-Stroms an. Colbert wollte, dass sich die Kolonisten auf Prospektion, Fischfang und die Landwirtschaft konzentrierten, anstatt Krieg zu führen. Er ließ das Handelsprivileg der Compagnie des Cent-Associés

(Compagnie de la Nouvelle France) widerrufen und ernannte Jean Talon zum Verwalter der Kolonie. Talon setzte sich für gezielte Erforschung, für den Pelzhandel und für neue Bündnisse mit Indianern mit dem Ziel der Eindämmung der Five Nations ein. Pierre-Esprit Radisson, ein Franzose, gründete einen Handelsposten an der James Bay und dehnte damit den französischen Einflussbereich um Hunderte von Meilen nach Nordwesten aus – aus der Sicht der Five Nations waren das Hunderte von Meilen in die falsche Richtung.[12]

Während die Franzosen sich nur mit Mühe auf dem indigenen Kontinent behaupten konnten, zerfiel der Einfluss der Niederländer vollständig. Neu-Niederland verschwand 1664, als England die Kolonie im Verlauf der sich ausbreitenden Handelskriege zwischen den Niederlanden und England ohne Blutvergießen übernahm und den Five Nations auf diese Weise einen wichtigen Handelspartner raubte. Die Metallhersteller waren mit einem Federstrich verschwunden. Neu-Niederland hatte nur sechs Jahrzehnte lang bestanden und war von den benachbarten indigenen Mächten in den Schatten gestellt worden. Für die Irokesen war der Verlust des bedeutenden Handelspostens eine Katastrophe. Sie litten in jener Zeit unter einem weiteren Ausbruch der Pocken und unter einem Krieg mit den Susquehannock, die von den Jesuiten als »Wilde von Neuschweden« bezeichnet wurden, die »sehr kriegerisch und besser als alle anderen zur Auslöschung der Irokesen geeignet« seien. Die Jesuiten-Mönche, die erkannt hatten, dass »die Irokesen schlauer sind, als man sich vorstellt«, berichteten, dass die Onondaga eine Gesandtschaft mit einem Friedensangebot nach Montreal geschickt hätten. Die Irokesen, die eine dramatische Verschiebung im kolonialen Machtgefüge richtig gedeutet hatten, stellten sich nun auf die Seite der Franzosen.[13]

Vier der fünf Irokesen-Nationen, die Seneca, Cayuga, Onondaga und Oneida, einigten sich 1665, von den Kriegen erschöpft und nachdem sie die eigenen Reihen mit Adoptionen aufgefüllt hatten, mit den Franzosen in Quebec auf einen Friedensvertrag, nur die Mohawk blieben außen vor. Ein Jahr später führte Alexandre de Prouville de Tracy, der Gouverneur von Neufrankreich, eine Streitmacht von 1300 regulären Soldaten, Milizionären sowie verbündeten Wyandot und Algonkin ins Gebiet der Mohawk, um die unbotmäßige Nation in die Schranken zu weisen. Die Mohawk flo-

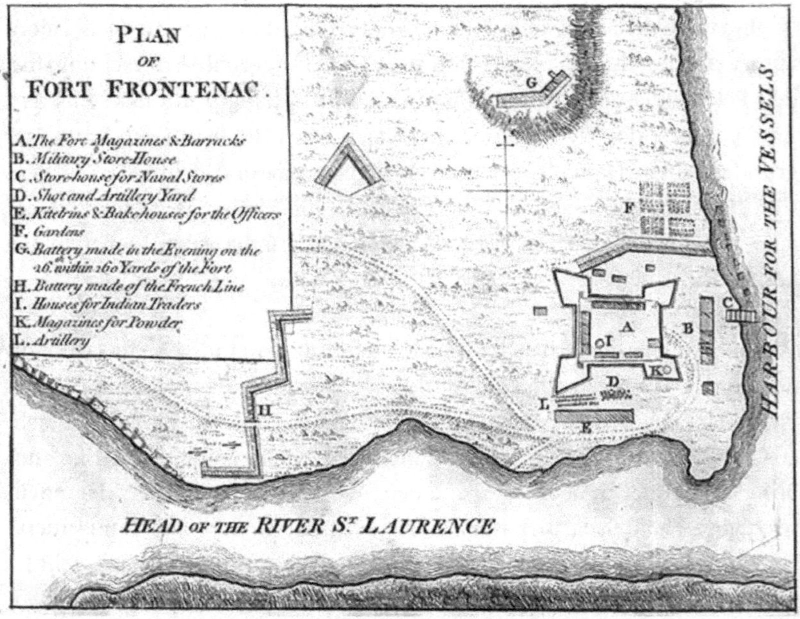

Lageplan von Fort Frontenac

hen, und die Kolonialtruppen brannten ihre Ortschaften und Felder nieder. Die Five Nations sahen sich gezwungen, mit den Franzosen einen umfassenden Frieden zu schließen und ihre Dörfer den Jesuiten zu öffnen, die sich schon seit Jahrzehnten um ihre Seelen bemüht hatten. Doch der Machtverlust der Irokesen sollte nur von begrenzter Dauer sein.[14]

Da sie seit drei Generationen mit den Europäern kämpften, wussten die Irokesen, dass sie von den Neuankömmlingen drastische Veränderungen zu erwarten hatten, und sie stellten sich schnell darauf ein. Unter dem Deckmantel des Friedens begannen sie mit der Wiederbesiedlung des Sankt-Lorenz-Tals und erweiterten dann ihr Territorium auf das Nordufer des Ontariosees, wo sie mehrere neue Städte errichteten, die das riesige Gewässer umschlossen und es so zu einem See der Irokesen machten. Nachdem sie ihre Vorherrschaft im Osten gesichert hatten, begannen die Irokesen einen neuen Feldzug, der ihre Armeen nach Westen, Süden und Norden führte. Sie verwehrten den Shawnee den Zutritt zum fruchtbaren Tal des Ohio im Süden und führten einen verheerenden Angriff auf ein Dorf der Mahican im Osten, der dem seit Jahrzehnten andauernden Krieg mit dem Volk der Mahican schließlich ein Ende setzte. Sie drängten die Atikamekw weit nach Norden ab und suchten die Dörfer der Susquehannock im Süden mit einer ganzen Reihe von Kriegsexpeditionen heim, von denen sie eine große Zahl von Gefangenen mitbrachten. Im Frühjahr 1670 exekutierten die Cayuga einen Abgesandten der Susquehannock und stellten gemeinsam mit den Seneca eine 600 Mann starke Armee für einen Angriff auf die Odawa auf. Die Irokesen, deren Operationsgebiet von Neuengland bis zu den Großen Seen und vom Sankt-Lorenz-Tal bis nach Virginia reichte, schienen überall zugleich aufzutauchen und versetzten einen großen Teil des Kontinents in Furcht und Schrecken.[15]

Doch die Five Nations League war, auch wenn es zuweilen ganz nach dem Gegenteil aussah, keineswegs nur eine blinde Eroberungsmaschine. Im Tal des Sankt-Lorenz-Stroms, weit im Norden, entstanden immer mehr Irokesen-Siedlungen. Dorthin lockten sie weder Gefangene noch Beute, sondern sie betrieben Fischfang, Jagd, Handel und ließen Medizin und die Jesuiten in ihre Dörfer. Die Irokesen suchten Trost und Erklärungen für die Seuchen und das Massensterben und das Scheitern der traditionellen Rituale bei der Wiederherstellung der Ordnung des Universums. Die neuen Siedlungen standen für eine Heimkehr: Ein Jahrhundert zuvor war das Tal des Sankt-Lorenz-Stroms das Herzland von Iroquoia gewesen, aber ein Zusammenwirken von kaltem Wetter und Nahrungsmangel hatte die Five Nations gegen Ende des 16. Jahrhunderts gezwungen, sich zu zerstreuen. Jetzt lockten sie der Friede und ein warmes Klima wieder dorthin zurück. Das Sankt-Lorenz-Tal hatte eine Zeit der relativen Ruhe erlebt, seit die Trauerkriege die Irokesen nach Westen geführt und das Tal selbst zu einem sicheren Zufluchtsort gemacht hatten.

Die Jesuiten waren überglücklich. »Es ist ein Zeichen des Himmels – der Wandel, der in Neufrankreich sichtbar wird«, schrieb einer von ihnen. »Früher kamen aus dem Land der Irokesen nur wahre Ungeheuer an Grausamkeit, die unsere Wälder und Felder mit Furcht und Schrecken erfüllten und all unsere Siedlungen verheerten. Aber jetzt, da überall Frieden herrscht, (…) gibt es bei diesen barbarischen Nationen keine Hütte mehr, deren Tür den Predigern des Evangeliums nicht offen steht.« Zufriedene Jesuiten berichteten auch von den Anfängen einer »kleinen Kirche«, in deren Umfeld Kahnawake entstanden war, eine multiethnische Gemeinschaft, und das an einem Ort, den die Irokesen als den ihrigen betrachteten.

Die Indianer zeigten einen »bewundernswerten Respekt vor ihren Pastoren und untereinander eine Nächstenliebe und Einigkeit, die alle Vorstellungskraft übersteigt, vor allem angesichts der Tatsache, dass dies Menschen sind, die aus verschiedenen Ländern zusammengekommen sind« – Wyandot, Neutrale, Susquehannock und Five Nations. Kahnawake und die anderen neuen Siedlungen am Sankt-Lorenz-Strom waren indigene Orte im Herzen dessen, was koloniale Landkarten als Neufrankreich bezeichneten. Französische Soldaten mieden diese Orte, und Jesuiten bewegten sich dort, wiewohl willkommen, nur mit Vorsicht – sie waren zu furchtsam, um die rituelle Folterung von Gefangenen zu verurteilen, mochten aber nicht davon absehen, die Opfer im Augenblick ihres Todes zu taufen. Das Tal des Sankt-Lorenz-Stroms war kein französisches Besitztum. Es war der Nordrand des Territoriums der Irokesen.[16]

Die Genialität der irokesischen Außenpolitik zeigte sich in ihrer prinzipiellen Beweglichkeit, die es den Irokesen ermöglichte, Bündnisse mit europäischen Mächten zu schließen, die untereinander in intensive Rivalitäten über Gebietsansprüche, Handelsfragen und indianische Verbündete verstrickt waren. Die Mohawk bemühten sich im Jahr 1675 um ein Bündnis mit den Engländern in New York, und das genau zu einem Zeitpunkt, als Kahnawake und die anderen Siedlungen im Sankt-Lorenz-Tal die Five Nations dem französischen Einflussbereich zuzuführen schienen. Ihr Timing war kein Zufall. Die Mohawk, die ihr Handelsnetz unbedingt ausbauen wollten, hatten sich bereits vielmals, aber mit geringem Erfolg, um eine Verständigung mit New York bemüht. Aber jetzt waren die Engländer gerade von den Niederländern abgestraft worden, die die Kolonie 1673/74 für einen kurzen Zeitraum wieder zurückerobert hatten. Der neue Gouverneur Edmund Andros zeigte 1675 dann mit einer Reise durch das Mohawk-Gebiet, das östliche Eingangstor zum Territorium der Five Nations, eine hochgradig symbolische Geste. Er besuchte alle befestigten Orte der Mohawk und kam auch nach Tionnontogen, in die Hauptstadt der Mohawk, um das Bündnis zwischen ihnen und New York zu bekräftigen und damit die Vorherrschaft der Irokesen stillschweigend anzuerkennen. Heraus kam dabei eine »Covenant Chain« (»Kette von Bündnissen«), zunächst ein Bündnis zwischen der Nation der Mohawk und New York, das später um alle Five Nations und die Kolonien Massachusetts, Connecticut, Rhode Island, Maryland und Virginia erweitert wurde. Mit einem bedeutsamen

Akt der Großzügigkeit im eigenen Interesse öffnete Gouverneur Andros den Irokesen Albanys Märkte für Pelze und Schusswaffen und entzog sie damit dem französischen Handel und Einfluss. Plötzlich wirkten die Franzosen vergleichsweise knauserig und wenig fürsorglich, und die England freundlich gesinnte, aber lange einflusslos gebliebene Minderheit unter den Irokesen spielte jetzt eine bedeutendere Rolle in der Außenpolitik der Five Nations. Andros drängte die Irokesen, französischen Händlern den Zugang zu den unteren Großen Seen zu verweigern, und schon bald rauschte wieder eine Welle der Gewalt über das irokesisch-französische Grenzgebiet hinweg. Die Five Nations griffen Fort Frontenac an, Neufrankreichs größte Festung im Binnenland, und die französische Entschlossenheit bröckelte. Die Five Nations zwangen Neufrankreich zur Aufgabe des Schutzes für die mit ihm verbündeten Illini und Miami und forderten, dass diese bei den Völker jetzt zu ihnen gehören sollten.[17]

Die Mitglieder des irokesisch-englischen Bündnisses erkannten ihre wechselseitige Abhängigkeit, trieben Handel mit unentbehrlichen Waren und entwickelten neue Methoden zur Konfliktlösung, aber das Abkommen beruhte grundsätzlich auf der politischen Ideologie und Symbolik der Irokesen. Die Five Nations erwarteten von den englischen Kolonien regelmäßige Gefälligkeiten in Form von Geschenken – das symbolische Polieren der Silberkette –, um das Bündnis rein und stark zu erhalten. Sie beharrten auf ihrer Anrede »Brüder« (»brethren«) für die Engländer, die nach ihrer Auffassung Gleichheit und gegenseitigen Respekt ausdrückte. Andros hasste die Bezeichnung und bestand auf der Verwendung von »Kinder« (»children«), aber die Irokesen gestatteten ihm das nicht.[18]

Die Five Nations, deren Aufstieg sich zwischen den bedrängten Franzosen und den vergleichsweise stabileren englischen Kolonien vollzog, wurden zur dominierenden Macht im Nordosten. Die starke Verbindung mit New York gab ihnen Auftrieb, und jetzt befehligten sie, als Erste unter Gleichen, ein sich stetig erweiterndes indigenes Bündnisnetz. Ein Mohawk-Sachem verkündete 1677 in Albany: »Wir sind eins, ein Herz und ein Kopf, denn das Bündnis, das zwischen« dem Generalgouverneur von New York »und uns besteht, ist unantastbar«. Die Irokesen akzeptierten Andros' und Albanys symbolische Führungsrolle innerhalb der Covenant Chain, weil dies die Erweiterung des Bündnissystems auf Maryland und Virginia er-

Die äußerst mobilen französischen Voyageurs arbeiteten eng mit Native Americans zusammen

leichterte. Ein Sachem der Onondaga erklärte 1679, dass die Virginier in »unseren Burgen« immer willkommen seien. Dass jede Art von Führerschaft durch die Engländer lediglich symbolischer Natur sei, machten die Anführer der Irokesen deutlich, indem sie darauf bestanden, als gleichberechtigt behandelt zu werden. Der Friede erstreckte sich »bis zur äußersten Grenze des Herrschaftsgebiets unseres großen Königs auf diesem Kontinent Amerika«.[19]

Die Covenant Chain festigte den privilegierten Zugang der Five Nations zu englischen Märkten und diplomatischer Unterstützung – eine mit beispiellosem politischem Einfluss verbundene Position, von der sie an vielen Fronten Gebrauch machten. Die Five Nations schützten ihr Kernland, indem sie schwächeren Gruppen erlaubten, sich als tributpflichtige Verbündete an ihren Grenzen niederzulassen. Zugleich dienten die Grenzbewohner als Puffer gegen Feinde. Unterworfene Feinde – Odawa, Wenro, Lenape, Shawnee, Meskwaki und Wendat – nahmen sie als »Frauen« und »Neffen« an, sie führten und befehligten sie als »Onkel« und erwarteten für die eigenen Feldzüge von ihnen die Abstellung von Soldaten. Die mutmaßlich kränkenden, geschlechtsspezifisch und mit Verwandtschaftsbeziehungen aufgeladenen Metaphern banden die Nationen als Verbündete aneinander. Die Trauerkriege – die größte Ausübung militärischer Macht im

Nordamerika des 17. Jahrhunderts – hatten den inneren Frieden gebracht. Die Odawa gingen aus ihnen als die führenden Händler im westlichen Pays d'en haut hervor.

Der Frieden im Osten trieb die Expansion nach Westen voran. Nach zwei Jahrzehnten relativer Ruhe stießen Jäger und Kampfgruppen der Irokesen auf der Suche nach Bibern und Gefangenen erneut tief ins Landesinnere vor. Die meisten ihrer Pelze fanden inzwischen den Weg nach Albany, wo sie Preise erzielten, die doppelt so hoch waren wie die Angebote der französischen Händler. Andros wollte unbedingt, dass die Five Nations den französischen Binnenhandel unterbrachen, und er förderte ihre Operationen großzügig. Aber die Irokesen achteten sorgfältig darauf, keinen Krieg mit den Franzosen zu provozieren, die 1673 die Forts Frontenac und Niagara am Ontariosee zu Bollwerken gegen ihre Vorstöße nach Westen ausgebaut hatten. Die Five Nations waren auf eine Bewegungsfreiheit angewiesen, die es ihnen ermöglichte, lebenswichtige Ressourcen zu beschaffen und sich selbst abzusichern. Der französische Missionar Louis Hennepin lud 1676 eine größere Anzahl von Irokesen ein, sich in der Nähe von Fort Frontenac anzusiedeln. Nahezu im Handumdrehen entstand »ein Dorf von 40 Cabannen [Hütten] (...), die diese Wilden zwischen unserem geistlichen Hause und gemeldeten Fort bewohnten«. Schon bald sah man rings um das Fort Felder, auf denen »Indianisches Korn und Hülsen-Früchte« wuchsen. Die Irokesen hatten sich Fort Frontenac zu eigen gemacht – zumindest vorübergehend.[20]

Das von den Irokesen bewohnte Land wurde zu einem Reich. Sie sorgten jetzt für eine existenzielle Krise Neufrankreichs, das für sein Überleben auf Pelze und indigene Verbündete angewiesen war. Der Angriff der Irokesen hatte offenbart, dass das Land der Illini – von dem man annahm, dass es vom Mittellauf des Mississippi bis zum Tal des Ohio und der Südspitze des Michigansees reichte – die leicht verwundbare Schwachstelle des französischen Reiches war, was unter den indianischen Verbündeten Neufrankreichs Panik auslöste. Dass die französische Kolonie auch von Norden her bedroht wurde, verschlimmerte die Lage zusätzlich: Englische Händler hatten sich in den 1670er-Jahren in der Hudson Bay festgesetzt und erweiterten jetzt ihr Tätigkeitsfeld mithilfe indigener Trapper und über ein komplexes, fächerförmiges Flusssystem, das sich bis tief ins Landesinnere erstreckte. Neufrankreich verlor durch die Indianerkriege Menschen, und Colbert, der erkannte, dass seine Vorstellung von einem Reich mit Basis im Sankt-Lorenz-Tal in einem zunehmend imperial geprägten Milieu nicht mehr der Wirklichkeit entsprach, dachte jetzt an eine neue Variante eines französischen Reiches in Nordamerika – an ein Imperium, dessen Tentakel bis ins Herzland des Kontinents reichen sollten. Im Bestreben, den Five Nations und den Engländern einen Strich durch die Rechnung zu machen, richtete Colbert ein Passierscheinsystem ein, das es den französischen Händlern ermöglichte, ins Binnenland vorzustoßen und Pelze direkt bei den indigenen Trappern zu kaufen. Widerstrebend gestattete er auch den Waldläufern (»coureurs de bois«), die große Entfernungen zurücklegten und äußerst mobile unabhängige Händler waren, Vorstöße in die Wälder im Westen, weil er damit die Hoffnung verband, die Kontrolle über den Pelzhandel im Binnenland zurückzugewinnen. Bald darauf waren mehrere Hundert Waldläufer und Voyageurs, hartgesottene Langstrecken-Boten, die mit ihren Kanus die Pelze zu den kolonialen Außenposten brachten, im Pays d'en haut unterwegs.[21]

Colbert verrechnete sich. Durch die Konzentration auf die Bedrohung durch England und die völlige Bewegungsfreiheit, die er den Waldläufern unter den Indianern ließ, brachte er die Irokesen gegen sich auf, die der Ansicht waren, ein großer Teil des Binnenlandes und seiner Ressourcen gehöre jetzt ihnen. Die Irokesen bemühten sich sehr stark um die Einrichtung des Handels mit einer Reihe von Nationen rund um den Michigansee, aber sie wurden abgewiesen. Unter der Führung der Seneca starteten die Five Nations eine Großoffensive – die dritte innerhalb von vier Jahrzehnten – mit dem Ziel, Pelze zu erbeuten und Gefangene zu machen. Sie attackierten die mit den Franzosen verbündeten Illini, Miami, Odawa, Otoe, Wyandot und Meskwaki im Pays d'en haut und darüber hinaus und brachten den Binnenhandel damit fast zum Erliegen. Die Franzosen konnten es kaum fassen, wie die Irokesen »eine so große Überlegenheit gegenüber« den Illini »erlangt« hatten, »dass sie, außer den drei- oder vierhundert Toten, auch noch neunhundert Gefangene gemacht hatten«. Gouverneur Joseph-Antoine Le Febvre de La Barre berichtete in einer Versammlung in Quebec, die in besonders gedrückter Stimmung ablief, die Irokesen hätten sich vorgenommen, »alle mit uns verbündeten Nationen eine nach der anderen zu vernichten, während sie uns mit verschränkten Armen im Ungewissen lassen«. Diese Entwicklung bedeute eine Katastrophe für Neufrankreich, wie er meinte: »Nachdem sie uns den gesamten Handel mit Pelzwaren abgenommen haben, den sie selbst nur mit den Engländern und Niederländern weiterbetreiben wollen, die sich in Manatte und Orange angesiedelt haben, greifen sie uns womöglich auch noch an. Dann werden sie die Kolonie zugrunde richten, indem sie uns nötigen, die Menschen abzuziehen und alle Außensiedlungen aufzugeben; das würde der Bestellung des Ackerbodens ein Ende bereiten.« La Barre beklagte, dass die Engländer die Five Nations League auf ihre Seite gebracht hätten, wodurch sich die Lage vollkommen verändert habe. Man erzählte sich von der Liga, dass sie kaum an etwas anderes denke, »als Onontio in einen Kessel zu stecken«, und das möglicherweise, um ihn symbolisch herabzustufen. »Die Angst, die sie bei allen anderen hervorgerufen haben, hat sie so hochmütig werden lassen, dass sie sich selbst für die Herren der Erde halten«, schrieb Pater Thierry Beschefer. »Zugleich nehmen sie eine sehr heimtückische Haltung gegenüber den Franzosen ein, was bei uns für große Kriegsfurcht sorgt.«[22]

Das, was die Missionare für simple Heimtücke hielten, war in Wirklichkeit Politik. Die Five Nations trafen 1674 in Montreal mit Gouverneur La Barre zusammen. Die Franzosen wollten der eskalierenden Gewalt, die den Pelzhandel im Gebiet der Großen Seen ruinierte, unbedingt ein Ende setzen, aber das Gipfeltreffen verwandelte sich in eine Art Versöhnungszeremonie, bei der der französische Gouverneur die größten Anstrengungen unternahm, um das Volk zu beschwichtigen, das gegen die Franzosen und ihre indianischen Verbündeten jahrzehntelang unbarmherzig Krieg geführt hatte. La Barre, erst seit Kurzem im Amt, hatte die Außenpolitik der Five Nations gründlich analysiert und war gleichermaßen beunruhigt wie beeindruckt. Die Five Nations hatten ihre indigenen Rivalen systematisch geschwächt oder beiseitegeschoben und sich dabei den Zugang zu den kolonialen Märkten offen gehalten. Von einer Schlacht zur anderen und durch einen Krieg nach dem anderen hatten sie das Binnenland entsprechend ihren Bedürfnissen gestaltet.

La Barre entschuldigte sich auf dem Gipfeltreffen bei den Abgesandten der Five Nations für die Bewaffnung der Illini, ihrer Feinde, und bedachte mehr als 40 Irokesen mit Geschenken. Er bekundete, die Five Nations seien »die tapferste, stärkste und klügste [Nation] in ganz Nordamerika, die vor 20 Jahren all ihre Nachbarn unterworfen hat«. Der Gouverneur wollte mit Sicherheit keinen Krieg gegen sie führen. Während die Irokesen Hunderte von bestens geübten Soldaten aufbieten konnten, verfügte er nur über fünf einsatzfähige Offiziere. »Fortgeschrittenes Alter oder Korpulenz machen die anderen ungeeignet für die Bewältigung von Strapazen jener Art«, sollte er später klagen. La Barre musste akzeptieren, dass ein Kampf gegen die Five Nations eine Torheit wäre. »Sie werden nicht versäumen, sich die geringfügigsten Anlässe zunutze zu machen, um sich zu den Herren dieser Völker und dieser Posten [im Gebiet der Großen Seen] aufzuschwingen und, indem sie uns ausrauben, die Kolonie des Königs von Frankreich in Kanada zu zerstören.«[23]

Die Five Nations standen um 1680, rund 50 Jahre nach der furchtbaren Pockenepidemie, die ihre Bevölkerungszahl halbierte, auf dem Höhepunkt ihrer Macht; sie waren jetzt die dominierende Nation im großen Binnenland. Die Franzosen fürchteten sie, die Engländer respektierten sie als Verbündete, und die Niederländer besaßen in Nordamerika gar keine Kolonie mehr. Die Irokesen schienen überall zu sein. Ihre flinken, sehr beweglichen Kampfgruppen durchstreiften das Gebiet der Großen Seen, immer auf der Suche nach Gefangenen, Pelzen und spiritueller und emotionaler Heilung. Ihre Welt hatte sich explosionsartig erweitert und umfasste jetzt ein riesiges Herrschaftsgebiet. Vom Ottawa Valley bis zu den westlichen Randgebieten des Pays d'en haut, das die Franzosen – inzwischen eher zaghaft – noch als Teil ihres Reiches beanspruchten, sicherten sie sich Pelze und Gefangene.

Die Five Nations, zu deren Machtbereich jetzt die meisten englischen Kolonien zählten, versuchten auch ihre indigenen Nachbarn unter ihren Einfluss zu bringen. Die geschwächten Susquehannock, Piscataway und andere suchten in Iroquoia Zuflucht gegen Maryland und Virginia, und schon bald machten sich gemeinsame Kampfgruppen von Irokesen und Susquehannock auf den Weg, um »die Oberläufe« des Potomac, James und Roanoke River »abzusuchen« und die dort lebenden Indigenen in Iroquoia einzugliedern. Die Irokesen nahmen auch »christliche Indianer« aus Massachusetts auf und weigerten sich, sie – die jetzt ihr eigenes »Fleisch und Blut« waren – nach Neuengland zurückzuschicken, wenn nach ihnen gefragt wurde. Im Westen überfielen die Irokesen die mit den Franzosen verbündeten Illini, Miami und Odawa, machten dabei Hunderte von Gefangenen und zerstörten Frankreichs Handelsnetz im Binnenland. Als die Miami 3000 Biberpelze im Austausch für ihre gefangenen Verwandten anboten, nahmen die Irokesen die Pelze, verweigerten aber die Freilassung der Gefangenen. Sachems der Irokesen hielten es für diplomatisch klug, dem Gouverneur von Neufrankreich, Louis de Buade, Comte de Frontenac, mitzuteilen, dass »sie seine Kinder nicht essen würden«.[24]

Die Ambitionen der Irokesen nahmen zu, und das Bündnis verstrickte sich in komplexe außenpolitische Abkommen mit den umgebenden Kolonialmächten. Neufrankreich war seit der Mitte des 17. Jahrhunderts das ernsthafteste Problem für die Ambitionen und die Souveränität der Five Nations gewesen. Tracys 1666 erfolgte Invasion in Iroquoia schien die Irokesen fest an den französischen Einflussbereich gebunden zu haben, weil ihre Wohnorte dadurch für die schwarzen Soutanen der Jesuiten geöffnet worden waren. Die Five Nations hatten bei ihren gnadenlosen Biber- und Trauerkriegen enorme Verluste erlitten, sodass sie sich ihrer spirituellen Tugend und politischen Vorherrschaft nicht mehr sicher waren. Manche von ihnen schienen zu überzeugten Franzosenfreunden geworden zu sein, die dem christlichen Gott huldigten, Onontio als ihren Vater akzeptierten und ihre Siedlungen für französische Händler öffneten.

Das Bündnis der Five Nations mit New York in den 1670er-Jahren könnte vor diesem Hintergrund als Zeichen für eine Aufspaltung der Irokesen-Liga in miteinander rivalisierende Fraktionen gedeutet werden. Die plötzliche Vormachtstellung der Jesuiten unter den Irokesen im Sankt-Lorenz-Tal wirkte wie eine Kapitulation vor einer Kolonialmacht und schürte virulente antifranzösische Stimmungen innerhalb der Liga. Der englandfreundliche Block unter den Irokesen sah sich ermutigt, die Liga in die Richtung eines engeren Bündnisses mit dem immer mächtiger werdenden New York zu steuern. All dies bedeutete jedoch nicht, dass die Five Nations gespalten oder zerstritten waren. Das Zusammenwirken des frankophilen und des anglophilen Blocks sorgte ganz im Gegenteil dafür, dass die Irokesen-Liga die beiden mächtigsten Reiche Nordamerikas in einem Zustand der Ungewissheit halten, Handels- und politische Beziehungen mit beiden pflegen und jeder der beiden Seiten erhebliche Zugeständnisse abringen konnte.[25]

Neufrankreich sah sich plötzlich von den abermals im Aufstieg befindlichen Five Nations bedrängt. Frankreichs nordamerikanisches Reich existierte nicht außerhalb seines Netzes von Bündnissen mit Indianern, und die Five Nations zerstörten dieses Netz. Eine große Zahl von Gefangenen kam ins Irokesenland – ein einziger Überfall führte zu 800 gefangenen Illini –, und die Zahl der Irokesendörfer nahm von 15 im Jahr 1666 bis 1680 auf 24 zu, während das von ihren Siedlungen eingenommene Gebiet von rund 18.000 auf 116.000 Quadratkilometer erweitert wurde. Kampfgruppen der Irokesen plünderten französische Schiffe und verlangten in Fort Frontenac die Übergabe von Tributwaren, während sie den Großteil ihrer Pelze an Albany verkauften. Neufrankreich musste bei den Einnahmen aus dem Pelzhandel einen Rückgang von 25 Prozent hinnehmen. Gouverneur Frontenac verschob direkte Gespräche mit den Irokesen. Dafür hatte er einen guten Grund: Sie hatten gedroht, ihn zu kochen und zu verspeisen.[26]

Ein Bündnis wie die Five Nations League hatte es in Nordamerika noch nie zuvor gegeben. Keine andere indigene Nation oder Konföderation hatte es jemals zu einer solchen Reichweite gebracht, eine derart ambitionierte Außenpolitik betrieben oder für so viel Furcht und Respekt gesorgt. Die Five Nations vermischten Diplomatie, Einschüchterung und Gewalt, ganz wie es die Umstände geboten, und erzeugten so eine wohlkalkulierte Instabilität, mit der nur sie selbst umgehen konnten. Ihr Leitprinzip lautete, immer mit mehreren Kolonien gleichzeitig zusammenzuarbeiten, weil die Beschränkung auf eine ihre Optionen einschränken würde und sie sich damit dem Risiko einer externen Manipulation aussetzen würden.

Französische Beamte glaubten, dass die Irokesen danach strebten, »die alleinigen Herren des Handels« zu werden. Ein solcher Gedanke war keineswegs weit hergeholt. Die Franzosen hatten beobachtet, wie die Five Nations mehrere indigene Nationen »vollständig vernichtet« hatten, und sie wussten, dass sie schutzlos waren. Ein irokesisches Reich konsolidierte sich im Binnenland.[27]

Eintausend Meilen weiter östlich, im Tal des Sankt-Lorenz-Stroms, stand Kahnawake, in Sichtweite Montreals, auf der anderen Seite des Flusses. Die gemischte Siedlung zählte mittlerweile 60 Langhäuser, die als Ergebnis der anhaltenden Eingliederung adoptierter Gefangener in die Irokesenliga errichtet worden waren. Die ein kleines Stück flussaufwärts entstandenen Missionsstädtchen La Montagne, La Prairie, Lorette und Notre-

Dame-de-Foy dienten ähnlichen Zwecken als Fundament irokesischer Präsenz und Macht entlang des großen Flusses. All diese Siedlungen erhielten großzügige Unterstützung durch ihre französischen Nachbarn, die von ihnen als Verwandtschaft betrachtet wurden und die außerdem Verhandlungen zwischen der Five Nations League und Neufrankreich erleichterten. Nach Kahnawake waren die Irokesen von einer Frau gelockt worden, deren Mutter eine christliche Algonkin-Gefangene und deren Vater ein Mohawk war. All ihre engsten Familienangehörigen waren an den Pocken gestorben. Sie genoss einen »Ruf der Heiligkeit«, schrieb Pater Claude Chauchetière, der glaubte, dass ihre Spiritualität seine eigene übertraf. Die Frau bat darum, getauft zu werden, brachte damit ihre Mohawk-Verwandtschaft, die das Christentum verabscheute, gegen sich auf und wurde zu Kateri Tekakwitha. Sie starb im Alter von 24 Jahren an den Pocken, körperlich geschwächt durch rigorose Selbstkasteiung. »Immer wieder reisen Menschen zu ihrem Grab«, schrieb Pater Chauchetière, »und die Wilden, die ihrem Beispiel folgen, sind zu besseren Christen geworden, als sie es zuvor waren.«[28]

Ein Leben in Missionsstädten und das Akzeptieren christlicher Riten war nicht gleichbedeutend mit einer Unterwerfung unter die französische Lebensweise und auch kein Zeichen für eine französische Herrschaft über die Five Nations. Die hatten die Franzosen und ihre Ressourcen zwar angenommen, standen aber nicht unter ihrem Einfluss. Die Irokesen hießen die Jesuiten willkommen, weil diese als Vermittler, als Informationsquellen und als Geiseln gegen jede Art von französischer Aggression nützlich waren. Viele Frauen lernten mehr über das Christentum, um sich in der Auseinandersetzung mit Jesuiten-Mönchen behaupten zu können.[29]

Hunderte von Meilen südlich von Kahnawake drangen die Irokesen unter den Bestimmungen der Covenant Chain routinemäßig in Virginia und Maryland ein, um dort zu jagen, Handel zu treiben und unter ihren Susquehannock-, Lenape- und Erie-Adoptivmitgliedern Soldaten zu rekrutieren. Sie betrachteten die Engländer als Familienmitglieder und weigerten sich, die Feindseligkeiten Neufrankreichs mit den Engländern als ihre eigenen anzunehmen. Gouverneur La Barre kam der Wahrheit nahe, als er berichtete, dass »das Ausbleiben jedweder Hilfe aus Frankreich bei diesen Irokesen zu Verachtung uns gegenüber geführt hat, weil sie glaubten, dass wir macht- und mittellos seien«. Die Irokesen verlangten nach

Onontios Zuneigung und Waren. »Sie verhandeln jetzt mit den Engländern in Orange«, warnte La Barre, aber »mit etwas Unterstützung durch Ihre Majestät könnten wir vielleicht einen Krieg verhindern und diese stolzen und hitzigen Geister unterwerfen, was der größte Nutzen wäre, der dem Land zuteilwerden kann«. Der Gouverneur warf sich hier nur in Pose; die imperialen Irokesen hatten jetzt das Sagen.[30]

KAPITEL 10

DIE MACHT DER SCHWÄCHE

DER AUFSTIEG DER FIVE NATIONS ZUR MACHT geschah unerwartet. Ihre Expansion wurde durch eine von einer Pockenepidemie verursachte Bevölkerungskatastrophe ausgelöst, einer Krankheit, die aus Europa stammte. Und sie wurden stärker, indem sie gegen europäische Kolonien vorgingen – und ihnen nicht auswichen –, deren Führungspersönlichkeiten sie als Wilde, als Hindernisse und schließlich sogar als entbehrlich verunglimpften. Die Five Nations waren von drei Weltmächten umgeben – von französischen, niederländischen und englischen Kolonien –, aber es gelang ihnen, die mutmaßliche Todesfalle in einen Vorteil zu verwandeln. Es gab Augenblicke, in denen sie unter dem Druck einer Vielzahl von Rivalen zu zerbrechen schienen. Aber sie hielten nicht nur stand, sie dominierten schließlich. Keine andere europäische oder indigene Nation konnte es im Verlauf des 17. Jahrhunderts mit ihrer geografischen Reichweite und politischen Macht in Nordamerika aufnehmen.

Die Five Nations, durch englische Waffenlieferungen gestärkt, machten sich daran, all ihre indigenen Gegner in die eigenen Reihen aufzunehmen oder zu vernichten und »sich selbst zu den Herren von Massilimakina [Michilimackinac] und des Hérié- [Erie-] und Huronsees und der Bay des Puans zu machen«. La Barre schrieb an seine Vorgesetzten in Frankreich, eine Herrschaft der Irokesen über die Wasserstraßen des Binnenlandes würde die Franzosen »des ganzen Handels« im Pays d'en haut berauben »und zugleich alle christlichen Missionsstationen zerstören«. Neufrankreich drohte die Vernichtung. »Wenn dieser Krieg begonnen wird, darf er nicht unvollendet bleiben«, betonte La Barre, »sonst gibt es keine Hoffnung mehr für den Erhalt der Kolonie.« Als die Irokesen die Lagerhäuser von Fort Frontenac plünderten, brachte La Barres Armee nur einen schwachen Gegenschlag zustande. Die Five Nations nötigten dem Gouverneur 1684 einen demütigenden Frieden auf, mit dem sie ihn zwangen, den Illini und Miami die französische Unterstützung aufzukündigen. Diese Erniedrigung ruinierte das Ansehen Neufrankreichs, dessen Gouverneur bis dahin als Vater seiner indigenen Verbündeten gegolten hatte – als liebevoller, großzügiger und mächtiger Vater.[1]

Es waren nicht die größeren Ressourcen, die den Five Nations ihren Vorteil verschafften; sie überwältigten Neufrankreich vielmehr, weil sie kreativer und geistig beweglicher waren. Die Große Liga des Friedens und der Macht (Great League of Peace and Power), einst aus Chaos, Angst und Schrecken entstanden, war versöhnlich und inklusiv zugleich. Alle Entscheidungen, die die gesamte Liga betrafen, wurden nach dem Konsensprinzip getroffen, aber auf lokaler Ebene war die Liga eine nahezu lupenreine Meritokratie. Ein fähiger und mächtiger lokaler Anführer, der über zahlreiche Gefolgsleute verfügte, konnte Angriffe starten, Krieg führen und praktisch nach eigenem Belieben Waffenstillstände schließen und brechen. Er konnte Kampfeinheiten gegen feindliche Siedlungen führen, um dort Gefangene zu machen, Jagdvorrechte erzwingen und Handelsstationen schützen. Die Irokesen zeigten im Umgang mit den Kolonialmächten zwei Gesichter. Das eine gehörte zu einer kultiviert auftretenden Liga, mit der man verhandeln, Handel treiben und koexistieren konnte. Das andere Gesicht war das einer Militärmacht – energisch, dezentralisiert, unberechenbar, nicht aufzuhalten.

Die Five Nations League prägte die amerikanische Geschichte zutiefst, indem sie bestimmte koloniale Projekte stärkte – Neu-Niederland, New York und die anderen Kolonien an der mittleren Atlantikküste –, während sie anderen einen Strich durch die Rechnung machte, und hier ganz besonders Neufrankreich, dessen wirtschaftliche und territoriale Ambitionen im Binnenland durch die Macht der Irokesen massiv zurechtgestutzt wurden. Die Verwaltungsbeamten in Quebec wurden aufgefordert, Karten von Nordamerika zu erstellen und diese ans Marineministerium in Paris zu schicken. Sie konnten nicht viel liefern: Etwa 100 Meilen westlich des Oberen Sees blieben ihre Karten weiß. Jenseits dieser Grenzlinie behalfen sie sich mit ihrer Fantasie. Eine Reihe französischer Wissenschaftler und Kartografen glaubte, es gebe dort, nicht allzu weit westlich des Mississippi-Tals, ein »Meer des Westens« – eine gewaltige, den Ausmaßen des Mittelmeers vergleichbare Erweiterung des Pazifiks ins Herzland des Kontinents hinein, die den Ausgangspunkt für den seit Langem gesuchten Seeweg nach China darstellte.[2]

Eine Erklärung für den Erfolg der Five Nations lag in der Geografie: Iroquoia war den kolonialen Siedlungen nicht so nahe, dass es in ihrem Schatten stand; gleichzeitig lag es nah genug, um von den technischen und materiellen Vorteilen profitieren zu können, die sie zu bieten hatten. Während des Aufstiegs der Five Nations waren ihre Soldaten durchgehend die am besten bewaffnete indigene Macht des Kontinents. Französische Kolonialbeamte, die in den 1680er-Jahren der Feuerkraft, Mobilität und Reichweite der Irokesen nichts Gleichwertiges entgegenzusetzen hatten, schienen sich mit der Vorherrschaft der Indianer über Neufrankreich und das Land der Illini abgefunden zu haben. Im Frühjahr 1687 bereitete es den Franzosen Sorgen, dass die Five Nations »sich auf allen Seiten in diesen Richtungen [nach Westen und Süden] ausbreiteten«. Die französischen Beamten waren besonders entsetzt über die Manöver des Five-Nations-Anführers La Grande Gaule und seiner Soldaten. »Die Leichtigkeit, mit der sie unsere Leute auslöschen konnten, als Folge seines Wissens um unsere Schwäche«, brachte den Aufbau des französischen Reiches zu einem abrupten Stillstand.[3]

Die Welt war so, wie sie sein sollte. Iroquoia bildete das Zentrum, umschlossen von europäischen Kolonien, deren Anführer und Bewohner die Irokesen fürchteten und respektierten und sie als Verbündete haben wollten. Sie wollten Handel mit ihnen treiben, sie bewaffnen, sie vor Krankheiten schützen und ihre Seelen retten. Die Europäer taten all dies, weil sie die Five Nations brauchten, deren Macht auch ihre eigene Macht stärkte. Sie wussten, dass es ohne die Irokesen vielleicht gar keine Kolonien in der Neuen Welt gäbe. Das sich herausbildende Reich der Irokesen war jetzt die Macht, die im großen Binnenland den Ton angab.

Aus der Sicht der Franzosen war die Welt jedoch aus den Fugen. Die Five Nations hatten Neufrankreich in den Schatten gestellt. Als Generalgouverneur Daniel de Rémy de Courcelle Anführer der Seneca wegen ihrer militärischen Operationen im Binnenland kritisierte, erwiderte ein Sprecher der Seneca: »Für wen hält uns Onnontio denn? (…) Er ist beunruhigt, weil wir Krieg führen, und will, dass wir unsere Kriegsbeile sinken lassen und seine

Verbündeten unbehelligt lassen. Wer sind seine Verbündeten? Wie sollen wir sie erkennen, wenn er beansprucht, dass alle von den Überbringern des Wortes Gottes in dieser Region entdeckten Völker unter seinem Schutz stehen?« Die Irokesen führten Krieg gegen diese Nationen, und sie waren nicht bereit, auf Courcelles Verlangen hin einfach die Waffen niederzulegen. »Lasst Onnontio ihr Kriegsbeil prüfen, wenn er das unsere aufzuhalten wünscht. Er droht mit der Verwüstung unseres Landes; wir wollen sehen, ob seine Waffen lang genug sind, um die Skalps von unseren Köpfen zu schneiden.« Courcelle zog zurück, er vermied es, die Entschlossenheit der Seneca auf die Probe zu stellen. Diese Unterwürfigkeit sorgte dafür, dass die Five Nations Frieden hielten und Neufrankreich in Sicherheit lebte.[4]

Die Vorherrschaft der Irokesen hatte den Zugang der Franzosen zu Pelzen, Wohlstand und zu den Seelen im entfernten Binnenland dramatisch eingeschränkt, und manche Beobachter waren der Ansicht, dass die Irokesen dafür gesorgt hätten, dass den Franzosen der Seeweg nach Asien versperrt blieb. Doch das war nur die eine Hälfte der Geschichte. Die Macht der Irokesen ging weit über Frankreichs Herrschaftsgebiet hinaus, das im späten 17. Jahrhundert nach wie vor nur bis zum Westufer des Ontariosees reichte. Die sich immer weiter ausbreitenden Biber- und Trauerkriege hatten weite Teile des Gebiets rund um die Großen Seen zu einem Hinterland für Beutezüge gemacht, in dem die mobilen Kampfgruppen der Five Nations zahlreiche indigene Nationen in einem Zustand von Furcht und Schrecken hielten. Unter diesem unaufhörlichen Druck bildete sich im Pays d'en haut eine außergewöhnliche neue Welt heraus. Sie war weder ein indigener noch ein europäischer Herrschaftsbereich; sie war vielmehr eine Mischung aus beidem. Die neue Welt, die im Westen Gestalt annahm, hatte ihre Wurzeln in der Ausübung von Gewalt, die die Welt veränderte, und ihr wichtigstes Bindemittel war die wechselseitige Schwäche.

Die Region der Großen Seen war um die Mitte des 17. Jahrhunderts zu einem Schmelztiegel der Sprachen, Bräuche, Empfindlichkeiten und Ambitionen geworden. Eheähnliche Gemeinschaften *á la façon du pays*, nach Landesart, milderten einige der Unterschiede zwischen den Gruppen ab, indem sie neue verwandtschaftliche Bande schufen, während die Kalumet-Zeremonie das Nachdenken förderte, rachsüchtige Gemüter beruhigte und neue symbolische Verbindungen schuf. Hinter jeder kulturübergreifenden Verbindung standen sorgfältige Anstrengungen, denn dies war eine dörfliche Welt, eine Welt, die aus Diaspora-Fragmenten entstand; sie verfügte über keine alles überwölbenden Mechanismen der Regierung. Sämtliche Verhandlungen – ob es nun um Jagdgründe, Handelsprivilegien, Mordfälle oder Zusammenarbeit ging – wurden auf Dorfebene und von Angesicht zu Angesicht geführt. Die Methoden zur Beilegung von Konflikten mussten oft improvisiert und neu erdacht werden, weil die Traditionen sich so stark unterschieden: Manche Nationen wollten ihre Feinde verspeisen, und manche taten das nicht; viele verehrten das Kalumet und manche nicht; viele waren der Ansicht, der vom Tod eines Verwandten verursachte Schmerz könne durch Geschenke gelindert werden, und andere nicht. Die Tatsache, dass das Wild, das die Menschen jagten, im Gebiet der Großen Seen aufgrund des Zustroms von Flüchtlingen knapp wurde, verschärfte jeden Disput. Doch diese Welt von Flüchtlingen hatte bemerkenswerterweise Bestand.

Sie hatte Bestand, weil die dort lebenden Indianer – ähnlich wie die Irokesen – Mittel und Wege fanden, sich die Franzosen zunutze zu machen. Die Flüchtlings-Gemeinschaften wurden in Quebec bei Onontio persönlich vorstellig. Ein alter Sprecher der Wyandot trat vor Tracy hin, der mittlerweile als Generalleutnant von Neufrankreich amtierte. »›Großer Onnontio‹, sagte er, ›du siehst zu deinen Füßen die Ruine eines großen Landes und die bedauernswerten Überreste einer ganzen Welt, die einst von zahllosen Menschen bevölkert war. Aber jetzt sprechen bloße Leichname zu dir, von denen die Irokesen, die das Fleisch verschlangen, nachdem sie es auf ihren Gestellen gekocht hatten, nur die Knochen übrig ließen.‹« Der Sprecher legte ein Elchfell vor sich hin und bat »den größten unter allen Onnontios auf Erden (…), dieses kleine Geschenk aus der Leere unseres Landes« anzunehmen. Und dann erklärte er prägnant und klar das Unglück seines Volkes. Er bat um Onontios Schutz.[5]

Unabhängige französische Händler bereisten während der periodischen Waffenstillstände mit den Irokesen das Flüchtlingsgebiet, dessen überbevölkerte Dörfer sie magnetisch anzogen. Sie brachten eiserne Waffen und Gewehre, die es den an den Großen Seen lebenden Indianern ermöglichten, auf die gefährlichen Handelsreisen nach Montreal und New York zu verzichten. Die Franzosen waren Menschen, die über außergewöhnliche Kräfte verfügten. Das galt auch für die Jesuiten-Missionare, die wenig später eintrafen und von weltfremden Träumereien vom »neuen Jerusalem« in der entlegenen Waldlandschaft motiviert wurden. Jacques Marquette gründete 1668 Sault Sainte Marie, eine Missionsstation auf uraltem indigenem Gebiet an der Mackinacstraße zwischen dem Huron- und dem Michigansee. Die Missionsstation diente den Indianern weniger als ein Ort der spirituellen Erlösung, sondern als Ausgangspunkt für Fischzüge – ein Tatbestand, den die Jesuiten bereitwillig anerkannten. Der Schutz durch die Franzosen und der Fischreichtum – und nicht das Evangelium – lockten rund 2000 Indianer an diesen Ort. Einige Gruppen von Flüchtlingen, und hier an erster Stelle die Wyandot, konsolidierten sich nahe dieser Missionsstation wieder und erfüllten ihre uralten Bündnisse mit neuem Leben.[6]

Die indianischen Flüchtlinge wollten die Franzosen als Verbündete nicht nur gegen die Irokesen, sondern auch noch gegen einen weiteren Feind gewinnen: gegen die große Sioux-Konföderation, die *Očhéthi Šakówiŋ,* die »Sieben Ratsfeuer«, die das Land westlich der Großen Seen beherrschten, ein rund 155.000 Quadratkilometer großes Kerngebiet, das sich auf beiden Seiten des oberen Mississippi-Tals erstreckte, mit einem Zentrum in Mde Wakan, ihrem heiligen See und Mittelpunkt der Welt. Die Sieben Ratsfeuer hatten sich seit Jahrzehnten um einen Zugang zum Pelzhandel bemüht, der anderen indigenen Nationen wichtige Technologien und Verbündete verschaffte. Aber mit all ihren Bemühungen hatten sie wenig erreicht, was über eine schwache Verbindung zu den Sauteur hinausging. Diese Nation lebte auf einer Halbinsel in der Südwestecke des Oberen Sees, die reich an Ressourcen war, einem Stück Land, das die Franzosen La Pointe du Chequamegon nannten. »Ihre Sitten und Gebräuche sind ganz außergewöhnlich: Sie verehren hauptsächlich das Kalumet«, stellten die Jesuiten fest, und sie bedienten sich »einer Sprache, die vollkommen fremd ist, die hiesigen Wilden verstehen sie überhaupt nicht«. Als ein Besucher kam, fütterten die Sioux »ihn mit einer Holzgabel, wie man ein Kind füttern würde«. Für die an den Seen lebenden Indianer waren die Sioux Fremde, die völlig verschiedene Zeremonien und diplomatische Protokolle pflegten. Die ignorierten und vom Handel und aus diplomatischen Kreisen ausgeschlossenen Sioux übten Vergeltung, sie attackierten und töteten Meskawi, Odawa und andere im Gebiet der Großen Seen lebende Völker. »Eine allgemeine Liga« tat sich »gegen diesen gemeinsamen Feind« zusammen; als Abgesandte der Sioux im Jahr 1670 das

Dorf Chequamegon an der gleichnamigen Bucht des Oberen Sees besuchten, kochten Wyandot sie rituell und verspeisten sie.[7]

Die Jesuiten bezeichneten die Sioux als »die Irokesen dieses Landes, jenseits von la Pointe«. Kampfeinheiten der Irokesen hatten in den 1650ern und 1660ern als Hammer fungiert, der die nach Westen ziehenden Flüchtlinge gegen den Sioux-Amboss presste, aber in den 1670er-Jahren war die Rollenverteilung umgekehrt: Die Sioux wurden zum Hammer, während die Präsenz der Irokesen im Osten die Flüchtlinge an Ort und Stelle festhielt. Die Sioux wiederum brachten sich selbst rasch in eine unhaltbare Lage, denn mit jedem Schlag machten sie sich nur noch mehr Feinde. Die Jesuiten beschrieben die Sieben Ratsfeuer als »außerordentlich zahlreiche und kriegerische Nation« und als »die gemeinsamen Feinde aller Wilden, die unter dem Namen Outacoac oder Obere Algonkin zusammengefasst werden«. Ihre Soldaten »drängten auch noch energisch nach Norden; und erwarben sich dort, bei ihrem Krieg gegen die Kilistinon [Cree], die dort leben, überall einen schrecklichen Ruf durch ihre Kühnheit, ihre Zahl und ihr Geschick im Kampf«. Die Anishinaabeg überraschten dann 1674 die allzu weit verstreuten Sioux in ihrem eigenen Land und machten dort 80 Gefangene. Die Sioux entsandten »zehn der Wagemutigsten unter ihnen« nach Sault Sainte Marie zu Verhandlungen über die Freilassung der Gefangenen. Aber die Cree und Anishinaabeg Mississauga ließen die Beratungen scheitern und beschlossen, »die zehn Gesandten zu massakrieren«. Es gelang ihnen aber nur, einen von ihnen zu töten, bevor die Sioux »nach Rache dürstend (…) mit Messerhieben gegen all die versammelten Wilden vorgingen, ohne irgendwie zwischen Kilistinon und Sauteur zu unterscheiden, weil sie glaubten, dass sich alle irgendwie zu dem Plan verschworen hätten, sie zu ermorden«.[8]

Indigene Ambitionen, Rivalitäten, Morde, Kriege und Hassgefühle – allesamt durch koloniale Rivalitäten noch vergrößert – belasteten die Nationen im Binnenland bis an ihre Grenzen. Aber die Kolonisten konnten auch wertvoll sein. Weil es im Westen noch nicht viele von ihnen gab, mussten sie sich an die indigenen Gepflogenheiten halten. Sie waren zu schwach, um Herrschaft auszuüben und die Bedingungen dafür zu diktieren. Vielmehr mussten sie immer wieder den Indianern dabei helfen, ihre Welt wieder in Ordnung zu bringen, um die eigene Gegenwart im indigenen Westen zu rechtfertigen. Dann konnten auch sie dort ihren Platz haben.

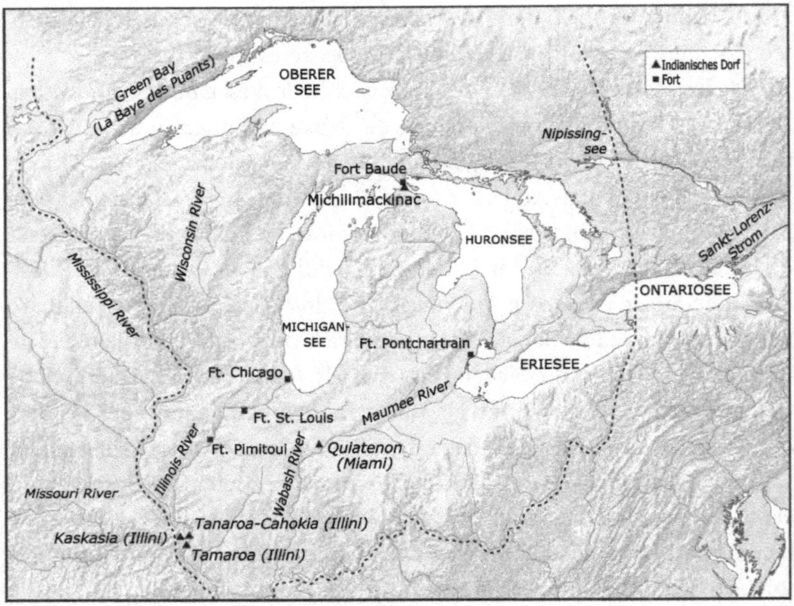

Der Middle Ground

Nicholas Perrot war jemand, der helfen konnte. Er scheint als Laien-Missionar der Jesuiten in die Neue Welt gekommen zu sein, und er hatte mit verschiedenen indigenen Nationen Umgang gehabt und dabei ihre Sprachen erlernt. Nach kurzer Zeit verließ er den Orden, um als Händler zu arbeiten, besuchte die indianischen Flüchtlinge in La Baye des Puants – Green Bay – und gewann ihr Vertrauen. Jean Talon, der Verwalter (Intendant) von Neufrankreich, beauftragte Perrot und Simon-François Daumont de Saint-Lusson, einen Offizier der Armee, mit der Suche nach Kupfervorkommen und der Erkundung des Westens in Richtung des Oberen Sees und weiter bis zu einem »Süßwasser-Meer« – dem Pazifik. Sie sollten »das gesamte Land« der Odawa »im Namen des Königs in Besitz nehmen«. Perrot bat mehrere an den Seen lebende Nationen zu einem Treffen in La Baye des Puants. Dort verteilte er Geschenke und fragte die versammelten Indianer, »ob sie, als seine Untertanen, den großen Onontio der Franzosen anerkennen würden, unseren Souverän und unseren König, der ihnen seinen Schutz anbiete«. Die Gesandten nahmen das Angebot an, und Perrot versprach ihnen, dass Onontio sie »wie seine eigenen Kinder« beschützen werde: »Wenn Feinde sich gegen sie erheben, wird er sie vernichten; wenn seine Kinder Streitigkeiten untereinander haben, wünscht er, der Richter in diesen Angelegenheiten zu sein.« Als Gegenleistung erwartete Onontio Loyalität.[9]

Konkreter gefasst war Onontio außerdem das Oberhaupt eines Reiches, und in dieser Rolle gehörte es zu seinen Aufgaben, bei Konflikten zwischen Frankreichs indianischen Verbündeten als Streitschlichter aufzutreten. Gouverneur La Barre entsandte Perrot ins Binnenland, wo er den Pelzhandel verwalten und als Mittelsmann den Frieden wahren sollte. Französische Händler stießen bereits in das Gebiet westlich des Oberen Sees und in das Land der Sioux vor, das mittlerweile als »Nährboden für den Biber« bezeichnet wurde – eine Folge der Isolation der Sieben Ratsfeuer von den französischen Pelzmärkten. Die Indianer im Gebiet der Großen Seen waren entsetzt; Onontio schien sich von ihnen abgewandt zu haben. Die Sioux und ihre Sauteur-Verbündeten griffen die mächtigen Meskwaki mit dem Ziel an, die Rivalen zu marginalisieren und damit französische Händler anzulocken. Die Meskwaki – von den Franzosen »Fox« genannt – töteten als Vergeltung Sioux. Die französischen Händler ließen sich von diesen Konflikten nicht abschrecken, sie zogen unbeirrt nach Westen und brachten Schusswaffen ins Land der Sioux. Das Binnenland erlebte eine Gewaltexplosion.[10]

Diese Gewalt sorgte paradoxerweise für eine engere Verbindung zwischen den Indianern im Gebiet der Großen Seen und den Franzosen. Die in dieser Region lebenden Franzosen waren vom Kerngebiet ihres Reiches im Tal des Sankt-Lorenz-Stroms isoliert, und den Indianern setzten die von den Irokesen ausgehende Gewalt und interne Streitigkeiten stark zu. Da keine Seite die andere dominieren konnte, mussten die Franzosen wie auch die Indianer in der Region Zugeständnisse machen, die sich zum beiderseitigen Nutzen auswirkten. Nach und nach, mit einer Begegnung nach der anderen, gestalteten sie eine außergewöhnliche gemeinsame Welt, einen »Middle Ground«, in dem sie als Verbündete und Gleichberechtigte koexistieren konnten. Der Middle Ground, aus der beiderseitigen Schwäche heraus entstanden, war ein gesellschaftlicher Raum, in dem die Menschen ihre wechselseitige Abhängigkeit voneinander akzeptierten. Für ein einseitiges Diktat zu schwach, mussten sie sich aufeinander einstellen und sich wechselseitig anpassen. Ein großer Teil der Anpassung bestand aus der Akzeptanz von kulturellen Normen und Gebräuchen der anderen Seite – von Gebräuchen, die oftmals absurd und rundum abstoßend anmuteten. Ein Missverständnis konnte sich mitunter als nützlicher erweisen als reibungslose Abläufe: Aus Missverständnissen ergaben sich oft sinnstiftende und praxistaugliche neue Handlungsmuster, die Hauptstütze des Middle Ground. Der Höhepunkt der französisch-indianischen Anpassung war das Totenfest (Feast of the Dead), eine uralte Zeremonie, bei der eine Gastgebernation eine massenhafte Wiederbestattung der Gebeine der Verstorbenen ausrichtete und große Geschenkgaben verteilte, um den Schmerz zu lindern und neue Verwandte und Bündnisse zu gewinnen.[11]

Perrot war im Zentrum dieser sich herausbildenden Welt. Bei einer Konferenz in einem Dorf der Meskwaki westlich von La Baye des Puants schlüpfte er in Onontios Rolle und tadelte seine Gastgeber wegen ihrer Angriffe. Perrot, der inzwischen mehrere indigene Sprachen fließend beherrschte, rief der Versammlung zu: »Hört, Outagami [Meskwaki], was ich euch zu sagen habe. Ich habe erfahren, dass ihr sehr danach trachtet, das Fleisch der Franzosen zu essen. Ich bin gemeinsam mit diesen jungen Männern, die ihr hier seht, gekommen, um euch zufriedenzustellen; steckt uns in eure Kessel und verschlingt dann das Fleisch, das ihr euch gewünscht habt.« Der »führende« Kriegskommandeur der Meskwaki erhob prompt Einspruch: »Welches Kind würde wohl seinen Vater essen, von dem es das Leben empfangen hat?« Perrot verstand dies als eine Anerkennung der Schuld des Mannes gegenüber den Franzosen, die seinem Volk Schusswaffen und Eisenwaren brachten und bei seinen Konflikten als Vermittler auftraten. Perrot ergriff das Wort ein weiteres Mal im Namen Onontios und verlangte: »Würgt eure Beute heraus; gebt mir meinen Körper zurück, den ihr in eure Kessel stecken wollt, (…) wenn ihr ihn kocht, werden [aus ihm] Dämpfe aufsteigen, aus denen Sturmwolken entstehen, die sich über eurem Dorf ausbreiten – das einen Augenblick später von den Flammen und Blitzen verschlungen werden wird, die daraus hervorzucken.« Perrot ermahnte die Meskwaki, »eurem Vater [zu] glauben, der euch nicht im Stich lassen wird, solange ihr ihn nicht dazu zwingt«.[12]

Die Konferenz im Meskwaki-Dorf war ein Mikrokosmos des französisch-indianischen Middle Ground. Es war eine schwer heimgesuchte Welt, die aus exilierten indigenen Dörfern, gemischten Flüchtlingssiedlungen und wenigen, an den Rändern platzierten französischen Forts bestand.

Die Franzosen hatten dieses in kleinste Einheiten zerfallene und scheinbar zerstückelte Gebiet mit einer gewissen Beklommenheit betreten. Es bereitete ihnen Mühe, die Anstrengungen der Indigenen zu verstehen, die die gesellschaftliche Ordnung durch gute Worte und Geschenke wiederherzustellen suchten. Die Franzosen sahen nur ein Chaos, schreckten davor zurück und schrieben das Pays d'en haut als Krisengebiet ab. Bis zu diesem Punkt war es eine typische frühamerikanische Geschichte gewesen. Verschiedene Völker trafen zusammen, nahmen einander nur als Fremde wahr und wurden von Frustration und Verachtung überwältigt. Im Pays d'en haut nahmen die Dinge jedoch einen anderen Verlauf. Perrot berichtete, die Indianer würden auf der »arroganten Vorstellung« beharren, »dass die Franzosen nicht ohne sie zurechtkommen und dass wir ohne die Hilfe, die sie uns gewähren, in der Kolonie nicht für unseren Lebensunterhalt sorgen könnten«. Von entscheidender Bedeutung war, dass Perrot nicht gegen diese Vorstellung protestierte. Er räumte ein, dass die Franzosen schwach seien und die Indianer zum Überleben brauchten. Bezeichnend war dabei, dass Perrot im Alleingang ein Bündnis aufbaute, ohne auf die koloniale Infrastruktur zu setzen; Frankreich und die anderen Kolonialmächte waren im Gebiet der weit entfernten Großen Seen an die Grenzen ihrer logistischen Fähigkeiten gestoßen.[13]

Perrot und andere französische Beamte schlichteten im Middle Ground Streitigkeiten und unterstützten indigene Rituale, die diese Welt im Gleichgewicht hielten, und schon bald entwickelten sich neue Wege der Koexistenz. Anstatt ihre eigenen Normen und Werte durchzusetzen, mussten sie in einer ihnen fremden Kultur etwas finden, das sie aufnehmen und sich aneignen konnten und das umgewidmet werden konnte, so merkwürdig und abstoßend es auf den ersten Blick auch sein mochte. Native Americans und Neuankömmlinge näherten sich nach und nach einander an, eine Konzession folgte der anderen, und die zweckdienlichen Missverständnisse taten ein Übriges – ein erstklassiges Beispiel für indigenen Pragmatismus.[14]

Die Illini und Mascouten wünschten sich französischen Beistand gegen ihre Feinde und eine spirituelle und militärische französische Mobilisierung zu ihren Gunsten. Diese Indianer drängten die Jesuiten und darüber hinaus auch das französische Reich, ihnen gegen die Nadouessi – so lautete der französische Name für die Sioux – beizustehen, und boten den Priestern dafür »freien Zugang zu den Hütten« an. Aber Jean-Claude Allouez, der führende Jesuit in Nordamerika, und seine Mitbrüder verfolgten andere Prioritäten: »Wir bedienten uns dieses Vorteils, um die Menschen überall zu unterweisen und in allen Hütten die kranken Menschen ausfindig zu machen.« Bekehrungen auf dem Totenbett hatten sich bei den Jesuiten zu einer gängigen Praxis entwickelt. Die gesamte Episode bestand aus einer Reihe von – zufälligen und absichtlichen – Missverständnissen, aber sie führte zu greifbaren Ergebnissen. Menschen kamen zusammen, einigende Gedanken machten die Runde, Verbindungen entstanden, und beide Seiten konnten den Erfolg, ja sogar die Vorrangstellung, für sich beanspruchen. Die Illini und Mascouten waren mithilfe der Jesuiten zu Onontio durchgedrungen, sodass sie um sein Mitgefühl und seine Unterstützung bitten konnten. Den Jesuiten war es gelungen, die Native Americans über die Mysterien des christlichen Gottes zu unterrichten und eine Saat auszubringen, die eines Tages zu neuen Seelen führen könnte.[15]

Die heikelsten taktischen Manöver und die schwierigsten Kompromisse betraffen die interkulturellen Mordfälle. Ein Mord war eine große Gefahr für die gesellschaftliche Ordnung, aber wenn er angemessen gesühnt wurde, konnte er die gemeinsame Welt auch stärken. Eine gemeinsame Expedition der Ojibwe und Menominee tötete im Jahr 1683 auf der dem Südufer des Oberen Sees vorgelagerten Keweenaw-Halbinsel zwei französische Voyageurs in einem Hinterhalt. Möglicherweise sollten die beiden an Handelskontakten mit den Sioux gehindert werden, die Rivalen der Ojibwe und Menominee waren. Achiganaga, ein *Ogimaag* – Anführer – der Ojibwe auf der Keweenaw-Halbinsel, hatte die Sioux erst kurz zuvor angegriffen und plante zu diesem Zeitpunkt weitere Attacken auf diesen Gegner. Nur wenig später taten sich zwei Söhne Achiganagas mit mindestens einem Menominee und dem Ziel zusammen, die Franzosen erneut anzugreifen. Das Gebiet um die westlichen Großen Seen war schon seit Jahren ein Pulverfass, und die Ermordung der Franzosen drohte die Region ins Chaos zu stürzen. Daniel Greysolon Dulhut, ein ehemaliger Waldläufer, der mittlerweile einer der zuverlässigsten Offiziere von Gouverneur La Barre war, übernahm den Fall. Er verhaftete den tatverdächtigen Menominee in der Jesuiten-Mission Sault Sainte Marie und beauftragte Jean Péré, einen erfahrenen Waldläufer, mit der Festnahme Achiganagas und seiner beiden Söhne, die er zur Missionsstation bringen sollte, damit ihnen dort der Prozess gemacht werden konnte. Péré kehrte mit vier Söhnen Achiganagas zurück.

Der Prozess begann ausdrücklich als französisches Verfahren. Im Publikum saßen einige Älteste der Chippewa, Odawa, Ojibwe und Wyandot-Petun, und Dulhut verhörte Achiganagas Söhne und den einen Menominee, »die Anschuldigungen erhoben, ohne den Mord zu leugnen«. Doch Achiganaga bestritt jegliches Fehlverhalten. »Diese Konfrontation überraschte die Wilden, die so etwas nicht erwartet hatten«, stellte Dulhut fest. Als die Ältesten »sahen, dass sie [die Angeklagten] wegen Mordes verurteilt wurden«, meldeten sie sich zu Wort: »Es ist genug; ihr beschuldigt euch gegenseitig. Der Franzose ist jetzt der Herr über eure Körper.« Aus indigener Perspektive war der Fall klar: Dulhut sollte wie ein gütiger Vater handeln und die Mörder begnadigen, damit die verwandtschaftlichen Bande zwischen den Franzosen und den Chippewa wiederhergestellt wurden. Doch stattdessen rief Dulhut im Fort einige französische Landsleute zusammen, die über den Fall urteilen sollten. Sie sprachen sich für Blutrache aus und entschieden, »alle drei hinzurichten«.

Dulhut hatte den Prozess in eine gefährliche Sackgasse geführt, indem er an europäischen Rechtsvorstellungen festhielt. In der Region lebende und erfahrenere Franzosen baten Dulhut inständig, »diese Angelegenheit mit der größtmöglichen Milde zu behandeln – weil die Wilden sagen, dass sie sich, falls man alle Angeklagten hinrichtete, an den Franzosen rächen würden«. Dulhut ruderte zurück. Später berichtete er: »Ich hielt es für ratsam, für die Sicherheit all ihrer Gefährten, die am Oberen See überwinterten, nur zwei von ihnen hinzurichten«: den Menominee und einen von Achiganagas Söhnen. Dulhut hatte sich an eine fremde kulturelle Praxis gehalten, die er nur ansatzweise verstand, und das ließ ihn mit einem unguten Gefühl zurück. Gegenüber seinem Vorgesetzten erklärte er: »Würde ich die Strenge unserer Gesetze nicht abmildern, würde ich alle sechs hinrichten lassen, als schuldig der Beteiligung an dem Raub.«[16]

Dulhut handelte rasch, denn er befürchtete einen Angriff der Indigenen in letzter Minute, um die Hinrichtungen zu verhindern. Er bat die Jesuiten, »diese beiden elenden Männer zu taufen, was sie auch taten. Eine Stunde später stellte ich mich in Sichtweite von mehr als 400 Männern hin, 200 Schritte von ihrem Fort entfernt, und ließ sie hinrichten.« Achiganaga hatte die Fähigkeit der Franzosen zur Vergebung überschätzt und ihre Fähigkeit, Gewalt auszuüben, unterschätzt, und das hatte ihn einen Sohn gekostet. Doch nur zwei Tage später übergaben drei Gesandte der Odawa an Dulhut »sechs Colliers« als »Ausgleich« für die getöteten Franzosen und als »Beseitigung ihres Blutes, damit die Erde zukünftig wieder gereinigt sein möge«. Sie taten das, weil sie zum Überleben französische Waren und Schusswaffen benötigten. Dulhut gab als Entschädigung für die Hinrichtungen Gewehre, Pulver und Blei, Decken, Äxte und Messer, was den Schmerz der Odawa linderte und das Bündnis wiederherstellte. Dulhut strebte die Rechtshoheit über die Indianer an, hatte aber bereits akzeptiert, dass er ihnen auf halbem Weg entgegenkommen musste. Zögernd und ohne sich dessen bewusst zu sein, begab er sich auf einen Middle Ground.[17]

Der Middle Ground war, zuallererst und durchweg, eine diplomatische Innovation, ein sich beständig verschiebender Bestand von Bündnissen, bei dem sich alles um patriarchalische Metaphern und ganz besondere gegenseitige Verpflichtungen drehte. Der französische Gouverneur in Quebec befehligte sein Reich mit eiserner Hand, aber im Middle Ground war er Onontio – großzügig, versöhnlich und liebevoll. Man erwartete von ihm, dass er sich um seine indigenen Verbündeten – seine symbolischen Kinder – kümmerte und ihnen keine Befehle, sondern Geschenke gab. Die grundlegenden menschlichen Sehnsüchte – Sexualität, Fortpflanzung und das Bedürfnis nach Gemeinschaft – verliehen dem Middle Ground tiefere Beziehungen und Dauerhaftigkeit. Eine dramatische Steigerung erfuhren diese Bedürfnisse im Pays d'en haut durch die Tatsache, dass nur sehr wenige französische Frauen ihre Ehemänner in ein Gebiet begleiteten, das die Franzosen für eine Wildnis hielten. Die meisten französischen Männer – mit Ausnahme der Jesuiten – strebten sexuelle Beziehungen und Ehen mit indigenen Frauen an. Diese hatten wiederum ihre eigenen Gründe dafür, Beziehungen mit Franzosen einzugehen: Ehen mit Händlern öffneten den Zugang zu wichtigen Waren und konnten Status und Ansehen der Familien der Frauen dramatisch verbessern. Indigene Frauen, die Ehen mit Pelzhändlern eingingen, wurden oft zu Vermittlerinnen zwischen den Franzosen und Indianern und knüpften über die katholische Institution der Patenschaft weit gespannte verwandtschaftliche Netzwerke, was auch den Middle Ground erweiterte und stärkte. Einige der mit Händlern verheirateten Frauen übernahmen in ihren Gemeinschaften wichtige Rollen als religiöse Erzieherinnen. Marie Rouensa-8cate8a, die einer prominenten Illini-Familie entstammte, heiratete einen französischen Pelzhändler, trat zum Katholizismus über und zog in die Großsiedlung Kaskaskia, wo sie eine Schrift der Jesuiten in die Kaskaskia-Sprache übersetzte und eine Führungsrolle in ihrer Gemeinschaft übernahm.[18]

Allen kunstvollen Anpassungsprozessen zum Trotz blieb die Region der Großen Seen jedoch ein eindeutig von Indigenen geprägter Lebensraum: Französische Priester, französische Händler und französische Forts waren dort erfolgreich und entwickelten sich gut, weil die Indianer das so wollten. Der Middle Ground war eine Absage an den Kolonialismus im riesigen nordamerikanischen Binnenland. Das Volk der Anishinaabeg brachte die heilige Kraft des *manito,* die es Fremden ermöglichte, zu Verwandten zu werden und gemeinsam zu handeln, zu jagen und zu reisen, in den Middle Ground. Den Franzosen wurde der Aufenthalt erlaubt, weil sie indigene Rituale respektierten und außerdem nützlich und hinreichend sanftmütig auftraten. Taten sie das nicht, fanden die Indianer Mittel und Wege, um sie gefügig zu machen. Als die Sauteur nach mehreren Fehlstarts einen Vorstoß unternahmen, um französische Händler bei ihnen selbst und ihren Sioux-Verbündeten einzuführen, wandte sich ein Anführer der Sauteur namens Oumamens an Dulhut. Der Franzose sah die Gelegenheit, sein eigenes Ansehen zu mehren, und folgte Oumamens in das Land am Westrand des Oberen Sees, wo die Sauteur und die Sioux Frieden geschlossen hatten. Dulhuts Rolle bestand darin, nach Quebec zu berichten und den französischen Handel mit Gewehren bei den Sauteur und Sioux auszuweiten und zugleich den indigenen Friedensprozess zu fördern. Ein Jahr später brachte Dulhut Cree und Assiniboine bei einer Versammlung nahe der Westspitze des Oberen Sees zusammen, um dort »Frieden mit den Nadouesioux zu schließen, ihrem gemeinsamen Feind«. Dulhut sah sich selbst als Abenteurer in der Neuen Welt, der im Alleingang den Binnenland-Pelzhandel im französischen Einflussbereich gesteuert hatte. Aber all seine Bemühungen brachten keinen einzigen Sioux nach Quebec. Die Sioux erwarteten von den französischen Händlern, dass sie zu ihnen kamen.[19]

Im Unterschied zu den meisten an den Großen Seen lebenden Indianern waren die Sioux weder Flüchtlinge noch waren sie schwach. Sie lebten auf ihrem seit Langem angestammten Land und verfügten über ein ausgeprägtes Gemeinschaftsethos durch die Očhéthi Šakówiŋ, das Bündnis der

Sieben Ratsfeuer. Ihre Gesamtanzahl mag 30.000 erreicht haben, was bedeutete, dass sie all ihre Feinde um ein Vielfaches übertrafen. Damit stellten sie auch Neufrankreich mit seiner Bevölkerung von 10.000 Menschen in den Schatten. Die Sioux wollten nicht nach Osten reisen, um dort Schusswaffen und Eisenwaren zu kaufen; sie erwarteten von den französischen Händlern, dass sie Waffen und andere Waren zu ihnen brachten. Dulhut, der erkannte, wer die wirkliche Macht besaß, tat ihnen diesen Gefallen. Er schickte Händler zu den Sieben Ratsfeuern und errichtete in der Nähe von Mde Wakan, dem Zentrum des Sioux-Landes, ein Fort für sie. In einer Welt, in der ein einziges Handelsfort zum Ausgangspunkt für ein ganzes indigenes Reich werden konnte, waren die Sieben Ratsfeuer eine gebieterische Macht.

Die Indianer an den Großen Seen waren entsetzt und bestürzt. Die Sioux waren ihre Erzfeinde, und Dulhut hatte Onontios loyale Kinder zu deren Gunsten im Stich gelassen. Die Seen-Indianer wandten sich an Nicholas Perrot, der einst angeboten hatte, seinen eigenen Leib herzugeben, um das französisch-indianische Bündnis zu retten. Sie reichten Perrot das Kalumet in der Übergangszone, in der die Großen Seen der Prärielandschaft weichen, und trugen ihn auf einem Bisonfell zur Hütte des Sachems, der über Perrots Kopf weinte, »ihn in Tränen badete« und ihm ein Stück gekochte Bisonzunge in den Mund steckte. So wie der Sachem jetzt Perrot etwas zu essen gab und ihn dadurch am Leben erhielt, sollte Perrot seinerseits Onontios Kinder mit Eisen und Schusswaffen am Leben erhalten. Aber Perrot bemühte sich vergebens. Die Sioux waren zu mächtig, um abgewiesen zu werden. Perrot reichte Onontios Kindern das Kalumet und sagte ihnen, dass »dies seine Brust sei, die er ihnen immer gereicht habe, um sie zu nähren«. Doch jetzt müsse er »die Nadoüaissioux stillen« und ihnen Onontios »Milch« darbringen – die Eisenwaren, Schusswaffen und andere Handelsgüter, die ihnen Sicherheit boten und sie am Leben hielten. Perrot schickte einige seiner Männer los, um die Sioux über seinen Besuch zu unterrichten. »Sie fanden auf dem Eis 24 Kanus der Nadoüaissioux, die erfreut waren, die Franzosen zu sehen.« Die Franzosen hatten ihren ältesten Verbündeten den Rücken gekehrt und ihre Händler und ihr Reich ins Land der Sioux gebracht, aus dem einfachen Grund, weil die Sioux es so wollten.[20]

Die Očhéthi Šakówiŋ wollten mehr als nur Waren. Die Sioux verlangten von den Franzosen, dass sie ihre gesamte wirtschaftliche Tätigkeit auf ihren Herrschaftsbereich beschränkten. Als ein Sachem der Miami Perrot in der Hoffnung aufsuchte, »sich am Feuer des Franzosen niederlassen« zu können – eine Szene, die sich im Pays d'en haut schon tausend Mal so abgespielt hatte –, wies Perrot ihn ab. Die Očhéthi Šakówiŋ ließen es nicht zu, dass das französisch-indianische Bündnis auch für ihre Rivalen galt. Perrot schickte den deprimierten Sachem weg. »Er war dabei, am Oberlauf des Mississippi Fuß zu fassen, auf der Seite der Nadouaissious.«[21]

Perrots Parteinahme für die Sioux war ein Zeichen für die Konsolidierung der Vorherrschaft der Očhéthi Šakówiŋ über das Gebiet zwischen den westlichen Großen Seen und dem Mississippi-Tal. Sie kontrollierten jetzt Jean-Baptiste Colberts »Nährboden für den Biber«. Perrot errichtete in der Nähe der Einmündung des Saint Croix River in den Mississippi zwei neue Handelsstationen für sie: Nadouessioux und Fort Bonsecours. Die Očhéthi Šakówiŋ wurden zu einem Machtzentrum mit großer Anziehungskraft im Herzen des Kontinents. Sauteur und Cheyenne setzten sich in Bewegung, um mit ihnen zusammenzuleben, und festigten die Bande durch Eheschließungen, militärische Zusammenarbeit und die Teilung des Reichtums. Etwas weiter westlich, in der Nähe der Übergangszone, wo die Waldlandschaft in die Prärie überging, wohnten die Lakota, die in vorderster Linie stehende Defensivkraft der Sieben Ratsfeuer. Selbst die herrisch auftretenden Five Nations legten es nicht auf einen Konflikt mit den Očhéthi Šakówiŋ an.

Es gibt keinerlei Belege für irgendwelche Zusammenstöße zwischen diesen beiden mächtigen indigenen Bündnissen. Die Sioux und die Irokesen vertrugen sich. Die Irokesen drangen zu bestimmten Zeiten im Jahr mit großen Kanuflotten von ihren Stützpunkten im Osten nach Westen vor, während die Sioux sich zu einem konzentrierten Vorstoß in die von großen Bisonherden bevölkerte Graslandschaft jenseits des Mississippi anschickten. Es gab keinen Wettbewerb um Ressourcen: Die Irokesen waren auf der Jagd nach Pelzen und Gefangenen; die Sioux jagten Bisons und immer häufiger auch Pferde. Da beide Mächte gleichzeitig in westlicher Richtung expandierten, blieb immer genügend Raum zwischen ihnen. Für beide gab es kaum einen Anreiz, miteinander Handel zu treiben oder gegeneinander zu kämpfen.

Die Kolonialmächte hatten sich im Gegensatz dazu in dauerhafte Konflikte verstrickt. Die Engländer, Franzosen, Spanier und Niederländer kämpften um Territorien, Flusstäler, Macht, Reichtümer, Edelmetalle, Konvertiten, Sklaven und Handelsprivilegien im Umgang mit Native Americans. Ab dem späten 17. Jahrhundert griffen Konflikte zwischen England und Frankreich, die immer stärker imperialer Natur waren, auf Nordamerika über, was für die indigenen Nationen Probleme mit sich brachte und zugleich mit Gefahren verbunden war.

VIERTER TEIL

DER INDIGENE GEGENSCHLAG

(Spätes 17. Jahrhundert)

KAPITEL 11

DIE ENGLÄNDER ALS KLEINES KIND

NATIVE AMERICANS UND DER TEUFEL vernichteten Neuengland im Jahr 1675 um ein Haar. Indianer griffen 52 koloniale Siedlungen an und zerstörten zwölf von ihnen. Ihr Krieg war absolut radikal, sie unterschieden nicht zwischen Frauen, Kindern, Männern, Kühen, Schweinen, Pferden, Häusern oder Bibeln, sondern nahmen alles ins Visier. Die Kolonisten hatten mit einem Krieg gerechnet, aber als es so weit war, schockierte sie die Intensität der Kriegführung. Die Engländer erkannten, wie wenig sie über ihre indianischen Nachbarn, über ihre Pläne und Ambitionen wussten.

Nach mehr als eineinhalb Jahrhunderten europäischer Kolonisierung auf dem Kontinent wussten die Europäer immer noch nicht, welche geografischen Ausmaße und Objekte ganz Nordamerika aufwies. Jede Kolonialmacht nahm den Kontinent aus ihrem besonderen Blickwinkel wahr, konzentrierte sich auf einen bestimmten Ausschnitt oder auch auf mehrere begrenzte Teile der Landmasse – das machte die Möchtegern-Kolonisten verwundbar. Die Engländer kannten die Atlantikküste und die Hudson Bay, die Spanier kannten Neu-Mexiko und Florida, und die Franzosen kannten das Tal des Sankt-Lorenz-Stroms. Nur die Franzosen hatten, dank ihres Bündnisses mit indigenen Nationen im Binnenland, zumindest eine vage Vorstellung von der gewaltigen Ausdehnung des indigenen Kontinents, der sich, von ihren kolonialen Enklaven aus betrachtet, bis zum Horizont erstreckte. Die Europäer waren an keinem Ort in der Lage, den Native Americans das Geschehen zu diktieren.

Eine genaue Karte Nordamerikas hätte 1675 die weißen Eindringlinge schockiert, die das Land für sich selbst beanspruchten. Die Karte hätte einen lückenhaften Gürtel von englischen Kolonien in den Küstenebenen ausgewiesen, die vom umkämpften Akadien – das auch von den Franzosen beansprucht wurde – bis zur Chesapeake Bay im Süden reichten. Sie hätte das winzige, erst vor Kurzem errichtete Charles Town gezeigt, zwei englische Außenposten in der James Bay, und ein indianisches Dorf, das nur 15 Meilen von Boston entfernt war. Außerdem hätte sie 35 spanische Missionsstationen in Florida enthalten, die von der Atlantikküste aus 200 Meilen weit ins Landesinnere reichten und von nur 40 Franziskanerpriestern betrieben wurden, die Tausende von Native Americans geistlich betreuten. Es gab nur eine einzige spanische Siedlung von einer gewissen Bedeutung: San Agustín. Die genaue Karte hätte drei französische Dörfer und vier französische Forts im Tal des Sankt-Lorenz-Stroms und zwei Forts im Landesinneren gezeigt, Frontenac und Niagara am Ontariosee. Sie hätte Dutzende von französischen Forts, Handelsstationen und provisorische Hütten für den Handel abgebildet, die in einer ständig sich verändernden Konstellation über die Region der Großen Seen verteilt waren. Das englische Amerika mag das französische wie auch das spanische Amerika demografisch zwar in den Schatten gestellt haben – mehr als 400.000 Menschen aus England wanderten im Verlauf des 17. Jahrhunderts nach Nordamerika und auf die Westindischen Inseln aus –, aber im Gegensatz zu ihnen konnten sich die Franzosen und Spanier in der Neuen Welt immer noch relativ sicher fühlen, weil sie Bündnisse mit den Indianern eingegangen waren. Mit Eheschließungen nach Landesart verschafften sich die Franzosen Zugang zu einer enormen Zahl indigener Gemeinschaften und sicherten damit zugleich ihre Position in der Region rund um die Großen Seen bis zur Hudson Bay. Dort schuf ein dichtes Gitterwerk von verwandtschaftlichen Beziehungen eine ungewöhnlich stabile Welt.[1]

Aber dann, in den Jahren von 1675 bis 1690, schien jedes einzelne koloniale Projekt auf dem indigenen Kontinent entweder ins Wanken zu geraten oder ganz zu erlöschen. Neuengland erlebte eine Gewaltexplosion bei Auseinandersetzungen um Schweine, Kühe, Zäune, Wild und verschiedene Aktivitäten. Das Grenzgebiet zwischen dem Land der Susquehannock und Virginia wurde zum Schauplatz eines Krieges, den niemand wollte. Die Pueblo-Indianer griffen ihre selbst ernannten spanischen Herren bei einem sorgfältig geplanten Aufstand an. Die Five Nations töteten französische Händler und indianische Verbündete Neufrankreichs zunächst im Binnenland und trugen ihren Krieg schließlich bis nach Montreal. Die

Niederländer hatten den Kontinent bereits wieder verlassen und hinterließen eine gemischte koloniale Bilanz. Die Neue Welt schien plötzlich zum Friedhof für die Reiche der Alten Welt zu werden, denn die Native Americans führten jetzt, nach einer seit Generationen anhaltenden kolonialen Aggression, einen konzentrierten Gegenangriff.

Die ersten Anzeichen für Unruhen gab es in Neuengland, dem Schauplatz mehrerer brutaler Kriege, die bis in die 1670er-Jahre Tausende von Native Americans das Leben kosteten. Ousamequin, der mächtige Sachem der Wampanoag, hatte seit den 1620er-Jahren ein Bündnis mit den Pilgervätern gepflegt, aber die Beziehungen waren mittlerweile angespannt. Der Pequot-Krieg von 1637 hatte die Native Americans in Neuengland und in den angrenzenden Gebieten völkermörderischer Gewalt ausgesetzt, die sie schockierte und dauerhaft aufbrachte. Der Ausbruch des Bürgerkriegs 1642 zwischen Royalisten und der Parlamentsfraktion in England brachte die Auswanderung nach Amerika nahezu zum Erliegen, und die Siedler in Neuengland mussten für sich selbst sorgen. Ein Jahr später schlossen die Kolonien von Plymouth, Connecticut, New Haven und Massachusetts Bay die New England Confederation, ein gegen die Indianer gerichtetes Militärbündnis. Die englischen Kolonien wurden zu vollständig entwickelten Siedlergesellschaften: Sie versorgten sich selbst, waren landhungrig und unduldsam im Umgang mit der indigenen Präsenz an ihren Grenzen. Als von Indianern umgebene Minderheit entwickelten die Kolonisten eine obsessive Kontrollwut auf allen Ebenen ihrer eigenen Gesellschaft. Connecticut verabschiedete ein Gesetz, das die Todesstrafe für Jungen ab 16 Jahren vorsah, die sich weigerten, ihren Eltern zu gehorchen, und die gleiche Strafe drohte – ungeachtet des Geschlechts – jedem Kind ab 16 Jahren, das einen Elternteil verfluchte oder schlug.[2]

Die New England Confederation unterhielt Verbindungen zu den Mohegan, die den Engländern im Verlauf des Pequot-Krieges abgeschnittene Pequot-Köpfe übergeben hatten. Kolonisten in der Massachusetts Bay und Vertreter der Wampanoag schlossen 1644 einen Vertrag, den die Engländer einseitig als indigene Unterwerfung unter ihre Herrschaft auslegten. Die unsichere Wirtschaftslage verschlimmerte die ohnehin bereits angespannte Situation. Die Kolonien in Neuengland hatten bis zur Mitte des Jahrhunderts einen ausreichenden Münzbestand aufgebaut, der es ihnen

Metacom, auch König Philip genannt

ermöglichte, zum Nachteil ihrer indigenen Handelspartner auf das Zahlungsmittel Wampum zu verzichten. Die Engländer stießen jetzt weiter ins Binnenland vor und errichteten dort, in der Hoffnung, auf Silber- und Eisenvorkommen zu stoßen, neue Siedlungen. Die Wampanoag waren für sie jetzt keine Partner mehr und wurden zu abhängigen und untergeordneten Existenzen degradiert.[3]

Die Wampanoag stellten diese Herabsetzung 1662 öffentlich infrage, als die beiden Halbbrüder Wamsutta und Metacom vor dem Plymouth General Court über die »Schäden« Klage führten, »die die Schweine einiger Bewohner von Rehoboth in ihren Maisfeldern anrichteten«. Das Gericht sprach ihnen das Recht zu, unbeaufsichtigte und streunende Schweine zu beschlagnahmen, und wies die Kolonisten an, ihre Haustiere in ausreichender Entfernung von den Feldern der Wampanoag zu halten. Wamsutta, der eine Anerkennung als oberster Sachem durch die Engländer anstrebte, gab bekannt, dass er, »entsprechend dem Brauch der Einheimischen«, seinen Namen ändern wolle. Er werde ab jetzt Alexander Pokanoket heißen. Auch Metacom wollte seinen Namen ändern. Er werde für die Engländer einfach nur Philip heißen. Der neue Name trug wenig zur Verbesserung seines Status bei den Engländern bei.[4]

Die Neuengländer, in ihrer überwältigenden Mehrheit immer noch Puritaner, hatten lange Zeit Verfolgungen aufgrund ihres Glaubens zu erdulden gehabt – eine Erfahrung, die in ihnen eine gefährliche Mischung aus Paranoia und Kampfeslust weckte. Viele Dinge widerstrebten ihnen, und nur wenige Dinge widerstrebten ihnen mehr als indigene Personen, die in ihre Dörfer und Häuser kamen. Indianer konnten inakzeptabel gesellig sein – sie betraten Häuser auch ungebeten und erwarteten dann Gastfreundschaft. Sie konnten auch anmaßend wirken – wenn sie Lebensmittel stahlen, Nutztiere von Farmern töteten und Felder abbrannten. Indianer waren schemenhafte, drohende Gestalten, sie schlichen und lungerten herum, sie sündigten und waren eine Bedrohung für das wertvollste und unsicherste Besitztum der Puritaner: ihre Seelen. Hass entstand aus der Nähe, nicht aus der Distanz zwischen den beiden Völkern. Das Dilemma der Puritaner war gleichermaßen religiöser, demografischer und generationaler Art. Sollten die Puritaner in Massachusetts zu einer Minderheit werden, wäre ihr Traum von einer gottesfürchtigen Gesellschaft in Gefahr. Ihre Geistlichen konnten die strengen religiösen Vorschriften der Gemeinde mithilfe des Half-Way Covenant (1657/1662), der teilweisen Kirchenmitgliedschaft, umsetzen, aber die Indianer waren allein mit Worten nicht zu kontrollieren. Führende Puritaner waren der Ansicht, dass sie sich von der Lebensweise und den Körpern der Indigenen distanzieren mussten.[5]

Ein Teil der englischen Kolonisten pflegte freundschaftlichen Umgang mit den Indianern, weil diese Leute der Überzeugung waren, dass eine vollkommene christliche Gemeinschaft in der Neuen Welt den Heiden nicht Gottes Gnade vorenthalten durfte. Angehörige dieser Minderheit waren der Ansicht, dass sie die Indianer vor den anderen Kolonisten beschützen und ihre Seelen vom Bösen und vom Heidentum reinigen und sie vor dem schlechten Einfluss ihrer Sachems und *Powwaws* (»geistlichen Führer«) bewahren müssten. John Eliot, ein in Cambridge ausgebildeter Geistlicher, predigte zu den Indianern in Natick und in anderen Dörfern. Er übersetzte den Katechismus und die Bibel ins Massachusetts, einen dem Wampanoag eng verwandten Dialekt, und hielt Predigten in dieser Sprache. Er stellte auch eine große Indianer-Bibliothek zusammen, die bis zum Jahr 1665 auf rund 7000 Bände mit christlicher Literatur angewachsen war. Eliot folgte einem zivilisatorischen Auftrag, der eine von puritanischen Idealen geleitete Bekehrung der Indianer zum Ziel hatte. Er wollte, dass sich die Indianer eine europäische Arbeitsethik zu eigen machten, Vieh züchteten, eine sesshafte Lebensweise annahmen und der Gnade Gottes teilhaftig wurden. Er hoffte, sie in den einzigartigen Bund mit Gott aufnehmen zu können, doch dafür bedurfte es der Kooptierung indigener Anführer in seinem Umfeld. Von den Indianern erwartete er, dass sie in abgesonderten Siedlungen lebten, wo sie die Bogen gegen Pflüge eintauschten, Lesen und Schreiben lernten, »angemessene« Geschlechterrollen annahmen und Frauen von der Feldarbeit freistellten. Außerdem sollten sie lernen, sich so zu kleiden und so zu sprechen und ihre Religion auszuüben wie die Engländer. Einige von ihnen sollten zu Predigern und Lehrern ausgebildet werden, die ihre Schwestern und Brüder mit der englischen Zivilisation vertraut machen konnten. Das dem Ganzen zugrunde liegende unausgesprochene Motiv war die Umwandlung der Native Americans in produktive Arbeitskräfte für die kolonialen Märkte. Eliot versuchte, die Indigenität friedlich zu beseitigen. Doch die widerständigen Indianer in den Missionsstationen vermischten das Christentum mit ihren traditionellen Glaubensüberzeugungen, Zeremonien und Feierlichkeiten. Das galt auch für viele Frauen, die so einen Raum für indigene Spiritualität schufen. Viele Indigene ließen sich auch nicht die Haare kurz schneiden.

Im Jahr 1674 verteilten sich 14 Missionsgemeinden (oder »Städte des Gebets«) über ganz Neuengland – eine Heimat für knapp 2500 Indianer, die sich in unterschiedlichen Phasen der Konversion befanden. Die beiden Geistlichen Thomas Mayhew sen. und jr. setzten in der isolierten geografischen Lage der Insel Noepe (heute Martha's Vineyard) bei der Bekehrung der Indianer auf maßvollere Methoden als Eliot. Die beiden Mayhews berieten sich mit Sachems über angemessene Ziele und Methoden, beschützten indigenes Eigentum und Leben vor Kolonisten-Mobs und nahmen indigene religiöse Traditionen in die christliche Lehre auf. Viele indigene Frauen begrüßten Missionare, die ihnen Lesen und Schreiben beibrachten – ein entscheidender Vorteil beim Umgang mit den Kolonisten –, während die Wampaoag im Gegenzug puritanische Geistliche in die Kunst des Walfangs einführten. Die Missionare begannen den indigenen Begriff *Manitu* für Gott zu verwenden, und viele Indianer scheinen die Missionsstationen und das Christentum für sich selbst als eine Möglichkeit angenommen zu haben, mit der sich die Tributbeziehungen zu den mächtigen indigenen Konföderationen auf dem Festland lösen ließen. Andere wiederum empfanden die Einmischung der Missionare in ihr Privatleben, einschließlich der Sexualität, als zutiefst verstörend. Viele Indianer distanzierten sich von den Engländern, hielten an ihren indigenen Namen fest, passten die christliche Lehre nach eigenem Ermessen ihren spirituellen Bedürfnissen an und durchkreuzten die Pläne ihrer Geistlichen.[6]

Doch die Geistlichen gaben nicht auf. Seuchen erleichterten ihnen die Arbeit. Während die Irokesen Trauerkriege geführt hatten, nachdem sie von einer Pockenepidemie heimgesucht worden waren, hielten sich die Indianer in den Missionsstationen, die ein Massensterben erlebten, an die Lehren Eliots und der beiden Mayhews, die ihnen von Gottes Strafe und Gnade erzählten. Mehrere Nipmuc-Anführer auf der Insel Noepe schickten ihre Söhne auf englische Schulen und gaben sie in englische Haushalte, damit sie sich dort mit deren Lebensweise vertraut machten, und einige indigene Schüler gingen aufs Harvard Indian College, wo sie Englisch, Latein und Griechisch lernten. Der Nipmuc-Gelehrte James Printer war der Setzer der ersten in Nordamerika veröffentlichten Bibel, und Caleb Cheeshateaumuck, ein Wampanoag-Literaturwissenschaftler, verfasste nach einem Studium der alten Sprachen ein Schreiben, in dem er den Wert der Erziehung und Bildung pries. Viele Wampanoag auf Noepe gaben sich alle Mühe, gute Christen zu sein und nicht zu sündigen. Sie gelobten dem König von England ihre Treue und schienen die Vorherrschaft des englischen Gerichtssystems und seiner Gesetze akzeptiert zu haben. Aber der Wampanoag-Sachem Metacom auf dem Festland beharrte darauf, dass die Gruppe auf Noepe ihm zugehörte. Die Wampanoag waren in der Lage, die geschwächten Powhatan in der führenden Rolle beim Kampf gegen die englische Expansion im Osten zu ersetzen.[7]

Metacoms Einfordern der Bündnistreue des Noepe-Volkes hatte tiefe Wurzeln. Die meisten Kolonisten in Neuengland hatten sich ungebeten auf indigenem Land niedergelassen. Im Jahr 1670 waren es bereits mehr als 50 000 Siedler, das Dreifache der indigenen Bevölkerung in der Region. John Winthrops Vorstellung von Neuengland als »Stadt auf einem Berg« (»city upon a hill«), ein Aufruf zur Zusammenarbeit und zu einer gottgefälligen Gesellschaft, war nach wie vor ein ungesichertes Vorhaben, aber die Kolonisten hatten ganz gewiss Fortschritte gemacht. Die meisten Neuengländer gehörten dem Mittelstand an, waren »Middling Sorts«, mit Verbindungen zur Welt des Handels. Boston, Salem und Newport waren die Heimat einer zahlenmäßig größer werdenden Elite von Rechtsanwälten und Landspekulanten. Das 1636 gegründete Harvard College hatte bis zum Jahr 1674 200 Absolventen hervorgebracht. Boston, die größte Siedlung in Neuengland, hatte sich unterdessen zu einem nahezu autonomen Stadtstaat entwickelt, der nach den klassischen Idealen einer souveränen Republik ausgestaltet wurde. Sie stand im Wettbewerb mit dem Fischerei-, Schiffbau- und Transportgewerbe des Mutterlandes, mit Wirtschaftszweigen, die in Neuengland stark auf Sklavenarbeit beruhten. Zahllose Indianer wurden auf die Westindischen Inseln in die Sklaverei verfrachtet, während afrikanische Sklaven nach Neuengland gebracht wurden und dort Wälder roden und das so gewonnene Ackerland für den Anbau vorbereiten mussten. Die Massachusetts Bay hatte 1641 das erste Sklavengesetz für den englischen Atlantikraum verabschiedet; ein Grund dafür war die Klärung des rechtlichen Status Hunderter von gefangenen Pequot in kolonialen Haushalten. Die Kolonie verfügte 1670, dass der Status der Versklavung über die mütterliche Seite vererbt werde.[8]

Die Neuengländer, angeführt von Boston, sahen sich selbst als Erbauer eines Empires, es war ein Transformationsprozess, der im Gründungsdokument der Massachusetts Bay Company vorweggenommen worden war, denn dort wurde keine Grenze zwischen englischem und indigenem Land ausgewiesen. Die Charter des Königs vom 4. März 1629 sprach der Company das gesamte Land zwischen dem 40. und dem 48. Grad nördlicher Breite zu, und zwar »von einem Meer zum anderen« – eine Blaupause für ein den gesamten Kontinent umfassendes Reich zugunsten von Menschen, die selbst noch Jahrzehnte danach kaum eine Vorstellung von der Gestalt und der räumlichen Ausdehnung des Kontinents hatten. Eine lange Liste bestimmter geografischer Gebiete und Verfügungsrechte über Ressourcen offenbarte die der Inbesitznahme zugrunde liegende Denkweise. Die Kolonisten waren der Ansicht, dass die Indianer das Land nicht auf eine angemessene Weise nutzten, weil sie nicht versuchten, den Ackerboden zu verbessern und dessen Ertrag zu steigern. Sie brachten vor, dass das Land unzureichend genutzt werde und deshalb zur Übernahme freigegeben sei. Der König von England verkörperte eine kollektive Souveränität, die ein

System von Eigentumsrechten guthieß, mit dem die einfache Übertragung von Land von der Krone auf Dörfer in den Kolonien und von den Dörfern in Form eines Wirtschaftsguts in private Hände und für einen unbegrenzten Zeitraum ermöglicht wurde – ein Eigentumsbegriff, der Native Americans völlig fremd war. Die Engländer eigneten sich das indigene Territorium Stück für Stück an.

Die Indianer wurden aktiv und wollten die anmaßenden Kolonisten zur Rede stellen. Kaum eine andere Sache brachte deren indianische Nachbarn so sehr auf wie Zäune, Nutzvieh und gefällte Bäume. Die Engländer brauchten eine enorme Zahl von Bäumen als Material für den Schiff- und Hausbau und um das Land für den späteren Anbau und für Zäune zu roden, mit denen das Vieh von den Feldern und den Farmgebäuden ferngehalten werden sollte. Die indigenen Bewohner empfanden die Zäune als massive Bedrohung, denn sie unterbrachen traditionelle Wege des Rotwilds und anderer Tierarten und beeinträchtigten das Paarungsverhalten der Tiere und die Jagdweise der Indianer. Fehlende Zäune wiederum ermöglichten den Nutztieren der Kolonisten – Kühen, Schweinen, Pferden – das Eindringen in die Maisfelder der Indigenen, und die Tiere sorgten für Flurschäden und verdarben die Jagdgründe. Kühe und Schweine konnten ein sorgfältig gepflegtes Feld in wenigen Stunden zerstören und so die wochenlange Arbeit der indigenen Frauen zunichtemachen. Einander widersprechende Vorstellungen von den Dingen, die als Eigentum zählten, verschärften den Konflikt: Die Engländer beharrten darauf, dass sie die Eigentümer ihrer Nutztiere seien, auch wenn diese herumstreunten und die Felder der Indigenen verwüsteten, aber die Indianer hielten dagegen, solche Tiere seien jagdbares Wild, das man nach Belieben erlegen und verzehren könne. Die Indianer bestanden darauf, dass nur tote Tiere persönliches Eigentum sein könnten, und sie töteten weiterhin streunende Haustiere auf ihrem Land. Für die Flurschäden auf ihren Feldern forderten die Indianer außerdem vor den Gerichten der Kolonien eine Entschädigung, aber nur in wenigen Fällen wurde ihnen ein Ausgleich zugesprochen. Letztlich blieb ihnen keine andere Wahl, als das Vorhandensein von Zäunen und das Privateigentum an Land und Tieren als Tatsachen zu akzeptieren. Die Zäune waren der Auftakt zu einer neuen Rechtsordnung gewesen. Für die Indianer bestand jetzt die Gefahr, zu Fremdlingen im eigenen Land zu werden. Auch die Kolonisten waren wütend und besorgt zugleich: In ihrem Denken konnte es keinen Kolonialismus ohne Nutztiere geben. Die Indianer wiederum trafen keine strenge Unterscheidung zwischen Menschen und Tieren, die beide *Manitus*, beseelte Wesen, sein konnten.[9]

Metacom und die Wampanoag hatten bis zum Frühjahr 1675 genug gesehen. Die Kolonisten weigerten sich, die Wampanoag und ihre Verbündeten als souveräne Nationen anzuerkennen, und sie ließen es zu, dass ihre Tiere auf indigenem Land weideten. Die Engländer hatten außerdem Weetamoo, die Saunkskwa der Pocasset-Nation, wegen ihres Geschlechts als ihnen untergeordnet bezeichnet, wobei ihnen offenbar entgangen war, dass sie selbst fast ein halbes Jahrhundert lang (und bis 1603) von König Elisabeth I. regiert worden waren. Die Engländer hatten ihre Aktenschränke mit so vielen Besitzurkunden gefüllt, dass Plymouth, Rhode Island, Massachusetts Bay und Connecticut sich berechtigt fühlten, einen Besitzanspruch auf einen großen Teil des Wampanoag-Territoriums zu erheben. Metacom hatte außerdem viele ihm tributpflichtige Indianer an Missionsstationen und das Christentum verloren. Die Engländer hatten Hunderte von indigenen Frauen und Männern gefangen genommen und versklavt, was viele lebenserhaltende verwandtschaftliche Netzwerke zerriss und zugleich bedeutete, dass den Indigenen die Anerkennung als gleichberechtigte Mitmenschen verweigert wurde. In den Haushalten Neuenglands lebten Hunderte von indianischen Sklaven in ständiger Furcht, verkauft, vergewaltigt, getötet oder an irgendeinen weit entfernten Ort verfrachtet zu werden – auf die Westindischen Inseln, nach Europa oder »an irgendeinen Ort in den Ländereien des Königs«. So war das nicht vorgesehen gewesen. Die Kolonisten hatten die Indianer als nützlich angesehen, als eine potenzielle Quelle von Arbeitskräften, aber jetzt vernichteten sie die Indianer. Der Kolonialismus in Neuengland erreichte seinen destruktiven Höhepunkt.[10]

Alexander Pokanoket starb zwei Jahre später in Plymouth unter ungeklärten Umständen. Es blieb unklar, ob er zuvor die Wampanoag zum Aufstand gegen die Engländer angefeuert hatte; er könnte auch an einer Krankheit gestorben oder aber von Agenten aus Plymouth vergiftet worden sein. Fest stand jedenfalls, dass er indianisches Land an Quäker und andere Nonseparatists aus Rhode Island und anderen Kolonien verkauft und dabei die Ansprüche, die von Plymouth auf dieses Land erhoben wurden, ignoriert hatte. Metacom erbte das Amt des Sachems der Wampanoag und gelobte, kein Land an Fremde zu verkaufen, und das bedeutete: an irgendwelche anderen Kolonien in Neuengland, mit Ausnahme von Plymouth. Er erhielt eine kollektive Zusage, nach der die Wampanoag für einen Zeitraum von sieben Jahren nicht um Landverkäufe angegangen werden würden. Er bestand darauf, diese Abmachung in schriftlicher Form zu erhalten. Er misstraute den Engländern außerdem und glaubte, dass sie seinen Bruder umgebracht hatten.[11]

Der Weg in den Krieg war mit Gier, Gerüchten, Angst, Missverständnissen und Enttäuschungen gepflastert. Die Kolonisten verlangten lautstark nach immer mehr Land, und ein Krieg konnte ihnen das Land der Indianer sehr viel schneller verschaffen als schriftliche Besitzurkunden. Das Haupthindernis für diese Art von Landraub war Weetamoo, die jahrelang gegen dieses System gekämpft hatte. Sie hatte mit Erfolg das koloniale Machtinstrument der Enteignung der Indigenen in eine Waffe für den Schutz indigenen Landbesitzes umgewandelt: Mit einem einzigen brillanten Schachzug hatte sie sowohl indigene als auch englische Männer – deren Eigentumsrechte nach englischem Recht sehr viel stärker waren als die von Frauen – dazu gebracht, Besitzurkunden zu ihren Gunsten zu unterschreiben. Der Weg in den Krieg war außerdem noch mit blanker Überheblichkeit gepflastert. Im Unterschied zu früheren Kriegen gegen die Indianer in der Region schienen die Engländer, die den Indianern inzwischen zahlenmäßig weit überlegen waren, die heraufziehende Auseinandersetzung gar nicht verlieren zu können. Englische Händler und Geistliche forderten die Indianer offen dazu auf, ihren Sachems die Gefolgschaft zu versagen, und eine wachsende Zahl von christlichen Indianern verweigerte Metacom ihre Loyalität. Metacom wurde im April 1671 nach Taunton vorgeladen, ins Zentrum der Plymouth Colony. Er unterzeichnete einen Friedensvertrag, der seine Anhänger eigentlich zu Untertanen der Kolonie herabstufte. Aber Metacom zeigte nur wenig Bereitschaft, den Vertrag wirklich umzusetzen; im September trat er in Boston den führenden Persönlichkeiten von Plymouth, Massachusetts Bay und Connecticut gegenüber, die von ihm erklärt haben wollten, warum die Entwaffnung der Indianer so langsam vorankam. Sie erlegten ihm eine Geldstrafe von 100 Pfund auf. Einer von Metacoms Ratgebern tadelte ihn, weil er nicht in den Krieg gezogen war, und nannte ihn einen Feigling. In Wirklichkeit hielt sich Metacom ganz bewusst zurück, weil er hoffte, dadurch genug Zeit zu gewinnen, um genügend Waffen für seine antikoloniale Koalition beschaffen zu können.[12]

Intrigen und Unsicherheit auf beiden Seiten schürten die Feindseligkeit, die sich in einem bemerkenswerten Ausmaß auf eine einzige Person konzentrierte, auf John Sassamon, einen bilingualen indigenen Gelehrten und christlichen Geistlichen der Massachusetts Nation. Sassamon, durch Epidemien zur Waise geworden, war in englischen Haushalten aufgewachsen. Von Harvard war er wegen Trunkenheit relegiert worden, aber er wechselte mühelos und sicher zwischen kolonialen und indigenen Welten hin und her. John Eliot hatte ihn in christlicher Lehre unterwiesen, und Sassamon hatte Eliot bei der Übersetzung christlicher Schriften geholfen. Sassamon wurde Metacoms Berater, Schreiber und Vertrauter. Er unterstützte auch die Engländer bei einer Reihe von Landübernahmen, von denen viele umstritten waren. Im Frühjahr 1674 arrangierte er die Ausstellung von Besitzurkunden, die ihn selbst, seine Tochter und deren Ehemann zu den neuen Eigentümern des Landes rund um einen Teich in Assawompset Neck machten. Ende Januar 1675 reiste er nach Plymouth und warnte dort den Gouverneur vor einem von Metacom geplanten Aufstand. Eine Woche später fand man Sassamons aufgedunsenen Körper unter dem Eis, das Assawompset Pond bedeckte. Increase Mather, der gelehrte Geistliche in Boston, schrieb, es gebe »nur einen Grund, aus dem die Indianer John Sausaman ermordeten«: seinen Glauben. »Er war christianisiert und getauft, und er war ein Prediger unter den Indianern.« Bald darauf schrieb Mather: »So begann der *Krieg*, und dies war das erste englische Blut, das von den Indianern auf feindselige Art vergossen wurde.«[13]

Ein bei einer Missionsstation lebender Indianer namens Patuckson meldete sich zu Wort und behauptete, er habe selbst gesehen, wie drei von Metacoms Männern Sassamon getötet hätten. Metacom, der sich kaum Illusionen über die Unparteilichkeit englischer Gerichte machte, hielt seine Soldaten in Bereitschaft, teilte aber Josiah Winslow, dem Gouverneur der Plymouth Colony, mit, er »werde niemandem etwas zuleide tun«. Der Plymouth General Court, der aus zwölf Engländern und sechs nicht stimmberechtigten Missionsstations-Indianern bestand, verurteilte im März 1675 die drei von Patuckson des Mordes beschuldigten Wampanoag-

Männer; sie wurden am 8. Juni hingerichtet. John Easton, der stellvertretende Gouverneur von Rhode Island, traf sich mit Metacom, der in Begleitung unbewaffneter Soldaten erschien. Metacom ergriff die Initiative, indem er verkündete, dass »sie kein Unrecht begangen hatten, die Engländer haben ihnen Unrecht getan«. »Alle Engländer waren sich zu ihrem Nachteil einig, und so ist ihnen durch Willkür viel Unrecht geschehen, viele Quadratmeilen Land wurden ihnen weggenommen.« Easton war Quäker, und er und seine Verwaltungsbeamten stimmten mit Metacoms Darstellung überein. Die Wampanoag erinnerten sie daran, dass »sie die Ersten gewesen seien, die den Engländern Gutes getan hätten, und die Engländer die Ersten waren, die Unrecht getan hatten; sie sagten, als die ersten Engländer hier eintrafen, sei der Vater ihres eigenen Königs wie ein großer Mann und die Engländer wie ein kleines Kind gewesen«, und er »habe ihnen 100-mal mehr Land überlassen, als der König jetzt für sein eigenes Volk hatte«. Die Wampanoag spielten auf die Großzügigkeit an, mit der man den Pilgervätern begegnet sei. Die Engländer waren bestürzt. Easton schrieb, dass »40 Jahre lang Berichte und Argwohn wegen Kriegsgefahr so häufig gewesen waren, dass wir nicht glaubten, dass jetzt ein Krieg ausbrechen würde«.[14]

Gouverneur Winslow schickte Metacom am 19. Juni eine Nachricht, mit der er forderte, dass die Wampanoag-Soldaten die Waffen niederlegen sollten. Das hätte eine bedingungslose Kapitulation bedeutet. Am darauffolgenden Tag töteten Metacoms Soldaten, die über Gewehre und Rüstungen verfügten, in dem abgelegenen Ort Swansea Dutzende von Kolonisten. Sachems der Wampanoag und Narragansett kamen an einem großen Teich in der Nähe ihrer Dörfer mit Abgesandten aus Rhode Island und Massachusetts Bay in der Hoffnung zusammen, einen großen Krieg noch verhindern zu können. Als die Engländer die Narragansett drängten, von Metacom Abstand zu nehmen, reagierten die Sachems mit der Frage, warum Rhode Island und Massachusetts Bay sich der Plymouth Colony beim Kampf gegen Metacom anschließen wollten. Die Antwort darauf gab den Indianern zu denken: Die Engländer sagten, alle Kolonien in Neuengland seien Untertanen des Königs von England, ihrem Souverän, und seien zum gemeinsamen Kampf verpflichtet. Die Sachems beriefen sich auf ihr seit Langem bestehendes Bündnis mit den beiden Kolonien und forderten die Emissäre auf, sich von Plymouth loszusagen. Wenig später töteten Wam-

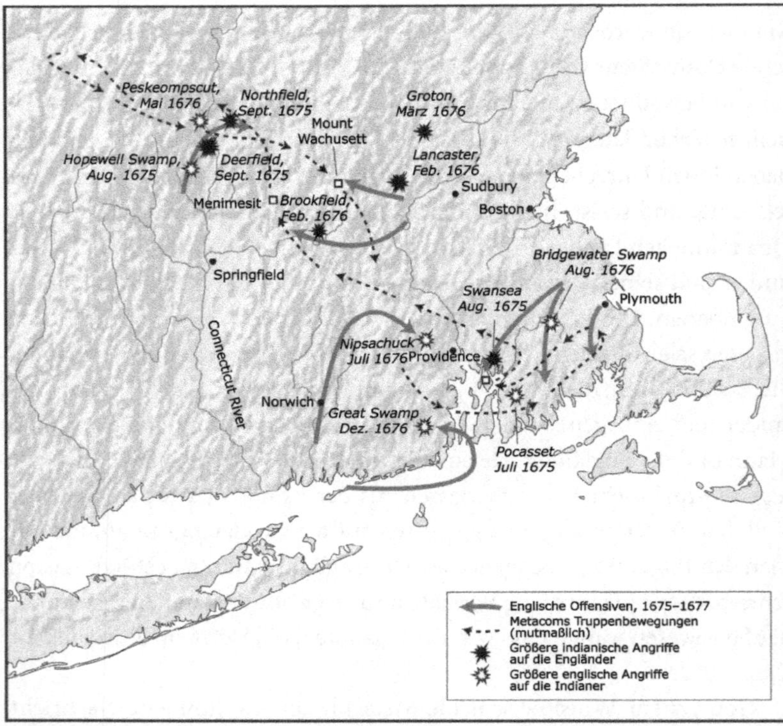

Die Schlachten und Truppenbewegungen von Metacoms Krieg

panoag-Soldaten fünf englische Kolonisten und brachten Metacom deren Köpfe.[15]

Englische Truppen plünderten Ende Juni Montaup, Metacoms Machtzentrum, und zwangen ihn zu einem eiligen Rückzug mit Kanus. Die Engländer verjagten Metacom »von allen Meeresküsten«, aber »konnten nicht sagen, was aus ihm geworden war«. Die Überlebenden schienen aus der Region geflohen zu sein. In Wirklichkeit hatten sich viele von ihnen in Menimesit gesammelt, einer geschützten und abgelegenen Flussinsel im Ware River, wo sie sich vom Fischfang und, als der Sommer weiter fortschritt, von Beeren und Pflanzen ernährten. Außerdem bereiteten sie sich auf den Krieg vor. Als der Sommer in den Herbst überging, organisierte Metacom einen strategischen Rückzug auf alten Uferpfaden, der in ein Winterlager im Land der Mohawk nördlich von Albany führte. Es bestand die Hoffnung, man könne ein Bündnis mit den Mohawk und Mohegan schließen, denen es vielleicht mithilfe der Covenant Chain gelingen könnte, den königlichen Schutz des Duke of York für Metacoms 2000 Gefolgsleute zu organisieren.

Soldaten der Wampanoag beobachteten die Operationen der Engländer aus der Ferne und verübten einzelne Überraschungsangriffe und Überfälle; damit zielten sie darauf ab, die Gegner zu verwunden und zu desorientieren, aber nicht zu töten. Die englischen Truppen aus der Massachusetts Bay konzentrierten sich auf die Verteidigung der gefährdeten Swansea-Siedlungen in der Nähe des Wampanoag-Landes und auf die Gefangennahme von Metacom. Die Gewalt fegte wie eine ansteckende Krankheit über das Land hinweg. Die Kämpfe konzentrierten sich wochenlang auf die Narragansett Bay und das Dorf Pocasset und breiteten sich dann ins Landesinnere aus; zurück blieben tote Kolonisten und Viehkadaver. Dutzende von Ortschaften in Neuengland lagen in Trümmern. Selbst die christlichen Indianer wirkten jetzt gefährlich, denn der Krieg beförderte rassistische Ressentiments. Die Kolonisten sperrten die Missions-Indianer auf einer Insel im Boston Harbor ein. Einige Pequot und Massachusett schlossen sich in der Hoffnung auf Unterstützung und Hilfe den Engländern an.[16]

Metacom strebte seinerseits ein Bündnis mit den Nipmuc im Nordwesten an, während Weetamoo auf ihr weitreichendes verwandtschaftliches Netzwerk und ihre große Kenntnis der Landschaft setzte, wenn es galt, Unterkunft, Nahrung und Schutz für ihr Volk zu sichern. Sie fand Zuflucht bei den Narragansett in der Nähe eines schützenden Feuchtgebiets, des Great Swamp. Weetamoo verließ ihren Ehemann, der sich auf die Seite der Engländer geschlagen zu haben schien, und heiratete Quinnapin, der gemeinsam mit seinem Cousin Canonchet die Narragansett Nation führte, sodass durch die Eheschließung eine auf gegenseitiger Unterstützung beruhende nationenübergreifende Konföderation geschaffen wurde. Der Kampf der Wampanoag wurde auch zum Kampf der Narragansett. Ein Steinmetz aus den Reihen der Narragansett namens Stonewall John leitete den Bau eines massiven, durch Erdwälle und Mauern geschützten Forts mit einer Grundfläche von zwei Hektar, das den verbündeten Indianern Schutz bieten sollte. Canonchet begab sich zur Aufnahme von Verhandlungen nach Boston und hoffte, damit für die verbündeten Wampanoag und Narragansett Zeit zu gewinnen. Die Wabanaki und Nashaway schlossen sich bald darauf dem Bündnis an.[17]

Skizze zum Great Swamp Fight

Die Engländer waren allerdings bereits aktiv geworden. Milizen aus Plymouth, Connecticut und Massachusetts Bay hatten sich zusammengetan und dazu noch rund 150 Pequot-Soldaten angeworben, was ihre Gesamtstärke auf etwa 1500 Bewaffnete anwachsen ließ. Sie hatten einen Narragansett-Indianer namens Peter gefangen genommen und gedroht, ihn aufzuhängen, falls er sie nicht zum neuen Fort der Narragansett und Wampanoag führen würde. Peter gab der Drohung nach. Die englischen Truppen brannten auf ihrem Weg zwei Indianerdörfer nieder, um sich auf den Kampf einzustimmen. Als sie jedoch den Great Swamp erreichten, ließ sie die Größe des Forts zunächst ebenso innehalten wie die Hunderte von Wigwams, die es umgaben. Dennoch attackierten englische Milizen am 19. Dezember, einem außergewöhnlich kalten Tag, die Festung in der Sumpflandschaft und das Fort, das rund 1300 Menschen beherbergte.

Der Krieg hatte für die Engländer alles andere als vielversprechend begonnen. Die Oberschicht in den Kleinstädten Neuenglands vermied es, Männer aus ihrer eigenen sozialen Schicht zum Militärdienst einzuziehen, und eine überwältigende Mehrheit der letztlich zum Dienst gezwungenen Männer bestand aus Kriminellen und anderen zwielichtigen Gestalten, während die Indianer als geschlossene Gemeinschaft von Männern, Frauen und Kindern kämpften, die alle zu den Kriegsanstrengungen beitrugen. Die Indianer kannten das Land außerdem sehr viel besser als die Engländer und nutzten das schwierige Gelände als Ausgleich für die waffentechnische Überlegenheit der Eindringlinge. Den Engländern gelang es nicht, die den Sumpf umgebenden Wigwams einzunehmen, weil die Indianer ihre Unterkünfte mit Getreidesäcken befestigt hatten, was diese kugelsicher machte. Da die Engländer so nicht weiterkamen, verlegten sie sich auf eine bewährte Taktik: Sie drangen in das Fort ein, steckten die Häuser in Brand, hielten die Menschen durch Gewehrfeuer im Inneren der Gebäude fest.

Rund 600 Männer, Frauen und Kinder wurden getötet und 500 Häuser niedergebrannt. Das war fast eine Wiederholung des 38 Jahre zuvor an den Pequot verübten Massakers am Mystic River. Die Engländer machten außerdem fast 800 Gefangene, von denen sie viele als Sklaven auf die Westindischen Inseln verkauften. Die Kolonisten hatten etwa 70 Tote zu beklagen. Die Gesamtzahl der Opfer aufseiten der Indigenen wäre noch höher gewesen, wenn nicht »ein merkwürdiges plötzliches Tauwetter mitten im Januar eingesetzt« hätte, das es den verbündeten Indianern ermöglichte, im Land der Narragansett Zuflucht zu suchen.[18]

Bald darauf mobilisierte der Mohegan-Sachem Uncas 300 Soldaten, mit denen er Metacoms 40 Meilen nordöstlich von Albany im Gebiet der Mohawk gelegenes Winterlager zerstörte und Metacom und seine Gefolgsleute auf diese Weise zwang, den Hudson erneut zu überqueren und in den Norden zurückzukehren. Nachdem die Wampanoag und Narragansett von den Puritanern, dem New Yorker Gouverneur Edmund Andros und, zu ihrem Entsetzen, auch von ihren christlichen Verwandten zurückgewiesen worden waren, mussten sie ihre Möglichkeiten erneut überdenken. Schließlich ergriffen die Narragansett die Initiative. Canonchet, ihr Sachem, stellte eine Armee von fast 2000 Soldaten auf und vertrieb oder tötete die Kolonisten in Zentral-Massachusetts. Die Narragansett wandten eine äußerst bewegliche Art der Kriegführung an, die durch das Wort *nqussutam* beschrieben wurde, das so viel wie »ich schaffe das Haus weg« bedeutet. Ihre bewegliche Kampfführung kam den Narragansett jetzt zugute; sie brannten Dörfer nieder und zerstörten nahezu alle Farmen westlich der Narragansett Bay. Sie hinterließen eine Schneise getöteter Nutztiere, zerrissener Bücher, achtlos weggeworfener Kirchenglocken, liegen gelassener Leichname und Körperteile.[19]

KAPITEL 12

METACOMS ANGRIFF

DIE WIRKUNGEN VON METACOMS KRIEG REICHTEN weit über Neuengland hinaus, er führte zu einer Reihe von Truppenbewegungen und verschiedenen Kriegsstrategien aufseiten der Kolonisten wie auch der Indianer. Während Metacom und seine Anhänger durch Kälte und Schnee noch mehr Gewalt und Blutvergießen entgegengingen, hatte Edmund Andros, der Gouverneur von New York, in Albany Mohawk-Clan-Mütter und Sachems zu Gast, vor denen er sich als Retter der Puritaner-Pflanzer darstellte. Gleichzeitig arbeitete er daran, die Kolonie vor dem weiter um sich greifenden Indianerkrieg abzuschirmen. Schon seit längerer Zeit hatte er Waffen und Schießpulver gehortet, weil er befürchtete, dass der Krieg auch seine Kolonie erreichen würde. Außerdem hatte er dafür gesorgt, dass »überall an der Küste Ruderboote« zur Verfügung standen. Der Retter Neuenglands schien sich darauf vorzubereiten, dass er New York von einem Augenblick zum anderen aufgeben musste.[1]

Die Verteidigung New Yorks war wegen der dort bestehenden Uneinigkeit ein Problem: Die Stadt beherbergte ein Durcheinander von Engländern, Schotten, Niederländern, Deutschen, französischen Hugenotten und freien Afrikanern, und jede Gruppe bildete ihre eigene Enklave, während die Indianer durch verwandtschaftliche Bande geeint waren. Außerdem war New York wegen seiner Topografie schwer zu verteidigen. Die Five Nations und die Franzosen konnten aus drei Richtungen auf dem Wasserweg schnelle Angriffe führen. Deshalb wollte Andros unbedingt einen Vertrag mit den Mohawk schließen, die kundgetan hatten, dass sie »immer ein Leib und eine Seele« mit den Niederländern gewesen seien und darum nach der Übergabe New Yorks an England eine ständige Bedrohung für Englisch-Amerika blieben. Andros wusste um seine schwache Position und schlug deshalb einen Vertrag vor, der die Mohawk zur Loyalität gegenüber den Engländern »ermutigte« und darum bat, sie »nicht ohne Grund zu belästigen«.

Neuengländer warben mit einem verzweifelten Vorstoß christliche Indianer »als Spione« für den Kampf gegen ihre eigenen Verwandten an und lösten damit im Rahmen des umfassenderen Krieges zwischen Indianern und Kolonisten auch noch einen indigenen Bürgerkrieg aus. Bald darauf griffen Metacoms Wampanoag-Kämpfer die Stadt Northampton an, was den Massachusetts Council zu einer Beratung über die Frage veranlasste, ob man eine acht Fuß hohe Mauer um Boston errichten sollte. Metacom und seine Soldaten waren der Stadt bereits bedrohlich nahe gekommen. Sir William Berkeley, der Gouverneur von Virginia, war zwar rund 650 Kilometer vom aktiven Kriegsgeschehen entfernt, sorgte sich aber dennoch darum, wie »die ungünstige Beeinflussung der Indianer in Neu-England sich auf die Marylander und die nördlichen Teile Virginias ausgeweitet hat«. Er glaubte, die Indianer »wären uns gerne los, wenn sie könnten, aber ich danke Gott dafür, dass sie bisher noch nicht gewagt haben, uns als Feinde gegenüberzutreten«.[2]

Der Krieg weitete sich bald auf den religiösen Bereich aus. Das Bibel-Commonwealth der Puritaner brach unter den Angriffen der Indianer zusammen, die sich bereits in Richtung Osten nach New York ausbreiteten und die Engländer mit der Furcht erfüllten, dass Satan und die Indianer, denen sie Gewalt angetan hatten, jetzt Vergeltung üben würden. Gott strafte sie für ihre Sünden. Sie mussten die Heiden vernichten, um sich ihres Gottes würdig zu erweisen. Die Berichterstattung über einen Engländer, der vor seinem Haus mit der Bibel in der Hand einer Gruppe indianischer Kämpfer gegenübertrat, als wäre er unbesiegbar, war typisch für die Zeit. Indigene Soldaten töteten den Mann auf der Stelle, »verhöhnten seinen Glauben, oder die damit verbundene Torheit, schnitten ihn auf und steckten ihm die Bibel in den Bauch«. Eine Einheit der Narragansett tötete im Frühjahr 1676 fast 80 Soldaten aus Plymouth und christliche Wampanoag in einem Hinterhalt, und wenig später griff ein Stoßtrupp der Narragansett Providence an und brannte mehrere Häuser nieder. Eines dieser Häuser gehörte dem puritanischen Geistlichen Roger Williams, der zuvor Indianer in seinem Haus willkommen geheißen und ihre Sprache erlernt hatte. Die Narragansett sagten zu ihm, Gott sei jetzt mit ihnen und habe sich von den Engländern losgesagt, weil sie so viele Indianer getötet hätten. Doch sie ließen Williams am Leben. Nur wenig später begann der Geistliche den Verkauf der von Providence gemachten indianischen Kriegsgefangenen in die Sklaverei zu befürworten. Die schwer bedrängten Kolonisten meinten jetzt, nur ein massives Blutvergießen würde ihre Seelen retten.[3]

Die brutale, aber nachvollziehbare indigene Gewalt wurde durch einen über mehrere Generationen hinweg angehäuften Groll geschürt, und ihre Entfesselung zielte auf die Entfernung der anmaßenden und völkermörderischen Kolonisten aus der indigenen Welt ab. Eine Zeit lang sah es so aus, als könnten die Indianer die Kolonisten ins Meer treiben. Die Angreifer wüteten in Städten, Dörfern und Forts, ohne auf wirksame Gegenwehr zu treffen. Die verbündeten Indianer luden jetzt Vertreter der Puritaner ins Land der Nipmuc ein und verhandelten aus einer Position der Stärke heraus. Monoco, ein Sachem der Nashaway, warnte die Kolonisten, dass das indigene Bündnis jede englische Stadt auf dem Weg nach Boston plündern werde, falls sie den Bedingungen der Indianer nicht zustimmten. Metacoms Streitkräfte waren drauf und dran, das Gleichgewicht der kolonialen und indigenen Machtverhältnisse zu ihren Gunsten zu kippen, was für die Puritaner gleichbedeutend mit der Apokalypse war.

Aber dann wendete sich das Blatt. Die New England Confederation begann einen gemeinsamen Feldzug gegen die indigenen Armeen und mobilisierte dafür ihre Bürger, ihren Gott und, was am wichtigsten war, ihre indianischen Verbündeten; sie nannten es einen heiligen Krieg, in dem sich die Rechtschaffenen gegen die indigenen »Plünderer« und »Bestien« durchsetzen sollten. Die Kolonisten brachten loyale Missions-Indianer und Mohawk mit großzügigen Geschenkgaben dazu, sich ihnen anzuschließen, und sie gaben die starren europäischen Methoden der Kriegführung zugunsten der beweglichen indigenen Strategie auf, die auf Hinterhalte, taktische Rückzüge, weiträumige Verteilung und individuelle Scharfschützenkunst setzte. Die Mohawk kämpften für sich selbst, als sie im Winter 1676/77 einen Feldzug gegen Metacoms Bündnis führten. Die New England Confederation war das eindrucksvollste und schlagkräftigste koloniale Projekt im Osten, und die Mohawk wollten sie auf ihrer Seite haben.

Metacoms Lage verschlechterte sich. Seine Nahrungsmittel- und Munitionsbestände gingen zur Neige, und seine Koalition sah sich jetzt dem Zorn der Kolonisten ausgesetzt, die über mehr Waffen, Versorgungsgüter und Menschen verfügten. Mather stellte am 9. Mai 1677 fest, dass »Gott die Mohawk auf unsere Feinde losgelassen hat und dass sie an Durchfall und Fieber erkrankten, was sich für eine Vielzahl von ihnen als tödlich erwies«. Das war der Wendepunkt. Captain William Turner führte am 19. Mai 1676 eine aus mehr als 100 Soldaten und Freiwilligen bestehende Kampfeinheit zu einem indianischen Fischerdorf in Peskeompscut. Er befahl einen Nachtangriff, bei dem 200 Frauen, Männer und Kinder getötet wurden. Die Indianer übten Vergeltung, was ein weiteres Massaker auslöste. Die Mohagen, Pequot und ihre Connecticut-Hilfstruppen, denen es nicht gelungen war, Metacom aufzuspüren, entdeckten eine Gruppe von Narragansett im Nipsachuck Swamp. Die Mohegan und Pequot griffen im Zentrum an, während die Engländer auf den Flügeln einen Reiterangriff führten. Der Blutzoll der Narragansett mit 126 Toten wäre noch größer ausgefallen, wenn die Mohegan und Pequot nicht auf Zurückhaltung bestanden hätten. Der Krieg hatte völkermörderische Züge angenommen und war für Metacoms Gefolgsleute nicht mehr durchzuhalten.[4]

Kolonisten begannen in ganz Neuengland mit der Jagd auf Indianer, die englische Soldaten nach Kriegsrecht getötet hatten, machten ihnen den Prozess und hängten sie auf. Mather schrieb: »Die Heiden werden in die Grube gelegt, die sie ausgehoben haben, und in dem Netz, das sie verborgen ausgelegt hatten, verfängt sich ihr eigener Fuß.« Die Kolonisten nahmen mehr als 100 Wampanoag gefangen – ein unersetzlicher Verlust für Metacom. Streitkräfte aus Plymouth und Rhode Island zogen sich um Weetamoo und Metacom und ihre zusammengeschmolzene Schar von Gefolgsleuten zusammen. Metacom schnitt sich die Haare kurz und zog sich nach Montaup zurück, in seinen Hauptstützpunkt, die Heimat seiner Vorfahren. Weetamoo ertrank am 6. August 1676 beim Versuch, vor den Kolonialtruppen zu fliehen. Die Engländer ließen ihren Leichnam einfach liegen und demonstrierten so ihre Dominanz über sie und ihr Geschlecht. Sechs Tage später erschoss ein Missions-Indianer namens John Alderman, der sich den Engländern angeschlossen hatte, Metacom. Die Kolonisten schnitten dem Leichnam den Kopf ab, brachten ihn nach Plymouth und steckten ihn auf einen Pfahl auf einem Wachtturm. Den Schädel behielten sie 25 Jahre lang dort. Mindestens 3000 indigene Männer, Frauen und Kinder waren getötet worden, fast 70 Prozent der Völker Metacoms und Weetamoos, und womöglich 2000 weitere verließen die Region. Soldaten der

Wampanoag entzündeten am 19. Oktober 1675 ein großes Feuer in der Nähe des Städtchens Hatfield. Als die Einheimischen nachsehen wollten, was es mit dem Feuer auf sich hatte, töteten die Wampanoag neun von ihnen.[5]

Die gewalttätigen Zusammenstöße zwischen Native Americans und Kolonisten in den späten 1670er-Jahren, die von den Engländern später als Metacoms Krieg oder King Philip's War bezeichnet wurden, waren für die Kolonisten eine unerhörte Katastrophe, ungeachtet des offenkundigen Sieges. Neuengland hatte 600 Soldaten verloren, etwa zehn Prozent der Gesamtzahl, und mindestens 1000 Kolonisten waren bei Konfrontationen mit indianischen Soldaten gestorben, die von den Engländern als Wilde gebrandmarkt wurden. Die Kolonie erlitt schwindelerregende Verluste an materiellem Besitztum im Wert von 150.000 Pfund, und das in einer Zeit, in der ein Betrag von 100 Pfund ein sehr ansehnliches Jahreseinkommen war. Mehr als 1000 Häuser von Kolonisten waren niedergebrannt, rund zwei Dutzend Städte waren entweder zerstört worden oder hatten schwere Verwüstungen erlebt. Die Engländer erreichten die räumlichen Grenzen der Vorkriegszeit erst im Jahr 1700 wieder, und den Neuengländern drohte der baldige Zusammenbruch ihres Bibel-Commonwealths. Metacom war getötet worden, aber die Indianerkriege wüteten im Norden entlang der Grenze Neuenglands zu Akadien weiter, wo die Western Abenaki vorgeschobene englische Siedlungen angriffen und sie fast alle zerstörten. Increase Mather verurteilte den Landhunger seiner Mitkolonisten: »Farmen und Handelsgeschäften ist der Vorzug gegeben worden vor Gottes Wort.«[6]

Das Gemetzel, das die Engländer unter den Native Americans anrichteten, war ein Zeichen von Schwäche, nicht von Stärke. Die Puritaner hatten in Furcht vor den Indianern gelebt, weil sie sich der Tatsache bewusst waren, dass die Indianer das Land besser kannten und sie überall angreifen konnten, ob nun in den Sümpfen oder in den Wäldern, ja sogar in ihren eigenen Städten. Die Puritaner waren bereits lange vor dem entsetzlichen Krieg um ihr Seelenheil besorgt gewesen, und ihre Ängste wurden gegen Kriegsende nur noch größer. Die Ermordung indigener Frauen und Kinder, die Verstümmelung indigener Leichname und der nackte Hass und das Wüten und Toben erschütterten das Selbstbild der Kolonisten, die sich als zivilisiertes Volk empfanden. Ganz Neuengland schien in die Barbarei abzugleiten, und seine moralische Verkommenheit wurde von den zwischenzeitlichen Siegen der Heiden auf dem Schlachtfeld bestätigt.

Die Kolonisten verlegten sich aufs Schreiben, um dem Geschehen einen Sinn abzugewinnen. In den Jahren von 1675 bis 1682 wurden 29 Berichte über den Krieg verfasst. Der berühmteste davon war Mary Rowlandsons Schilderung ihrer Gefangenschaft. Rowlandson war im Februar 1676 in der Ortschaft Lancaster von Nipmuc-Indianern gefangen genommen worden und verbrachte drei Monate bei ihnen. Sie wurde für 20 Pfund »ausgelöst« und zog anschließend mit ihrem Ehemann, einem puritanischen Geistlichen, nach Boston. Dort verfasste sie dann *The Soveraignty and Goodness of God (…): Being a Narrative of the Captivity and Restauration of Mrs. Mary Rowlandson,* einen Bericht, der sofort zu – Amerikas erstem – Bestseller wurde. Ihr Thema war die Befreiung, die Erlösung der Seele von der Gefangenschaft in der Wildnis, und das fand einen mächtigen Widerhall bei den schwer in Mitleidenschaft gezogenen Kolonisten. Rowlandson befreite sich schreibend aus der Knechtschaft und fand in die Zivilisation zurück, sie erlöste sich selbst und ihr nach Tausenden zählendes Lesepublikum von der Verdammnis. Aber ihr erstaunlich populärer Bericht hielt den Neuengländern außerdem auch den Krieg und seine Schrecken in frischer Erinnerung. Wenn die Menschen immer wieder aufs Neue den Tadel der Autorin lasen, dass »unser verderbtes und böses Verhalten im Angesicht des Herrn diesen so erzürnt hat, dass er, anstatt seine Hand gegen sie [die Indianer] zu erheben, diese Menschen nährt und stärkt, so dass sie zu einer Geißel für das ganze Land werden«, dann hatte das eine tiefe Wirkung. Das gemeinsam ertragene Unglück und Leid entwickelte sich zu einer Aussicht auf eine zukünftige Koexistenz.[7]

Während manche Kolonisten lasen, um ihre neue Welt zu verstehen, versuchten sich andere zu heilen, indem sie ihre Seelen vom Teufel reinigten, und das mit durchaus unterschiedlichem Erfolg. Mather sah den Krieg als Gottes Strafe für Neuenglands Sünden und moralische Verfehlungen. Die pazifistisch gesinnten Quäker stimmten dieser Einschätzung zu und erklärten, die Puritaner hätten Gottes Zorn herausgefordert, indem sie die Quäker verfolgt hätten. Die englischen Kolonisten waren zunehmend uneins, und sie mussten drastische Maßnahmen ergreifen, um sich selbst vor dem Teufel, den Indianern und den Franzosen zu schützen. König James II. verfügte 1686 die Vereinigung des Mosaiks kleiner Kolonien an der mittleren Atlantikküste – dazu zählten Massachusetts, Connecticut, Plymouth, Rhode Island und die nicht klar umrissenen Territorien Maine und New Hampshire – zu einer einzigen Riesenkolonie, dem Dominion of New England. Diese neue Gebietseinheit sollte die Kolonisten schützen und ihnen ermöglichen, sich auf die eine und wirklich grundlegende Aufgabe zu konzentrieren: das Mutterland durch Handel, Steuern und importierte Sklaven reich zu machen. Der König ernannte den fähigen und autokratisch agierenden Edmund Andros zum Gouverneur der vereinigten Kolonie. Andros sollte das Dominion mit eiserner Hand regieren, ohne sich von gewählten Versammlungen irgendetwas sagen zu lassen. Die Gründung des Dominions war ein schwerer Schlag für die einzelnen Kolonien, denn sie begrenzte ihre wirtschaftlichen Entscheidungsmöglichkeiten, erhöhte die Steuerlast und bedrohte ihre religiöse Freiheit. Das Dominion wurde 1688 um New York und New Jersey erweitert, nur um bereits ein Jahr später aufgelöst zu werden, als Wilhelm von Oranien, der Generalstatthalter der Niederlande und selbsternannte Beschützer des protestantischen Glaubens in Europa, mit einer starken Flotte nach England übersetzte und James II. zur Flucht zwang.[8]

Die Wabanaki-Sachems Madockawando und Moxis verkündeten Anfang August, dass Andros ein Schurke sei und sie die Absicht hätten, nach Neuengland vorzustoßen und »all ihr Land nach und nach in Besitz zu nehmen«. Die Krisen vervielfachten sich und überwältigten die Kolonisten. Das Jahr 1689 wurde zum *annus horribilis*, zum Schreckensjahr. Der Aufstand gegen Andros war unblutig verlaufen, aber die Gewalt folgte nur wenig später. Milizionäre verließen die Forts und Garnisonen in Scharen und setzten die gesamte ungeschützte Grenze Neuenglands damit den gemeinsamen Angriffen von Wabanaki und Franzosen aus. Englische Städte fielen wie Dominosteine, als die Gewalt sich über das Land ausbreitete. Der Milizhauptmann Jacob Leisler rief Ende Mai 1689 zum Widerstand gegen die Indianer auf, aber die sich ausbreitende Krise war noch nicht beendet. Leisler beherrschte den südlichen Teil von New York zwei Jahre lang und zog dort die Macht an sich. Er wurde 1691 als Verräter hingerichtet. Der Reverend Ebenezer Babson beharrte im Hochsommer 1692 darauf, dass eine »Bedrängnis«, die der Stadt Gloucester in Massachusetts widerfuhr, nicht das Werk »leibhaftiger Franzosen und Indianer [sei], sondern das Werk des Teufels und seiner Helfershelfer».[9]

Die Massachusetts Bay Colony hängte in der Zeit von Juni bis September 1692 im Dorf Salem vierzehn Frauen und fünf Männer wegen Hexerei. Ein Mann wurde mit schweren Steinen zu Tode gequetscht. Auch zwei Hunde wurden für schuldig befunden. Der Teufel schien ins Dorf eingedrungen zu sein, und eine Reihe von Kindern, jungen Frauen und verwaisten weiblichen Hausbediensteten hatte ältere Frauen beschuldigt, sie in der gespenstischen Gestalt des Teufels gequält zu haben. Ein Richter am Ort verhörte die fünf Jahre alte Dorothy Good, die unter dem Verdacht stand, Gespräche mit dem Teufel zu führen und Menschen durch bloßes Anschauen körperliche Schäden zuzufügen. Das Kind tat kund, dass es eine Schlange am Grundgelenk seines Zeigefingers nähren würde. Dorothy wurde ins Gefängnis gesperrt, wo sie neun Monate in schweren Ketten zubrachte. Andere Beschuldigte waren in ihrer Vorstellung von der Erdschwere befreit, sie flogen durch die Lüfte, hoch über den amerikanischen Wäldern, in denen insgeheim ständig ihre Gestalt wechselnde Kreaturen umherschlichen, plünderten und Leben nahmen. Nach den Aussagen der Besessenen handelte es sich dabei um Indianer, und die beschränkten sich nicht aufs Plündern und Töten; manche von ihnen hätten sich mit den widerwärtigen Franzosen zusammengetan, um englische Siedlungen anzugreifen.

Es war kein Zufall, dass im Jahr 1692 die Indianergrenze nicht mehr als 50 Meilen von Salem entfernt war: Die räumliche Nähe nährte die Furcht und lud eine bereits etablierte Tradition von Hexenjagden in der Neuen Welt mit zusätzlicher Spannung auf. So sehr die Kolonisten auch bestrebt waren, rein und tugendhaft zu leben, fühlten sie sich dennoch von den Tentakeln des Teufels bedroht, die sich um sie herumschlängelten.

Eine Bewohnerin des Ortes war Tituba, eine indianische Sklavin aus der Karibik, die als erste Frau beschuldigt wurde, Hexerei zu praktizieren. Sie verteidigte sich klug und methodisch und zeigte heuchlerische Reue. Sie kannte ihren Katechismus und die Bibel und gab zu – offenbar, um die Kolonisten zu beschwichtigen –, gemeinsam mit den beiden Kolonistinnen Sarah Good und Sarah Osborne einen Besenritt am Himmel unternommen zu haben. Die drei Frauen wurden in einem Karren zum Prozess nach Boston gebracht. Tituba erklärte dabei gefasst, dass sie sich geweigert habe, Kinder zu foltern, als ein weißhaariger Mann ihr das im der Hysterie verfallenen Dorf befohlen habe. Anschließend bezeichnete sie Good und

Osborne als Hexen. Sie schien genau zu wissen, wie sie in der kriselnden kolonialen Siedlung überleben konnte.

Solche Krisen hatte es schon früher gegeben, sie dienten als Warnung vor Hexenjagden, die von Furcht eingeleitet wurden, aber die Bewohner von Salem ließen sich von weiteren Beschuldigungen nicht abbringen. Insgesamt wurden 144 Personen angeklagt – 38 Männer und 106 Frauen. Hexerei wurde hauptsächlich als Verbrechen von Frauen betrachtet; ihre schwächeren Körper ließen sie für die Sünde empfänglicher werden, lautete die zugrunde liegende Theorie. Aber es gab irdischere Gründe für den überproportionalen Anteil von Frauen unter den Beschuldigten: Viele von ihnen waren unglücklich über ihre Lebensumstände, besonders wegen der chronischen Überarbeitung, die mit dem Roden von Anbauflächen und dem Holzrücken verbunden war, und hatten sich darüber beklagt, was gegen die vorherrschenden Geschlechterrollen verstieß.

Unter den Anklägern und Richtern waren Personen, die mit Isaac Newtons Schriften vertraut waren und die einsetzende wissenschaftliche Revolution begrüßten, dennoch ließen sie Menschen auf der Grundlage von Träumen und Visionen hinrichten. Körperliche Missbildungen, ungewöhnliche Körperkräfte und eine unempfindliche Haut konnten ebenso zu einer Verurteilung führen wie erfolgreiche Wahrsagerei. Die Kolonisten rangen um ein Verständnis dessen, was real und was nicht real war und was ihnen selbst gerade widerfuhr. Sie stellten ihre eigene Autonomie als menschliche Wesen infrage, nachdem sie vom Teufel besiegt worden waren, der ebenfalls eine Schöpfung Gottes war. Streitigkeiten zwischen Nachbarn und Neid auf wohlhabende Mitkolonisten waren oft die wirklichen Gründe für Beschuldigungen. Viele Kolonisten glaubten, dass ihre Leiden und Verluste in den noch andauernden Indianerkriegen Zeichen ihrer von Gott festgestellten Unwürdigkeit seien. Nordamerika – seine anhaltende Indigenität, seine beharrliche Unzugänglichkeit im Angesicht des einen wahren Gottes, seine merkwürdigen Kodizes von Gewalt und Krieg – hatte die Neuengländer gegeneinander aufgebracht.[10]

KAPITEL 13

BÜRGER- UND ANDERE KRIEGE IN VIRGINIA

ALS NEUENGLAND IN DEN 1670ER-JAHREN in King Philip's War versank, zögerte man in Virginia nicht lange mit dem Kommentar, dass Gott die Puritaner jetzt für ihre Sünden bestrafe. Die Puritaner waren bereits in England eine unbeliebte Minderheit gewesen, und sie waren es auch in Amerika. Gouverneur William Berkeley und andere Virginier brachten für die starrköpfigen Dissenters, die nicht zu begreifen schienen, dass die englischen Institutionen und Traditionen an die Lebensbedingungen in der Neuen Welt angepasst werden mussten, nur wenig Toleranz auf. Berkeley tat sie als Fantasten ab, die der Wirklichkeit entrückt seien und nicht erkennen würden, wie gefährlich die indigene Bedrohung für das englische Amerika sei. »Die Männer Neuenglands glaubten, wohl eher vom Perser oder vom Mogul überfallen zu werden als von ihren Indianern«, schrieb er. Die indianische Frage offenbarte gefährliche Konfliktlinien zwischen den Engländern innerhalb der einzelnen wie auch zwischen den Kolonien.[1]

Virginia hatte selbst mit charakteristischen und potenziell explosiven Problemen zu kämpfen. In den frühen 1630er-Jahren hatten die Tabakpreise einen Tiefststand erreicht und verharrten auf niedrigem Niveau, sodass es fast unmöglich war, in diesem Bereich Gewinne zu erzielen. Nur die wohlhabendsten Pflanzer machten weiter, während viele arme Virginier sich nur mit Mühe über Wasser hielten. Ein stetiger Zustrom afrikanischer Sklaven brachte die Kolonie in gefährliche Schieflage: Arme Weiße und schwarze Sklaven bildeten mittlerweile eine Reservearmee ausgebeuteter Menschen, die für die wohlhabende weiße Aristokratie arbeiteten und einen gemeinsamen Groll gegen die weiße Elite hegten.

Für eine Kolonie in der Neuen Welt war das eine extrem instabile Grundlage. Während pro Jahr an die 5000 Tonnen Tabak von Virginia aus nach London verschifft wurden, strömten Zehntausende von Einwanderern in die Kolonie, die von der Aussicht angezogen wurden, Landbesitzer zu werden. Jeder männliche Einwanderer, so niedrig sein gesellschaftlicher Stand in England auch gewesen sein mochte, erhielt 50 Acres, etwa 20 Hektar, zugewiesen – ein schwindelerregendes Startkapital für den sozialen Aufstieg. Doch es gab einen Haken. Nur ein kleiner Teil der Armen konnte das Geld für eine Atlantiküberquerung aufbringen, die meisten Auswanderer mussten sich deshalb auf Jahre hinaus einem Schiffskapitän oder einem Pflanzer in Virginia verpflichten, indem sie eine »Indenture« unterschrieben, einen Vertrag, der sie rechtskräftig zu unfreien Arbeitern im Dienst einer Herrenschicht machte. Die Überfahrt einer Einzelperson nach Virginia mag von großen Hoffnungen begleitet gewesen sein, aber kurzfristig gesehen war die Auswanderung mit härtester Arbeit auf Tabakfeldern und einem untergeordneten Status unter einem Brotherrn verbunden, der seine Arbeitskräfte auspeitschen durfte, ihre Verträge bereits wegen geringfügiger Vergehen verlängern und sie sogar verkaufen konnte, wenn es etwa Spielschulden zu begleichen gab. Die Kolonisten liefen Gefahr, ihren wertvollsten Handelsartikel in der Neuen Welt zu verlieren: ihre mit größter Sorgfalt konstruierte Männlichkeit.[2]

Berkeley war sehr daran gelegen, die ihrer Illusionen beraubten Knechte zu beschwichtigen, deshalb setzte er dem Expansionsdrang der Siedler Grenzen, um zu verhindern, dass zu viel Tabak produziert wurde, was die Preise drückte. Doch die Pflanzer-Elite drängte weiter ins Landesinnere, wo sie armen Kolonisten und Indianern ihr Land wegnahm. Die Spannungen zwischen Kolonisten und Indianern verschärften sich ebenso wie die Konflikte zwischen abhängigen Arbeitern und Indianern, die sich gegenseitig als Rivalen und Feinde betrachteten. Der Hass auf Indianer war in Virginia seit dem Zusammenbruch der Powhatan-Konföderation im Jahr 1644 immer größer geworden. Virginia hatte sich bis zu den 1670er-Jahren zu einer selbstbewussten Siedlerkolonie entwickelt – der wohl ersten in Nordamerika –, die von Furcht und Landhunger angetrieben wurde und entschlossen war, indigene Völker von den nach eigener Willkür beanspruchten Grenzen zu vertreiben. Berkeley befürwortete einen mit allen verfügbaren Mitteln geführten Krieg gegen die Susquehannock, die als Jäger, Fischer und Ackerbauern lebenden Doeg und andere Indianer, die bis dahin noch nicht unterworfen und tributpflichtig gemacht worden waren. Er war der Ansicht, dass selbst versklavte Indianer anderswohin verkauft werden sollten, um die Kolonie rein zu halten.[3]

Unter solchen Bedingungen bedurfte es nur eines einzigen Zusammenstoßes, um einen großen Krieg auszulösen. Eine Gruppe von Doeg kam im Juli 1675 zu Thomas Matthews, einem Pflanzer im Tal des Potomac River, und forderte ihn auf, eine alte Schuld zu begleichen. Mathews weigerte sich, und die Doeg stahlen daraufhin ein paar seiner Schweine. Matthews' Aufseher verfolgte die Indianer und tötete einen von ihnen. Die Doeg traten den Rückzug an, kehrten aber später zurück und brachten den Aufseher um. Die Virginia-Miliz verfolgte die Indianer bis nach Maryland. Dort stießen sie auf zwei Hütten und gingen zum Angriff über. Erst als sich ein Mann aus dem Kugelhagel rettete und bittend Captain George Masons Hand ergriff, erkannten die Virginier, dass sie friedliche Susquehannock getötet hatten. Im August töteten die Susquehannock als Vergeltung einige Kolonisten, was Berkeley zur Mobilisierung von 750 Milizionären veranlasste. Während Gerüchte über bevorstehende Angriffe umgingen, mobilisierte die Regierung von Maryland 250 Milizionäre und 100 beistandspflichtige Indianer. Kein Kolonist bot eine Entschädigung für die Toten an, um die zur irokesischen Sprachfamilie gehörenden Susquehannock zu beschwichtigen.

Stattdessen ließen Hauptleute der Milizen fünf Sachems der Susquehannock die Schädel einschlagen. Nur wenige Wochen nach dem Ausbruch von Metacoms Krieg zogen auch die Susquehannock in den Krieg. Plötzlich kämpften fast alle englischen Kolonien ums Überleben.[4]

Die Susquehannock zählten zwar zu den kleineren Nationen, entwickelten sich aber zu einer bedeutenden Regionalmacht mit weitreichenden Verbindungen. Mitte des 17. Jahrhunderts hatten sie das Land rund um die Wasserscheide des Susquehanna-Tals von einer zentralen Ortschaft aus beherrscht, die nahezu in jeder Generation von einer Gruppe zur anderen wechselte. Doch im Verlauf der 1660er-Jahre erwies sich diese Ausrichtung auf ein Zentrum als großer Nachteil. Die Susquehannock wurden wiederholt von Epidemien heimgesucht, und ihre Zahl sank bis zum Jahr 1675 dramatisch von ursprünglich etwa 5000 auf nur noch 400. Diese Nation war innerhalb sehr kurzer Zeit im Verhältnis zu allen benachbarten Gruppen hoffnungslos in die Minderheit geraten. Ihre Kämpfergruppen bestanden jetzt aus Jungen und jungen Männern im Teenageralter, die mit Äxten, Bogen und Steinschlossgewehren bewaffnet waren. Diese von Trauer überwältigten und von Verzweiflung angetriebenen Armeen von Jugendlichen machten keine Gefangenen und zogen es vor, ihre Feinde zu foltern, anstatt sie rasch zu töten. Auch die Irokesen fügten den Susquehannock schwere Verluste zu und zwangen die Überlebenden, sich an einem neuen Standort niederzulassen, am Piscataway Creek im Süden.

Genau an diesem Ort bekamen es die Susquehannock im Sommer 1675 mit einer 1000 Mann zählenden Armee aus Virginia und Maryland zu tun. Die Susquehannock hielten die Kolonisten sechs Wochen lang auf Distanz und begannen dann, im tiefen Winter, mit Überfällen auf die Nordgrenze Virginias, die den Kolonisten, die auf Angriffe der Indianer während der wärmeren Monate eingestellt waren, stark zusetzten. Die Susquehannock hatten vermutlich die Wintersonnenwende-Zeremonie abgehalten, bei der sie Träume deuteten. Dabei schienen sie vom Krieg geträumt zu haben. Sie töteten drei Dutzend Kolonisten und hinterließen dabei Leichname, die auf vielsagende Art und Weise verstümmelt worden waren. Kolonisten flohen panisch und ließen ihre Plantagen im Stich. Bis zum März 1676 wurden Dutzende von Virginiern getötet, und 60 Plantagen am Rappahannock River waren menschenleer. Eine »drohende Katastrophe machte die kopflose große Mehrzahl ganz verrückt«, meinten manche Beobachter.[5]

Diese Mischung aus Furcht und Sorge setzte eine Entwicklung in Richtung eines Bürgerkriegs in Gang. Gouverneur Berkeley bevorzugte eine defensive Strategie und wollte am Westrand der Küstenebene und oberhalb der Falllinie am Übergang zum Piedmont-Plateau entlang der großen Flüsse eine Kette von Grenzforts errichten, um die Native Americans fernzuhalten. Er wollte den sich abzeichnenden Krieg außerdem auf die feindseligen Susquehannock begrenzen. So brachte er die kleinen Pflanzer gegen sich auf, deren Land an das Gebiet anderer indigener Gruppen angrenzte, was ihren Zugang zu weiterem Landerwerb blockierte. Die Kolonisten verlangten lautstark einen unterschiedslosen Krieg gegen alle Indianer.[6]

An dieser Stelle hat Nathaniel Bacon seinen Auftritt, ein Neuankömmling in Virginia und angeheirateter Cousin Berkeleys, der seinen Ehrgeiz kaum zügeln konnte. Bacon hatte in Cambridge studiert, aber bei seiner

Ankunft in der Neuen Welt hatten ihn ein zwielichtiger Ruf und reichlich Silber im Gepäck begleitet; er fand raschen Zugang zu Elitekreisen wie zu den einfachen Leuten. Er trieb Handel mit Indianern, wurde zu einem Anführer unter den Frontiersmen in Virginia und nutzte seine Verbindung zu Berkeley, um zu einem Sitz im Rat des Gouverneurs zu kommen. Er besaß eine Plantage in Curles Neck am James River nahe der Falllinie, wo er mit seiner schwangeren Frau Elizabeth und ihrer kleinen Tochter ohne jeden Schutz vor Angriffen der Indianer lebte. Bacon begann jetzt als Befürworter eines Krieges in völkermörderischer Absicht gegen die Indianer aufzutreten, und er wollte den Krieg weiter nach Süden tragen, weg von der Plantage seiner Familie. Sein Selbstbild als patriarchalischer Herrenmensch stand auf dem Spiel, und damit war er nicht allein; viele Männer in Virginia teilten seine Sorgen. Die Trennlinie zwischen ihren eigenen Haushalten und der Kolonie verwischte sich, als die Kolonisten es mit Indianern zu tun bekamen, die sie angriffen, verhöhnten und als Feiglinge bezeichneten. Bacon war der Ansicht, dass seine Sache, so subversiv sie auch sein mochte, zugleich auch die Sache Virginias sein sollte. In seiner eigenen Gedankenwelt blieb er ein selbst ernannter loyaler Untertan des Königs.[7]

Bacon legte eine sechs Punkte umfassende Kritik an Berkeley und seiner Politik vor, in der er den Gouverneur beschuldigte, ungerechte Steuern zu erheben und den Handel mit Biberpelzen zu monopolisieren. Aber in Wirklichkeit war es die Indianer-Frage, die Virginia spaltete. Bacon legte Berkeley zur Last, er habe »die Indianer zum Nachteil der treuen Untertanen Seiner Majestät beschützt, begünstigt und ermutigt« und habe »niemals Gegenmaßnahmen ergriffen oder irgendein passendes oder angemessenes Mittel der Entschädigung für ihre zahlreichen gegen uns begangenen Überfälle, Räubereien und Morde festgesetzt«. Virginias Indianerpolitik sei eine Frage des nackten Überlebens, schäumte Bacon, und Berkeley habe auf diesem Gebiet versagt und damit die gesamte Kolonie in Gefahr gebracht. Und was alles noch schlimmer mache: Es bestehe die Gefahr eines katholischen Aufstands. Lord Baltimore, dem katholischen Besitzer Marylands, wurde gerüchteweise nachgesagt, er habe ein Bündnis zwischen Indianern und »Papisten« geschmiedet, um dem Protestantismus in Nordamerika den Garaus zu machen.

Bacon bot dem Gouverneur die Stirn, riss die Indianerpolitik der Kolonie an sich, machte sich zum Anführer einer Privatarmee von Kolonisten und vertraglich gebundenen Dienern und führte diese Streitmacht südwärts, auf der Suche nach Susquehannock, die es zu töten galt. Diese als »Freiwillige« (»Volunteers«) bezeichneten Männer wussten, dass viele Susquehannock sich an die gut vernetzten Occaneechi auf Roanoke Island gewandt und ihnen ein gegen Virginia gerichtetes Bündnis vorgeschlagen hatten. Aber die Volunteers erreichten die Occaneechi zuerst, und Bacon überredete sie zu einem Angriff auf die Susquehannock. Als die Occaneechi mit gefangenen Susquehannock zurückkehrten, bestand Bacon darauf, dass ihm die Gefangenen übergeben wurden. Im anschließenden Durcheinander fiel ein Schuss, worauf die Volunteers gegen die Occaneechi-Festung vorgingen. Der Kampf dauerte die ganze Nacht lang und bis zum darauffolgenden Nachmittag. Bacon berichtete, dass »wir etwa 100 Mann und 2 ihrer Könige vernichteten, neben Frauen & Kindern«, was »den Leuten Befriedigung« verschafft habe. Aber der Sieg habe Berkeley »so erbost«, sagte Bacon, dass er selbst »unter größerer Gefahr nach Hause zurückkehrte«.[8]

Der Gouverneur brandmarkte Bacon als Gesetzlosen und setzte eine Wahl für das House of Burgesses (Bürgerhaus) an, die erste seit 1661. Zu Berkeleys Empörung wurde Bacon gewählt. Bacon reiste mit seinen Anhängern nach Jamestown, doch Berkeley ließ ihn verhaften und einsperren, und Bacon musste vor ihm niederknien. Bacon floh aus der Haft und kehrte mit einer Armee von 500 Mann zurück. Er zwang Berkeley, ihn zum General der Volunteers zu ernennen, und erwirkte von der Legislative den Auftrag zu einem weiteren Feldzug gegen die Indianer. Der Krieg gegen die Susquehannock wuchs sich zu einem Bürgerkrieg zwischen den Virginiern aus. Elizabeth Bacon schrieb Ende Juni 1676: »Ich bin mir sicher, dass die Indianer, wenn sie keine Feiglinge wären, alle höher gelegenen Plantagen zerstört und all ihre Bewohner getötet hätten; der Gouverneur ist ein so großer Freund der Indianer, dass er es nicht duldete, wenn irgendjemand einem von ihnen etwas zuleide tat.« Die Macht der Bewohner von Virginia, die die Indianer fürchteten und hassten, war so groß, dass es den streitenden englischen Kolonisten nicht gelang, eine gemeinsame Basis zu finden.[9]

Bis zu diesem Zeitpunkt mag der Konflikt der verwirrendste und bösartigste unter den in Nordamerika geführten Indianerkriegen gewesen sein. Bacon und seine Soldaten, denen es nicht gelungen war, die geschickt ausweichenden Occaneechi und Susquehannock zu stellen, gingen jetzt zur Ermordung der friedfertigen Pamunkey, Nanzatico, Rappahannock, Portobacco, Wicocomoco und Appomattuck über. Die von dieser Entwicklung ermutigten Anhänger Bacons brachten Gesetze durch, mit denen die Versklavung aller Native Americans in Virginia für rechtens erklärt wurde, ob es sich nun um tributpflichtige oder fremde Indianer handelte, und sie verbannten friedfertige Indianer systematisch aus ihren angestammten Heimatgebieten, um Platz für den Tabakanbau zu schaffen. Berkeley wiederum nahm dies nicht einfach hin, er stellte eine kleine Flotte zusammen und eroberte Jamestown zurück, um es danach erneut an die Rebellen zu verlieren, die den Ort vollständig niederbrannten. Nachdem Bacon Ende Oktober an der Ruhr gestorben war, brach seine Bewegung jedoch zusammen. Berkeley verurteilte 23 Rebellen standrechtlich zum Tod durch den Strang.

Der britische König Charles II. nahm Virginia als ganz und gar dysfunktionale Kolonie wahr. Er bezeichnete Berkeley als »alten Narren«, der »in jenem schutzlosen Land mehr Menschen hingerichtet hat, als ich wegen der Ermordung meines Vaters töten ließ«, und er entsandte den Oberst Herbert Jeffreys mit mehr als 1000 Soldaten nach Jamestown, um dort die Ordnung wiederherzustellen. Jeffreys stellte die Kolonie unter militärische Besatzung. Er schickte Berkeley nach England zurück, wo der abberufene Gouverneur starb, ohne zuvor eine Gelegenheit zur Rechtfertigung vor dem König erhalten zu haben. Viele Zeitgenossen waren der Ansicht, dass Virginias unabhängiger Status als Kolonie gefährdet sei. Die Krone hatte sich innerhalb eines Zeitraums von zwölf Jahren gezwungen gesehen, zwei bedeutende Kolonien zu retten. Jetzt kritisierten die Marylander ihre Eigentümer und verlangten eine grundlegende Reform des Empires. Sie schrieben an den König in England und baten darum, von einem mächtigen Vizekönig regiert zu werden.[10]

Letztlich waren es die Irokesen, die die Ordnung in der Region wiederherstellten. Edmund Andros bot den Susquehannock Asyl in New York an, aber ihre Anführer lehnten das ab und machten so den Weg frei für die Seneca, die die Susquehannock, »ihre gefürchtetsten Feinde seit uralten Zeiten«, »vollständig besiegten«. Die Onondaga und Cayuga adoptierten zahlreiche Susquehannock-Flüchtlinge und stärkten auf diese Weise ihre eigene demografische und militärische Macht. Die Irokesen-Liga war bis zu diesem Zeitpunkt zur bedeutendsten Macht im Nordosten geworden, sie überwachte das Verhalten der Akteure, setzte die eigene Politik durch und betrieb eine »Wald-Diplomatie« von großer Reichweite. Ein Jesuiten-Priester vertrat die Ansicht, dass sie unbeugsam geworden seien: »Ihre Anmaßung kennt keine Grenzen.« Die noch nicht konsolidierten englischen Kolonien agierten im Windschatten der Irokesen und versuchten, als Stellvertreter die imperiale Kontrolle über die Mittelatlantikküste zu beanspruchen.[11]

Im Spätfrühjahr 1677 richtete Jeffreys, inzwischen zum Generalleutnant von Virginia ernannt, eine große Vertragsversammlung mit den Pamunkey, Appomattuck und anderen noch verbliebenen Resten der Powhatan-Konföderation aus. Cockacoeske, die »Königin der Pamunkey«, prägte wesentlich den letztlich geschlossenen Vertrag von Middle Plantation. Das Abkommen sah eine Pufferzone von drei Meilen rund um jede indigene Siedlung vor, deren Betreten den Kolonisten verboten war. Die Kolonisten waren jetzt von Gesetzes wegen verpflichtet, indigene Land- und Eigentumsrechte zu respektieren. Die »indianischen Könige und Königinnen« räumten ihre Nachrangigkeit gegenüber dem König von England ein – eine Scheinkonzession, die durch eine Bestimmung ausgeglichen wurde, nach der »jeder indianische König und jede Königin die gleiche Macht besitzen, ihr eigenes Volk zu regieren, und niemand größere Macht besitzen soll als die anderen, mit Ausnahme der Königin der Pamunkey, der verschiedene verstreut lebende Nationen jetzt abermals ihre althergebrachte Unterwerfung schulden«. Cockacoeske behielt den Titel einer Mamanatowick oder »obersten Anführerin« (Weroance) über die tributpflichtigen Stämme der Powhatan-Konföderation. Die Anerkennung ihrer Macht vonseiten Virginias schuf ein papierenes Empire von loyalen indigenen Untertanen, aber sie war zugleich auch eine Würdigung indigener Beharrlichkeit, die sich einer erdrückenden Übermacht widersetzte. Virginia, die am stärksten von Rassismus und Gegnerschaft zu den Indianern geprägte Kolonie, hatte Platz für Native Americans gemacht. Die Virginier versprachen, den Handel mit indianischen Sklaven aufzugeben, aber sie erwarteten, dass »jeder indianische König und jede Königin im Monat März eines jeden Jahres gemeinsam mit einigen ihrer großen Männer ihren Gehorsam gegenüber der (...) Regierung ihrer Majestät an deren Sitz bekunden und dort den üblichen Zins von zwanzig Biberpelzen entrichten« – eine Klausel, die sich ebenso stark an indigenen Praktiken des Austauschs von Geschenken wie am kolonialen Posieren orientierte.[12]

Die Five Nations bekamen es im Jahr 1683 mit einem ganz besonderen dünkelhaften Neuankömmling zu tun, der im Vorjahr 23 Schiffe von England ins Delaware Valley gebracht und dort, in der Hoffnung, eine neue Kolonie errichten zu können, einen Vertrag mit der Nation der Lenape geschlossen hatte. Dann kaufte er Land von den dezimierten Susquehannock für die gewaltige Grundbesitz-Gabe, sein »Heiliges Experiment«, die ihm der König von England als Bezahlung für eine gegenüber seinem Vater eingegangene Schuld übertragen hatte. Charles II. hatte diesem Mann nach königlichem Ermessen einen Grundbesitz von 45.000 Quadratmeilen (116.000 Quadratkilometern) zugesprochen und ihm gestattet, dieses Land Pennsylvania zu nennen. Die Irokesen hatten sofort die Initiative ergriffen. Sie wollten den Versuch, eine neue Kolonie zu errichten, blockieren und beanspruchten das Land für sich selbst. Doch William Penn ging in die amerikanische Geschichte als der gute Kolonist ein, der die indigene Souveränität respektierte: Tausende von Indianern zogen im Verlauf der folgenden Jahrzehnte nach Pennsylvania. Penns versöhnlicher Vorgehensweise lag kein reiner Altruismus zugrunde; er reagierte damit auf die von Indigenen geprägte Geopolitik und Machtverteilung. Penns Entscheidungen hatten viel mit Metacoms Krieg und dem Konflikt zwischen den Susquehannock und Virginia zu tun, die beide den Kolonisten schwer zugesetzt hatten. Jetzt hatten ihn die Five Nations nachdenklich gestimmt und ihm eine Lektion erteilt: Das indigene Land war nicht zur beliebigen Aneignung freigegeben. Nach der Konfrontation mit den Irokesen verhandelte Penn über jeden weiteren Landerwerb zunächst mit den Native Americans. Die Ironie bestand darin, dass die Irokesen das umstrittene Gebiet gar nicht selbst nutzen wollten; sie wollten es nur als Trumpfkarte bei Verhandlungen mit New York einsetzen.[13]

Im Herbst 1684, mitten in einer Phase intensiver Einmischung vonseiten New Yorks in die irokesisch-französischen Beziehungen, brach Gouverneur La Barre mit 500 Soldaten nach Fort Frontenac auf, Frankreichs größtem Stützpunkt im Binnenland, und war dabei fest entschlossen, jede Art von Landübertragung zu verhindern. Der Feldzug sollte der Einschüchterung dienen, damit sich die Irokesen ein für alle Mal auf die französische Seite schlugen. Die Operation verlief nicht wie geplant. »Die Krieger dieser fünf Nationen haben die Engländer mit dem Seengebiet vertraut gemacht, das dem König, meinem Herrn, gehört«, tadelte La Barre die Anführer der Irokesen, die er ins Fort bestellt hatte. Er befürchtete, die Absicht der Eindringlinge »sei, den Handel seiner Untertanen zu zerstören und diese Nationen zum Abfall von ihrer Treuepflicht zu bewegen«. Die diplomatischen Manöver der Irokesen würden das französische Reich in Nordamerika destabilisieren, erklärte der Gouverneur. »Franzosen, die Brüder und Freunde der fünf Nationen sind, werden niemals ihren Frieden stören«, versprach er und schränkte sofort ein: »Vorausgesetzt, sie erfüllen eine Bedingung, die ich jetzt stelle, und erfüllen gewissenhaft ihre Verträge.« Sollten sie dies nicht tun, drohte La Barre, »habe ich den ausdrücklichen Befehl, den Krieg zu erklären«.

Der Onondaga-Sachem Otreouti hörte sich La Barres Strafpredigt an und schaute dabei »auf das Ende seiner Pfeife«. Er musste bemerkt haben, wie stark der französische Gouverneur bei seiner Rede auf den Wort- und Metapherngebrauch der Five Nations setzte. Die diplomatische Kultur der Irokesen hatte die Osthälfte des Kontinents durchdrungen und geprägt, sie lieferte die Lingua franca für den diplomatischen Umgang zwischen den Nationen. Dann sprach der Sachem. »Onontio, bei deiner Abreise aus Quebec musst du dir vorgestellt haben, dass die glühenden Strahlen der Sonne die Wälder niedergebrannt hatten, die unser Land für die Franzosen unzugänglich machen.« La Barre schien die am schlechtesten unterrichtete Person im ganzen Fort zu sein. Er war nicht über die geschäftige Diplomatie der Five Nations informiert, und er wusste auch nicht, dass die Five Nations bereits einen Teil ihres Gebiets dem Schutz New Yorks unterstellt hatten. Unwissend wie Barre war, warnte er die Indianer, dass er, falls man ihm die Stirn biete, »sich mit dem Gouverneur von New-York verbünden« werde, »der vom König, seinem Herrn, den Befehl erhalten hat, mich beim Niederbrennen der fünf Dörfer zu unterstützen und euch abzuschneiden«. Otreouti ignorierte La Barres Drohungen ungerührt und erwiderte: »Ich muss dir sagen, Onontio, ich schlafe nicht und halte die Augen offen.« Der Sachem verwies ausdrücklich auf die Autonomie und Souveränität der Five Nations und sagte zu La Barre, dass »wir als freie Männer geboren und von niemandem abhängig sind, weder vom Onontio noch vom Corlar«, dem Gouverneur von New York. Die Irokesen hatten beschlossen, ihren Anspruch auf das obere Tal des Susquehanna River aufzugeben, um sich den Schutz New Yorks gegen Einfälle der Franzosen in ihr Gebiet zu sichern. Die Onondaga erwarteten von New York, »sie vor den Franzosen zu beschützen, sonst werden sie alle Biber und Jagdgründe verlieren«, aber sie banden sich nicht in einer untergeordneten Rolle an die Engländer. Sie forderten, dass »Penns Leute nicht unterhalb des Susquehanna River siedeln dürfen«. Die Onondaga würden unter dem Schutz willfähriger Engländer weiterhin Neufrankreichs indianische Verbündete gefangen nehmen und töten, je nachdem, wie es die Umstände verlangten.[14]

Jacques-René de Brisay de Denonville, der gedemütigte Gouverneur Neufrankreichs, sandte aus Montreal eine Entschuldigung an den Staatssekretär Jean-Baptiste Colbert in Frankreich. »Ich bedauere außerordentlich, Sire«, schrieb er, »die Angelegenheiten dieses Landes in einem so beklagenswerten Zustand vorzufinden. Noch stärker bedauere ich, mich dazu genötigt zu sehen, Zeit zu gewinnen und dabei Gefahr zu laufen, von den Irokesen überwältigt zu werden, wenn ich den vollständigen Verlust durch allzu große Übereilung vermeiden will.« Denonville mobilisierte 500 Männer, die Montreal mit 4,50 Meter hohen Palisaden umgaben, aber der neu errichtete Schutzwall konnte ihn kaum beruhigen. »Die Irokesen vernichten unsere Verbündeten auf allen Seiten«, klagte er und warnte zugleich, dass »die Kolonie als verloren gelten muss«, falls diese Angriffe nicht gestoppt würden. Denonvilles Verzweiflung wurde allgemein geteilt: Mit den englischen und französischen Kolonialprojekten, die von den Five Nations zurückgedrängt worden waren, schien es allmählich zu Ende zu gehen.[15]

KAPITEL 14

DER GROSSE AUFSTAND IM SÜDWESTEN

Der Feldzug war unter grösster Geheimhaltung sorgfältig geplant worden. Sein führender Kopf Po'pay, ein religiöser Führer der Pueblo-Indianer von Ohkay Owingeh, hatte aus Furcht, dass sein geheimer Plan an die Spanier verraten werden könnte, seinen eigenen Schwiegersohn getötet, um die Operation zu schützen. Mit Knoten versehene Stränge von Yucca-Fasern tauchten am 10. August 1680 unter den Pueblo-Indianern in ganz Neu-Mexiko auf, das nach offiziellem Sprachgebrauch ein Teil-Königreich des spanischen Weltreichs war. Die Yucca-Stränge wurden von geübten Läufern transportiert, die jeweils Hunderte von Kilometern zurücklegten. In jeder Ortschaft überbrachten die Läufer dieselbe Botschaft von Po'pay: Löst an jedem Tag einen Knoten, und am Morgen des letzten Knotens tötet ihr die Spanier in eurer Stadt. Die Spanier erfuhren die Bedeutung der Knoten, als sie zwei Läufer abfingen, aber zu diesem Zeitpunkt war es bereits zu spät. Die Pueblo hatten ihren Krieg gegen Neu-Mexiko schon begonnen. Gouverneur Antonio de Otermín in Santa Fe erhielt die Nachricht, dass »alle Nationen dieses Königreichs jetzt darin verwickelt sind und eine Konföderation mit den heidnischen Apachen bilden, sodass sie am Abend des Dreizehnten des gegenwärtigen Monats ihre Gehorsamsverweigerung, heimtückischen Verrat und Gräueltaten begehen könnten«. Es war kein Aufstand einer unterworfenen Nation. Es war ein sorgsam koordinierter Krieg, den das souveräne Pueblo-Volk gegen Spaniens imperiale Ambitionen führte.[1]

Der Groll und die Verbitterung, die die Pueblo-Indianer zum Aufstand gegen die Spanier drängten, hatten schon seit dem Massaker von Acoma im Jahr 1599 bestanden, bei dem die Spanier unter der Führung von Juan de Oñate 800 Pueblo getötet hatten, etwa ein Jahrhundert vor den Kriegen zwischen Native Americans und den Engländern, was ihnen einen anderen Charakter gab. Die spanische Krone hatte versucht, in Neu-Mexiko nach Oñates Absetzung eine mildere Form der Herrschaft einzuführen, indem sie die Verwaltung der Kolonie Franziskanermönchen übertrug, aber das brachte nur eine andere Form von Gewalt hervor. Im Jahr 1629 kamen Fray Estevan Perea, 30 spanische Mönche, ein Aufgebot von Soldaten und ein Tross von 36 Ochsenkarren in Santa Fe an, der Endstation eines knapp 2500 Kilometer langen Marsches, der sie von Mexico-Stadt aus an diesen Ort geführt hatte. Die Franziskaner traten als mit übernatürlichen Kräften ausgestattete Zauberer auf und versuchten, die Rollen von Pueblo-Medizinmännern einzunehmen und in der Pueblo-Welt eine christliche Theokratie durchzusetzen. Die Franziskaner ließen sich in den Pueblo-Städten nieder, während die Soldaten außerhalb der Ortsgrenzen lebten – allerdings nahe genug, um bei Bedarf disziplinierend durchgreifen zu können. Die berittenen spanischen Soldaten verfügten über einen enormen waffentechnischen Vorteil gegenüber den Pueblo-Soldaten. Die Mönche wiederum richteten sich als die Herren der Natur, der Seelen und der heiligen Stätten in der Pueblo-Welt ein. Bereits in den 1630er-Jahren »war das Land voller Kirchen«; etwa 50 Missionen, Kirchen und Klöster waren in der Form eines Kreuzes über die gesamte Region verteilt. Diese räumliche Anordnung sorgte dafür, dass bis zu 80.000 frisch getaufte Neophyten unter franziskanischer Aufsicht standen – eine neue, auf religiösem Imperialismus beruhende Geografie der Macht, die aus der Sicht der Mönche allenfalls auf die Kraft der Vorsehung zurückzuführen war. Diese Vorstellung von der eigenen Dominanz fand gegen Ende des 17. Jahrhunderts Eingang in den internationalen Diskurs, als Neu-Mexiko auf europäischen Karten als kompakte städtische Kolonie auftauchte, mit der gewaltige spanische Ansprüche auf das nordamerikanische Binnenland verbunden wurden. Was die Karten nicht zeigten, war, wie schwach die spanische Amtsgewalt im amerikanischen Doppelkontinent in Wirklichkeit war. Der Chichimeca-Krieg im zentralmexikanischen Hochland, der wohl längste Grenzkrieg in der Geschichte der westlichen Hemisphäre, hatte zu diesem Zeitpunkt bereits seit Generationen gewütet und sollte noch jahrzehntelang andauern.[2]

Die spanischen Missionsstationen, Kirchen und Klöster entlang des Rio Grande bildeten ein Netzwerk der Macht und Überwachung, das die Ängste der Franziskaner und der spanischen Soldaten offenbarte, denen schmerzlich bewusst war, wie nachhaltig die Pueblo und andere Native Americans ihre Forderungen und Einmischungen ablehnten. Die Hopi bezeichneten die spanischen Priester als *Tūtáachi,* »Diktatoren und fordernde Personen«. Die Kolonisten nötigten die Pueblo durch ein Zwangssystem, für sie zu arbeiten, bei dem Einzelpersonen und manchmal sogar ganze Gemeinschaften privilegierten Spaniern als Komturei (Encomienda) übereignet wurden. Spanische Gesetze gaben den Kolonisten das Recht, den Indianern die Versorgung ihrer Viehherden, das Bestellen ihrer Felder, die Herstellung von Tierhäuten und Dienstleistungen im eigenen Haushalt zu befehlen. Die Franziskanermönche bestanden jedoch auf dem Primat der kirchlichen Herrschaft in Neu-Mexiko und beanspruchten die Amtsgewalt auch über Gouverneure und Kolonisten, wenn es um Indianerangelegenheiten ging. Mithilfe ihrer charismatischen Ausstrahlung und ausgestattet mit den Vorrechten der Kirche – Rügen, Verboten und Exkommunikationen –, behielten die Franziskaner bis zur Mitte des 17. Jahrhunderts im Umgang mit den Kolonisten die Oberhand. Ihren Traum, die Seelen der Pueblo-Indianer zu retten, gaben sie niemals auf, was sie oft in Konflikte mit spanischen Laien brachte.[3]

Fray Alonso de Benavides übte 1630 scharfe Kritik an den spanischen Gouverneuren von Neu-Mexiko wegen der Erteilung von Genehmigungen »zur Wegnahme von indianischen Jungen und Mädchen von den Pueblo unter dem Vorwand, dass sie Waisen sind, um sie dann für einen dauerhaften Dienst in Häusern von Spaniern unterzubringen, wo sie als Sklaven verbleiben«. Gouverneur Luís de Rosas ignorierte alle Beschwerden und verlegte sich in den späten 1630er-Jahren auf systematische Überfälle mit dem Ziel, die dabei gemachten Gefangenen zu versklaven. Dies versuchte er zu erreichen, indem er häufige Vorstöße in die Berge und das Flachland der Umgebung finanzierte und Indianer dazu motivierte, andere Indianer zu überfallen, um Gefangene zu machen. Die Überfälle waren für den Gouverneur und seine Anhänger äußerst ertragreich. Gegen Ende des 17. Jahrhunderts verfügte die Kolonie über rund 500 Sklaven, die keine Pueblo-Indianer waren – ein bedeutendes Arbeitskräfte-Reservoir für die etwa 1800 Kolonisten. Sklaven waren gleichbedeutend mit Reichtum, und Reichtum festigte die Kontrolle der Gouverneure über die Geschicke der Indianer Neu-Mexikos – und im weiteren Sinn auch über die Wirtschaft und Politik des Gebiets. Außerdem ermöglichte er ihnen, wichtige Patronage-Verbindungen zu entwickeln und den eisernen Griff infrage zu stellen, mit dem Franziskaner nach wie vor die Beziehungen der Kolonie zu den imperialen Zentren Spaniens kontrollierten. Die Macht der Franziskaner über Neu-Mexiko schwand jetzt zugunsten einer säkularen Elite.[4]

Die Konfliktlinien innerhalb des spanischen imperialen Systems erzeugten blinde Flecken in der spanischen Herrschaft, was wiederum den gepeinigten Pueblo Angriffsflächen bot. Die Spanier verurteilten die Pueblo-Religion als teuflisch; die ihrer Tradition verpflichteten Medizinmänner der Pueblo – die kranke Spanier geheilt hatten – entgingen der spanischen Überwachung, indem sie sich buchstäblich in den Untergrund zurückzogen: Sie verlegten ihre religiösen Zeremonien in unterirdische *Kivas*, wo die Souveränität und die Religion der Pueblo überlebten. Angeleitet wurden sie dabei von Iatiku – der Maismutter – und von Kachinas, den traditionellen Wolkengeistern, von denen sie Besuch erhielten und die die Welt im Gleichgewicht hielten. Zur gleichen Zeit flohen viele Pueblo-Bauern bergauf zu den flachen Mesas, wo sie – durch das raue Terrain vor den an den Flussläufen orientierten spanischen Siedlungen geschützt – kleine Farmen und Werkstätten errichteten und die Früchte ihrer Arbeit für sich behielten. Als der Gouverneur Bernardo López de Mendizábal im Jahr 1659 Arbeits-Verpflichtungen in Neu-Mexiko verbot – in erster Linie, um Versuche der Franziskaner zu vereiteln, sich selbst möglichst viele Pueblo-Arbeitskräfte zu sichern –, stellten so viele Indianer die Arbeit ein, dass die Franziskaner den Verlust ihrer Tierherden befürchteten. López de Mendizábal verbot körperliche Züchtigungen in Missionsstationen, um die Autorität der Franziskaner zu untergraben, und erlaubte den Indianern das Aufführen ihrer von den Franziskanern verbotenen zeremoniellen *Katsina*-Tänze. Plötzlich tanzten die Indianer wieder auf den Plazas, versicherten sich ihrer eigenen religiösen Autorität und holten sich einen öffentlich zugänglichen gesellschaftlichen Raum zurück. Zu Beginn der 1660er-Jahre leitete der todkranke König Philipp IV. von Spanien, den die sich ausbreitenden Sklavenaufstände in Chile beunruhigten, ein Verbot des Handels mit indianischen Sklaven ein. Die Umsetzung dieser Reform fiel dann Kö-

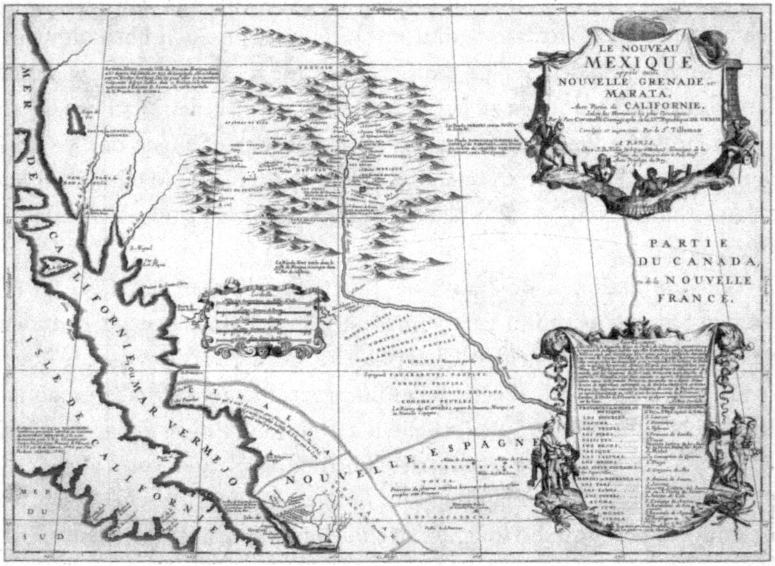

Karte von Neu-Mexiko, angefertigt von Jean-Nicolas du Tralage und Vincenzo Maria Coronelli, 1687

nigin Mariana zu, seiner Witwe. Sie vollendete den Kreuzzug ihres Mannes gegen die Sklaverei mit frommer Entschlossenheit. Der Sklavenhandel erlebte einen dramatischen Rückgang, nicht nur in Chile, sondern auch in Neu-Mexiko, von wo spanische Sklavenhändler Pueblo-Indianer in die südamerikanischen Silberminen verschleppt hatten. Die Pueblo verstanden das Leben als eine Reihe von Übergängen und als eine Verkörperung von anderen – eine spirituelle Grundlage, die ihnen über alle Qualen und Leidenszeiten hinweghalf.[5]

Spaniens Bemühungen, den Pueblo und anderen indigenen Völkern in der Region entgegenzukommen – und sei es nur versuchsweise –, hätte vielleicht eine Form des Zusammenlebens hervorbringen können, die dem Middle Ground im Südwesten der Region der Großen Seen geglichen hätte, wenn nicht eine Krankheit und eine Hungersnot dazwischengekommen wären. Am Rio Grande brach 1636 eine Pockenepidemie aus, die rund 20 000 Pueblo das Leben kostete. Eine schlimme Dürreperiode führte drei Jahrzehnte später zu einer Hungersnot, die der ohnehin bereits wankenden moralischen Autorität der Franziskaner weiter zusetzte. Lokale Aufstände brachen in den Jahren von 1639 bis 1650 in Taos, Jémez und verschiedenen Städten der Tewa aus, und 1668 brachte eine weitere Dürreperiode eine Hungersnot und noch mehr Elend mit sich. Ein Franziskaner berichtete, dass »eine große Zahl von Indianern hungers starb, sie lagen tot entlang der Wege, in den Schluchten und in ihren Hütten. Es gab Pueblos (zum Beispiel Humanas), in denen mehr als 450 von ihnen verhungerten«.[6]

Neu-Mexiko war im Inneren keineswegs so gefestigt und sicher, wie die Anführer der Spanier es sich vorstellten, und in seiner Außenwirkung war es keineswegs so imposant, wie sie es sich wünschten. Die Zahl der spanischen Kolonisten mag unter 2500 gelegen haben, aber spanische Karten stellten die Kolonie dennoch unbeirrt als Erweiterung des Vizekönigreichs Neuspaniens dar. In Wirklichkeit war Neu-Mexiko ein isolierter Archipel in einem riesigen indigenen Meer; die Kolonie war umgeben von mächtigen indigenen Nationen, deren Gebiete rund um den Oberlauf des Rio Grande zusammentrafen. Diese Situation hatte bereits lange Zeit Bestand. Die Pueblo-Welt war schon seit Jahrhunderten mit angrenzenden und abgelegenen Regionen verbunden gewesen, aber die Verbindungen wurden infolge der spanischen Kolonisation intensiver. Viele indigene Völker – Apachen, Navajo, Jumano, Ute, Shoshone und weitere – distanzierten sich nicht von der Kolonie, sondern fühlten sich von ihr angezogen, es lockten sie die dort erhältlichen Handelswaren, der politische Einfluss und ganz besonders die Pferde.[7]

Für die benachbarten unabhängigen Indianer war das florierende, aber räumlich begrenzte Neu-Mexiko ein Absatz- und Einkaufsmarkt und zugleich ein Magnet. Auf dem Weg dorthin konkurrierten sie, gerieten aneinander und verstrickten sich in dauerhafte kriegerische Auseinandersetzungen. Berittene Kämpfer der Apachen drangen von Norden und Westen her in die an Neu-Mexiko angrenzenden Ebenen vor und stießen dort mit den Jumano zusammen, einem multiethnischen Bündnis von Jägern, Bauern und Händlern, das über ein von der Golfküste bis zum Oberlauf des Rio Grande reichendes ausgedehntes Handelsnetz verfügte. Der Zusammenstoß von Apachen und Jumano, eine Mischung aus Gewalt und Assimilation, führte zu einer neuen Ordnung im Südwesten. Das Jumano-Bündnis löste sich auf, die Apachen-Reiter übernahmen den Handel in den Grenzstädten Neu-Mexikos, und die südlichen Plains entwickelten sich zu einer neuen geopolitischen Einheit, Apachería. Die Anführer der Spanier schienen sich größere Sorgen über die Sicherung ihrer Nachschubrouten zu machen als über die Sicherheit ihrer mutmaßlichen Schutzbefohlenen, der Pueblo. El Cuartelejo, »das befestigte Dorf«, eine nordöstlich von Neu-Mexiko gelegene Festung der Apachen, wurde zu einem sicheren Zufluchtsort für unzufriedene Pueblo. Das Königreich Neu-Mexiko verlor Untertanen, ein Zeichen für den Zusammenbruch der kolonialen Ambitionen Spaniens.[8]

Der Niedergang ihrer Kolonie irritierte die Spanier. Die Kolonisten hatten, wie in Neuengland und in Virginia, große Mühe bei der Errichtung einer strengen Kolonialherrschaft. Die spanischen Kolonisten sahen sich selbst als die Herren eines unantastbaren Neu-Mexiko, das die spanische Macht über die Native Americans ausübte, und diese Vorstellung löste sich rasch in nichts auf. Die Nation der Apachen umgab Neu-Mexiko, aber die Apachen hielten Abstand, beschränkten den Hande und stießen weit nach Mexiko vor, um Pferde zu stehlen und Gefangene zu machen. Die Bevölkerung von La Junta de los Ríos, einer fruchtbaren, aus Überschwemmungsgebieten und Hügellandschaften bestehenden Region in der Nordostecke der Chihuahua-Wüste, stellte die spanischen Ambitionen auf eine direktere Art infrage. Sie griff von ihren im Bergland gelegenen Stützpunkten aus Ranches und Dörfer an und entzog sich anschließend durch schnelles Zurückweichen der Vergeltung. Den Spaniern gingen schon bald die Indianer aus, über die sie herrschen konnten. Während Apachen und Jumano die Pläne der Spanier durch auf Pferdestärken setzende Mobilität unterlaufen hatten, starben die Pueblo einfach weg. Wiederholte Epidemien und Hungersnöte hatten die Zahl der Pueblo bis zur Mitte des 17. Jahrhunderts von 80.000 auf 40.000 zurückgehen lassen und die juristischen Querelen zwischen Franziskanern und Kolonisten um die Arbeitskraft der Pueblo weiter verschärft, die Hauptquelle des Reichtums in dem an Bodenschätzen armen Königreich. Die Mönche versuchten die Indianer an die Missionsstationen zu binden, während die Kolonisten sie in den Encomiendas sehen wollten, was die Ziele der beiden Gruppen miteinander unvereinbar machte.[9]

Der spanische Rettungsplan für die wankende Kolonie fiel drastisch aus: Er sah die Wiederaufnahme des Sklavenhandels in der Provinz vor.

Ab der Jahrhundertmitte transportierten Sklavenkarawanen gefangene Pueblo und Apachen erneut zu unbekannten Zielorten, was Familien auseinanderriss und den Hass auf die Kolonialherren schürte. Dieser Hass konzentrierte sich zum allergrößten Teil auf die Franziskaner, die sich zu Liebe und Fürsorge für die Pueblo bekannten, aber nichts unternahmen, um den Sklavenhandel zu stoppen. In Neu-Mexiko wurden die Worte »Apache« und »Sklave« fast zu Synonymen, und der Groll auf diese Zustände nahm stark zu. Eine jahrzehntelange Abfolge von Hungersnöten, Seuchen und Todesfällen hatte deutlich werden lassen, dass die Mönche die Weltordnung nicht stabilisieren konnten. Dennoch fühlten sie sich dazu berechtigt, in die intimsten Aspekte des Zusammenlebens der Pueblo-Indianer einzugreifen und die Sitten und Gebräuche mit glaubenseifriger Dringlichkeit zu erforschen, weil sie diese als irritierend empfanden. Pueblo-Ehen waren nicht monogam, Polygamie war üblich, und eine Scheidung war eine normale Angelegenheit. Männer und Frauen hatten ihre klar unterschiedenen Besitztümer, aber die Anhäufung von Reichtum war mit Hexerei verbunden. Frauen leiteten den Hausbau, und auch die Haushalte selbst waren im Besitz von Frauen. Sexualität, mit Fruchtbarkeit gleichgesetzt, wurde öffentlich gefeiert, und die Menschen konnten im Alter immer gottähnlicher werden. All diese Dinge galten den Franziskanern, die befürchteten, dass die Zustände nur noch schlimmer würden, als frevelhaft. Spanische Amtsträger gerieten 1675 in Panik. Sie brachten eine Untersuchung in Gang, die zu dem Schluss kam, Neu-Mexiko sei gefährdet. Die Beamten ließen drei Pueblo-Priester bei einer öffentlichen Hinrichtung hängen und 43 weitere am Schandpfahl auspeitschen. Einer der Ausgepeitschten war Po'pay. Eine derartige Grausamkeit war für die Pueblo unvorstellbar.[10]

Nach diesem Ereignis und in den darauffolgenden fünf Jahren besuchten sich die Anführer der Pueblo gegenseitig, festigten ihre Verbindungen, sammelten und teilten Informationen und diskutierten, wie sie ihre Welt am besten von den Spaniern und ihren verhassten Bestien und Institutionen befreien konnten. In El Cuartelejo, wo sie insgeheim an ihrer Strategie arbeiten konnten, bemühten sie sich um Abstand von den Spaniern. Die Mobilisierung von Soldaten aus mehr als zwei Dutzend unabhängig voneinander bestehenden Städten verlangte nach einer neuen Art von strategischem Denken. Fünf Jahre später zog sich Po'pay nordwärts in eine Kiva in Taos zurück, in die abgelegenste der Pueblo-Städte, wo das alte

Der Taos Pueblo heute

Priestertum noch fortbestand. Dieser heilige Raum sollte als Hauptquartier für seinen Feldzug dienen.[11]

Die spanischen Beamten hatten die Bedeutung der geknoteten Schnüre entdeckt, aber dieses Wissen nützte ihnen wenig. Als der verabredete Zeitpunkt gekommen war, mobilisierten die Pueblo an jedem Ort eine überwältigende Zahl von Kämpfern gegen die Spanier. Sie verwickelten sie an vielen Orten gleichzeitig in harte Gefechte und vereitelten so einen groß angelegten militärischen Gegenschlag der ganzen Kolonie. Die meisten Kolonisten lebten außerhalb der Städte der Pueblo und nah bei ihren Feldern entlang des Rio Grande, was bedeutete, dass sie extrem isoliert und deshalb eine leichte Beute waren. Von dort aus verbreitete sich die Gewalt bezeichnenderweise über zwei sonst für den Sklavenhandel genutzte Korridore – einer davon erstreckte sich von New Mexico bis nach Parral in Chihuahua, der andere westwärts in Richtung der Silberminen in San Juan Bautista, Opodepe und Teuricache. Eine große Zahl von Pueblo und Apachen war seit dem frühen 17. Jahrhundert an die Bergbaustädte im Süden verkauft worden. Das von den Sklavenhandel-Korridoren bediente Gebiet war fast identisch mit dem Aktionsradius des Aufstandes. Gouverneur

Otermín gelang es, einen Pueblo-Indianer gefangen nehmen zu lassen, und er fragte ihn: »Seid ihr verrückt geworden?«

Die meisten überlebenden Spanier flohen nach Santa Fe und nach Isleta Pueblo, in eine der wenigen Städte, die sich dem Aufstand nicht angeschlossen hatten. 1500 Kolonisten drängten sich einige Tage lang in Isleta zusammen, bevor sie sich in die 500 Kilometer weiter südlich gelegene Stadt El Paso del Norte zurückzogen. Die in New Mexico verbliebenen Kolonisten konnten nur wenig für die Unterdrückung des Aufstands tun: Die geografisch weit verstreute und politisch dezentralisierte Pueblo-Nation verfügte über kein bedeutendes Zentrum, das man angreifen und erobern konnte. Auf der spanischen Seite sah das anders aus. Der Rückzug der Kolonisten nach El Paso ermöglichte es 2000 Pueblo-Soldaten, gegen Santa Fe vorzurücken, wo Gouverneur Otermín und rund 1000 Soldaten sich ihrer Angriffe nur mit Mühe erwehrten. Nur jeder zehnte Soldat besaß ein Gewehr, während die Pueblo inzwischen über Steinschlossgewehre, Lanzen und Schwerter verfügten. Sie zündeten Häuser an, um die Kolonisten ins Freie zu treiben, und Otermín und seine Soldaten zogen sich in den Gouverneurspalast von Santa Fe zurück. Dort hielten sie sich noch mehrere Tage, in denen Otermín von zwei Pfeilen im Gesicht und von einer Gewehrkugel in die Brust getroffen wurde, was er überlebte. Die Pueblo trennten die Stadt von der Wasserversorgung und warteten dann ab. Otermín kündigte den Rückzug der Spanier für den 21. August an, »zum höheren Nutzen der beiden Majestäten«. Am elften Tag des Aufstands wurde es Otermín und seinen Soldaten gestattet, aus dem niedergebrannten Sante Fe abzumarschieren.[12]

Der Pueblo-Aufstand von 1680 war, wie die von den Powhatan und Wampanoag im Osten des Kontinents geführten Kriege, gleichermaßen ein Akt der Selbsterhaltung, der kulturellen Wiederbelebung und der räumlichen Neubesinnung. Viele Apachen und Navajo kämpften Seite an Seite mit den Pueblo, was ein Beleg für die starke Bindung zwischen den verschiedenen Gruppen ist, die über die von den Spaniern verfügten Grenzen hinwegging. Die verbündeten Indianer töteten fast 400 Kolonisten und 21 Mönche und sie vertrieben 1000 spanische Soldaten, die nach El Paso abziehen mussten, in die südlichste Stadt der Kolonie. Die Anführer des Aufstands begannen jetzt mit der Wiederherstellung der physischen und sakralen Landschaft der Zeit vor der Besetzung durch Spanien. Kirchen sollten jetzt zerstört, ihre Glocken zertrümmert und Bildnisse von Jesus Christus und der Jungfrau Maria vernichtet werden. Die Feldfrüchte der Fremden sollten abgebrannt und an ihrer Stelle wieder Mais und Bohnen angebaut werden. Kein einziges spanisches Wort sollte die wiederhergestellte indigene Klangwelt stören. Selbst die Pferde begannen jetzt aus dem Tal des Rio Grande zu verschwinden. Die Pueblo, denen die Neigung der Pferde, Maisfelder zu zertrampeln, ebenso zuwider war wie deren größere Kraft, die für sie die spanische Macht symbolisierte, begannen jetzt einen dynamisch betriebenen Pferdehandel mit Nomaden- und Hirtenvölkern. Es musste wieder so sein, als ob es den spanischen Kolonialismus nie gegeben hätte.[13]

Den spanischen Kolonialismus hatte es natürlich gegeben, allen Bestrebungen der Pueblo zum Trotz, ihn aus ihrem Gedächtnis zu tilgen, und sein Vermächtnis erwies sich als schwierig. Spanische Kolonisten hatten das indigene Leben im Tal des Rio Grande tiefgreifend verändert, so brüchig die spanische Herrschaft über die Pueblo-Welt auch gewesen sein mochte. Die Anführer der Pueblo erließen umfassende, für alle Pueblo verbindliche Dekrete, mit denen die alte kulturelle Ordnung wiederhergestellt und die Zeit zurückgedreht werden sollte. Die indigenen Anführer beanspruchten eine allumfassende Herrschaft über die Pueblo-Welt, um die spanischen Einflüsse restlos zu beseitigen. Aber eine einheitliche Pueblo-Welt war eine von außen konstruierte Fiktion. Vor der spanischen Invasion hatten die Pueblo-Indianer in mehr als 150 Gemeinschaften gelebt, die eine grundlegende kulturelle Sichtweise miteinander teilten, aber über keine zentralen Verwaltungsstrukturen verfügten. Als das koloniale Konstrukt zerfiel, kamen die lokalen Identitäten wieder zum Vorschein. Die Spanier schufen in den 1680er-Jahren eine Pufferregion mit Militärgarnisonen (»Presidios«) und Missionsstationen, um europäische Rivalen von der aufgegebenen Kolonie fernzuhalten. Sie nannten sie Tejas, mit einer spanischen Verschriftung des Caddo-Wortes *taysha*, das »Freund« bedeutet.

Vier Generationen kolonialer Präsenz hatten im Leben der Pueblo tiefe Spuren hinterlassen, und viele von ihnen hatten sich daran gewöhnt, bestimmte spanische Importe als normal zu betrachten. Die Ablehnung von Franziskanern und Kolonisten sorgte kaum für Kontroversen; bei Schweinen, Schafen, wollenen Kleidungsstücken, Metallwerkzeugen und Ehepartnern, mit denen man verheiratet war, war es anders. Als Dürreperioden die Ernten verdarben, begann sich das brüchige Pueblo-Bündnis aufzulösen. Weltliche Anführer, Medizinmänner und Soldaten konkurrierten um die Führungsrollen in den Gemeinschaften, die sich schon bald in Bürgerkriege verstrickten. Städte kämpften um schwindende Ressourcen und überfielen sich gegenseitig, um Getreidevorräte zu erbeuten. Die Apachen, die über den Zusammenbruch der Handelsbeziehungen erbost waren, nahmen sich das, was sie brauchten, mit Gewalt.[14]

Während das Volk der Pueblo noch mit den dauerhaften Folgen des Kolonialismus rang, bekamen es die Spanier mit den Auswirkungen des Pueblo-Widerstandes zu tun. Der Aufstand der Pueblo hatte sich als ansteckend erwiesen und eine ganze Reihe von Rebellionen gegen die spanische Herrschaft ausgelöst, die die Provinzen Coahuila, Sonora und Nueva Vizcaya erreichten. Die Jano, Suma, Concho, Toboso, Julime und Pima griffen Kolonisten an und zerstörten Missionsstationen, Städte und Farmen und drängten den spanischen Kolonialismus in einem riesigen Gebiet zurück. Die Spanier wirkten wie gelähmt angesichts des Ausbruchs von Hass und der Stärke der Indigenen. Kolonialbeamte verurteilten 400 indigene Rebellen zu jeweils zehn Jahren Zwangsarbeit.[15]

Es bedurfte eines armen Adligen, der seiner Familie unbedingt zu einem großen Vermögen und entsprechendem Ansehen verhelfen wollte, um die Spanier aus ihrer Trägheit aufzuschrecken. Diego de Vargas hatte seine Familie in Madrid zurückgelassen, in der Hoffnung, es in der Neuen Welt zu Wohlstand zu bringen, komme, was wolle. Im Verlauf von zwei Jahrzehnten war er diesem Ziel kaum näher gekommen, aber er erkannte, dass die Rückeroberung Neu-Mexikos seinem Leben eine grundsätzliche Wende geben konnte. Im Jahr 1692 brach Vargas zu einer Erkundungsexpedition auf, die sich schon bald zu einem Feldzug entwickelte. Die Pueblo-Indianer ließen die ernst dreinschauenden Spanier erst nach Santa Fe hinein, als die Kolonisten ihre Waffen ablegten. Vargas betrat am 14. September – am Tag des Festes der Kreuzerhöhung – mit einem Gefolge von mehreren Mönchen die Stadt. Die Indianer richteten auf der Plaza ein großes Kreuz auf, und Vargas küsste es. Als die Nachricht von Vargas' erfolgreichem Einzug in das von den Pueblo beherrschte Santa Fe nach Mexiko-Stadt gelangte, wurden dort zu seinen Ehren die Kirchenglocken geläutet.[16]

Doch als Vargas ein Jahr später nach Santa Fe zurückkehrte – im kalten Dezember und mit einer Karawane von 70 spanischen Familien, 100 Soldaten, 18 Mönchen, zahlreichen indigenen Helfern und 3000 Pferden und Maultieren –, ließen ihn die Pueblo nicht mehr in die Stadt. Der neuen Expedition waren Gerüchte von Hinrichtungen vorausgeeilt, und die Anzeichen für eine Rückeroberung waren augenfällig – eine solche Entwicklung hatte es im Anschluss an Metacoms Krieg nicht gegeben. Vargas und sein Gefolge verbrachten eine Woche vor den Toren von Sante Fe und froren dort im tiefen Schnee. Sie näherten sich den Pueblo behutsam an und führten dabei die hölzerne Statue von *La Conquistadora* mit sich, der Jungfrau der Eroberung, die man 13 Jahre zuvor während des Aufstands und beim Rückzug aus Santa Fe mitgenommen hatte. Vargas benutzte La Conquistadora für einen Appell an die Adresse der Pueblo, aber die Indianer erwiderten, der Teufel sei mächtiger als die Jungfrau Maria.

Daraufhin begann eine erbitterte Schlacht. Vargas' Männer feuerten Salven, und die Indianer antworteten von der Mauerkrone aus mit Steinen und kochendem Wasser. Die Pueblo, denen es an Nachschub mangelte, gaben nach drei Tagen auf. Die Bestrafung durch die Spanier, die zugleich deren Unsicherheit offenbarte, fiel grausam aus: Sie richteten 70 Männer hin und verurteilten 400 Frauen und Kinder zur Sklaverei. Vargas ging dann zur Unterwerfung der anderen Ortschaften der Kolonie über. Er ordnete die Errichtung einer befestigten Siedlung und einer Militärgarnison in Santa Fe an, wo die Indianer ein Pueblo »über dem Amtssitz der Gouverneure dieses Königreichs« gebaut hatten. Doch Vargas hatte keinen mühelosen Sieg errungen. Er verbrachte einen großen Teil des Jahres 1694 im Feld und mit der Unterdrückung lokaler Erhebungen und der Vernichtung von Widerstandsnestern der Pueblo. Dieser Widerstand erwies sich als dauerhaft. Juan de Ye, der spanische Gouverneur des Pecos Pueblo, ritt nach Taos, um dort Pacheco, den indigenen Gouverneur des Ortes, zurechtzuweisen. Der Spanier wurde nie mehr gesehen. In Neu-Mexiko gingen immer wieder Gerüchte über eine erneute, unmittelbar bevorstehende Rebellion um, und im Jahr 1696 erhoben sich die Pueblo tatsächlich ein weiteres Mal, töteten fünf Mönche und zerstörten mehrere Kirchen und Klöster.[17]

Vargas unterdrückte die zweite Rebellion mit einem konsequenten Abnutzungskrieg, aber der Aufstand erwies sich als sehr bedeutsam für die Zukunftsaussichten des Volkes der Pueblo. Vargas stellte zwar die Kolonialherrschaft in Neu-Mexiko wieder her, aber sie funktionierte nicht mehr wie zuvor. Die vom jüngsten Aufstand und den damit verbundenen Kämpfen noch traumatisierten und erschöpften Spanier akzeptierten jetzt, dass sie weniger Land besaßen als zuvor, und sie ersetzten das Encomienda-Arbeitsregime, das Sklaverei-ähnliche Züge trug, durch das *Repartimiento*-System, bei dem der Umfang der zu leistenden Arbeit reguliert wurde. Sie schufen das Amt eines Pflichtverteidigers, der die Pueblo gegen spanische Übergriffe schützen sollte, und die Franziskaner ignorierten geflissentlich die zuvor verbotenen Pueblo-Zeremonien – eine Konzession, die ihnen die Pueblo durch das scheinbare Akzeptieren der katholischen Sakramente erleichterten. Die Kolonie war sichtlich geschrumpft.[18]

Der Verwaltungsapparat des spanischen Kolonialstaats blieb erhalten, aber der gesellschaftliche Abstand zwischen den Spaniern und den Pueblo verringerte sich durch Mischehen, quasi-verwandtschaftliche Einrichtungen wie die *compadrazgo* – gemeinsame Patenschaft – und durch multiethnische Ortschaften. Die Spanier und die Pueblo blieben verschiedene Völker, die durch markante Ungleichheiten bei der Verteilung von Macht und Privilegien voneinander getrennt waren, aber der unerschütterliche Widerstand der Pueblo hatte die Spanier gezwungen, sich auf eine gemeinsame Welt einzulassen, in der den Kolonisten lediglich der Aufbau einer drastisch reduzierten Variante ihres einst so grandiosen imperialen Projekts gestattet wurde. Wie Juan de Oñate ein Jahrhundert zuvor, hatte Vargas versucht, einen abhängigen Kolonialstaat mit sorgfältig regulierten Handelswegen zu errichten, und wie seine Vorgänger war er auf eine indigene Welt gestoßen, die sich weigerte, einer rigiden imperialen Logik nachzugeben. Der Widerstand der Pueblo erwies sich als ansteckend und führte zu einer ganzen Reihe von Aufständen, die sich über den gesamten Norden Neuspaniens ausbreiteten. Der darüber entsetzte Gouverneur von Nueva Vizcaya bestand darauf, dass alle gefangen genommenen indianischen Rebellen zu zehn Jahren Zwangsarbeit verurteilt werden sollten, was dem Zustand der Sklaverei gleichkam.[19]

Die Pueblo-Revolte – die wegen ihrer Virulenz und ihres Ausmaßes auch als Großer Aufstand im Südwesten bezeichnet wird – veränderte den Lauf der Geschichte in der Region unwiderruflich. Sie wies die spanischen Kolonisten in die Schranken und ermutigte die Indianer – nicht nur die Pueblo, sondern auch viele andere indigene Nationen –, Spaniens imperiale

Ansprüche infrage zu stellen. Innerhalb eines Jahrzehnts nach der Revolte brachen zahlreiche Aufstände und Kriege zwischen den Spaniern und den Indianern aus: Tarahumara, Concho, Pima, Sobaipuri, Suma, Jocome, Jano, Opata, Apachen und viele andere Nationen kämpften, um die Spanier einzudämmen, zu bestrafen, zu töten und ihr eigenes Gebiet unversehrt zu erhalten. Ihr systematischer und beweglich geführter Guerillakrieg hatte die Spanier an ihrer Nordwestgrenze gestoppt.[20]

Der Krieg veränderte auch die innere Verfasstheit der Pueblo-Welt, indem er uralte Traditionen und Praktiken erschütterte und so den Pueblo-Frauen neue Wege für den Ausdruck ihrer religiösen Vorstellungen und ihrer Spiritualität eröffnete; sie erkundeten den Katholizismus jetzt tiefgründiger und stellten uralte Traditionen infrage. Zur wichtigsten geopolitischen Veränderung kam es, als die Pueblo mit dem Verkauf spanischer Pferde an die benachbarten Nomaden in den Plains und den umgebenden Gebirgslandschaften begannen. Der Pferdehandel löste eine technologische Revolution aus, die viele indigene Welten innerhalb einer Generation auf eine völlig neue Grundlage stellte. Ein uralter Handelskorridor in den Rocky Mountains wurde zu einer Art Durchlass für die Verbreitung von Pferden bis weit in den Norden hinein. Die Shoshonen kauften um 1690 herum die ersten Pferde, und ihre plötzlich enorm gesteigerte Fähigkeit, sich frei zu bewegen, zu jagen und zu kämpfen, ermutigte sie zu Vorstößen in die von großen Bisonherden bevölkerten nördlichen Plains. Andere, noch weiter entfernt lebende Nationen verfolgten den Zustrom von Pferden bis zum Ursprung am Oberlauf des Rio Grande zurück. Die Bewohner des in der Nordostecke Neu-Mexikos gelegenen Taos Pueblo berichteten im Jahr 1706 über die Ankunft eines fremden Volkes aus dem Norden. Diese Neuankömmlinge, die sich Numunuu – »das Volk« – nannten, bereiteten angeblich einen Angriff auf die Stadt vor. Damit waren die Comanchen in das Bewusstsein der Spanier als schemenhafte Bedrohung der Grenze eingetreten.[21]

Die gegen Ende des 17. Jahrhunderts in allen Regionen Nordamerikas nahezu gleichzeitig ausgebrochenen indigenen Aufstände gegen europäische imperiale Ambitionen brachten englische, französische und spanische Kolonisten an den Rand des Scheiterns. Native Americans hatten zu ihrem Entsetzen den Kolonialismus in verschiedenen Ecken des Kontinents bekämpft und die Kolonisten gezwungen, sich zurückzuziehen, ihre Ambitionen neu zu bestimmen und ihre tief sitzenden Vorstellungen über indigene Völker zu überdenken. Die Europäer erlebten eine fundamentale Erschütterung ihres Selbstvertrauens. Traumatisierte, von den Indianerkriegen erschütterte Neuengländer glaubten, ihr Gott sei mit ihnen unzufrieden. Sie gerieten untereinander in Streit, bezichtigten Nachbarn, Verwandte und viele andere der Hexerei. Virginier, die sich nicht entscheiden konnten, was sie mit ihren indigenen Nachbarn anfangen oder wie sie mit ihnen zusammenleben sollten, verfielen in einen Bürgerkrieg, der die Kolonie beinahe in Stücke riss. Neufrankreich, einst die aussichtsreichste unter den kolonialen Unternehmungen, fand seine umfassende Einflusssphäre im Binnenland im Schatten des Aufstiegs der Five Nations League dramatisch reduziert. Spanische Kolonisten in Neu-Mexiko traten nach der Rebellion in eine angespannte gegenseitige Anpassung und Verständigung mit den Pueblo-Indianern ein – es war ein imperialer Rückzug, durch den die spanische Kolonialherrschaft abgemildert wurde.

Wie ist diese Gleichzeitigkeit zu erklären? Sie könnte rein zufällig gewesen sein, andererseits waren viele indigene Völker zu der Zeit in einer ähnlichen Situation. Zum Zeitpunkt des Ausbruchs der Aufstände hatten die Wampanoag, Nipmuc, Susquehannock und Pueblo bereits zwei oder drei Generationen der kolonialen Willkür standgehalten. Unter ihnen waren Indianer, die den Beginn der kolonialen Eroberung erlebt hatten, die Besetzung indigener Gebiete und die Marginalisierung ihres Volkes in der eigenen Heimat. Sie hatten den größten Teil ihres Lebens mit dem Kolonialismus gelebt und konnten dabei mitverfolgen, dass sich die Verhältnisse im Lauf der Zeit nicht verbesserten, sondern verschlechterten. Wenn die Ältesten unter den Indigenen die Geschichte ihrer Nationen nacherzählten, schlich sich womöglich eine subversive Gefühlslage ein, die ihren Ausdruck in Abscheu, Hass und schließlich in reinigender Gewalt fand. Die Ältesten warnten vielleicht davor, dass die Gelegenheit für eine Umkehr der historischen Dynamik rasch vorübergehen werde.

FÜNFTER TEIL

DER BESTÄNDIGE INDIGENE KONTINENT

(Frühes 18. Jahrhundert)

KAPITEL 15

DIE LINIE HALTEN

Die Anführer der Nasaw, die der Catawba-Konföderation angehörten, begrüßten mit Freuden Francis Nicholson, den frisch ernannten Gouverneur von South Carolina, in ihrer Stadt. Sie überreichten dem Gouverneur ein Geschenk, eine auf einem Stück Hirschleder festgehaltene Karte ihrer Welt. In dieser von einem Nasaw-Kartografen angefertigten Darstellung waren elf Catawba-Städte verzeichnet, ebenso wie eine Cherokee- und eine Chickasaw-Stadt westlich des Catawba-Gebietes Kadapau. Man schrieb das Jahr 1721, und die Karte enthielt außerdem zwei koloniale Territorien: Virginia, das als Viereck abgebildet war, und Charles Town, die Hauptstadt von South Carolina, mit ihrem gitterförmigen Grundriss und dem Hafen. Das Studium dieser Karte muss für Nicholson eine verblüffende Erfahrung gewesen sein, weil sie nicht den Regeln der europäischen Kartografie entsprach. Sie berücksichtigte weder die Himmelsrichtungen noch irgendwelche geografischen Merkmale. Die Karte bot auch keine detaillierte Darstellung der räumlichen Koordinaten der verschiedenen in dieser Region bestehenden Gesellschaften, sondern konzentrierte sich auf die zwischen ihnen bestehenden Beziehungen. Es handelte sich um eine ausdrücklich politische Karte, die von einem sehr politischen Volk angefertigt worden war.

Der namentlich nicht genannte Nasaw-Kartograf platzierte seinen Heimatort im Zentrum der Karte und zeichnete sechs Wege ein, die ihn mit den umgebenden Städten und Kolonien verbanden, auch mit Virginia. Außerdem gab es noch »den englischen Weg nach Nasaw«. Die halb nomadisch lebenden Catawba waren das mächtigste Volk der Region und beherrschten das südliche Piedmont-Plateau, wo sie seit Mitte des 16. Jahr-

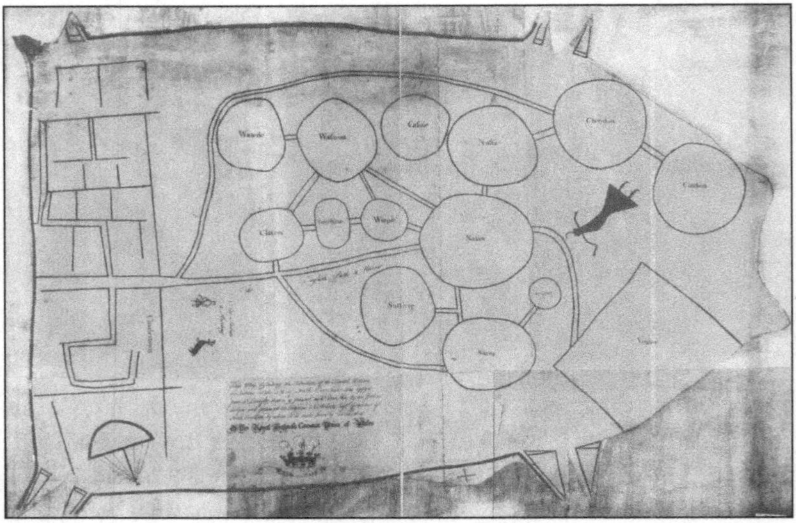

Catawba-Karte, 1721

hunderts lebten. Native Americans und englische Kolonisten waren beide auf der Karte berücksichtigt, aber auf grundsätzlich verschiedene Art: Virginia war als Quadrat dargestellt, die indigenen Gruppen dagegen in Kreisform. Der größte Kreis war den Nasaw zugeordnet, obwohl die Cherokee und Choctaw sie demografisch und geografisch übertrafen, denn sie beherrschten ein Gebiet, das sich vom südlichen Ohio-Tal bis zur Golfküste erstreckte. Zwei menschliche Gestalten – eine davon als Jäger mit Gewehr dargestellt – und ein Hirsch zeigten an, dass das Piedmont-Plateau von den Catawba – Eigenbezeichnung: *Ye Iswa,* »das Volk des Flusses« – aktiv genutzt und bewohnt wurde. Die Karte war eine gezeichnete soziale Handreichung, die darauf abzielte, die Kolonisten zu unterweisen, wie sie sich im indigen-kolonialen Grenzgebiet zu verhalten hatten, wie sie den Indianern respektvoll begegnen und in einer Welt überleben konnten, die ganz und gar indigen geprägt war. Europäische Händler waren in Catawba-Dörfern willkommen, wenn sie eingeladen worden waren und ihnen der Zutritt ausdrücklich gestattet wurde. Sie mussten mit ihrem Warenangebot großzügig sein und die Sitten und Gebräuche der Catawba achten. Kartografen der Chickasaw setzten fast 650 Kilometer weiter südwestlich auf nahezu dieselben Darstellungstechniken, um ihre Vorherrschaft und Autorität zu zeigen. In ihren Karten stellten sie vorrangig die Hierarchie dar: Die den verschiedenen Nationen zugeordneten Kreise variierten nach Größe und möglicherweise auch nach Status.

Im Piedmont-Plateau und anderenorts in Nordamerika gab es viele Karten dieser Art – Karten, die die Invasoren außen vor ließen und Neuankömmlingen zeigten, wie sie sich zu verhalten hatten. Kolonien hatten sich um indigene Grenzen herum zu orientieren, nicht umgekehrt. Die Europäer hatten sich zwar an der Ostküste und entlang einer Reihe von großen Flüssen vom Sankt-Lorenz-Strom bis zum Rio Grande festgesetzt, doch die Native Americans kontrollierten weiterhin 90 Prozent des Kontinents, einschließlich des größten Teils der Gebiete, die von den Imperien der Briten, Franzosen und Spanier beansprucht wurden, und sie hatten mehrere Kriege geführt, um die Kolonisten auf Abstand zu halten. Die gut vernetzten Catawba, Nachfolger der sagenumwobenen Cofitachequi-Konföderation, bezeichneten die Europäer als »Nichtse«, bemitleidenswerte Menschen, denen verwandtschaftliche Verbindungen fehlten und die nicht dazugehörten. Diese Einschätzung verdeutlichten sie den Kolonisten durch sorgfältig inszenierten Pomp. Ein europäischer Reisender berichtete, dass »unser Gastgeber der König der Kadapau-Indianer war und immer zwei oder drei junge Händlerinnen in seiner Hütte hatte. Nachdem er eine von ihnen jemandem aus unserer Gruppe angeboten hatte, der diesen Gefallen ablehnte, verfiel seine Majestät in einen heftigen Zorn ob dieser Beleidung und sagte zu den Engländern, dass sie Taugenichtse seien.« Den Europäern entging das entscheidende Element bei dieser Vorgehensweise: die Schaffung von äußerst wichtigen Verwandtschaftsbeziehungen durch Intimität. Etwa zur selben Zeit begannen die großen indigenen Bündnisse im Südosten – die Cherokee, Choctaw und Muscogee – damit, sich selbst als Volk zu bezeichnen, das von den Weißen getrennt ist. Die Catawba verweigerten den Kolonisten jede Art von Verwandtschaft, um sich auch räumlich von ihnen zu distanzieren. Die Cherokee, Choctaw, Chickasaw, Muscogee und Catawba setzten einen jahrhundertelangen Prozess fort, in dessen Verlauf sie den europäischen Neuankömmlingen beibrachten, wie sie die indigenen Bewohner des Kontinents zu behandeln hatten, und sie über angemessenes Verhalten, Grenzverläufe und zweckmäßiges Denken und Sprechen unterrichteten – es war ein Prozess, der vor rund zwei Jahrhunderten mit Cabeza de Vaca begonnen hatte.[1]

Die Kolonialherrschaft in Nordamerika war im frühen 18. Jahrhundert, in der Zeit nach Metacoms Krieg und nach dem Großen Aufstand im Südwesten, auf kleine Siedlungen an der Küste und an Flussläufen beschränkt. Englische Kolonisten hatten sich, von der indigenen Präsenz und ihrer Kontrolle über das Land in Schach gehalten, in den Küstenebenen nach Süden und Norden ausgebreitet und sich dabei eng an die Küstenlinie und die Flussläufe gehalten. Ihre Städte, Plantagen und Forts waren zu Nestern konzentrierter kolonialer Macht geworden, aber ihr Einfluss blieb auffallend begrenzt. Es gab einen schmalen kolonialen Randbereich und ein riesiges, von Indigenen beherrschtes Binnenland, wie es die Anführer der Catawba dem Gouverneur Nicholson vorgetragen hatten. Es war klar, wer die Macht hatte. Als Hoyter, der führende Vertreter der Chowan, einer der Provinz und noch jungen britischen Kolonie North Carolina untergeordneten indianischen Nation, mit dem Gouverneur zu Tisch saß und dabei seine Soldaten auf den Straßen Kriegstänze vorführen ließ, wurde deutlich, dass der indigene Untertanenstatus eine Fiktion war. Die tributpflichtige Beziehung hatte mehr Bündnis- als einen Unterordnungs-Charakter. Die Engländer hatten bis zu den 1710er-Jahren eine erstaunliche Summe von 100.000 Kronen für Indianer-Diplomatie und -Handel ausgegeben und dabei das französische Vorbild übernommen, die Indianer als Handelspartner, militärische Verbündete und Verwandtschaft anzunehmen. Sie hatten sich vom auf Enteignung, Raub und Vertreibung setzenden Siedlerkolonialismus gelöst.[2]

Der wirksame indigene Widerstand hatte die Europäer gezwungen, ihre Vorgehensweisen radikal zu überdenken. Die dicht besiedelten englischen Kolonien setzten immer noch auf rohe militärische Gewalt, auf die Bekämpfung, das Vertreiben und Töten der Indianer an ihren Grenzen, aber sie hatten inzwischen auch sanftere Methoden entwickelt. Die Engländer versuchten wie die Franzosen ihren Einflussbereich *durch* Indianer zu erweitern. Auch die Spanier übernahmen Facetten des französischen Vorgehens und setzten auf Handel, Entgegenkommen und militärische Zusammenarbeit. Die drei Kolonialmächte waren nach wie vor auf die Erweiterung ihrer eigenen Reiche festgelegt, aber es sollten durch Verhandlungen geschaffene Imperien sein, die den indigenen Völkern eigene Gebiete anboten und für ihr Überleben auf die Zustimmung der Indigenen angewiesen waren.

Der Reiz der Westindischen Inseln, die über Generationen hinweg die lukrativste Region in der Neuen Welt gewesen waren, hatte eine enorme Zahl von europäischen Kolonisten angelockt, was die indigenen Nationen in Nordamerika unbeabsichtigt vor kolonialer Aggression schützte. Aber in den 1660er-Jahren erlebten die Westindischen Inseln einen raschen Niedergang. Fast das ganze Land war von Zuckerplantagen überzogen und der Boden oft ausgelaugt, was mögliche weitere Einwanderer aus Europa abschreckte. Der nächsten Generation sollte es schlechter gehen als der vorhergehenden – eine Perspektive, die für die von Wachstum besessenen Europäer inakzeptabel war. Eine Gruppe von Plantagenbesitzern auf den Westindischen Inseln suchte nach einem Ausweg aus dieser Lage, trat an die reichsten Männer Englands heran und beschaffte auf diesem Weg Geldmittel für eine gewaltige neue Kolonie an der Ostküste Nordamerikas im Bereich zwischen Spanisch-Florida und Virginia. Die reichsten unter diesen Geldgebern hatten nach dem Zusammenbruch von Oliver Cromwells Commonwealth im Jahr 1660 die Wiedereinsetzung der Stuartdynastie unter König Charles II. ermöglicht, und der König beschenkte diese kleine Elitegruppe jetzt mit einer eigenen Kolonie, Carolina.

Die »absoluten Herren und Eigentümer« (»absolute Lords and Proprietors«) importierten Kolonisten und Sklaven von den überbevölkerten Westindischen Inseln und wurden schon bald reich durch Indigo, Hanf, Flachs, Maulbeerbäume, Ingwer, Wachs, Oliven und – das war am verlockendsten – durch Seide, was ihrer Kolonie den Beinamen »Carolina in Westindien« einbrachte. Die Sommer waren heiß, feucht, moskitoverseucht und potenziell tödlich, aber die Küste war einladend, die weite Ebene und breite, schlammige Flüsse versprachen mehr als günstige Bedingungen für die Landwirtschaft. Die Plantagenbesitzer gefielen sich in der Rolle der unabhängigen Pioniere, aber in Wirklichkeit stützten sie sich massiv auf indigene Produkte und den Handel mit den Indigenen. Ein früher zeitgenössischer Beobachter war skeptisch hinsichtlich der Zukunftsaussichten Carolinas »in einem so entlegenen Land« und »umgeben von so vielen barbarischen Nationen«. »Wilde sind ebenso wie andere Feinde, Piraten und Räuber, möglicherweise zu befürchten«, sagte er voraus – und der absurd rassistische Sprachgebrauch offenbarte Unwissenheit und Furcht in einem. Die 8000 Menschen zählende Nation der Tuscarora, die lose mit der Irokesen-Liga verbunden war, gelangte zu einer Einigung mit den englischen Neuankömmlingen in der noch jungen Kolonie Carolina. Die ersten englischen Siedlungen entstanden in der Nähe der Chesapeake Bay, aber die Provinz schrumpfte schon bald zu einem Reservat für weiße Menschen.[3]

Die Vorhersage über Furcht einflößende Indianer hatte sich als zutreffend erwiesen. Zu den ersten Handlungen der Kolonisten gehörten die Gründung einer sechs Kompanien umfassenden Miliz und der Bau einer Mauer zum Schutz von Charles Town. Unterdessen richteten sich die indigenen Nationen im Grenzgebiet von Carolina darauf ein, das Beste aus den neuen Gelegenheiten für den Handel mit ihren wichtigsten Waren zu machen, vor allem mit Hirsch- und Rehleder. Zu Beginn des 18. Jahrhunderts wurden aus dem Hafen von Charles Town bis zu 50.000 Stücke Rotwildleder pro Jahr exportiert, was den Kolonisten einen beispiellosen Reichtum bescherte. Ihr Gouverneur prahlte, dass »Charles-Town fast 1000 Meilen weit in den Kontinent hinein Handel betreibt«. Reichtum in einem solchen Ausmaß schürte erbitterte Rivalitäten. Die Muscogee breiteten sich im Bestreben, sich eine günstige Ausgangsposition zu verschaffen, entlang der großen Flusstäler aus, und schon bald trieben sie die englischen Märkte in die Enge. Sie zentralisierten die Politik ihres Bündnisses in einem Nationalrat, um ihre Verhandlungsmacht im Umgang mit den Europäern zu stärken. Die etwa 15.000 Menschen zählenden Muscogee, die in 60 Ortschaften lebten, entwickelten sich zur dominierenden Nation im tiefen Süden.

In den matrilinear organisierten Gesellschaften der Cherokee, Chickasaw, Choctaw und Muscogee waren die Frauen einflussreiche politische und wirtschaftliche Akteure, die über das Schicksal von Gefangenen – einer wichtigen Quelle von Arbeitskraft – entschieden und sich erheblicher persönlicher Freiheiten erfreuten, was den Kreis begabter Führungspersönlichkeiten vervielfachte. Land wurde eher genutzt, als in Privatbesitz zu verbleiben, was eine flexible Verwaltung von Grund und Boden ermöglichte. Matriarchinnen besaßen die Häuser ihrer Familien, und Frauen verfügten über die Feldfrüchte, die sie anbauten; Wohlstand und Macht waren in der mütterlichen Linie verankert. Unverheiratete Frauen genossen eine vollständige Autonomie, und viele von ihnen entschieden sich für Eheschließungen mit Händlern in Carolina, um ihren eigenen Familien einen ständigen Zugang zum Warenangebot zu verschaffen. Durch diese Vorgehensweise stabilisierten sie die potenziell belasteten Handelsgeschäfte zwischen Indianern und Weißen durch verwandtschaftliche Beziehungen und stellten auf eine kluge Art und Weise europäische Geschlechterrollen infrage. Cherokee-Frauen konnten zu »Kriegsfrauen« werden, die in den Kampf zogen. Als Soldaten der Muscogee um das Jahr 1700 einen Angriff auf eine Gruppe von Kolonisten planten, ritt Sophia Durant, die dem einflussreichen Wind-Clan angehörte, in die Muscogee-Stadt Otciapofa und rief deren Anführer zusammen. Als die Soldaten eintrafen, wurden sie von ihr scharf zurechtgewiesen und fortgeschickt. Sie war im neunten Monat schwanger.[4]

Die englischen Ambitionen erlebten einen enormen Schub. Im Unterschied zu den französischen und spanischen Besitzungen auf dem Doppelkontinent waren in Englisch-Amerika nicht die imperialen Regierungen und ihre Beamten, sondern die kolonialen Haushalte die Hauptakteure der Expansion. Gegen Ende des 17. Jahrhunderts gab es in Nordamerika knapp 250 000 englische Kolonisten, und das Bevölkerungswachstum ließ nicht nach. Englisch-Amerika war mittlerweile ein fester Bestandteil eines riesigen und straff geführten transatlantischen Handelsreiches mit Hauptsitz in London, aber die nordamerikanischen Kolonien bildeten für sich genommen bereits ein sich weiter ausbreitendes Reich von Kolonisten – von Farmern, Plantagenbesitzern, Händlern und sogenannten Pionieren. Die Kolonisten lebten inzwischen länger, hatten größere Familien und wurden mobiler. Sie wurden außerdem aggressiver, verlangten lautstark nach indigenem Land und indigenen Sklaven, aber ihnen fehlte die militärische Macht, um sich beides einfach zu nehmen.[5]

Ein Ausbruch der Pocken in Virginia kam den Kolonisten 1696 zu Hilfe. Die Krankheit war ungewöhnlich ansteckend, der Verlauf lässt sich allenfalls mit der Epidemie von 1633/34 vergleichen, die unter den Pequot und anderen indigenen Nationen in Neuengland gewütet hatte. Die Pocken verbreiteten sich von Virginia aus zum Piedmont-Plateau in Carolina und dann entlang der Handelswege und der Routen der Sklavenjäger über den gesamten Südosten und, mit katastrophalen Folgen, bis zum Tal des Mississippi, das sich zum Seuchen-Korridor entwickelte. Die Pocken töteten Zehntausende von Indianern. Es war eine menschengemachte Bevölkerungskatastrophe: Virginia und South Carolina hatten den Südosten in eine größere atlantische Welt integriert, die dafür sorgte, dass eine bis dahin beispiellose Menge von Waren und Keimen in die indigenen Siedlungen gelangte.[6]

Das Massensterben brachte die Art von Umwälzung, auf die die Kolonisten gehofft hatten. Colonel James Moore, der opportunistische und habgierige Gouverneur von Carolina, nutzte die Situation, um im Schatten des Spanischen Erbfolgekrieges um dynastische Thronansprüche einen persönlich motivierten Krieg vom Zaun zu brechen. Von 1702 bis 1704 fiel er mit Armeen indianischer Verbündeter – Muscogee, Yamasee, Savannah, Alabama und Coushatta –, die nach dem Ausbruch der Pocken die eigenen Reihen wieder auffüllen wollten, wiederholt in Florida ein. Moore verkaufte eine große Zahl von Schusswaffen an seine indigenen Verbündeten, die dann 14 spanische Missionsstationen zerstörten und 1300 Apalachee in die Sklaverei zwangen. Moores Streitmacht war nur eine von vielen Sklavenjäger-Armeen. Die Gründungsakte von Carolina aus dem Jahr 1665 umfasste alle noch bestehenden spanischen Missionsstationen und San Agustín; Moore und andere Carolinians setzten das Dokument in die Praxis um, indem sie Florida von Indianern, Spaniern und den Vertretern des Papsttums säuberten.

Englische Kolonisten betrachteten die Indianer als eine auszubeutende und dann entbehrliche Ressource, als eine Masse von Körpern, die entweder beiseitegeschoben oder ausgenutzt werden konnte. Das war der Ursprung der systematischen Versklavung von Indianern und des Sklavenhandels in den englischen Kolonien, der den Südosten des nordamerikanischen Kontinents in ein Kriegsgebiet verwandelte. Kolonisten jagten Indigene, um Gefangene zu machen, und Indianer überfielen andere Indianer, um sie zu Sklaven zu machen, zur wertvollsten Handelsware des ganzen Kontinents. Gegen Ende des 17. Jahrhunderts erstreckten sich zahlreiche »Kriegspfade« vom Gebiet der Onondaga nahe des Ontariosees bis zu den Städten der Catawba in den südlichen Appalachen.[7]

Der Wandel im Umgang der Engländer mit den Native Americans war ungewöhnlich hart ausgefallen, und er rief eine denkwürdige Reaktion hervor. Die Irokesen-Liga schickte im Jahr 1710 vier Gesandte – Tejonihokawara, Sagayenkwaraton, Onioheriago und Etowaucum – nach London. Königin Anne empfing die Delegation im St. James's Palace, wo diese der britischen Herrscherin ihre gesammelten Beschwerden vortrug. Die »Four Kings«, wie sie damals genannt wurden, speisten mit William Penn und anderen Vertretern der Londoner Führungsschicht und wurden vom Erzbischof von Canterbury empfangen. Sie besichtigten die Privatjacht der Königin und die Docks an der Themse, und von höchster Stelle der St. Paul's Cathedral aus verschafften sie sich einen Eindruck von der gewaltigen Ausdehnung Londons. Die »Vier Könige« mögen der englischen Elite vielleicht zur Unterhaltung gedient haben, aber die britische Staatsführung erfasste eindeutig die zentrale Bedeutung, die den Irokesen in Nordamerika zukam. Die britischen Händler und Schmiede verfügten über genug Umsicht, um den Irokesen zufriedenstellende Vertragsbedingungen anzubieten.[8]

Die einst mächtige Nation der Tuscarora war durch im Jahr 1711 unternommene Sklavenjagden stark geschwächt worden. Die Tuscarora wehrten sich und mobilisierten 500 Soldaten, die mehrere Plantagen in Carolina zerstörten und mehr als 100 Kolonisten töteten, was die gesamten britischen Kolonien in Furcht und Schrecken versetzte. Die Carolinians suchten sich Verbündete unter den Catawba, Yamasee und Apalachee und brachen zu einem Feldzug auf, der sich schnell zu einer weiteren Sklavenjagd-Expedition entwickelte. Dabei eskalierte die Gewalt. Euchee-Indianer verbrannten einen englischen Händler wegen seiner Untaten. Im darauffolgenden Jahr wurde Carolina in zwei Kolonien aufgeteilt, in South Carolina und North Carolina.[9]

Edward Hyde – der erste Gouverneur von North Carolina – und seine Anhänger nahmen Hunderte von Indianern gefangen, und Hydes Nachfolger Thomas Pollock, einer der reichsten Landbesitzer North Carolinas, machte bei einem einzigen Raubzug 1000 bis 2000 Tuscarora zu Gefangenen. James Moore, der immer noch auf Sklavenjagd ging, nahm allein 1713 fast 1000 Indianer gefangen oder tötete sie. In jenem Jahr schickte der matrilinear verfasste Yamasee-Clan den 17-jährigen Yamasee-»Prinzen« zur Aufnahme diplomatischer Beziehungen nach London und verband damit die Hoffnung, auf diesem Weg die eskalierende Gewalt eindämmen zu können. Die Mission scheiterte, und die Sklavenjagden gingen weiter. Die Yamasee verlegten sich auf eine »schleichende« Kriegführung, indem sie systematisch sumpfiges Gelände nutzten, was South Carolinas Anführer aus dem Gleichgewicht brachte. Dennoch wurden vermutlich bis zu 50.000 der im Süden lebenden Indianer in die Sklaverei gezwungen. Viele von ihnen wurden per Schiff zur Sklavenarbeit auf die Inseln in der Karibik gebracht, während andere an Plantagenbesitzer an der Ostküste verkauft wurden, wo sie an der Seite afrikanischer Sklaven auf den Reis- und Tabakfeldern arbeiten mussten. Floridas indigene Bevölkerung war regelrecht kollabiert, sie sank von ungefähr 16.000 auf weniger als 4000. Die wenigen verbliebenen Missionsstationen waren nur noch leere Hüllen, die langsam zusammenbrechenden Nationen dienten.[10]

Die Indianer im Süden waren jedoch noch lange nicht besiegt. South Carolina schickte im Frühling 1715 Volkszähler in die indigenen Ortschaften in der Umgebung der Kolonie, es war ein Vorgang, den die Indianer als Vorspiel zu weiteren Sklavenjagden deuteten. Die Yamasee, die Muscogee, die Choctaw und die Apalachee entschieden sich für den Krieg. Unabhängig davon schickte Charles Craven, der Gouverneur von South Carolina, Beauftragte in das Städtchen Pocotaligo, um dort die Yamasee wegen nicht beglichener – und zum größten Teil beim Rumhandel entstandener – Schulden zu tadeln, die sich mittlerweile auf die erstaunliche Menge von 100.000 Stück Rotwildleder beliefen. Die Yamasee waren entsetzt. Wenn sie von den Carolinians überhaupt etwas erwarteten, dann war das Kompromissbereitschaft; South Carolina war schwach, und North Carolina war schlicht heruntergekommen – eine Ansammlung von verlassenen Plantagen, roh zusammengezimmerten Häusern und hungernden Menschen. Eine indianische Frau, die Ehefrau eines Händlers, warnte die Yamasee bei Tagesanbruch, dass die Engländer gekommen seien, um sie auszuspionieren. Die Anführer der Yamasee brachten Thomas Nairne, den Indianerbeauftragten der Kolonie, zum zentralen Platz des Ortes und verbrannten ihn dort bei lebendigem Leib. Dann taten sie sich mit den Muscogee, Choctaw und Apalachee zusammen, töteten Händler und zerstörten englische Siedlungen, Plantagen und Garnisonen. Es war der am besten koordinierte indigene Krieg seit der Pueblo-Revolte von 1680. Mehr als 400 Kolonisten wurden getötet, und die Sklavenjagden – eine Furcht und Schrecken verbreitende Ausprägung des Siedler-Kolonialismus – hörten auf. Zwei Anführer der Yamasee und zwei führende Vertreter der Muscogee begaben sich zu den Spaniern in Florida und bemühten sich dort um ein Bündnis mit dem spanischen Imperium gegen die Engländer. Sie schienen sich dabei der Schwäche der Spanier bewusst zu sein. Die indigenen Nachrichtennetze beschafften ihre Informationen mithilfe von Mittelsmännern, geübten Läufern, Übersetzern und Anführern, die die bildhafte Sprache fließend beherrschten.

Auf den Yamasee-Aufstand folgte ein Aufstand der Muscogee. Beide Bündnisse kommunizierten über den Krieg und ließen die Engländer wissen, wie sie sich zu verhalten hatten. Sie wollten, dass die Engländer eine neue Denkweise entwickelten, sich auf die indianische Lebensart einließen, indem sie verhandelten, Kompromisse schlossen und dabei auf Teilen und Austausch setzten. Die Muscogee wussten, dass eine derart direkte Zurückweisung des englischen Vorgehens nach einer stärkeren strategischen Position verlangte. Angeleitet von Brims, einem klugen *Mico* – »Anführer« –, erweiterten sie ihr diplomatisches Netzwerk im Südosten, knüpften Verbindungen zu den Spaniern in San Agustín und zu den Franzosen in Mobile, einer ihrer Siedlungen. Im Spätjahr 1716 entsandte der Nationalrat der Muscogee Botschafter nach New York, die dort die Irokesen um eine Intervention bitten sollten. Mit berechnender Großspurigkeit verkündeten die Botschafter, dass sie »50 Nationen von Indianern« vertreten würden. Die beeindruckten Irokesen entsandten ihrerseits 20 Botschafter, die die Muscogee-Delegation in die Heimat begleiten sollten. Ein Jahr später reisten Muscogee-Gesandte mit einem spanischen Schiff von Pensacola in Florida nach Veracruz in Mexiko und von dort aus weiter nach Mexiko-Stadt, wo ihnen Baltasar de Zúñiga y Guzmán, der Vizekönig von Neuspanien, eine Audienz gewährte. Die indigene Diplomatie war weitreichend, überzeugend und klug.[11]

Den South Carolinians, die von den indigenen Armeen und ihrer umfangreichen Diplomatie überrascht und eingeschüchtert waren, gelang es nicht, einen wirksamen Gegenangriff zu starten. Die Cherokee sahen in dieser Lage eine günstige Gelegenheit, sie schlossen ein Bündnis mit den Carolinians, verleiteten die Kolonisten zu einem Angriff auf ihre Muscogee-Rivalen und machten es den Engländern dadurch unmöglich, den Krieg zu gewinnen. South Carolina beendete effektiv den Kauf von Gefangenen. Die überlebenden Yamasee wichen nach Florida aus und starteten von dort aus Angriffe, um die Engländer auf Abstand zu halten. South Carolina war zu einem Fiasko geworden. Fast alle seine Bürger hatten sich nach Charles Town zurückgezogen, und es hatte wegen interner Streitigkeiten seinen Status als Eigentümerkolonie verloren. Seit dem Krieg zwischen den Spaniern und den Pueblo-Indianern war keine andere europäische Kolonie mehr der Auflösung so nahe gekommen. Dies war der Augenblick, in dem die Catawba-Anführer dem Gouverneur von South Carolina die Karten vorlegten, die den Briten ihre Lage verdeutlichten. Die Irokesen glaubten, dass böse Geister die Siedlungen heimsuchten; die Briten hätten das wahrscheinlich bestätigt, wenn sie jemand gefragt hätte. Die Kolonisten verlagerten ihre wirtschaftliche Tätigkeit jetzt mit rücksichtsloser Effizienz auf den Reisanbau, der mit afrikanischen Sklaven betrieben wurde. Die Kolonie war bereits in den 1720er-Jahren von sich weiter ausbreitenden Reisplantagen geprägt, auf denen rund 20.000 Sklaven aus Westafrika unter brutalen Bedingungen arbeiten mussten.[12]

Als die Muscogee im Frühjahr 1733 die Schiffe entdeckten, eilten sie zur Anlegestelle, um die Fremden zu begrüßen. Die Neuankömmlinge waren nicht allzu zahlreich, sie kamen mit Familien, und sie trugen keine Waffen. Aber nahezu unmittelbar nach der Landung begannen sie mit dem Fällen von Bäumen und errichteten Gebäude am Ufer des Flusses, der die Muscogee-Siedlungen miteinander verband. James Oglethorpe war kühn und arrogant an der Atlantikküste südlich von South Carolina gelandet. Die Möchtegern-Kolonisten nannten die Region nach ihrem König Georgia Colony und ignorierten dabei die spanischen Ansprüche und die Rechte der Indigenen: Das Land gehörte zur Muscogee-Konföderation. Muscogee-Matriarchinnen waren einflussreiche politische Akteurinnen, und Mary Musgrove, die Tochter einer Muscogee-Mutter und eines englischen Vaters, fungierte als Vermittlerin, die friedliche Beziehungen mit Außenstehenden förderte.

Patrick Gordon, der stellvertretende Gouverneur der Provinz Pennsylvania, hielt es jedoch für klug, Oglethorpe, der Mitglied des Parlaments und außerdem ein ebenso leidenschaftlicher wie umstrittener Sozialreformer war, über die schwierige strategische Lage der Kolonie zu unterrichten: »Ich bezweifle nicht, dass Sie sich der Tatsache bewusst sind, dass die Franzosen, die im Besitz von Kanada und von jenem riesigen Land sind, das sie Louisiana nennen und das auch den Mississippi und seine Nebenflüsse umfasst, all diese englischen Kolonien auf dem Festland im Norden und Westen umschließen.« Ja, schlimmer noch, die Franzosen »sind ständig bestrebt, unsere Indianer zur Abtrünnigkeit von uns zu bewegen, und schmieden Pläne für ihr weiteres Vordringen.«[13]

Der Rat war notwendig. Georgia, eine Anomalie unter den britischen Kolonien, könnte durchaus das utopischste unter den nordamerikanischen Kolonialprojekten gewesen sein. Die Planung sah vor, dass dieses Stück Land einen Gewinn abwerfen und Schutz gegen rivalisierende Imperien bieten sollte, aber es war zugleich ein philanthropisches und bewusst idealistisches Projekt. Es sollte dort keine Kriege geben, keine Enteignung von Native Americans, keine Sklaverei, keine Juristen und keinen Schnaps – nur ein besseres Leben für einfache weiße Menschen, als es in Europa möglich war. Georgia wurde als sozialreformerisches Aufbauprojekt konzipiert, das die Armut in England lindern sollte, indem den Mittellosen eine Heimat in Nordamerika angeboten wurde. Die Georgia Trustees verwaltete die Kolonie, eine Gruppe von Reformern und in der Sozialfürsorge engagierten Persönlichkeiten in London, denen eine Musterkolonie vorschwebte, in der freie Bauern das Rückgrat der Gesellschaft bildeten und dort ein materiell und moralisch erfülltes Leben finden konnten. Die Treuhänder stellten das Unternehmen als Teil einer auf Jahrhunderte angelegten Mission dar, als jüngstes Beispiel für »den uralten Brauch, Kolonien hervorzubringen, zur Verbesserung weit entfernter Gebiete«. Doch es gab einen Rest von Zweifel. Oglethorpe hatte geschrieben, dass eine Inbesitznahme »zu jeder Zeit von einer ausreichenden Macht begleitet werden muss, um sie vor Eindringlingen zu schützen«.[14]

Georgia war ein mit vielerlei Erwartungen aufgeladenes Projekt. Es sollte ein weißes Utopia und zugleich eine Pufferkolonie sein, die die Spanier in Florida zurückhielt, und zudem sollte es Massenware und Luxusgüter für den Atlantikhandel produzieren. Die Treuhänder offenbarten ihre letztlich ebenfalls kolonialistische Denkweise, als sie versuchten, die indigenen Bewohner der Region zu Arbeitern zu machen, weil sie so das große Dilemma der Kolonie beheben wollten: Sie selbst hatten die Sklaverei verboten. Das taten sie aus angeblichem Idealismus, aber auch aus strategischen Gründen: Sie wollten sich das Problem der entlaufenen Sklaven ersparen. Spanisch-Florida hatte entlaufenen Sklaven aus anderen Kolonien als Gegenleistung für den Eintritt in den Militärdienst die Freiheit angeboten und damit eine Dynamik in Gang gesetzt, die jeden potenziellen Sklaven in Georgia zu einem gegen England eingestellten Helfer Spaniens machen konnte. Oglethorpe bezeichnete die Entlaufenen als »geheime Feinde«. Die beunruhigten Georgians gingen auf ihre indigenen Nachbarn zu und boten den Muscogee ansehnliche Prämien für das Ergreifen von aus anderen englischen Kolonien geflohenen Sklaven. Die Georgia Trustees brachten 1734 eine Delegation der Lower Muscogee nach London, wo sie von König George II. und Königin Carolina empfangen wurde. Die Muscogee verlangten fairen Handel. Als George Galphin, ein ehrgeiziger irischer Einwanderer, im Jahr 1737 in Georgia eintraf, schuf er ein eigenes kleines Reich, indem er auf die Indianer zuging und, auf der Suche nach Zugehörigkeit und Gewinn, Mischehen erleichterte. Er heiratete Metawney, eine Muscogee-Frau, die ihm Zugang zum Handel der Muscogee verschaffte.[15]

Die Indianer mögen die Lösegelder für die Gefangenen begrüßt haben, aber sie waren nicht besonders angetan von den Neuankömmlingen, die eine Stadt errichtet hatten – Savannah –, ohne zuvor die Erlaubnis der Muscogee-Konföderation einzuholen. Die Cherokee, Muscogee und Choctaw überragten die kümmerliche Kolonie, die mit ihren 3000 Kolonisten und 600 afrikanischen Sklaven um ihren Fortbestand kämpfte. Die Cherokee nahmen einen strategisch zentralen Bereich ein, der in etwa der Position der Irokesen im Norden glich. Die Indianer waren außerdem auf eine Art und Weise vereint, von der die Kolonisten nur träumen konnten. Die Cherokee lebten in einer weitläufigen Ansammlung von Städten. Jede Stadt hatte einen Anführer und einen inklusiv zusammengesetzten Rat: Männer, Frauen und Kinder nahmen daran teil und trugen ihre Sicht der Dinge vor. Frauen berieten routinemäßig männliche Ratsmitglieder, und matrilinear organisierte Clans fungierten als unparteiische Organe der Rechtsprechung. Ein starkes kommunitaristisches Ethos – *gadugi* – durchdrang und prägte die Welt der Cherokee. Männer und Frauen rodeten gemeinsam die Felder, brannten Gestrüpp ab, um fruchtbare Asche zu erzeugen, und brachten zusammen die Ernte ein. Die meisten indigenen Nationen verfügten über weitgehend ähnliche Regierungssysteme. Verwandtschaftliche Bindungen waren, wie anderenorts auch, von überragender Bedeutung; die Cherokee betrachteten eine Einzelperson ohne Verwandte nicht als vollwertigen Menschen. Die meisten Europäer schienen zu dieser Kategorie zu gehören.

Aus der Sicht der Europäer waren die indianischen Nationen des Südens Furcht einflößend. Die Georgians lebten in ständiger Angst vor einem Aufstand ihrer afrikanischen und indigenen Sklaven, und eine beunruhigende Zahl von Siedlern verließ die Kolonie wieder.

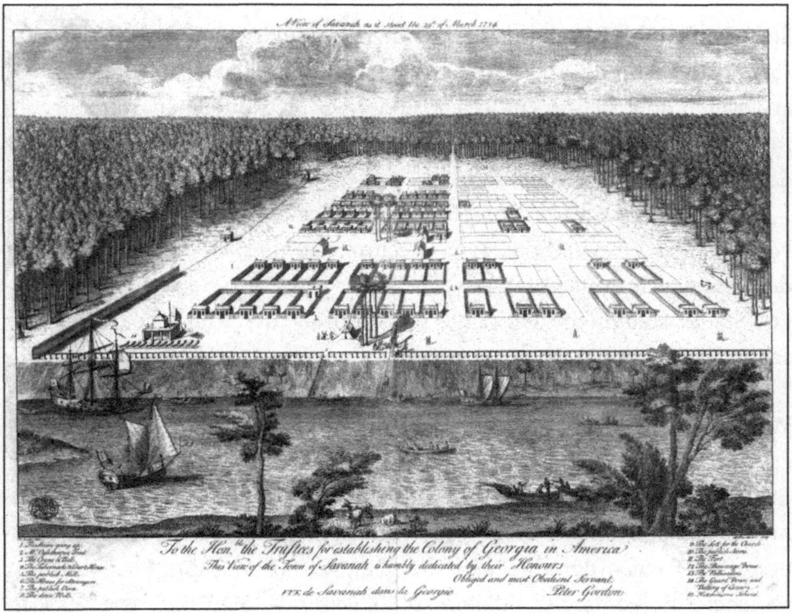

Die Kolonie Georgia

Dennoch blieben genügend Kolonisten im Land, hielten sich dort und sorgten für den Fortbestand der Kolonie. Erst im Jahr 1738 konnte man erklären, dass Georgia »außer Gefahr« sei. Oglethorpe prahlte, dass »diese Provinz die Spanier in Amerika im Zaum hält und die englischen Grenzen schützt«. Er erwartete, dass »das Parlament den Treuhändern die notwendigen Mittel für die Zivilverwaltung und den weiteren Ausbau des Landes zur Verfügung stellen wird«.[16]

Der Ausbau kam tatsächlich in Gang, aber für dieses Unterfangen bedurfte es eines nachgiebigeren Umgangs mit den Indianern. Oglethorpe begann 1739 die Muscogee-Konföderation zu umschmeicheln, die führende regionale Macht. Er reiste in die Muscogee-Stadt Coweta – was für einen Gouverneur einer englischen Kolonie eine außergewöhnliche Geste war – und unterzeichnete einen Vertrag mit der Konföderation, die mithilfe einer Art clanübergreifenden Polizeitruppe den Handel am Apalachicola und am Chattahoochee River kontrollierte. Die Muscogee sicherten Oglethorpe einen als Korridor fungierenden Bereich zwischen dem Savannah und dem Ogeechee River zu. Im Gegenzug erkannte Oglethorpe die

Souveränität der Muscogee an, indem er Georgias eingeschränkte territoriale Präsenz im Südosten akzeptierte: »Die Engländer sollen sich nicht ausbreiten oder sich irgendwelche andere Gebiete aneignen, mit Ausnahme derjenigen, die, wie oben festgestellt, von der Creek (Muscogee) Nation den Treuhändern gewährt wurden.«

Die Georgians waren von einer eindrucksvollen indigenen Regierung von *Malatchi Opeya Micco*, dem »Rechtmäßigen und Geborenen Prinzen der besagten Nationen«, in die Schranken gewiesen worden. Die Muscogee-Städte sollten die nationale Souveränität der Muscogee weiterhin schützen.[17]

Aber Georgia war keine Ausnahme unter den Kolonien in der Neuen Welt. Seine Bewohner lebten im verzweifelten Bemühen, ihre Kolonie fest zu verankern. Bereits ein Jahr vor den Vertragsverhandlungen hatten sie in Europa Tausende von Weinreben bestellt, um Weingärten anlegen zu können. Dabei gerieten sie in Unruhe wegen der benachbarten Indianer, insbesondere wegen der Choctaw, die über »10.000 Kämpfer« zu verfügen schienen, die »in fast 50 Städten zu Hause sind«. Sie sorgten sich wegen französischer Kriegslisten und wegen spanischer Invasionen; sie wollten unbedingt in Sicherheit leben und Herren der Lage sein. Der meist überaus zuversichtlich auftretende Oglethorpe räumte ein, dass die Kolonie alles andere als sicher sei, ungeachtet der Abmachungen im Vertrag mit den Muscogee. »Den armen Leuten, die hier leben, haben deren Drohungen so zugesetzt und sie so dauerhaft unter Waffen gehalten, dass sie nicht in der Lage waren, die notwendige Vorsorge für den eigenen Lebensunterhalt zu treffen.« Ohne sofortige Nothilfemaßnahmen, warnte Oglethorpe, »wird das Elend so groß werden, dass es jeder Beschreibung spottet«.[18]

Die Kolonisten waren zunächst verängstigt und wurden dann boshaft; hochfliegende Utopien neigen zu harten Bruchlandungen. Ein Mann namens Patrick Tailfer betrat die politische Bühne als Anführer einer Gruppe, die sich »the Malcontents« (»die Unzufriedenen«) nannte und aus Kolonisten bestand, die die Herrschaft der Treuhänder ablehnten, vor allem das Verbot der Sklaverei. Tailfer veröffentlichte 1741 die Schrift *A True and Historical Narrative of the Colony of Georgia*, eine scharfe Abrechnung mit den Treuhändern, die, wie der Autor behauptete, den Kolonisten ein Vermögen vorenthielten. Immer mehr Kolonisten würden die Kolonie verlassen, war bei Tailfer zu lesen, die Indianer schienen die entstandenen

Lücken wieder zu füllen und Land und Felder zu übernehmen. An dieser Entwicklung sei Oglethorpe schuld, erklärte Tailfer: »Seine erste Tat nach seiner Ankunft in Georgia war der Abschluss einer Art von feierlichem Vertrag mit einem Haufen flüchtiger Indianer, die zuvor wegen einiger Verbrechen und Missetaten [von] ihrer eigenen Nation ausgestoßen worden waren.« Während die Treuhänder an der Aufgabe scheiterten, die Missstände zu beheben, begannen Tailfers Kolonisten mit der Besetzung des indianischen Landes. Zur Mitte des 17. Jahrhunderts bezeichneten die Muscogee die Engländer als *Ecunnaunuxulgee*, als »Menschen, die sich gierig das Land des roten Mannes aneignen«.[19]

Aus indigener Sicht war Georgia Teil einer sehr viel umfassenderen Dynamik. Gegen Ende des 17. Jahrhunderts hatten Native Americans auf dem ganzen Kontinent imperiale Vorstöße zurückgedrängt. Aber im frühen 18. Jahrhundert war der von landhungrigen Kolonisten ausgehende Druck entlang der ganzen Ostküste nicht mehr aufzuhalten; bis zu den 1730er-Jahren war die Zahl der englischen Kolonisten durch Einwanderung und die Verbesserung landwirtschaftlicher Methoden und Erträge auf knapp 600 000 angewachsen. Nach wie vor gab es in den Küstenebenen auch viele indigene Gemeinschaften, aber die englischen Kolonien hatten sie mittlerweile weit überflügelt. Die Indianer sahen sich jetzt gezwungen, in den Randbereichen des Gebiets, das noch wenige Jahre zuvor ihre Heimat gewesen war, mühsam ihr Dasein zu fristen. Die Kolonisten erwarteten von ihnen, dass sie die indigene Lebensweise vollständig hinter sich ließen und sich den Neuankömmlingen anpassten. Die meisten Indianer, die blieben, passten sich selektiv an und hofften dabei, sich ihre Indigenität hinter einer Maske der Willfährigkeit bewahren zu können. Sie kleideten sich, tranken, fluchten und gingen zur Kirche wie die Engländer und versuchten, ein unauffälliges Leben zu führen. Es war eine Überlebensstrategie, die ihnen oft mehr Verachtung als Akzeptanz einbrachte: Das Nachahmen fremder Verhaltensweisen war eine anspruchsvolle Gratwanderung, bei der jeder Ausrutscher in Sachen Stil, Tonfall oder Idiomatik zu einem Rückschlag führen konnte. Viele entschieden sich für ein Leben in Häusern englischer Bauart, die Feldbestellung mit dem Pflug, für die Aufzucht von Nutztieren und das Errichten von Zäunen. Andere begnügten sich mit dem Verkauf ihrer Arbeitskraft als Knechte in der Landwirtschaft, als Holzfäller, Gerber,

Töpfer, Seemann, Soldat oder Sklavenjäger. Manche verließen sich auf Almosen, und wieder andere wurden zu Vagabunden, um sich wenigstens ein gewisses Maß an persönlicher Unabhängigkeit zu bewahren. Manche indigenen Frauen entschieden sich für afrikanische Ehemänner – es gab nicht mehr genügend indigene Männer –, um neue Familien zu gründen. Und manche wurden zu auf Zeit verpflichteten abhängigen Vertragsarbeitern (»indentured servants«).

Für die Indianer war es sehr schwierig einzuschätzen, wie hoch die Wahrscheinlichkeit auf Erfolg war. Die Kolonisten verlangten von den Indianern, dass diese ihren Gott, ihre Gebräuche und Werte akzeptierten, aber eine allzu präzise Anpassungsbereitschaft konnte gefährlich sein und die Engländer dazu veranlassen, die Indianer als Konkurrenten wahrzunehmen. Gelang es den Indianern, ihren Landbesitz registrieren zu lassen, mussten sie befürchten, als »Blacks« bezeichnet zu werden und ihren Anspruch auf das Land aberkannt zu bekommen; hatten sie Erfolg als Farmer oder Viehzüchter, mussten sie damit rechnen, sich den hasserfüllten Neid ihrer weniger tüchtigen englischen Nachbarn zuzuziehen. Auf jeden Indianer, der es fertigbrachte, sich in einer gesellschaftlichen Nische unter den Engländern einzurichten, kamen viele andere, denen nur die vertragsgebundene Knechtschaft oder die Sklaverei aufgezwungen wurde. Die Plantagenbesitzer in South Carolina hielten im Jahr 1708 1400 Native Americans als Gefangene fest, und die Ratsversammlung (Assembly) von South Carolina stattete die Catawba mit »fünfzig Gewehren eintausend Feuersteinen und 200 tw Pulver 400 tw Kugeln« aus und verband damit die Hoffnung, auf diesem Weg zu weiteren indianischen Sklaven zu kommen. In dieser Zeit begannen die Native Americans angesichts der kolonialen Aggression ihre außenpolitischen Strategien grundsätzlich zu überdenken. Daraus entwickelte sich die »moderne indianische Politik«, die davon ausging, dass die indigenen Völker eine umfassendere Präsenz weißer Kolonisten in ihrer Welt akzeptieren mussten. Alle Lebensbereiche – von Handel und Diplomatie bis zu Krieg und Jagd und Gastfreundschaft – mussten neu bestimmt werden, als der gesellschaftliche Raum zwischen den beiden Völkern kleiner wurde, sie mussten jetzt koexistieren, wenn sie überleben wollten.

Im Lauf des 18. Jahrhunderts verschwanden viele Rechte und Privilegien, die die Indianer in englischen Kolonien zuvor genossen hatten – die

Beratung von Geschworenengerichten, das Aussagerecht, das Recht, Polizist zu werden, Feuerwaffen bei sich zu tragen, die völlige Bewegungsfreiheit. Indianer konnten vor Gericht keine unparteiischen Urteile mehr erwarten, noch konnten sie so grundlegende Freuden des Lebens wie den Genuss eines Getränks in der Öffentlichkeit oder die Möglichkeit, sich ganz nach eigenem Belieben zu kleiden, als selbstverständlich betrachten. Eine rechtliche und physische Unterscheidung nach Hautfarbe – von Furcht und einem Gefühl der eigenen Schwäche hervorgebracht – trennte schließlich die Engländer von ihren indigenen Nachbarn, denen Land- und Hausbesitz, die Ehe mit einer weißen Person, die Vielehe und ein Spaziergang bei Dunkelheit ohne Ausweis und Laterne nicht mehr gestattet waren.

Indigene Sprachen spielten bei diplomatischen Begegnungen keine Rolle mehr, weil die Kolonisten von den Indianern erwarteten, dass sie Englisch lernten, und den Einsatz von Dolmetschern verweigerten. Medaillen und geschriebene Dokumente ersetzten jetzt Wampumgürtel, Piktogramme und Tätowierungen als Mittel der interkulturellen Diplomatie. Aber die Gesetze gegen Haus- und Grundbesitz von Indigenen, gegen Mischehen und Mobilität galten nur innerhalb der Grenzen der englischen Kolonien, und die überwältigende Mehrheit der Native Americans lebte weiterhin bewusst außerhalb dieser Grenzen. Die Indianer im Osten, die von europäischen Waren abhängig waren, begannen jetzt das Rotwild ausschließlich wegen der Felle zu töten und ließen die Kadaver verrotten, während Wampum, das mittlerweile als Massenartikel hergestellt wurde, viel von seinem diplomatischen Wert verlor. Aber vieles überlebte auch – von der Korbmacherei der Cherokee bis zur Töpferei der Catawba. Die Indianer, die sich der Umsiedlung und dem völligen Verschwinden verweigerten, hielten die Verbindung zu uralten indigenen Territorien aufrecht und stellten die rassistische und völkermörderische Politik der englischen Kolonien infrage. Die kleinen Stützpunkte, die sie noch hielten, waren stark gefährdet und zugleich vital.[20]

KAPITEL 16

SIE ROCHEN WIE ALLIGATOREN

WÄHREND ENGLISCHE KOLONISTEN DIE KÜSTENEBENEN am Atlantik zu dauerhaften Kolonien mit jeweils eigenem Gepräge ausbauten, konzentrierten sich die Franzosen auf den Handel und die Diplomatie mit Native Americans. Neufrankreich bot einen verblüffenden Kontrast zu den meisten englischen Kolonien, denn es wurde in enger Zusammenarbeit mit den Indianern errichtet, die im Verlauf des 17. Jahrhunderts zu Handelspartnern, militärischen Verbündeten und auch zu Familienangehörigen wurden. Aber als sich ihre Rivalität mit den Engländern – vor allem wegen religiöser Differenzen – verschärfte, wurden sich die Bourbonen-Könige der Tatsache bewusst, dass der größte Teil ihres mutmaßlichen territorialen Besitzes in Nordamerika aus Ansprüchen bestand, die es nur auf dem Papier gab. Die Franzosen gingen die Erweiterung ihres Herrschaftsbereichs dann auf eine Art an, die den indigenen Kontinent bis weit ins 18. Jahrhundert hinein prägen sollte. Während die Ambitionen der Franzosen sich zuvor vor allem auf das Tal des Sankt-Lorenz-Stroms und die Region der Großen Seen konzentriert hatten, wandten sie sich jetzt vermehrt nach Westen und nach Süden.

Die Forschungsreisenden waren die Vorhut der Expansion. Französische Forscher hatten bereits in den 1670er-Jahren bestätigt, dass der Mississippi nicht in den Pazifik, sondern nach Süden floss, und im Jahr 1682 befuhr ihn René-Robert Cavelier, Sieur de La Salle, flussabwärts, begleitet von 23 Franzosen und 18 indigenen Männern, Frauen und Kindern; als er den Golf von Mexiko erreichte, beanspruchte er die gesamte Region von dort aus bis zu den Großen Seen für Frankreich. Zu Beginn seiner Reise gen Süden hatte La Salle in der Nähe der Zusammenflüsse von Mississippi,

Missouri und Ohio River eine Reihe von Außenposten für die rund 10 000 Menschen – eine Zahl, die etwa der Bevölkerung von Neufrankreich entsprach – zählende Illini-Konföderation errichtet. Sein Ziel war die Erweiterung des französischen Imperiums nach Süden mit Unterstützung der Illini. Er hatte jahrelang mit den Indianern an den Großen Seen Handel getrieben, und er wusste, dass die Native Americans Handel und Großzügigkeit erwarteten. Er verstand die kunstvollen Anpassungsprozesse und das wechselseitige Entgegenkommen im Middle Ground. Bei seiner Reise nach Süden bot La Salle den Quapaw, Taensa und Natchez Bündnisse an, um den Zugang zum Golf von Mexiko abzusichern und den Middle Ground bis weit in den Süden hinein auszudehnen. Während seines Aufenthalts bei den Quapaw beanspruchte er das gesamte Einzugsgebiet des Mississippi für seinen König und nannte es Louisiana – was eine durch und durch inhaltsleere Geste war, und La Salle wusste das auch. Auf seiner Rückreise nach Norden gründete er Fort Saint Louis auf einem Stück Land, das der Illini-Konföderation gehörte und ganz in der Nähe der von Gras überwachsenen Ruinen von Cahokia lag. Das Fort sollte die Keimzelle eines neuen französischen Gebiets sein, des *Pays des Illinois*. Der zäheste Widerstand gegen diese koloniale Gebietserweiterung kam weder von den Spaniern noch von den Engländern, sondern von den Irokesen, die den Illini jahrelang durch ihre Überfälle zugesetzt und sie zu ihren Vasallen erklärt hatten. In welche Richtung die Franzosen auch vorstießen, um ihren Einflussbereich zu erweitern, immer schienen sie dabei auf die Five Nations zu treffen, die mal als ihre Verbündeten, mal in der gegenteiligen Rolle auftraten. Der Aufbau des französischen Imperiums im südlichen Teil der Mitte des Kontinents sollte sich als experimentelles, stockendes und riskantes Vorhaben erweisen.[1]

Die Illini-Konföderation wurde zu Frankreichs wichtigstem Verbündeten in Nordamerika, und das Bündnis stellte eine Bedrohung für die Five Nations dar, die in dieser Zeit eine weitere grausame Pockenepidemie durchlitten, die eine »riesige« Zahl von Toten gefordert hatte. Strategische Bedenken gingen nahtlos in einen Trauerkrieg über, der zum explosivsten Augenblick im Verlauf der Expansion der Five Nations führen sollte. Die Illini führten in dieser Zeit ihre eigenen Trauerkriege und ließen sich dabei von der Vorstellung des *nirapakerima* leiten, »ich adoptiere ihn an des Toten statt«. 800 Soldaten der Irokesen führten im Jahr 1680 einen koordinier-

Diese europäische Karte erfasst die zentrale Lage der Illini-Konföderation im Herzen des Kontinents

ten Angriff gegen das »grand village« Kaskaskia aus, einen der Hauptorte der Illini. Nach dem Bericht eines verzweifelten Jesuitenpaters »töteten und aßen [sie] über 600 auf der Stelle, ohne diejenigen mitzuzählen, die sie entlang des Weges verbrannten. Sie verschonten die Kinder, die ohne die Milch ihrer von den Angreifern getöteten Mütter überleben konnten; aber die anderen wurden grausam geröstet und verschlungen.« Die Überlebenden flohen, und die Irokesen »kümmerten sich nicht weiter um sie«. Sie erweiterten ihre Überfälle in alle Richtungen und griffen die Andostagué an, »die sehr zahlreich waren und die sie vollständig vernichteten«. Der Mittellauf des Mississippi war zu einer neuen und sicheren Basis für die Trauerkriege der Irokesen geworden; es gab kein einziges französisches Fort zwischen dem Gebiet der Five Nations und den westlichen Großen Seen.[2]

Die Irokesen erzeugten durch das symbolische und tatsächliche Absorbieren anderer indigener Völker ein massives koloniales Vakuum im Binnenland. Europäischer Kolonialismus konnte im Herzen des Kontinents ohne indianische Verbündete nicht existieren. Louis de Buade, Comte de Frontenac, der Gouverneur von Neufrankreich, gab offen zu, dass er ihre

Expansion nicht aufhalten konnte. Er wagte nicht einmal einen Versuch, weil er befürchtete, dass die Irokesen erkennen könnten, »dass wir unseren Verbündeten keinerlei Beistand bieten«. Seine Angst bezog sich auf »einen Mangel an Macht, der in ihnen ein Verlangen wecken könnte, herzukommen und uns anzugreifen«.[3]

Zwei Jahre nach seiner Reise, die ihn den Mississippi hinabgeführt hatte, unternahm La Salle eine weitere Reise, diesmal von Frankreich aus: eine Erkundungs-Expedition mit vier Schiffen und 300 Mann, bei der er die Mündung des Mississippi seeseitig finden und eine Kolonie an der Golfküste gründen wollte. Aber La Salle verfehlte die Flussmündung. Die Franzosen errichteten einen kleinen Stützpunkt an der Lavaca Bay, und La Salle brach zu einem mäandrierenden Abenteuer in Richtung Nordosten auf. Er erreichte das Gebiet der Caddo, wo er von einem meuternden Gefolgsmann getötet wurde. Den Franzosen in der winzigen Kolonie erging es nicht viel besser. Ihre Landwirtschaft brachte zu wenig Ertrag, und sie nutzten ihre indigenen Gastgeber aus und stahlen ihnen Nahrungsmittel und Kanus. Drei Jahre später, im Jahr 1688, zerstörten die Karankawa, die die Golfküste vom Brazos River bis Galveston Island beherrschten, die Siedlung bei einem Überraschungsangriff.[4]

La Salles Expedition war zwar ein Fehlschlag, aber sie ließ ein altes französisches Ziel wieder aufleben, die Verbindung des Sankt-Lorenz-Beckens, des Pays d'en haut und des Mississippi-Tals zu einem riesigen Reich im Binnenland, das von einem Meer im Osten bis zu einem südlichen Meer reicht. Frankreichs Besitzungen in Nordamerika waren niemals viel mehr gewesen als eine Ansammlung verstreuter Forts, Dörfer und Häfen, und die zahlreicheren und fester verankerten Engländer trieben die Franzosen zu einer Überprüfung ihrer Ziele und Methoden. Sie benötigten ein zentralisiertes Reich in der Neuen Welt, das eine kontinentale Strategie umsetzen, die Engländer im Gebiet östlich der Appalachen festhalten und den Sprung an die Pazifikküste wagen konnte. Dieser imperiale Ehrgeiz musste im Osten bei den Five Nations ansetzen, die Neufrankreich zu Beginn der 1680er-Jahre zurückgedrängt und gedemütigt hatten, indem sie sich mit New York verbündet und, den französischen Einwänden zum Trotz, mit den Engländern auch noch Handel getrieben hatten. Die Zukunft Neufrankreichs stand auf dem Spiel, solange man die Irokesen nicht niedergeworfen hatte. Erst dann könnten die Franzosen das tun, was sie am besten beherrschten: indianische Bündnisse vermitteln, die ihnen den Zugang zum erstaunlichen Reichtum des Kontinents gewährten.[5]

Gouverneur Jacques-René de Brisay de Denonville traf 1685 mit 500 Marinesoldaten in Montreal ein und war dabei fest entschlossen, Frankreichs stark ramponierten Ruf in Nordamerika wiederherzustellen. Ihm war klar, dass die Anzahl seiner Soldaten nicht ausreichte, um den Five Nations in offener Feldschlacht gegenüberzutreten, deshalb beschloss er, die neuen – und aus französischer Sicht illegalen – englischen Handelsposten an der James Bay anzugreifen. Die französischen Truppen nahmen mehrere Handelszentren für das Pelzgeschäft ein, was für die englischen Pläne im hohen Norden ein empfindlicher Rückschlag war. Denonville wandte sich anschließend mit einer 1700 Mann starken, aus Franzosen und Indigenen bestehenden Armee gegen die Five Nations und brannte mehrere Senaca-Dörfer samt den dazugehörenden Lebensmittelvorräten nieder. Die Irokesen rächten sich mit Überfällen auf Grenzdörfer unweit von Montreal, und die zurückweichenden Franzosen übertrugen das Kampfgeschehen auf die Engländer, was den Konflikt auslöste, der unter der Bezeichnung »King William's War« bekannt wurde. Die Franzosen und ihre indianischen Verbündeten legten das Küstengebiet von Maine und Teile von New Hampshire in Schutt und Asche und plünderten mehrere Mohawk-»Burgen« bei einem überraschenden Angriff im tiefen Winter des Jahres 1693. Drei Jahre später boten die Franzosen mehr als 2000 Soldaten auf, die den Auftrag hatten, Siedlungen der Onondaga und Oneida zu zerstören. Die Irokesen, die inzwischen nur noch rund 8000 Seelen zählten, erkannten, dass sie sich ein für alle Male aus imperialen Rivalitäten und Kriegen heraushalten mussten.

Die Five Nations begegneten dieser kolonialen Aggression mit Zurückhaltung und mutiger Diplomatie – ein außergewöhnlich schwieriges Unterfangen für eine Nation, die europäische Eindringlinge über Generationen hinweg beherrscht hatte. Sie nahmen eine neutrale Haltung ein, was ihnen ermöglichte, bei den Engländern in New York vorstellig zu werden und sie gegen die Franzosen auszuspielen, und dieses Manöver zwang die Franzosen zur Aufnahme von Verhandlungen. Die Five Nations schlossen Frieden mit den Wyandot, Odawa, Illini und Miami, sodass ihre Soldaten für die Konfrontation mit der französischen Armee im Osten frei wurden. Die Gespräche mit Neufrankreich und seinen indigenen Verbündeten kamen aus der Sicht der Five Nations in letzter Minute, denn sie hatten fast die Hälfte ihrer Soldaten verloren und nur noch 1200 kampffähige Männer unter Waffen. Die Five Nations hatten sich außerdem von den europäischen Märkten und der von ihnen bereitgestellten Technik so sehr abhängig gemacht, dass sie ohne deren Angebote gar keinen Krieg mehr führen konnten. Die Irokesen waren bis dahin schon vielen existenziellen Bedrohungen ausgesetzt gewesen und wussten, dass Wahrnehmungen wichtig waren. Schon bald konnten die Franzosen beobachten, wie die Mohawk »vollkommene Freiheit genießen und täglich mit einer so großen Zuversicht in den Straßen von Montreal unterwegs sind, als wäre der Frieden bereits besiegelt.« Und ihre Schlussfolgerung lautete: »Wir wollen sie nicht beunruhigen«.[6]

Die kluge Diplomatie der Five Nations bereitete den Boden für ein großes Gipfeltreffen, das im Sommer 1701 in Montreal stattfand. Mehr als 1000 Delegierte, die rund 40 indigene Nationen repräsentierten, hielten sich monatelang in der Stadt auf und stellten Schritt für Schritt die Ordnung in ihrer Welt wieder her, bei einem Treffen, einer Zeremonie und einer Abmachung nach der anderen. Sie pflanzten einen Baum, damit aus seinem Wurzelstock ein allgemeiner Friede wachsen konnte, und schlossen mit den Franzosen einen Vertrag, der als Großer Friede von Montreal bekannt wurde, als die krönende Spitzenleistung der französisch-indigenen Diplomatie. Die Irokesen, deren Territorium immer noch mehr als 90.000 Quadratkilometer umfasste, sagten zu, bei allen zukünftigen Konflikten zwischen England und Frankreich neutral zu bleiben. Ihr Totenfest würde es den Völkern ermöglichen, eine neue Denkweise zu entwickeln und der Gewalt ein Ende zu setzen. Dahinter stand eine strategische Überlegung: Die scheinbar endlosen kolonialen Konflikte waren zermürbend, und die dabei erzielten Erträge schrumpften. Die Irokesen stimmten der Einstellung ihrer Feldzüge im Pays d'en haut zu, und die Franzosen gewährten den Indianern einen privilegierten Zugang zu ihrem neuen Handelsposten Fort Pontchartrain in der Nähe des Übergangs vom Huron- zum Eriesee. Die Franzosen dachten, sie hätten die Irokesen zu guter Letzt doch noch befriedet, aber sie verwechselten diplomatisches Geschick mit Unterwürfigkeit.

Der Beginn des 18. Jahrhunderts war eine kritische Phase für Frankreichs imperiale Ambitionen auf dem amerikanischen Kontinent. Die

Franzosen konnten sich jetzt, nachdem mit den Irokesen eine Einigung erzielt worden war, wieder der Verwirklichung ihrer so lange vereitelten imperialen Pläne widmen. Die Five Nations begannen schon bald mit der Entsendung ihrer Armeen in den Süden, wo sie die Catawba, Sugaree, Saponi, Tutelo, Keyauwee und andere kleine indigene Nationen auf dem Piedmont-Plateau attackierten. Ein Frieden mit Neufrankreich war für die Five Nations weder ein Zugeständnis noch ein Ausdruck von Zurückhaltung. Dahinter stand vielmehr ein weiteres strategisches Manöver, das sich die frankophile und die anglophile Fraktion ihres Bündnisses gleichermaßen zunutze machte, eine wohlüberlegte Aufteilung, die ihnen Optionen an die Hand gab und radikale außenpolitische Manöver ermöglichte, ohne dass es dabei zu internen Streitigkeiten kam. Der beunruhigte Gouverneur von Quebec erklärte, dass »die fünf irokesischen [Nationen] mehr zur Furcht Anlass geben als die englischen Kolonien«. Ein Anführer der Irokesen verkündete, »Frieden« bedeute für sie, »nicht in ihrem Element zu leben«. Ein spirituell aufgeladener Krieg, ein Zustand, wie ihn etwa die Trauerkriege verkörperten, sei normal. Die Irokesen führten einen immer wieder aufflammenden und dann wieder abflauenden Krieg gegen die Catawba, der ein halbes Jahrhundert dauerte. Am Ende schlossen die Five Nations dann einen Frieden zu ihren eigenen Bedingungen.[7]

Im Winter 1704 griff eine multiethnische Kampfgruppe, die aus 200 französischen, Mohawk-, Wyandot- und Wabanaki-Soldaten bestand, das Städtchen Deerfield in Massachusetts an. Die Soldaten drangen noch vor dem Morgengrauen von drei verschiedenen Sammelpunkten aus in den Ort ein und überraschten die Bewohner im Schlaf. Die Angreifer wussten genau, was zu tun war. Sie nahmen Eunice Mather Williams, ihren Ehemann, den Pastor John Williams, und ihre fünf Kinder gefangen. Sie waren sich sicher, dass sie als Gegenleistung für die Freilassung der Familie mit einem stattlichen Lösegeld rechnen konnten. Bei dem Überfall wurden 41 englische Kolonisten getötet und mehr als 100 Männer, Frauen und Kinder gefangen genommen. Eunice, die sieben Jahre alte Tochter des Ehepaars Williams, verbrachte sieben Jahre in Gefangenschaft, und ihre Geschichte wurde in den englischen Kolonien und in Neufrankreich berühmt. Eine Mohawk-Familie adoptierte das Mädchen, Eunice konvertierte zum Katholizismus, heiratete einen Mohawk-Mann, bekam drei Kinder, vergaß ihr Englisch und wurde unter dem Namen Kanenstenhawi bekannt. Sie wollte nicht ausgelöst werden. Sie starb in Kahnawake, unweit des Sankt-Lorenz-Tals, im Alter von 85 Jahren.[8]

Der Angriff auf Deerfield war der Startschuss für das Wiederaufleben des französischen Selbstvertrauens und Expansionismus in Nordamerika. Französische Kolonisten, Händler und Kolonialbeamte lösten sich aus dem Schatten der Five Nations und setzten nach und nach dort wieder an, wo sie in den 1680er-Jahren zum Innehalten gezwungen worden waren. Der Ausbruch des Spanischen Erbfolgekrieges – in den Frankreich, Spanien und Großbritannien verwickelt waren – versah die französischen Manöver mit einer zusätzlichen Dringlichkeit. In den ersten Jahrzehnten des neuen Jahrhunderts wurde das Sankt-Lorenz-Tal rasch sicherer und reicher, und die Bevölkerung wuchs stark: Die Zahl seiner Bewohner, die im Jahr 1700 noch bei 15.000 lag, sollte sich bis 1750 mehr als verdreifachen. Fantasievorstellungen von einem Neuen Jerusalem lockten Kolonisten und Soldaten aus Frankreich an, und ein fortlaufender Saum von Bauernhöfen am Fluss zog sich auf einer Strecke von mehr als 200 Meilen an beiden Ufern entlang. Indigene Völker aus dem Binnenland reisten mit ihren Handelswaren nach Montreal, Trois-Rivières und Quebec, und viele von ihnen waren bereit, gemeinsam mit den Franzosen zu kämpfen, um die Engländer auf Abstand zu halten.

Neufrankreich entwickelte sich zu einem Gebiet, in dem die Kolonialmacht rücksichtslos agierte. Der offensichtlichste Ausdruck dieser harten Haltung gegenüber Native Americans war die Versklavung von Indianern. Die Franzosen begannen jetzt Gefangene zu kaufen, in den meisten Fällen waren dies Kinder der im Binnenland lebenden Völker der Odawa, Ojibwe, Potawatomi, Miami, Meskwaki und Wyandot. Der Code Noir, ursprünglich zur Regulierung der Sklaverei in Frankreichs Kolonien in der Karibik erlassen, wurde jetzt auf Neufrankreich ausgeweitet. Schon bald gab es in der Kolonie Hunderte von indianischen Sklaven, die als Müller, Feldarbeiter, Schauerleute, Wäschereiarbeiter und Hausgehilfen eingesetzt wurden. Manche wurden zur Arbeit auf Schiffen gezwungen, und Indianer mit größeren Fertigkeiten wurden in Werkstätten und Fabriken eingesetzt. Die Franzosen bezeichneten die versklavten Indianer als *Panis*, und dieser Begriff von unklarer Herkunft stand für den Verlust der Freiheit wie auch für den Sklavenstatus, der alle ethnischen Identitäten auslöschte. Manche Sklavinnen wurden zu Konkubinen, und manche heirateten französische Männer. Nahezu alle Sklaven waren intensiver religiöser Indoktrination ausgesetzt und hatten Mühe, den Forderungen ihrer Eigentümer zu entsprechen. Neu in die Kolonie gekommene Sklaven waren im Durchschnitt nur zehn Jahre alt und starben im Alter von 18 Jahren.[9]

Eine Gruppe von Kolonisten verließ im Herbst 1698 unter der Führung des in Kanada geborenen Pierre Le Moyne, Sieur d'Iberville, und seines Bruders Jean-Baptiste Le Moyne de Bienville, mit zwei Fregatten und zwei Frachtschiffen den Hafen von Brest in der Bretagne. 58 Tage später erreichten die Schiffe den Golf von Mexiko. Iberville folgte dem Verlauf der Nordküste in Richtung seines Hauptziels, der schwer aufzuspürenden Mündung des Mississippi River in einem labyrinthischen Delta. Das Ziel der Brüder war die Wiederbelebung des alten expansionistischen Traums, den La Salle 1682 verfolgt hatte und dem die Karankawa 1688 ein Ende bereitet hatten: Es ging um die Eroberung des Mississippi-Tals. Ludwig XIV. persönlich erteilte Iberville den Auftrag, Forts zu errichten, mit denen die Kolonisten aus Carolina vom Mississippi River ferngehalten und Spaniens exklusive Besitzansprüche auf die Golfküste infrage gestellt werden sollten. Doch die Brüder waren sehr schlecht vorbereitet. Die vorhandenen Karten waren nur grobe Skizzen, und die an der Küste lebenden Native Americans waren in den meisten Fällen völlig unbekannt.

Als die Expedition sich langsam ihrem Zielort näherte, gab die Entdeckung von mehr als 60 frischen Leichnamen auf einer kleinen Insel den Franzosen zu denken. Für einen weiteren Denkanstoß sorgten die ersten lebenden Indianer, denen sie begegneten: Die Native Americans zeigten ihnen einen Harnisch, der angeblich Hernando de Soto gehört hatte. De Soto war vor 156 Jahren bei einer Sklavenjagd am Westufer des Mississippi gestorben. Iberville verstand die Botschaft, rauchte das Kalumet mit den Indianern und überreichte Geschenke, die Zollgebühren gleichkamen. Erst als ihm eine Gruppe von Indianern erzählte, dass sie sich an La Salles Expedition erinnerten, erkannte Iberville, dass er sein Ziel erreicht hatte. Die Bayagoula und die Mongoulacha Nation hatten Mitleid mit den ausgezehrten und geschwächten Fremden und gaben ihnen Mais und Hühnchen zu essen. Die erleichterten und wieder zu Kräften gekommenen Franzosen errichteten an einer Bucht ein neues Fort, dem Iberville den Namen Biloxi gab. Das fertiggestellte und mit vier Bastionen und zwölf Kanonen ausgestattete Fort Maurepas sollte zum Grundstock einer neuen amerikanischen Kolonie werden. Bienville nahm unterdessen Kontakt zur Yatasi Nation auf, die der mächtigen Caddo-Konföderation im Tal des Red River angehörte.

Nur wenig später ging ein englisches Kriegsschiff mit 16 Kanonen in der Nähe des französischen Forts in Biloxi vor Anker. An Bord des Schiffes befand sich ein französischer Ingenieur, Monsieur Secon, der eine Petition an den König von Frankreich mit sich führte: Falls Ludwig XIV. einer neuen amerikanischen Kolonie freie Religionsausübung gewährte, würde Secon 400 französische Hugenottenfamilien, die bei der Eindämmung der spanischen und englischen Kolonialambitionen mithelfen könnten, per Schiff dorthin bringen. Der Kolonialismus in der Neuen Welt lief immer noch im Abenteurer-Modus ab: Die Heimatnationen lieferten nur rudimentäre Hilfe, gleichzeitig konnte eine einzige Person sich ein eigenes Lehen erschaffen. Secons nicht eben naheliegender Plan veranlasste Iberville zur Rückreise nach Frankreich, wo er für eine voll entwickelte Kolonie nach seinen eigenen Vorstellungen um Unterstützung werben wollte. Er hatte Erfolg und kehrte 1701 mit einer Flotte und als frisch ernannter Gouverneur der neuen Provinz Louisiana zurück. Iberville, der davon überzeugt war, dass das noch ungeschützte Gebiet abgesichert werden musste, machte bei den angrenzenden indigenen Bündnissen die Runde, um dort die französischen Ziele zu erklären.[10]

Iberville wusste, dass eine dauerhafte französische Präsenz in Louisiana durch Handel und Bündnisse abgesichert werden musste. Er begründete ein neues koloniales Hauptquartier in Mobile Bay, nahe dran an der 22.000 Menschen zählenden Choctaw-Konföderation, die rund 50 Ortschaften umfasste, 6000 Soldaten aufbieten konnte und »in ihrer Art der Kriegführung an die Irokesen erinnerte«. Außerdem ging er auf die Chickasaw zu, die führende Militärmacht der Region. Die Chickasaw-Konföderation mag zwar weniger als halb so groß gewesen sein wie die Choctaw Nation, aber ein verblüffend hoher Anteil von 40 Prozent der Chickasaw-Männer besaß Schusswaffen, die ihnen englische Sklavenhändler geliefert hatten. Genau zu dem Zeitpunkt, als Iberville die Choctaw umwarb, hielten die Chickasaw Hunderte von Choctaw gefangen. Die beeindruckten Franzosen bezeichneten die Chickasaw-Städte als »Forts«.[11]

Die Gründung Louisianas stand für den Beginn einer neuen Phase im

Kampf um Nordamerika. Die französischen Strategen begannen in kontinentalen Dimensionen zu denken, ihnen schwebte ein riesiges, halbmondförmiges Reich vor, das sich von einem Meer zum anderen erstreckte. Mit einer Verankerung im Sankt-Lorenz-Tal im Nordosten und in Louisiana im Süden und einem sich entwickelnden Illinois-Gebiet im Zentrum, das die französischen Ansprüche auf den Mississippi festigte, konnte ein solches Reich die Spanier im Südwesten ebenso einhegen wie die Engländer an der Ostküste und allen Bedrohungen durch fremde Mächte ein für alle Mal ein Ende setzen. Die Franzosen mussten, wie schon Jahrzehnte zuvor im Pays d'en haut, den Indianern entgegenkommen, um ihre großen Ambitionen verwirklichen zu können. Bei einem klugen Vorstoß, der an die lange französische Tradition des Eingehens auf indigene Sitten und Empfindlichkeiten anknüpfte, erzählte Iberville den Choctaw und Chickasaw, dass die Franzosen, im Unterschied zu den Engländern, nicht die Absicht hätten, sie zu versklaven.[12]

Der Unterlauf des Mississippi wurde, nachdem die Indigenen den freien Zutritt gewährt hatten, zu einem Magneten für Waldläufer und zum Rückgrat für das frisch gestärkte französische Reich in der Neuen Welt. Unzufriedene Katholiken aus Quebec gründeten um das Jahr 1700 einen Stützpunkt – sie benannten ihn nach der verlassenen Stadt Cahokia unweit von Kaskaskia – an einem strategisch wichtigen Ort, an dem Wald- und Graslandschaft ineinander übergingen. Dort gab es eine ganze Reihe von Ressourcen, von Bisons über wild wachsende Pflanzen bis zu Sklaven. Die Illini-Konföderation beherrschte den Mittellauf des Mississippi River rund um den Zusammenfluss mit dem Ohio, wo eine Reihe von indigenen Gruppen – Peoria, Tamaroa, Chepoussa, Quapaw und andere – zu ihrem Einflussbereich gehörte. Die Illini waren bereit, ihr inklusives Politikverständnis auf die Franzosen auszuweiten, solange diese die indigenen Bräuche respektierten. Die wenigen Franzosen vor Ort – am Mississippi lebten nur 300 Kolonisten – teilten ihren Reichtum und sicherten sich so den Zugang zum Tal. Kaskaskia erlebte zu Beginn des 18. Jahrhunderts allerdings einen Niedergang – als Folge einer Überbevölkerung und ökologischen Misswirtschaft; vielleicht haben die Illini die französischen Händler unter diesen Umständen als Ressource eingeschätzt. Jesuiten gründeten Missionsstationen in Kaskaskia und Cahokia, während die Franzosen eine Kette von Handelsposten errichteten, die von der Golfküste bis zu den Großen

Seen reichte. Zum Schutz des Illinois-Gebiets bauten die Franzosen 1719 Fort de Chartres. Ein weiteres Mal stützten die Franzosen ihr Imperium auf ein indigenes Fundament.[13]

Diese Strategie war mit tiefgreifenden Problemen verbunden. Die französischen Kolonisten mögen über bessere Kenntnisse der indigenen Diplomatie verfügt haben als ihre spanischen und englischen Rivalen, aber die Komplexität der indigenen Politik konnte selbst die erfahrensten französischen Unterhändler überfordern. Das 1701 errichtete Fort Detroit war ein typischer Fall. Die Franzosen hatten Indianer aufgefordert, sich in der unmittelbaren Nachbarschaft des Forts niederzulassen, wo sie, wie die Franzosen sich erhofften, Seite an Seite mit den eigenen Soldaten die im Osten lauernden Engländer abwehren könnten. Aber die Konzentration einer Vielzahl von Nationen auf engem Raum entwickelte sich zu einem Pulverfass. Frankreichs alte Verbündete – die Illini, Miami, Odawa, Ojibwe, Potawatomi und Wyandot – gerieten mit den neu hinzugekommenen Irokesen aneinander, die die Anwesenheit der anderen Nationen in der Region ablehnten. Französischen Vermittlern blieb der Erfolg versagt, und die gekränkten Irokesen bemühten sich jetzt um eine Verlegung der Zentrale des Pelzhandels vom französischen Montreal ins britische Albany, das sich nach dem Großen Frieden von Montreal zu einem blühenden Marktplatz entwickelt hatte. Das Ziel der Irokesen war jetzt die Kontrolle über den gesamten Zwischenhändler-Markt, die Verbindung zwischen den Jägern im Binnenland und den Engländern. Ein weiterer Sturm erhob sich wegen Le Pesant, einem chamäleonartigen Ogimaag der Odawa, der zwar einerseits eine bevorzugte Stellung im Umgang mit Frankreichs Handel und Diplomatie verlangte, aber andererseits bereit zu sein schien, die Franzosen fallen zu lassen, wenn die Irokesen und die Engländer Odawa-Felle kauften. Die Miami drängten die Franzosen, Le Pesant zu töten und zu kochen.

Mehr als 1000 Meskwaki ließen sich 1712 in unmittelbarer Nähe von Fort Detroit nieder – und verkündeten, das Fort gehöre jetzt ihnen. Sie hatten den Middle Ground abgelehnt. Es war ein kühner Vorstoß, der sich eher gegen ihre indigenen Rivalen als gegen die Franzosen richtete, und er löste eine sofortige Gegenreaktion aus. Als die Meskwaki mit einer Belagerung des Forts begannen, schlugen ihre Feinde von den Illini, Miami, Odawa, Ojibwe und Wyandot zurück. Fort Detroit und die unteren Großen Seen wurden zum Kriegsgebiet, von dem eine Gefahr für das gesamte französische imperiale System ausging: Wenn Detroit fiel, drohte Frankreich mit einiger Sicherheit der Verlust der wichtigen Drehscheibe, die Louisiana mit Kanada verband und den imperialen Wunschtraum Frankreichs noch am Leben erhielt. Gouverneur Charles de La Boische, Marquis de Beauharnois, ersann den Plan für einen völkermörderischen Krieg gegen die Meskwaki, den er durch die großzügige Bewaffnung ihrer Feinde auf den Weg bringen wollte. Die Meskwaki gerieten schon bald in die Defensive und zogen sich ins Gebiet der westlichen Großen Seen zurück, wo sie Zuflucht bei ihren Rivalen suchten, bei den Dakota Sioux. Eine 800 Mann starke französisch-indigene Armee attackierte 1716 befestigte Dörfer der Meskwaki in der Region und erzwang einen Waffenstillstand. Zu diesem Zeitpunkt befand sich Frankreichs indianisches Bündnis, das Fundament französischer Macht in Nordamerika, bereits im Zustand der Auflösung. Die Machtpolitik der Meskwaki hatte das französische Imperium in seinem strategischen Zentrum, einem Gebiet mit Brückenfunktion, in dem das Mississippi-Tal und die Region der Großen Seen zusammentreffen, geschwächt. Französische Strategen berichteten über einen »großen Schaden für den Handelsverkehr zwischen den beiden Kolonien«: dem Illinois-Gebiet und Louisiana.[14]

Der Waffenstillstand von 1716 rettete Fort Detroit und Frankreichs Bündnis mit den Indianern im Pays d'en haut. Auf Umwegen rettete er auch Louisiana. Jetzt, wo Neufrankreich zumindest vorübergehend gesichert war, konnte der Aufbau der noch schwächlichen Kolonie weitergehen. Seit 1712 war sie eine Eigentümerkolonie im Besitz des sagenhaft reichen Antoine Crozat, Marquis du Châtel, gewesen, der es vorzog, seine Geschäfte vom sicheren Versailles aus zu verwalten, und Louisiana war dabei ins Hintertreffen geraten: Es hatte nur 215 französische Bewohner. Bienvielle glaubte, dass kein einziger französischer Soldat einen Musketenschuss abgegeben habe. Doch unerklärlicherweise begannen französische Offiziere im Jahr 1719 im Rahmen eines fehlgeleiteten und zur Unzeit ins Werk gesetzten politischen Plans mit der Entfernung von Indianern, die weder Ehepartner noch Nachkommen von Sklaven waren, aus dem Illinois-Gebiet, was die Indianer gegen sie aufbrachte. Der französische Kolonialismus, der auf Bündnissen mit Native Americans beruhte, schien sich hier selbst Schaden zuzufügen.

Noch im gleichen Jahr kam es zu weiteren Spannungen. John Law, ein schottischer Abenteurer und Ökonom, der einst in London einen Rivalen im Duell getötet hatte, errichtete in Louisiana in Erwartung eines florierenden Handels mit Indianern auf dem Mississippi einen Umschlaghafen. Die französische Krone hatte Laws »Compagnie d'Occident« vorschnell ein Handelsmonopol für das gesamte Mississippi-Gebiet – im Wesentlichen für den gesamten Mittelteil des Kontinents – eingeräumt, weil sie damit Investoren und Kolonisten in das eben erst sich herausbildende und exponierte Louisiana zu locken hoffte. Law brachte mit einem einzigartigen kolonialen Vorstoß im Verlauf von vier Jahren per Schiff mehr als 7000 Kolonisten und 2000 afrikanische Sklaven ins Land und schuf damit eine solide demografische Grundlage für Louisiana. Law ließ die Kolonie gegen die Einwände des Kommandanten des Illinois-Gebiets der Rechtsgewalt Louisianas unterstellen. Ein Ökonom ohne jede militärische oder diplomatische Erfahrung, der zudem nur wenig Verständnis für oder Interesse an Native Americans zeigte, leitete jetzt Frankreichs neueste, größte und am stärksten gefährdete Kolonie. Kein Anwärter mit angemessener Erfahrung zeigte Interesse an dieser Tätigkeit.[15]

Die Franzosen verließen sich bei der Wiederherstellung der gesellschaftlichen Ordnung, wie so oft, auf ihre indigenen Verbündeten. Soldaten der Irokesen, Sioux und Wyandot gingen gemeinsam mit den Franzosen gegen die aufständischen Meskwaki vor, die das Binnenland von Louisiana in einem Zustand ständiger Unruhe hielten und den Handel störten. Die mächtigen Natchez stabilisierten letztlich die Region. Die Natchez verfolgten dabei ihre eigenen Interessen. Sie wussten, dass die Franzosen über eine wichtige Fertigkeit verfügten – ihnen gelang es, Bündnisse mit Indianern durch Großzügigkeit zu schmieden –, und die Natchez brachten ihre erhebliche militärische Macht in einen Krieg ein, der die Meskwaki ausschaltete. Die Natchez wurden für ihren Beitrag zum Bündnis mit einem Handelsposten belohnt – ein unverhoffter Gewinn, der ihnen einen entscheidenden Vorteil im Umgang mit ihren Rivalen verschaffte. Die Natchez lebten am Ostufer des Mississippi auf ungewöhnlich fruchtbarem Land und in neun von insgesamt 6000 Menschen bewohnten Städten, die nach einem strengen Kastensystem von Sonnen, Adligen, Ehrenwerten Personen und einfachen Leuten untergliedert waren. Die Natchez hatten, entsprechend der uralten Tradition der Mississippi-Kulturen, einen theokratischen Staat errichtet, in dem die Sonne verehrt wurde. In jeder Stadt gab es einen heiligen Erdhügel, der den Bewohnern als spirituelles und zeremonielles Zentrum diente. Französische Reisende staunten angesichts der Tatsache, dass es am Mississippi »auf beiden Ufern eine große Zahl von Stämmen« gab. Sie waren aber der Ansicht, dass die Natchez-Konföderation es »verdient, von den anderen unterschieden zu werden, weil dieser Stamm von einem Souverän regiert wird, dem sie mit großem Respekt und großer Ergebenheit gehorchen. Er hat einen sehr bequemen Wohnsitz, der, soweit es die Mittel des Landes erlauben, über mehrere Wohnungen verfügt. Niemand tritt vor ihn persönlich hin, bevor er vom Eintreffen des Besuchers unterrichtet worden ist.« Die Franzosen waren besonders interessiert, als sie erfuhren, dass dieser oberste Anführer, die Große Sonne, »über Fragen von Krieg oder Frieden und all die wichtigen Angelegenheiten entscheidet, die für die Allgemeinheit von Belang sind«. Es war ein Gemeinwesen, das auf eine für die Franzosen verständliche Art organisiert war, vielleicht für ihre eigene Sache gewonnen werden und so möglicherweise ihr in Auflösung begriffenes Imperium retten konnte.[16]

Micos der Natchez boten im Jahr 1715 Antoine de La Mothe Cadillac, dem Gouverneur von Louisiana, das Kalumet an, aber er weigerte sich, es mit ihnen zu rauchen. Das war ein grober Fauxpas. Das gemeinsame Rauchen des Kalumets bekräftigte das gute Einvernehmen, Bündnisse und Koexistenz. Cadillacs Ablehnung kam einer Ablehnung des noch in der Entstehung begriffenen Bündnisses gleich: Durch gegenseitige Übereinkunft war der König von Frankreich verpflichtet, die Indianer zu beschützen, die ihre Autonomie und Souveränität behielten. Natchez-Soldaten töteten vier französische Händler, und Cadillac übte Vergeltung, indem er eine Streitmacht entsandte, die die Täter bestrafen sollte. Ein Mico übergab den Franzosen als Friedensangebot drei abgeschnittene Natchez-Köpfe, doch die Natchez fragten sich zu diesem Zeitpunkt bereits, ob es wohl klug sei, die Anwesenheit der Franzosen in ihrer Welt zu gestatten.[17]

Die Franzosen, zumindest für den Augenblick in Sicherheit, widmeten sich wieder der Erweiterung ihrer Kolonie. Bienville gründete 1718 New Orleans an einer scharfen Biegung des Mississippi auf dem Land der Chitimacha-Indianer. Schon bald zog sich südlich und nördlich des ursprünglichen Standorts über Dutzende von Meilen ein kolonialer Siedlungsgürtel am Flussufer entlang. Law wollte das rasante Wachstum rund um New Orleans erhalten und baute deshalb am Zusammenfluss von Mississippi und Arkansas River den Arkansas Post, der dort im Schutz der Quapaw-Stadt Kappa überlebte. Der damit verbundene Plan sah vor, den Handelsposten zu einem bedeutenden regionalen Zentrum auszubauen, und Laws Unternehmen brachte knapp 100 afrikanische Sklaven und abhängige weiße Vertragsarbeiter dorthin; sie sollten den Stützpunkt in einen landwirtschaftlichen Wirtschaftsmotor verwandeln, für dessen Verwaltung neu ins Land gebrachte deutsche Kolonisten vorgesehen waren. Aber die Deutschen, die von Gerüchten über ansteckende Krankheiten abgeschreckt worden waren, kamen nicht. Law flüchtete und ließ Dutzende französische Männer, Frauen und Kinder im Stich.

Diese zurückgelassenen Franzosen wurden zu Sklaven. Die Quapaw nahmen sie auf und ließen sie auf ihren Feldern rund um Osotouy arbeiten, einen ihrer vier Hauptorte. Einige Franzosen wurden zu Jägern und gingen in der Quapaw-Bevölkerung auf. Zahlreiche französische Deserteure, die vor dem Militärdienst und abhängiger Vertragsarbeit flohen, suchten ihrerseits Zuflucht bei den Quapaw, ebenso wie eine gewisse Zahl geflohener afrikanischer Sklaven. Französische Kolonialbeamte wagten es nur selten, die Quapaw zur Auslieferung ihrer Untertanen zu drängen. Ein Neuankömmling hätte möglicherweise Osotouy – und nicht New Orleans – für die Hauptstadt der Kolonie gehalten.[18]

Die Quapaw schienen zu den isoliertesten Völkern des ganzen Kontinents zu zählen: Ihr Land war mehr als 1600 Kilometer von den englischen und französischen Kolonien im Osten entfernt, und Reisen nach New Orleans entlang des Mississippi wurden allmählich gefährlich. Doch es gelang ihnen, mithilfe von Beziehungen zu französischen Missionaren und Händlern im Illinois-Gebiet ein dichtes Netzwerk von Handels- und diplomatischen Verbindungen zu knüpfen. Sie wurden zu einem attraktiven Zentrum im Herzen Nordamerikas, nahmen Menschen in ihre Welt auf und entwickelten eine beachtliche moralische und politische Macht. Die Quapaw bestimmten in ihren zahlreichen Grenzgebieten, was als Verbrechen zu werten war und wer eine Bestrafung verdiente. Sie sahen die französischen Soldaten im Arkansas Post als Kinder an, die ihres Schutzes bedurften; die Franzosen waren unter die Gerichtsbarkeit der Quapaw gekommen, und jetzt erwartete man von ihnen, dass sie sich entsprechend verhielten. Die Quapaw waren entschlossen, sich von der Marktwirtschaft möglichst fernzuhalten, und produzierten nur sehr wenig für die Franzosen – etwa 1000 Rotwildfelle pro Jahr. Dennoch erwarteten sie von den Franzosen, dass diese großzügig mit ihren Waren umgingen und die Quapaw als bevorzugte Verbündete behandelten, auch wenn sie selbst wirtschaftliche Beziehungen zu Händlern aus Carolina knüpften. Brauchten die Franzosen die Hilfe der Quapaw in der Diplomatie oder im Krieg, mussten sie sich diese Unterstützung durch Tributzahlungen verschaffen. Doch dieses Arrangement lohnte sich für die Franzosen: Die Quapaw blieben loyal und unterstützten das Fortbestehen von Louisiana. Und die Franzosen errichteten außerdem einen Handelsposten für die mächtigen Osage – die sich selbst *Ni-u-kon-ska* nannten, »Volk der mittleren Wasser« – am Mittellauf des Arkansas River. Die Osage zählten rund 10.000 Menschen, was sie zu einer der größten Nationen im Binnenland machte. Französische Handler umwarben sie mit Geschenken – wozu auch Pferde gehörten –, aber die Osage töteten, ohne zu zögern, französische Händler, die Waffen an Feinde der Osage verkauften.[19]

Die auf allen Seiten von indigenen Manövern bedrängten Franzosen verlegten sich auf Listen und Unterschleif. Bienville, mittlerweile Gouverneur von Louisiana, schlug 1723 vor, »diese Barbaren gegeneinander in Stellung zu bringen, es ist der einzige denkbare Weg, in der Kolonie für Sicherheit zu sorgen, weil sie sich durch ihre eigene Handlungsweise schließlich selbst vernichten werden«. Das war reines Wunschdenken: Die Native Americans hatten gelernt, diese Art von Taktik zu durchschauen, und wendeten sie jetzt ihrerseits zum Nachteil der Kolonisten an. Die zwischen britischen und französischen Siedlungen lebenden Muscogee spielten die beiden Kolonialmächte gegeneinander aus. James Adair, ein englischer Pelzhändler mit langjähriger Erfahrung, erklärte das System: »Die Ältesten entwickelten ein überraschendes Geschick, mit den verschiedenen politischen Winkelzügen umzugehen. Sie waren seit Langem über die unterschiedlichen Ansichten und Machenschaften jener gegnerischen europäischen Mächte unterrichtet, die ihnen jährlich mit einem bedeutungslosen Geschenkangebot Tribut zollten. Für sie galt die unveränderliche Maxime, dass ihre Sicherheit und ihr Wohlergehen mit einem dauerhaften freundlichen Umgang mit uns und den Franzosen verbunden waren; denn unser politischer Kriegszustand untereinander würde ihnen immer ihre Freiheiten sichern.«[20]

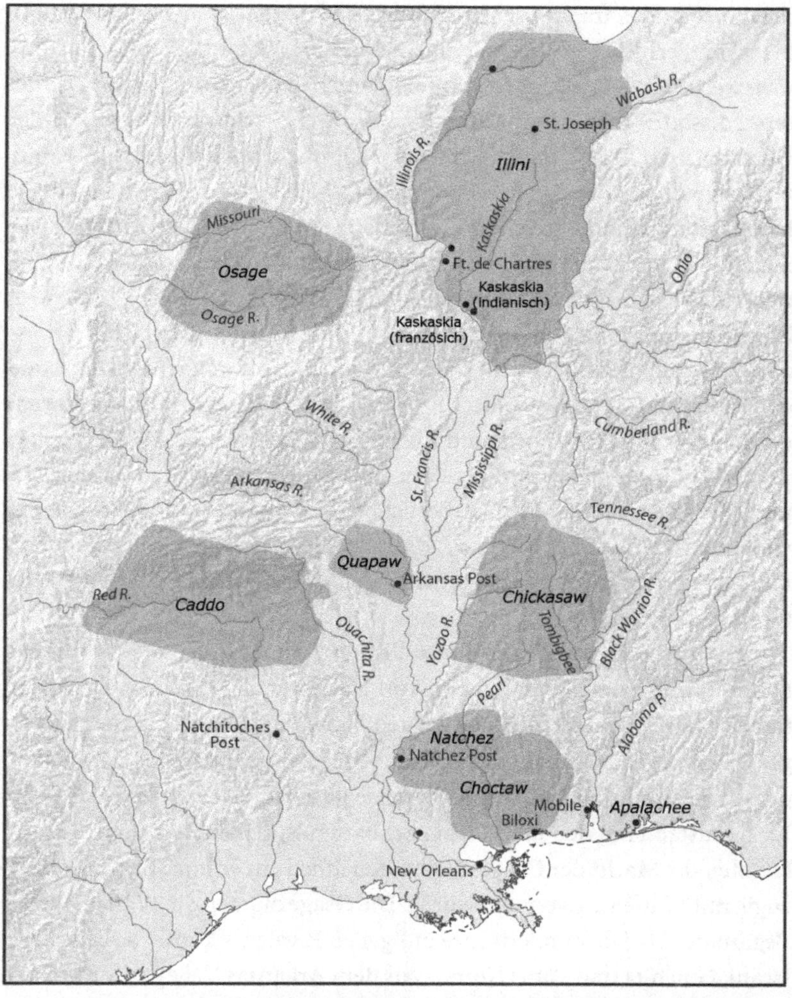

Indigene Dominanz im umkämpften südlichen Teil der Mitte des Kontinents zu Beginn des 18. Jahrhunderts

Die Franzosen, die in den Randgebieten dynamischer indigener Gemeinwesen tätig waren, setzten auf übertriebene Gesten, um ihre Schwäche zu kaschieren. Étienne de Bourgmont – Deserteur, Krimineller und Waldläufer in einer Person – lebte 1725 mit einer Gruppe illegal tätiger Händler bei den Indianern am Unterlauf des Mississippi. Im Gegenzug für den Ausbau des französischen Handels auf diesem strategisch bedeutsamen Fluss erhielt er Briefe mit einem Adelsprädikat und dem – vollkommen wertlosen – Titel eines »Kommandanten des Missouri River«: Das untere Missouri-Tal war eine durch und durch indigene Welt unter der Herrschaft der Osage, deren Gebiet einen großen Teil der Mitte des Kontinents zwischen dem Arkansas und dem Osage River umfasste. Die Osage hatten sich zu einflussreichen Vermittlern zwischen Französisch-Louisiana und den indigenen Nationen im Westen und Norden entwickelt. Sie regulierten den flussaufwärts abgewickelten Handel von New Orleans bis hinauf zu dem Punkt, an dem er noch nicht völlig eingestellt war. Bourgmont, der offensichtlich nicht so recht wusste, was er mit seinem Titel und den Indianern anfangen sollte, reiste mit einer Delegation von Anführern der Osage, Otoe, Missouria und Illini nach Frankreich, wo sie Versailles, die Pariser Oper, den Invalidendom und den 15 Jahre alten König Ludwig XV. sahen. Die indigenen Besucher waren nicht beeindruckt. Einer von ihnen staunte über Männer, »die halbe Frauen waren, mit Lockenhaaren, Ohrringen und Korsagen um die Brust«. Er sagte, dass sie »wie Alligatoren rochen«.[21]

Die Dominanz der Osage im südlichen Teil der Mitte des Kontinents nahm immer weiter zu. Umgeben von Nationen, die für ihren Lebensunterhalt und Handel auf die Jagd setzten, hatten die Osage, die ebenfalls Jäger waren, ihren Nachbarn wenig anzubieten. Aus der Ähnlichkeit entstanden Rivalitäten und Groll, und schon bald befanden sich die Osage im Kriegszustand mit den meisten benachbarten Nationen. Die Franzosen erkannten die Macht der Osage und bauten ihnen ein eigenes Fort, das großzügig mit Waffen ausgestattet wurde. Die Osage nutzten die Waffen, um zu Beginn des 18. Jahrhunderts ihre indigenen Rivalen – Taovaya, Tawakoni, Iscani, Guichita und Panis Noirs – aus dem Arkansas Valley zu vertreiben. Die Ambitionen der Osage nahmen zu; sie strebten die Kontrolle über den gesamten Handel in der riesigen Region an, ob nun Felle, Tierhäute, Menschen oder Pferde zum Verkauf standen, und sie monopolisierten den Handel im Tal des Arkansas durch strategische Blockaden. Sie verstanden sich als Beschützer des Landes und wollten unerwünschte Fremde fernhalten. Bis zum Jahr 1730 erlangten die Osage die Kontrolle über 800 Kilometer eines Fluss-Imperiums am Arkansas River. Sie trieben Handel mit den mobilen Franzosen, kontrollierten den Warenstrom nach Süden und Westen, kämpften gegen die Wichita, Pawnee und Caddo und überwachten die Waren, die in die Great Plains gelangten. Die Franzosen, denen es nicht gelang, die Osage zu beherrschen, wurden zu deren festen Verbündeten und räumten ihnen zulasten der indigenen Rivalen eine äußerst privilegierte Stellung ein. Dennoch bestraften die Osage routinemäßig französische Händler und Voyageurs – Pelzhändler, die weite Wege zurücklegten – für Verbrechen, ohne sich um europäische Gesetze zu kümmern. Die französischen Behörden protestierten nur selten, auch wenn ein spanischer Offizier noch im Jahr 1790 klagte, dass »die Osage [und Lakota] die beiden schlimmsten Stämme sind, die wir am Missouri haben«. Die Franzosen versuchten die Osage nicht mehr zu beherrschen, sondern rauchten das Kalumet mit ihnen und besänftigten sie mit Geschenken. Die Osage hatten Anführer für den Krieg und Anführer für den Frieden und einen Priesterrat, der bei der Gestaltung ihrer facettenreichen Außenpolitik mitwirkte. Die Frauen der Osage waren außerordentlich geschickte Ackerbäuerinnen, und ihre Arbeit lieferte die Grundlage für die Hegemonie der Osage in diesem Teil des Kontinents. Sie erfreuten sich einer beträchtlichen Autonomie. War eine Osage-Frau mit ihrem Ehemann unzufrieden, vollzog sie die Scheidung, indem sie seine Besitztümer aus der gemeinsamen Unterkunft warf.[22]

Weiter südlich in Louisiana bekamen es die Franzosen mit einer schärferen Herausforderung durch Indigene zu tun: Die Natchez wagten im Spätjahr 1729 einen Aufstand. Die Anführer der Franzosen waren durch geschäftliche Manöver im Landesinneren abgelenkt worden und hatten es versäumt, ihre indianischen Verbündeten zu beschützen, die bei ihnen Schutz vor Sklavenjägern gesucht hatten. Die Natchez kappten daraufhin die Verbindungen zu den Franzosen, die in ihrer Angst übereilt reagierten: Sie rekrutierten Choctaw-Kämpfer für die Jagd auf Natchez-Skalps und lösten damit einen Krieg aus, der jahrelang immer wieder aufs Neue aufflammte. Der Sieur de Chépart, Kommandant von Fort Rosalie, ein unbeherrschter, größenwahnsinniger Trunkenbold, schürte unter den einheimischen indigenen Bewohnern heftige antifranzösische Gefühle. Als Chépart die Natchez drängte, eine Stadt zu räumen, in der es auch einen heiligen Erdhügel gab, weil Platz für französisches Nutzvieh und Plantagen geschaffen werden sollte, bemalten Natchez-Soldaten ihre Gesichter mit roter Farbe, tranken Kessel voller »Kriegsmedizin« und beschlossen, die Franzosen ein für alle Male aus ihrer Welt zu jagen. Beim Vorrücken auf Fort Rosalie boten sie den Franzosen Geschenke an und lenkten damit die Soldaten lange genug ab. Der sorgfältig geplante Angriff führte zum Tod von mehr als 200 Franzosen. Étienne Périer, der Louisiana als Oberbefehlshaber für die Compagnie d'Occident verwaltete, geriet in Panik. Er schien nicht mehr zu wissen, was er tun sollte. Schließlich handelte er völlig irrational und befahl seinen Soldaten, die friedlichen und schon seit Langem bedrängten Chaoucha-Indianer zu vernichten.[23]

»Die Kolonie ist nur noch um Haaresbreite vom Untergang entfernt«, schrieb ein französischer Offizier im Juni 1730. Das von unzufriedenen indigenen Bewohnern und durch Gemeinschaften von Maroons (geflohenen afrikanischen Sklaven) bedrängte Louisiana lebte jetzt in ständiger Furcht. Die Kolonisten hielten still und ließen ihre Felder brach liegen. Französische Beamte entsandten im darauffolgenden Sommer mehrere Regimenter zu einer Strafaktion gegen die Natchez, die jedoch ausgesetzt werden musste, als in der Kolonie ein Sklavenaufstand ausbrach: Erstaunliche 60 Prozent der Bevölkerung von Louisiana waren Sklaven von indigener und afrikanischer Herkunft. Der gedemütigte Périer stellte die beiden Aufstände – der erste ging von einer indigenen Nation, der zweite von afrikanischen Sklaven aus – als eine Verschwörung dar, fand damit aber nur bei wenigen Menschen Gehör. Um sein Ansehen wiederherzustellen, begann Périer eine weitere Strafaktion gegen die Natchez, bei der er rund 500 Menschen – mehrheitlich Frauen und Kinder – gefangen nehmen und versklaven ließ. Die aus einer Fusion mehrerer Kolonialgesellschaften entstandene Compagnie des Indes brachte die Gefangenen bei einer ihrer letzten geschäftlichen Unternehmungen zu den Zuckerinseln in der Karibik.

Auch das Volk der Meskwaki hatte Hunderte seiner Mitglieder an französische Sklavenhändler verloren; im Spätjahr 1727 zogen die Meskwaki in den Krieg und attackierten die Franzosen und die mit ihnen verbündeten Illini und Odawa. Die kollabierende Kolonie Louisiana wurde 1731 direkt der französischen Krone unterstellt. Gouverneur Beauharnois von Neufrankreich mobilisierte im verzweifelten Bestreben, die Machtverhältnisse zu klären, französische Truppen und indianische Verbündete für die Auslöschung der Meskwaki. Das erklärte Ziel war die »völlige Vernichtung jener Nation«. Die Franzosen mussten für »den letzten Schlag« auf ihre irokesischen Verbündeten zurückgreifen. Die Franzosen und Irokesen kamen ihrem Ziel sehr nahe. Nur 500 Meskwaki überlebten.[24]

Die zweifache Bedrohung durch die indigene Macht und die englische Expansion von Osten her ängstigte die französische Bevölkerung von Louisiana bis ins Mark. Der Krieg mit den Natchez hatte ihnen anschaulich gezeigt, zu was die Missachtung indigener Souveränität, Traditionen und Bedürfnisse führen konnte: zu katastrophaler Gewalt, enormen Verlusten von Menschenleben und Eigentum und zum vollkommenen Zusammenbruch kolonialer Institutionen. Der Gewaltausbruch ließ französische Investoren vor einem Engagement in der Kolonie zurückschrecken und hemmte den Aufbau von Frankreichs Imperium am Unterlauf des Mississippi. Er lehrte die Kolonisten auch, wie wenig sie ohne die Zustimmung der indigenen Bevölkerung ausrichten konnten. Die indigenen Bräuche hatten in Louisiana Bestand und machten aus dem kolonialen Raum einen hybriden Gestaltungsrahmen. Die Gesellschaften der Choctaw, Illini, Quapaw und Apalachee waren allesamt intakt und erwarteten von den Franzosen, dass sie sich auf ihre Traditionen einstellten. Für Louisiana hatte das weitreichende Folgen. *Métissage* – die Vermischung der Kulturen – wurde zur Norm und prägte auch die persönlichsten Aspekte des Kolonistenlebens: sexuelle Praktiken, Geschlechterrollen und die Kindererziehung. Die Franzosen in Louisiana erkannten, dass sie, wenn sie in Nordamerika überleben wollten, auf die indigenen Bewohner zugehen und sie davon überzeugen mussten, zu Verbündeten zu werden. Die Franzosen hatten das auch anderswo so gehalten, und bis zum Beginn des 18. Jahrhunderts hatten alle europäischen Imperien diese Realität begriffen, wenn auch nicht unbedingt akzeptiert. Sie hatten außerdem gelernt, dass die effektivste Vorgehensweise beim Schließen von Bündnissen mit Großzügigkeit und Handel verbunden war, die Feinde zu Familienmitgliedern machen konnten.[25]

Französische Offiziere machten sich im Anschluss an Krieg und Verluste daran, die Indianer mit Geschenken und Waren zu beschwichtigen, und schufen dabei eine kraftvolle Tauschwirtschaft im Grenzland, die Frankreichs Beziehungen zu den Indianern stabilisierte. Ein neues und verbessertes französisch-indianisches Bündnis konzentrierte sich auf die Choctaw-Konföderation, die selbst nach dem Verlust von Hunderten ihrer Mitglieder an Sklavenjäger aus South Carolina noch mehr als 12.000 Menschen zählte und 5000 Soldaten aufbieten konnte. Die Choctaw beherrschten ein Gebiet von rund 65.000 Quadratkilometern und stellten damit die benachbarten Quapaw, Alabama, Chickasaw, Taensa, Tunica, Natchez und Houma in den Schatten. Ihre eigenen Sklavenjagden und der Handel mit den Gefangenen hatten den Choctaw ein beträchtliches Arsenal von Schusswaffen eingebracht und sie zur dominierenden Militärmacht im Gebiet zwischen dem Unterlauf des Mississippi und dem Yazoo River werden lassen. Sie begrüßten außerdem einen regelmäßigen Zustrom von englischen Händlergesellschaften aus dem Osten. Die geschwächten indigenen Gruppen aus dem Grenzgebiet mit den Choctaw fanden Schutz in deren befestigten Ortschaften, und die Franzosen baten die Choctaw um Hilfe bei der Wiederherstellung der Ordnung in Louisiana. Die Choctaw bestraften die Chicasaw und Natchez, deren Überfälle die Kolonie destabilisierten und den Handelsverkehr unterbrachen; die Choctaw wollten ein wirtschaftlich lebensfähiges Französisch-Louisiana, das sie auch weiterhin mit Gewehren, Pulver, Blei, Werkzeugen und anderen Waren versorgen konnte.

Die Choctaw kämpften für sich selbst. Die französischen Beamten wollten zwar unbedingt die Suzeränität (Oberherrschaft) über sie erlangen und brauchten diesen Status auch, kamen aber nicht an der Tatsache vorbei, dass die Choctaw am Unterlauf des Mississippi die Herren waren. Kamen Händler aus der neu gegründeten Kolonie Georgia zu Besuch, begrüßten die Choctaw sie und ihre Waren – was bei den französischen Beamten Ängste auslöste und sie zugleich peinlich berührt zurückließ. Die Choctaw-Konföderation war zu Louisianas größter und letzter Hoffnung geworden – ein demütigender Rollentausch, den der Kommandeur der in New Orleans stationierten Truppen notgedrungen akzeptieren musste. Er bezeichnete die Konföderation als »Bollwerk und Sicherheit« der Kolonie und räumte ein, dass »jeder, der ins Land gekommen ist, weiß, dass es unmöglich ist, ein Land, das so riesig ist wie dasjenige, das wir innehaben, mit den wenigen Truppen und Kolonisten, die dort sind, zu halten; sie wären schon bald gezwungen, es zu verlassen, wenn die Choctaw uns ihre Hilfe verweigerten oder beschließen würden, gegen uns vorzugehen«.[26]

Weit im Westen schickte sich eine andere indigene Konföderation an, in die Auseinandersetzung über das Binnenland und seine Ressourcen einzutreten: das *Očhéthi Šakówiŋ,* das Große Sioux-Bündnis der Sieben Ratsfeuer. Ein französischer Beamter stellte Sacred Born, einen *itháŋčhaŋ* – Anführer – der Dakota Mdewakanton zur Rede, dessen Soldaten französische Händler bei einer Auseinandersetzung um angemessene Behandlung und fairen Handel drangsaliert hatten. Sacred Born erwiderte dem Beamten, die Misshandlung sei »mit Überlegung und planvoll« erfolgt.

Die französischen Beamten stellten sich Fort Beauharnois in seiner zentralen Lage am Ufer des Pepinsees am Oberlauf des Mississippi als Ausgangsbasis für ein gewaltiges Pelzhandelsgebiet westlich des Mississippi vor. Die Dakota beanspruchten die Region jetzt für sich und nahmen den Kampf gegen koloniale Arroganz und Aggression dort wieder auf, wo die Meskwaki vertrieben worden waren. Nachdem eine aus Franzosen, Irokesen und Wyandot bestehende Armee im Winter 1731 »die Vernichtung der Mehrheit der Meskwaki« »bewirkt« hatte, tauchten bald darauf 99 Dakota-Zelte und 300 Lakota am Pepinsee auf, wo sie die französische Handelspolitik und das Verhalten der Franzosen überwachten. Den Franzosen gelang es nicht, die Dakota und Lakota zu vertreiben, sodass sie sich gezwungen sahen, den Handelsbetrieb in Fort Beauharnois einzustellen. Er wurde 1731 wieder aufgenommen, jetzt allerdings im Dienst der Dakota und Lakota. Die Očhéthi Šakówiŋ hatten die Franzosen gezwungen, die Sioux zu ihren bevorzugten Verbündeten aufzuwerten. Gouverneur Beauharnois lud im Jahr 1742 fast alle indigenen Nationen des Westens zu einer bombastischen Versammlung nach Montreal ein. Sacred Born und weitere Anführer der Dakota trafen mit Beauharnois zusammen, der sich dabei bereit erklärte, die Sioux zu seinen bevorzugten Verbündeten zu machen. »Meine Kinder, da ich euch nackt sehe, gebe ich euch, was ihr benötigt, um euch zu bedecken«, versprach er und autorisierte einen geregelten und nahezu uneingeschränkten Handel mit den Očhéthi Šakówiŋ. Mithilfe der immer mächtiger werdenden Konföderation hoffte er, die Reichweite der Geschäftstätigkeit Neufrankreichs bis weit in den Westen hinein ausdehnen zu können. Aber dann begingen die Franzosen einen Fauxpas, der dem keimenden Friedensprozess beinahe ein Ende bereitete: Bei einem Festessen setzten sie sehr junge Sioux-Sklaven als Bedienung für die Sioux-Delegierten ein. Beauharnois erkannte gerade noch seinen Fehler und ließ die Sklaven frei; er traf die Sioux im Middle Ground – eine Konzession, die Frankreichs angeschlagenem nordamerikanischem Imperium etwas mehr Zeit verschaffte. Die Franzosen konnten, all ihren Problemen zum Trotz, für die Sioux immer noch nützlich sein. Die Dakota und Lakota betrieben einen lukrativen Handel mit den Franzosen, die jetzt nahezu alle Dörfer der Sioux am Mississippi und Minnesota River aufsuchten. Die Očhéthi Šakówiŋ entwickelten sich zur mächtigsten indigenen Konföderation in Nordamerika.[27]

Die Sioux-Nationen nutzten den Vorteil jedoch nicht weiter; sie waren zufrieden mit ihrem Platz in der Welt, und sie wussten, dass die Zeit für sie arbeitete. Ihre Macht und Dominanz führte nicht zu einer aggressiven Expansion, was den ebenso fest verankerten wie falschen europäischen Ansichten von der Heimtücke und Grausamkeit der Native Americans widersprach. Es waren die französischen Beamten, denen die Dinge auf dem indigenen Kontinent zu entgleiten schienen. Die französische Politik hatte den Ehrgeiz, einen Wasserweg vom »Meer des Westens« aus zu finden, dem imaginären Gewässer, das einen Zugang zum Pazifischen Ozean und, darüber hinaus, zu den sagenhaften Reichtümern Chinas eröffnen würde. Französische Händler schickten weiterhin ganze Bootsladungen mit Gewehren, Pulver und Blei an die Sioux, im Vertrauen darauf, dass die Macht der Očhéthi Šakówiŋ Frankreich das Binnenland Nordamerikas und die Reichtümer Chinas sichern würde. Die Franzosen errichteten mit einem außergewöhnlich großzügigen Vorstoß drei Forts für die Sioux, unter anderem Fort Vaudreuil unterhalb der Einmündung des Wisconsin River in den Mississippi, Fort Duquesne im Oberland von Wisconsin und Fort La Jonquière am Westufer des Pepinsees. Das war ein großer Fehler. Die französische Politik hatte jeglichen Bezug zur Wirklichkeit eingebüßt. Ein einziges Fort konnte einer indigenen Nation beim Ringen um die Vorherrschaft einen entscheidenden Vorteil verschaffen, und die Sioux verfügten plötzlich über drei solche Bauwerke. Die Franzosen hatten, anstatt die Očhéthi Šakówiŋ zu befrieden, im Nu eine indigene Supermacht geschaffen, die den Verlauf der amerikanischen Geschichte unwiderruflich verändern sollte.[28]

KAPITEL 17

UNENDLICH VIELE RANCHERÍAS

MEHR ALS EINTAUSEND JAHRE LANG hatte die eindrucksvolle Hasinai-Konföderation ein gewaltiges Gebiet von rund 260.000 Quadratkilometern beherrscht. Ihre größten Städte zogen sich über Dutzende von Meilen am Neches, Angelina, Sabinas und Red River hin. Das Bündnis stellte alle anderen benachbarten Mächte, indigene wie europäische, in den Schatten. Im Verlauf der Generationen waren die Hasinai zu fachkundigen Händlern geworden, in ihren Wohnstätten herrschte kein Mangel an metallenen Messern, Gewehren, Schießpulver, Kugeln, Stoffen, Kesseln, Glasperlen und Tabak. Das war die Art von indigener Lebensform, mit der alle europäischen Kolonisten gern zusammenarbeiten wollten.

Louisianas unerwartetes Durchhaltevermögen und sein allmähliches Wachstum verschreckten die spanischen Kolonialbeamten in Neu-Mexiko, die schon seit Jahrzehnten beobachteten, wie die Franzosen ihre Präsenz entlang der Nordküste des Golfs von Mexiko erweiterten. Diese Entwicklung war eine Bedrohung für die spanischen Schifffahrtslinien und Silberminen in Mexiko. Die Anführer der Spanier hatten versucht, Louisiana in Schach zu halten, aber ihre Bemühungen waren eher symbolischer Natur und nicht sehr effektiv gewesen: Ein paar Missionare waren zu den Indianern geschickt worden, die das Land zwischen den beiden Kolonien bewohnten; in der Pensacola Bay wurde eine Garnison stationiert, um einen Stützpunkt an der Küste zu haben; es war eine Reihe von Forts vorgesehen, die das weitere Vorrücken der Franzosen blockieren sollten. Die Spanier befürchteten, dass die Franzosen mit ihren hinreichend bekannten Kenntnissen indigener Sitten und Gebräuche die Indianer, die in Neu-Mexiko oder in unmittelbarer Nachbarschaft dieses Gebiets lebten, unter die

Schirmherrschaft Louisianas bringen könnten. Deshalb bemühten sie sich im Jahr 1716 darum, ihr bescheidenes Netzwerk von Bündnissen mit Indianern nach Osten auszudehnen, indem sie die Ehrfurcht gebietenden Hasinai für sich gewannen und so den verbindenden Middle Ground erweiterten.

Der etwas sprunghaft agierende spanische Franziskanerpriester Francisco Hidalgo unternahm einen ebenso verblüffenden wie unbeholfenen Vorstoß: Er schrieb Louisianas Gouverneur Cadillac einen Brief, mit dem er ihm einen Vorschlag unterbreitete: Die Spanier und die Franzosen sollten bei der Errichtung von Missionsstationen für die Tausende von Indianern, die im Gebiet zwischen Neu-Mexiko und Louisiana lebten, zusammenarbeiten. Nicht weniger erstaunlich war, dass Cadillac das Angebot annahm. Frankreichs nordamerikanisches Reich war immer noch weit von einer straffen bürokratischen Organisationsform entfernt, und Cadillac hoffte darauf, einen persönlichen Schmuggelhandel mit Neu-Mexiko aufnehmen zu können. Er entsandte Louis Juchereau de Saint-Denis, einen extravaganten Händler aus Quebec, der den Boden für die gemeinsame Operation bereiten sollte. Saint-Denis folgte dem Lauf des Mississippi und des Red River, gelangte auf diesem Weg ins Herzland der erweiterten Caddo-Konföderation und legte, geführt von ortskundigen Caddo, die mehr als 1600 Kilometer bis zur Missionsstation San Juan Bautista am Sabinas River zurück.[1]

Die spanischen Offiziere dort waren verblüfft. Und sie waren zugleich beunruhigt und entsandten sofort eine Expedition von 75 Kolonisten, Mönchen und Kindern, die weit im Osten eine Kolonie aufbauen sollten, um weitere französische Vorstöße aufzuhalten. Bemerkenswerterweise gehörte Saint-Denis auch dieser Expedition an: Offiziell stand er zwar unter Arrest, aber tatsächlich war er ohne jede Einschränkung Mitglied der spanischen Expedition. Unter der Führung von Hauptmann Domingo Ramón durchstreifte die Gruppe fast ein halbes Jahr lang die Region, zeigte den Indianern, denen sie begegnete, christliche Kreuze und veranstaltete Messen für sie, vergab Ortsnamen und registrierte natürliche Ressourcen entlang des Reisewegs, bis sie schließlich ihren Bestimmungsort erreichte: das Hasinai-Territorium. Dort traf sie auf »unendlich viele Rancherías mit Maispflanzen, Wasser- und Kantalupmelonen, Bohnen, Tabak und gelbbraunen Blumen, von denen sie eine Menge essen, aber wir kennen den

Namen nicht«. Hauptmann Ramón war überglücklich. »Ich ernannte einen Kaplan«, berichtete er, und »eine Kirche und eine Wohnstätte wurden gebaut«.[2]

Mit diesen feierlichen Gesten begründeten die Spanier ein koloniales Projekt mitten unter den eindrucksvollen Caddo, die das Machtgleichgewicht im Grenzland kontrollierten. Sie errichteten vier hölzerne Kirchen in der Nähe von Caddo-Siedlungen und einen Militärstützpunkt am Neches River. Die Anführer der Spanier wagten jetzt, nachdem ihr Herrschaftsgebiet hinter der Caddo-Barriere mutmaßlich gesichert war, die direkte Konfrontation mit den Franzosen. Der Militärstützpunkt in San Antonio de Béjar und die Missionsstation von San Antonio de Valero lagen im Jahr 1718 nahe an der Grenze zu Französisch-Louisiana. Drei Jahre später fügten die Spanier der Pufferzone den aus Holzgebäuden errichteten Stützpunkt Los Adaes hinzu, als direktes Signal in Richtung Natchitoches. Das war die nur etwa zwölf Kilometer entfernte westlichste Siedlung der Franzosen. Los Adaes wurde 1729 zur Hauptstadt der neuen spanischen Provinz Texas erklärt, aber dieser Status war nahezu ausschließlich symbolischer Art. Der Ort hatte nur 250 Bewohner spanischer Herkunft und war von den Zentren der spanischen Macht völlig isoliert. Saltillo, das nächstgelegene Nachschublager, war knapp 1300 Kilometer entfernt, und die legendäre königliche Straße, El Camino Real, war in Texas nur ein unbefestigter Weg. Indigene Straßen und Wege verbanden dagegen die indigenen Soldaten und Diplomaten mit nahezu allen Gruppen und Nationen im Südwesten.

Die Kolonie Texas befand sich in einem elenden Zustand. In ihrer Umgebung lebten im Umkreis von Dutzenden von Kilometern ausschließlich Native Americans. Die einheimischen Adaes-Indianer erhielten die Hauptstadt am Leben, weil sie auch ihnen als Pufferzone gegen ihre Rivalen diente. Die Caddo erwarteten von den Spaniern die Lieferung von Gewehren, Werkzeugen, Stoffen und anderen Waren, aber die in Texas isolierten Spanier konnten das einfach nicht liefern. Sie waren bettelarm – so arm, dass sie auf Hilfe aus Natchitoches angewiesen waren, aus einer Siedlung, die von den Spaniern eigentlich als illegal betrachtet wurde. Die Spanier versuchten ihre fehlende militärische Macht durch bürokratischen Fleiß auszugleichen. Ein *Reglamento* von 1729 umfasste 196 Artikel, in denen die Pflichten von Stützpunktkommandanten beschrieben wurden. Das winzige Kontingent spanischer Soldaten war jetzt dafür verantwortlich, dass das französische Reich von Texas ferngehalten wurde.[3]

Die spanischen und französischen Strategen hatten sich ihre Kolonien als imperiale Sprungbretter vorgestellt, die eine weitere Expansion erleichtern würden, aber dieses Ziel erwies sich für beide Imperien als trügerisch. Kolonisten konnten in Nordamerika ohne indigene Unterstützung nur sehr wenig ausrichten – eine Einschränkung, die sie dazu antrieb, ihre Ambitionen radikal neu zu bestimmen. Die mittlere Südhälfte des Kontinents wurde im frühen 18. Jahrhundert zu einer Welt flexibler Bündnisse, formbarer Identitäten und imperialer Fehlschläge. Kolonien, die als imperiale Machtzentren gegründet worden waren, verwandelten sich in indigene Ressourcen-Gebiete. Imperiale Ambitionen vertrugen sich, wie bereits Jahrzehnte zuvor im Pays d'en haut, auch am Unterlauf des Mississippi nicht mit der Realität.

Nach dem zuvor im Nordosten etablierten Ablaufmuster mussten die beiden Imperien unweigerlich zusammenstoßen, auch wenn beide von der Gnade der mächtigen indigenen Nationen abhängig waren. In den 1720er-Jahren fühlten sich die Spanier und die Franzosen von den jeweils anderen immer mehr bedroht. Die Franzosen hatten allerdings keine Angst vor den spanischen Errungenschaften; die offizielle französische Sichtweise war vielmehr, dass Spanien »weder Posten eingerichtet und Kolonien gegründet noch Rechte erworben [hatte], die ihm den Vorrang vor den Franzosen gegeben hätten, die als Erste in allen Teilen von Florida, das später den Namen Louisiana erhielt, Entdeckungsreisen unternommen, Forts errichtet und Kolonien gegründet haben«. Die Franzosen waren jedoch besorgt, weil sich die Spanier den Zugang zur Caddo-Konföderation verschafft hatten, indem sie sich der Souveränität der Caddo gebeugt hatten. Den Spaniern – den Missionaren, Soldaten und auch den Möchtegern-Kolonisten – war sehr wohl bewusst, dass sie die Bedingungen des Zusammenlebens nicht diktieren konnten, deshalb unterwarfen sie sich strengen Grenzkontrollen, zu denen auch das ausschließliche Reisen auf vorgegebenen Routen und mit Caddo-Eskorten zählte, ebenso wie tagelange Pausen unter strenger Überwachung; es scheint so, als hätten die Caddo damit sicherstellen wollen, dass die Besucher keine tödlichen Krankheiten ins Land brachten. Wenn sich Besucher ihren Städten näherten, kamen ihnen die Caddo-Anführer in Begleitung von Frauen und Kindern entgegen, um sie zu begrüßen. Dann bildeten sie Kolonnen und eskortierten die Besucher in den Ort hinein. Ein französischer Kolonist bestaunte, dass die Straßen der Caddo »genauso gut angelegt sind wie etwa die Straße von Orléans nach Paris«. Außenstehende durften das Caddo-Territorium zwar betreten, aber sie mussten gesund, bescheiden und großzügig sein. Die Spanier mussten sich an die Caddo-Rituale anpassen und Geschenke und Waren verteilen, die als Symbole des politischen Bündnisses dienten.[4]

Die Indianer hielten Louisiana durch die Androhung von Gewalt klein, isoliert, beengt und entgegenkommend. Die Chickasaw und Natchez überfielen die jährlichen Nachschubkonvois, die zwischen New Orleans und dem Illinois-Gebiet verkehrten, und griffen französische Händler wie auch deren indigene Verbündete an, während die Choctaw ihre Städte für Händler aus South Carolina öffneten, die in den lukrativen Handel mit Rotwildfellen drängten und beim Verkauf von Schusswaffen an Indianer nur wenig Skrupel zeigten. Die Choctaw trieben unter der Führung des umstrittenen Kriegskommandeurs Red Shoes Handel mit den Engländern und mit den Franzosen, spielten sie gegeneinander aus und entlockten beiden Nationen Zugeständnisse. Die Franzosen versuchten die Oberhand zu gewinnen, indem sie den Choctaw-Anführern üppige Geschenke anboten. Sie verbanden damit die Hoffnung, ein zentralisiertes Choctaw-Gemeinwesen schaffen zu können, das dann unter französischen »Vätern« in der französischen Kolonialhierarchie aufgehen konnte. Der Versuch endete mit einem Fehlschlag; bei den matrilinear verfassten Choctaw war die Rolle eines »Vaters« nur mit geringer Autorität verbunden. Die Franzosen überreichten zwar mehr als 100 Choctaw-Männern Geschenke, bekamen für diese Geste aber nur geringe Gegenleistungen. Die Choctaw hielten sich alle Optionen offen und trieben weiterhin sowohl mit den Engländern als auch mit den Franzosen Handel.[5]

Louisiana, von Indianern verwaltet und verkleinert, geriet in Gefahr, bei komplizierten Konflikten zwischen mächtigeren Protagonisten – den Choctaw, Chickasaw, Spaniern und Engländern – zur bloßen Schachfigur degradiert zu werden. Die französischen Beamten mussten handeln. Das Marineministerium schickte im Jahr 1736 den Befehl, die Chickasaw und die Natchez Nation zu vernichten. Die Franzosen mobilisierten zwei Armeen. Eine davon stieß unter der Führung von Pierre d'Artaguiette vom Illinois-Gebiet aus nach Süden vor, und die andere marschierte unter dem

Kommando von Gouverneur Bienville von Mobile Bay aus nach Norden. Bienville hatte schon seit Jahren die Ansicht vertreten, dass die Chickasaw vernichtet werden müssten. Bienvilles Streitmacht bestand aus knapp 500 französischen Soldaten und einer Hilfstruppe von mehreren Hundert Indianern – die meisten davon Choctaw – und näherte sich aus mehreren Richtungen den Chickasaw und Natchez mit dem Ziel, sie zu vernichten. Aber 600 Chickasaw-Soldaten lockten die heranrückende Armee in einen Hinterhalt, nahmen sie von den Hügeln aus, die ihre Städte umgaben, unter Feuer und töteten mehr als 100 Angreifer. Bienville befahl den eiligen Rückzug nach New Orleans, wo er erfuhr, dass die Chickasaw auch d'Artaguiettes Illinois-Armee in einen Hinterhalt gelockt hatten.

Bienville betonte abermals, dass Louisiana nur durch die »völlige Vernichtung« der Chickasaw zu retten sei. Es war der Auftritt eines Blenders. Sein Feldzug hatte Louisiana ausgelaugt und die gewaltige Summe von 120.000 Livres gekostet. Rivalisierende Imperien rückten näher und warfen begehrliche Blicke auf Louisianas größten Aktivposten, den Handel mit den Indianern, und auch auf das Illinois-Gebiet selbst. Dieses Gebiet, das den Mississippi, Ohio und Missouri River umschloss, war Frankreichs Schlüssel zu einem Imperium in Nordamerika. Bienville setzte seine Truppen beim Bau einer Straße ein, auf der er Artillerie für den Kampf gegen die Chickasaw heranschaffen wollte. Auch er selbst schien dabei nicht zu glauben, dass dies funktionieren könnte. Sein Traum von einem Imperium – den er mit Iberville, seinem Bruder, geteilt hatte – war ausgeträumt. Bei einer Rechtfertigung seiner Handlungsweise gegenüber dem König klagte Bienville, dass die französischen Soldaten nicht nur zu feige, sondern auch zu klein seien, nahezu in allen Fällen kleiner als 1,48 Meter. Bienville gab 1740 bekannt, dass er den Krieg nicht fortsetzen könne.[6]

Native Americans waren Louisianas Herren und Quälgeister gewesen, aber sie schienen auch ihre Retter sein zu können. Französische Agenten machten sich jetzt daran, die indigenen Nachbarn mit regelmäßigen Geschenken, mit Handel und mit Vermittlerdiensten bei Streitigkeiten zwischen Indigenen und Franzosen wie auch zwischen verschiedenen indigenen Parteien zu beschwichtigen. Frankreich verabschiedete sich effektiv von seinen imperialen Ambitionen im mittleren Süden des Kontinents. Die Kolonisten in Louisiana folgten dem Beispiel der Franzosen im Pays d'en haut und betteten eine Kolonie in ein uraltes indigenes Substrat ein.

Sie akzeptierten die eigene Schwäche angesichts der indigenen Überzahl und schufen so eine Variante des Middle Ground an den Großen Seen. Franzosen und Indianer blieben unterschiedliche Völker, zwischen denen sich eine enorme kulturelle Kluft auftrat, aber schon bald fanden sie gemeinsame Anliegen. Louisiana überlebte, erhalten durch eine Mischung aus indigener Widerstandskraft und gezügeltem Kolonialismus. New Orleans hatte im Jahr 1740 einen dicht bevölkerten und pulsierenden städtischen Bezirk, und Siedlungen und Deiche zogen sich auf beiden Seiten des Mississippi über eine Strecke von fast 70 Kilometern hin.

Der sich erweiternde Middle Ground war eine direkte Bedrohung für britische Kolonisten, die viel Mühe in den Aufbau von Handels-Netzwerken mit Native Americans investierten. Britische Händler an der Hudson Bay begannen in den 1730er-Jahren mit der Lieferung von Musketen an die Cree und Assiniboine, um die Lage in ihrem Sinn zu verbessern, und spornten beide Nationen zur Erweiterung ihrer Jagd- und Fallenstellertätigkeit rund um die Bay an. Die Franzosen reagierten umgehend. Die Vérendrye-Dynastie von Forschungsreisenden und Händlern drang unter der Führung von zwei Brüdern tief in das Herzland des Kontinents vor, um dort Handelsbeziehungen mit den Indianern zu knüpfen, und zugleich kartierte die Gruppe die Gewässer und Gebirgszüge und die Humangeografie. Die Vérendryes waren hervorragende Forschungsreisende unter den Europäern und gründeten Fort Maurepas an der Südspitze des Winnipegsees. Doch auch sie wurden schon bald von der Komplexität indigener Politik überwältigt. Als sie sich um Handelsbeziehungen mit der mächtigen Cree-Konföderation bemühten, überraschte das die Dakota und Lakota – alte Verbündete Onontios. Beide Nationen hatten seit dem späten 17. Jahrhundert eine privilegierte Position innegehabt, und die Vorgehensweise der Vérendryes gefährdete diese Position. Die Indianer töteten Jean-Baptiste Vérendrye und 20 seiner Landsleute bei einem Angriff, der auf die Erhaltung ihres eigenen privilegierten Status in Frankreichs Handel und Diplomatie abzielte. Sie enthaupteten die Toten, wickelten die abgeschnittenen Köpfe in Biberfelle und arrangierten die Leichname in einem Kreis. Es war eine Warnung; sie kommunizierten durch die Ausübung von Gewalt.[7]

Die Vérendrye-Katastrophe im Herzen des Kontinents war ein bezeichnender Vorfall. Als Georgia 1732 Britisch-Amerika als dreizehnte Kolonie hinzugefügt wurde, blieb der größte Teil des westlichen Kontinents den Europäern nach wie vor unbekannt. Viele Europäer lebten immer noch im festen Glauben an ein »Meer des Westens«, das angeblich einen großen Teil der Westhälfte des Kontinents einnahm und eine außergewöhnliche Abkürzung nach China und zu den dortigen Märkten ermöglichte. Vier Fünftel des Kontinents blieben unter indigener Kontrolle – eine eindrucksvolle Entfaltung indigen-amerikanischer Widerstandskraft und Macht. Die Indianer hatten die Kolonisten durch Diplomatie, Krieg und ihre bloße Überzahl unter Kontrolle gehalten. Wiederholte Ausbrüche von Epidemien hatten ihre Gemeinschaften zwar schwer heimgesucht, aber die Native Americans waren den rund 700.000 englischen, französischen und spanischen Amerikanern immer noch zahlenmäßig überlegen. Die Franzosen hatten die Erforschung des Westens und ihren Traum von einem kontinentalen Imperium mittlerweile aufgegeben.[8]

Die größten indigenen Nationen und Konföderationen hatten durch ihren diplomatischen und wirtschaftlichen Einfluss, durch genaueste Kenntnis des Landes und durch ihre militärische Macht eine Schlüsselrolle bei der Eindämmung der europäischen Expansion gespielt. Sie nahmen es zu ihren eigenen Bedingungen mit dem europäischen Kolonialismus auf. Andere indigene Nationen kämpften, indem sie sich verkleinerten. Reste indigener Gesellschaften am Unterlauf des Mississippi, die sich im Zustand der Auflösung befanden, taten sich zusammen und bildeten das, was die Franzosen als *Petites Nations* bezeichneten, kleine Gemeinwesen, deren Mitgliederzahl von 50 bis ein paar Hundert Menschen reichte. In den 1720er-Jahren gab es fast 40 solcher Gruppen in der Umgebung von Biloxi, Mobile, New Orleans und anderen französischen Siedlungen. Die politisch geschickten und mobilen Petites Nations knüpften weit verzweigte diplomatische, wirtschaftliche und militärische Netzwerke untereinander, mit den Franzosen und mit den mächtigen indigenen Konföderationen. Während Choctaw, Chickasaw und Natchez sich mitten hinein ins Zentrum der Geopolitik in der Mitte des Kontinents begaben, taten die Petites Nations das genaue Gegenteil: Sie blieben neutral, hielten sich alle Optionen offen, nahmen geflohene Sklaven gegen Belohnungen gefangen, begingen Überfälle, um Gefangene zu machen, und setzten Grenzen. So überlebten sie bis in die turbulenten 1760er-Jahre hinein, in denen die Briten und die Spanier sich um den Aufbau von Verteidigungsbündnissen mit Native

Americans bemühten, einschließlich dieser kleinen Nationen. Nach einem halben Jahrhundert, das vom Existenzkampf geprägt worden war, begannen sich die Petites Nations zu erholen, und ihre Bevölkerungszahl wuchs wieder.[9]

Die Verkleinerung fungierte als Tarnung und ermöglichte es Native Americans, sich zu verbergen, auch wenn sie gut zu sehen waren. Es half ihnen, dass sie mobil und wendig waren. Die Kolonisten, die an Dörfer, Städte, Plantagen, Felder und Häfen gebunden waren, hatten ihre Mühe, mit nomadisierenden Menschen zurechtzukommen, deren Lebensweise die Antithese zur Ortsgebundenheit der Kolonialherrschaft war. Viele Native Americans setzten auf Mobilität als Überlebensstrategie, aber keine so umfassend wie die Shawnee. Die Vorfahren des Volkes der Shawnee, die von der Oberen Welt über dem Himmel in die Mitte der Erde herabgestiegen waren, begannen eine ganze Reihe von abenteuerlichen Wanderungen, die sie in verschiedene Richtungen und über Flüsse und riesige Gewässer hinweg führten. Meteelemelakwe, der Schöpfer, kam zu ihnen und sagte zu ihnen, sie sollten künftig *Shāūwonoa* genannt werden. Sie waren in fünf Gruppen organisiert – Chalaakaatha, Mekoche, Pekowi, Kishpoko und Thawikila –, die sich im Verlauf des 15. Jahrhunderts im mittleren Tal des Ohio, einem der großen Dreh- und Angelpunkte Nordamerikas, wo Menschen, Waren und Kulturen zusammenkamen, zu einem Bündnis vereinigt hatten. Die von der Kleinen Eiszeit bewirkten zunehmenden Regenfälle und die gesteigerte landwirtschaftliche Produktivität begünstigten die Konzentration von Menschen und Macht zum Schutz vorzüglichen Ackerlands. Der Name Shawnee wurde im späten 17. Jahrhundert zu einer festen Bezeichnung. Zu diesem Zeitpunkt war der Mais schon seit einer Ewigkeit zu einem ihrer Grundnahrungsmittel geworden.[10]

Die Shawnee waren den Five Nations jahrzehntelang entkommen, indem sie sich westwärts in das Gebiet um die Großen Seen zurückgezogen und über ein riesiges Gebiet verteilt hatten. La Salle, der 1686 nach der schwer zu findenden Mündung des Mississippi suchte, war bei den Franzosen in Kaskaskia drei gefangenen Shawnee begegnet. Er bot ihnen an, das Lösegeld für ihre Freilassung zu bezahlen, aber sie lehnten ab. Sie sagten, sie hätten geheiratet und »seien nicht unnatürlich genug, um ihre Frauen und Kinder im Stich zu lassen«. Sie lebten jetzt »im fruchtbarsten, gesündesten und friedlichsten Land der Welt«, und es »wäre sinnlos, es zu verlassen und zu riskieren, von den Illini mit dem Tomahawk erschlagen oder von den Irokesen verbrannt zu werden«. Zu Beginn des 18. Jahrhunderts lebten Shawnee an der mittleren Atlantikküste, im Tal des Illinois River in der Nähe des neu errichteten Forts Saint Louis und tief im Süden nahe der Grenze zu Spanisch-Florida. Sie waren zu einem weit verstreuten Volk geworden.[11]

Viele Europäer glaubten, die Shawnee hätten sich von allen Kontakten mit Kolonialmächten zurückgezogen, um sich selbst zu retten. Sie irrten sich. Die Shawnee hatten die Beziehungen neu definiert und sich dabei für selektivere und flüchtigere Interaktionen entschieden, die sie selbst kontrollieren konnten. Anstatt sich zurückzuziehen, rückten sie näher an die Kolonisten heran, um mit ihnen Handel zu treiben oder Bündnisse zu schmieden. Die Shawnee-Konföderation veränderte ihre Form, lockerte sich an den Rändern auf und wurde im Verlauf dieser Entwicklung geschmeidiger. Die Shawnee errichteten ihre Siedlungen schnell, ähnlich wie die Irokesen und Caddo, um sie dann zugunsten neuer strategischer Möglichkeiten wieder aufzugeben. Eine derartige Beweglichkeit machte sie nahezu unbeherrschbar. Die Shawnee hatten sich noch stärker dezentralisiert und waren noch beweglicher geworden, aber das bedeutete ganz und gar nicht, dass sie als Nation gescheitert waren. Die stärker institutionalisierten Elemente ihrer Nation mögen sich aufgelöst haben, aber tiefe, durch Clans vermittelte verwandtschaftliche Bindungen fungierten als gesellschaftlicher Kitt. Aufteilungen nach Clans klärten die Zuweisung von Pflichten. Die Thawikila und Chalaakaatha stellten die Sachems, die Pekowi ernannten den Anführer der Soldaten, die Kishpoko leiteten die Kriegführung, und die Mekoche waren für den Zusammenhalt der Shawnee zuständig. Die Shawnee, eine auf Mobilität setzende Konföderation ohne obersten Anführer, überraschten die Kolonisten immer wieder aufs Neue, manövrierten sie aus und entzogen sich ihnen geschickt. Dieser Konföderation gehörten möglicherweise nicht mehr als 2000 Menschen an.[12]

Die Shawnee überdachten ihr Verhältnis zum Land und entwickelten eine flexible Bindung an ihren jeweiligen Standort, aber sie waren nicht richtungslos. An all ihren neuen Zielorten gingen sie auf die Einheimischen zu und schufen neue politische, wirtschaftliche und spirituelle Bindungen. Bei einer Begegnung nach der anderen knüpften sie an einem weit verzweigten Netz von Verwandtschaftsbeziehungen, das einen großen Teil des Südostens umfasste – es war ihre Variante des Middle Ground. Sie verwandelten sichere Zufluchtsorte in Heimatländer, indem sie ihre alte, aus Dörfern und Clan-Netzwerken zusammengesetzte politische Ordnung mit neuen Partnern wieder aufbauten, und das oft in verkleinerter Form. Die Pekowi, die sich am Unterlauf des Susquehanna niedergelassen hatten, gingen Bündnisse mit den Lenape, Piscataway und Susquehannock ein, die Pennsylvania und Maryland als einheitliches Gemeinwesen gegenübertraten. Riskant war das Zugehen des Pekowi-Sachems Opessa auf die Irokesen, die ihre Jagdunternehmungen bis zum Susquehanna-Tal im Süden ausgeweitet hatten. Er schloss sich 1710 den Seneca für deren Friedensverhandlungen mit Pennsylvania an. Die Engländer, die mit indigenen Sprachen ihre liebe Not hatten, berichteten, dass der Shawnee-»König« sich einem Seneca-»König« zur Übergabe von Wampumgürteln angeschlossen habe, und dabei seien die »Freiheit, ihre Nachbarn zu besuchen«, und Bewegungsfreiheit allgemein »ohne Furcht vor Tod oder Sklaverei« gefordert worden. Viele Shawnee ließen sich an der Falllinie nieder, an der landschaftlichen Grenzlinie, an der das Piedmont-Plateau auf die Küstenebene traf und die auch spanische und englische Kolonisten voneinander trennte. Dieser Standort war mit großer Macht verbunden. Opessa traf sich 1710 mit Pennsylvanias Gouverneur Charles Gookin, um mit ihm Berichte über die Tötung von englischen Kolonisten zu besprechen. Gookin verlangte zunächst die Hinrichtung der Täter, zog diese Forderung dann aber zurück, weil er Gnade walten lassen wollte. Opessa beherrschte den indigen-kolonialen Diskurs fließend, der sich um sorgfältig ausbalancierte wechselseitige Kompromisse drehte, und er sicherte den Engländern zu, dass »er selbst der Henker sein würde, falls künftig etwas Derartiges geschehen sollte, und diejenigen verbrennen würde, die es wagen sollten, so etwas zu tun«. Opessa entschärfte die Situation mit wenigen sorgfältig gewählten Worten, er beschwichtigte die Kolonisten und wahrte zugleich die Souveränität der Shawnee und seine persönliche Macht auch nach dem englischen Recht. John Lawson, der Leitende Landvermesser (Surveyor-General) North Carolinas, der 1711 von den Tuscarora getötet wurde, weil er sie beim Handel betrogen hatte, lobte die Shawnee als »berühmte, kriegerische, freundliche Nation von *Indianern*«. Opessa und die Pekowi wehrten sich, wie so viele indigene Völker im Süden, gegen eine rassistische Einstufung als »Farbige« (»colored«), durch die sie marginalisiert worden wären.[13]

Während Opessas Pekowi auf Worte und Diplomatie setzten, taten sich andere Shawnee-Gruppen mit den Munsee, Tallapoosa und Alabama zusammen, um die koloniale Expansion in den Südosten zu vereiteln. Für ein solches Vorhaben brauchte man einerseits Durchsetzungsvermögen, andererseits feinfühlig abgewogene Diplomatie, weil die meisten ihrer Zufluchtsorte in dauerhafte Kriege verwickelt waren. Ein großer Teil des Südostens südlich des Savannah und des Tallapoosa Rivers war zu einer instabilen Welt geworden, in der englische Söldner Jagd auf Indianer machten, um sie zu versklaven, und Gewalt, Zerstörung und Hass schürten. Die Shawnee manövrierten klug durch die tödliche Trümmerzone, wechselten von einem sicheren Ort zum anderen und nutzten die Flüsse, um Märkte, Verbündete und Zuflucht zu erreichen. Sie mussten nahezu ständig in Bewegung bleiben, um zu überleben, weil die angrenzenden Kolonien schnell wuchsen und ihre Ziele neu formulierten.

Zu Beginn des 18. Jahrhunderts machten Pennsylvania, New York und Virginia die Five Nations zu ihren bevorzugten Verbündeten, stellten sich damit auf die Seite der dominierenden Macht im Binnenland und ließen die kleineren Nationen ohne Schutz. Ein Sachem der Susquehannock erinnerte 1720 den Gouverneur von Pennsylvania bei einer persönlichen Begegnung an Penns Vorstellung von Koexistenz: »William Penn schloss ein Bündnis mit ihnen, das drei oder vier Generationen lang bestehen sollte. (…) Er ist jetzt tot, und die meisten ihrer Vorfahren sind ebenfalls tot, aber das Bündnis besteht immer noch.« Der Sachem wollte das Bündnis »mit ihrem Freund« erneuern, »der für sie immer William Penn vertreten hat, seit er sie verließ«. Aber Pennsylvania war bereits in die kommerzielle Landwirtschaft eingestiegen und begegnete der indigenen Präsenz an den eigenen Grenzen mit zunehmender Intoleranz. Die Einwohnerzahl der Kolonie stieg rasch auf 49.000, und die Shawnee gerieten in einen kolonialen Strudel, in dem illegale Landnahme, erzwungene Landverkäufe, der Bruch von Verträgen und Vertreibungen zur Normalität wurden. Die Pennsylvanians behaupteten, die Shawnee hätten niemals Landbesitzrechte gehabt; sie seien nur Besucher gewesen, die jetzt nicht länger willkommen seien.

Zwei Jahre später zogen die Tuscarora ihre eigenen Schlüsse aus dieser Situation. Sie »gaben ihre Burgen auf« und suchten Schutz bei der Großen Liga von Frieden und Macht. Die Five Nations nahmen sie auf »als unsere

Kinder, die unseren Befehlen gehorchen sollen«, und gemeinsam wurden sie zu den Six Nations. Die Erweiterung des Bündnisses versetzte die Kolonisten in Panik. Für die New Yorker Beauftragten für Indianerangelegenheiten gewährten die Irokesen »das Gleichgewicht des amerikanischen Kontinents; doch wenn sie sich mit den Franzosen verbünden, werden Tausende von Familien untergehen«. Das würde »den Untergang und die Zerstörung des größten Teils dieses Kontinents« bedeuten, sagten sie.[14]

Die Gouverneure von Pennsylvania, New York und Virginia luden 1722 Sachems der Irokesen nach Albany ein, um die trügerische Lage zu klären und den Gästen die sVorstellung der Kolonisten von einem neu geordneten Osten vorzutragen. Die Gouverneure wollten alle Indianer südlich des Potomac in das Gebiet westlich der Appalachen vertreiben, und sie baten die Irokesen, den Plan umzusetzen, der einer ethnischen Säuberung gleichkam. Gesandte der Mohegan sahen hier eine Gelegenheit und machten das Abkommen zu einem festen Bestandteil indigener Politik. »Wir haben jetzt die Covenant Chain erneuert und aufgehellt«, verkündeten die Sachems, »aber da eine Kette schnell rostet, wenn sie nicht geölt oder geschmiert wird, werden wir sie mit Biberfett schmieren, [und] der dabei entstehende Geruch wird ein ganzes Jahr lang halten.« Der aus diesem Treffen hervorgegangene Vertrag enthielt kein einziges Wort über die Rechte der Shawnee; sie waren als Gruppe zu klein, um im neuen Zeitalter des zunehmenden Imperialismus in Nordamerika Beachtung zu finden. Nur die Six Nations verfügten über die Art von Präsenz, die bei den englischen Behörden für Respekt sorgte. Die Gouverneure verlangten von den Six Nations noch etwas, was fast wie ein Nachtrag anmutete, dass sie nämlich »niemals Virginia oder irgendeine andere der Provinzen des Königs belästigen würden«. Der größte Teil der Shawnee war bis zum Jahr 1730 nach Ohio zurückgegangen und hatte sich dort anderen Migranten angeschlossen, zu denen auch Lenape, Wyandot und Miami zählten. Die Shawnee verlegten sich jetzt auf persönlich abgewickelten Handel in Grenzgebieten, wo sie in den Randzonen größerer Nationen agierten, und es ging ihnen gut dabei. Die fachlichen Kenntnisse indigener Frauen hatten die Region zu einer blühenden Landschaft für den Ackerbau gemacht. Außerdem gab es dort große Mengen wild wachsender Beeren und Früchte, was eine ausgewogene Ernährung ermöglichte.[15]

Die Shawnee verkörperten die Strategien und Anpassungsprozesse, die kleinere Nationen in Nordamerika akzeptieren mussten, als sich das Tempo der kolonialen Expansion zu beschleunigen begann. Sie setzten nicht nur deshalb auf Mobilität, um mächtiger wirken zu können, als sie tatsächlich waren, sondern auch, um unauffindbar zu werden. Edmond Atkin, der Superintendent für Indianerangelegenheiten, bezeichnete 1755 die Shawnee bei einer Rückschau nicht ohne Bewunderung als »beherzt, mutig, schlau und die größten Reisenden in Amerika«. Diese anpassungsfähigen Menschen, berichtete er, »lebten ehemals am River Savanoe [Savannah]«, bevor sie mit den Lower Muscogee während des Yamasee-Krieges, einem Konflikt zwischen South Carolina und der Yamasee Nation, westwärts zogen. Danach »wichen [sie] an den Mississippi zurück. (...) Viele Jahre lang war nicht bekannt, wohin sie von dort aus gegangen waren.« Einige Shawnee kehrten 1744 zurück und »siedelten in einer Stadt für sich«. Sie waren Teil eines umfassenderen Musters. Als Folge der verheerenden Pockenepidemie von 1696 war ein großer Teil des Südostens zu einer Welt kleiner Gemeinwesen geworden. Das Ausweichen und weiträumige Verteilen wurden in einer Zeit, in der sich koloniale Rivalitäten verschärften, zu unentbehrlichen Überlebensstrategien in der gesamten Osthälfte des Kontinents.[16]

Im Nordwesten Floridas waren die Apalachee, die einst so eindrucksvolle Mississippian Nation mit Zehntausenden von Menschen, von englischen und Muscogee-Sklavenjägern und Ausbrüchen von Epidemien schwer heimgesucht worden und hatten einen fürchterlichen Niedergang durchlitten. Die meisten Apalachee drängten sich 1704 in kleinen Ortschaften in der Nähe von spanischen Missionsstationen im Panhandle von Florida zusammen, aber ihre Welt wurde in einer zwei Jahre andauernden Abfolge von Sklavenjagden und Epidemien fast völlig vernichtet: Eine nicht dokumentierte große Zahl von Apalachee erlag den Epidemien, und 2000 bis 4000 von ihnen wurden gefangen genommen und in die Sklaverei verkauft. Die Überlebenden verstreuten sich, flohen ins spanische Pensacola und zur spanischen Missionsstation San Agustín. Ein Kontingent von rund 400 Apalachee legte 500 Kilometer zu Fuß bis zum französischen Stützpunkt Mobile zurück und traf dort auf mehrere Petites Nations. Die mehrsprachigen Apalachee sicherten sich, wie diese kleinen Gruppen auch, das Vertrauen der Franzosen, indem sie ihre Arbeitskraft, militärische Unterstützung und ihre Fachkenntnisse zur indigenen Politik anboten. Sie beschäftigten sich mit den Sitten und Gebräuchen der Franzosen, von Geschlechterrollen bis zur Religion, und übernahmen das, was sie für notwendig ansahen. Sie hielten durch, indem sie sich mit anderen vermischten.[17]

Auch die Catawba-Konföderation im südlichen Piedmont-Plateau setzte bei der Abwehr von kolonialen Vorstößen auf eine ganze Reihe von Strategien und bekräftigte die eigene territoriale Souveränität durch Landkarten und Worte. Als der koloniale Druck im frühen 18. Jahrhundert zunahm, erweiterten die Catawba ihr taktisches Repertoire und setzten mehr und mehr auf schwieriges Terrain als Bollwerk gegen die kolonialen Eindringlinge. Die englischen Kolonisten waren an ihre Plantagen, Farmen, Häfen und Flüsse gebunden, die ihre materiellen Bedürfnisse und kulturellen Ambitionen erfüllten. Sie waren landwirtschaftlich orientierte Menschen, die das Tiefland bevorzugten und sich nur ungern steil bergan bewegten; mit Hügeln und Bergen hatten sie ihre Mühe. Die Berge dienten als natürliche Filter, die die aggressiven und unwillkommenen Kolonisten von den im Allgemeinen willkommenen Händlern unterschieden, die indigene Bräuche respektierten. Große Höhenunterschiede hemmten auch die Ausbreitung ansteckender Krankheiten, was den Catawba dabei half, einen sicheren Abstand zu wahren.[18]

Die Catawba wurden zu Menschensammlern. Das Hochland und die raue Landschaft schützten sie allerdings nur in einem gewissen Umfang. Sklavenjagden und Landhunger hatten einen großen Teil des Südostens in ein Schlachtfeld verwandelt, und die Catawba drohten auch in ihrem Hochland-Schutzgebiet überwältigt zu werden. Im Lauf der Zeit gliederten sie viele Flüchtlingsgruppen – Cheraw, Esaw, Peedee, Sugaree, Wateree und andere – als tributpflichtige Verbündete in ihre Konföderation ein und boten ihnen dafür wiederhergestellte Macht, Sicherheit, Handel und Normalität. Europäische Besucher bekamen bei den Catawba mehr als 20 indigene Sprachen zu hören, die dort im Gebrauch waren, und John Lawson beschrieb die Catawba als eine »bedeutende« und »sehr große Nation, der viele Tausend Menschen angehören«. Das war eine starke Überschätzung, aber Lawsons Irrtum gab dennoch wieder, wie mächtig die Catawba in einer Welt wirkten, die von Epidemien und Krieg destabilisiert worden war. Die Catawba besiegten 1715 ihre hartnäckigsten Feinde, die Waxhaw, und wehrten außerdem noch die Armeen der Irokesen ab, die über den nahe gelegenen Großen Handelsweg (Great Trading Path) zogen, das Tor zum atlantischen Südosten. In den 1730er-Jahren, in denen sich die koloniale Expansion über den gesamten Osten hinweg beschleunigte, waren die Catawba vergleichsweise sicher.[19]

Auch die Lumbee fanden, wie die Catawba, in den sanft gewellten Hügeln und großen Höhen des Piedmont-Plateaus Sicherheit und Souveränität. Die Lumbee, ursprünglich ein Küstenvolk, das auf Roanoke Island und in den sumpfigen Gebieten rund um den Lumber River lebte, hatten den kolonialen Vorstößen bereits seit dem 16. Jahrhundert standgehalten. Die Lumbee setzten im Unterschied zu den Catawba auf ihre schiere Zahl und nahmen Dutzende von englischen Neuankömmlingen in ihre Familien und ihre Verwandtschaft auf. Die Lumbee waren seit den 1660er-Jahren einem zunehmenden kolonialen Druck ausgesetzt gewesen, der durch Kriege, Versklavungen und Enteignungen entstand. Sie suchten Zuflucht in Sümpfen, schwer zugänglichem Gelände und in den Ausläufern der Appalachen, wo die kolonialen Tentakel sie nicht erreichen konnten. Flüchtlinge aus dem schottischen Hochland errichteten im frühen 18. Jahrhundert Siedlungen in der unmittelbaren Nachbarschaft des Lumbee-Gebiets, und die beiden Gruppen bildeten ein Zweckbündnis. Die Schotten waren verblüfft, als sie in dieser Gegend auf Englisch sprechende indigene Menschen trafen, die in von Farmen umgebenen kleinen Häusern lebten. Die Lumbee hatten englische Wörter, Nahrungsmittel, Gedanken, Glaubensüberzeugungen und Technologien in ihr Alltagsleben aufgenommen und waren dabei erkennbar indigen geblieben.[20]

Die Virginier drangen im frühen 18. Jahrhundert entlang der Flüsse – am Rappahannock, James, South Anna, Nottaway und Roanoke River – aggressiv ins Piedmont-Plateau vor und zwangen die dort lebenden Indianer zur Flucht in westlicher Richtung. Die Flüchtlinge gliederten sich durch Eheschließungen und fiktive verwandtschaftliche Verbindungen in das soziale Gefüge der Catawba ein. Die Neuankömmlinge siedelten sich um dicht bewohnte Catawba-Städte herum an, und beide Gruppen blieben auf Distanz zueinander. Sie errichteten ihre Ortschaften einen Tagesmarsch voneinander entfernt – das war nah genug für eine effektive Zusammenarbeit und so weit weg voneinander, dass man es vermied, koloniale Aggression auf sich zu ziehen. Es gab kein eindeutiges Zentrum, das angegriffen und erobert werden konnte, nur eine Ansammlung von kleinen Städten, von denen keine Bedrohung für die englischen Ambitionen auszugehen schien. Die Catawba und ihre Verbündeten hielten auf dem Piedmont-Plateau durch, indem sie sich selbst unauffällig gaben. Den kolonialen Vormarsch konnten sie zwar nicht stoppen, aber sie konnten ihn verlangsamen.

Die Virginier verlangten in den späten 1710er-Jahren von den Anführern der Catawba, dass man ihnen eine gewisse Zahl von Kindern schickte, die in den Siedlerschulen unterrichtet werden sollten. Die Kolonisten, die auf diese Art preisgaben, dass die unbezähmbare Nation sie beunruhigte, benutzten die Kinder als Geiseln für Friedensverhandlungen. Die englische Besiedlung des Hochlands von Carolina begann erst Anfang der 1720er-Jahre, genau zu der Zeit, als die Natchez, Chickasaw und Choctaw die Kolonie Louisiana für ihre Grenzüberschreitungen bestraften. Die europäischen Imperien trafen auch dann noch auf erbitterten Widerstand in ihren Grenzgebieten, als die kolonialen Besitztümer sich bereits über die gesamte Osthälfte des Kontinents ausgebreitet hatten.[21]

SECHSTER TEIL

DAS HERZ DES KONTINENTS

(Mitte bis Ende des 18. Jahrhunderts)

KAPITEL 18
ZAUBERHUNDE

DAS TIER HATTE VIELE NAMEN, und jeder einzelne davon offenbarte die Ehrfurcht, die viele Menschen empfanden, denen es begegnete. Die Lakota nannten es *šúŋka wakȟáŋ,* heiliger Hund, bei den Blackfoot hieß es Wapitihund, bei den Comanchen Zauberhund, bei den Assiniboine großer Hund, und die Sarcee sprachen gar von sieben Hunden. Die Ankunft des Pferdes war für zahlreiche indigene Völker im Westen Nordamerikas ein elektrisierender Augenblick, und für den gesamten Kontinent war es ein Wendepunkt. Vergleiche mit dem Hund, dem ersten gezähmten Haustier der Native Americans, zeigten das Ausmaß des Umwandlungsprozesses.

Im Anschluss an den Großen Aufstand im Südwesten erweiterte sich das Verbreitungsgebiet des Pferdes auf den alten indigenen Handelswegen, die das Hochland von Colorado, die Rocky Mountains und die Great Plains durchzogen, schnell über Neu-Mexiko hinaus. Eine Handelskette durch die Rocky Mountains hatte Pferde bis zu den 1730er-Jahren in die nordwestlichen Plains gebracht. Da der Weg über mehrere Klimazonen hinwegführte, waren sorgfältige Anpassungsprozesse bei der Haltung, Fütterung und Verwendung der Tiere erforderlich. Die Ost-West-Verbreitung erfolgte noch schneller, weil hier weniger klimatisch bedingte Schwierigkeiten zu überwinden waren. Die Sicangu Lakota hatten ihre ersten Pferde bereits 1708 von Händlern aus den Reihen der Omaha-Indianer erhalten.[1]

Das moderne Pferd, *Equus ferus caballus,* war nach einer Abwesenheit von fast einer Million Jahren wieder an seinen Geburtsort zurückgekehrt, und seine Ankunft löste eine Revolution aus. Pferde bewirkten überall dort, wo sie verfügbar waren, tiefgreifende wirtschaftliche, militärische und politische Veränderungen. Die Blackfoot hatten tausend Jahre lang in der Nordwestecke der Great Plains gelebt und in dieser Zeit eine tiefe Bindung zum Land und zahllose kulturelle Traditionen entwickelt, die vom Umgang mit Werkzeugen und Waffen bis zu Gebeten und Gottheiten reichten. Sie lebten im Schutz des »Rückgrats der Welt«, eines Gebirgszugs, den *Náápi*, der »Alte Mann«, für sie geschaffen hatte. Doch Pferde stellten das Leben der Blackfoot auf den Kopf. Saahkómaapi, ein alter Cree-Indianer, der bei den Piikani lebte, einer der drei Blackfoot-Gruppen, erinnerte sich lebhaft daran, wie die Ankunft der Pferde die Welt der Blackfoot für alle Zeiten veränderte. Die Blackfoot seien, bevor es die Pferde gab, feindlichen Angriffen ausgesetzt gewesen. »Die Peegan [Piikani] waren immer der Grenzland-Stamm, gegen die die Snake-Indianer [die Shoshonen im Süden] ihre Angriffe richteten«, erzählte Saahkómaapi. Um das Jahr 1730 zogen rund 350 Piikani-Soldaten mit dem Ziel in den Kampf, die Shoshonen zu bestrafen. »Zu diesem Zeitpunkt hatten sich die Verhältnisse bei beiden Parteien bereits stark verändert«, berichtete Saahkómaapi. »Wir hatten mehr Gewehre und mehr Pfeile mit Eisenspitzen als früher; aber unsere Feinde, die Snake-Indianer und ihre Verbündeten, hatten Misstutim (Große Hunde, das bedeutet Pferde), auf denen sie flink wie die Hirsche ritten und die Peegan verwirrten und mit Pukamoggan [einer steinernen Kriegskeule mit Bewehrungen an der Spitze] auf sie einschlugen, sodass sie mehrere ihrer besten Männer verloren. Diese Nachricht nahmen wir nicht gut auf, und sie beunruhigte uns, weil wir keine Ahnung von Pferden hatten und uns nicht vorstellen konnten, was es mit ihnen auf sich hatte.«[2]

Sie brachen auf, um das herauszufinden. »Wir lebten mit den Frauen und Kindern in großen Lagern an der Grenze zum Gebiet der Snake-Indianer, jagten Bisons und Rothirsche, die dort sehr zahlreich waren, und wollten unbedingt ein Pferd sehen, ein Tier, von dem wir schon so viel gehört hatten«, erinnerte sich Saahkómaapi. Für die Blackfoot-Fußsoldaten war es nicht einfach, die berittenen Shoshone aufzuspüren, aber plötzlich, »zu der Zeit, als die Blätter fielen«, hörten sie von einem Pferd, das »durch einen Pfeilschuss in den Bauch getötet worden war«. Die Blackfoot versammelten sich rings um das tote Tier und versuchten sich diese außergewöhnliche Begegnung zu erklären: »Wir alle bestaunten es, es erinnerte uns an einen Junghirsch, der sein Geweih verloren hatte; und wir wussten nicht, welchen Namen wir ihm geben sollten. Da es wie der Hund ein Sklave des Menschen war, der unsere Sachen trug, erhielt es den Namen Großer

Hund.« Die Geopolitik in den nördlichen Plains hatte sich auf eine drastische und unwiderrufliche Art verändert: ein indigener Rüstungswettlauf hatte begonnen. »Der Schrecken, der von jener Schlacht und unseren Gewehren ausging, hat weitere große Schlachten verhindert«, sagte Saahkómaapi, »und unsere Kriege wurden seitdem mit Überfällen und Überraschungsangriffen auf kleine Lager geführt.«[3]

Native Americans hatten seit der Ausbreitung der Maispflanze über den ganzen Kontinent hinweg keinen derartigen Machtzuwachs mehr erlebt wie durch die Ankunft des Pferdes. Reiternomaden konnten nahezu jede Tätigkeit – das Umherziehen, Jagen, Handeln, Kämpfen, Töten, Ausweichen und Sich-selbst-Schützen – schneller und effizienter ausführen. Es gab eine Zeit vor dem Pferd und eine Zeit danach. Die Blackfoot wurden mobiler, mächtiger, ehrgeiziger, aber potenziell auch verwundbarer: Ein einziger Reiterangriff konnte sehr viel mehr Schaden anrichten als die Kampfgruppen von Fußsoldaten in früheren Zeiten. Die indigenen Völker waren in ein neues technologisches Zeitalter eingetreten, von dem sie einerseits profitierten, aus dem es andererseits aber auch kein Entrinnen gab.[4]

Pferde sorgten auch für eine Umwälzung der Machtdynamik zwischen den nomadisch lebenden indigenen Nationen und europäischen Kolonisten im Westen. Diese Verschiebung war grundsätzlich eine Frage der Nutzbarmachung von Energie. Hunde, vor der Ankunft der Pferde die einzigen zahmen Haustiere der Native Americans, waren Allesfresser und konnten die größte Ressource des Westens – das Gras – nur indirekt nutzen. Sie waren dabei auf ihre Besitzer angewiesen, die sie mit dem Fleisch von pflanzenfressenden Tieren versorgten, während Pferde mit ihrem großen und sehr gut auf diese Nahrungsquelle eingestellten Verdauungsapparat gewaltige Mengen von Gras mit hohem Zelluloseanteil verarbeiten konnten. Das Pferd war ein größerer und stärkerer Hund, aber grundsätzlicher betrachtet, war es zunächst einmal ein Energieumwandler. Pferde wandelten die bisher unzugängliche Pflanzenenergie in greifbare und sofort verfügbare Muskelkraft um und eröffneten dadurch einen erstaunlich kurzen Weg zur Sonne, der Quelle aller Energie auf Erden. Für die Comanchen war die Sonne »die erste Ursache allen Lebens«, und Pferde brachten sie ihr näher und sorgten für eine Neubestimmung aller Möglichkeiten, die das Leben bot: Die Biomasse aller Graslandschaften des Kontinents könnte diejenige aller Tiere in der Region um das Tausendfache übertroffen habe. Die Comanchen stellten den Anschluss an einen scheinbar unerschöpflichen Energiefluss her, der aus Gras, Fleisch und Sonnenlicht bestand.[5]

Der Aufbau größerer Herden brauchte Zeit, die angehenden Reiter mussten zunächst lernen, wie die Tiere einzusetzen waren und wie die wertvollen Wesen ausgebildet, gezüchtet und beschützt werden konnten. Aber sobald dies alles gewährleistet war, sah die Welt auf eine dramatische Art und Weise anders aus. Entfernungen wurden kürzer, die Jagd wurde leichter, der Handel lukrativer, und die Methoden, mit denen man Feinden Schaden zufügen konnte, wurden effizienter. Die Nationen, die Pferdezucht und Reitkunst am schnellsten beherrschten, sollten im Umgang mit anderen Völkern über gewaltige Vorteile verfügen.

Die Blackfoot, die über mehrere Generationen hinweg immer weiter nach Westen gezogen waren, verfügten im frühen 18. Jahrhundert über ein großes, zwischen dem Oberlauf des North Saskatchewan und dem Missouri River gelegenes Territorium unweit der östlichen Ausläufer der Rocky Mountains. Die Blackfoot entwickelten ein blühendes Reitervolk-Leben, obwohl sie tief in den nordwestlichen Plains lebten, deren kalte Winter Pferden stark zusetzten, und nutzten dabei zwei günstigere Merkmale lokaler ökologischer Vorzüge: Ihr Gebiet lag im Chinook-Gürtel, in dem an der Ostflanke der Rocky Mountains warme, trockene Fallwinde vorherrschten und wo sie Zugang zum Marias River hatten, an dessen steilen Ufern ihre Pferde während der harten Winter Schutz fanden. Eine Durchschnittsfamilie der Piikani besaß zehn Pferde, genug für eine effektive Jagd zu Pferd und für Transport und Kriegführung. Die Blackfoot bewohnten jetzt einen Ort, der ihnen gewaltige Vorteile bot.

Sie bekamen es bald mit vielen Rivalen und Feinden zu tun: mit Shoshonen, Crow, Flatheads und Pend d'Oreilles – alle inzwischen ebenfalls zu Pferd unterwegs und entschlossen, sich bei den wachsenden Pferdeherden der Piikani zu bedienen. Überfälle, Vergeltungsmaßnahmen, Rückzüge und Expansionen verfestigten sich zu einem brutalen und zermürbenden Kreislauf. Um sich daraus zu befreien, bemühten sich die Blackfoot um einen Zugang zu europäischen Waffen – eiserne Messer, Pfeilspitzen, Beile und Gewehre. Das versuchten sie über indigene Händler, weil sie selbst von den westlichsten Kolonialmärkten entlang des Mississippi und an den Großen Seen und vom Handel in Neu-Mexiko weit entfernt waren. Die Cree und Assiniboine spezialisierten sich auf den Fernhandel über Mittelsmänner und verschickten Gewehre und andere Waren von den englischen Handelsstützpunkten an der Hudson Bay aus und mithilfe der französischen Händler im Pays d'en haut. Im Frieden von Utrecht, mit dem 1713 der Spanische Erbfolgekrieg beendet wurde, war Großbritannien das Land rund um die Hudson Bay zugesprochen worden. Französische Händler gelangten in den 1730er-Jahren selbst in den fernen Westen und errichteten dort Forts im Assiniboine und im Saskatchewan Valley. Ihre Waren, vor allem die Gewehre, verschafften den Blackfoot einen erstaunlichen militärischen und psychologischen Vorteil gegenüber ihren Feinden, die den Bleigeschossen nur Steinwaffen und ihre Körper entgegenzusetzen hatten. Die Blackfoot bezeichneten die Franzosen als »Wahres Volk des Alten Mannes« (»Real Old Man People«). Die Welt stand weit offen.[6]

Während die Blackfoot in den nördlichen Great Plains Pferde und Gewehre erwarben und den geschickten Umgang mit beidem lernten, unternahmen die Lakota, seit Kurzem ebenfalls ein Reitervolk, Jagdexpeditionen, die sie weit ins westliche Grasland hineinführten. Die geografischen Bedingungen schienen sie dazu förmlich einzuladen: Eine Reihe von in Nord-Süd-Richtung verlaufenden Flüssen – die später die Namen Des Moines, Little Sioux, Floyd, Big Sioux, Red River of the North, Sheyenne, James und Missouri River erhielten – ermöglichte es ihnen, sich in einem Tal nach dem anderen ein gewaltiges Jagdgebiet zu erschließen.

Die Bisonherden wurden immer größer, je weiter die Lakota nach Westen kamen, und von indigenen Nationen, die bereits große Pferdeherden zusammengestellt hatten, konnten sie Tiere kaufen und auch stehlen. Die Lakota waren im Unterschied zu den Blackfoot Neuankömmlinge aus dem Osten, die sich den Zugang zum Westen und seinen Bisons, Pferden und dem Grasland, das die Beutetiere ernährte, erst erkämpfen mussten. Bis zum frühen 18. Jahrhundert hatten die Lakota im Streit um die Kontrolle über die Täler gegen die Otoe, Omaha, Ponca und Iowa gekämpft und sie allesamt zum Rückzug gezwungen. Die Lakota hatten die Herrschaft der Očhéthi Šakówiŋ, der Sieben Ratsfeuer, um mehr als 300 Kilometer nach Westen erweitert. Es war die erste dauerhafte Expansion nach Westen in Nordamerika jenseits der Appalachen. Sie waren nur noch wenige Schritte vom Missouri River entfernt, von einer der wichtigsten Handels- und Verkehrsadern des Kontinents.

Das Tal des Missouri – vor allem der fruchtbare mittlere Teil – war jedoch bereits von Pawnee, Otoe, Omaha, Ponca, Iowa, Arikara, Hidatsa und Mandan besetzt, und viele dieser Gruppen wurden in den frühen Phasen der Lakota-Expansion auf engem Raum zusammengedrängt. In dem Tal lebten etwa 50.000 Menschen und verbanden dort die Jagd mit der Landwirtschaft, bauten Mais, Kürbisse und Bohnen an, und ihre Felder und Dörfer prägten das Landschaftsbild an den Flussufern über Hunderte von Kilometern hinweg. Der Missouri war die Heimat der größten Ansammlung von Menschen und Wohlstand im Herzen des Kontinents. Auf die Lakota übte er eine unwiderstehliche Anziehungskraft aus, sie hatten sich zuvor über Generationen hinweg von den landwirtschaftlichen Zentren an den Großen Seen und entlang des Mississippi immer weiter fortbewegt. Jetzt war ihr Speiseplan als Folge dieser Entwicklung gefährlich eingeschränkt, sie sahen sich der Gefahr einer Proteinvergiftung ausgesetzt, einer Stoffwechselerkrankung, die von einem Überangebot an Proteinen bei gleichzeitigem Mangel an Kohlehydraten und Fetten ausgelöst wird.

Die Nationen des Missouri Valley betrachteten die Lakota als aggressive Eindringlinge und Fremde und versuchten sie fernzuhalten. Winter-Zählungen der Lakota, *waníyetu iyáwapi* – piktografische Kalender, die jedes Jahr durch ein Einzelereignis kennzeichnen –, bilden Angriffe von Indianern ab, die mehr Pferde, mehr Gewehre und mehr Verbündete hatten als sie. Die im frühen 18. Jahrhundert entstandenen Winter-Zählungen der Sicangu Lakota waren ein Katalog von – kleinen und großen – Zusammenstößen mit den Nationen des Missouri Valley. Ein Feind, den sie nicht identifizieren konnten, griff sie zu Pferd an – möglicherweise die erste Reiterattacke, der sie sich erwehren mussten. »Kam und griff zu Pferd an und erstach einen Jungen in der Nähe des Zelts«, ist in einer Darstellung zu lesen, sie zeigt einen abermals nicht identifizierten feindlichen Soldaten auf einem sich aufbäumenden Pferd. Er hält ein Kind hoch, das er erstochen hat. Die Lakota fanden sich in einer Zwickmühle wieder, konnten weder den Rückzug antreten noch vorrücken. Sie mussten sich den Zugang erkämpfen. Es dauerte Jahre, aber in den 1760er-Jahren hatten sie sich eine Ausgangsposition gesichert, indem sie ein Zweckbündnis mit der Arikara Nation eingingen. Die Lakota eiferten ihren Gastgebern nach und begannen mit dem Anbau von Feldfrüchten.[7]

Die Lakota sollten als Pferdezüchter-Nation berühmt werden, aber die umfassende Nutzung des Potenzials von Pferden sollte einer anderen, weit im Westen lebenden Nation vorbehalten bleiben. Eine Gruppe von Uto-Aztekisch sprechenden Menschen war im 16. und 17. Jahrhundert langsam vom Großen Becken in die südlichen Plains gezogen. Sie standen für die letzte Welle uto-aztekischer Migranten aus dem Norden; ihre Vorgänger waren Hunderte von Kilometern weiter nach Süden gezogen, den weiten Weg bis zum Tal von Mexiko, dem zentralen Hochland, wo sie das riesige Reich der Azteken errichteten. Diese späteren Migranten beendeten ihre Wanderung früher als die Proto-Azteken. Sie trennten sich von ihrer Herkunftsgruppe, den Shoshone, die nordwärts weiterzogen und sich schließlich in den südlichen Plains niederließen, wo sie sich dann in das langsam nach Norden vorrückende Verbreitungsgebiet der Pferde einklinkten.[8]

Diese Splittergruppe stieß um 1700 mit den Ute zusammen, einer weiteren Gruppe aus dem uto-aztekischen Reitervolk. Die Ute kontrollierten ein großes Gebiet westlich von Neu-Mexiko, und sie überfielen die Kolonie oft, um Pferde zu stehlen und Gefangene zu machen. Die Ute nannten die Neuankömmlinge *Kumantsi*, »All diejenigen, die immer mit mir kämpfen wollen«, ein Ausdruck, der das zwiespältige Verhältnis erfasst, das zwischen zwei Völkern von gemeinsamer Herkunft bestand, die über mehrere Generationen hinweg voneinander getrennt gewesen waren. Die Ute und Kumantsi – Comanchen – erkannten ihre Gemeinsamkeiten und die sich überlappenden politischen Interessen und schlossen ein Bündnis miteinander. Die Ute teilten ihr Land, ihre Pferde und Schusswaffen mit den Comanchen und läuteten für sie ein neues Zeitalter ein. Innerhalb eines Jahrzehnts griffen die Verbündeten Neu-Mexiko an, um dort noch mehr Pferde zu erbeuten und Gefangene zu machen. Es war Nordamerikas erstes indigenes Bündnis von zwei Reitervölkern, und es zielte darauf ab, die spanische Kolonie einzudämmen und zugleich auszubeuten. Ein beunruhigter spanischer Beamter forderte im Jahr 1719, dass »Krieg geführt werden sollte gegen die Nationen der Ute und der Comanchen, die im Namen des Friedens und immer gemeinsam Diebstähle von Pferdeherden begangen haben«.[9]

Die indigenen Bewohner des Südwestens stellten für das Bündnis ein sehr viel größeres Problem dar als die spanischen Kolonisten. Die Nationen der Apachen – Lipan, Faroan, Jicarilla, Mescalero, Carlana, Chiricuaha Cuartelejo, Paloma, Salinero, Mimbreño und Sierra Blanca – beherrschten einen großen Teil des südlichen Graslands, nachdem sie die Jäger- und Sammlernation der Jumano bis zum Jahr 1715 vollständig in ihre Reihen aufgenommen hatten. Die Apachen hatten, wie die Ute und die Comanchen, große Pferdeherden aufgebaut, aber im Unterschied zu ihren nomadisierenden Rivalen hatten sie auch mit systematischem Ackerbau begonnen und entlang von Flussbetten ein weitverzweigtes Bewässerungsnetz aufgebaut. Von Apachen errichtete Lehmhäuser und die von ihnen angelegten Felder mit Mais, Bohnen und verschiedenen Kürbisarten säumten jetzt die großen Flusstäler in den südlichen Plains. Die Apachería umfasste die kostbarsten Teile der kontinentalen Graslandschaften, was die Apachen in Konflikt mit dem Bündnis zwischen Comanchen und Ute brachte.

Beide Bündnisse brauchten die fruchtbaren Böden der Flusstäler für ihre Feldfrüchte, und beide benötigten einen Zugang zum verfügbaren Feuerholz in der Region, zu den an Flussufern gedeihenden kalorienreichen Hochgräsern und zu Wasser mit geringem Salzgehalt, und sie brauchten Schutz vor den eisigen Winterwinden und Schneestürmen. Die Flusstäler waren die Wiege der menschlichen Existenz in den Great Plains; Menschen und Pferde konnten nirgendwo sonst überleben. Das Bündnis von Comanchen und Ute zog wegen dieser Flusstäler in den Krieg und drang in immer mehr Täler Richtung Süden vor: am Arkansas, Red, Brazos und schließlich am Canadian River. Die Widersacher gerieten auch wegen des Zugangs zu den Märkten Neu-Mexikos aneinander, der einzigen zuverlässigen Bezugsquelle von Gewehren, Metallwerkzeugen und Pferden im Südwesten. Schließlich setzten sich die Comanchen und Ute durch, die sich bei der Mobilität über Langstrecken, bei der strategischen Flexibilität und bei der politischen Einheit als überlegen erwiesen. Sie zogen eine überwältigende Streitmacht gegen die Apachen zusammen und drängten sie nach Süden und nach Westen ab. Dann griffen sie Neu-Mexiko an und bestraften die Kolonisten, weil diese sich auf die Seite der Apachen gestellt hatten.[10]

Die Koalition von Comanchen und Ute begann jetzt das nördliche Grenzgebiet Neu-Mexikos entsprechend den eigenen Bedürfnissen umzugestalten. Der größte Wirtschaftszweig im Südwesten war der Sklavenhandel. Spanische Beamte hatten seit dem Großen Aufstand im Südwesten von 1680 auf die Einhaltung der strengen Einschränkungen im Zusammenhang mit der Sklaverei geachtet, durch die die Rechte der Pueblo-Indianer geschützt wurden. Viele Pueblo waren zum Christentum konvertiert, was ihre Versklavung verbot. Die spanischen Kolonisten, um die Wahrung ihrer Autorität in einer Provinz bemüht, in der sie selbst eine Minderheit waren, setzten für die Lieferung von Gefangenen auf »indios bárbaros«, »wilde Indianer«. Diesen Sklavenhandel tarnten sie als »rescate«, »Auslösung« oder »Lösegeld«, und das war mit der Idee verbunden, dass gefangene »indios bárbaros« anderen »indios bárbaros« abgekauft werden konnten, um die Ersteren der christlichen Gemeinschaft zuzuführen. Der Sklavenhandel wurde für Neu-Mexiko zum unentbehrlichen Wirtschaftsfaktor, und die Kolonie exportierte Sklaven zu den Bergwerkssiedlungen Nueva Vizcaya, Coahuila und Zacatecas sowie zu den Tabakplantagen auf Kuba. Die Ute und Comanchen sahen in diesen Zuständen eine Gelegenheit. Schon bald durchstreiften ihre berittenen Kampfgruppen ein sich ständig erweiterndes Gebiet und machten dort auf der Suche nach Gefangenen Jagd auf Jicarilla-Apachen, Navajo und Pawnee. Die Frauen der Apachen, das Hauptziel der Sklavenjagden, wurden zum wichtigsten Streitpunkt beim Konflikt zwischen Ute, Comanchen und Spaniern. Auf dem Spiel standen dabei die männliche Ehre, das Prestige des spanischen Imperiums, die Unverletzlichkeit von Familien- und verwandtschaftlichen Netzwerken und zuallererst das Leben der betroffenen Apachen-Frauen.[11]

Das Jahr 1719 war von entscheidender Bedeutung. Ein spanischer Beamter beklagte, dass die Ute und Comanchen »sich zusammentun zum Zweck der Einmischung in den kleinen Tauschhandel, den dieses Königreich mit den Nationen betreibt, die wegen des Lösegeldes hierherkommen. Sie verwehren ihnen den Zugang und den Austausch mit uns.« Das Bündnis von Comanchen und Ute hielt Neu-Mexiko im Würgegriff und übte Druck auf die Spanier aus, die den beiden Nationen eine privilegierte Stellung auf ihren Märkten einräumen sollten. Ein Bericht der anderen Art kam von einem spanischen Missionar, der in Geronimo de Los Taos stationiert war, einer Missionsstation im Grenzland, die »so nah am Heidentum« lag, »dass, wie es allgemein heißt, wir Schulter an Schulter mit ihnen stehen«. Die Jicarilla seien gekommen, um »die heilige Taufe zu erbitten«. Bei ihrer verzweifelten Suche nach einem Rettungsanker hatten sie den spanischen Kolonisten ein unwiderstehliches Angebot gemacht: ein christliches Bündnis gegen bösartige Ungläubige.[12]

Antonio Valverde y Cosío, der Gouverneur von Neu-Mexiko, brach im Herbst jenes Jahres mit 600 spanischen Soldaten und einer Pueblo-Hilfstruppe auf, um das Bündnis von Comanchen und Ute wegen »der Mordtaten und Räubereien, die sie in diesem Königreich mit ihrem feindseligen Eindringen begangen haben«, zu bestrafen. Ihr Ziel war El Cuartelejo, die berühmte Festung der Apachen in der Nähe des Arkansas Valley. Bei ihrem Vormarsch gelangte die Armee in eine Wüstenei, die aus niedergebrannten Dörfern und Maisfeldern bestand; Ute und Comanchen hatten die Festung bereits geplündert und die Apachen in die Flucht getrieben. Ein Anführer der Apachen warnte den Gouverneur hinsichtlich der sich rasch verschiebenden Machtverhältnisse: »Wenn sie [die Spanier] weiterhin dem besagten Feind folgen würden, riskierten sie eindeutig den Verlust aller Pferde, die das wichtigste Mittel zur Verteidigung des Königreiches seien.« Valverde machte kehrt und gab eine schwächliche Erklärung ab, nach der die Apachen »den Schutz unseres Königs und Herrn genießen würden«, weil ihr Land »einzig und allein seiner Majestät gehört, unserem König und Herrn Philipp V«.[13]

Es kam noch schlimmer, denn die Spanier erfuhren, dass die Franzosen in La Jicarilla im Platte Valley bei den Pawnee eine Kolonie errichteten. Die Franzosen schickten den Spaniern eine Nachricht, in der sie diese als weibisch bezeichneten, eine versuchte Provokation, mit der die Gegenseite zum Ausrücken und zum Kampf bewogen werden sollte. Im darauffolgenden Sommer taten ihnen die Spanier diesen Gefallen und erlitten eine demütigende Niederlage: 32 spanische Soldaten starben, ein Drittel der Mannschaftsstärke der Garnison von Santa Fe, dazu noch mindestens ein Dutzend Soldaten der Pueblo-Hilfstruppe – ein vernichtender Schlag für die spanischen Ambitionen im kontinentalen Binnenland. Die Pawnee- und Otoe-Verbündeten der Franzosen hatten den größten Teil des Kämpfens und Tötens übernommen und damit mehr dazu beigetragen, dass die spanische Expansion nach Norden gestoppt wurde, als die Franzosen selbst.[14]

Die gezüchtigten Spanier entwickelten eine zunehmend defensive Haltung und mauerten sich in Neu-Mexiko ein. Oberst Pedro de Rivera, ein Inspektor der Krone, der entsandt worden war, um den Zustand der spanischen Grenzgarnisonen in Nordamerika zu überprüfen, empfahl, die Kolonisten sollten lieber »das bewahren, was erworben ist, um die Frucht zu genießen, die geerntet worden ist, als die Besitzungen ohne jede Hoffnung zu vergrößern«. Das war eine scharfsichtige Bewertung der bestehenden Machtverhältnisse und zugleich auch eine massive Fehleinschätzung. Die Comanchen, inzwischen der führende Partner im Bündnis von Comanchen und Ute, hatten genügend Pferde gestohlen und gezüchtet, um alle ihre Leute zu Reitern machen zu können. Sie gingen jetzt nur noch zu Pferd auf die Bisonjagd, ritten dabei neben den massigen fliehenden Tieren her und schossen sie mit Pfeilen nieder. Die Comanchen erlebte ein explosives Wachstum des Wohlstands, damit wuchsen auch die Ambitionen. Eine kleine Gruppe von Jägern konnte innerhalb einer Stunde 300 Tiere zur Strecke bringen, und die Frauen der Comanchen wurden zu Expertinnen für die Verarbeitung von Bisonhäuten und die Zubereitung von großen Mengen Pemmikan – einem Gemisch von getrocknetem Bisonfleisch, Beeren und geschmolzenem Fett.[15]

Die Comanchen waren nicht mehr aufzuhalten; die Spanier konnten sie nicht mehr unterdrücken. Die spanischen Kolonisten zogen sich zurück, verschanzten sich hinter ihren Mauern und hielten sich von der indigenen Politik in den Plains fern. Die Apachen, denen die zuvor ohnehin schon geringe Unterstützung durch die Spanier abhandengekommen war, verließen die südlichen Plains und zogen weiter nach Westen und nach Süden. Die Apachería reichte in den 1730er-Jahren von den Gebieten der Zuni, O'odham und Yavapai weit nach Süden, bis in die Sierra Madres von Nueva Vizcaya und Sonora. Die alte Apachería wurde zur Comanchería. Die Comanchen spielten jetzt eine bedeutende Rolle in Neu-Mexiko, überwachten es, kontrollierten es, überragten es und stellten es in den Schatten.[16]

Überall auf dem Kontinent, vom Südosten bis zum Südwesten, vom tiefen Binnenland bis zur Atlantik- und zur Golfküste, waren koloniale Ambitionen hart mit der indigenen Machtgeografie zusammengestoßen. In Nordamerika war nichts vorherbestimmt, ganz egal, was Bienville, Law, Oglethorpe oder Valverde dachten. Der Kontinent war im frühen 18. Jahrhundert immer noch ganz entschieden indigen. Die Engländer waren auf das Gebiet östlich der Appalachen beschränkt; die Spanier hatten zahlreiche Missionsstationen und Forts vorzuweisen, aber ihre Kolonien waren kaum mehr als bessere Brückenköpfe; und der französische Kolonialismus blieb effektiv auf das Sankt-Lorenz-Tal und auf ein paar wenige schwache Außenposten im unteren Mississippi-Tal beschränkt.

Nordamerika war mittlerweile zweigeteilt: Es gab einen schmalen und lückenhaften kolonialen Gürtel in den Küstenebenen, wo die Europäer dominierten, und es gab ein riesiges indigenes Binnenland, in dem die indigenen Territorien sich weit dort hinein erstreckten, wo – aus Sicht der Europäer – das große Unbekannte lag. Die beiden Amerikas waren nahezu vollständige Gegensätze. Im Binnenland funktionierte der »Kolumbianische Austausch« oft zum Vorteil der Indianer.

Europäische Händler brachten tödliche Krankheitserreger ins Landesinnere, aber deren Auswirkungen blieben begrenzt, während neue militärische Technik – Schusswaffen, Schießpulver, Metallgegenstände und Pferde – über koloniale Grenzmärkte und weitverzweigte indigene Handelsnetze verfügbar wurde. In einem Übergangsbereich, in dem die Indianer den europäischen Kolonien weder zu nahe waren, sodass sie unter ihren epidemiologischen Schatten hätten fallen können, noch zu weit weg, um aus dem Handel noch einen Nutzen ziehen zu können, erlebten mehrere geografisch privilegierte Gemeinwesen einen Aufstieg, der es ihnen ermöglichte, die koloniale Expansion infrage zu stellen. In diesem sich herausbildenden Übergangsbereich konnten große Vermögen angehäuft werden, und dort wurden Imperien erobert und verloren.[17]

KAPITEL 19

KRIEGE BIS ZUM ENDE DER WELT

DIE LENAPE WAREN ZUNÄCHST VERWIRRT und dann empört und niedergeschlagen. Die Regierung der Kolonie Pennsylvania verkündete im August 1735 eine erstaunliche Nachricht: Sie hatte ein Dokument aus dem Jahr 1686 gefunden, in dem die Lenape Nation, Pennsylvanias treuester indigener Verbündeter, ein Stück Land zwischen dem Delaware und dem Lehigh Valley an die Kolonie abtrat. Die Gebrüder Penn – drei Söhne Williams, die seinen Eigentümerstatus geerbt hatten – behaupteten, das Stück Papier sei eine Übertragungsurkunde, aber der Lenape-Sachem Teedyuscung stellte Pennsylvanias Anspruch auf das Delaware Valley infrage und trug dazu vor, dass sein Volk für die Landabtretung von 1686 niemals ein Entgelt erhalten habe und die Urkunde deshalb nichtig geworden sei. Die Vertreter Pennsylvanias legten den Vorgang so aus, dass die Lenape der Abtretung eines Gebiets zugestimmt hätten, dessen Ausdehnung eineinhalb Tagesmärschen entsprach – rund 40 Meilen (65 Kilometer). Das Dokument wurde ohne Beschlussfassung diskutiert, bis Pennsylvania ein Bündnis mit den Six Nations einging. Die Penns, die von der vollständigen Herrschaft der Irokesen über die indigenen Völker in ihrer Nachbarschaft beeindruckt waren, forderten selbstbewusst, dass die Landabtretung der Lenape die 40-Meilen-Grenze ganz ausschöpfen sollte. Zwei Sachems der Lenape – Tishcohan und Lappawinzo – stimmten im Frühjahr 1737 einem Marsch zu, mit dem die Grenzen des an Pennsylvania abzutretenden Gebiets festgelegt werden sollten.

Der Kolonie Pennsylvania waren die 40 Meilen allerdings nicht mehr genug. Das geopolitische Klima hatte sich verändert, seit Metacoms Krieg war es noch unbarmherziger geworden, und englische Siedler drangen immer wieder in die indigenen Gebiete im Westen vor. Thomas Penn, der aktuelle Eigentümer der Kolonie, verpflichtete drei erfahrene Marschierer, von denen einer im festgelegten Zeitraum – als Läufer, nicht als Marschierer – auf einem sorgfältig geräumten Weg mehr als 60 Meilen (etwa 100 Kilometer) zurücklegte und so den Lenape rund 3100 Quadratkilometer Land entriss. Die Lenape waren entsetzt, und Teedyuscung bezeichnete die ganze Angelegenheit als Betrug. Die von diesem Einspruch beunruhigten Penns wandten sich an ihre irokesischen Verbündeten und baten sie um eine Intervention. Die Six Nations setzten den Landverkauf schnell durch – es war eine Demonstration ihrer eigenen Herrschaft über die kleineren indigenen Nationen in der Region –, was wiederum ihren eigenen Einfluss im Umgang mit den Engländern stärkte. Die Irokesen waren nicht die demütigen Bittsteller der Penns. Die Indianer waren zutiefst gekränkt, als die Pennsylvanier ihnen Lebensmittel in Rechnung stellten.[1]

Pennsylvanias berüchtigter »Walking Purchase« (»Laufkauf«) war ein Wendepunkt in der Geschichte des indigenen Kontinents. Englische Kolonisten begannen ab der Mitte des 18. Jahrhunderts damit, die Indianer methodisch zu enteignen. Indigene Grenzen, Souveränitätsrechte und Leben waren jetzt im Osten bis dahin beispiellosen Angriffen ausgesetzt. Der Südosten Pennsylvanias zählte im Jahr 1740 73.000 Einwohner europäischer Herkunft, und die aufblühende Wirtschaft sorgte für einen Zustrom von deutschen, schweizerischen, schottischen und irischen Einwanderern. Allein Philadelphia war mittlerweile eine Stadt mit 10.000 Einwohnern. Der Besitz, die Nutzung, Verteilung und der Verlust von Land war jetzt zu einem brandaktuellen Problem geworden. So etablierte Bräuche wie die »At the Woods' Edge Ceremony« (»Begrüßung am Waldrand«) verloren ihre Bedeutung, und gemeinsam genutzte Grenzgebiete wurden zu umkämpften Ländereien.[2]

Der Gebirgszug der Appalachen war seit den frühesten Kontakten zwischen Native Americans und Europäern eine große Trennlinie gewesen, die über eine Entfernung von knapp 2500 Kilometern hinweg von Neufundland bis in den Süden reichte. Zwischen den Menschen auf den entgegengesetzten Seiten des vielfältigen, mal majestätisch, mal rau anmutenden Mittelgebirges kam es nur zu wenigen Begegnungen, und keine Nation, keine Konföderation, keine Kolonie und kein Imperium konnte glaubhaft für sich in Anspruch nehmen, Territorium auf beiden Seiten zu

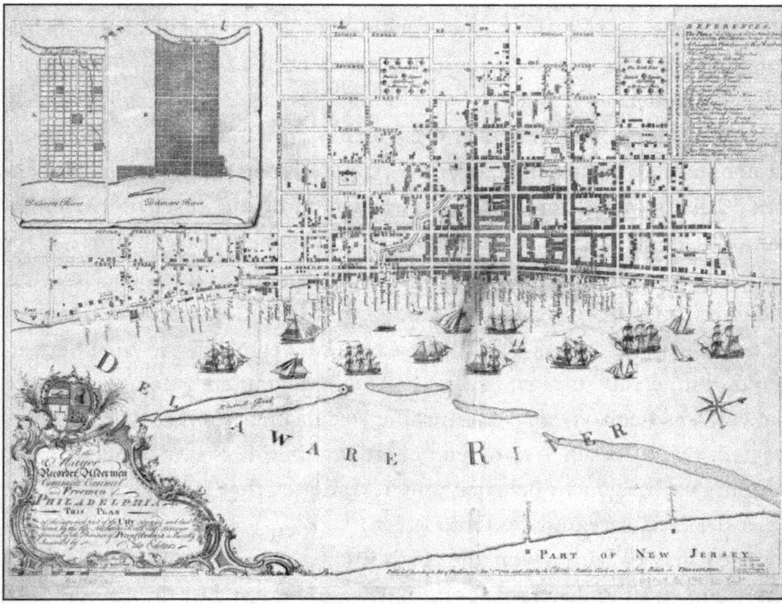

Karte von Philadelphia, 1776

beherrschen. Die Appalachen trennten den Osten des Kontinents in zwei deutlich voneinander zu unterscheidende Teile. Ende der 1720er-Jahre bildeten die Appalachen noch eine harte Grenze zwischen dem kolonialen und dem indigenen Amerika. Die dreizehn englischen Kolonien beanspruchten für sich den größten Teil der Küstenebenen zwischen der Atlantikküste und den Ausläufern der Appalachen. Eine klar auszumachende – und aus englischer Sicht unterentwickelte – Grenzregion, das »Backcountry« (»Hinterland«), trennte die Kolonien von den Appalachen. Die Siedler rechneten mit einer raschen Einverleibung des Backcountrys in das Britische Empire, aber in Wirklichkeit markierte die Region eine Konfliktzone, auf deren Westseite die Engländer keine legitimen Anrechte hatten.

Durch die seit mehreren Generationen andauernden, mal gewalttätig und mal friedlich verlaufenden Begegnungen mit Europäern wussten die Six Nations, wie man mit ungeduldigen und landhungrigen Siedlern umgehen musste. Bei einem großen Gipfeltreffen, das 1742 im Statehouse von Philadelphia stattfand, sprach der Onondaga-Sachem Canassatego die Lenape als Junior-Verbündete an und wies den Engländern damit eine zweitrangige Rolle zu. »Cousins: Lasst euch diesen Wampumgürtel als Züchtigung dienen«, rügte er die Lenape in einer stark mit Zuweisungen von Geschlechterrollen aufgeladenen Sprache. »Wir besiegten euch, wir machten Frauen aus euch, ihr wisst, dass ihr Frauen seid und kein Land mehr verkaufen könnt.« Canassatego befahl ihnen, »sofort« von uraltem Irokesenland »abzuziehen«. Den Siedlern blieb dabei nur die Zuschauerrolle. Im darauffolgenden Jahr hielt man ein weiteres Gipfeltreffen ab, um die zunehmenden Spannungen zwischen Pennsylvania und den benachbarten Indianern zu entschärfen. Ein Gesandter der Six Nations namens Zillawoolie nahm sich besonders die Catawba vor und versprach, sie zu »überzeugen und ihnen aufzutragen, dass sie sich überall gut zu benehmen haben« – etwas, was Pennsylvanias furchtsame Siedler nicht einmal zu versuchen wagten. Die Irokesen verlangten außerdem ein Reise- und Wegerecht in Virginia nach eigenem Belieben und bekräftigten ihre Herrschaft über die Täler des Delaware und des Ohio River.[3]

Die Catawba hätten wohl die Anmaßung der Six Nations zurückgewiesen, wenn sie in Philadelphia präsent gewesen wären. Der Große Handelsweg (Great Trading Path) zwischen der Chesapeake Bay und dem Piedmont-Plateau führte die englischen Händlergruppen nach wie vor zu den Städten der Catawba und förderte deren Wohlstand und Macht. Die Catawba waren als angestammte Bewohner des Piedmont-Plateaus der Ansicht, sie könnten einfach an Ort und Stelle bleiben und darauf warten, dass die Waren in ihre Städte kamen. Im Tausch für ihre wertvollen Rotwildleder und Pelze erhielten sie Gewehre, Schießpulver, Kugeln, Metallwerkzeuge, Stoffe, Decken, Luxuswaren und Rum. Der Stärke ihrer eigenen Position gewiss, gaben sie sich reserviert bis zu dem Punkt, an dem diese Haltung in Arroganz und direkte Beleidigung umschlug. Als die Gespräche in Philadelphia im Sommer 1744 wiederaufgenommen wurden, schickten die Catawba eine scharf formulierte Botschaft, in der sie die Irokesen wissen ließen, dass sie »nur Frauen seien; dass sie [selbst] aber Männer und doppelte Männer seien, weil sie zwei P.....e [Penisse] hätten; dass sie uns zu Frauen machen könnten und immer im Krieg mit uns sein würden«.[4]

In einer Zeit, in der es nicht mehr möglich war, die Kolonisten ins Meer zurückzudrängen, hielten die Catawba die Siedler in einem Zustand der Ungewissheit: Die Europäer befürchteten, dass sie jederzeit einen Krieg beginnen könnten. Die Catawba unterschieden sich von den Irokesen und ihrer kunstvollen Diplomatie und von den Shawnee und deren strategischer Mobilität, die sie einsetzten, um die Siedler auf Abstand zu halten. Ihre Unberechenbarkeit machte die Siedler nervös. Die Catawba wussten, dass sie sich letztlich an die neuen Lebensverhältnisse anpassen, Kompromisse schließen und in Verhandlungen mit den Europäern eintreten mussten, aber sie wollten an ihrer Unabhängigkeit festhalten, solange ihnen das möglich war. Sie waren entschlossen, auch angesichts einer beispiellosen Übermacht die indigene Unabhängigkeit zu bewahren und die indigene Macht auf dem Kontinent neu auszutarieren.[5]

Andere östlich der Appalachen lebende Nationen wählten eine gegen die eigene Intuition gerichtete Vorgehensweise. Sie setzten auf Anpassung und Kompromisse, für die ein Umdenken erforderlich war: Diese Indianer meinten, sie müssten die Kolonisten annehmen – mit einer Armlänge Abstand –, um den Kolonialismus zu überleben. Wenn sich Kolonialisten auf sie zubewegten, wollten sie die Siedler an der Grenze treffen. Diese Strategie erforderte eine entsprechende Bevölkerungszahl, politisches Gewicht und eine geschickte Diplomatie. Die Anführer der Muscogee, Cherokee und Chickasaw in den Ausläufern der Appalachen und auf deren Westseite verfolgten sie. Diese drei indigenen Nationen, die zwischen dem französischen und englischen Gebiet eingezwängt waren, hatten bereits viel Erfahrung mit den kolonialen Methoden gesammelt, als die Engländer damit begannen, mit neuen Farmen und Siedlungen weiter bergauf vorzustoßen. Die Indianer ließen die Europäer in Ruhe, spielten Louisiana, South Carolina, North Carolina, Virginia und Pennsylvania gegeneinander aus und sicherten sich zugleich mithilfe von Geschenken Waffen und Waren aller Art. Die Indianer vermieden es sorgfältig, sich fest an eine einzige Kolonie zu binden. Die Siedler dachten, dass die indigenen Konföderationen – allen voran die Six Nations – sich in profranzösische und proenglische Fraktionen aufgespalten hätten, aber diese Streitigkeiten waren eher durch bestimmte Umstände ausgelöst worden und keineswegs festgelegt. Die 20.000 Menschen zählenden Choctaw, die in einer anderen geopolitischen Landschaft westlich der Appalachen lebten, teilten sich in »Östliche«, »Westliche« und »Sixtown«-Dörfer auf, um flexibler mit den verschiedenen Kolonien umgehen zu können.[6]

Nach europäischen Maßstäben waren die Muscogee, Cherokee,

Chickasaw und Choctaw auf eine gefährliche Art dezentralisiert und ihre Anführer hoffnungslos schwach, aber darin lag gerade die Genialität ihrer politischen Systeme begründet. Die meisten ihrer Anführer befehligten nur kleine Gruppen, was die Siedler verwirrte: Es gab keine Einzelperson, mit der die Europäer zusammenarbeiten konnten – nur eine Vielzahl von scheinbar ineffizienten Potentaten, die für die Verwirklichung der Ziele der Siedler bedeutungslos waren. Aber diese Anführer wussten, wie man mit Neuankömmlingen aus Europa umgehen musste. Old Hop, ein Ältester der Cherokee, sagte zu einem europäischen Besucher, eine neue Lieferung von rotem Stoff würde ihm helfen, »mehr wie ein Mann auszusehen«. Die Muscogee, Cherokee, Chickasaw und Choctaw erlebten einen Aufschwung, indem sie die Europäer dazu zwangen, für ihren Handel untereinander zu konkurrieren. Die Indianer im Süden lieferten in den 1740er-Jahren für die Märkte in South Carolina mehr als 100 000 Rotwildfelle, und die Frauen ernteten regelmäßig genug Mais für den eigenen Verbrauch und für die Kolonialmärkte. Die Ambitionen stiegen, und die Muscogee warben Shawnee an, die »den Austausch mit dem Ohio- und Illinois-Gebiet erleichtern sollten«.

Der Choctaw-Kriegskommandeur Red Shoes manövrierte kühn in diesem Irrgarten widerstreitender Interessen, er versammelte seine Soldaten und nutzte seine Loyalität als Trumpfkarte beim Umgang mit französischen und englischen Gouverneuren und Händlern, die er unter seinen Einfluss bringen wollte. Red Shoes war ein Freiheitskämpfer, ein Mittelsmann und ein Opportunist in Personalunion. Im Jahr 1745 initiierte er Friedensverhandlungen nur mit den Chickasaw und den Engländern. Als die Franzosen mehrere Mitglieder einer Chickasaw-Friedensdelegation ermordeten, sah Red Shoes eine günstige Gelegenheit: Seine Soldaten töteten drei Franzosen, was die zivilen Anführer der Choctaw entsetzte. Viele Choctaw-Soldaten hingegen neigten jetzt zu Red Shoes und seiner radikalen Bündnispolitik, die Engländer und Franzosen gleichermaßen verwirrt hatte. Red Shoes ging letztlich zu weit, denn er trieb sich selbst und die Choctaw Nation in einen verheerenden Bürgerkrieg, in dem 800 ihrer Soldaten starben. Die Franzosen wussten keinen anderen Rat mehr, als einen Mörder anzuheuern und auf Red Shoes anzusetzen; der Auftrag wurde 1747 ausgeführt.

Während die Choctaw ihre eigenen Konflikte austrugen, stieg die mehr als 10.000 Menschen zählende Muscogee-Konföderation zu einer bedeutenden Macht im tiefen Süden auf, die Kampfgruppen nach Spanisch-Florida schickte und Mitglieder der Coosa, Coweta, Yamasee, Shawnee, Alabama sowie Indigene aus anderen geschwächten Nationen in die eigenen Reihen aufnahm. Die Engländer und Franzosen konkurrierten um Handelsvorrechte und benutzten dafür klug platzierte Handelsposten, in denen lizenzierte Händler einen redlichen Umgang mit den Indianern pflegten; taten sie das nicht, konnten die Folgen gravierend sein. Als die Franzosen bei der Versorgung ihrer indigenen Kunden in Schwierigkeiten gerieten, sprangen englische Händler in die Bresche und umwarben die Choctaw, die »sich nackt in unsere Arme warfen und uns um Hilfe, Schutz und Freundschaft anflehten«. Die Indianer in einem außerordentlich konkurrenzorientierten Umfeld mit Geschenken zu umwerben, wurde zu einem derart gängigen Verhaltensmuster, dass viele indigene Anführer die Geschenkgaben gar nicht mehr persönlich entgegennahmen, sondern junge Männer mit dieser Aufgabe betrauten.[7]

Im Winter 1751 führte Charles Langlade, ein Pelzhändler und Kriegskommandeur odawa-französischer Herkunft, Soldaten der Odawa, Potawatomi und Ojibwe bei einem Angriff auf die Miami-Stadt Pickawillany. Die Angreifer töteten 13 Miami und nahmen fünf englische Händler gefangen. Langlade schlug einen Gefangenenaustausch vor, aber die Miami ließen nur drei Engländer frei. Langlades Männer nahmen den Miami-Anführer Memeskia gefangen, töteten und kochten ihn und aßen sein Herz. Die Odawa ließen die Frauen der Miami frei und gingen anschließend mit vier Gefangenen und einem großzügigen Bestand an Handelswaren zu den Franzosen in Detroit. Der Angriff auf Pickawillany verstärkte auf dramatische Art und Weise die wachsenden Spannungen zwischen den Briten, Franzosen und Native Americans und beschleunigte die Dynamik, die schließlich zum Siebenjährigen Krieg führte.[8]

Die Mitte des 18. Jahrhunderts zunehmenden kolonialen Ambitionen waren nirgendwo deutlicher zu erkennen als im Ohio-Gebiet, das von zentraler strategischer Bedeutung war, ein Krisenherd und ein Mikrokosmos des den ganzen Kontinent erfassenden kolonial-indigenen Konflikts. Die Region hatte mit das beste Ackerland in Nordamerika zu bieten, und englische Siedler betrachteten sie als erstklassiges Grundeigentum – als ein Gebiet für wirtschaftlich ertragreichen Ackerbau und als Paradies für Bodenspekulanten. Für die Native Americans war das tiefe Binnenland dagegen ein Heimatland, ein Jagdgebiet und ein starker Rückhalt gegen die koloniale Expansion, und sie wollten, dass es dabei blieb. Viele von ihnen waren bereits zweimal vertrieben worden und hatten die Absicht, diesmal an Ort und Stelle zu bleiben. Sie prüften europäische Neuankömmlinge genau, und zwar nicht nur auf Anzeichen von Krankheiten, sondern auch auf Einstellungen und Verhaltensweisen, angemessene Kleidung, akzeptable Frisuren und seltsame Neigungen, die allesamt Aufschluss bieten konnten über Bescheidenheit, Arroganz oder Übereinstimmung. Iren überstanden diese Auswahl nur selten.

Indianer trieben Handel mit den Franzosen sowohl im Ohio- wie auch im Illinois-Gebiet und hielten den Middle Ground am Leben. An der Stelle, an der sich die beiden Quellflüsse Allegheny und Monongahela zum Ohio River vereinigen, an den sogenannten »Forks of the Ohio«, kreuzten sich auch Langstrecken-Handelsnetze. Es war klar, dass die Indigenen in den anscheinend unvermeidlichen Krieg zwischen Großbritannien und Frankreich mit hineingezogen werden würden, in den Krieg zwischen den führenden Imperien der Welt, die schon seit mehreren Generationen um die Weltherrschaft gekämpft hatten. Die zunehmenden Spannungen mündeten direkt in den Siebenjährigen Krieg, den ersten richtigen Weltkrieg. Das Ohio-Gebiet sollte im Mittelpunkt des Kriegsgeschehens auf dem amerikanischen Kontinent stehen, und die Gewalt sollte nicht enden, als der Siebenjährige Krieg beendet war. Das Dreivierteljahrhundert in der Zeit von 1740 bis 1815 war geprägt von nahezu ununterbrochenen Kämpfen und bildete eine einzigartige Ära des Wandels in der Geschichte des Kontinents, wobei die Native Americans die europäischen hegemonialen Absichten immer wieder aufs Neue vereitelten.[9]

Südöstlich des Ohio-Gebiets lag eine weitere entschieden indigene Welt, in der die Tuscarora, Yamasee, Cherokee, Muscogee und Choctaw das Sagen hatten, nachdem sie sich erst kurz zuvor zu mächtigen Konföderationen vereinigt hatten. Die Cherokee teilten sich in »Overhill«-, »Valley«- und »Lower«-Siedlungen auf – eine Taktik, die es ihnen ermöglichte, verschiedene englische Kolonien gegeneinander auszuspielen und zugleich Kontakt zu den Franzosen aufzunehmen. Die Cherokee wählten die wohlhabende Kolonie Virginia als ihren bevorzugten Handelspartner.

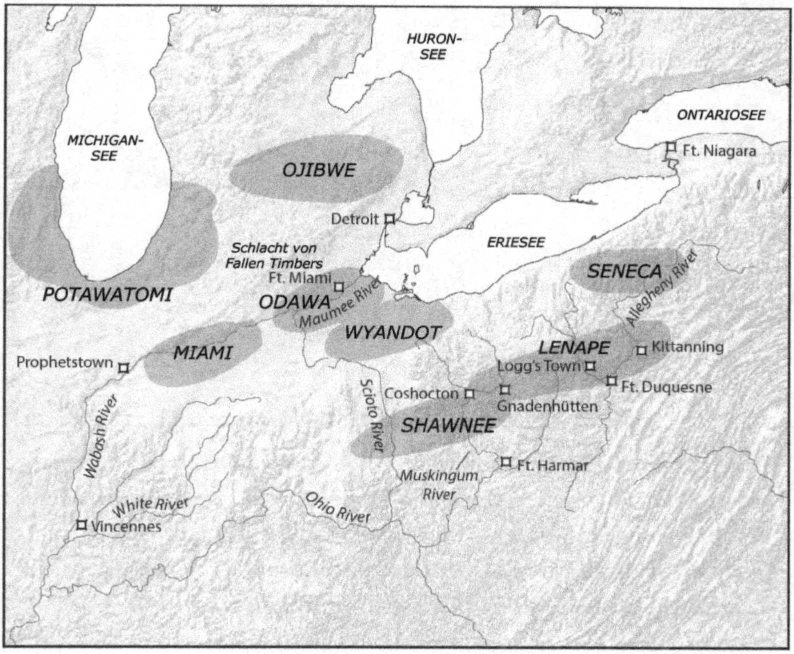

Das indigene Ohio-Gebiet in der Mitte und gegen Ende des 18. Jahrhunderts

Die indigene Politik hatte sich jahrzehntelang darauf konzentriert, die englischen Kolonien östlich der Appalachen in ihrem explosiven Wachstum einzudämmen, es war ein Ziel, das die indigenen Nationen mit den Franzosen gemeinsam hatten. In der Mitte des 18. Jahrhunderts lebten bereits 1,2 Millionen englische Kolonisten auf dem Kontinent. So beängstigend der Zustrom aus England auch war, er konnte nützlich sein. Native Americans erhielten so Zugang zu Englands erstaunlichem »Empire der Waren« (»empire of goods«). Die multiethnisch zusammengesetzten Muscogee nahmen Handelsbeziehungen zu den Kolonisten in Carolina auf und kamen auf diesem Weg zu Gewehren, Schießpulver, Kugeln, Leinwandstoff, Hemden, Äxten, Kesseln, Tabak, Juwelen, Glasperlen und anderen begehrten Waren. Sie führten detailliert und genau auf, welche Arten von Waren sie anzunehmen gedachten, und entwickelten sich innerhalb kurzer Zeit zur führenden Wirtschafts- und Militärmacht in der Region. Die eindrucksvollen Six Nations beanspruchten für sich das Ohio-Ge-

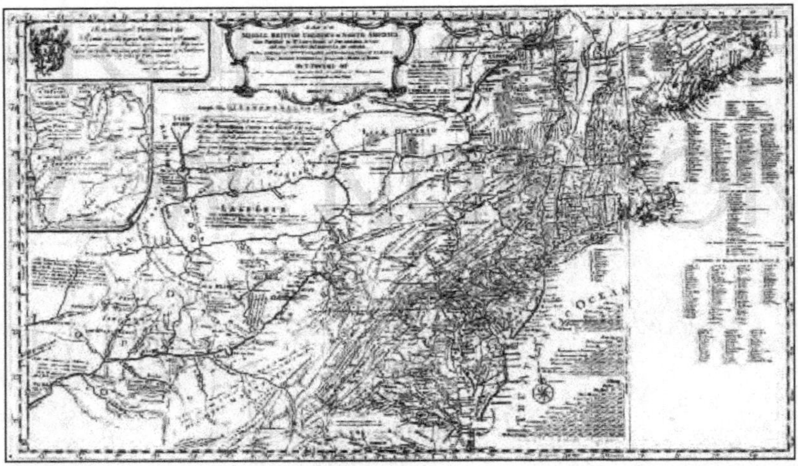

Koloniale Landvermessungen und Karten wurden, da man nicht in der Lage war, die indigenen Nationen im Kampf zu besiegen, zu einem Mittel der Aneignung indigenen Landes ohne Krieg. Die dichte kartografische Abbildung in dieser Mitte des 18. Jahrhunderts angefertigten Karte zielte darauf ab, die Native Americans dem eigenen Land zu entfremden.

biet nach dem Recht des Eroberers und betrachteten es als Fundament der eigenen Unabhängigkeit. Erst kurz zuvor hatte ein New Yorker Kolonist seinem Gouverneur erklärt, dass »die Irokesen, auf wessen Seite sie auch landen, das Kräfteverhältnis bestimmen werden«. Die Kolonisten, die in einer stark indigen geprägten Welt tätig waren, lebten in ständiger Furcht. Britische Offiziere legten größten Wert darauf, dass sie »mehr Forts und mehr Siedler« haben müssten als die Franzosen, weil »unsere Kolonien in einem sehr viel schlechteren Zustand sind, als allgemein angenommen wird«.[10]

Die Franzosen glichen das, was ihnen rein zahlenmäßig fehlte, durch das stabile indianische Bündnissystem, das sie sich mit außergewöhnlicher Großzügigkeit gesichert hatten, mehr als aus. Von der Nordostküste bis zu den westlichen Großen Seen und von Louisiana bis ins Illinois-Gebiet und weiter nach Nordosten bis ins Ohio-Tal hinein konnten sich die Franzosen auf die Unterstützung durch Dutzende indigene Nationen verlassen. Um das Überleben ihres nordamerikanischen Imperiums zu sichern, machten sich französische Strategen daran, ihre verstreuten Besitztümer zu einem weit ausgreifenden Bogen aneinander anschließender Siedlungen zu verbinden, der sich vom Sankt-Lorenz-Golf durch das Herzland Nordamerikas bis zum Mississippi-Delta erstreckte. Ein solcher Kordon würde die englischen Kolonien auf den Osten beschränken und den Franzosen das Landesinnere ein für alle Mal sichern. Aber es gab einen Haken: Die Franzosen beherrschten das Ohio-Tal nicht. Zum Glück für die Franzosen waren die Engländer keineswegs in einer günstigeren Position. Die Muscogee und die Six Nations – und nicht die Engländer oder Franzosen – waren die dominierenden Mächte im Binnenland.[11]

Im Siebenjährigen Krieg wurden die Indianer von Anfang an ins Kriegsgeschehen hineingezogen. Native Americans beobachteten die Entwicklung, die zum Krieg führte, wogen ab, welcher Kurs für sie dabei der beste wäre und wie sie aus diesen Ereignissen einen Nutzen ziehen konnten. Die Shawnee begannen 1753 mit Angriffen auf die Irokesen und bekräftigten damit ihre Souveränität gegenüber den Six Nations und den Europäern. Die Angriffe sorgten für weitere Neuausrichtungen und lösten eine Kettenreaktion aus, in deren Verlauf indigene Nationen ihre Optionen neu bewerteten. Die Six Nations schlossen Frieden mit den Catawba und hofften auf ein Ende des ein Jahrhundert anhaltenden Krieges mit gegenseitigen Überfällen und auf eine Wiederherstellung der Stabilität. Die Lenape schlossen sich den Franzosen an, und die Shawnee erklärten einen »immerwährenden Krieg« gegen Großbritannien. Die französischen Kolonialbeamten waren begeistert, aber die Shawnee sollten sich nicht als unterwürfige Verbündete erweisen. Sie hatten ihre eigenen Gründe für den Kampf gegen die Briten und kämpften auch auf ihre eigene Art, wobei sie französische Forderungen und Bitten regelmäßig zurückwiesen. Ihr wichtigstes Ziel war, sich von den Six Nations zu lösen, die sie als einen sehr viel gefährlicheren Widersacher betrachteten als das britische und das französische Imperium.

Der sich ausbreitende Krieg wurde zu einer Feuerprobe, bei der zahlreiche indigene Nationen ihre Beziehungen zu europäischen Mächten und ihren indigenen Nachbarn neu bestimmten. Der Krieg hatte ein beispielloses Ausmaß; nur die imperial auftretenden Irokesen hatten zuvor Krieg in einem Umfang geführt, der den halben Kontinent erfasste. Die Indianer sicherten sich das fortdauernde Interesse der Siedler, indem sie ihnen Bündnisse, militärische Unterstützung und Handel versprachen, nur um ihre Versprechen dann zurückzunehmen, wenn die Siedler das tun sollten, was sie von ihnen verlangten. Sie schufen eine militärische und diplomatische Landschaft, die für Europäer oft unverständlich blieb.

Ein unerfahrener Oberstleutnant namens George Washington und die bunt zusammengewürfelten Truppen unter seinem Kommando wurden am 19. April 1754 zur ersten Verteidigungslinie gegen eine französische Invasion im Ohio-Gebiet. Am 28. Mai führte Tanaghrisson – ein Anführer der Irokesen, der als Catawba geboren, aber nach seiner Gefangennahme als Seneca aufgezogen worden war – gemeinsam mit einem Dutzend seiner eigenen Männer ein Kontingent von Milizsoldaten aus Virginia unter Washingtons Befehl bei nicht nachlassendem starkem Regen nach Fort Duquesne, einem neuen französischen Stützpunkt am Zusammenfluss der Quellflüsse des Ohio. Tanaghrisson war, wie andere Irokesen auch, nicht einverstanden mit der Besetzung des wildreichen oberen Tals des Ohio, einer der begehrtesten Regionen des Binnenlandes, durch Frankreich.

Tanaghrisson – den die Briten »Half King«, »Halbkönig«, nannten – brachte Washington und seine Truppen zu einer Lichtung. Die Soldaten der Irokesen wurden von ihren Familien begleitet, und sie drängten Washington, eine erhöhte Stellung einzunehmen, in der die Nichtkombattanten sicher sein würden. Washington bereitete seine Männer auf einen Hinterhalt vor, der an einer Felskante oberhalb des französischen Lagers eingerichtet wurde. Als die Franzosen aus ihrer Deckung kamen, folgte ein kurzer Schusswechsel mit Musketen. Tanaghrissons Soldaten blockierten die Schlüsselstelle und drängten die Franzosen bis zu einer Lichtung zurück, wo sie schutzlos waren. Die Franzosen boten an, sich zu ergeben, doch Washington gab seinen Soldaten voreilig den Feuerbefehl. Vierzehn Franzosen waren tot, bevor Washington befahl, das Feuer einzustellen. Der Hauptmann der französischen Abteilung, Joseph Coulon de Villiers de Jumonville, versuchte zu erklären, dass sein Auftrag nur lautete, die Besitzungen seines Königs, Ludwigs XV., zu verteidigen. Tanaghrisson interessierte das nicht. »Du bist noch nicht tot, mein Vater«, sagte er, hieb sein Beil in Jumonvilles Schädel und tauchte seine Hände in die Hirnmasse des toten Mannes.

In Tanaghrissons Schatten hatte Washington seinen ersten zwiespältigen Auftritt in der amerikanischen Geschichte. Er kehrte zum Feldlager der

Virginia-Miliz zurück, das an einem Ort namens Great Meadows eingerichtet worden war, und schrieb Berichte an seine Vorgesetzten, in denen er sie auch über die Verstümmelung von französischen Gefallenen unterrichtete. Er befahl den Bau einer schlichten Befestigung am Monongahela River, etwa 100 Kilometer südlich von Fort Duquesne, die er Fort Necessity nannte. Das Fort, Großbritanniens einsamer Rettungsanker westlich der Appalachen, verfügte über eine sieben Fuß (2,15 Meter) hohe Palisade und bot nur 70 Männern Platz. Washington ließ innerhalb der Umzäunung ein Gebet sprechen. Etwa sieben Wochen später griffen 700 französische und indigene Soldaten den verlorenen Außenposten an. Die 300 Verteidiger, von denen viele betrunken waren, leisteten nur schwachen Widerstand. Die französisch-indigene Streitmacht tötete 30 und verwundete 70 Gegner, bevor sie sich zurückzog. Der besiegte und gedemütigte Washington unterzeichnete ein Dokument, in dem er die Schuld für Jumonvilles »Ermordung« auf sich nahm. Dann führte er den Rückzug der überlebenden britischen Soldaten durch das Alleghenygebirge an. Immer noch gab es keine offiziellen Kriegserklärungen, aber Tanaghrissons Überraschungsangriff und die spätere britische Kapitulation hatten das Geschehen beschleunigt. Großbritannien wie auch Frankreich bereiteten sich auf einen gewaltigen Zusammenstoß vor. Im Ohio-Gebiet neigten Shawnee, Lenape und Seneca-Cayuga bereits der französischen Seite zu, und sie unternahmen verheerende Angriffe entlang der Grenzen von Pennsylvania, Virginia und North Carolina. Die Franzosen bemühten sich, Zwietracht zwischen den Irokesen und den Engländern zu säen, und ließen Tanaghrisson wissen, dass »die Engländer drauf und dran seien, das Land unter sich aufzuteilen«.[12]

Die beiden Imperien hatten reichlich Grund, gegeneinander in den Krieg zu ziehen. Die Hauptursachen lagen in Europa, bei den dortigen Rivalitäten zwischen den Herrscherdynastien, den ständig sich verändernden Bündniskonstellationen und den immer wieder aufflammenden, lokal begrenzten Kriegen um Europas zahlreiche kleine, aber reiche Provinzen. Die beiden Imperien konkurrierten außerdem um die Herrschaft über Indien und Nordamerika und deren Ressourcen, im ständigen Bestreben, sich gegenseitig an Wohlstand zu übertreffen. Dabei hing viel davon ab, was sich alles aus den eigenen Überseeprovinzen herausholen ließ. Die lange Ära des geopolitischen Gleichgewichts in Nordamerika, 1701 mit dem Großen Frieden von Montreal von den drei dominierenden Mächten des

Porträt von Thayendanegea (Joseph Brant) von George Romney, 1776

Kontinents – vom Britischen Empire, von Frankreich und von der Irokesen-Liga – sorgfältig ausgehandelt, war vorüber.

Die Irokesen kannten ihn als *Warraghiyagey,* als »einen Mann, der große Dinge versteht«. Sir William Johnson, ein märchenhaft reicher New Yorker Händler und erfahrener Vermittler in entlegenen Gegenden, war in das Amt des Superintendenten für Indianerangelegenheiten des Nordbezirks berufen worden, womit effektiv die Six Nations gemeint waren. Johnson unterhielt ungewöhnlich gute Verbindungen zur Irokesen-Liga. Er war der Common-Law-Ehemann von Konwatsitsiaienni, Molly Brant, deren Bruder Thayendanegea, auch Joseph Brant genannt, ein führender Mohawk-Sachem war und sich in der europäischen wie in den indigenen Welten gleichermaßen mühelos zu bewegen schien. Brant unterhielt Besucher mit üppigen Dinnerpartys nach europäischer Art und führte die Mohawk auf der Grundlage traditioneller Werte der Irokesen. Johnsons Posten war eines der wichtigsten Regierungsämter in Britisch-Amerika, und er gab gewaltige Summen für Geschenke, Gewehre, Nahrungsmittel, Kleidung und Schmuck an die Six Nations aus. Er könnte der mächtigste Europäer des gesamten Kontinents gewesen sein. Doch selbst er konnte die Six Nations nicht von der Notwendigkeit überzeugen, ein offizielles militärisches Bündnis mit Großbritannien einzugehen. New York hatte sich zu diesem Zeitpunkt schon seit Jahren irokesisches Territorium angeeignet und die Six Nations damit gegen sich aufgebracht.

Hendrick Theyanoguin, ein alter und von Narben gezeichneter Sachem der Mohawk, der London im Jahr 1740 als »Kaiser der Six Nations« einen sensationellen Besuch abgestattet hatte, verkündete im Juni 1754 bei einer Konferenz in Albany, dass die Irokesen die Engländer zwar mit Freuden in die Arme schließen, aber kein militärisches Bündnis mit ihnen eingehen würden. Er nahm einen Stecken in die Hand, warf ihn hinter sich und sagte: »Ihr habt uns hinter euch geworfen und uns missachtet, während die Franzosen ein feinfühliges und aufmerksames Volk sind und sich immer die größte Mühe gegeben haben, unser Volk zu locken und auf ihre Seite zu bringen.« Theyanoguin stellte unmissverständlich klar, dass die Gouverneure von Virginia und Neufrankreich »sich beide um Land streiten, das uns gehört«. Es war ein meisterhafter Schachzug in einem kritischen Augenblick, in dem Großbritanniens Aussichten im Kriegsfall völlig ungewiss waren. Theyanoguin verkündete, dass das Ohio-Gebiet den Six Nations gehöre und weder die Engländer noch die Franzosen es ohne die Erlaubnis der Indianer betreten dürften. Generalmajor Edward Braddock musste die Neutralität der Six Nations sicherstellen und verpflichtete sich, ihre Souveränität zu achten. Damit erreichte er das Durchzugsrecht für knapp 1500 Soldaten, mit denen er jetzt nach Westen marschieren wollte.[13]

Indigene Nationen hatten ihre eigenen Gründe für den Kampf. Lenape, Shawnee, Odawa, Potawatomi, Erie, Wyandot, Miami und Irokesen waren den sich ständig verschiebenden Kolonialkriegen jahrzehntelang mit Erfolg aus dem Weg gegangen, aber als das Ohio-Gebiet, eine indigene Zufluchtsstätte zwischen Franzosen und Briten, zum Kriegsschauplatz wurde, mussten die indigenen Nationen ihre Möglichkeiten neu einschätzen. Sie wussten, dass es besser war, zwei Imperien zu Nachbarn zu haben, nicht nur eines; aus der ersteren Lage ergaben sich Chancen, aus der letzteren folgte dagegen Abhängigkeit. Die meisten Indianer des Ohio-Gebiets schlossen sich den zuvorkommender agierenden Franzosen bei ihrem Kampf gegen die Briten an. Die Six Nations verbündeten sich lose mit Großbritannien und behielten sich das Entscheidungsrecht darüber vor, welchen Feldzügen sie sich anschlossen und welchen nicht. Die eindrucksvolle Muscogee-Konföderation blieb neutral und vertraute darauf, dass keines der beiden Imperien es sich leisten konnte, sie zu verprellen. Der Lenape-Sachem Teedyuscung erinnerte die Briten immer wieder daran, dass sein Volk beim »Walking Purchase« einen großen Teil seines Gebiets verloren hatte und die Wiederherstellung des früheren Zustandes verlangte. Solche Forderungen entwickelten angesichts der französischen Bedrohung eine gewisse Zugkraft. Französische Beamte und Händler boten Native Americans politische Dienste an, indem sie bei Konflikten in deren Reihen als Vermittler agierten, und die Indianer belohnten die Franzosen mit ihrer Loyalität beim Handel und im Krieg. Diese Verbindung schwächte die Briten, die Frankreichs Reichweite bei Diplomatie und Handel im Binnenland nichts Gleichwertiges entgegenzusetzen hatten.[14]

Ambitionen und ihre Umsetzung fanden in der Neuen Welt nicht zwangsläufig zusammen. Braddock war reizbar, arrogant und hoffnungslos kurzsichtig. Bei einer früheren Unterhaltung mit dem führenden Pennsylvanier Benjamin Franklin hatte Braddock angekündigt, dass er Fort Duquesne, das Zentrum von Frankreichs militärischer Macht im Ohio-Gebiet, innerhalb von drei oder vier Tagen einnehmen werde. Franklin hatte ihn gewarnt: »Die einzige Gefahr, die ich für Ihren Marsch sehe, sind die Hinterhalte von Indianern, die damit viel Übung haben und sehr geschickt sind.« Braddock erwiderte darauf nach Franklins Bericht: »Diese Wilden mögen allerdings für eure rohe amerikanische Miliz ein furchtbarer Feind sein, allein auf des Königs reguläre und wohldisziplinierte Truppen, Sir, werden sie unmöglich irgendeinen Eindruck machen.«[15]

Fort Duquesne versorgte die Lenape, Seneca-Cayuga und Shawnee so großzügig mit Waffen, dass sie wählerisch sein und die leichten und kurzen *fusils de chasse*, Jagdgewehre, verlangen konnten, die in der Manufaktur im französischen Tulle hergestellt wurden. In Braddocks Armee dienten dagegen nur wenige Indianer, und er weigerte sich, auch nur einen dieser Männer als Berater zu akzeptieren. Als der Lenape-Sachem Shingas

Braddock fragte, »was er mit dem Land zu tun beabsichtige, wenn es ihm gelinge, die Franzosen und ihre Indianer zu vertreiben«, antwortete der General, dass »die Engländer das Land bewohnen und übernehmen sollten«. Der verblüffte Shingas drängte den General, zu erklären, »ob den Indianern, die Freunde der Engländer waren, nicht gestattet werden könnte, unter den Engländern zu leben und Handel zu treiben und über Jagdgründe zu verfügen, die für den eigenen Lebensunterhalt ausreichen«. Braddocks ignorante Antwort lautete: »Kein Wilder sollte das Land übernehmen.« Doch Braddock war nicht der einzige unfähige britische Beamte. Sein nur grob skizzierter Plan wurde von Beamten der Kolonialverwaltung im königlichen Palast von Whitehall gutgeheißen, die zuvor Karten studiert hatten, die sie unmöglich verstehen konnten. Sie gingen davon aus, dass die Flüsse, Seen und nach Fort Duquesne führenden Wege niemandem gehörten.[16]

Im Frühjahr 1755 unternahm Braddock einen Vorstoß in einer bis dahin beispiellosen Größenordnung, als er eine Flotte entsandte, die vier Regimenter zum Sankt-Lorenz-Golf brachte. London erwartete von ihm die Einnahme von Fort Duquesne und Fort Niagara und den Zusammenschluss der dreizehn Kolonien zu einer vereinten politischen und militärischen Körperschaft. Doch unter den Briten schien es nur eine geringe Bereitschaft zu geben, den Indianern und ihren französischen Verbündeten im Kampf gegenüberzutreten, denn die Indianer kannten das Terrain viel besser, bewegten sich schneller durch die dichten Wälder und legten fürchterliche Hinterhalte. Robert Dinwiddie, der Gouverneur von Virginia, der zugleich einer Gruppe von Spekulanten angehörte, die ein Auge auf das fruchtbare Ohio-Gebiet geworfen hatte, war von der britischen Entschlusslosigkeit überrascht. »Ganz Nordamerika wird verloren gehen, wenn diese Praktiken geduldet werden«, warnte er. »Kein Krieg kann für dieses Land schlimmer sein, als Übergriffe dieser Art zu erleiden. Die Wahrheit ist, dass die Franzosen nahezu ganz Nordamerika für sich beanspruchen, und von dort könnten sie uns vertreiben, wann immer es ihnen beliebt, oder sobald ein Krieg erklärt worden ist.« Edmond Atkin, der erste Superintendent für Indianerangelegenheiten in den südlichen Kolonien, hieb in die gleiche Kerbe, er schrieb: »Die Bedeutung der Indianer ist inzwischen allgemein bekannt und wird verstanden, es bleibt kein Zweifel, dass das Wohlergehen unserer Kolonien auf dem Kontinent mit der Bedeutung und der

Gunst, die wir von ihnen erfahren, stehen oder fallen wird.« Es war zu spät. Die Lenape und Shawnee hatten sich bereits von den Briten abgewandt und versorgten die Franzosen mit Informationen.[17]

Braddock marschierte nahezu blindlings in eine Welt ein, in der die Indianer und die Franzosen schon seit Generationen als Verbündete und Verwandte gelebt hatten. Das Ohio-Gebiet war in den 1750er-Jahren der vitalste Teil des stark in Mitleidenschaft gezogenen, aber standhaften französisch-indianischen Middle Ground. Multiethnische Dörfer der Odawa, Lanape, Shawnee, Kickapoo, Mascouten, Potawatomi, Wyandot, Seneca-Cayuga und viele andere Gruppen füllten die Region mit Menschen und mit Macht: Die Bewohner konnten Ressourcen, Fertigkeiten und Ideen zusammenführen, die es ihnen ermöglichten, in dieser immer gewalttätiger werdenden Welt ihren Weg weiterzugehen und Fremde mit den Mitteln der Großzügigkeit und des Teilens zu Familienmitgliedern zu machen. Fast alle diese Nationen waren mit den Franzosen in den Middle Ground eingetreten, und die meisten von ihnen erkannten den Gouverneur von Neufrankreich immer noch als Onontio an, als gütigen Vater, der sie beschützte, ohne sie zu beherrschen. Dieses indigene Reich war Frankreichs Machtbasis in Nordamerika. Braddocks Plan fehlte jeglicher Bezug zur Realität.[18]

Und Braddock bekam Fort Duquesne nie zu sehen. Seine Marschkolonne von 2200 Soldaten zog sich auf einer nur vier Yards (3,60 Meter) breiten Militärstraße über mehrere Kilometer hinweg in die Länge, was sie zu einem leicht zu treffenden Ziel machte. Pfeile und Kugeln, die aus dem Nichts zu kommen schienen, stoppten Braddocks schwerfällige Kolonne bereits mehrere Kilometer vor dem Fort. Getarnte indigene und französische Scharfschützen, die mit dem Wald und dem dichten Gesträuch zu verschmelzen schienen, töteten und verwundeten fast 1000 britische Soldaten, während sie selbst nur etwa 40 Mann verloren. Die desorientierten britischen Soldaten nahmen sich in ihrer Verwirrung schließlich gegenseitig unter Feuer. Braddock erhielt einen tödlichen Schuss in die Brust und wurde ohne militärisches Zeremoniell mitten auf der Straße begraben. George Washington, einer von Braddocks Adjutanten bei diesem Feldzug, organisierte seinen zweiten Rückzug durch die Alleghenies. Die Franzosen bildeten ihrerseits jetzt eine multinationale indigene Koalition von Shawnee, Lenape, Odawa, Potawatomi und Irokesen.[19]

KAPITEL 20

BRITISCH-AMERIKA UNTER BELAGERUNG

DER INDIGEN-FRANZÖSISCHEN ARMEE, die Edward Braddock besiegte, gehörten mehr als 600 indigene Soldaten mit einem Einzugsbereich an, der den halben Kontinent umfasste. Zusammengebracht wurden sie von gemeinsamen Feinden, verbreiteten Bräuchen, einem Ethos des Teilens und einer fest verankerten Verpflichtung, Verbündete und Verwandte zu beschützen. Gemeinsam war den Indianern auch die Furcht vor den und der Hass auf die Briten, die immer arroganter auftraten, während sie ihr Empire zu einem weltweit präsenten Koloss ausbauten. Der folgenschwere Sieg bestätigte den Franzosen den Wert einer militärischen Zusammenarbeit mit den Indianern.

Das britisch-irokesische Bündnis wurde dagegen infrage gestellt. Großbritanniens Niederlage konnte für die Six Nations katastrophale Folgen haben: Das Ohio-Tal war das Tor zum Binnenland, das jetzt von den Indianern und ihren französischen Verbündeten kontrolliert wurde. Die Grenzen, die Indianer und Siedler voneinander trennten, lösten sich auf, und die englischen Siedler gerieten in Panik. Britisch-Amerika traf eine solche Krise völlig unvorbereitet. Pennsylvania verfügte über keine Miliz, Maryland nur über eine Kompanie, und das über die Passivität der anderen Kolonien erboste House of Burgesses in Virginia knauserte bei den Ausgaben fürs Militär. Robert Hunter Morris, der Gouverneur von Pennsylvania, nahm umgehend die Opferrolle ein und berichtete, Braddocks Niederlage habe seine Kolonie »den grausamen Einfällen der Franzosen und ihrer barbarischen Indianer ausgesetzt, die mit Freuden Blut vergießen und bei denjenigen, die gegen sie zu den Waffen gegriffen haben, keinen Unterschied nach Alter und Geschlecht machen«. Aus der Furcht wurde bald Gewissheit.

Native Americans griffen auch Virginia an, töteten Dutzende von Siedlern, verschleppten zahllose weitere in die Gefangenschaft und drängten die Kolonie zurück. Diese Art von geschickter und asymmetrischer Kriegführung, bei der es erhebliche Unterschiede in der relativen militärischen Macht gab, irritierte die britischen Militärbürokraten, die für geplante Feldschlachten zwischen Massenarmeen ausgebildet worden waren, in denen das Ausmaß der Feuerkraft der ausschlaggebende Faktor war. Die Franzosen nannten dieses Geschehen *petite guerre*, »kleiner Krieg«. George Washington beklagte den Zustand der britischen Grenzgarnisonen, er habe sie »in sehr schwachem Zustand vorgefunden, aus Mangel an Soldaten; aber noch mehr aufgrund von Trägheit und Verstößen gegen die Vorschriften. Keine davon sah ich in einer Verteidigungshaltung.« Dieser »ruinöse Zustand der Grenzen und das riesige Stück Land, das wir innerhalb eines Jahres verloren haben, muss denjenigen unglaublich vorkommen, die keine Augenzeugen der Trostlosigkeit sind.« Die britischen Befehlshaber wollten auf die indigene militärische Überlegenheit unbedingt mit einem energischen Gegenschlag reagieren. Sie verringerten das Marschgepäck ihrer Soldaten auf knapp 14 Kilogramm, was deren Beweglichkeit erhöhte, aber auf Kosten der Feuerkraft ging.[1]

Großbritanniens von Native Americans zurückgedrängtes imperiales Projekt befand sich in einer Krise, und die Schockwellen waren in allen Kolonien wahrnehmbar. Britische Beamte sorgten sich wegen der »schädlichen Folgen« der Besetzung des Ohio-Gebiets durch die Franzosen: »Durch die günstige Lage des Ohio und seiner Nebenflüsse liegt es in ihrer Macht, jederzeit und zu ihrem großen Vorteil entweder unsere nördlichen oder die südlichen Provinzen anzugreifen.« Großbritanniens indigene Verbündete waren enttäuscht und besorgt. Scarouady, ein führender Oneida-Sachem, der darauf gesetzt hatte, dass ein Bündnis mit den Briten seine Nation schützen würde, sah sich plötzlich preisgegeben. Bei einer Beratung in Philadelphia im August 1755 hörte er Siedler über »ihren wehrlosen Zustand« berichten und darüber klagen, wie »ihre Frauen und Kinder sich bei jeder noch so bedeutungslosen Geschichte zu Tode erschrecken und nur unter Schwierigkeiten zum Bleiben und zum Erfüllen ihrer Familienpflichten zu überreden sind«. Auf Scarouady muss das so gewirkt haben, als hätten die Briten den Willen zum Weiterkämpfen verloren. Mitte Oktober griffen die Lenape eine britische Siedlung am Penn's Creek, einem Nebenfluss des Susquehanna, im Herzen Pennsylvanias an. Der Überfall war ein Racheakt für den Walking Purchase von 1737.

Viele britische Kolonien griffen nicht Neufrankreich an, dessen Adel jetzt die eigene Kolonie rasch militarisierte, sondern begannen mit Angriffen auf ihre indigenen Nachbarn und verbanden damit die Hoffnung, vom allgemeinen Durcheinander profitieren zu können. Siedler hatten es auf indigenes Land wegen dessen Ressourcen abgesehen, außerdem wollten sie Pufferzonen gegen indianische Angriffe einrichten. Sie konnten aber die Indianer aus einem einfachen Grund nicht im Kampf besiegen: Die Briten waren opportunistische Plünderer, die äußerst disziplinierten indigenen Armeen gegenüberstanden. Auch die Diplomatie bereitete den Briten Schwierigkeiten. In Beratungen an Orten wie Shamokin, einer multiethnischen Stadt am Susquehanna River, fungierten indigene Frauen als Dolmetscherinnen, Vermittlerinnen, Händlerinnen und Heilerinnen. Ein britischer Pelzhändler geriet so in Verwirrung, dass er den Wochentag vergaß. Ein britischer Soldat beschimpfte die Virginier als »halb verhungerten, zerlumpten, schmutzigen Haufen« und fragte sich, »zu was für einem wilden Haufen von Kreaturen unsere englischen Männer werden, wenn die Gesellschaft auseinanderfällt«. Scarouady tat sich im November mit Andrew Montour zusammen, einem mehrsprachigen Hinterwäldler irokesisch-französischer Herkunft, um durch eine Reise nach Shamokin die Loyalität der Six Nations festzuschreiben. Es stand viel auf dem Spiel, und die Diplomatie musste von Angesicht zu Angesicht und offen ablaufen, aber Halbwahrheiten, Missverständnisse und Sprachbarrieren hielten die Siedler und die Native Americans in einem Zustand der Anspannung gefangen: Die Indianer erwarteten von den Europäern, dass sie die indigene Metaphorik und den rituellen Sprachgebrauch fließend beherrschten, und waren überrascht vom schieren Umfang der kolonialen Dokumentation – und das sagten sie den Europäern auch. Robert Dinwiddie, der besorgte Gouverneur von Virginia, versprach, »den bösartigen Plänen unserer Feinde entgegenzutreten«, vor allem den immer noch Furcht einflößenden Irokesen. Er versprach, »eine große Zahl unserer Krieger zu entsenden, um [den Franzosen] das Land wieder wegzunehmen, in das sie ungerechterweise eingedrungen sind«.[2]

Die Siedler schlossen sich den indigenen Traditionen an, wo sie nur konnten. Als Großbritanniens Kolonisationsprojekt sich allmählich entfaltete, wiesen die Six Nations gefangenen Lenape die Rolle fiktiver »Frauen« zu, die Feldarbeit und andere Formen von Frauenarbeit für sie leisteten. Die Pennsylvanier verstanden die vielschichtige Metapher zwar nur vage, versuchten aber dennoch, die Vorherrschafts-Rolle der Six Nations zu übernehmen, indem sie einfach ihre Hoheit über die Lenape ausriefen. Scarouady trat Gouverneur Morris als neutraler Vermittler gegenüber und berichtete, dass der Rat der Onondaga »die Delaware [Lenape] wegen ihres grausamen und unbrüderlichen Verhaltens gegenüber den Engländern sehr scharf getadelt« habe. Er selbst habe sie »gedrängt, zu bereuen und von diesem Tun abzulassen«. Aus Pennsylvanias Sicht war das nicht genug. Die Miliz der Kolonie griff 1756 die Lenape-Stadt Kittanning an und tötete 50 Männer, Frauen und Kinder. Pennsylvania erklärte den Lenape den Krieg und begann mit der Auszahlung von Prämien für Lenape-Skalps.[3]

Die Lenape wehrten sich. Der Sachem Shingas war der Ansicht, dass sie, wenn es gelang, die Engländer aufzuhalten, »später mit den Franzosen tun können, was uns beliebt, weil wir [sie] wie eine Schafherde vor uns haben und sie jederzeit schlachten können«. Indianer des Ohio-Gebiets setzten ihre Angriffe auf englische Siedlungen fort und zwangen Pennsylvania, Maryland und Virginia, sich zu einem Zeitpunkt, an dem sie eigentlich gegen die Franzosen hätten kämpfen sollen, auf den Schutz der eigenen Grenzen zu konzentrieren. Hochmobile indigene Kampfgruppen töteten Hunderte von Siedlern oder machten Gefangene und lösten mit ihren Aktionen eine chaotische Fluchtbewegung nach Osten aus. Schon bald war die Grenze nur noch 160 Kilometer von Philadelphia entfernt. Die Franzosen nahmen das unverhoffte Schrumpfen Britisch-Amerikas als Gelegenheit wahr. General Louis-Joseph de Montcalm-Grozon, Marquis de Montcalm, plante einen Feldzug, der die britischen Forts im Gebiet der Großen Seen ins Visier nahm.[4]

Der Krieg und der umfassendere Kampf um die Vorherrschaft folgte jetzt zwei Plänen – einem kolonialen und einem indigenen –, die nach einem sich ständig verschiebenden Muster übereinstimmten oder voneinander abwichen. Die Indianer erwarteten von den Siedlern, dass sie ihre Technologie mit ihnen teilten und die Indianer als Verbündete und Verwandte annahmen, während die Briten ihre Vorstellungen den Indianern zu diktieren versuchten. Die Briten luden im Juli 1756 rund 500 indigene Delegierte zu einem Treffen in Easton ein, einem halb verfallenen Städtchen in Pennsylvania, das etwa 80 Kilometer von Philadelphia entfernt war. Pazifistische Quäker fungierten bei den Gesprächen als Vermittler – sie führten eine erbitterte politische Auseinandersetzung mit Thomas Penn, dem Eigentümer der Kolonie, und strebten nach mehr politischem Einfluss –, aber der Lenape-Sachem Teedyuscung, der einen mit Goldbordüren geschmückten Mantel trug, dominierte die Verhandlungen. Er nutzte die enormen Unsicherheiten, die der weltweite Krieg mit sich brachte, schlug einen umfassenden Friedensschluss vor, der die Six Nations mit einbeziehen sollte, und forderte eine Zufluchtsstätte für sein Volk im Wyoming Valley in Pennsylvania. Alle Teilnehmer wollten den Frieden. Teedyuscung akzeptierte die Rolle einer »Frau«, die es ihm ermöglichte, als Friedensstifter im Umgang mit den Six Nations aufzutreten und den Lenape den Beitritt zum Bündnis zu ermöglichen. Außerdem drängte er die Pennsylvanier, die Rechtmäßigkeit des Walking Purchase von 1737 zu prüfen. Die Irokesen schienen ihn für einen Angeber und Betrüger zu halten. Teedyuscung ließ sich davon nicht beeindrucken und versprach, er werde andere Lenape-Sachems dazu bewegen, den Franzosen ihre Unterstützung zu entziehen, was dann die Tür für einen weiteren britischen Angriff auf Fort Duquesne öffnen würde. Teedyuscung hielt den Briten den Schlüssel zum Sieg vor die Nase und sicherte sich durch die einfache Macht seiner Worte Besitzgarantien für das Land, das schon seit Menschengedenken den Lenape gehört hatte. Schreiber der Kolonisten hielten alles fest, was er sagte, einschließlich der zahlreichen Wiederholungen, die der Betonung dienten – einer gängigen Praxis in auf Mündlichkeit beruhenden Gesellschaften, die Aufrichtigkeit vermittelte und Genauigkeit garantierte. Das letztlich geschlossene Abkommen war zwar ausgesprochen knapp gehalten, aber es begründete einen umfassenden Frieden zwischen den Indianern des Ohio-Gebiets und dem Britischen Empire und ließ dabei die Franzosen außen vor. Die Konferenz von Easton war eine der bedeutendsten diplomatischen Interventionen im Siebenjährigen Krieg. Die Briten konnten ihre militärische Strategie neu ausrichten, nachdem die Irokesen zumindest kurzfristig zufriedengestellt waren.[5]

Die Nichtbeteiligung der Irokesen entzog den Briten jedoch einen wichtigen Verbündeten und ermöglichte es Montcalm, seinen Feldzug voranzutreiben und innerhalb eines Jahres sechs Forts zu erobern. Der Verlust des strategisch wichtigen Forts William Henry am Lake George war Großbritanniens Tiefpunkt in diesem Konflikt. Das französisch-indianische Bündnis, das jetzt die Flüsse und das Land unmittelbar westlich und südlich von Albany beherrschte, schien die Pläne der Briten vereitelt zu haben. Aber dann verloren die Franzosen plötzlich ihren Schwung. Die Schlacht um Fort William Henry war für die Briten eine Katastrophe gewesen, aber sie entwickelte sich auch zu einer unerwarteten Krise für die Franzosen. Die Bedingungen für die Kapitulation waren ausgehandelt worden, und die britischen Soldaten schickten sich an, das Fort zu räumen, nachdem sie eingewilligt hatten, sich 18 Monate lang an keinen Kämpfen mehr zu beteiligen. Montcalm hatte das jedoch nicht mit seinen indigenen Verbündeten abgesprochen, die ihren Lohn noch nicht erhalten hatten. Indigene Soldaten, denen der rechtmäßige Ausgleich für ihre Dienste vorenthalten worden war, attackierten die abziehenden Briten, töteten Dutzende von aus den Kolonien rekrutierten Soldaten und machten eine Reihe von Gefangenen. Montcalm zog völlig falsche Schlüsse aus diesen Ereignissen; er wollte sich nie mehr auf indigene Hilfstruppen verlassen. Und es sollte noch schlimmer kommen, denn im Herbst 1757 verbreitete sich eine Pockenepidemie von französischen Soldaten auf die Indianer, verwüstete ihre Städte im Binnenland und sorgte für eine weiter um sich greifende Abneigung gegen die Franzosen. Frankreich hatte, ohne es zu bemerken, den Krieg bereits verloren – drei Jahre vor seiner offiziellen Kapitulation und sechs Jahre vor dem Pariser Frieden.[6]

Während die Briten drei Jahre lang alles falsch gemacht zu haben schienen, sah es jetzt so aus, als würden sie ab 1757 nahezu alles richtig machen. Die Wende im britischen Geschick hatte viel mit dem energischen William Pitt dem Älteren (1707–1787) zu tun, der zum Secretary of State for the Southern Department ernannt worden und in dieser Rolle auch für Großbritanniens Kriegsanstrengungen in Nordamerika verantwortlich war. Auf Pitts Drängen hin betrieben britische Offiziere weiterhin eine sehr aktive Diplomatie im Umgang mit den Indianern. William Johnson setzte sein ganzes Geschick als Vermittler bei der Rekrutierung von irokesischen Soldaten ein. Die Irokesen mochten zwar geschwächt worden sein, denn ihre Kampfgruppen verfügten nur noch über insgesamt 1100 Männer, aber sie konnten dennoch aufgrund ihrer großen militärischen Macht bei den benachbarten indigenen Nationen Tausende weitere Kämpfer mobilisieren. »Wenn wir in den Krieg ziehen, dann ist es unsere Art, eine Nation zu vernichten, und dann ist er beendet«, rühmten sie sich. Johnson sorgte, abgesichert von der gebieterisch auftretenden Irokesen-Liga, für die Errichtung neuer Forts und Blockhäuser zum Schutz von Siedlungen der Six Nations. Er ersetzte französische Forts effektiv durch britische – ein einzigartiger Handstreich in diesem Krieg, den die Irokesen dazu benutzten, ihre Dominanz im nordamerikanischen Binnenland zu sichern.[7]

Die Briten, deren Proviantbestände für ihre Armeen gefährlich zusammengeschmolzen waren, suchten auch den Kontakt zu den Cherokee, die den Südosten zur ertragreichsten Agrarlandschaft des ganzen Kontinents gemacht hatten. Die Cherokee hatten Schmeicheleien und Anwerbeversuche von Europäern jahrelang zurückgewiesen und sorgfältig taktiert, was die benachbarten Siedler außerordentlich reizte, die den Cherokee die Schuld für einen großen Teil der Gewalt zwischen Kolonisten und Indigenen im Süden gaben. Erst im Herbst 1757 gaben Cherokee-Matriarchinnen, die unbedingt Zugang zu europäischen Waffen und Waren haben wollten, ihre Zustimmung zu einem Krieg gegen die Feinde des Britischen Empires. Die Cherokee verpflichteten sich, »Krieg im Ohio-Gebiet zu führen und weder die Franzosen noch ihre Indianer zu schonen, wenn wir auf sie treffen. Das Kriegsbeil, mit dem wir begannen, war nur klein, aber wir hoffen, ein größeres zu bekommen, wodurch wir mehr ausrichten können, als uns bisher möglich war.« Die Cherokee hatten seit Jahrzehnten Handels- und diplomatische Verbindungen zu den Briten unterhalten und brachten jetzt ihr umfassendes Können bei der Kriegführung in der Wildnis in den noch andauernden weltweiten Konflikt ein. Die Anführer der Cherokee bestanden darauf, dass sie ein Bündnis mit dem britischen König schlossen, nicht mit den Siedlern, und sie verweigerten sich allen britischen Versuchen, sie zu Hilfstruppen zu machen. Wie fast alle Indianer, die in den Krieg eintraten, führten die Cherokee ihren eigenen Krieg Seite an Seite mit den Briten und benutzten die britischen Verbündeten zum Erreichen ihrer eigenen Ziele. Sie wandten sich auch an die Six Nations und erhielten von dort Wampumgürtel, eine Verpflichtung zur Zusammenarbeit. Bis zum April 1758 hatten fast 600 Soldaten aus 16 Cherokee-Ortschaften den Briten militärische Unterstützung angeboten, dabei aber zugleich klargestellt, dass dies ein Bündnis zwischen Gleichen sei. Im

Unterschied zum Pays d'en haut, wo kreative und zweckdienliche Bündnisse vorherrschten, forderten die Cherokee verbindliche Zusicherungen ihrer Souveränität, was wiederum die Muscogee, Chickasaw, Catawba und andere vom Nutzen eines Bündnisses mit den Briten überzeugte. Als zusätzliche Sicherheitsmaßnahme beließen die Cherokee die Briten in einem Zustand der Ungewissheit, indem sie damit drohten, sich mit den Franzosen in Louisiana zu verbünden. Sie gestalteten einen weltweiten Krieg durch eine geschickte Außenpolitik, die die Briten zwang, ihnen Loyalität zu erweisen, im eigenen Interesse mit.[8]

Es hatte einen Rollentausch gegeben: Plötzlich hatten die Franzosen nur noch eine Handvoll indigener Partner, die meisten davon waren Abenaki, die im Krieg ihren ganzen Besitz verloren hatten. Die Briten rückten im Juni 1758 gegen Louisbourg vor, eine strategisch wichtige Festung auf der Île-Royale (heute Île Cap-Breton bzw. Kap-Breton-Insel), die den Zugang zum Sankt-Lorenz-Golf und -Tal bewachte. Pitt ernannte Generalmajor James Abercrombie, einen anspruchsvollen und lethargischen Mann, zum neuen Oberbefehlshaber. Abercrombie übertrug seinerseits dem offenkundig unerfahrenen General Jeffery Amherst die Führung der Operation zu Lande gegen die Festung. Die britische Marine blockierte eine für Kanada bestimmte Flotte, und Amherst gelang durch die methodische Belagerung von Louisbourg ein Todesstoß. Mit dem Verlust von 5000 Mann war dies eine vernichtende Niederlage für Frankreich. Britische Schiffe konnten jetzt bis ins Herz Neufrankreichs vorstoßen. Abercombie unternahm im Juli einen mutmaßlich selbstmörderischen Angriff auf Fort Ticonderoga und nahm die Festung ein. Die Schlacht stand, langfristig gesehen, für eine Rückkehr der Briten zur Kriegführung nach europäischer Art. Fort Frontenac fiel im August nach einer weiteren Belagerung. Die französischen Forts und Handelsposten im Pays d'en haut hatten jetzt eine offene Flanke. Amherst sah eine Gelegenheit, den Krieg im Süden zu beenden, und befahl Brigadegeneral John Forbes, auf Fort Duquesne vorzurücken. So kehrte die Gewalt ins Ohio-Gebiet zurück.[9]

Verängstigte Siedler aus Virginia und Pennsylvania suchten Zuflucht in den Bergen der Cherokee, während Cherokee-Soldaten wiederholte Angriffe auf das mittlerweile isolierte Fort Duquesne organisierten und französischen Nachschubkolonnen den Weg dorthin versperrten. Forbes rückte behutsam vor. Die zweite Schlacht um Fort Duquesne sollte fast das genaue Gegenteil des vier Jahre zuvor ausgetragenen Kampfes sein: Wo Braddock einst Großbritanniens indigene Verbündete zurückgewiesen und beleidigt hatte, nahm Forbes deren Rat an und ging so weit, dass er seine Soldaten mit Mokassins, Gesichtsbemalung und Decken ausstattete. Die Briten hatten aus einem verheerenden Krieg gegen einen gemeinsamen Feind eine gemeinsame Sache gemacht. Die Lenape machten die verzweifelten Bemühungen der französischen Gesandten unverhüllt lächerlich, indem sie einen von ihnen mitgebrachten Kriegsgürtel mit Füßen traten, als wäre er eine Schlange. Der auffälligste Unterschied zwischen den britischen und französischen Armeen war in der Spätphase des Krieges die Ungleichheit der indigenen Verbündeten. Erfolg und Scheitern hingen von der Befolgung indigener Ratschläge ab. Als Forbes schließlich Fort Duquesne erreichte, befanden sich die Franzosen und ihre indianischen Verbündeten bereits auf dem Rückzug. Der französische Kommandeur ließ das Fort in die Luft sprengen – ein fruchtloser Versuch, die Briten zu ärgern.[10]

Pitt hatte sich seit dem Frühjahr 1758 eine noch umfassendere Kontrolle über die britischen Kriegsanstrengungen gesichert. Er ging von der Annahme aus, dass der Krieg nicht auf den europäischen Schlachtfeldern entschieden werden konnte, versuchte ein Ergebnis in Amerika zu erzwingen und bereitete Amherst auf eine entscheidende Invasion in Neufrankreich vor. Rund 900 Soldaten der Six Nations unterstützten die Briten im Juni 1759 bei der Einnahme und Plünderung von Fort Niagara. Ihre Beteiligung bedeutete nicht, dass sie auch die britischen Ziele und Prioritäten teilten, und um die Kriegsbeute kam es zu einem heftigen Streit. Die Irokesen hatten nicht bei der Aushebung von Schützengräben oder beim Bau von Befestigungsanlagen mitgewirkt, aber zum Verdruss der Briten bestanden sie auf ihrem Recht, das eroberte Fort zu plündern. Johnson kam ihnen entgegen. Die Six Nations trugen einen parallelen Krieg um die Hegemonie über das Ohio-Gebiet und seine Bevölkerung aus – einen Krieg, der nur sporadisch den britischen Plänen entsprach. Und die Irokesen standen mit ihrer Renitenz nicht allein da. Die Lenape bekräftigten ihre Souveränität und stellten die Umstände des Kriegs infrage. Sie sagten zu Christian Frederick (Friedrich) Post, einem Missionar der Herrnhuter Brüdergemeine, der aus Pennsylvania zu den Indianern geschickt worden war: »Warum kämpft ihr und die Franzosen nicht im alten Land und auf dem Meer?

Warum kommt ihr und kämpft auf unserem Land? Das lässt alle Menschen glauben, dass ihr uns das Land mit Gewalt wegnehmen und besiedeln wollt.« Post wusste, was ihm zustand: »Ich besitze nicht das kleinste Stück, noch will ich welches besitzen«, erwiderte er. Die Lenape und Shawnee einigten sich auf den Rückzug aus dem Bündnis mit Frankreich.[11]

Die kriegsentscheidende britische Invasion in Neufrankreich war eine Operation mit drei Stoßrichtungen. Sie begann im Herbst 1759, als eine Flotte von Louisbourg aus den Sankt-Lorenz-Strom hinauf bis nach Quebec segelte. Montcalm spielte auf Zeit, ging einem Kampf aus dem Weg und hoffte darauf, dass die britische Flotte nicht eintreffen würde, bevor der Sankt-Lorenz-Strom zufror. Dieser Plan ging nicht auf. Die britischen Streitkräfte kamen schneller voran als erwartet, hielten sich außerhalb der Schussweite der Artilleriebatterien von Quebec und verwickelten die Franzosen in eine Schlacht auf der Hochfläche vor der Stadtmauer. Montcalm befahl einen verzweifelten Sturmangriff, der von gut abgestimmten Musketensalven der Briten auf der Abraham-Ebene (Plains of Abraham) zum Stehen gebracht wurde. Die Franzosen übergaben die Stadt am 18. September. Es war ein entscheidender britischer Sieg, der jedoch schon bald von Ereignissen im Süden überschattet wurde. Cherokee hatten landhungrige Siedler in South Carolina getötet, die unter eklatanter Missachtung der Souveränität der Cherokee in das Gebiet der Indianer vorgedrungen waren. Als die Virginia-Miliz daraufhin 23 Cherokee-Geiseln tötete, brach ein offener Krieg aus. South Carolina erklärte trotz seiner wechselhaften Bilanz bei Kämpfen mit Indianern den in den Bergen lebenden Cherokee den Krieg und nahm eine Reihe von Geiseln. Als die Briten 22 dieser Geiseln töteten, belagerten Cherokee-Soldaten Fort Loudoun. Bei der Einnahme des Forts wurden mehr als 100 Siedler getötet oder gefangen genommen. Angeführt von Atagulgalu töteten die Angreifer als Vergeltung den Kommandeur des Forts und 22 britische Soldaten. Die Souveränität der Cherokee bestand unvermindert fort.[12]

Der zweite britische Vorstoß gegen Neufrankreich folgte im Herbst 1760, er verlief durch das Hudson-Tal entlang des Lake Champlain und des Richelieu-Tals in Richtung Montreal. Die britische Blockade zur See stoppte drei schlecht geschützte französische Nachschubschiffe und schwächte Frankreichs Feldzug noch vor dessen Beginn entscheidend. Die französischen Bewohner von Quebec warteten angespannt auf die ersten

Schiffsmasten stromabwärts. Als die Masten auftauchten, aber den Union Jack zeigten, wussten die Franzosen, dass Neufrankreich verloren war.

Zeitgleich mit dem zweiten Angriff durch das Hudson-Tal wagte Amherst einen Vorstoß in Richtung des Ontariosees. Die Angriffsspitze seiner Armee bestand aus 700 Soldaten der Six Nations, deren Beteiligung William Johnson sich – zu Amhersts Entsetzen – für den horrenden Preis von 17.000 Pfund Sterling gesichert hatte. Die Briten und die Irokesen nahmen abgelegene französische Forts mühelos ein und befuhren den Sankt-Lorenz-Strom flussabwärts in Richtung Montreal mit leichten Flussbooten und zwei bewaffneten Schaluppen: mit der *Onondaga* und der *Mohawk.* Die Franzosen saßen in einem sich langsam schließenden Schraubstock fest. Amherst mag die Irokesen verachtet haben, aber er kannte ihren Wert. Ihre bloße Präsenz signalisierte den besorgten Indianern und Siedlern in Montreal, dass der Kampf nur kurz sein und relativ unblutig verlaufen würde. Amherst empfing am 6. September 1760 Louis-Antoine de Bougainville, den französischen Emissär, in seinem Hauptquartier auf den Anhöhen, die das tiefer liegende Montreal umgaben und von wo aus er die Stadt mühelos hätte zusammenschießen lassen können. Amherst sagte zu Bougainville, dass er wegen Neufrankreich gekommen sei und keineswegs »weniger nehmen« würde.[13]

Im Süden gelang es auch der Miliz von South Carolina nicht, die Cherokee zu besiegen, und North Carolina und Virginia entsandten Truppen zur Unterstützung der Kolonie. Reguläre britische Truppen und Milizen aus den Kolonien übten im Sommer 1761 Vergeltung, indem sie rund 20 Städte der Cherokee brandschatzten. Die von Clan-Müttern angeleiteten Cherokee akzeptierten einen Friedensschluss und Landabtretungen. Die Diplomatie und die militärische Macht der Native Americans hatten über den Ausgang des Siebenjährigen Krieges entschieden: Tausende von Indianern hatten an der Seite der Briten gekämpft, um Neufrankreich zu besiegen und die Franzosen vom Kontinent zu verbannen. Doch als der Friede kam, erkannten viele von ihnen, dass Nordamerika für sie jetzt zu einem gefährlicheren Ort geworden war. Zahlreiche indigene Nationen hatten auf die Präsenz zweier Imperien gesetzt, um dadurch Kompromisse und Zugeständnisse erzwingen zu können. Peter Wraxall, ein Sekretär für Indianerangelegenheiten in New York, hatte britischen Politikern diese Logik erklärt: »Der oberste vorherrschende Grundsatz der modernen indianischen Politik ist, das Machtgleichgewicht zwischen uns und den Franzosen zu erhalten«, sagte er und klang dabei wie ein Echo der Taktik der Catawba auf dem Piedmont-Plateau. Jetzt war diese entscheidende Strategie so gut wie außer Kraft gesetzt. Die Briten, die ihre europäischen Rivalen losgeworden waren, sollten die Indianer künftig wie Untertanen behandeln.[14]

Der Ojibwe-Sachem Minweweh trat 1761 in Fort Michilimackinac vor britische Beamte hin und sagte ihnen: »Der französische König ist unser Vater (…), auch wenn ihr die Franzosen besiegt habt, uns habt ihr noch nicht besiegt! Wir sind nicht eure Sklaven. Diese Seen, diese Wälder und Berge wurden uns von unseren Vorfahren hinterlassen.« Am Oberlauf des Mississippi drängte ein Illini-Soldat einen französischen Offizier: »Nur Mut, mein Vater, lass deine Kinder nicht im Stich, die Engländer werden nicht hierherkommen, solange es hier noch einen roten Mann gibt.« Französische Handlungsbevollmächtigte brauchten keinen besonderen Ansporn. Neufrankreich und Louisiana gab es nicht mehr, aber es lebten immer noch Tausende von französischen Händlern, Farmern und Offizieren auf dem Kontinent. Im Ohio-Gebiet und im Pays d'en haut glaubten viele indigene Nationen, dass die Armeen des französischen Königs schon bald zurückkehren würden. Die Indianer arbeiteten unermüdlich daran, eine gewisse französische Präsenz in Nordamerika wiederherzustellen, die als Gegengewicht zu Angloamerika dienen sollte, das, durch seine Erfolge ermutigt, expansionistischer handelte.[15]

Ihre Anstrengungen blieben fruchtlos. Das Britische Empire hatte Neufrankreich geschluckt, und die Franzosen kamen nicht zurück. Frankreichs Kolonialbeamte hatten ihre Ambitionen auf dem nordamerikanischen Festland aufgegeben und konzentrierten sich auf die Karibik. Die Welt war aus dem Gleichgewicht geraten, jetzt, wo die Briten als einzige Quelle für Handel und politische Unterstützung übrig geblieben waren. Ohne einen imperialen Gegenpol konnten die britischen Kolonien den indigenen Nationen jetzt ihre Bedingungen von einer beispiellosen Machtposition aus diktieren, und sie konnten außerdem die Nationen gegeneinander ausspielen, so wie die Indianer zuvor die Briten gegen die Franzosen ausgespielt hatten.

George Croghan – ein in Irland geborener, im Grenzland tätiger Händler, glücklicher Bodenspekulant und schwerer Trinker, der mittlerweile ein bekannter britischer Indianeragent war – schränkte die Geschenkgaben drastisch ein und stufte die Native Americans von respektierten Verbündeten auf den Status eines Buchungspostens in seiner Buchführung zurück. Der Gouverneur von Georgia erpresste die Muscogee ganz unverhüllt. »Wir können euch mit Waren überschütten, so wie die Flut eines großen Flusses, wenn er über die Ufer tritt«, verkündete er und warnte sogleich: »Ihr wisst, dass es euch ohne uns nicht gut geht, wir kommen ohne euch zurecht; ihr habt es mit den Franzosen versucht und wisst, dass sie eure Wünsche nicht erfüllen können.« Der Gouverneur forderte die Muscogee auf, sich »die Choctaw und viele andere Nationen am Mississippi anzusehen«, die »eher Sklaven als freien Menschen gleichen«. Mit einer kaum verhüllten Drohung legte er den Muscogee eindringlich nahe, sich im Umgang mit den Briten »gut zu benehmen«.[16]

Der Pariser Frieden vom 10. Februar 1763 zwischen Frankreich und Großbritannien verlieh der Degradierung der Native Americans einen regierungsamtlichen Charakter, indem das Land der Indianer in der Region der Großen Seen Großbritannien zugeschrieben wurde, ohne mit den Eigentümern zu reden. Mit offenkundiger imperialer Arroganz teilte der Vertrag Nordamerika zwischen Spanien und Großbritannien auf. Großbritannien beanspruchte das Tal des Mississippi als Grenze. Der Vertrag übergab rund zwei Millionen Quadratkilometer Land zwischen den Appalachen und dem Mississippi, und Spanien trat seine Ansprüche an Florida und die Golfküste ab. Großbritannien besaß jetzt 30 Kolonien in der Neuen Welt, manche waren winzig, andere von enormen Ausmaßen. Adam Smith empfahl, während er an seinem Buch *The Wealth of Nations (Der Wohlstand der Nationen)* schrieb, dass Großbritannien sämtliche Kolonien aufgeben solle, weil die Verwaltung eines derart ausgedehnten Imperiums in Übersee zu kräftezehrend und zu kostspielig sei.

Der Frieden von Paris setzte der alten indigenen Strategie, das französische und britische Imperium gegeneinander auszuspielen, um beiden Zugeständnisse abzuringen, ein Ende. Als die Indianer die Vertragsbedingungen erfuhren, trieb sie das »zur Verzweiflung«. Ein Sachem der Shawnee sagte zu den Franzosen, dass die Shawnee die Unterstützung von 47 Dörfern anbieten könnten, falls die Franzosen blieben. Aber ein erschöpftes Frankreich akzeptierte die Auslöschung Neufrankreichs. Frankreich beklagte den Verlust Kanadas nicht: Seine kostspielige Indianer-Diplomatie hatte das Land zu einer Belastung für die französische Staatskasse gemacht.

Der Jesuitenorden verließ Nordamerika, und die spanischen Siedler in Florida setzten sich in Scharen nach Westen ab. Französisch-Louisiana wurde zu Spanisch-Louisiana. 13.000 Akadier, Nachkommen der französischen Einwanderer, die seit dem frühen 17. Jahrhundert in Akadien, l'Acadie, gesiedelt hatten und mehrere Massendeportationen überlebten, verstreuten sich entlang der Ostküste, in Louisiana, Großbritannien und Frankreich. Der radikale Umbau machte Zehntausende Menschen heimatlos und richtungslos. Karl III., der König von Spanien, zweifelte, ob er Louisiana übernehmen sollte, das voller unabhängiger Indianer war, während die gesamte spanische Bevölkerung Nordamerikas nur bei etwa 25.000 lag. Angesichts des geringen Ertrags, den Frankreich aus der Kolonie gezogen hatte, befürchtete Karl, dass sie nur für Verluste sorgen würde. Die Briten mochten die großen Sieger des Siebenjährigen Krieges gewesen sein, aber selbst ihre Position war alles andere als gesichert: Mehr als eineinhalb Jahrhunderte nach der Gründung von Jamestown waren ihre Siedlungen immer noch auf das Gebiet östlich der Appalachen begrenzt. Weiter westlich hatten die Briten nur Ansprüche, keine echten Besitztümer.[17]

General Amherst, der neue Oberbefehlshaber in Nordamerika, der immer noch ein Indianerhasser war – er bezeichnete Native Americans als »schädliches Ungeziefer« –, verweigerte zum Frühlingsanfang 1763 das Verteilen von Geschenken an indigene Anführer und die Freilassung von Odawa-Kriegsgefangenen. Die Odawa und ihre Verbündeten bereiteten sich auf einen Krieg vor, mit dem sie ihre Souveränität, ihre Kultur und ihre Würde verteidigen wollten. Die Six Nations schickten Kriegsgürtel in das Gebiet um die unteren Großen Seen und drängten andere Völker, gemeinsam mit ihnen zum Zeitpunkt der Maispflanzung gegen die Briten zu kämpfen. Im Spätfrühling hielt der Odawa-Kriegskommandeur Pontiac zehn Meilen südlich von Fort Detroit Beratungen mit Vertretern der Anishinaabeg, Potawatomi, Lenape, Ojibwe, Shawnee, Wyandot und Seneca-Cayuga ab. Pontiac, ein scharfsinniger und mutiger Anführer, sprach von der gemeinsamen Furcht der Indianer vor britischer Aggression und von ihrem gemeinsamen Sinn für Verwandtschaft, der in den seit langer Zeit bestehenden Nindoodemag-Lineages wurzelte, die einen großen Teil der Region der Großen Seen umfassten. Er drängte sie, die anmaßenden und tödliche Gewalt ausübenden Briten aus ihrer Welt zu entfernen.

Auch andere indigene Nationen machten mobil und versuchten, ihre Macht und Souveränität in einem unipolaren kolonialen Rahmen zu bewahren, in dem die Briten den Native Americans ihre Vorstellungen von Zugehörigkeit und Souveränität, die sich um harte Grenzziehungen und exklusiven Landbesitz drehten, aufzwingen konnten. Die Six Nations übernahmen die über einen langen Zeitraum praktizierte französische Politik der Eindämmung britischer Siedlungen im Osten. Andere Nationen stellten sich dem Britischen Empire direkt entgegen. Tausende von indigenen Soldaten schlossen sich, gekränkt und ungeschützt, wie sie waren, einem allgemeinen Krieg an, der das gesamte Binnenland vom Tal des Susquehanna bis zum Mississippi erfasste. Es war ein Krieg ums Überleben gegen britische Siedler, die westwärts drängten und sich dabei nicht um die indigene Souveränität scherten. Britische Beamte hatten nicht die Macht, die Siedler aufzuhalten, was den provisorischen Charakter von Großbritanniens nordamerikanischem Imperium westlich der Appalachen offenbarte. Die Indianer protestierten auch gegen die radikale Zurückstufung ihres politischen Status im Nordamerika der Nachkriegszeit. Während der Krieg sich weiter hinzog, kam der Handel fast zum Erliegen, und die wichtigen Verbindungen zwischen Siedlern und Indianern wurden gefährlich brüchig. Den britischen Offizieren schien das gleichgültig zu sein. Sie hatten jetzt die Absicht, den Indianern ihre Vorstellungen zu diktieren. Das hochmütig und autoritär auftretende Großbritannien hielt seine Armee im Feld und unter Waffen, während seine verantwortlichen Offiziere indigene diplomatische Protokolle beiseitewischten. Britische Siedler begannen Indianer als »Hunde« oder »Schweine« zu bezeichnen. Sie dachten, sie könnten die Forderungen der Indigenen einfach ignorieren.[18]

Die Indianer reagierten entsprechend. Im Ohio-Gebiet verkündete Neolin, ein Lenape-Prophet, er sei gen Himmel gereist, habe mit dem Schöpfer gesprochen und Anweisungen erhalten, wie die Weißen vom Land der Indianer zu vertreiben seien. Wieder auf Erden angekommen, begann Neolin über getrennte Schöpfungen der Menschheit zu predigen. Der Herr über alles Leben habe für unterschiedliche Teile der Welt verschiedene Arten von Menschen geschaffen – Indianer, Schwarze und Weiße –, aber die Europäer hätten durch die Kolonisierung Amerikas diesen göttlichen Plan zerstört. Neolin verkündete eine Botschaft, die mit harten rassistischen Kategorien arbeitete. Er bezog sich zwar auch auf die christliche Lehre und deren Gedankengut, wollte aber, dass Native Americans den europäischen Gott, europäische Waren und europäische Vorstellungen zum Landbesitz öffentlich zurückwiesen. Er wollte, dass sie sich einer reineren Lebensweise befleißigten. Er verlangte von den indigenen Soldaten sogar, auf europäische Waffentechnik zu verzichten und wieder zu den traditionellen indigenen Waffen zu greifen, um die Selbstversorgung zu gewährleisten, falls es zum Krieg komme. Neolins Plan setzte auf Geduld: Alle seine Soldaten sollten eine siebenjährige Ausbildung durchlaufen. Bei seinen Predigten in der Nähe von Fort Detroit prophezeite Neolin eine neue Welt ohne britische Siedler, Krankheiten und Alkohol, denn das zuletzt genannte Übel ruinierte und tötete eine unbekannte Zahl von Indianern. Händler förderten den Verkauf von Brandy und Rum an ihre indigenen Kunden nach Kräften, und in den 1760er-Jahren könnte allein der jährliche indigene Verbrauch von Rum im Pays d'en haut eine Menge von 240.000 Gallonen (910.000 Litern) erreicht haben. Neolin wollte, dass die Indianer zur eigenen Rettung einen außerweltlichen Krieg begannen: »Ihr müsst zu diesem früheren glücklichen Zustand zurückkehren, in dem wir in Frieden und Überfluss lebten, bevor diese Fremden kamen, um unsere Ordnung zu stören, und ihr müsst vor allem darauf verzichten, ihren tödlichen *beson* [Schnaps] zu trinken, den sie uns aufzwangen, um ihre Einnahmen zu vermehren und unsere Zahl zu verringern.« Neolins Botschaft der Reinigung erreichte viele Nationen – Chippewa, Miami, Odawa, Potawatomi, Shawnee und Wyandot –, die ihre eigenen Propheten hatten.[19]

KAPITEL 21

WELTLICHE UND AUSSERWELTLICHE UNABHÄNGIGKEITSKRIEGE

PONTIAC FORCIERTE EINEN WELTLICHEN KRIEG, der Neolins außerweltlichen Krieg ergänzen sollte. Der Odawa-Anführer beschwor den mythischen Anishinaabeg-Helden Nanabozho, einen riesigen Trickster-Hasen, der seine körperliche Gestalt verändern konnte. Die Briten erfuhren durch ihre Spione, dass die Indianer glaubten, das Empire »wolle sie zu Sklaven machen, indem sie so viele Posten wie möglich in ihrem Land beziehen würden, und dass sie lieber sofort etwas unternehmen sollten, um ihre Freiheit wiederzugewinnen«. Pontiac lud Odawa, Ojibwe, Potawatomi und Wyandot Anfang Mai 1763 zu einer Beratung ein, bei der er über die britische Arroganz und die Ablehnung der Politik des Middle Ground durch die englischen Kolonisten sprach. Pontiac erzählte Neolins Geschichte und forderte seine Zuhörer heraus: »Warum findet ihr euch mit den Weißen auf eurem Land ab? Liegt es daran, dass ihr ohne sie nicht mehr zurechtkommt?« Die indigenen Ambitionen im Herzen des Kontinents reichten über das bloße Überleben hinaus.[1]

Pontiacs Frage war scharfsinnig und prägnant: Der Zugang zu Schusswaffen und Schießpulver entschied mittlerweile über den Ausgang vieler Kriege zwischen Indianern und Kolonialmächten in Nordamerika. Pontiac rekrutierte unmittelbar nach dieser Beratung 300 Soldaten, griff mit ihnen Fort Detroit an und begann damit einen Krieg, der in einer ohnehin bereits von Gewalt geprägten Gesamtlage für eine weitere Eskalation sorgte. Der indigenen Streitmacht gelang es nicht, das stark befestigte und verteidigte Fort einzunehmen, deshalb richtete sie sich auf eine Belagerung ein. Pontiac entsandte Meldeläufer, die Kriegsgürtel zu einer Nation nach der anderen brachten, und löste damit überall im Pays d'en haut Angriffe aus. Im Verlauf von drei Monaten attackierten Odawa, Lenape, Ojibwe, Shawnee, Seneca-Cayuga und Cherokee britische Forts und Garnisonen und töteten dabei rund 2000 Siedler. Sie nahmen acht Forts ein und erzwangen die Aufgabe von zwei weiteren. Es blieben nur drei Forts – Pitt, Detroit und Niagara – als Verankerung des Britischen Empires im Landesinneren übrig, die jeweils 650 bis 800 Kilometer von der nächsten Festung dieser Art entfernt waren; sie waren isolierte Punkte in einem von Indianern beherrschten Land. Das Imperium basierte aus praktischen Gründen auf dem System der Forts, das die britischen Streitkräfte im Verlauf des Siebenjährigen Krieges im Westen des Kontinents entwickelt hatten. Die verbündeten Indianer hatten den größten Teil jenes Imperiums hinweggefegt. Die britischen Befürchtungen steigerten sich zur Panik, als sich Gerüchte zu verbreiten begannen, nach denen die Indianer jetzt angeblich französische Uniformen und Ehrenzeichen trugen: Die Briten glaubten, Pontiac würde kämpfen, um die Zeit zurückzudrehen und die französische Präsenz auf dem Kontinent wiederherzustellen. Ende Juni 1763 zogen Pontiacs Soldaten einen Belagerungsring um das strategisch wichtige Fort Pitt am Zusammenfluss von Monongahela und Allegheny River. Garnisonen und Außenposten fielen wie Dominosteine. Die Indianer töteten etwa 100 britische Händler. Fort Augusta, ein defensiv ausgerichtetes Fort in der oberen Allegheny-Region, geriet dauerhaft in indigenen Besitz.[2]

Nachdem die Briten in die drei ihnen noch verbliebenen Forts zurückgedrängt worden waren, verdoppelte Pontiac seine gegen Fort Detroit gerichteten Anstrengungen. Die Briten begannen im Frühsommer mit der Entsendung von Elitesoldaten, Kanonen- und leichten Flussbooten zum gefährdeten Fort. Der Kampf zu Lande verlagerte sich aufs Wasser. Die Indianer, inzwischen mehr als 800 Mann stark, attackierten die näher rückenden Flotten und setzten unterdessen – da die Zeit für sie arbeitete – die Belagerung fort. Pontiac richtete drei Kilometer östlich des Forts einen Stützpunkt ein. Die Indianer schalteten eine mit sechs Kanonen bestückte Schaluppe aus und kaperten mehrere kleinere Boote. Im Sommer stoppten sie einen Nachschubkonvoi, die Briten verloren dabei etwa 60 Mann, die getötet wurden oder in Gefangenschaft gerieten. Doch Pontiac erkannte jetzt, dass er das Fort nicht einnehmen konnte. Die Pattsituation entmutigte seine Gefolgsleute, die sich abzusetzen begannen. Der Indianerhasser Jeffery Amherst fasste in dieser Situation neuen Mut: »Ich möchte nur *Kei-*

ne Gefangenen hören, sollte irgendeiner der Schurken im Besitz von Waffen angetroffen werden.« Die von anderen Orten eingehenden Nachrichten waren für die Briten weniger ermutigend: Die Verteidiger von Fort Pitt gerieten in Panik; Hunderte von Siedlern hatten in den beengten Unterkünften Zuflucht gesucht. »Wir sind im Fort so zusammengedrängt, dass ich den Ausbruch von Krankheiten befürchte«, schrieb der Kommandant. »Die Pocken sind unter uns.«[3]

Die verbündeten indianischen Belagerer von Fort Pitt verlangten von den Briten die Aufgabe der Befestigung. Die vom Ausmaß der indianischen Zusammenarbeit beunruhigten Briten suchten verzweifelt nach einem Ausweg. Britische Soldaten übergaben den Indianern nach langen Verhandlungen zwei Decken und ein Taschentuch aus ihrer Pocken-Krankenstation und hofften dabei auf »die erwünschte Wirkung«. Amherst hatte zwei Wochen zuvor Oberst Henry Bouquet in einem Brief die Frage gestellt: »Könnte man es nicht bewerkstelligen, die *Pocken* unter diesen unzufriedenen Stämmen von Indianern zu verbreiten? Wir müssen bei dieser Gelegenheit jede in unserer Macht stehende Kriegslist einsetzen, um ihre Zahl zu vermindern.« Bouquet hatte auf diesen Vorschlag positiv reagiert, und Amherst hatte darauf erwidert: »Sie werden gut daran tun, den Versuch zu unternehmen, die Indianer mithilfe von Decken zu impfen, und es außerdem mit jeder anderen Methode zu versuchen, die dazu dienen kann, diese abscheuliche Rasse auszulöschen.« Es konnte kaum einen Zweifel geben, was das bedeutete: Generalgouverneur Amherst hatte die biologische Kriegführung ausgerufen.[4]

Pontiacs Wachmänner, Soldaten und indigene Informanten hatten ihren Anführer die ganze Zeit über mit Informationen über die britische Kriegsplanung versorgt. Am 31. Juli lockte Pontiac, der eine Kampfgruppe von 250 Soldaten anführte, eine britische Marschkolonne an einer Furt des Parent's Creek in einen Hinterhalt. Seine Männer feuerten zahlreiche Salven auf die schutzlosen Soldaten ab und töteten und verwundeten Dutzende von ihnen. Der Kampf wurde schon bald unter der Bezeichnung »Bloody Run« bekannt. Die Nachricht von der vernichtenden britischen Niederlage elektrisierte das Indianergebiet. Die Odawa und Ojibwe schickten Soldaten, und die Shawnee attackierten neue und nicht genehmigte britische Siedlungen westlich der Appalachen, machten dabei Gefangene und verbreiteten Furcht und Schrecken.[5]

Eine kleine Ojibwe-Gruppe von der Mackinacstraße hatte Anfang Juni Fort Michilimackinac besucht. Pontiac hatte sie dazu ermutigt, er schien eine erhebliche Ausweitung des indigenen Unabhängigkeitskrieges zu organisieren. Die Ojibwe-Gruppe bestand aus Männern und Frauen, das signalisierte friedliche Absichten. »Alles vermittelte den Eindruck vollkommener Ruhe«, berichtete Major Robert Etherington, der Kommandant des Forts, später. Die indigenen Frauen und einige Männer hielten sich im Fort auf und ruhten sich dort aus, während die anderen Männer »zum Ballspiel zusammenkamen« – zu einer Partie Lacrosse –, das außerhalb der Befestigungsanlage stattfand. Sie spielten dort stundenlang und vermittelten den Eindruck einer entspannten Ruhepause. Aber dann warfen sie den Ball plötzlich in die Nähe des Eingangstors. Die Spieler schienen sich um den Ball zu bemühen, aber dann griffen sie sich plötzlich Etherington und seinen Adjutanten und verschleppten beide in den Wald. Im Fort schlugen die indigenen Frauen ihre Decken auseinander, entnahmen ihnen Kriegsbeile und gaben sie den Männern, die 15 britische Soldaten und einen Händler töteten. Die Ojibwe hatten eine gewalttätige Warnung ausgesprochen.

Die überlebenden Briten wurden zu Gefangenen. Bezeichnenderweise ließen die Ojibwe die französischen Bediensteten im Fort unbehelligt: Sie hofften immer noch auf eine Rückkehr der Franzosen. Bald darauf erschien ein Kontingent der Odawa. Sie schienen nichts über Pontiacs Rolle bei der Vorbereitung des Angriffs zu wissen. Nach dem Bericht des gefangenen Etherington »verkündeten« die Ojibwe »ihnen [den Odawa] bei der Beratung, dass sie alle Verbindungen zu diesem Posten unterbrechen werden, wenn die Odawa uns [Briten] nicht aus dem Fort entfernen, sodass alle Konvois von Händlern aus Montreal, La Baye, St. Joseph und den Posten im Oberland zugrunde gehen würden«. Die Ojibwe, die vom eskalierenden Krieg bedroht wurden, mussten schwierige Entscheidungen zwischen strategischen und emotionalen Prioritäten treffen: Wie die meisten Indianer im Pays d'en haut wollten sie ihr Land von den hochmütigen Briten befreien, aber sie mussten zugleich auch die lebenswichtige Handelsverbindung in Fort Michilimackinac aufrechterhalten.[6]

Wäre Amherst flexibel genug gewesen, um sich die Dienste indigener Hilfstruppen zu sichern, hätten die Briten den Krieg gegen Pontiac im

Sommer 1763 vielleicht gewonnen. Native Americans waren der Schlüssel für sämtliche Siege, die die Briten möglicherweise erringen konnten, und das machte William Johnson, nicht Amherst, zum wichtigsten Vertreter Großbritanniens auf dem gesamten Kontinent. Als Amherst sich matt über »den gegenwärtigen unruhigen Zustand der entlegenen Siedlungen« beklagte, bot Johnson 1300 Soldaten aus den Reihen der Six Nations und der Lenape, Shawnee und Miami an. Amherst zeigte kein Interesse. Er schien sein taktisches Geschick eingebüßt zu haben. Anders als im Siebenjährigen Krieg hatten es die britischen Truppen in Pontiacs Krieg versäumt, die Initiative zu ergreifen. Die britischen Kriegsanstrengungen erhielten einen defensiven Charakter, was den Indianern zugutekam, die sich aus den Erträgen des Landes selbst ernähren konnten. Aus der Sicht der britischen Kolonialbeamten in London hatte Amhersts zögerliches Vorgehen den Krieg auf katastrophale Weise verlängert. Der General wurde im August 1763 nach London zurückbeordert. Aber die britische Kriegführung gestaltete sich nach seiner Abberufung keineswegs aktiver. Benjamin Franklin erfasste die vorherrschende Denkweise, als er schrieb: »Ich kenne nichts anderes, das mit einer so hohen Wahrscheinlichkeit zu einem ernsten Streit mit den Indianern führt, wie die Besetzung ihres Landes. Lasst die Wilden in Ruhe ihre Wüsteneien genießen.« Nervöse britische Beamte luden im November 1763 900 Abgesandte der Chickasaw, Choctaw, Cherokee und Muscogee zu einer Konferenz, um sie bei dieser Gelegenheit ihrer friedlichen Absichten zu versichern.[7]

Aus der Perspektive Londons waren die neu erworbenen amerikanischen Territorien ein Segen und zugleich eine Bürde. Das Britische Empire war ein maritimes Imperium, die Umstellung auf die Aufgaben einer Territorialmacht verlief mühsam. Londons Lösungsversuch, die Royal Proclamation (Königliche Proklamation) vom Oktober 1763, machte alles nur noch komplizierter. Sie schuf eine Grenze und eine Pufferzone zwischen britischen und indigenen Gebieten, die dem Hauptkamm der Appalachen folgten und die östliche Hälfte des Kontinents offiziell in zwei verschiedene Welten teilten. Britische Beamte begrüßten die Proklamation als ein Instrument des Friedens und der Stabilität. Johnson glaubte, sie »werde sich als Pax Britannica für Nordamerika erweisen« – unterstützt durch die Macht der Irokesen –, aber ihre Auswirkungen waren für die Native Americans sehr viel zwiespältiger. Die Proklamation, die angeblich verkündet wurde, um indigenes Land zu schützen, indem sie britischen Siedlern untersagte, die Appalachen zu überqueren, wurde von vielen Native Americans als Zurückweisung wahrgenommen, als ein Versuch, sie von den Europäern und ihren Märkten zu isolieren. Die Mississippi Land Company, die zur Beschleunigung kolonialer Ansiedlungen in den Tälern von Ohio und Mississippi gegründet wurde und außerdem die Kolonisten »durch den Beistand der Streitkräfte seiner Majestät« vor »den Übergriffen der Wilden« beschützen sollte, brachte die Indianer noch stärker gegen die Siedler auf. Der Handel im Grenzland war seit Generationen ein Wohlstand erzeugendes Bindemittel gewesen, das Indianer und Europäer zusammenhielt, und jetzt bestand die Gefahr, sich voneinander abzulösen. Wenn die Handelswaren ausblieben – Schusswaffen, Schießpulver, Kugeln, Stoffe, Kessel, Metallwerkzeuge und Tabak –, konnte der dünne Faden der Zusammenarbeit abreißen. Der französische Onontio hatte die Indianer als Verbündete und als Verwandte angenommen, aber die Königliche Proklamation aus London degradierte sie zu Untertanen des Empires. Die Proklamation schien die Aufteilung des Kontinents in zwei Amerika – in ein indigenes und ein nicht indigenes – zu verfestigen, die dazu bestimmt schienen, auf getrennten Ebenen zu existieren, was unbeabsichtigt Neolins großem Ziel von zwei getrennten Welten zu entsprechen schien.

Die Indianer befanden sich in einem Dilemma, sie rangen um einen Ausgleich zwischen weltlichen und außerweltlichen Erfordernissen, und die Dynamik der Ereignisse wendete sich gegen sie. Der französische Kommandant des Illinois-Gebiets weigerte sich, die indigene Sache in dem noch andauernden Krieg im Binnenland zu unterstützen. In Pontiacs Bündnis waren erste Anzeichen von Ermüdung zu erkennen, und der Sachem hob schließlich am 10. Oktober 1763 die Belagerung von Fort Detroit auf und bot einen Waffenstillstand an. »Mein Bruder«, schrieb er an Major Henry Gladwin, den Kommandanten des Forts, und bediente sich damit einer kraftvollen Verwandtschafts-Metapher, »das Wort, das mein Vater geschickt hat, um Frieden zu schließen, habe ich angenommen; all meine jungen Männer haben ihre Kriegsbeile begraben.« Pontiac wollte, dass beide Seiten verziehen und vergaßen. Er wusste nicht, dass der Mehlvorrat des Forts zu diesem Zeitpunkt nur noch für zwei Wochen gereicht hätte.[8]

General Thomas Gage, der neue Oberbefehlshaber der britischen Streit-

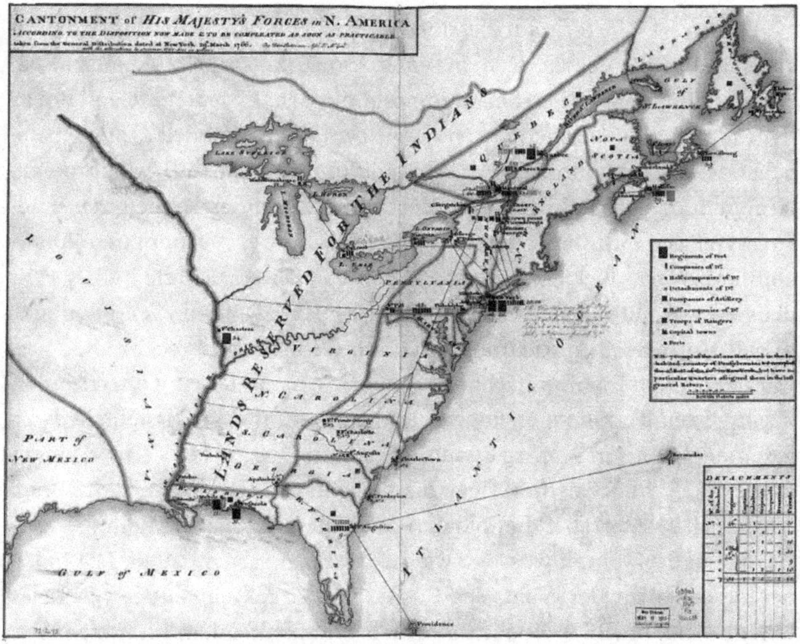

»Cantonment of His Majesty's Forces in N. America«, 1766
(»Quartiere der Streitkräfte Seiner Majestät in N. Amerika«

kräfte, wollte Pontiacs Rückzug ausnutzen, er stellte sich für den Frühling 1764 einen Angriff in zwei Phasen vor. Als Ausgangspunkt für die erste Phase war Fort Niagara vorgesehen: Soldaten sollten sich auf den Weg nach Fort Detroit machen, wo sie sich für einen Angriff in Schlagdistanz zu Lenape- und Shawnee-Städten im Ohio-Gebiet befinden würden. Dort sollte Pontiac dann zur Vernunft gebracht werden. Kommandeur des Feldzugs war Oberst John Bradstreet, dem 1400 reguläre Soldaten und mehr als 600 Indianer von den Six Nations, Odawa, Ojibwe, Nipissing und Mississauga zur Verfügung standen, die sich um die Einrichtung von Handelsbeziehungen mit den Briten bemühten, den tonangebenden Händlern, nachdem die Franzosen den Kontinent verlassen hatten. Der zweite Angriff sollte von Pennsylvania ausgehen und eine direkte Invasion in das Ohio-Gebiet sein. Unter Führung von Oberst Henry Bouquet sollten diese Aufgabe 1200 Soldaten und eine Kundschaftler-Abteilung übernehmen. Zu diesem Zeitpunkt lebten im Ohio-Gebiet rund 38.000 Indianer.

Bradstreet scheiterte auf dieselbe Art wie zuvor bereits Braddock. Bei so vielen indigenen Verbündeten in seiner Armee hätte Bradstreet Befehlshaber und Diplomat in Personalunion sein müssen. Er scheiterte an seinem fehlenden diplomatischen Geschick, weil er die Indianer wie Untergebene behandelte; bald konnte er nur noch hilflos protokollieren, wie ihm eine Gruppe indigener Soldaten nach der anderen von der Fahne ging. Bradstreet traf sich mit Abgesandten der Odawa, Ojibwe, Wyandot und Potawatomi, die den glücklosen Obersten von der Unterzeichnung eines Friedensvertrags mit ihnen überzeugten. Bradstreet bat anschließend Bouquet, seinen Vormarsch in Richtung des Ohio-Gebiets abzubrechen. Bouquet war entgeistert: Ein ihm nachgeordneter Offizier hatte sein Unternehmen effektiv beendet, indem er einem Vertrag zustimmte, der bestenfalls zweifelhafter Natur war. Pontiac verspottete in Fort Detroit den Vertrag, indem er die weiße französische Flagge hisste. Bouquet marschierte trotz Bradstreets Bitte weiter, aber die Soldaten der Shawnee, Lenape, Miami, Seneca-Cayuga und Wyandot wussten, wie sie ihn zu erwarten hatten. Die Indianer besetzten in der Nähe des Bushy Run Creek ein höher gelegenes Gelände und brachten Bouquets Armee mit anhaltendem Musketenfeuer zum Stillstand. Die britischen Soldaten und Offiziere wussten jetzt, dass sie den Ausweg aus einer vollständigen Niederlage durch Verhandlungen finden mussten.[9]

Auch die britischen Siedler hatten zu leiden und reagierten darauf mit zunehmender Empörung. Sie hatten die Hauptlast der indigenen Attacken getragen und deshalb erwartet, mit Land und dem Schutz des Empires belohnt zu werden. Stattdessen mussten viele von ihnen ihre Siedlungen aufgeben, weil sie sich jetzt auf der falschen Seite der willkürlichen Grenzlinie befanden, die durch die Königliche Proklamation von 1763 gezogen wurde. Der Glaube daran, dass eine Koexistenz zwischen Indigenen und Briten im Appalachen-Grenzgebiet möglich sei, wurde spätestens durch die Taten der »Paxton-Boys« zerstört. Die Paxton-Boys, eine Miliz aus enttäuschten Siedlern schottisch-irischer Herkunft, waren wegen Pontiacs Krieg aufgebracht. Sie verübten im Herbst und Winter 1763/64 im Tal des Susquehanna Terrorakte und töteten bei ihrem offenkundig in völkermörderischer Absicht begonnenen Feldzug einheimische Indianer. Mit besonderem Hass begegneten sie den Conestoga, einer multiethnischen Gruppe von indianischen Flüchtlingen. Eine Paxton-Bande von rund 50 betrunkenen Reitern fiel am 14. Dezember 1763 in der Nähe von Lancaster in Pennsylvania über ein schlafendes Conestoga-Dorf her und ermordete sechs Menschen. Am 27. Dezember kamen sie wieder, abermals mit etwa 50 Mann. Innerhalb von 15 Minuten hieben sie 14 Conestoga, darunter acht Kinder, in Stücke. Der einzige Grund für die Mordtaten scheint ein tief sitzender Hass auf Indianer gewesen zu sein. Im Jahr 1764 marschierten 500 Paxton-Milizionäre mit dem Ziel in Philadelphia ein, die Regierung der Kolonie massiv unter Druck zu setzen. Daraufhin brach der schon lange fadenscheinig gewordene Pazifismus von Pennsylvanias endgültig zusammen, und die Kolonie setzte Prämien für die Skalps von Indianern aus: 134 Dollar für einen Mann, 130 Dollar für eine Frau und 50 Dollar für ein Kind. Doch die britischen Beamten wirkten auch weiterhin machtlos im Umgang mit den Milizionären, die sich in Philadelphia, der wohl wichtigsten britischen Stadt in Nordamerika, offen über die britischen Behörden und Gesetze hinwegsetzten.[10]

Das Britische Empire in Nordamerika befand sich in einer Krise, und Johnson und Gage, die führenden britischen Offiziere, mussten eine Ausstiegsstrategie formulieren, mit der sie aus Pontiacs Krieg herauskamen. Für Johnson standen, wie erwartet, die Six Nations im Zentrum seiner Überlegungen: Wären die Six Nations »von uns angemessen unterstützt worden«, schrieb er, »hätten sie der Kolonie Kanada schon längst ein Ende bereitet«. Die Six Nations hatten ihre Macht im Verlauf von Pontiacs Krieg erweitert und beanspruchten jetzt, »mit dem Recht des Eroberers«, ein riesiges Gebiet, das sich von den Blue Ridge Mountains bis zum Tal des Ohio erstreckte und den größten Teil des Gebiets um die unteren Großen Seen mit einschloss. Die Six Nations waren zwar durch die Great League of Peace and Power vereint und ermutigt worden, hatten sich aber niemals zu einem durchorganisierten militärischen Imperium entwickelt. Doch nach einem von territorialer Expansion geprägten Jahrhundert hegten sie selbst eine Reihe von imperialen Ansprüchen – auch in dieser Situation.

Pontiacs Krieg verlief nicht einfach im Sand, er entwickelte sich vielmehr zu einem panindianischen Krieg. Um die neuerliche Dominanz der Irokesen abzuschwächen, mussten die britischen Beamten einen großzügigen und geregelten Handelsverkehr anbieten, das Geschäft mit Rum verbieten und Landverkäufe untersagen. Johnson warnte: »Es besteht keine

Möglichkeit, die Indianer im Norden schnell auszurotten, und selbst, wenn es möglich wäre, würde es unseren Handel ruinieren.« Die Briten, die zu schwach waren, um das gesamte Geschehen zu beherrschen, mussten verhindern, dass die Indianer sich zu einer einzigen, übermächtigen Konföderation verbündeten. »Jede Konföderation, mit der Frieden geschlossen werden soll, sollte für sich selbst den Engländern einen sicheren Handel und freien Reiseverkehr für all ihre Gebiete garantieren«, riet Johnson. Durch den separaten Umgang mit den einzelnen Konföderationen »werden wir eine zu enge Union zwischen ihnen verhindern«, führte er noch aus.[11]

Der britische Friedenswunsch verstärkte sich noch, als Pontiac und andere indigene Anführer 1764 ihre Operationen im Süden ins Illinois-Gebiet hinein erweiterten. Die Franzosen hatten zwar den Pariser Frieden unterschrieben, mit dem sie ihre nur auf dem Papier bestehenden Ansprüche auf das Illinois-Gebiet aufgaben, aber sie verhielten sich nicht entsprechend. Sie umwarben die Indianer weiterhin mit Geschenken und Waren, und ihre mit Gewehren, Schießpulver und anderen begehrten Waren beladenen Pirogen-Konvois befuhren den Mississippi in beiden Richtungen und unterstützten die indigenen Kriegsanstrengungen. Die Choctaw, Tunica, Avoyelle und Mosopelea trugen den Krieg jetzt direkt zu den Briten und setzten sie unter Druck, damit sie ihre Besetzung des Illinois-Gebiets beendeten. Die Region wurde für die Briten schwieriger zu kontrollieren, was die Indianer zusätzlich motivierte und eine vertraute Waffe einsetzen ließ: Gerüchte. Schon bald wurden die Briten von Phantom-Kampfgruppen, geheimen Kriegslisten und Geister-Mobilisierungen in Anspruch genommen, was wiederum Indianern aus Fleisch und Blut ermöglichte, Verbündeten entlang des Flusslaufs Kriegsgürtel zukommen zu lassen. Pontiac, von der Unterstützung der Choctaw und der Indianer des Illinois-Gebiets ermutigt, verpflichtete sich, den Kampf fortzusetzen. Doch das taten auch die Briten. In ihren offiziellen Dokumenten ersetzte jetzt das Wort »tribe« (»Stamm«) nach und nach das Wort »Nation«, was die Indianer auf der imaginären Leiter der kulturellen Entwicklung um einige Sprossen zurückstufte. Im Mai und Juni nahmen die Indianer eine Garnison nach der anderen ein, was die britischen Kriegsanstrengungen immer mehr lähmte. Pontiacs Bündnis hatte die größte Militärmacht der Welt durch geschickte Kriegführung und Diplomatie gestoppt.[12]

Aber der Krieg war noch nicht zu Ende. Gage ging zur Offensive über. Der Feldzug glich, da die Angreifer nur wenig gelernt hatten, einer Wiederholung der vorherigen – und das auf eine beunruhigende Art und Weise. Wieder handelte es sich um eine Invasion in zwei Phasen, angeführt von dem überforderten Bradstreet und dem überlegt vorgehenden Bouquet. Bradstreets Streitmacht rückte zuerst vor und marschierte in Richtung der Großen Seen. Bradstreets Aufgabe war diesmal nicht der Kampf, er sollte vielmehr die noch verbliebenen indigenen Kampfgruppen zur Unterwerfung zwingen. Seine Armee bildete eine merkwürdige Prozession. Die Männer stammten mehrheitlich aus den Kolonien und waren ohne militärische Ausbildung oder zwar reguläre, aber nicht voll einsatzfähige Soldaten. Bradstreet nahm Unterwerfungserklärungen von Indianern an, ohne deren Ernsthaftigkeit verifizieren zu können. Der Oberst war ein ehrgeiziger und eingebildeter Mann und hielt sich selbst für den Herrscher über die Region der Großen Seen, als wäre es sein persönliches Lehen. Bei seiner Ankunft in Detroit geriet Bradstreet außer sich, weil er dort nur einen Wampumgürtel von Pontiac vorfand, von dem er erwartet hatte, dass er ihm persönlich seine Unterwerfung erklären würde. Bradstreet griff sich ein Beil und hackte den Gürtel in Stücke – ein Verhalten, das ihn den letzten Rest von Autorität kostete, die er bei den Indianern noch genossen hatte. Er ließ seine Artillerie in Detroit und schleppte sich mit seinen hungernden Männern zurück nach Niagara. Bouquet erhielt unterdessen Friedensangebote von den Shawnee und Lenape. Sein Hauptquartier schlug er am Muskingum River auf, im Herzen des Indianerlandes.[13]

Die Nachricht von Bouquets sorgfältiger Diplomatie verbreitete sich bei den Ohio-Indianern rasch. Nach acht Jahren in einem nahezu pausenlosen Kriegszustand sehnten sie sich nach Frieden und Normalität. Schon bald gab es eine kollektive Dynamik in Richtung eines echten Friedensschlusses. Die Briten waren sich vollständig im Klaren darüber, dass sie die Indianer nicht zur Kapitulation zwingen konnten, und setzten ihre ganze Hoffnung auf Pontiac.

Die mächtige Wabash-Konföderation von Kickapoo, Mascouten, Miami, Piankashaw und Wea bat Pontiac, sie bei Vertragsverhandlungen mit den Briten zu vertreten. Es war ein entscheidender Wendepunkt, an dem die indigene Mehrheit sich hinter dem Friedensgedanken versammelte. Wabash-Anführerinnen drängten ihre männlichen Pendants, »der

Rede der Frauen zuzuhören … [und] alle von diesen Nationen begangenen Übergriffe zu vergessen«.[14]

Gage war ein vorsichtiger Mann, den seine Männer »Old Woman« nannten. Er bat Johnson, für Anfang Juli 1764 in Fort Niagara eine Friedenskonferenz zu organisieren. Johnson schickte Meldeläufer durch das Pays d'en haut, und 19 indigene Nationen entsandten ihre Vertreter zum Fort. Johnson, der die Six Nations jahrelang vertreten hatte, wusste, wie er sie versöhnlich stimmen konnte. Er ließ eine Reihe von Gefangenen frei und bat die Indianer, Frieden zu schließen. Im Gegenzug versprach er, den Handel im gesamten Binnenland wiederherzustellen und den Verkauf von Alkohol zu verbieten, um nach Amhersts abscheulichem Vorgehen das Vertrauen der Indianer zu den Briten wiederherzustellen. Johnson verteilte Geschenke im erstaunlichen Gesamtwert von 38.000 Pfund Sterling. Über den Vermittler Johnson erkaufte sich das Britische Empire effektiv den Frieden von einer ganzen Reihe indigener Nationen.[15]

Pontiac, der sich seit dem entmutigenden Ende der Belagerung von Detroit weitgehend mit der Zuschauerrolle begnügen musste, tauchte jetzt als der unentbehrliche Native American wieder auf. Er wechselte nach Anishinaabes Vorbild in klassischer Manier die Gestalt, erfand sich neu und wandelte sich vom radikalen indigenen Kriegsanführer zu einem kooperativen Sachem und Unterhändler. Britische Beamte erkannten die Anziehungskraft, die von Pontiac ausging, und lobten jetzt seine Weisheit und Menschlichkeit, was ihm einen nur teilweise zutreffenden Ruf als Anführer eines Bündnisses und als Vermittler verschaffte. Gage beschrieb ihn als einen klugen Mann, der »zwei Sekretäre beschäftigt, einen, der für ihn schreibt, und einen anderen, der die Briefe liest, die er erhält; so gelingt es ihm, sie so einzusetzen, dass der eine nicht weiß, was der andere tut und weiß«.

Als die Nachkriegsordnung sich in ihren Grundzügen stabilisiert hatte, bildeten sich im Frühjahr und Sommer 1765 überall im Landesinneren lokale Friedensräte. Der Indianeragent George Croghan führte Anfang Mai erfolgreiche Gespräche mit den Shawnee, die daraufhin mehrere Gefangene freiließen, was einen Friedensschluss ermöglichte. Indigene Gesandte stellten klar, dass ein Friedensabkommen keine Kapitulation bedeutete. Pontiac besuchte Ende Juni Fort Erie, wo er mit Major Robert Rogers das Kalumet rauchte und eine Flasche Wein trank, und bald darauf setzte sich

Croghan mit mehreren Nationen zusammen, die einem allgemeinen Frieden zustimmten, falls der Handel wieder aufgenommen werden würde. Johnson versprach den Sachems der Odawa, Potawatomi, Ojibwe und Wyandot einen großzügigen Handel. Der indigene Widerstand hatte die Briten gezwungen, sich mit der traditionellen Form ihrer nordamerikanischen Besitztümer zu begnügen: Das Imperium sollte seine maritime Orientierung behalten und sich nach Osten zum Atlantik hin ausrichten, anstatt immer weiter ins Binnenland vorzudringen.[16]

Johnson traf sich auf seinem unweit von Canajoharie (Mohawk für »Obere Burg«) gelegenen Landgut auch mit Vertretern der Ohio-Indianer. »Die Engländer haben euch nie einen Anlass zu dem Verdacht gegeben, dass sie gegen den Geist von Verträgen verstoßen würden«, verkündete er fälschlicherweise und forderte seine Gesprächspartner auf, »Kinder des Großen Königs« zu werden »und ihm zu gehorchen & anders zu handeln, als ihr es bisher getan habt«. Die Abgesandten der anderen Nationen schlossen sich Benavissica an und drängten die britischen Beamten, den Middle Ground wiederaufleben zu lassen, der im 17. und 18. Jahrhundert den Umgang zwischen den indigenen Völkern und den Franzosen geprägt hatte. Der Sachem wollte, dass Johnson Onontios Rolle als fürsorglicher Vater übernahm, der seine indianischen Verbündeten liebte und sich um ihre Anliegen kümmerte. Johnson schlüpfte mühelos in diese Rolle.

Pontiac, der den Anspruch erhob, für viele Nationen zu sprechen, sagte: »Mein Vater aus Frankreich war in diesem Land, ich hielt seine Hand und tat nie etwas Böses.« Er gab ein Versprechen: »Ich nehme heute deine Hand im Namen aller Nationen, denen ich dies mitteilen werde.« Pontiac akzeptierte außerdem den britischen König als Vater. Im Wissen um die heikle Natur des Abkommens stellte er nur eine Bedingung: Die Briten sollten, wie die Franzosen vor ihnen, keine Ansprüche auf das Land, auf dem ihre Forts standen, und deren Umgebung im Illinois-Gebiet erheben. Sie sollten Pächter auf indigenem Gebiet sein. Britische Offiziere akzeptierten die Forderung, weil sie dachten, dass sie sie ignorieren konnten, sobald die Indianer nach Hause zurückgekehrt waren. Die Gespräche hatten den Middle Ground im Guten wie im Schlechten wiederaufleben lassen, mit allen seinen kunstvollen Kompromissen, Halbwahrheiten und Vermeidungsstrategien. Die Distanz zwischen den Indianern und den Briten war auf vielerlei Arten größer, als sie noch ein Jahrzehnt zuvor bei Kriegsbeginn gewesen war. Ebenso verhielt es sich mit der Distanz zwischen Großbritannien und seinen amerikanischen Untertanen. Pitt tönte, dass »bei einer guten Sache, auf einer festen Grundlage, die Macht dieses Landes Amerika in Atome zertrümmern kann«.[17]

Pontiac missdeutete die Lage. Er glaubte, der zerfallene Middle Ground sei wiederbelebt worden, was ihm ermöglichte, ein dauerhaftes indigenes Gemeinwesen aufzubauen, als Gegengewicht zum Britischen Empire. Aber die meisten Indianer teilten seine Vorstellung nicht und lehnten sie als bloße Fiktion ab. Die Briten überhäuften ihn nicht mehr mit Geschenken, und seine Gefolgsleute ließen ihn im Stich. Der ins Abseits geratene und frustrierte Pontiac erstach im Sommer 1766 bei einer Friedenskonferenz einen Sachem der Illini und schwächte damit seine ohnehin angeschlagene Position zusätzlich.[18]

KAPITEL 22

EINE ZWEITE CHINESISCHE MAUER

SIR WILLIAM JOHNSON LAG IM STERBEN. Er war der führende Vertreter des einzigen europäischen Imperiums in Nordamerika, und er wollte in der kurzen Zeit, die ihm noch blieb, sein Vermächtnis bewahren. Pontiac reiste nach Johnson Hall in der Kolonie New York, wo Johnson wohnte und zugleich sein Hauptquartier hatte, um dort im Namen seiner Gefolgsleute einen Vertrag zu unterzeichnen. Dieser Vertrag sah vor, dass die Indianer »all die gebotene Ergebenheit und Unterwerfung erweisen, sofern diese mit den natürlichen Rechten der Indianer vereinbar sind«. Johnson hatte in aller Stille auf die britischen Ansprüche auf absolute Souveränität über die Native Americans verzichtet. Ein wahrer und dauerhafter Friede war möglich.[1]

Im November 1768 lud Johnson mehr als 3000 Vertreter der Irokesen, Lenape, Shawnee und Seneca-Cayuga nach Fort Stanwix in New York ein, um dort einen Plan für die Nachkriegszeit zu entwickeln. Die Irokesen hatten ihre Neutralität fast über die gesamte Dauer des Siebenjährigen Krieges hinweg gewahrt und sich erst kurz vor dem Ende auf die Seite der Briten gestellt, als deren Sieg sicher war. Johnson, ihr wichtigster Verbündeter, hatte während des Krieges einen kometenhaften Aufstieg erlebt und war jetzt mit komplexen diplomatischen Missionen im Ohio-Gebiet betraut, wo kolonialer Landhunger Spekulationen und Zornesausbrüche zugleich befeuerte, unter Siedlern wie unter Indianern. Johnson erhielt von Whitehall Anweisungen, die ihm erneute Verhandlungen über die Grenzen des Gebiets der Six Nations auftrugen. Im Vorfeld der Konferenz verschickte er die Nachricht, dass Frauen die Teilnahme nicht gestattet sei, womit er gegen jahrhundertealte diplomatische Gepflogenheiten verstieß.[2]

Die Gespräche in Fort Stanwix folgten dennoch, wie so viele andere indigen-koloniale Gipfeltreffen in den vorhergehenden Jahrzehnten, den Konventionen der Covenant-Chain-Diplomatie. »Ich gehe mit allen Völkern auf ihre eigene Art um«, hob Johnson an. »Eure Vorfahren haben seit Anbeginn auf die Einhaltung einer Reihe von Regeln, die sie für euch zur Orientierung festgelegt haben, geachtet und dies empfohlen.« Die britischen Beamten wischten Blut und Tränen mit Wampumgürteln weg und bekundeten ihre Anteilnahme »wegen der vielen Verluste«, die die Indianer erlitten hatten. Der Oneida-Sachem Canaghquieson antwortete entsprechend. Doch dann änderte sich die Tonlage auf schockierende Art und Weise: Johnson legte eine neue Karte auf den Tisch, die eine drastische Verkleinerung des Gebietes der Irokesen vorsah. Mit einem Federstrich verloren die Six Nations und andere indigene Nationen fast 80.000 Quadratkilometer des Ohio-Gebiets an die Briten. Als Ausgleich sollten die Indianer Waren im Wert von 10.000 Pfund erhalten. Ein Abgesandter der Six Nations stellte Johnson zur Rede und verwies dabei eindringlich auf die gemeinsame Geschichte: »Bruder, jetzt musst du, der du mit allen unseren Angelegenheiten vertraut bist, dessen bewusst sein, dass unsere Rechte sehr viel weiter nach Süden reichen.« Die Briten hörten sich den Tadel an und häuften dann noch mehr Waren auf einen bereitgestellten Tisch, während die Sachems ihre Zeichen unter die Übertragungsurkunden setzten. Damit war klar, dass in kurzer Zeit ein Ansturm auf das Land folgen würde.

Die Shawnee verließen das Treffen sofort in Richtung des Ohio-Gebiets. Sie berichteten ihren Verbündeten, Johnson habe zugegeben, dass die Six Nations zu einer Landabtretung in dieser Größenordnung möglicherweise nicht berechtigt gewesen seien. Die Shawnee verschanzten sich im Tal des Ohio und ließen den Briten eine Warnung zukommen, dass Landvermesser dort ihres Lebens nicht sicher sein würden. Drohungen, Gerüchte, Morde und Kämpfe eskalierten schließlich zu einem niemals erklärten Krieg. Johnson, der im Dienst eines bröckelnden Phantom-Imperiums stand, bemühte sich fieberhaft um die Beseitigung der Shawnee und ihrer Verbündeten. Das wäre ihm fast gelungen. Die Shawnee zogen sich zurück und wandten sich nach Westen. Einflussreiche Shawnee-Frauen, die unterschiedliche Clans repräsentierten, sprachen sich für den Frieden und politische Neutralität aus. Als die französischen Händler den Shawnee Kriegsgürtel schickten, gingen die Frauen dazwischen. Die Shawnee »gruben ein Loch in den Boden und bestatteten sie dort, um sie nie wieder hervorzuholen«.[3]

Der Vertrag von Fort Stanwix nahm eine neue Welt vorweg, aber es war nicht die Welt, die Johnson oder die Indianer haben wollten. Das Land, nicht der Handel oder die Bündnisse, sollte jetzt die Beziehungen zwischen Native Americans und den Amerikanern britischer Herkunft bestimmen. Im Verlauf der 1760er-Jahre kamen in jedem Jahr rund 15.000 Einwanderer – Briten, Schotten, Iren, Deutsche und andere – ins Land. Die Preise für Grund und Boden stiegen stark an, was für Ungewissheit und Verstimmung sorgte. Die Familien der Kolonisten hatten oft acht bis zwölf Kinder, aber nur eines von ihnen konnte den Familienbesitz erben. Die anderen erwartete ein Pächterdasein unter der Aufsicht von Großgrundbesitzern. Neuengland expandierte in einer Größenordnung von durchschnittlich 18 neu gegründeten Ortschaften pro Jahr, und Tausende von New Yorkern zogen in die Täler von Mohawk und Hudson River. Pennsylvanier – unter ihnen war auch Daniel Boone – überquerten die von der Königlichen Proklamation von 1763 gezogene Grenzlinie illegal in Richtung des Ohio-Gebiets und befuhren die Flüsse mit flachen Booten bis zu den Gebieten, die sie Ohio und Tennessee nannten. General Gage, nach wie vor Oberbefehlshaber der britischen Streitkräfte in Nordamerika, war der Ansicht, hinter dieser Entwicklung stecke systematische Korruption: »Einflussreiche Männer unterstützen diese Grenzverletzungen.«

Britisch-Amerika platzte aus allen Nähten und verlor aus indigener Sicht seine Legitimität. Der diplomatische Middle Ground, der während Pontiacs Krieg eine kurze Wiederbelebung erfahren hatte, zerfiel. Der selbstsicher auftretende Cherokee-Anführer Attakullakulla drängte die Verantwortlichen auf britischer Seite, bei Konflikten im Ohio-Gebiet zu vermitteln, wo eine Vielzahl indigener Interessen aufeinandertraf. Führende Frauen aus den Reihen der Shawnee, Wabash und Lenape, die sich verzweifelt um den Erhalt der indigenen Solidarität bemühten, drängten ihre männlichen Pendants, »alle begangenen Übergriffe zu vergessen«. Für Pontiac kam das zu spät. Ein Sachem der Peoria erstach ihn 1769 im französischen Dorf Cahokia hinterrücks. Pontiac mag einflusslos und missverstanden gestorben sein, aber das Vermächtnis seiner Vorstellung von indigenen Rechten und indigener Solidarität sollte noch über Generationen hinweg Widerhall finden, gemeinsam mit den Gedanken von Wahunsenacawh, Metacom, Thayendanegea und Tecumseh.[4]

Die Rivalitäten zwischen indigenen Nationen und europäischen Siedlern hatten sich über Generationen hinweg auf Ressourcen, Flüsse, Straßen und Respekt konzentriert – oder auf den Mangel daran. Jetzt wurde das Land zur Quelle von Konflikten. Die Koexistenz im Grenzgebiet wurde erschwert, als weiße Farmer weiter nach Westen vorstießen. Sobald Bodenspekulanten ins Spiel kamen, nahmen die Spannungen ein alarmierendes Ausmaß an. Sie kauften Land in großem Stil auf und verkauften die Besitzurkunden an einfache Siedler. Die Spekulanten, die mit Gouverneuren und ihren Gremien gemeinsame Sache machten, horteten Besitzurkunden und schufen so einen Verkäufermarkt. Im verzweifelten Bemühen, sich das Besitzrecht an ihrem Land zu erhalten, räumten Wappinger-Indianer benachbarten Siedlern in Connecticut Nutzungsrechte für Grundstücke für einen Zeitraum von 999 Jahren ein.[5]

Siedler befürchteten, dass das Land knapp werden könnte, und dieses Denken hatte für die Native Americans katastrophale Folgen. Im fruchtbaren Ohio-Gebiet klammerten sich 6000 Shawnee, Lenape und Seneca-Cayuga verzweifelt an ihr Land und ihre Dörfer. Sie lebten in Hütten mit Glasfenstern, bearbeiteten ihr Farmland mit eisernen Hacken und schlugen Holz mit Äxten aus Stahl, hielten Schweine und Kühe, jagten mit Gewehren und trugen Kleidung aus handwerklich hergestellten Stoffen. Die Briten hätten eigentlich zu dem Schluss kommen müssen, dass die Indianer ihr Land »angemessen« nutzten – und somit das entscheidende koloniale Kriterium für Zivilisation und Souveränität erfüllten –, aber das taten sie nicht. Die Siedler wollten keine indigenen Nationen als Nachbarn haben. Sie wollten ihr Land. Die Königliche Proklamation war ein wertloses Stück Papier, das aus toten Buchstaben bestand.

Die britische Armee räumte 1772 Fort Pitt und schloss damit den einzigen Standort für Großbritanniens imperiale Amtsgewalt in der Region. Siedler versuchten im darauffolgenden Jahr, Indianer aus dem Gebiet, das sie selbst Kentucky nannten, zu vertreiben. Das Machtvakuum hatte zu einem kolonialen Ansturm auf das Land geführt, was einen namentlich nicht genannten Autor der *Virginia Gazette* zu der Bemerkung veranlasste, dass »nicht einmal eine zweite Chinesische Mauer, solange sie nicht von einer Million Soldaten bewacht wird, die Besiedlung des Ohio-Lands und der damit verbundenen Gebiete verhindern könnte«. General Gage standen 7000 Mann zur Verfügung. John Murray wiederum, der 4. Earl von Dunmore und Königliche Gouverneur von Virginia, hatte ein Auge auf ein eigenes Landgut im Westen geworfen, das 40.000 Hektar (100.000 Acres) umfasste. Eine derart massive persönliche Aneignung von Land konnte er in Erwägung ziehen, weil es bis dahin nur rund 50.000 Siedler westlich der Appalachen gab – eine ausreichende Zahl, um die Indianer in Schach zu halten, aber nicht zu viele, um sein eigenes Vorhaben infrage zu stellen. Lord Dunmores Ambitionen waren von Rassismus und Klassismus geprägt: Er wollte im Ohio-Gebiet keine Native Americans und auch keine armen Weißen haben.[6]

Eine Gruppe von Bostoner Bürgern verkleidete sich am 16. Dezember 1773 als Mohawk-Indianer, bezeichnete ihr Vorgehen als Tea Party, warf Teekisten ins Bostoner Hafenwasser und rief dann eine eigene, ursprüngliche, amerikanische Identität aus, die sich von der britischen unterscheide. Die Native Americans sollten schon bald erfahren, welche Folgen die neue amerikanische Identität für sie haben würde.[7]

Brutale Hinterwäldler aus Virginia töteten im Frühjahr 1774 im Ohio-Gebiet neun Seneca-Cayuga und lösten mit dieser Mordtat einen Krieg aus. Es war ein Krieg, den nur wenige Menschen wollten, und dennoch wurde er ausgetragen, weil keine Seite zu Kompromissen bereit war. Dunmore schickte zwei – jeweils mehr als 1000 Mann starke – Miliz-Armeen in den Kampf, die die Shawnee und Seneca-Cayuga stellen sollten, und er warb Schwarze Sklaven als Soldaten an. Die Indianer entkamen, indem sie sich auf die südliche Armee konzentrierten. Soldaten der Shawnee und Seneca-Cayuga fuhren mit Flößen den Ohio hinab und landeten in der Nähe der Briten. Es folgte ein Gefecht, das im Nahkampf ausgetragen wurde, was die Indianer begünstigte, weil sie das Gelände zu ihrem Vorteil nutzten. Den Milizsoldaten gelang es, die eigene Stellung in einem heftigen Kampf Mann gegen Mann zu halten, und die verbündeten Indianer traten einen disziplinierten Rückzug an. »Ihre tapfersten Männer sicherten ab, während andere ihre Toten in den Ohio warfen«, berichtete ein britischer Offizier nicht ohne Bewunderung. Der Shawnee-Sachem Cornstalk unterzeichnete in Camp Charlotte, Lord Dunmores Hauptquartier bei diesem

Feldzug, einen Waffenstillstand mit Dunmore. Eine Auseinandersetzung, die als Lord Dunmores Krieg in die Geschichte hätte eingehen können, war mit einem Unentschieden beendet worden.

Dunmore genügte das nicht. Mit Milizionären aus Virginia stieß er ins Ohio-Gebiet vor und brannte Siedlungen der Shawnee und der Six Nations nieder. Nach britischer Darstellung hatten die Shawnee auf ihre Jagdrechte im Ohio-Gebiet und in Kentucky verzichtet, aber die Shawnee widersprachen dieser Auslegung. Koloniale Vertragsabschlüsse erfolgten im günstigsten Fall aufs Geratewohl. Dunmores Miliz nahm Fort Pitt wieder in Besitz, benannte es in Fort Dunmore um und beanspruchte für sich selbst die zivile und militärische Amtsgewalt nach dem geltenden Recht von Virginia. Der Westen fiel der Anarchie anheim. Bald darauf erschien Dunmore mit 150 Bewaffneten vor dem Gerichtsgebäude von Westmoreland County in Hannastown. Sie zerrten drei amtierende Richter für Pennsylvania aus dem Gebäude und ließen sie 320 Kilometer weit nach Staunton in Virginia marschieren. Der entschlossene indianische Widerstand hatte die Briten so weit gebracht, dass sie aufeinander losgingen.[8]

London reagierte entsetzt. Das Parlament stoppte die Landschenkungen an Siedler – eine Vorgehensweise, die viele als Verrat und Bestrafung empfanden. Großbritannien fehlte es schlicht an der exekutiven Macht, die für die Kontrolle über das Geschehen notwendig war: Seine Armee war auf 50 000 Mann geschrumpft, auf weniger als ein Drittel der Mannschaftsstärke der französischen Armee. Das Parlament verabschiedete Ende Juni 1774 das Quebec-Gesetz, das der Provinz Quebec die freie Ausübung der Religion gewährte, das französische Zivilrecht wieder in Kraft setzte und das Tal des Ohio der Provinz Quebec zuschlug. Im Herbst jenes Jahres entsandten zwölf der 13 Kolonien – Georgia konnte sich nicht entscheiden – Delegierte zum Ersten Kontinentalkongress nach Philadelphia, mit dem man dem Britischen Empire als einheitliche Körperschaft gegenübertreten wollte. Die unbesiegten Indianer sahen in dieser Konstellation eine günstige Gelegenheit und verlangten eine Grenze im Osten am Ohio, die effektiv eine ganze Reihe von westlichen Gebietsansprüchen der Küstenkolonien für nichtig erklärte und eine existenzielle Bedrohung für Siedler und Bodenspekulanten entlang der gesamten Ostküste darstellte.

Die Grenze hatte jedoch keinen Bestand. Selbst ernannte Pioniere und Bodenspekulanten, zu denen auch Daniel Boone gehörte, zog es in die fruchtbare Bluegrassregion, wo es Bisons und anderes Großwild in großer Zahl gab. Boone erschloss, begleitet von 30 Mann, im März 1775 einen Fußpfad durch das Cumberland Gap – einen Einschnitt in den Appalachen – und errichtete im oberen Kentucky Valley das einem Fort gleichende Boonesborough in einem Gebiet, in dem es nur wenige indigene Siedlungen gab. Der Pfad sollte schon bald als Wilderness Road, Wildnis-Straße, bezeichnet werden. Etwa zur selben Zeit überredete ein ehrgeiziger Bodenspekulant aus North Carolina namens Richard Henderson die Cherokee-Anführer Attakullakulla, Oconostota und Raven zum Verkauf von fast 90.000 Quadratkilometern Land für großzügig anmutende 10.000 Pfund Sterling und gründete die Transylvania-Kolonie, die sich Hunderte von Kilometern entlang des Ohio River erstreckte. Henderson hatte offenkundig sowohl die Souveränität der Cherokee als auch die Königliche Proklamationslinie verletzt und hoffte dennoch mit verblüffender Arroganz darauf, dass Transylvania, sein privates Königreich, zur 14. Kolonie von Britisch-Amerika werden könnte. Die Siedler wie auch die Indianer bewegten sich jetzt im Landesinneren so, als würde das Britische Empire nicht existieren.[9]

Die Cherokee trafen sich im Frühling 1775 mit Vertretern der Kolonialverwaltung in Sycamore Shoals im Herzen ihres landwirtschaftlich genutzten Gebiets und erstklassiger Jagdgebiete. Die Amerikaner wollten, dass die Indianer Land abtraten, einschließlich des Cumberland Gap. Dragging Canoe, ein energischer Kriegskommandeur der Cherokee, verließ das Treffen unter Protest, nachdem er das 10.000-Pfund-Angebot der Kolonisten abgelehnt hatte. Der Vorfall stand für den Beginn des Widerstandes der Cherokee, der mehr als ein halbes Jahrhundert lang anhalten sollte. Einige spirituelle Anführer der Cherokee begannen, ganz im Sinne von Neolins nativistischer Botschaft, über getrennte Schöpfungen zu predigen und verwiesen dabei auf eine rassische Hierarchie zwischen Weißen und indigenen Menschen. Zu Beginn des 19. Jahrhunderts hatten die indianischen Nationen im Süden versuchsweise mit einer panindianischen Zusammenarbeit begonnen, die sich gegen die selbst ernannten »Amerikaner« richtete, die im ganzen Südosten von der Küste ausgehend Angriffe verübten, die bis weit ins Landesinnere hineinreichten. Die Indianer töteten auch Schwarze Sklaven, weil sie diese als Teil des Kolonialapparats wahrnahmen. Die Muscogee fielen dabei besonders auf, indem sie Plantagen in der spanischen Siedlung Neu-Madrid ins Visier nahmen. Sie dachten, zu viele der dortigen Bewohner seien Virginier.[10]

Pontiacs Krieg, der Vertrag von Fort Stanwix, Lord Dunmores Krieg und Hendersons Landkauf waren Teile eines umfassenderen Handlungsmusters. Die Briten, mit ihrer langen Vorgeschichte der Furcht vor und des Hasses auf die Indianer, bewegten sich in Richtung der Beseitigung der indigenen Völker innerhalb und jenseits der eigenen Grenzen. Dieser Impuls war von der Krise zwischen London und den Siedlern, die sich zunehmend verschärfte, enorm verstärkt worden. Während die Indianer und die Siedler im Landesinneren ihre Konflikte austrugen, kämpften die 13 Kolonien um ihre Rechte als Mitglieder des Britischen Empires. Sie hatten gegen die Königliche Proklamation protestiert, gegen die verhassten Zucker- und Stempelsteuer-Gesetze (Sugar Act, Stamp Act), gegen die Townshend Acts und den Declaratory Act, denn mit dem zuletzt genannten Gesetz wurde die uneingeschränkte britische Souveränität über die Kolonien beansprucht. Die Bewohner der Kolonien waren schockiert über die von ihnen als »Boston Massacre« (»Massaker von Boston«) bezeichneten Zusammenstöße vom 5. März 1770, bei denen britische Soldaten fünf Männer erschossen, und ihre Händler fühlten sich von der britischen Steuerpolitik ausgenutzt. Die Gefechte von Lexington und Concord am 18. und 19. April 1775 führten fast zwangsweise zur Rebellion.

Das Jahr 1775 war auch für Native Americans ein Schicksalsjahr. Im Mai beklagte der Rat von Tryon County, einer deutschsprachigen Frontier-Gemeinde im westlichen New York, dass die eigenen Siedler sich im Umgang mit ihren indigenen Nachbarn unbehaglich fühlten, »die wir am meisten fürchten, denn es geht im County gegenwärtig ein Bericht um, dass sie benutzt werden sollen, um uns dauerhaft einzuschüchtern«. Als die 13 Kolonien sich ein Jahr später vom Britischen Empire lossagten, bezeichnete die Unabhängigkeitserklärung die Native Americans als »unbarmherzige wilde Indianer«, was auf der Annahme beruhte, dass die Indianer loyal zu den Briten stehen würden. Dem Aufklärer Thomas Paine fiel in seiner radikalen Schrift *Common Sense* zu den Native Americans nicht mehr als ein grober Vergleich ein: »Der nackte und ungebildete Indianer [ist] weniger ein Wilder als der König von England.« John Adams wies Thomas Jefferson darauf hin, dass »Macht immer dem Eigentum folgt«. Indigene Nationen waren von Anfang an notwendige und mehrdeutige Akteure im Krieg, sei es nun auf dem Schlachtfeld oder als Requisiten für Propaganda.[11]

Für Native Americans gab es verschiedene Möglichkeiten, mit dem Konflikt umzugehen, manche zogen sogar Nutzen daraus. Die Stockbridge-Indianer, die im Grenzgebiet von Massachusetts lebten, erklärten sich noch vor Kriegsbeginn freiwillig bereit, als Minutemen zu dienen, als jederzeit einsatzbereite Milizsoldaten. Sie waren seit Metacoms Krieg Ende der 1670er-Jahre von den Briten, die sich den größten Teil des Landes im Südwesten von Massachusetts einfach nahmen, nach und nach enteignet worden. In den 1740er-Jahren hatten sich Missionare der Herrnhuter Brüdergemeinde, einer ursprünglich in Sachsen beheimateten pietistischen Glaubensgemeinschaft, die Indianer als Verwandte und als ihresgleichen betrachtete, mit christlichen Mahican zusammengetan, um eine Missionsstation in der Kleinstadt Stockbridge zu betreiben. Aus dem Chaos des Siebenjährigen Krieges und des mit rassistischen Spannungen verbundenen Pontiac-Krieges waren die Mahican völlig verarmt hervorgegangen. Für die 300 noch verbliebenen Stockbridge-Indianer war der Unabhängigkeitskrieg eine Gelegenheit, Land zurückzugewinnen und sich selbst von den herrischen Six Nations zu lösen. Im Frühjahr 1775 schlossen sich 17 Stockbridge-Soldaten in Cambridge George Washingtons Truppen an, was General Gage zu folgender Notiz veranlasste: »Die Rebellen haben selbst die Tür geöffnet; sie haben all die Wilden, die ihnen zur Verfügung standen, gegen uns in Stellung gebracht; ihre Schützen feuern ständig auf unsere vorgeschobenen Wachposten.« Die Six Nations, Cherokee, Choctaw und andere große Nationen konnten bei der Eindämmung des Kolonialismus auf ihr diplomatisches Geschick und ihre militärische Macht setzen, während die Stockbridge-Indianer der Enteignung entgingen, indem sie sich selektiv bei den Kolonisten einfügten.[12]

Die Neuengland-Miliz begann Ende April 1775, nach den Gefechten in Lexington und Concord, mit der Belagerung Bostons und der dortigen Garnison. Der Beginn des Unabhängigkeitskrieges hatte Symbolwert: Von Anfang an wurde eine ganze Reihe von lokalen Kriegen mit zahlreichen Beteiligten ausgetragen. Die Mehrheit der indigenen Nationen wollte mit dem Krieg nichts zu tun haben, aber manche nahmen ihn als eine Gelegenheit wahr, die alte Strategie wiederzubeleben, bei der eine Kolonialmacht gegen die andere ausgespielt wurde. Und einige wurden einfach in den Konflikt hineingezogen. Eine Nichtbeteiligung war nahezu unmöglich, weil der größte Teil der Kämpfe auf indigenem Land ausgefochten wurde. Der Kontinentalkongress gab im Dezember 1775 bekannt, dass »die Indianer von St. Francis, Penobscot, Stockbridge und St. John's sowie andere Stämme in dringenden Fällen einberufen werden können und dass die Vergabe von Geschenken an sie sowohl passend als auch angemessen ist«. Es war eine wohlüberlegte Geste gegenüber den Native Americans – die meisten in die Armee aufgenommenen Männer waren christliche Indianer aus kleinen Nationen –, aber schon bald wurde dies zu einer gängigen Politik.[13]

Die amerikanischen Patrioten, wie sie sich jetzt nannten, akzeptierten, dass sie sich ohne indianische Verbündete nicht durchsetzen konnten, ohne die überlegene indigene Kenntnis des Terrains und ohne indigene Waffen, insbesondere Kriegsbeile, also wandten sie sich, wie es die meisten Kolonialmächte gehalten hatten, an die Six Nations. Die Irokesen waren, obwohl ihre Zahl stark abgenommen hatte, immer noch eine bedeutende Nation, was ihrer moralischen Autorität und ihrer zentralen Stellung zwischen dem kolonialen Osten und dem indigenen Westen geschuldet war. Aber die Six Nations waren jahrzehntelang neutral gewesen. Als ein britischer Beamter Anfang Juni 1776 in Fort Niagara verkündete, ein britischer Sieg sei unausweichlich, und anschließend den Seneca-Anführer Flying Crow bat, sich den Briten bei ihrem Kampf gegen die Patrioten anzuschließen, wies Flying Crow das Ansinnen zurück und spottete: »Wenn ihr so stark seid, Bruder, und die so schwach wie ein kleiner Junge, warum bittet ihr dann um unsere Hilfe? (…) Du sagst, dass sie alle verrückt sind, närrisch, bösartig und hinterlistig – ich sage, dass ihr so seid und dass sie klug sind, denn ihr wollt, dass wir uns in eurem Krieg selbst vernichten, und sie raten uns, in Frieden zu leben.« Die Six Nations würden nicht in den Krieg eintreten. Der Seneca-Sachem Kayashuta sagte es unverblümter: »Wir müssten tatsächlich Narren sein, wenn wir glauben würden, dass diejenigen, die uns in einen unnötigen Krieg hineinziehen wollen, uns oder unser Interesse im Blick haben.«[14]

Flying Crows Neutralität war für die Patrioten wie auch für die Briten gleichermaßen ein Dilemma. Der Kontinentalkongress hatte bereits beschlossen, sich um militärische Bündnisse mit Native Americans zu bemühen, und die Briten benötigten indigene Verbündete für eigene Angriffe und für die Verteidigung ihrer Forts im Gebiet der Großen Seen. Die Briten wollten zermürbende und demütigende Belagerungen, die sie im Siebenjährigen Krieg und in Pontiacs Krieg erlebt hatten, unbedingt vermeiden. Britische Offiziere hofften auf den Aufbau einer massiven schützenden Peripherie entlang der Grenzen von New York, Pennsylvania, West-Virginia und Kentucky und setzten dabei auf mobile indigene Soldaten mit genauesten Kenntnissen des Terrains, auf dem gekämpft wurde. Im günstigsten Fall könnte es den Briten so gelingen, die Kontinentalarmee an der Atlantikküste zu isolieren. Zumindest konnten sie George Washington, den Oberbefehlshaber der Kontinentalarmee, zwingen, seine Streitkräfte aufzuteilen. Die Six Nations sahen den britischen Plan kritisch.

Die Amerikaner konnten die mittlerweile zahlenmäßig sehr viel kleineren indigenen Nationen jetzt einfach zwingen, Soldaten bereitzustellen. Gemessen am Bevölkerungsanteil kämpften in diesem Krieg in den Streitkräften der Patrioten mehr Indianer als Neuengländer. Aber bei den indigenen Nationen, die aufseiten Neuenglands kämpften, zeigte sich auch ein subversiver Zug. Die Mohegan-Geistlichen Samson Occom und Joseph Johnson rekrutierten rund 160 Kilometer westlich von Albany Gefolgsleute unter den Pequot, Narragansett, Niantic, Mohegan und Montauk für ein unabhängiges indigenes Reich, das sie *Eeyawquitoowauconnuck*, »Bruderstadt«, nannten. Occom und Johnson zogen eine rassische Trennlinie zwischen indigenen »Brüdern« auf der einen und den Briten auf der anderen Seite und hofften dabei auf einen geschützten Raum unter der Schirmherrschaft der Oneida. Occom war der Sache der Patrioten oberflächlich verbunden, aber er verurteilte die aggressiven Methoden, derer sich die Briten wie auch die Patrioten bedienten, um die Indianer dazu zu zwingen, sich ihnen anzuschließen. »Es tut mir außerordentlich leid, die weißen Menschen auf beiden Seiten zu sehen, die ihren Einfluss auf die armen Indianer dazu benutzen, um sie auf ihre Seite zu bringen, ich wünschte, dass sie die armen Indianer in Ruhe ließen. (…) Was haben sie mit euren Streitigkeiten zu schaffen?« Brothertown, Bruderstadt, war der Name eines Stützpunkts und zugleich einer Bewegung, sie gab einer wachsenden panindianischen Widerstandsbewegung gegen den britischen und amerikanischen Imperialismus starken Auftrieb.[15]

Im Frühlingsanfang 1776 knüpften militante Frauen der Irokesen,

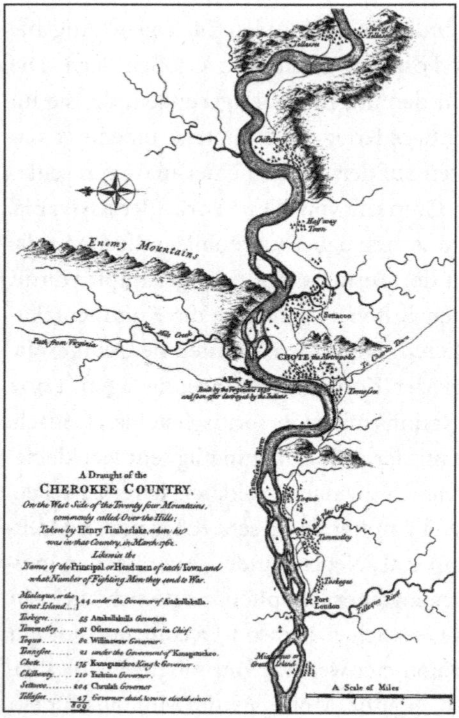

»A Draught of the Cherokee Country« (»Eine Skizze des Cherokee-Landes«), von Leutnant Henry Timberlake, 1762

Shawnee und Odawa gewaltige Wampumgürtel – der größte war neun Fuß (2,75 Meter) lang –, mit denen sie andere indigene Nationen zum Krieg aufforderten. Dragging Canoe ignorierte in jenem Sommer die Bedenken der Cherokee-Ratsversammlungen hinsichtlich eines panindianischen Widerstands und nahm einen Kriegsgürtel der Shawnee an. Er plante einen Angriff auf die Amerikaner in den westlichen Countys von North und South Carolina und war entschlossen, Siedler vom Territorium der Cherokee im Overhill-Gebiet westlich der Appalachen fernzuhalten. Chota, die Hauptstadt der Cherokee Nation – die ein Kolonialoffizier als »die Metropole« des Cherokee-Landes bezeichnete –, entwickelte sich zu einem militärischen Nervenzentrum für die probritisch eingestellten Armeen der Shawnee, Lenape, Odawa und Mohawk. Dragging Canoe führte 500 Soldaten über die Berge und zerstörte alle kolonialen Siedlungen westlich des südlichen Teils der Appalachen. Ein kleineres Cherokee-Kontingent machte drei weibliche Gefangene, eine davon war Daniel Boones Tochter, die noch im Teenageralter war. Doch die Attacken schreckten die Siedler nicht ab, der Krieg kam mit ganzer Härte zurück in das Land der Cherokee. Im Spätsommer und Herbst 1776 fielen 6000 Milizionäre aus Virginia und South Carolina in das Cherokee-Territorium im Overhill-Gebiet ein, zerstörten die Mehrzahl der dort bestehenden 43 Ortschaften und zwangen die 8000 Menschen zählende Cherokee Nation zu Landabtretungen an beide Kolonien, die mittlerweile durch die Unabhängigkeitserklärung zu Staaten geworden waren. Die weiter westlich lebenden Muscogee und Choctaw blieben während des gesamten Krieges neutral und behielten ihre Territorien.[16]

Die noch jungen Vereinigten Staaten waren nach dem Krieg alles andere als sicher, und sie kämpften darum, sich zu einer Nation zu vereinigen. Der Unabhängigkeitskrieg war vorbei, aber die innen- und außenpolitischen Spannungen hielten an. Farmer, Arbeiter in den Städten und Siedler in den Grenzgebieten lebten weiterhin in einem Zustand des Aufruhrs, denn ihre Lebensgrundlagen und ihre Sicherheit wurden weiterhin von Indianern bedroht, zu deren Unterdrückung der neue amerikanische Staat nach wie vor zu schwach war. Die neue Zentralregierung wurde von den Kriegsschulden beinahe erdrückt, die Briten hielten noch eine große Zahl von Forts im Ohio-Gebiet, das Geld der Vereinigten Staaten war so gut wie wertlos, und es gab nur zwei Straßenverbindungen – die Braddock's Road und die Forbes Road –, die bis zum Westen des Kontinents jenseits des Mississippi reichten. Geopolitisch beließ der Pariser Frieden von 1783 die Vereinigten Staaten in einem Schwebezustand, denn dieser Vertrag löste so gut wie keines der Probleme, die den Krieg ausgelöst hatten, und die einzelnen Gründerstaaten betrieben weiterhin eine eigenständige Außenpolitik. Die doppelte Bedrohung durch Indianer und Briten drängte die Bundesregierung zur Erweiterung ihrer steuerlichen und militärischen Machtbefugnisse. Die neue Republik konnte, nachdem sie sich auf einen Expansionskurs festgelegt hatte, mit einem einzigartigen Vorteil aufwarten: Ihre explosiv anwachsende Bevölkerung näherte sich der Zwei-Millionen-Marke.[17]

Die von Payamataha – dem Kriegspropheten – angeführten Chickasaw stellten sich auf die Seite der Briten. Payamataha war Jahrzehnte zuvor in einem Gefecht mit den Franzosen verwundet worden und hatte sich zu einem treuen Verbündeten der Briten entwickelt. Er verurteilte die Franzosen, ihre Geschenke und ihre geschmeidige Diplomatie, und griff sie nach wie vor an und tötete sie. Als er vom Kämpfen genug hatte, behauptete er, 40 französische Soldaten getötet zu haben. Dann begann er ein neues Leben als Friedensstifter. Payamataha, ein charismatischer und kluger Anführer, mobilisierte die Chickasaw Nation gegen die Franzosen in einer Doppelrolle als »oberster führender Krieger der Nation, im Umgang mit allen Nationen«. Als Pragmatiker erkannte er, dass die Chickasaw, die nur 1700 Menschen zählten, einen längeren Krieg nicht überstehen konnten. Er übernahm die Rolle eines Diplomaten und schmiedete Bündnisse mit den Choctaw, Cherokee, Catawba und Quapaw. Dabei stützte er sich ganz besonders auf die Chickasaw-Frauen, deren Gastfreundschaft und Ansehen die Bündnisse mit Leben erfüllten. Payamataha war kein nativistischer Anführer im Stil von Pontiac. Sein Ziel war ein universeller Frieden im gesamten Landesinneren. Er war nicht der Ansicht, dass die Welt in verschiedene Rassen unterteilt sei, in indigene und nicht-indigene Amerikaner; die einzige bedeutsame Unterscheidung war für ihn die zwischen Chickasaw und Nicht-Chickasaw. Er hielt sich die Kolonialmächte vom Leib und verhandelte mit ihnen über den obersten Anführer, Mingo Houma. Die Unabhängigkeit der Chickasaw war in den 1770er-Jahren bemerkenswerterweise besser abgesichert als in der vorhergehenden Generation.[18]

Im Januar 1777, während des verheerenden Krieges, trat einer der bedeutendsten Wendepunkte der amerikanischen Geschichte ein, durch den nahezu alle Kriegsstrategien mit einem Schlag infrage gestellt wurden. Die Six Nations löschten ihr zentrales Ratsfeuer rituell und zum ersten Mal in der Geschichte des Bündnisses. Das geschah abrupt und löste Schockwellen aus. Das Reich der Irokesen existierte plötzlich nicht mehr. Eine Epidemie war ausgebrochen, und die leidenden und sterbenden Irokesen gerieten untereinander in Streit. Ihre Konföderation zerfiel in gegensätzliche Fraktionen. Die Tuscarora verbündeten sich mit den jungen Vereinigten Staaten; die Oneida bemühten sich um Neutralität, stießen aber letztlich mit den Mohawk zusammen und brannten deren Städte nieder. Auch die Onondaga versuchten, neutral zu bleiben, stellten sich aber schließlich auf die Seite der Briten. Die Seneca, die zwischen die Fronten geraten waren, erlitten schwere Verluste. Die katastrophale Schwächung der Six Nations durch einen Bürgerkrieg eröffnete den Amerikanern beispiellose strategische Optionen. Der Ohio River bildete 1777 eine Grenze zwischen den amerikanischen Staaten an der Atlantikküste und den Indianern im Ohio-Gebiet. Die Irokesen hatten vier Jahrhunderte lang sowohl mit indigenen als auch mit Kolonialmächten gekämpft und dabei den Kontinent gründlicher und dauerhafter geprägt als jede andere Gruppe oder Nation.[19]

Mit dem Ausscheiden der Six Nations aus dem aktuellen Geschehen verlagerte sich der Krieg nach Westen, und das Ohio-Gebiet wurde zum Brennpunkt des Konflikts. Die Amerikaner brauchten Stabilität im Westen, um ihre Position im Osten zu sichern, und die Indianer waren ihnen dabei im Weg. In dieser Situation fiel dem Fort Niagara eine besondere Bedeutung zu. Das Fort diente – durchweg und zugleich – als militärisches Hauptquartier, als Handelsposten, Nachschublager, Flüchtlingszentrum, Beratungsort und als Middle Ground im Miniaturformat, in dem Menschen, Ambitionen und Ideen sich vermischten. Es war außerdem noch das Hauptquartier des neuen britischen Superintendenten für Indianerangelegenheiten, Guy Johnson – Sir Williams Neffe –, dessen diplomatische Manöver ebenso ambitioniert waren wie die seines Onkels früher. Britische Offiziere versorgten die Indianer mit Schusswaffen und Schießpulver und unterstützten damit Soldaten der Shawnee, Lenape, Seneca-Cayuga, Wyando und Cherokee, die in Kentucky, Pennsylvania und im Westen Virginias Hunderte von Siedlern töteten. Auf amerikanischer Seite übernahmen jetzt lokale Milizen, die sich über das zaghafte Vorgehen der regulären eigenen Soldaten empörten, eine bedeutendere Rolle.[20]

Unterdessen begannen die Shawnee und Lenape im Ohio-Gebiet mit den Patrioten zu verhandeln und hofften dabei auf ein Abkommen, das zu einer Koexistenz führen würde. Die Patrioten behandelten die Lenape würdevoll, immer darauf bedacht, sie nicht gegen sich aufzubringen. Die Lenape wollten ihrerseits die westwärts drängenden Amerikaner nicht beseitigen, sondern in die bestehende Gemeinschaft eingliedern. Die Lenape-Sachems White Eyes und Killbuck schlugen gemeinsam mit dem Shawnee-Sachem Cornstalk in Fort Pitt eine politische Partnerschaft, einen intensiveren Handel und gemeinsame Bildungsprogramme vor. Sie banden die Amerikaner enger an sich, um eine friedliche Koexistenz zu fördern. White Eyes und Killbuck schickten ihre Kinder auf ein College in New Jersey und hofften, durch eine solche Initiative gegenseitiges Verständnis und Toleranz zu schaffen. Aber sie hatten das Ausmaß des Indianerhasses bei den Patrioten unterschätzt. Mitglieder einer Bürgerwehr ermordeten Cornstalk noch im Jahr 1777. Die Kontinentalarmee schloss rasch einen Vertrag mit den Lenape und versprach der Nation eine politische Vertretung im Kongress. Die Seminolen, ein ethnisch gemischtes Volk aus Florida, unternahmen 1777 einen sorgfältig koordinierten Angriff auf Fort MacIntosh im Osten Floridas. Die Briten versäumten es, die immer noch junge Nation der Seminolen dafür zu bestrafen, und die Konsequenzen daraus sollten noch über mehrere Generationen hinweg zu spüren sein.

Im Verlauf des ersten Kriegsjahrs erwiesen sich die Patrioten sowohl im Kampf als auch in der Diplomatie als ineffektiv. Die Schlacht von Oriskany, der im August 1777 ausgetragene Kampf um die Kontrolle über das Hudson Valley – eine der blutigsten Auseinandersetzungen des gesamten Krieges –, blieb ohne klares Ergebnis. Obwohl das zentrale Ratsfeuer gelöscht worden war, engagierten sich die verschiedenen Irokesen-Nationen weiterhin im Kampfgeschehen. Die Oneida und einige Tuscarora hatten dabei auf der Seite der Patrioten gekämpft, während die von Thayendanegea – Joseph Brant – angeführten Mohawk die Briten unterstützt hatten. Molly Brant, eine begeisternde moralische Anführerin, die die Amerikaner hasste – sie hatten ihre Familie aus dem Mohawk Valley verbannt –, warnte die Loyalisten vor einer heranrückenden Miliz der Patrioten. Man erzählte sich, dass »ein Wort von ihr bei ihnen mehr bewirkt als eintausend Worte von irgendeinem weißen Mann«. Sie wusste, dass nur ein Sieg auf dem Schlachtfeld die Zukunft der Oneida sichern würde. Deshalb drängte sie die eigenen Soldaten, in den Kampf zu ziehen, und beauftragte ihren Bruder mit pausenlosen Angriffen auf amerikanische Siedlungen in den Tälern des Hudson und des Susquehanna. Ihr Bruder unternahm diese Angriffe gemeinsam mit britischen Loyalisten, die sich »Brants Freiwillige« nannten. Die Zeit drängte. Joseph Brant und der Mahican-Anführer Hendrick Aupaumut bedienten sich der Metapher vom »gemeinsamen Topf«, um das Gleichgewicht in den indigenen Lebensräumen wiederherzustellen.

Etwa zur gleichen Zeit teilten sich die Shawnee in eine militante antiamerikanische Fraktion und in Neutrale, die sich mit einiger Vorsicht den Briten annäherten. Die verbündeten Ohio-Indianer attackierten Siedlungen in Kentucky mehrere Jahre lang methodisch und mit einer Aggressivität, die nahezu spiegelbildlich an das Vorgehen der Patrioten erinnerte, töteten Menschen, brannten Felder nieder und zwangen so die bald darauf hungernden Kolonisten zum Rückzug in drei kleine Forts. Boone wurde gefangen genommen und ließ sich vom Shawnee-Sachem Blackfish adoptieren. Er akzeptierte fügsam seinen indigenen Vormund. Andere Siedler machten Jagd auf die Indianer. Männer unter dem Kommando von General Edward Hand erschossen und skalpierten im Frühjahr 1778 sechs Lenape und Munsee – einen Mann, vier Frauen und ein Kind. Die Gräueltat ließ sich nur durch Furcht und Hass erklären. Eine Reihe von Lenape schloss sich den Odawa, Potawatomi und Miami an, auch zu gemeinsamen Kriegsgesängen. Pennsylvania setzte eine Prämie von 100 Dollar für Indianerskalps aus. Das Ohio-Gebiet war unregierbar geworden. Die amerikanische Art der Kriegführung war amateurhaft, zügellos und ineffizient. Ein Loyalist verspottete die Kriegsanstrengungen der Patrioten, indem er darauf hinwies, wie die Angriffe der Indianer »die lang gestreckte Grenze am Ohio in ein Häufchen Asche verwandelt« hätten.[21]

Eine ähnliche Dynamik entwickelte sich in Kentucky und Pennsylvania, wo mehrere indigene Nationen immer wieder Siedlungen im Grenzland angriffen, was Oberst George Rogers Clark, einen Landvermesser in Virginia und Milizoffizier, zu Strafexpeditionen motivierte. Clark hatte in Kriegen mit den Indianern einige Verwandte verloren und wollte die Indianer vernichten. Er begab sich auf einen persönlichen Rachefeldzug und verkündete, dass »er damit rechne, in Kürze zu erleben, dass die ganze Rasse der Indianer ausgerottet würde, dass er persönlich von ihnen weder Mann, Frau noch Kind verschonen werde, die ihm in die Hände fallen sollten«. Das war keine leere Drohung. Als Clark bei einem Kriegszug in der Nähe des von den Briten verteidigten Forts St. Vincent im Illinois-Gebiet einige Indianer gefangen genommen hatte, ließ er sie in Sichtweite des Forts hinrichten, und die Briten konnten dem Gemetzel aus sicherer Entfernung zusehen. Ein junger Odawa-Sachem, der »den tödlichen Streich eines Tomahawks auf dem Kopf empfangen hatte, zog das Beil wieder heraus und gab es in die Hände seines Henkers zurück«, dem er mit dieser Geste seine Geringschätzung zeigte.[22]

Spanien erklärte Großbritannien am 21. Juni 1779 den Krieg, was John Stuart, den britischen Superintendenten für Indianerangelegenheiten für den Südlichen Bezirk, dazu veranlasste, sich an die Chickasaw und Choctaw zu wenden. Er wollte sie dazu überreden, als Wächter des Mississippi zu dienen und auf dem Fluss zu patrouillieren, um dort nach Patrioten Ausschau zu halten. George Washington und sein Kabinett, die gleichzeitig damit beschäftigt waren, indigene Soldaten anzuwerben und zu besiegen, begannen einen Feldzug der verbrannten Erde gegen die Seneca, die sie für die militanteste unter den Six Nations hielten. Washington bot im Herbst 1779 5000 Soldaten gegen die Seneca auf. Der Feldzug war ein durchschlagender Erfolg: »Vierzig ihrer Städte wurden eingeäschert, einige davon waren groß und geräumig angelegt, allein diejenige der Chenissee – die Burg Genesee, eine Festung der Seneca – bestand aus 128 Häusern. Ihre Maisernte ist vollständig vernichtet worden.« Der Angriff machte 5000 Menschen zu Flüchtlingen, sie flohen zum Niagaratal, wo sie sich auf 13 Kilometern Länge am Flussufer verteilten. Hunderte starben an Krankheiten und Hunger. Es war außerdem ein direkter Angriff auf die Frauen der Irokesen, »die die wahrhaftigsten Eigentümerinnen waren, weil sie die Personen waren, die auf den Feldern arbeiteten«. Die Mohawk und Onondaga hatten weite Landstriche verloren und neigten jetzt noch stärker den Briten zu, während die Oneida am Oberlauf des Mohawk River als Puffer für die Briten fungierten. Im Gegenzug erhielten sie Besitzgarantien für ihr Land. Washington war der Ansicht, dass sich die Dynamik jetzt entscheidend verschoben habe; das Gebiet der Six Nations »ist überrannt und verwüstet worden«, sagte er.[23]

Im Winter 1779/80 wurden die mit den Briten verbündeten Indianer großzügig mit Gewehren und Schießpulver ausgerüstet und zerstörten amerikanische Siedlungen entlang eines riesigen Grenzlandstreifens, der in Nord-Süd-Richtung von New York über Pennsylvania und den Westen Virginias bis nach Kentucky und auf der Ost-West-Achse vom Alleghenygebirge bis zum Mississippi reichte. Britische Offiziere hofften, das Hauptkampfgebiet nach Westen verlagern und so die eigenen an der Ostküste operierenden Armeen entlasten zu können. Die Ojibwe, Lenape, Mahican, Miami und Meskwaki schlossen sich den Mohawk, Onondaga, Cayuga und Seneca in einem gewaltigen britisch-indigenen Bündnis an. Diese indigenen Soldaten waren keine Hilfstruppen, die der britischen Armee zur ergänzenden Unterstützung der eigenen Kampfverbände dienten. Sie kämpften aus eigenen Gründen, mit ihren eigenen Methoden und unter eigenen Führern; sie führten ihren eigenen Krieg im Rahmen des großen Krieges und waren dabei entschlossene Verteidiger der eigenen Souveränität. Ihre mobil operierenden Soldaten setzten auf Hinterhalte, Rückzüge, Umgruppierungen, Belagerungen und, wenn es nötig war, auf Frontalangriffe. Dort, wo sie die britischen Truppenbewegungen und Einsätze unterstützen, erwarteten sie, belohnt zu werden. »Die Indianer haben sich daran gewöhnt, so großzügig bedacht zu werden, sodass ihre Forderungen jetzt keine Grenzen mehr kennen«, klagte ein verzweifelter britischer Offizier. Die Irokesen begannen George Washington als *Hanadagá:yas*, »Dorfzerstörer«, zu bezeichnen.[24]

Britische Truppen und probritische Soldaten der Irokesen vertrieben die Oneida aus dem Mohawktal, brannten ihre Dörfer nieder und zerstörten die wichtige Pufferzone, die amerikanische Siedlungen geschützt hatte. Clark hatte es eilig, weil er wusste, dass britische Truppen unter dem Befehl von Vizegouverneur Henry Hamilton versuchen würden, sich gleich im Frühjahr 1780 im Illinois-Gebiet festzusetzen. Beide Armeen mussten, um ihre Zielgebiete zu erreichen, in den Middle Ground vorstoßen, wo sie nur operieren konnten, indem sie sich der indigenen Diplomatie bedienten. Clark umwarb den Piankashaw-Sachem Grand Coete, anstatt ihn zu töten, und verglich den Sachem mit Pontiac. Er konnte es sich nicht leisten, Native Americans, denen er jetzt gegenübertrat, gegen sich aufzubringen, und sichtlich voller Unbehagen verkündete er: »Ihr mögt einen anderen Eindruck haben, aber [ich] dachte immer, dass wir uns im Umgang mit den Indianern der falschen Methode bedienten, und bemühte mich, so bald wie möglich mit der französischen und spanischen Vorgehensweise vertraut zu werden, die der unseren vorzuziehen sein muss. Ansonsten könnten sie unmöglich einen so großen Einfluss bei ihnen haben.« Mit einer neuen Denkweise und einer geeigneten Wortwahl schloss Clark Bündnisse mit den Kaskaskian, Kickapoo und Peoria. Die britische Miliz in Fort Sackville ließ Hamilton im Stich, und die Patrioten nahmen das Fort ein und gaben ihm den alten Namen zurück, Vincennes. Jedes Manöver, so energisch oder kreativ es auch ausfallen mochte, schien den Krieg nur weiter in die Länge zu ziehen. Dutzende von indigenen Kampfgruppen verließen 1781 und 1782 Fort Niagara. Ein Beamter in Fort Pitt beklagte, dass »man seinen Sklaven keine 100 Yards weit schicken konnte, ohne dass er skalpiert wurde«. Die amerikanische Macht und Präsenz im Ohio-Gebiet erlebte einen raschen Niedergang.[25]

Während die Patrioten und die Briten noch an zahlreichen Schauplätzen miteinander kämpften, hatten die Soldaten die Pocken verbreitet, was zu lokalen Ausbrüche der Epidemie in Quebec, Boston und im Gebiet der Großen Seen führte. Die Pocken zogen mit den marschierenden Armeen der Briten und der Patrioten von Quebec aus südwärts und von Pensacola aus entlang der Ostküste nach Norden. Die Briten waren 1781 voller Siegeszuversicht und lagerten in den Forts Niagara, Detroit und Michilimackinac Geschenke für die Indianer im Gesamtwert von 100.000 Pfund Sterling; allein in Fort Niagara gab man 27.000 Gallonen Rum pro Jahr an die Indianer aus. Doch als eine Epidemie in den Reihen von Lord Dunmores »Äthiopischem Regiment« ausbrach, einer Einheit von loyal zur britischen Herrschaft stehenden Afroamerikanern, die aus der Sklaverei geflohen waren und sich der britischen Armee bei einem Marsch quer durch den Süden angeschlossen hatten, veränderte sich der Kriegsverlauf. Im Oktober saßen General Charles Cornwallis und die britische Hauptstreitmacht in Yorktown auf der Virginia-Halbinsel hoffnungslos in der Falle. Eine angekündigte Flotte aus New York war von französischen Schiffen abgefangen worden, Dunmores afroamerikanische Verbündete starben an den Pocken, und seine regulären Soldaten erlagen der Malaria. Cornwallis kapitulierte am 19. Oktober 1781 und beendete damit den amerikanischen Unabhängigkeitskrieg.[26]

Großbritannien mochte aus dem Krieg ausgeschieden sein, doch die Native Americans kämpften weiter. Ihr Unabhängigkeitskrieg war noch nicht entschieden, und im Jahr 1782 kam es im Tal des Ohio zu einigen der erbittertsten Kämpfe überhaupt in diesem Konflikt. Kämpfergruppen der Shawnee, Lenape und Seneca-Cayuga töteten in Kentucky fast 900 Siedler. Britische Truppen hielten im Pays d'en haut noch einige Forts und bekamen es dort mit Indianern zu tun, die nach wie vor nostalgische Gefühle für Onontio und französische Händler, französische Geschenke und französische Nachdenklichkeit hegten. Die Nostalgie war einerseits real, andererseits diente sie dazu, britischen Beamten Angst einzujagen, sie zu Zugeständnissen zu nötigen und den stetigen Zustrom von Handelswaren zu befördern.

Major Arent DePeyster, der Kommandeur von Fort Detroit, entschuldigte sich 1782 bei seinem Vorgesetzten für die Tatsache, dass die Indianer »keiner besseren Disziplin unterliegen«. Das liege nicht an mangelndem

Bemühen: »Ich habe hart daran gearbeitet, sie so weit zu bringen, finde es jedoch insgesamt unmöglich, ihr Wesen zu ändern. Ich rufe sie zusammen, erhalte gefällige Zusagen und schicke sie los, aber sobald sie außer Sichtweite sind, kann der geringfügigste Anlass sie vom ursprünglichen Plan abbringen.« DePeyster sprach es nicht aus, aber sein Bericht erfasste die Tatsache, dass die Native Americans auch nach 25 Jahren, in denen fast ununterbrochen Kriegszustand herrschte, immer noch das Binnenland des Kontinents kontrollierten.[27]

Der Siebenjährige Krieg, Pontiacs Krieg, Lord Dunmores Krieg und der Unabhängigkeitskrieg waren für die Briten ein einziger, zwanzig Jahre andauernder Konflikt, der darauf abzielte, ihre Hegemonie in Nordamerika zu erhalten und noch auf die Karibik und den Atlantik auszuweiten. Der Pariser Frieden von 1783 machte diese seit Langem bestehende Ambition zunichte. Die 13 Kolonien wurden vom Britischen Empire abgetrennt und als die Vereinigten Staaten von Amerika anerkannt. Native Americans waren nicht zu den Friedensverhandlungen eingeladen worden, und sie wussten vorab, dass sie unangenehme Ergebnisse zu erwarten hatten. Als die Nachricht dann eintraf, waren sie dennoch schockiert und entsetzt. Der Vertrag sprach den Vereinigten Staaten ein riesiges Territorium zwischen den Appalachen und dem Mississippi zu, einschließlich der südlichen Großen Seen. Die Vereinigten Staaten waren mit einem Schlag zu einem Imperium geworden, das Gebiete weit jenseits seiner realen Grenzen für sich beanspruchte. Der Wandel erfolgte so abrupt, dass Jefferson, der sonst verbal äußerst schlagfertig war, für eine Definition des neuen Imperiums mehrere Jahre brauchte. Er nannte es ein »Reich der Freiheit«. Für die meisten Native Americans war es ein brutales Räuberregime.[28]

Europäische Zeitgenossen werteten den Vertrag von 1783 als entscheidenden Wendepunkt in der Geschichte des nordamerikanischen Kontinents, der für die Native Americans verhängnisvolle Folgen hatte, denn sie konnten die rivalisierenden Kolonialmächte jetzt nicht mehr gegeneinander ausspielen. Diese Einschätzung der Situation beruhte auf Wunschdenken. Die noch jungen Vereinigten Staaten mochten zwar den Anspruch auf ein riesiges Stück indigenen Territoriums erhoben haben, aber sie kontrollierten nur einen sehr kleinen Teil davon. Native Americans, die sich sowohl mit den Patrioten als auch mit Großbritannien verbündet hatten, war es gelungen, ihre territoriale Vorherrschaft in Nordamerika während des langen Krieges zu bewahren. Die Region der Großen Seen und fast der gesamte Westen jenseits des Mississippi blieben unter indigener Herrschaft, was für das Britische Empire katastrophale Folgen hatte: Britische Besitztümer blieben auf das Gebiet nördlich des Ohio River beschränkt, sodass die Briten von den wichtigsten Handels- und diplomatischen Netzen isoliert waren.

Im Sommer 1783 kamen 35 indigene Nationen zu einer Konferenz in Sandusky zusammen, einer Siedlung der Wyandot im Ohio-Gebiet, wo Joseph Brant die Teilnehmer drängte, sich einem Bündnis gegen die Vereinigten Staaten anzuschließen, das sich an dem bereits erwähnten uralten Gesetz der »Schüssel mit einem Löffel« (»Dish with one Spoon«) orientierte.

Andere Anwesende richteten ihren Zorn gegen die Briten. Die Irokesen waren »wie vom Donner gerührt«, als sie erkannten, dass ihre britischen Verbündeten in Paris nichts für sie getan hatten, wodurch ihr Territorium auf den Teil beschränkt wurde, der innerhalb der Grenzen der jungen Vereinigten Staaten lag. Ein Jahr später bezeichnete der Ojibwe-Ogimaag Matchekwis in Fort Michilimackinac alle Briten als »Lügner [und] Betrüger«, weil sie »ihn und andere dazu ermutigt [hätten], nach Kanada zu gehen [und] zu kämpfen und ihre Brüder und Kinder zu verlieren«. Die Briten »verachten sie jetzt und lassen sie hungern«, allen Opfern zum Trotz, die sein Volk erbracht habe, sagte er. Die Seminolen, die eine große Zahl geflohener Sklaven bei sich aufgenommen hatten, beschämten die Briten, indem sie ihnen die Frage stellten, ob sie jetzt wohl beabsichtigten, sie in die Sklaverei zu verkaufen. Für die Muscogee, Cherokee und andere Indianer im Süden sollten die Unabhängigkeitskriege noch über Generationen hinweg auf verschiedene Arten weitergehen.[29]

In den indigenen und den angloamerikanischen Unabhängigkeitskriegen, die über ein halbes Jahrhundert hinweg ausgefochten wurden, ging es um Respekt, Ressourcen, Land und Souveränität. In einem abstrakteren Sinn ging es um Legitimität und das moralische Mandat, darüber zu entscheiden, wie Krieg, Handel und Diplomatie zu gestalten waren. Im Prinzip ging es immer um Macht – aber nicht einfach darum, wer sie haben sollte, sondern auch darum, wie Macht in einer Welt ausgeübt werden sollte, in der indigene Nationen noch weitgehend unbesiegt blieben. Die meisten indigenen Nationen hatten ihre Unabhängigkeit und zentrale Stellung gewahrt, indem sie sich selektiv an Kriegen zwischen Imperien beteiligten; als diese Kämpfe zu Ende gingen, war der größte Teil des Kontinents immer noch indigen beherrscht. Eine große Zahl von amerikanischen Siedlern hatte die Appalachen in Richtung Westen überquert, aber sie beherrschten das Landesinnere nicht, in dem nach wie vor die indigene Macht dominierte. Spanien kontrollierte ein paar kleine Stückchen innerhalb der Grenzen seines gewaltigen, nur auf dem Papier bestehenden Imperiums in Nordamerika – es waren um ihr Weiterbestehen kämpfende Siedlungen im Mississippi-Tal, ein noch in den Kinderschuhen steckendes Indianer-Missionsprojekt in Alta California und das unregierbare Florida, wo die Oberherrschaft bei den Indianern lag. Die spanischen Behörden versuchten die riesige Kolonie Louisiana mit einem Aufgebot von 500 Soldaten zu kontrollieren. Von entscheidender Bedeutung war, dass die Native Americans das zentral gelegene Ohio-Gebiet beherrschten, wo die Einwohnerzahl der Städte der Irokesen, Seneca-Cayuga, Lenape und Shawnee die der Kolonialbevölkerung bei Weitem übertraf. Die wenigen amerikanischen Forts, Garnisonen und Siedlungen in der Region waren defensiv ausgerichtete Enklaven.[30]

Der Pariser Frieden und seine Auswirkungen hatten den Konflikt zwischen den indigenen Völkern und den Siedlern weiter verschärft. Das Britische Empire mit seinen Soldaten und Beamten der Krone war abgelöst worden durch ein neues amerikanisches Imperium der Siedler, die selbst dann noch lautstark nach indigenem Land verlangten, wenn sie sich von den Indianern bedrängt und bedroht fühlten. Die Native Americans, die vom Status eines einzigen Volkes weit entfernt waren, hatten sich behauptet und empfanden sich selbst weiterhin als souveräne Nationen. Dort, wo der amerikanische Unabhängigkeitskrieg eine neue, souveräne Nation geschaffen hatte, hatten die indigenen Unabhängigkeitskriege Dutzende von bereits bestehenden Nationen gerettet.

SIEBTER TEIL

AMERIKANISCHE REVOLUTIONEN

(spätes 18. bis frühes 19. Jahrhundert)

KAPITEL 23

DER AMERIKANISCHE SCHMELZTIEGEL

DIE VERHANDLUNGEN WAREN SCHON EINIGE TAGE im Gange, und die Teilnehmer wurden allmählich gereizt. Im Herbst 1778, als der Unabhängigkeitskrieg noch unentschieden war, hatten Vertreter der Vereinigten Staaten Delegierte der Lenape zu Vertragsverhandlungen nach Fort Pitt im Herzen des Ohio-Gebiets eingeladen. Beide Seiten hatten in der Hoffnung auf gegenseitige Verständigung ausführliche Reden gehalten und geduldig Hindernisse für einen Friedensvertrag beiseitegeräumt. Aber es gab noch Probleme. Die amerikanischen Vertreter fühlten sich gedrängt, Artikel 6 des Vertragsentwurfs zu erklären. Darin hieß es: »Die Feinde der Vereinigten Staaten haben mit allen ihnen zur Verfügung stehenden Mitteln versucht, die Indianer davon zu überzeugen, dass es die Absicht der Vereinigten Staaten sei (…), die Indianer auszurotten und ihr Land in Besitz zu nehmen.« Die Vereinigten Staaten waren durch ihre neue und aggressive Nationalregierung zu einer selbstbewussten Siedlerkolonie geworden, die mit den indigenen Nationen in den von ihr beanspruchten Gebieten keine Geduld hatte. Die Vertreter der US-Regierung waren über die Anschuldigung ihrer Feinde beunruhigt: Ihre neue, gerade einmal zwei Jahre alte Nation wurde bereits als genozidales Ungeheuer dargestellt, was eine schon lange gehegte Furcht der Native Americans bestärkte. Die Vereinigten Staaten konnten sich einen solchen Ruf nicht leisten, denn ihre Position auf dem indigenen Kontinent war alles andere als sicher.[1]

Nach dem Siebenjährigen Krieg, dem Pontiac-Krieg, dem Unabhängigkeitskrieg und dem Dunmore-Krieg waren die Native Americans durchaus in der Lage, die Vereinigten Staaten in Schach zu halten. Die Region der Großen Seen war fest in ihrer Hand, Spanien war durch einen Krieg mit Großbritannien abgelenkt, und die Vereinigten Staaten waren durch eine Kriegsschuld von 75 Millionen Dollar schwer belastet. Das neue Finanzministerium druckte so viel Geld, dass es eine verheerende Inflation verursachte. Mehr als 25.000 Amerikaner waren während der Kriege ums Leben gekommen, davon viele durch Krankheiten, aber trotz dieses Verlustes an Arbeitskräften waren die Löhne um mehr als 25 Prozent gesunken. Die Patrioten gingen gewaltsam gegen Loyalisten vor und beschlagnahmten ihr Eigentum. 60.000 Loyalisten verließen zusammen mit etwa 15.000 Schwarzen Sklaven und 5000 freien Schwarzen die junge Republik. In Massachusetts mussten die Bauern ein Drittel ihres Einkommens an den Staat abführen. Dies löste 1786 Shay's Rebellion aus, einen Aufstand, den der Gouverneur nur durch die Mobilisierung von 4000 Freiwilligen niederschlagen konnte. Die Vereinigten Staaten wankten, und ihre moralische Autorität lag in Scherben.[2]

Die Native Americans hingegen hatten drei aufeinanderfolgende Kriege überlebt, die Nordamerika im späten 19. Jahrhundert erschütterten. Die Vereinigten Staaten waren nun zwar die beherrschende Kraft östlich des Mississippi, doch ihre Macht reichte noch nicht einmal bis zu dieser günstigen geografischen Grenze. Großbritannien besaß immer noch Forts im Landesinneren und schützte dadurch den Pelzhandel, der seine wichtigste Ressource in Nordamerika darstellte, aber es hatte keine überzeugende Strategie für die Rückeroberung des Landes. Da die Briten und die Spanier zwar geschwächt, aber noch im Land waren, konnten die indigenen Nationen die konkurrierenden Kolonialmächte immer noch mit den bewährten Methoden in Schach halten. Viele indigene Nationen knüpften neue Verbindungen, um ihre Herrschaft zu sichern. Demgegenüber arbeiteten US-amerikanische Landspekulanten und die Propagandisten der Besiedlung fieberhaft daran, mehr Siedler in den Trans-Appalachian West, die riesige Region zwischen den Appalachen und dem Mississippi, und insbesondere in das fruchtbare Ohio-Gebiet zu holen, eine Region, in der Menschen wie Daniel Boone inzwischen als kleine Spekulanten operierten.[3]

Kriegsmüde und hoch verschuldet, wie sie waren, versäumten es die Vereinigten Staaten, ihre neu gewonnenen Forts im Landesinneren ordentlich zu bemannen. Die Folge war, dass die Zentralregierung im Trans-Appalachian West keine effektive Kontrolle mehr hatte und sich die Region in Abwesenheit einer übergeordneten, amerikanischen, britischen oder auch indigenen Autorität in eine Zone der Gesetzlosigkeit verwandelte.

Symptomatisch für diesen Zustand war ein Massaker: Im Herbst 1782 führte David Williamson, ein wohlhabender Milizenführer aus Pennsylvania, der für seinen mörderischen Indianerhass bekannt war, eine Gruppe von Vigilanten nach Gnadenhütten, in eine friedliche Stadt der Lenape, die Herrnhuter Missionare bei sich aufgenommen hatten. Die US-Amerikaner kamen unter englischer Flagge in die Stadt, und die Missionare luden sie zum Essen ein. Dann jedoch fanden die Vigilanten bei den Lenape Metallwaren und zogen daraus den Schluss, dass die Indianer amerikanische Siedlungen überfallen hatten. In der Folge schlugen sie 96 Männern, Frauen und Kindern mit schweren Hämmern den Schädel ein, während diese bis zum Schluss christliche Kirchenlieder sangen. Viele Opfer wurden skalpiert. Da die Amerikaner nach dem Massaker nicht den Versuch machten, sich zu entschuldigen oder eine Entschädigung anzubieten, werteten die Native Americans das als Kriegserklärung. Wegen dieses Verbrechens und anderer damals verübter Gräueltaten war der Ruf der jungen Vereinigten Staaten auf einem beispiellosen Tiefpunkt.[4]

Noch im selben Jahr, als das Gnadenhütten-Massaker stattfand, forderte der Mohawk Thayendanegea auf dem panindianischen Gipfel in Sandusky die indigenen Nationen im mittleren Mississippi-Tal und im Ohio-Gebiet dazu auf, sich gegen die Vereinigten Staaten zu erheben: »Weder Krieg noch Frieden sollen uns je spalten, denn wir haben die gleichen Interessen, und nichts soll je unternommen werden, außer mit der Zustimmung aller.« Die beteiligten Nationen bildeten die Northwest Confederacy, die größte panindianische Widerstandsbewegung in der Geschichte Nordamerikas. Sie hatten ein gemeinsames Ziel, nämlich die Vereinigten Staaten, inzwischen eine Nation mit vier Millionen Einwohnern, daran zu hindern, weiterhin ihr Land zu stehlen. Die Mitglieder der Konföderation waren fest entschlossen, die kolonialen Grenzen aus der Zeit vor 1776 wiederherzustellen, und sie fassten den radikalen Beschluss, dass keine Nation ohne Zustimmung aller anderen Land verkaufen durfte. Die Mitglieder der Konföderation – Shawnee, Illini, Miami, Lenape, Potawatomi, Wyandot, Odawa, Ojibwe, Piankashaw und Wabash – kamen überein, alle Beschlüsse einstimmig zu fassen, damit den Amerikanern eine einheitliche Front gegenüberstand. Die weiträumig verteilten Shawnee mit ihrem großen Wissen über die verschiedenen Kolonialmächte, ihren vielfältigen Verbindungen zu weit entfernten indigenen Nationen und ihren umfassenden Sprachkenntnissen wurden die führenden Architekten des Bündnisses und schmiedeten indigene Bündnisse gegen die brutalen Amerikaner.

Besorgt über diese Entwicklung, griff Colonel William Crawford, ein alter Freund George Washingtons, die Indianer ohne Genehmigung der US-Regierung am Ufer des Sandusky River an. Doch die Indianer siegten, nahmen 40 Amerikaner gefangen und brachten sie in die Siedlung Sandusky. Einem Bericht zufolge zogen die Indianer Crawford aus und sagten ihm, dass er verbrannt werde. Frauen bewarfen ihn mit glühenden Kohlen, ignorierten sein Flehen um einen Gnadenschuss und marterten ihn zu Tode. Die Vereinigten Staaten hätten eigentlich Bündnisse mit den größtenteils unbesiegten indigenen Nationen schließen und pflegen müssen. Doch stattdessen brachten verbrecherische Siedler und Soldaten eine Nation nach der anderen gegen den neuen Staat auf.

Von Landhunger und bösartigem Rassismus getrieben, erzeugten die Amerikaner ein gefährliches Klima von Gewalt, Hass und Rachsucht an ihren höchst verwundbaren Grenzen. In dem wichtigen Fort Pitt waren 110 Soldaten stationiert, wobei es sich größtenteils um schlecht ernährte, unbezahlte Alkoholiker handelte. Militärisch war das Fort ein Papiertiger. Das Ohio-Gebiet, sagte ein Amerikaner verzweifelt, »ist in einer fürchterlichen Lage. Es wurde in diesem Sommer fast gänzlich von den Indianern überrannt, und die meisten nützlichen Männer wurden getötet.« Der 1781 durch die Konföderationsartikel geschaffene amerikanische Kongress schaffte es gerade einmal, 200 Soldaten in dem so wichtigen Tal des Ohio zu halten. Die Regierung war auf eine gefährliche Art dezentralisiert, weil sie viel Macht an die einzelnen Staaten abgetreten hatte.[5]

Im Gegensatz dazu festigte eine auf spirituellen und prophetischen Nativismus gegründete gemeinsame politische Philosophie die Bindung zwischen den Mitgliedern der Northwest Confederacy, und ein neues rassisches Denken postulierte einen grundsätzlichen Unterschied zwischen Native Americans und Angloamerikanern. Eine wachsende Zahl von Indianern begann sich selbst als People of Color zu betrachten, die sich von den Weißen unterschieden. Durch ihren Aufstand wurde das Ohio-Gebiet zum Brennpunkt der Kriege zwischen Indigenen und Kolonisten. Es war der Schmelztiegel, in dem die Zukunft des Landes entschieden werden sollte, und es sollte eine schwindelerregende Vielfalt von Bündnissen erleben, die vom kurzfristigen Zweckbündnis bis zur langlebigen Koalition reichten. »Ohio« ist von *ohi:yó* abgeleitet, einem irokesischen Wort für »schön« und »gut«. Und genau das sollte die Region zunächst einmal bleiben.[6]

Im späten 18. Jahrhundert entstand in den Ebenen der Südküste eine zweifelhafte Widerstandsbewegung. Die mächtigen Muscogee hatten jahrelang mit externen und internen Problemen zu kämpfen gehabt und sich gespalten, was gefährlich für die Musogee war. Alexander McGillivray, der Sohn einer angesehenen Muscogee-Mutter und eines schottisch-irischen Vaters, spielte in der erwähnten Widerstandsbewegung eine zentrale Rolle. Er war wohlhabend, und er hatte eine Menge Schwarze Sklaven erworben und in der Nähe von Städten der Muscogee eine Plantage gegründet. Und er hatte verkündet, dass »die Spanische Krone in dieser Region eine mächtige Barriere gegen ehrgeizige amerikanische Eindringlinge bilden und sichern wird«. Um die Barriere zu bilden, verschaffte er sich geschickt eine dominierende Stellung innerhalb der Regierung der Muscogee, indem er die Leitung ihrer clanbasierten Polizei und die Führung in ihrem Nationalrat errang. Der charismatische und umstrittene Mann, ein Kenner der Naturgeschichte, ein Sklavenhalter und ein geschickter Diplomat, bot sowohl den Briten als auch den Spaniern seine Dienste an und versprach Letzteren insgeheim, die Muscogee unter ihrer Herrschaft zu halten. Er arbeitete als stiller Teilhaber der mächtigen schottischen Handelsgesellschaft Panton, Leslie & Company, die den Soldaten der Muscogee Munition lieferte, und nutzte gleichzeitig seine Verbindungen zu den Muscogee, um seinen Einfluss bei der Gesellschaft zu erhöhen. Auf diese Weise gelang es ihm, einen Teil der Nation der Muscogee für seine persönliche Kolonie zu gewinnen. Dadurch sicherte er einen Großteil des Florida-Handels für Panton, Leslie & Company und damit auch sich selbst. Sogar körperlich unterschied er sich von seinem Volk, weil er im Gegensatz zu den meisten Muscogee-Männern keine Tätowierungen hatte.[7]

Hoboithle Micco, den die US-Amerikaner »Tallassee King« nannten, war ein Gegner von McGillivray, aber auch er agierte außerhalb des Nationalrats der Muscogee. Als gespaltene Nation waren die Muscogee verwundbar für Landspekulanten und feindselige Kolonialbeamte. Und so konnte Georgia durch den 1785 mit Hoboithle ausgehandelten Vertrag von Galphinton große Teile ihres Landes übernehmen. Die Indianer traten einen ausgedehnten Landstreifen ab, um dadurch den Druck der landhungrigen Siedler zu mindern. Doch diese Taktik schlug fehl. In dem Glauben, dass die Zentralregierung der USA weniger scharf auf das Land der Muscogee wäre als Georgia, wandte sich McGillivray nun nach New York, das damals der Sitz des Kongresses war. Er reiste mit einem Gefolge von 30 Muscogee auf einem Pferdewagen nach Osten und wurde auf Anweisung des US-Präsidenten in jeder Stadt entlang des Weges gefeiert. Er verhandelte geschickt und sicherte sich einen zollfreien Hafen an der Küste Georgias, der ihm de facto ein Monopol auf den Handel mit den Muscogee gab. Allerdings hatte er durch seine zahlreichen Projekte bereits einen Großteil seines politischen Kapitals verspielt, und viele Muscogee hatten das Vertrauen in ihn verloren. Auf dem Sterbebett erklärte er zwar, dass er als ein Indianer sterben wolle, hinterließ jedoch den Großteil seines Besitzes seinen Söhnen und verstieß damit gegen die traditionellen Erbschaftsbräuche seines Volkes.[8]

Die Vereinigten Staaten mussten die indigenen Nationen vorsichtig behandeln. Wie die Euroamerikaner hatten auch die Native Americans ihre Unabhängigkeit gegen koloniale Aggressoren durch Kriege verteidigt, und die Vereinigten Staaten konnten ihnen angesichts ihrer zahlenmäßigen Stärke und ihrer militärischen Macht nicht einfach die eigenen Wünsche diktieren. Die Indianer des Ohio-Gebiets waren sich also ihrer Position sicher, als sie Verträge mit der amerikanischen Republik aushandelten. Der folgeschwerste war der 1784 ausgehandelte Vertrag von Fort Stanwix, in dem die gespaltenen und geschwächten Six Nations ihre Ansprüche als »Onkel« der Indianer des Ohio-Gebiets und ihrer Territorien aufgaben. In der Folge erklärten die US-Vertreter die Six Nations hastig zu »einem unterworfenen Volk«, doch diese Proklamation war Wunschdenken, denn die Irokesen waren immer noch eine Macht, mit der man rechnen musste. Die etwa 80.000 Mitglieder starken Six Nations erreichten zehn Jahre später im Vertrag von Canandaigua eine Revision des Vertrags von Fort Stanwix, darin vereinbaren die Six Nations und die Vereinigten Staaten eine gleichberechtigte Beziehung, und die Amerikaner erkennen die Ansprüche der Irokesen auf große Gebiete am Niagara an. Wie Thayendanegea betonte, blieben die Six Nations dadurch ein »freies und unabhängiges Volk«.[9]

Andere Verträge, die die Indianer des Ohio-Gebiets betrafen, waren eher fiktional als real. Die Vereinigten Staaten hatten die Shawnee, Wyandot, Lenape, Odawa, Miami, Chippewa, Potawatomi und Kickapoo nie besiegt noch ihre Gebiete erobert, und dennoch beanspruchten US-Vertreter das Ohio-Gebiet. Auch Georgia und North Carolina hatten im Westen große Gebiete beansprucht aufgrund des Eroberungsrechts, eine Rechtfertigung, die bestenfalls zweifelhaft war. Die Vereinigten Staaten erhoben einfach deshalb Anspruch auf das Ohio-Gebiet, weil sie es konnten. Im Jahr 1787 verabschiedete der Kongress die Northwest Ordinance. Das Gesetz gründete das Northwest Territory und ernannte eine Regierung für das Gebiet, und es formulierte ein Verfahren, um neue US-Staaten im indigenen Ohio-Gebiet zu gründen. Der Kongress versprach den neuen Staaten Gleichberechtigung mit den Gründungsstaaten der Republik: Jedes Territorium, das über 60.000 freie Einwohner verfügte, konnte sich um die Anerkennung als Bundesstaat bewerben – ein Beschleuniger für den Siedlerkolonialismus. In der Folge rechneten die US-Amerikaner mit einer schnellen Enteignung der Indianer und einer geordneten Expansion nach Westen.[10]

Die Regierung der USA war sehr viel besorgter über weiße Separatisten, wie etwa die Vertreter einer unabhängigen Mississippi Valley Republic, als über die Rechte der Native Americans. Ein Großteil der neuen Gebiete im Westen wurde in riesigen Blöcken an kommerzielle Landgesellschaften verkauft. Die Northwest Ordinance öffnete den Westen für Siedler, die »robust und fleißig« sein sollten. In der Folge überquerten Zehntausende von Euroamerikanern an verschiedenen Punkten die Appalachen und zwangen die indigenen Nationen, sich vorsichtiger zu verhalten. Die Muscogee ließen Benjamin Hawkins in ihr Land, einen US-amerikanischen Indianeragenten, der mit unübertrefflicher Arroganz anbot, sie zu zivilisieren, wobei er als ersten Schritt vorschlug, die Frauen nicht mehr auf dem Feld arbeiten zu lassen. Im Jahr 1789 startete der amerikanische Kriegsminister Henry Knox ein systematisches Programm zur »Zivilisierung« der Indianer. Das Programm war überflüssig: Die Native Americans waren schon zivilisiert. Oder wie ein enttäuschter Beobachter klagte: Cherokee and Chickasaw »treiben mehr Ackerbau als die anderen Indianer«.[11]

Der Versuch der Vereinigten Staaten, sich durch die Northwest Ordinance als Staat zu konsolidieren, scheiterte. Sie waren zu arm und zu schwach, um neue Staaten zu gründen. Sie verfügten einfach nicht über genug Soldaten, um die Indianer zu ausreichendem Landverzicht zu zwingen; das hatte gefährliche Auswirkungen, denn jetzt wurden die Siedler die trei-

Konkurrierende und sich überlappende territoriale Ansprüche im Landesinneren im späten 19. Jahrhundert

bende Kraft der US-amerikanischen Expansion im Ohio-Gebiet. Der Kongress wiederum verkaufte einen Großteil des Landes, das ihm nicht gehörte, an ein Syndikat in New Jersey. Er versuchte nicht, die Indianer gewaltsam von ihrem Land zu vertreiben, sondern verkaufte Millionen Hektar ihres Territoriums an Spekulanten, die es in Parzellen von 65, 260 und 2330 Hektar weiterverkauften. Die Strategie war klar: Wenn die Siedler das Land gekauft hatten, würden sie die Native Americans selbst ausrotten. Thomas Jefferson rechnete mit einer unmittelbar bevorstehenden Enteignung der indigenen Nationen im Ohio-Gebiet, doch die Landverkäufe waren enttäuschend. Es gab zu viele Spekulanten, viel zu viele Indianer und viel zu wenig Soldaten. Unterdessen heirateten Hunderte von Euroamerikanern indigene Frauen, um die Gesetze der Native Americans zu umgehen, die Weißen den Erwerb von indigenem Land verboten.[12]

Außerdem entstanden immer mehr indigene Widerstandsbewegungen. Die Northwest Confederacy kämpfte darum, dass das Ohio-Gebiet indigen blieb, und im Süden mobilisierten die Cherokee gegen die Siedler, die an zwei verschiedenen Fronten in ihr Gebiet eindrangen: im südlichen Piedmont und im Great Appalachian Valley, einer riesigen Kette von Bergkämmen, Felswänden, Ebenen und Waldgebieten. Die Cherokee waren damals noch vom Chaos der aufeinanderfolgenden Kriege geschwächt, und Landspekulanten versuchten davon zu profitieren und auf ihrem Gebiet den neuen Staat Franklin zu gründen. Der Staat kam nie zustande, doch die Cherokee wurden gezwungen, mehr als die Hälfte ihres Territoriums abzugeben, damit Tennessee die Bedingungen für eine Anerkennung als Staat erfüllen konnte. 1792 schlug die 7000 Mitglieder zählende Cherokee Nation zurück, indem sie mit einer Serie von Angriffen weiße Eindringlinge tötete und ihren Besitz zerstörte. Sie richtete genug Schaden an, um die Invasion der Siedler zu stoppen. Andere Gruppen von Cherokee wandten sich an die Spanier in Florida. Dort empfing sie der Gouverneur Estevan Miró ausgesprochen warmherzig, weil er dringend Verbündete brauchte, um seine verwundbare Kolonie zu schützen.[13]

Wie die Cherokee gerieten auch die benachbarten Chickasaw unter wachsenden Druck der Siedler. Entweder wurden sie von amerikanischen Spionen oder Händlern erpresst und manipuliert, oder Vertreter der spanischen Kolonie traten an sie heran und drängten sie, gegen die Vereinigten Staaten vorzugehen. Die etwa 2000 Mitglieder starke Nation hatte in den Kolonialkriegen bisher versucht, neutral zu bleiben, doch das war inzwischen nahezu unmöglich geworden. Außerdem hatten die Chickasaw mit den Muscogee, Illini, Miami, Kickapoo und Osage Zusammenstöße wegen der Jagdrechte und der überaus wichtigen Handelsprivilegien gehabt. Schließlich spalteten sie sich in zwei rivalisierende Gruppen, die von dem US-freundlichen Piomingo und dem prospanischen Ugulayacabe angeführt wurden. Piomingo machte Tchitchatala, ein 26 mal 25 Meter großes Fort, zu seinem Stützpunkt. Von dort aus wachte er über die Unabhängigkeit der Chickasaw als »Volk für uns selbst«. Ein Großteil des Südostens war damals fest in indigener Hand, weshalb die Indianer und ihre nicht-indigenen Verbündeten expandieren konnten.[14]

Die Schwäche der US-Regierung nutzten Abenteurer wie William Augustus Bowles, ein kühner, charismatischer Freibeuter, der sich zum Herrscher über die Nation der Muscogee aufschwang. Wie McGillivray war auch er den Indianern durchaus von Nutzen. Er verfügte über ein ausgedehntes Netz diplomatischer Verbindungen, nachdem er 1790 eine Gesandtschaft von Muscogee und Cherokee nach London begleitet hatte, die dort um Unterstützung für unabhängige »Vereinigte Staaten der Creek und Cherokee« geworben hatten. Bowles war ehrgeiziger als McGillivray, und das passte den Indianern gut: Er träumte von einem souveränen Staat mit eigenen Streitkräften und eigener Außenpolitik im Südosten. Das Ergebnis war der souveräne Staat Muskogee mit der Hauptstadt Mikasuki, einer Stadt der Seminolen im Nordosten der Halbinsel Florida. Der neue Staat zog massenweise geflüchtete Schwarze Sklaven an.

Mit den Muskogee, den Seminolen und den freigelassenen Sklaven arbeitete Bowles unermüdlich daran, sich an der Golfküste Handelsprivilegien zu sichern. Sie kaperten auch spanische Schiffe an der Küste Floridas, und 1800 erklärte der Staat Muskogee sogar Spanien den Krieg. Ein Jahr darauf erbeuteten die Seminolen, die nur etwa 1200 Mann zählten, im Osten Floridas auf einer Plantage am Saint Johns River 38 Sklaven. Bowles' Seekrieg war ein kühnes Unterfangen, aber nicht durchzuhalten. Da der Staat Muskogee keine Verbindungen zu den Forts im Landesinneren hatte, fehlten ihm lebenswichtige Güter wie Gewehre und Pulver; er löste sich auf, als Bowles 1805 in einem Gefängnis in Havanna starb. Dennoch behielten die Indianer die Macht in der Region. Benjamin Hawkins, der langjährige Indianeragent für den Süden, musste offen zugeben, dass er die Seminolen nicht kontrollieren konnte. Die schwache spanische Präsenz in Florida, eine Folge der Vorherrschaft der Seminolen in der Region, sollte es 1821 den USA ermöglichen, die Kolonie zu annektieren.[15]

Dank der Schwäche der Vereinigten Staaten konnten die Native Americans auch mit den Briten Bündnisse schließen. Sie betrachteten die verbliebenen Briten als nützliche Partner, die sie mit Ausrüstung und Waffen versorgten und an ihrer Seite gegen die Amerikaner kämpften, um das Ohio-Gebiet als Grenze zwischen den indigenen und den US-amerikanischen Gebieten zu erhalten. Die Briten führten mithilfe der Native Americans Stellvertreterkriege gegen die Vereinigten Staaten, doch das bedeutete nicht, dass diese für ihre immer noch bestehenden imperialen Ambitionen bloße Spielfiguren gewesen wären. Da das britische Amerika größtenteils auf Kanada beschränkt war, musste es zur Verwirklichung seiner imperialen Pläne auf indigene Verbündete zurückgreifen, und die Indianer waren leicht zu gewinnen. Die Indianische Konföderation und andere Nationen des Ohio Country schlossen sich zusammen, um ihr Land zu schützen, und sie brauchten dringend britische Gewehre, Pulver und Blei, um sich zu behaupten. Was für die Briten ein Kampf ums Prestige und ihre Stellung auf der Weltbühne war, war für die amerikanischen Ureinwohner ein andauernder Unabhängigkeitskrieg. Es war offensichtlich, dass sie die Vereinigten Staaten in einem Krieg nicht besiegen konnten; sie kämpften lediglich, um deren aggressive Siedler auf Distanz zu halten. Mit dem gleichen Ziel wandten sich einige Native Americans auch an die neue territoriale Supermacht Spanien.[16]

Eine Delegation von 260 führenden Vertretern der Irokesen, Cherokee, Chickasaw, Choctaw, Shawnee und Lenape traf sich im August 1784 mit Don Francisco Zavier Cruzat, dem Vizegouverneur von Ober-Louisiana in Neuspanien, in seiner Residenz in Saint Louis. Der Sprecher der indigenen Delegation sprach Cruzat als »spanischen Vater« an. Dann sagte er: »Seit wir das Unglück hatten, unseren französischen Vater zu verlieren, und erfuhren, dass die Spanier nun unsere Nachbarn sind, wollen wir sie unbedingt kennenlernen und mit ihnen eine aufrichtige Freundschaft schließen, damit wir uns ihrer Zuneigung sicher sein können. Der Herr des Lebens bestimmte, dass unser Land von den Engländern bewohnt wurde und diese tyrannisch über uns herrschten, bis sie und die Amerikaner unterschiedliche Interessen entwickelten und zwei verschiedene Nationen bildeten. Dieses Ereignis war der größte Schlag, der uns, abgesehen von totaler Vernichtung, treffen konnte. Die Amerikaner sind wesentlich gieriger und zahlreicher als die Engländer, sie vertrieben uns aus unserem Land, gründeten dort große Siedlungen und fielen wie ein Heuschreckenschwarm über die Gebiete am Ohio her, wo wir zu Hause sind.« Die indigenen Nationen waren im Begriff, sich einer Welt anzupassen, in der fast alles schwieriger und gefährlicher war als zuvor.[17]

Cruzat nahm die frei gewordene Rolle Onontios sofort an, denn er hatte keine andere Wahl. Spanisch-Louisiana war ein Papiertiger, da die Kolonialmacht für den Schutz des riesigen Gebiets nur etwa 500 Soldaten abgestellt hatte. Cruzat begrüßte den »werten Anführer und Krieger der Six Nations, die mir in diesem Augenblick die Hand reichen. Es ist mir nicht möglich, der extremen Freude Ausdruck zu verleihen, mit der ich euch als meine guten Söhne, die ich achte und wirklich liebe, in meine Arme schließe.« Er verglich die versöhnliche Politik Spaniens mit dem zunehmend aggressiven Umgang der Amerikaner mit den Indianern und bedauerte »die beängstigende Lage eurer Dörfer«. Dann forderte er die Delegation dazu auf, seine Politik zu beobachten und selbst zu beurteilen, »ob wir Spanier das schlechte Urteil verdient haben, das die Amerikaner uns andichten wollen«. In Anlehnung an die französische Indianerpolitik lud er seine Besucher ein, sich einem Bündnis anzuschließen, in dem »euch alle Einwohner, meine Kinder, die ihr hier seht, und die ihr wie Brüder behandelt, in ihren Häusern willkommen heißen, als ob ihr alle unserer Nation angehörtet«. Das Ganze war ein genialer diplomatischer Schachzug zu einem Zeitpunkt extremen Drucks. Die Amerikaner stießen nach Spanisch-Louisiana vor und sollten schon bald versuchen, »an bestimmten Stellen am Ufer des Mississippi Befestigungen zu errichten«. Wenn die Spanier die Möglichkeit auf erfolgreiche Gegenwehr bewahren wollten, brauchten sie indianische Verbündete. Nur wenn Cherokee, Muscogee, Choctaw, Chickasaw und Seminolen das Bündnisangebot annahmen, hatte Spanisch-Louisiana eine Chance zu überleben.[18]

Die Spanier in Louisiana wurden für die südöstlichen Indianer, was die Franzosen für zahlreiche Indianer gewesen waren, die die Irokesen im 17. Jahrhundert vertrieben hatten: Handelspartner, militärische Verbündete und imaginäre Verwandte und Väter, die sich um ihre Bedürfnisse kümmerten. Als Gegenleistung gewannen die verzweifelten Spanier Verbündete, die ihre große und verwundbare Kolonie schützen konnten. Louisiana war ein riesiges Gebiet zwischen dem Tal des Mississippi und den Rocky Mountains. Es hatte eine Fläche von mehr als zwei Millionen Quadratkilometern und war nur von 30.000 spanischen Kolonisten bewohnt. Es war klar, dass die Spanier ihre Herrschaft über die ganze Kolonie nicht behaupten konnten. Am wichtigsten war ihnen der Mississippi, auf dem man tief ins Landesinnere vorstoßen konnte. Und da der Fluss eine immer größere

Rolle spielte, rückte auch New Orleans immer mehr ins Zentrum der spanisch-amerikanischen Rivalität.[19]

Wie viele indigene Nationen, verfolgten auch die Spanier eine Strategie des Containments gegenüber den USA. Die Native Americans wollten verhindern, dass Euroamerikaner in das Landesinnere vordrangen, und die Spanier wollten sie nicht nach New Orleans, nicht an die Golfküste und nicht ins Tal des Mississippi lassen. Spanier und Indigene hatten die gleichen Interessen, und Spanisch-Louisiana wurde zu einer sicheren Zuflucht für die Indianer. Eher unerwartet wurde die Kolonie auch für Tausende westwärts ziehende euroamerikanische Siedler eine neue Heimat, wenn sie bereit waren, sich unter die spanische Herrschaft zu begeben. Die Vertreter der spanischen Krone wollten durch Immigration aus benachbarten Staaten »eine lebende Mauer fleißiger Bürger« schaffen. Im Jahr 1787 verkündete Estevan Miró, der Gouverneur Floridas: »Wir sollten keinen Augenblick Zeit verlieren und Louisiana mit Menschen besiedeln, die einen feierlichen Eid schwören, dass sie gegen jeden Invasionsversuch durch Kentucky zu den Waffen greifen werden.« Miró wollte Bürgersoldaten haben, die vorzugsweise katholisch sein sollten, aber er wollte keine Geistlichen mehr. Er räumte ein, dass sein Plan in mancher Hinsicht gefährlich war, doch »die Umstände zwingen uns, das Risiko einzugehen«. Schon bald waren 20 000 Euroamerikaner nach Spanisch-Louisiana gezogen. Sie kamen wegen dem Ackerland und keineswegs wegen irgendwelcher Sympathien für die Spanier. Auch Daniel Boone, der in Kentucky wegen Grundstücksspekulation in einen Rechtsstreit verwickelt war, zog nach Spanisch-Louisiana. Wieder andere kamen schlicht und einfach, um spanische Siedlungen zu plündern.[20]

Spanische Regierungsvertreter luden US-Amerikaner auch ein, sich in Florida anzusiedeln, was beim damaligen Außenminister Thomas Jefferson im Frühjahr 1791 die Überlegung auslöste, »dass uns auf diese Weise friedlich übergeben wird, was uns sonst einen Krieg kosten könnte (…). Ich wünschte, hunderttausend von unseren Einwohnern würden die Einladung annehmen.« Realistische Planung war nie Jeffersons Stärke, und er übersah die Gefahr, die das spanische Vorhaben für die jungen Vereinigten Staaten darstellte. In jener leidenschaftlichen Ära unwahrscheinlicher Schachzüge waren Völker und Reiche kaum mehr als abstrakte Gebilde. So machte etwa der machthungrige französische Abenteurer Pierre Penet den

Oneida den Vorschlag, 10.000 Franzosen nach Amerika zu bringen, um das französische Kolonialreich wiederzubeleben. Dass der Plan unrealistisch war, stellte sich erst im Nachhinein heraus. Frankreich versuchte damals noch immer, die Pläne der Spanier und Briten durch kleine Interventionen zu stören. Es war auch immer noch durch die vielen Hundert leidenschaftlich unabhängigen Voyageurs vertreten, die tief im Landesinneren mit den Indianern Handel trieben, und durch die 35 Handelsstationen in der Region der Großen Seen, die von französischen Kreolen (»im Land Geborenen«) geführt wurden und die indigenen Nationen im Landesinneren mit Gewehren, Pulver, Kesseln, Glasperlen und anderen Fertigwaren versorgten. Prairie du Chien am Oberlauf des Mississippi entwickelte sich zum Nervenzentrum dieses Austauschs. Die Kreolen konnten sich dort niederlassen, weil sie die Herrschaft der Meskwaki über das Gebiet anerkannten. Bald schon stabilisierte sich die Siedlung durch Ehen zwischen den Franzosen und indianischen Frauen, wobei die Frauen der Métis (Amerikaner europäischer-indigener Abstammung) zwischen den Kulturen vermittelten. Die Zahl der Meskwaki stieg rasant. Auch Potawatomi, Sauk, Kickapoo, Illini, Ho-Chunk und Iowa kamen nach Prairie du Chien, um Handel zu treiben.

Im Jahr 1792 verbündete sich Edmond Charles Genet, der französische Gesandte in den Vereinigten Staaten, mit dem ehemaligen General der amerikanischen Kontinentalarmee George Rogers Clark. Die beiden wollten Spanien durch einen aus Kentucky stammenden, unter französischer Flagge operierenden zusammengewürfelten Haufen von Siedlern und Abenteurern aus dem Tal des Mississippi vertreiben und New Orleans einnehmen. Sie gaben ihren Feldzug erst auf, als Präsident Washington damit drohte, die US-Armee gegen sie einzusetzen. Es bestand eine realistische Möglichkeit, dass das Gebiet westlich des Mississippi oder Teile davon französisch geworden wären: Durch die Französische Revolution von 1789 war eine Nation entstanden, die ein extremes Vertrauen in ihre Rolle und ihre Mission auf der Welt hatte. Und sie verfügte auch über die Mittel, um imperiale Träume zu verwirklichen, die weit über die des Ancien Régime hinausgingen. Französische Agenten und amerikanische Soldaten sollten in Nordamerika noch länger ihre geheimen Pläne verfolgen.[21]

Während sich die Vereinigten Staaten vorwiegend um britische, spanische und französische Verschwörungen sorgten, machte den Native Americans das militärisch und diplomatisch aggressive und unzuverlässige Verhalten der Amerikaner zu schaffen. Ende 1786 traten in Brownstown, einer Siedlung der Wyandot in der Nähe des Eriesees, die meisten Mitgliedsnationen der Northwest Confederacy zusammen, um das Vordringen der Siedler in den Gebieten aufzuhalten, die die US-Amerikaner inzwischen als Kentucky und Ohio Country bezeichneten. Thayendanegea beschwor den gemeinsamen Topf, das Symbol der Konföderation, und verkündete: »Es ist sicher, dass wir, bevor die christlichen Nationen diesen Kontinent heimsuchten, die einzigen Herren des Bodens waren.« Die erste Aufgabe der Konföderation werde darin bestehen, die Verträge zu widerrufen, die amerikanische Regierungsbeamte mit einigen wenigen, sorgfältig ausgewählten indigenen Führern geschlossen hätten. »Alle mit den Vereinigten Staaten geschlossenen Verträge«, erklärten die Führer der Konföderation, »sollten mit der einzigen Stimme der gesamten Konföderation geschlossen werden.« Sie erklärten außerdem, dass »jegliche Abtretung unseres Landes so öffentlich wie möglich und mit Zustimmung der gesamten Konföderation stattfinden soll und alle Teilverträge nichtig und wirkungslos sind«. Kühn und hartnäckig kombinierte die Konföderation energische Diplomatie mit Krieg und wechselte je nachdem, wie es die Umstände geboten, von einem zum anderen. Den Verbündeten war inzwischen völlig klar, dass die Northwest Ordinance darauf abzielte, den Indianern ihr Land zu rauben, und sie schickten in Zusammenarbeit mit den Briten eine Botschaft an den amerikanischen Kongress, in der sie die zwischen 1784 und 1786 geschlossenen Verträge für ungültig erklärten, weil die Native Americans fälschlich als erobertes Volk ohne Rechte eingestuft worden seien. Als der Kongress sich weigerte zu verhandeln, zog die Konföderation in den Krieg und griff überall im Ohio-Gebiet und in Kentucky eingedrungene Siedler an. Ihre Führer schickten Wampumgürtel an andere indigene Nationen und luden sie ein, an einem panindianischen Feldzug zum Schutz der indigenen Herrschaft teilzunehmen.[22]

Die amerikanischen Siedler wiederum hielten das Land für frei verfügbar, und von Dezember 1787 bis Juni 1788 strömten 6000 selbst ernannte »Pioniere« in das Ohio-Gebiet. Sie versuchten, die dort ansässigen Indianer mit Respekt zu behandeln, kamen aber in »beinahe unglaublicher« Anzahl, wie Brigadegeneral Josiah Harmar berichtete. Ein Jahr später begannen die Vereinigten Staaten, die inzwischen über eine Verfassung und neue Ministerien für Auswärtiges, Krieg, Finanzen und Justiz verfügten, einen Feldzug, um ihren Herrschaftsbereich auf beide Seiten der Appalachen auszuweiten, ein Ziel, das zuvor nur die Six Nations erreicht hatten. Der Plan hatte zwei Komponenten: Krieg gegen die Indianer im Ohio Country und Verhandlungen mit den Indianern im Süden. Doch er ging fast sofort schief. Indianeragenten der Zentralregierung sollten eigentlich Vertragsgespräche mit den Indianern im Ohio-Gebiet führen, aber General Arthur St. Clair, der Gouverneur des Nordwestterritoriums, setzte sich über ihre Pläne hinweg und teilte den Indianern mit, sie seien ein unterworfenes Volk und hätten den Anspruch auf ihr Land verloren.[23]

Unter Druck unterzeichneten Irokesen, Wyandot und Lenape 1789 den Vertrag von Fort Harmar, in dem sie große Gebiete abtraten. Die Indianeragenten versuchten immer noch, die Six Nations zu besänftigen, und bauten dabei auf ihre Vollmacht, im Landesinneren Frieden zu stiften und zu erhalten, aber unter amerikanischen Politikern wurde es zunehmend unpopulär, die Verwaltung der indigenen Nationen mittels der Irokesen zu organisieren. In der Folge zwangen die Vereinigten Staaten die Six Nations, auf all ihre Ansprüche im Ohio-Gebiet zu verzichten. Zwölf Jahre nachdem das zentrale Ratsfeuer der Konföderation gelöscht worden war, bedeutete der Verlust des Ohio-Gebiets den endgültigen Zusammenbruch der jahrhundertelangen Vorherrschaft der Irokesen im nordamerikanischen Landesinneren. Keine andere Nation hatte mehr dafür getan, die koloniale Expansion aufzuhalten, egal ob es sich um französische, niederländische, britische oder amerikanische Kolonisten gehandelt hatte. Die Irokesen sicherten sich Reservate südlich des Ontariosees und wurden nie aus ihrer alten Heimat vertrieben.

Auch als die Six Nations militärisch geschwächt waren, verfügten sie immer noch über eine erhebliche moralische Autorität. Sie forderten Entschädigung für ihr verlorenes Land und drängten die Indianeragenten, ihre Traditionen zu respektieren. Sie unterwiesen den ihnen zugewiesenen Kommissar, Timothy Pickering, einen nüchternen Yankee, in ihren diplomatischen Protokollen und Zeremonien und in ihren Vorstellungen von Gerechtigkeit. Dabei tauchte die brisante Frage auf, wie auf Morde reagiert werden sollte. Die Vertreter der US-Regierung forderten öffentliche Prozesse und Hinrichtungen, doch die Irokesen zogen es vor, die Gräber der Opfer mit Geschenken zu bedecken, um so den Schmerz zu lindern und die Ordnung wiederzustellen. Pickering kam letztlich zu dem Schluss, dass die Siedler an der Grenze »weitaus wilder und rachsüchtiger als die Indianer selbst« seien, und das veranlasste wiederum Präsident Washington zu der Feststellung, dass es »in höchstem Maße beschämend ist, festzustellen, dass der Großteil der Grenzbewohner die Tötung von Indianern in Friedenszeiten als kein Verbrechen ansieht und dass ihre Mörder als untadelig gelten, wenn sie sich nicht erwischen lassen«.[24]

Die Instruktionen George Washingtons spielten im Landesinneren freilich kaum eine Rolle. Im Frühjahr 1790 bekam St. Clair den Auftrag, mit amerikanischen Soldaten im Ohio-Gebiet einzumarschieren, um Indianer zu töten und mehr von ihrem Land zu erobern. Wie viele hochrangige Regierungsvertreter, hoffte auch er, Landverkäufe erzwingen und persönlich von ihnen profitieren zu können. Doch der Feldzug verlief nicht gut. »Es tut mir sehr leid, berichten zu müssen, dass sie keine besonders günstige Gesinnung haben!«, informierte St. Clair Washington. »Dass die Ouabush-Indianer [Wabash-Indianer] den Entschluss gefasst haben, sich ausschließlich von denen des Miami-Dorfes führen zu lassen, ist nahezu gleichbedeutend mit einer Erklärung, dass sie ihre Feindseligkeiten fortsetzen werden.« Peinlicherweise musste St. Clair den Präsidenten außerdem informieren, dass die amerikanischen Siedler »so arm sind wie noch nie«. Washington versprach, »den Indianern einen starken Eindruck von der Macht der Vereinigten Staaten zu vermitteln«. Ein weiterer Offizier, Brigadier General Charles Scott, machte den verbündeten Indianern ein Friedensangebot, verriet aber seine Angst, indem er dem Angebot eine plumpe Drohung hinzufügte: »Solltet ihr dieses Angebot ablehnen und eure grundlosen Feindseligkeiten fortsetzen (…) werden eure Krieger niedergemetzelt, eure Städte und Dörfer geplündert und zerstört und eure Frauen und Kinder gefangen genommen, und ihr könnt versichert sein, dass diejenigen, welche dem Zorn unserer mächtigen Anführer entgehen, auf dieser Seite der Großen Seen keinen ruhigen Ort mehr finden werden.«[25]

General St. Clair wollte unbedingt seinen guten Ruf wiederherstellen und unternahm im Herbst 1791 einen zweiten Versuch, die Indianer zu unterwerfen. Diesmal hatte er den Plan, mit 1400 Soldaten die Indianersiedlungen am Maumee River anzugreifen. Der gichtgeplagte General schlug während des Marsches 16-mal ein Lager auf. Die Kriegsführer der Shawnee und der Miami, Weyapiersenwah (Blue Jacket) und Michikinikwa (Little Turtle) zogen den Amerikanern mit mehr als 1000 Soldaten der Shawnee, Miami, Potawatomi, Odawa, Lenape, Sauk, Ojibwe und Meskwaki entgegen. Sie verteidigten nicht nur ihr Land, sondern auch ihre Kinder und konnten sich keine Niederlage leisten. In einer erbitterten Schlacht, die drei Stunden dauerte, schlugen sie die US-Soldaten in die Flucht. Die amerikanische Verlustrate belief sich auf erstaunliche 97,4 Prozent – die schlimmste Niederlage von Kolonisten und Euroamerikanern in allen Indianerkriegen der Kolonien und der jungen Republik. Die Soldaten ließen bei ihrer panischen Flucht den größten Teil ihrer Munition und ihrer Vorräte zurück. Ende 1791 hatten mit Ausnahme Georgias alle Staaten an der Atlantikküste die Illusion aufgegeben, dass sich ihr Territorium tatsächlich bis zur offiziellen Westgrenze der USA am Mississippi erstreckte. Kriegsminister Henry Knox, ein Mann, der nicht zu übertriebenen Befürchtungen neigte, schrieb warnend, dass »die Einwohner Schutz erbitten und fordern. Wenn er nicht gewährt wird, ist mit wachsender Empörung zu rechnen; und durch die Situation vor Ort werden separatistische Bestrebungen entstehen«. Die Lage der Vereinigten Staaten war so schwierig, dass sie die kanadische Führung ermutigten, Pläne für einen unabhängigen indigenen Pufferstaat zwischen dem amerikanischen und dem kanadischen Territorium zu entwerfen.[26]

Um gegen die Northwest Confederacy erfolgreich Krieg zu führen, hätte Washington 200.000 Dollar im Jahr benötigt, eine Summe, die das Finanzministerium schlicht und einfach nicht aufbringen konnte. Die enorme Herausforderung schien Knox zu überwältigen. Er klagte, dass »die Vereinigten Staaten als eine Nation entstanden sind, die durch ein Grenzgebiet von ungeheuren Ausmaßen in Verlegenheit gebracht wird«. Offenbar drückte er sich absichtlich schwammig aus: Nicht das Grenzgebiet, sondern dort lebenden Zehntausende von Indianern brachten die Vereinigten Staaten in Verlegenheit. Der überzeugte Paternalist Knox hatte wenig für die brutalen amerikanischen Siedler übrig, und er hatte eine gewisse Sympathie für die Indianer entwickelt. Im Gegensatz zu den meisten anderen amerikanischen Politikern betrachtete und behandelte er die Indianer nicht als besiegte Völker. Doch er war mit seinen Ansichten in der Minderheit. Die US-Regierung plante bereits eine Kette von Forts im Ohio-

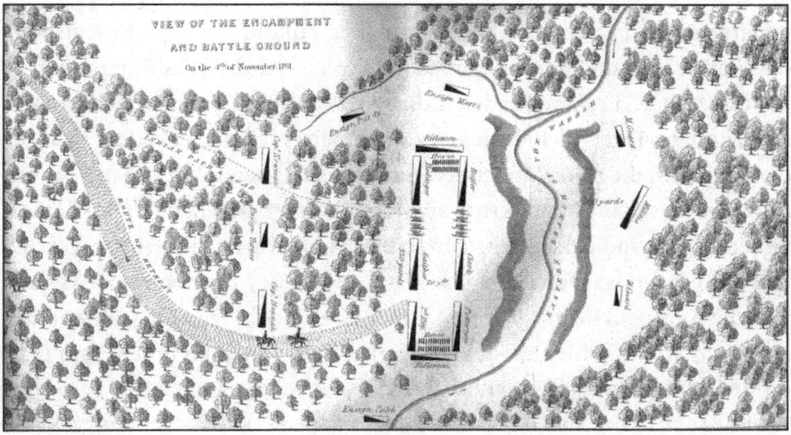

Karte mit dem Lager von General St. Clair und seinem Rückzug, 4. November 1791 (Urheber unbekannt)

Gebiet. »Solange wir den Briten erlauben, diese Posten zu behalten, können wir niemals hoffen, gegen die Indianer erfolgreich zu sein«, erklärten die Abgeordneten im Kongress.[27]

Die Northwest Confederacy machte sich die Schwäche der Vereinigten Staaten sofort zunutze. Dragging Canoe, Kriegshäuptling der Irokesen, schickte Soldaten zur Unterstützung der Konföderation, und im folgenden Jahr informierten die Muscogee das Bündnis, dass »diesen Mond 1000 Creek an den Feindseligkeiten teilnehmen werden«. Die Konföderation hatte ihr Hauptquartier in The Glaize eingerichtet, einem alten Handelsposten nahe der Stelle, wo der Fluss Auglaize in den Maumee mündet. Dank ausgedehnter Maisfelder und eines regen Pelzhandels verfügten sie dort über eine starke wirtschaftliche Basis. Die Konföderation operierte inzwischen in einem riesigen Gebiet zwischen den Großen Seen im Norden, dem Tal des Ohio im Süden, dem Tal des Mississippi im Westen und den Grenzgebieten von Pennsylvania und Virginia im Osten und hielt Zehntausende von Siedlern in Schach. Sie füllte das Machtvakuum im Landesinneren, das durch den Niedergang der Six Nations entstanden war.

Schon bald wurde das ganze Gebiet von Ohio und Kentucky bis North Carolina von einer Welle der Gewalt überschwemmt. Die Miami fühlten sich auf ihrem Territorium sicher und sahen keinen Grund für Verhandlungen. John Marshall, ein ehrgeiziger Politiker, der für eine starke Zentralregierung eintrat, rechnete schon in naher Zukunft mit einem Aufstand der Siedler, der die junge Republik gefährden würde. Washington befahl der US-Armee, die kämpfenden Indianer zu vernichten und so viele Frauen und Kinder wie möglich gefangen zu nehmen. Weil der Präsident nicht in der Lage war, die miteinander verbündeten Indianer auf dem Schlachtfeld zu besiegen, setzte er auf Terror und totalen Krieg, indem er Nichtkombattanten angriff und Felder, Obstgärten und Handelsposten zerstörte. Die Arbeit der Frauen war für die Northwest Confederacy überlebensnotwendig, und die Kentucky-Miliz griff nun indianische Siedlungen an, während die Armee in Fort Washington am Zusammenfluss von Ohio und Miami Dutzende indianische Frauen und Kinder als Geiseln gefangen hielt. Die US-Amerikaner waren verzweifelt. Im April 1794 traf sich Thayendanegea mit dem Kriegsminister Henry Knox und teilte ihm mit, dass die Irokesen »der gleichen Ansicht wie das Volk der Vereinigten Staaten sind; ihr seht euch als ein unabhängiges Volk; und wir als die ursprünglichen Bewohner dieses Landes und Herrscher über seinen Boden betrachten uns ebenfalls als unabhängig und als genauso frei wie alle anderen Nationen. Dieses Land wurde uns vom Großen Geist gegeben.« Zahlreiche indigene Gruppen hätten dem zugestimmt.[28]

Von der indigenen Macht überwältigt, erlebten die Vereinigten Staaten eine Krise, auf die sich ihre Führung nicht vorbereitet hatte. Genau wie die Briten es versäumt hatten, ihr Herrschaftsgebiet zu konsolidieren, nachdem sie die Franzosen aus dem Landesinneren vertrieben hatten, schienen nun auch die Vereinigten Staaten die Kontrolle über die riesigen Gebiete zu verlieren, die sie 1783 gewonnen hatten. In gewisser Weise war der Fehler kulturell bedingt. Die Siedler im Westen hegten ein starkes Misstrauen gegen die Zentralregierung und ihre Macht – eine negative Einstellung, die durch die Dominanz der Native Americans in dem riesigen Landesinneren noch verstärkt wurde. Die Siedler wollten nicht aus der Ferne von einer Legislative regiert werden, die sie weder bewaffnet hatte noch wirksam schützte. Das peinliche Versagen der Regierung, was den Schutz der nach Westen vordringenden Siedler vor Angriffen von Briten und Indianern betraf, drohte die junge Republik in eine westliche und eine östliche Hälfte zu spalten.

Besonders scharf wurde kritisiert, dass es der Regierung nicht gelang, von den Spaniern das Recht zum Befahren des Mississippi zu erhalten. Der

Fluss war das Tor zur Karibik, zu Südamerika und zu den europäischen Märkten, und die Kolonisten im Westen fanden, dass sie durch das Versagen der Regierung ein Vermögen verloren. Politische Vereine in Pennsylvania und Kentucky erwogen die Möglichkeit, sich von den Vereinigten Staaten abzuspalten, und einige wollten im Tal des Mississippi eine unabhängige Republik gründen. William Blount, ein Senator aus Tennessee, der im Westen viel Geld in Land investiert hatte, spielte mit dem Gedanken, Teile Louisianas zu erobern und einen Separatfrieden mit den Briten zu schließen. Die Muscogee hatten ihm den Spitznamen *Fushe Micco* oder »Dirt King« verpasst. Der Dreckkönig nahm von seinem Projekt Abstand, aber andere Kolonisten im Westen taten dies nicht. Im Juli 1794 belegte die Zentralregierung die Farmer und Schnapsbrenner im Westen Pennsylvanias mit einer Steuer und löste damit die sogenannte Whiskey Rebellion aus. Washington entsandte 13.000 Milizionäre in das betroffene Gebiet, und der Aufstand brach ohne Blutvergießen zusammen. Doch die Probleme blieben bestehen und versetzten alle Staaten westlich und südlich von New York in Angst und Unruhe.

Nach der Whiskey Rebellion sah sich die US-Regierung, wenn auch widerstrebend, zum Handeln gezwungen. Der indigene Widerstand und die Empörung der Siedler stellten eine zu große Bedrohung dar. Amerikanische Regierungsvertreter luden die Indianer des Ohio-Gebiets zu Vertragsverhandlungen ein, doch die Verhandlungen scheiterten. In der Folge entsandte Knox General Anthony »Mad« Wayne, einen Alkoholiker, mit einer Armee gegen die Northwest Confederacy, um ihre Städte am Fluss Maumee westlich des Eriesees zu zerstören. Im Gegensatz zu Harmar und St. Clair unterschätzte Wayne die Indianer nicht. Er bezeichnete ihren Stützpunkt am Grand Glaize River als »das große Handelszentrum der feindlichen Indianer des Westens«, umgeben von »sehr ausgedehnten und hoch kultivierten Feldern und Gärten«, die »von der Arbeit vieler Hände zeugen. Die Ufer jener wunderschönen Flüsse (…) wirken wie ein einziges kontinuierliches Dorf, das sich mehrere Meilen oberhalb und unterhalb dieses Ortes erstreckt; noch nie habe ich in irgendeinem Teil Amerikas, von Kanada bis Florida, je so riesige Maisfelder gesehen.« Wayne hatte die aufblühende US-feindliche multinationale indigene Macht im Herzen des Kontinents studiert. Die Indianer wirkten viel organisierter und Respekt einflößender als die Amerikaner.[29]

Die Konföderation mobilisierte Hunderte von Soldaten, und die Briten bauten zur Unterstützung ihrer indigenen Verbündeten ein neues Fort am Maumee. Die US-Regierung gab inzwischen eine Million Dollar pro Jahr für den Kampf gegen die Konföderation aus – weit mehr als George Washington wenige Jahre zuvor noch geschätzt hatte. Wayne erkannte, dass er einen langwierigen Konflikt nicht gewinnen konnte, und marschierte mit seiner Armee, der »Legion of the United States«, die aus mehr als 3000 Soldaten bestand, direkt ins Herz des indigenen Ohio-Gebiets. Es wurde ein schmutziger Krieg. Waynes Taktik wurde schon auf dem Marsch sehr deutlich: Blutvergießen und keine Gnade. Die US-Truppen brannten Maisfelder nieder, zerstörten Städte und töteten Frauen und Kinder. Diese Vorgehensweise war sowohl strategischer Natur als auch eine bewusste Demonstration der amerikanischen Hegemonie. Wayne zwang die Native Americans bei Fallen Timbers, in der Nähe von Fort Miami, zur Schlacht und gewann. Die Konföderation wankte.

Die Führer der Shawnee, Lenape und Miami konzentrierten sich darauf, Frauen und Kinder in Sicherheit zu bringen. Sie verließen ihre Städte und zogen sich den Maumee entlang zurück, um bei den Briten in Fort Miami Schutz zu suchen. Doch die Briten ließen sie nicht rein, weil sie einen Vergeltungsschlag der Amerikaner fürchteten – ein niederschmetternder Verrat, der die Konföderation noch verwundbarer machte. Sie brach zusammen, und ihre Mitglieder zogen sich auf ihre jeweiligen Territorien im Ohio-Gebiet zurück. Knox war sich des historischen Moments bewusst und schrieb von der »völligen Ausrottung nahezu aller Indianer in den am dichtesten bevölkerten Teilen der Union. Ein künftiger Historiker mag die Gründe für diese Zerstörung der menschlichen Rasse in tiefschwarzen Farben malen.« Britische Regierungsvertreter in London begannen zu fürchten, dass der Indianerkrieg in Nordamerika die britischen Kriegsanstrengungen gegen das revolutionäre Frankreich beeinträchtigen könnte.[30]

Im November 1794 schloss Großbritannien mit den Vereinigten Staaten den Jay-Vertrag, während sich unter den US-amerikanischen Siedlern eine separatistische Stimmung ausbreitete. Großbritannien erklärte sich bereit, die Forts Detroit, Michilimackinac und Niagara an die Vereinigten Staaten zu übergeben und südlich der kanadischen Grenze alle Verbindungen mit den Native Americans zu lösen. Damit war die Position der Indianer des Ohio-Gebiets unhaltbar geworden. Sie konnten den Krieg ohne die

Unterstützung und Munition der Briten nicht mehr fortsetzen. Im Winter 1795 fanden im Hauptquartier von General Wayne in Fort Greenville die Friedensverhandlungen statt. Im Bestreben, das Landesinnere zu befrieden, versuchten amerikanische Indianeragenten die indigenen Nationen zu einem Friedensschluss mit den Vereinigten Staaten zu bewegen. Sie boten ihnen im Austausch gegen die Abtretung von Land Jahresrenten von insgesamt 9500 Dollar anboten. Die Agenten wollten in den Augen der Indianer unbedingt gut dastehen und verlangten, dass sie die Abtretung von Land öffentlich für legal erklärten. Den Indianern ging es vor allem um die Aufrichtigkeit ihrer Verhandlungspartner; sie achteten mit Argusaugen auf das kleinste Anzeichen von Betrug oder grobem Eigeninteresse.

Erschöpft nach fast 40 Jahren Krieg und empört über den britischen Verrat, erklärten sich Little Turtle und Black Hoof, der Sachen der Shawnee, bereit, einen Vertrag zu schließen, und dasselbe galt auch für die Führer der Wyandot, Lenape, Shawnee, Odawa, Chippewa, Potawatomi, Miami, Kickapoo, Ojibwe und Kaskaskia. Als die Indianer jedoch von den Bestimmungen des Vertrags von Greenville erfuhren, waren sie entsetzt. Ihr Gebiet war zu einem kleinen Territorium 240 Kilometer nördlich des Ohio in der nordwestlichen Ecke des Ohio-Gebiets zusammengeschrumpft. Der Rest, zwei Drittel des Gebiets, wurde für die amerikanische Besiedlung geöffnet. Die Vereinigten Staaten entpuppten sich als ausgewachsenes Kolonialregime und hatten sich außerdem das exklusive Kaufrecht für die den Indianern verbliebenen Gebiete gesichert.

Wie Vizegouverneur Cruzat elf Jahre zuvor versuchte auch George Washington, *in absentia* die Rolle eines fürsorglichen »Vaters« zu spielen und sich liebevoll und beschützend zu zeigen. Die Vereinigten Staaten würden großzügig sein und die Indianer mit landwirtschaftlichem Gerät, Saatgut und Waffen versorgen und ihnen eine Ausbildung angedeihen lassen. Für die US-Politik war diese Großzügigkeit ein »Zivilisierungsprogramm«, ein von der Aufklärung inspirierter Plan, die »wilden« Native Americans zu einer bäuerlichen und sesshaften Lebensweise und damit zur angloamerikanischen Zivilisation zu bekehren. Die US-amerikanischen Verhandlungsführer waren so klug, bei den Gesprächen in Greenville auf eine ausführliche Darstellung dieser Pläne zu verzichten, und ließen stattdessen Little Turtle eine Rede halten, in der er General Wayne angriff. »Die Grenze zwischen den Indianern und den Vereinigten Staaten«, protestierte der

Führer der Miami, »nimmt den Indianern einen großen Teil des Landes, das schon seit ewigen Zeiten unbehelligt und unbestritten von meinen Vorvätern genutzt wurde. Die Spuren der Häuser meiner Vorväter sind überall in diesem Teil zu finden (…) All meinen hier anwesenden Brüdern ist genau bekannt, dass meine Vorväter ihr erstes Feuer in Detroit entzündeten.« Tarke, ein Sachem der Wyandot, warnte die Amerikaner: »Unser Tomahawk steckt immer noch in eurem Kopf; die Engländer haben ihn mir gegeben, damit ich ihn dort platziere«.[31]

Die ersten 20 Jahre der Vereinigten Staaten waren durch nahezu unaufhörliche Kriege mit Native Americans gekennzeichnet gewesen. Der lange Kampf um das Land im Westen hatte die Staatskasse der jungen Republik massiv belastet und jedes Jahr fast fünf Sechstel des Gesamtbudgets der Zentralregierung in Anspruch genommen. Während die US-Amerikaner, Siedler wie Soldaten, mit den Indianern kämpften und ihr Land raubten, waren die Vereinigten Staaten mit einer neuen imperialen Aufgabe konfrontiert: Sie mussten klären, wie sie ein Imperium besiedeln, integrieren und schützen wollten, das sich inzwischen auf den halben Kontinent erstreckte und etwa fünf Millionen Einwohner hatte. Das auf den Atlantik konzentrierte Kolonialsystem, das sie von den Briten geerbt hatten, reichte dafür nicht mehr aus. Um ihr Überleben zu sichern, musste die Zentralregierung alle lokalen und regionalen politischen Einheiten ihrer Autorität unterwerfen. Durch den Trade and Intercourse Act von 1790 erhielten Präsident und Zentralregierung neue Befugnisse: Sie durften nun den Handel mit den Indianern kontrollieren, eigenmächtige Siedler von Indianerland vertreiben und bestrafen und Verträge mit den Native Americans schließen. Die einzelnen Staaten waren von diesem Prozess ausgeschlossen.

Im Jahr 1795 etablierte der Kongress ein Netzwerk von »Faktoreien«, Handelsniederlassungen, die den Frieden fördern sollten. Der staatlich regulierte Handel sollte, wie man meinte, die Indianer vor Betrug, Alkohol und Übergriffen bewahren und ihnen dabei helfen, zivilisiert zu werden. Jahre später brachte Jefferson das Anliegen der Faktoreien auf den Punkt, als er schrieb: »Der Handel ist die große Maschine, mit der wir sie zwingen müssen, nicht der Krieg.« Überall im Nordwesten wurden Faktoreien gebaut, eine dramatische Veränderung, mit der sich die amerikanische Indianerpolitik ein wenig der kooperativeren britischen annäherte.[32]

Obwohl die neuen staatlichen Initiativen paternalistisch, manipulativ und umstritten waren, sorgten sie dennoch für eine gewisse Stabilität im Gebiet westlich der Appalachen. Hauptursache war ein kontinuierlicher regulierter Handel, wie ihn die Northwest Confederacy während ihrer gesamten Existenz gefordert hatte. Die Indianer konnten sich nun, wenigstens in einem gewissen Ausmaß, darauf verlassen, dass sie fair behandelt wurden. Doch die Handelsprivilegien mussten mit konsequenter Außenpolitik und durch harte Verhandlungen durchgesetzt werden: Beide amerikanische Parteien, sowohl die Föderalisten als auch die Republikaner, hatten die Vorstellung, aus dem Ohio-Gebiet eine harmonische, von Aristokraten regierte Siedlerkolonie zu machen, ein Hudson Valley im Ohio-Gebiet sozusagen. Schon bald entstanden Kolonialisierungspläne, die sich auf Gebiete vom Ontariosee im Norden bis zum Tal des Savannah River im Süden bezogen. Ein immer dichter werdendes Straßennetz verband die einzelnen Staaten miteinander und ermöglichte es ihnen, ihre Tentakel immer weiter nach Westen in die indigenen Gebiete auszustrecken. Das angestaute Bedürfnis nach Land brachte eine Flut von Siedlern in das Tal des Ohio. Im Gegensatz zu den Franzosen oder Spaniern hatte sich Washington nicht als schützender Vater erwiesen. Die Northwest Confederacy löste sich auf, aber nur vorläufig. Ein charismatischer Führer sollte sie schon bald wieder zum Leben erwecken.[33]

KAPITEL 24

VERSPRECHUNGEN DES WESTENS

Die indigenen Nationen der Nacotchtank, Patawomeck, Piscataway und Pamunkey waren entsetzt. Amerikanische Soldaten, Ingenieure und Bauarbeiter machten sich im Tal des Potomac breit, wo ihre Vorfahren seit vier Jahrtausenden gelebt hatten. Eine neue, vom französischen Architekten Pierre Charles L'Enfant geplante Stadt nahm im Tal langsam Gestalt an. Sie sollte »City of Washington« heißen und die Hauptstadt eines neuen, selbstbewussten Imperiums werden.

In den frühen 1790er-Jahren waren die Vereinigten Staaten, nachdem sie auf ein gewaltiges zusammenhängendes Territorium von mehr als 900.000 Quadratkilometern Anspruch erhoben hatten, nach Russland, China und dem Osmanischen Reich das viertgrößte Land der Welt. Vertreter der US-Regierung waren selbstbewusst genug, um ihren kolonialen Konkurrenten Bedingungen zu diktieren. Die Schifffahrtsrechte auf dem Mississippi blieben ein zentraler Streitpunkt mit Spanien. Die Spanier waren sich darüber im Klaren, dass sie die Amerikaner und die indigenen Nationen nicht lange in Schach halten konnten, und schlossen 1795 den Vertrag von San Lorenzo del Escorial oder Pinckneys-Vertrag, in dem die USA die Schifffahrtsrechte für den Mississippi erhielten. Außerdem wurde die Nordgrenze Floridas auf den 31. Breitengrad festgeschrieben, Spanien verzichtete auf einen 160 Kilometer langen Abschnitt des Flusses Yazoo und erlaubte den Vereinigten Staaten den zollfreien Warentransport durch den Hafen von New Orleans. Bald schon boomte der amerikanische Schiffsverkehr auf dem Mississippi.[1]

Doch der wirtschaftliche Aufschwung stand auf wackligen Füßen, da die Amerikaner noch zu schwach waren, um die Native Americans zu unterwerfen, die das Landesinnere und dessen Flüsse und Ressourcen be-

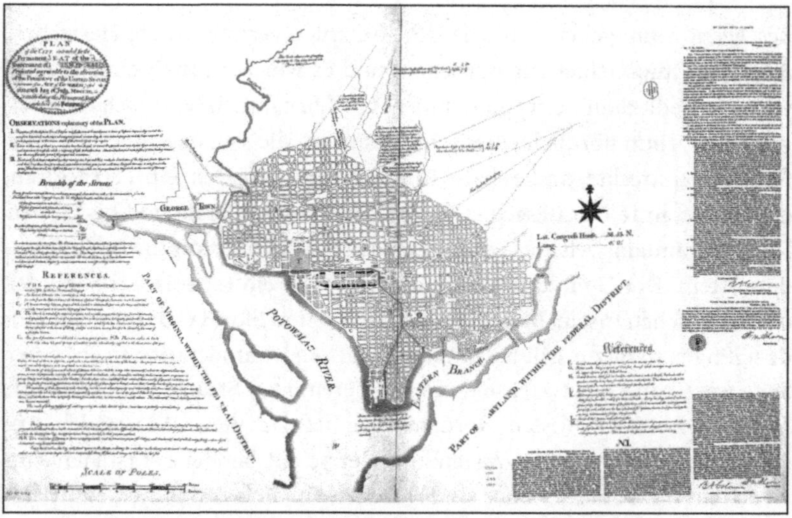

»Plan für die als permanenter Regierungssitz der Vereinigten Staaten vorgesehene Stadt«, von Pierre Charles L'Enfant, 1791

herrschten. Außerdem waren die Vereinigten Staaten ein riskantes und für viele Amerikaner und Europäer unwahrscheinliches politisches Experiment. Als Demokratie neigten sie zu plötzlichen Änderungen ihrer Prioritäten und ihrer Politik. Sie waren außerdem ein Siedlerimperium, von dessen beanspruchtem Territorium fast die Hälfte noch unter indigener Herrschaft stand. Es gab viele konkurrierende und sich überlappende Herrschaftsbereiche innerhalb der von den USA beanspruchten Gebiete, und zahlreiche selbst regierte indigene Nationen existierten dort als »Resident Foreign Nations«, die angeblich unter amerikanischer Souveränität und Fürsorge standen. Tatsächlich jedoch kontrollierten die Vereinigten Staaten nur Teile ihres riesigen Territoriums. Ihre Grenzen waren alles andere als selbstverständlich, sondern mussten immer wieder mit Gewalt behauptet werden. Die Reise von der Hauptstadt in das Illinois- oder Ohio-Gebiet nahm ungefähr zwei Monate in Anspruch. Im Gegensatz zu den meisten anderen Imperien versuchten die Vereinigten Staaten, ihre Territorien von der Peripherie und nicht vom Zentrum aus zu regieren.[2]

Die offiziellen Karten der Kolonialmächte sprachen eine deutlichere Sprache. Seit den frühen 1790er-Jahren hatte jede Kolonialmacht über ihr eigenes Territorium geherrscht. Die USA bekamen vertraglich die Herrschaft über das Ohio-Gebiet zugesprochen, und es wurde in mehreren Wellen von den Siedlern in Besitz genommen. Großbritannien hatte sich ein riesiges Territorium nördlich einer Linie gesichert, die sich quer über die Großen Seen erstreckte, und es hatte Rupert's Land behalten, ein Territorium, das das gesamte Einzugsgebiet der Hudson Bay umfasste und bis zu den Rocky Mountains reichte – eine gute Basis für ein transkontinentales Handelssystem. Der Golf von Mexiko war seit 1783 ein »spanischer See«, der die Karibischen Inseln, Mexiko, New Mexico und Florida vor fremden Eindringlingen schützte. Mit mächtigen indigenen Konföderationen an seiner Seite war Spanien gut gerüstet, um die Vereinigten Staaten vom Golf von Mexiko und dem Westen Nordamerikas fernzuhalten. Wie es den Anschein hatte, konnten im Westen fünf Herrschaftsbereiche entstehen: entweder ein französischer oder ein britischer, ein amerikanischer, ein spanischer oder einer der Sioux, wobei Letzteres am wahrscheinlichsten war.[3]

Frankreich hatte damals schon seit mehr als 30 Jahren praktisch keine Rolle mehr in Nordamerika gespielt, wagte aber in den 1790er-Jahren ein Comeback. In der Zeit davor hatte es nur noch Saint-Domingue, die östliche Hälfte der Insel Hispaniola, in seinem Besitz behalten, eine karibische Zucker- und Kaffeeinsel, auf der fantastische Profite erzielt wurden. Die französische Kolonie, in der fast eine halbe Million Sklaven gehalten wurden, lieferte jedes Jahr Waren im Wert von 200 Millionen Livre auf die französischen Märkte. Im Jahr 1791 jedoch verursachte die brutale Herrschaft der Franzosen einen großen Sklavenaufstand auf der Insel, der vom ehemaligen Sklaven Toussaint Louverture angeführt wurde und ihn an die Macht brachte. Sowohl Napoleon als auch Jefferson waren, genau wie die Sklavenhalter im gesamten amerikanischen Süden, entsetzt über diese Entwicklung, weil sie fürchteten, dass der Geist des Sklavenaufstands nach Norden wandern könnte. Die Einwohner von Kentucky waren über das Ereignis so verstört, dass sie mit dem Austritt aus den Vereinigten Staaten drohten.[4]

Die Franzosen baten die USA, ihre alten Verbündeten während der Revolution, wegen des Sklavenaufstands um Hilfe, aber damals gab es bereits ein Rapprochement zwischen den USA und Großbritannien, das 1794 im Jay-Vertrag kulminieren sollte. Da sich Großbritannien und Frankreich damals gerade im Kriegszustand befanden, mussten sich die Vereinigten Staaten für eine Seite entscheiden. Als sie sich auf die der Briten schlugen, sicherten sich die Franzosen wieder eine Position auf dem amerikanischen Festland, darunter auch Häfen an der Golfküste, auch um Saint-Domingue zu überwachen. Frankreichs erster Konsul Napoléon Bonaparte kaufte König Karl IV. von Spanien Louisiana ab, dieser war froh, die kostspielige Kolonie loszuwerden, denn ihre Bewohner hatten keine profitable Ware für den Export gefunden, mit der sie sich hätten finanzieren können. In dem Geheimvertrag von San Ildefonso trat Spanien fast neun Prozent Nordamerikas an die Franzosen ab, und Napoléon überließ den Spaniern als Gegenleistung das Großherzogtum Toskana. Wie König Karl und seine Berater vermuteten, würden die mächtigen Franzosen vielleicht erreichen, was Spanien nicht gelungen war: die arrogante, neue amerikanische Republik auf das rechte Maß zurückzustutzen. Die US-Regierung war zutiefst besorgt: Eine zweites Französisch-Louisiana, das erneut auf eine enge Kooperation mit den Indianern baute, stellte für sie eine ernste Bedrohung dar. Die Franzosen »könnten die Bewohner der Siedlungen jenseits der Alleghenies mit allen Mitteln verführen (…) und sie Schritt für Schritt dazu verleiten, ein eigenes Imperium zu errichten«. Außerdem würden vermutlich Zehntausende Native Americans begeistert die Rückkehr des französischen Onontio begrüßen, der sie bewaffnen, mit ihnen in den Krieg ziehen und sie über New Orleans mit Gütern versorgen konnte.[5]

Als Präsident Jefferson von dem französischen Landerwerb erfuhr, war ihm sofort klar, dass die Existenz der Vereinigten Staaten auf dem Spiel stand: »Es gibt auf der Welt nur einen einzigen wichtigen Ort, dessen Besitzer unser natürlicher und gewohnheitsmäßiger Feind ist. Und das ist New Orleans, das die Produkte von drei Achteln unseres Territoriums auf dem Weg zum Markt passieren müssen.« Napoléon wiederum plante mit großer Sorgfalt einen Feldzug gegen Louverture. Er schickte eine Armada von 50.000 Soldaten über den Atlantik, nur um erleben zu müssen, dass Louvertures Armee und das Gelbfieber die französische Invasion von Saint-Domingue vereitelten. Der besorgte Jefferson wiederum entsandte im Januar 1803 James Monroe als außerordentlichen Gesandten nach Paris und autorisierte ihn, New Orleans und so viel wie möglich von Ostflorida und Westflorida zu kaufen. Napoléon wiederum bot, entsetzt über den gescheiterten Versuch, Saint-Domingue zurückzuerobern, nicht nur

New Orleans, sondern ganz Louisiana für nur 15 Millionen Dollar zum Verkauf an. Der Kauf des Gebiets war mehr als nur ein spektakuläres Immobiliengeschäft, durch das sich die Größe der Vereinigten Staaten nahezu verdoppelte. Er verschaffte den Amerikanern mit dem Tal des Mississippi auch den Generalschlüssel für Nordamerika. Der große Fluss war das Rückgrat eines riesigen Systems schiffbarer Nebenflüsse, das 1,5 Millionen Quadratkilometer des amerikanischen Landesinneren mit dem Golf von Mexiko und den Handelsstraßen des Atlantiks verband. Ein neues US-amerikanisches Imperium war möglich geworden. Jefferson verkündete, dass die Amerikaner nun »Raum für all ihre Nachfahren bis zur tausendsten und tausendsten Generation« hätten.«[6]

Bei den euphorischen Feiern in Washington DC und anderswo verschwendete kaum jemand einen Gedanken an die Tatsache, dass fast das gesamte durch den außergewöhnlichen Kauf erworbene Gebiet unter indigener Herrschaft stand. Außerdem schenkten die Amerikaner dem Umstand keine Aufmerksamkeit, dass Frankreich Louisiana nur bis zum Zusammenfluss von Missouri und Mississippi beansprucht hatte, was das Geschäft fast gänzlich entwertete. Jefferson brachte den Gedanken in Umlauf, das erworbene Land in eine gigantische indianische Kolonie umzuwandeln. Das Geschäft hatte noch einen weiteren Schönheitsfehler: Die Vereinigten Staaten hatten von Frankreich lediglich das Vorrecht erworben, im Rahmen der Entdeckungsdoktrin entweder durch Eroberung oder durch Verträge indigenen Landbesitz zu erwerben. Da sie zu schwach waren, die Indianer zu unterwerfen, mussten sie mit souveränen indigenen Nationen Verträge schließen. Und genau das taten sie zwischen 1804 und 1970 insgesamt 222-mal, wobei die größten Abtretungen vor 1867 erfolgten.[7]

Jefferson war ein Universalgenie, das offenbar jede Gelegenheit nutzte, zu planen und Verbesserungen vorzunehmen, gleichgültig, ob es sich dabei um seine Plantage Monticello oder die Vereinigten Staaten handelte; jetzt machte er sich daran, die USA in einen Landwirtschafts- und Handelsriesen zu verwandeln, der von den korrupten europäischen Imperien unabhängig sein sollte. Er empfahl außerdem die Ausdehnung der Sklaverei nach Westen, um den wachsenden Spannungen zwischen dem nördlichen und dem südlichen Teil des Landes zu begegnen. All diese Pläne waren von einer schnellen Besiedlung des Westens abhängig, die wiederum eine schnelle Enteignung der Native Americans und die Durchsetzung der amerikanischen Herrschaft erforderlich machte. Es war klar, dass dies nicht durch eine Militäroperation zu bewerkstelligen war, da die Größe der US-Armee damals auf 3289 Offiziere und Wehrpflichtige beschränkt war. Die gesetzlich beschränkte Armee stellte gerade einmal klägliche 2000 Mann für den gesamten Westen jenseits der Appalachen ab.

Die von Jefferson gewählte Waffe war das neu entwickelte Zivilisierungsprogramm der Vereinigten Staaten, das die indigenen Jäger in Bauern und ihre Frauen in Hausfrauen verwandeln sollte, indem man sie umerzog und ihnen die notwendigen Gerätschaften zur Verfügung stellte. Durch dieses systematische Social Engineering wollte Jefferson ohne Krieg Land für Siedler frei machen und den Weg für sein ideales Gemeinwesen freier Bauern ebnen. Aus seiner Sicht war es vielversprechend, dass viele Cherokee-Frauen das Programm als Verbesserung empfanden und es nicht als Strategie zur Ausrottung ihrer alten Kultur ablehnten. Kaiiontwa'kon oder Cornplanter, ein bekannter Führer der Seneca, begrüßte das Faktorei-System und erlaubte Quäkern, sich in den stark dezimierten Städten der Seneca niederzulassen. Er wäre vielleicht davor zurückgeschreckt, wenn er gewusst hätte, was Jefferson wirklich über die Angelegenheit dachte: »Tatsächlich«, schrieb er, »besteht der ultimative Punkt von Ruhe und Glück für sie [die Indianer] darin, dass sich ihre und unsere Siedlungen treffen und miteinander verschmelzen, dass sie sich mit uns vermischen und wir ein Volk werden, indem sie sich bei uns eingliedern.« Die amerikanischen Regierungsbeamten erwarteten, dass die Übernahme des Zivilisierungsprogramms durch die einflussreichen Seneca bei anderen indigenen Nationen einen Dominoeffekt auslösen würde. Benjamin Hawkins, der für die mächtigen Muscogee zuständige Indianeragent, glaubte, er könnte seine Schutzbefohlenen davon überzeugen, die »Süßigkeiten der Zivilisation« zu kosten und »den Wert des Eigentums und die Notwendigkeit, es zu verteidigen«, kennenzulernen. Die Cherokee-Frauen, die sich auf das Zivilisierungsprogramm einließen, hofften, wirtschaftlich davon zu profitieren und ihre Territorien sichern zu können. Sie nutzten die Gelegenheit, um Spinnräder und Kleidung angloamerikanischen Stils anzuschaffen. So kam es, dass die Cherokee-Frauen Anfang des 19. Jahrhunderts fast 20.000 Schweine, 20.000 Kühe, mehr als 6000 Pferde und 129 Sklaven besaßen.[8]

Doch der erwartete Dominoeffekt blieb aus. Vielmehr entstand innerhalb der Seneca eine Gegenbewegung, die statt Assimilation Widerstand befürwortete. Skaniadariyo (Handsome Lake), der alkoholsüchtige Halbbruder Kaiiontwa'kons, der demselben Clan angehörte, hatte 1799 und 1800 vier Visionen. In der ersten war er allein, als ihm drei Boten Erdbeeren anboten. In der zweiten befand er sich in einem irokesischen Langhaus und reiste dann in die Welt des Himmels, wo er sah, wie die Jäger der Seneca sich abmühten, Wild zu finden. In der dritten erfuhr er, dass es mit dem Führen von Kriegen und der Jagd bald vorbei sein werde. In der vierten Vision folgte er dem weißen Pfad, der zur spirituellen Erneuerung führen sollte. Während Jeffersons Vision für den Kontinent von wirtschaftlichen und geopolitischen Überlegungen getragen war, war die Skaniadariyos fast gänzlich spirituell. Seine prophetische *Gaihwi:io* oder »gute Botschaft« brachte die Langhausreligion hervor, die das Gleichgewicht der Welt wiederherstellen wollte. Der Prophet verkündete, dass die Menschen gut zueinander sein, keinen Alkohol trinken und sich an die Gebote halten müssten. Wer diesem Verhaltenskodex nicht folgte und kein tugendhaftes Leben führte, war ein Sünder und kam nach dem Tod in die Hölle. Diese Mischung aus Christentum und indigener Spiritualität war eine von vielen neuen indigenen Bewegungen, die die Hegemonialansprüche der Vereinigten Staaten infrage stellten und sich ihrem schädlichen Einfluss auf dem Territorium der Native Americans widersetzten.[9]

Während Seneca mit ihrer eigenen Spiritualität auf die Arroganz und den Expansionismus der Amerikaner reagierten, forderten die Lakota sie geopolitisch heraus. Sie hatten sich Mitte des 18. Jahrhunderts zu einem ausgesprochenen Reitervolk entwickelt und sich unter die Schirmherrschaft der Arikara im mittleren Tal des Missouri begeben. Dort hatten sie sich allmählich mit den Gebräuchen, der Politik und der Geografie der alten Flusslandschaft vertraut gemacht. Das Wassereinzugsgebiet des Missouri, das größte Becken des Mississippi, war ein hervorragendes Transportsystem. Acht westliche Zuflüsse des Missouri, die Flüsse White, Bad, Cheyenne, Moreau, Grand, Cannonball, Heart und Knife, boten Zugang zu zahlreichen Orten im Westen und zu den Kurzgrasprärien der High Plains. In den Tälern der Flüsse standen außerdem Wasser, Gras und schützende Pappelwälder für die wachsenden Pferdeherden der Lakota zur Verfügung.

Angezogen von diesen wichtigen Ressourcen expandierten die Lakota noch einmal nach Westen. Der Kampf um den Kontinent verlagerte sich auf das Gebiet westlich des Mississippi.

Im Jahr 1776 kamen die Lakota, als indigene Entdecker, die von Legenden und Mythen in ferne Länder gelockt wurden, etwa 500 Kilometer westlich des Missouri zum Pahá Sápa, den Black Hills. Die Pahá Sápa waren eine ausgesprochen ungewöhnliche Landschaft: eine einzelne Erhebung im flachen Grasland, mit Ponderosa-Kiefern, deren Nadeln in der Sonne schwarz glänzten, mit Granitpfeilern, die sich weit in den Himmel erhoben, und mit Höhlen, die bis zum Mittelpunkt der Erde zu reichen schienen.

Für die Lakota war das Pahá Sápa der Mittelpunkt der Welt, »das Herz von allem, was ist«, der älteste Teil der Erde und der Ort, wo der Bison und die ersten Menschen, geführt von Iktómi, dem mythologischen Helden des Sioux-Volkes, aus einer tiefen Höhle ans Licht gekommen waren. Der Sonnentanz, eine Zeremonie der Dankbarkeit, Demut und Einheit, gewann im Jahreszyklus der Lakota an Bedeutung, was zu einer engeren Zusammenarbeit der *oyáte* oder Nationen der Lakota führte. Die so entstandene Koalition von Oyáte der Lakota wurde immer wieder aufgelöst und neu gebildet, wie es dem mobilen Leben der beteiligten Reitervölker entsprach, die, was ihre Ernährung, ihre Rohmaterialien, ihre Behausungen und ihre spirituelle Erfüllung betraf, außerordentlich abhängig von einem einzigen Tier waren, dem Bison. Zusammen mit den Dakota, Yankton und Yanktonai, die im Osten das Tal des Mississippi-Oberlaufs beherrschten, gehörten sie dem Sioux-Bündnis der Ochéthi Šakówiŋ (Sieben Ratsfeuer) an, das ein riesiges Gebiet im nordamerikanischen Landessinneren beherrschte. Auch die alte Geschichte von Ptesáŋwiŋ oder White Buffalo Calf Woman gewann im Zusammenhang mit den Pahá Sápa neue Relevanz und Bedeutung: Sie lehrte die Lakota den Umgang mit der heiligen Pfeife, einer der sieben lebenswichtigen Zeremonien, die der Aufrechterhaltung von Einheit und Macht der Ochéthi Šakówi dienten.

Für den größten Teil des Jahres hatte das Bündnis überhaupt keine konkrete Form, da Dutzende lokaler Gruppen in verschiedenen Ecken des riesigen Herrschaftsgebiets Wild jagten, Nahrung sammelten und ihre Pferde weideten. Jedes Frühjahr jedoch versammelten sich Lakota, Dakota, Yankton und Yanktonai auf einem großen Markt. Dieser diente auch als politische Zusammenkunft, auf der Beschlüsse gefasst wurden. Diese

Treffen, die oft am James River im Zentrum des Gebiets der Ochéthi Šakówiŋ stattfanden, waren die Grundlage der großen Konföderation der Sioux. Dort konnten sie Ressourcen austauschen, Informationen zusammentragen, die Lokalpolitik der Oyáte abstimmen und sich über Bedrohungen und Chancen klar werden. Sie trafen einander persönlich, rauchten das Kalumet und festigten ihre gemeinsame Identität als Mitglieder der Ehrfurcht gebietenden Sieben Ratsfeuer. Die Ochéthi Šakówiŋ waren ein Jahrhundert lang die Grundlage für die Macht der Sioux. Sie konnten es nicht wissen, doch sie waren, seit Irokesen und Cherokee im Siebenjährigen Krieg geschwächt worden waren, die stärkste indigene Macht auf dem Kontinent.

American Horse, ein Ältester der Oglala, erklärte dem amerikanischen Offizier William Corbusier 1879 die Bedeutung eines ganz besonderen Wintercounts. In dem indianischen Bildkalender war die Entdeckung (oder Wiederentdeckung) des Pahá Sápa durch die Lakota im Jahr 1776 eingezeichnet, der Zeitpunkt, als Standing Bull in den Bergen ankam. Der Zeitpunkt war der erste Eintrag in dem Kalender und markierte den Beginn der Geschichtsschreibung des Volkes von American Horse und damit auch der Nation der Lakota. In jener Version der Lakota-Geschichtsschreibung hatten die Lakota und die Vereinigten Staaten eine parallele Entwicklung durchgemacht: Laut American Horse waren 1776 in Nordamerika zwei Nationen entstanden. Beiden war es bestimmt, neue Welten zu entdecken, zu herrschen, militärischen Ruhm zu ernten und schließlich in einem schrecklichen, gewaltsamen Konflikt aufeinanderzutreffen. American Horse versuchte damals vielleicht, Corbusier an die einst so respektvolle Beziehung der beiden führenden Nationen des nordamerikanischen Landesinneren zu erinnern. Er berief sich womöglich auf die gemeinsame Vergangenheit, damit man sich eine gemeinsame Zukunft vorstellen konnte.[10]

Der Aufbau eines engeren Bündnisses der Lakota, innerhalb der größeren Konföderation der Sioux, war eher ein Zeichen von Schwäche als von Stärke. Die indigenen Bauern des Missouri-Tals hatten die Lakota zunächst gemieden, weil sie sie als unwillkommene Konkurrenten betrachtet hatten. Sie hatten mit ihnen um die besten Jagdgründe, um den Handel mit den Europäern und um die strategisch günstigsten Plätze auf den schützenden Uferklippen des Missouri konkurriert, und die Lakota hatten für ihre

Pferde zu viel Gras und ihre Tipis zu viel Holz verbraucht. Nach dem Ende des Pontiac-Kriegs im Jahr 1766 wurde jedoch eine Wiederaufnahme des Pelzhandels im Westen jenseits des Mississippi möglich. Der aufgestaute Bedarf an Gewehren, Pulver, Blei und Metallwerkzeugen führte nun zu einem intensiven Wettbewerb um die Handelsprivilegien im oberen Tal des Missouri. Dort litten mehrere indigene Nationen seit Jahren unter dem unzuverlässigen Zugang zu europäischer Technologie und europäischen Waren. Der größte Bedarf bestand an Pulver und Blei: Wenn sie zur Neige gingen, fiel der indigene Westen in die Steinzeit zurück.

In den frühen 1770er-Jahren eroberten und plünderten die Oglala Lakota und die mit ihnen verwandten Yanktonai 320 Kilometer nördlich des Stammgebiets der Oglala eine Stadt der Mandan, einer indigenen Nation, die von Ackerbau und Handel lebte. »Sie brannten die Mandan aus«, heißt es in einem Wintercount der Oglala. Die Plünderung der Stadt war ein Wendepunkt in der Geschichte der Lakota. Sie stand am Beginn ihres langen Aufstiegs im Missouri-Gebiet. Nachdem sie in den Black Hills spirituelle und materielle Erfüllung gefunden hatten, setzten sie sich nun im Tal des Missouri fest.

Der Ausbruch einer verheerenden Pockenepidemie im Jahr 1781, derselben Epidemie, die Cornwallis' Armee in Yorktown dezimierte, war für die Ausbreitung der Lakota im oberen Tal des Missouri von entscheidender Bedeutung. Die Epidemie war zwar ein Schock für sie, weil ihnen die Krankheit vermutlich unbekannt war, doch die sesshafteren, Ackerbau treibenden Nationen der Region hätten fast nicht überlebt. Mehr als 75 Prozent der Arikara kamen vermutlich ums Leben, und danach war die alte Kultur am Missouri nur noch ein Schatten ihrer selbst: Die Welt der Arikara schrumpfte von 32 auf nur noch drei Städte, »einen kläglichen Rest«, wie es Antoine Tabeau, ein Angestellter des in Saint Louis angesiedelten franko-spanischen Pelzhandelsunternehmens Clamorgan, Loisel and Company, formulierte. Auch die ehemals zahlreichen Mandan nördlich der Arikara hatten inzwischen nur noch Bewohner für drei Städte, und die Hidatsa hatten die Hälfte ihrer Leute verloren. Vor der Epidemie lebten Zehntausende Ackerbau treibende Indianer im oberen Tal des Missouri; danach waren nur noch 8000 übrig. Von den einst ausgedehnten Feldern und Städten des Gebiets gab es nur noch ein paar wenige isolierte und verwundbare Knotenpunkte. In einem Wintercount der Lakota von 1781/82 heißt es: »Sie griffen im letzten Winter zu Pferde an.« Es war der letzte erfolgreiche Angriff der Ackerbau treibenden Indianer. Am Ende schalteten die Lakota die indigenen Bauern als Bedrohung aus.[11]

Im Jahr 1793 griffen die Lakota eine aus 58 Erdhäusern bestehende Stadt der Mandan an und töteten fast alle Bewohner, dabei profitierten sie davon, dass die Epidemie die Mandan dramatisch geschwächt hatte. Die überlebenden Mandan flohen nach Norden und versuchten verzweifelt, eine möglichst große Entfernung zwischen sich und die Lakota zu bringen. Danach war ein 320 Kilometer langes Stück des Missouri plötzlich leicht zugänglich für die Lakota. Sie besiedelten es und dehnten ihr Gebiet am Missouri weit nach Norden aus. Das Timing war vielversprechend.[12]

Der Pelzhandel erlebte damals einen für das nordamerikanische Landesinnere beispiellosen Boom. Der Handel in den Tälern des Arkansas und in dem des Missouri-Unterlaufs war jahrzehntelang von der inzwischen fast 20.000 Mitglieder zählenden Nation der Osage dominiert worden. Sie hatten im Austausch gegen Pelze und Bisonfelle spanische Gewehre und Fertigwaren an die Prärie-Indianer im Westen geliefert. Mit Unterstützung der Familie Chouteau, den führenden Kaufleuten in Saint Louis, die geschickte französische Händler beschäftigten, hatten die Osage 50 Prozent des Handels dieser Stadt beliefert und riesige Gewinne erzielt. Die Chouteaus heirateten in führende Familien der Osage ein und festigten die Geschäftspartnerschaft durch verwandtschaftliche Bande, die ihnen wiederum ihre Geschäfte im gesamten amerikanischen Landesinneren erleichterten. Anfang der 1790er-Jahre gab es am Unterlauf des Missouri zu viele Händler, und die spanischen Gouverneure von Louisiana verboten den Handel mit den Osage. Doch die Familie Chouteau missachtete das Verbot und verbündete sich mit den Osage gegen Spanien. Unter der Führung von Pawhuska verwehrten die Indianer weißen Händlern den Zugang zum Tal des Arkansas, wo sich seit einem halben Jahrhundert ihr Machtzentrum befand. Die Familie Chouteau wiederum schickte Händler flussaufwärts, um neue Reviere für den Pelzhandel zu erschließen. Die Dörfer der Lakota an den Ufern des Missouri wurden unweigerlich zu ihrem ersten Zwischenstopp.[13]

Die Geschäfte passten nicht zu den geopolitischen Plänen der spanischen Beamten in Saint Louis, die sich wegen der imperialen Herausforderungen im Norden ihres Territoriums große Sorgen machten. Bei den

Mandan hatten kanadische Händler Fuß gefasst, die den Pelzhandel aus dem Tal des Missouri-Oberlaufs nach Norden umlenkten. In der Folge schrumpften die Gewinne der Kaufleute in Saint Louis um mehr als 90 Prozent. Im verzweifelten Bestreben, den Handel am Laufen und die kanadischen Händler im Zaum zu halten, gaben die spanischen Beamten Lizenzen für den Handel mit den Indianern am Oberlauf des Missouri heraus. Es stand viel auf dem Spiel. Wenn sie Erfolg hatten, so glaubten viele, konnte Spanisch-Nordamerika gerettet werden. Außerdem bestand die hartnäckige Annahme, dass sich irgendwo am Oberlauf des Missouri-Tals ein Wasserweg zur Pazifikküste finden musste – der Schlüssel zu einer dauerhaften spanischen Kolonie im Herzen Nordamerikas. Doch die Spanier bekamen nie Gelegenheit, dies herauszufinden. Die französisch-spanischen Händler stießen nämlich auf eine Lakota-Barriere, von deren Existenz sie nichts gewusst hatten. Wie zuvor das Tal des Ohio wurde nun auch das Tal des Missouri ein Zentrum der Kämpfe zwischen Kolonialmächten und Native Americans.

Der unternehmungslustige Händler Jacques d'Eglise fuhr 1793 flussaufwärts, um das Gebiet der Mandan weit im Norden zu erreichen. Doch die Lakota stoppten ihn 500 Kilometer vor seinem Ziel und beschlagnahmten den größten Teil seiner Waren. Von da an machten es sich Lakota und Yankton zur Gewohnheit, den Handel zwischen Saint Louis und dem Norden zu kontrollieren. Sie hatten erkannt, dass bloße Plünderung den Handel am Oberlauf des Flusses völlig zum Erliegen bringen würde, deshalb erhoben sie Zölle, das heißt, sie zwangen die Händler, für den Zugang zum Oberlauf mit Gewehren, Pulver, Blei und anderen Gütern zu zahlen, und verwandelten so das Tal des Missouri in eine Tributmaschine. Im Jahr 1794 brach Jean-Baptiste Truteau, ein Angestellter der Missouri Fur Company zu einer Handelsexpedition in das Gebiet der Mandan auf, wo er ein Fort bauen wollte. Er wurde von Soldaten der Yankton aufgehalten. Sie gingen an Bord seiner mit Handelsware beladenen Piroge und brachten ihn zu einem flussaufwärts gelegenen Dorf der Lakota. Dort verurteilten die Lakota seine Expedition und beschimpften die Händler, die weiter flussaufwärts zu den Arikara und Mandan vorstoßen wollten, als »böse Männer, die nur Übles über sie [die Lakota] redeten und jene Nation [die Arikara] drängten, sie [die Lakota] zu töten«. Das Pulver, das den Arikara und Mandan in die Hände falle, sagten die Lakota zu Truteau, »werde nur dafür benutzt, Sioux zu töten«. Dann forderten sie ihn auf, »die schlechten Handelswege durch große Geschenke von Handelswaren zu öffnen«, eine kaum verhüllte Tributforderung. »Es war der blanke Raub«, klagte der gedemütigte Händler in seinem Tagebuch. Seine Liste verlorener Handelswaren wirft ein scharfes Licht auf Gewinne, die die Kontrolle des Flusses den Lakota und Yankton bringen sollte: Tücher, Tabak, Messer, Äxte, Decken, Zinnoberrot, Feuersteine, Kugelzieher, Pulver und »eine entsprechende Zahl von Kugeln«. Die Lakota verlangten außerdem, dass Truteau ihnen dabei half, eine ordentliche Beziehung zum Gouverneur von Spanisch-Louisiana und seinen Händlern zu knüpfen. Er gehorchte. In seinem Bericht werden die Lakota als »die größten Biberjäger« in Spanisch-Louisiana dargestellt.[14]

Mitte der 1790er-Jahre war der Aufstieg der Lakota am Oberlauf des Missouri eine anerkannte Tatsache. Sie beuteten nicht nur systematisch den französisch-spanischen Flussverkehr aus, sondern dominierten auch die indigenen Bauern, die im Tal des Missouri Ackerbau trieben. Dabei kombinierten sie Raub, Erpressung und Diplomatie zu einer flexiblen Ökonomie der Gewalt, mit der sie sowohl die Weißen der Region als auch Arikara und Hidatsa ängstlich, bedürftig und gehorsam hielten. Die mobilen berittenen Lakota erzeugten eine künstliche Nachfrage nach ihren eigenen Exportgütern, indem sie die Bisons aus dem Gebiet der Arikara fernhielten und damit große Gewinne machten. Tabeau berichtete, Soldaten der Lakota hätten ihre Tipis um eine Stadt herum aufgebaut, »und eine Barriere gebildet, die den Büffel davon abhält, in die Nähe zu kommen«. Indem die Lakota den Hunger in eine Waffe verwandeln, »setzen sie den Preis für das, was ihnen gehört, selbst fest und bekommen so viel Mais, Tabak, Bohnen und Kürbisse, wie sie verlangen«. Obwohl die Arikara die Lakota umsonst mit den drei Schwestern Kürbis, Bohnen und Mais versorgten, mussten sie ihnen auch noch Bögen und Pfeile abkaufen, wenngleich sie »von Wäldern umgeben waren, aus denen sie sich versorgen konnten«. Der »ruinöse Handel« verwandelte die überlebenden 3000 Arikara in Vasallen der Lakota. Wie Tabeau erklärte, betrachten die Lakota die Arikara als »eine Art Leibeigene, die den Boden für sie bearbeiten und, wie sie sagen, den Platz von Frauen für sie einnehmen«. Die Städte der Arikara am Zusammenfluss von Missouri und Grand River gehörten jetzt den Lakota. Tabeau war seiner Entscheidungsfreiheit beraubt und beschwerte sich bitter, dass die Lakota »den Ricaras [Arikaras] zu verstehen geben, dass sie sie [die Arikara] als Sklaven behandeln«.[15]

Im Vertrauen auf ihren Platz in der Welt wechselten die Lakota ihre Gestalt und passten sich den Konturen des lebensspendenden Flusses an. Sie setzten sich an den strategisch wichtigen Stellen der Missouri-Ufers fest und schlossen sich immer enger zusammen. Allmählich konsolidierten sie ihr lockeres Bündnis zu einer Nation, die sich um das flüssige Rückgrat ihrer Welt herum bildete. Sie besuchten regelmäßig die Black Hills zur spirituellen Erneuerung und für politische Versammlungen. Slow Buffalo, ein bekannter Itȟáŋčhaŋ, verkündete: »Wir sind sieben Gruppen, und von nun an werden wir uns über die Welt verstreuen, deshalb werden wir einen Anführer für jede Gruppe ernennen (…) Der Geheimnisvolle hat uns diesen Ort gegeben, und jetzt ist es an uns, uns auszubreiten. Wir werden allen Menschen und allen Dingen einen Namen geben.« Anfang des 19. Jahrhunderts hatten die Lakota ihre heilige Gestalt als sieben Oyáte angenommen: Hunkpapa, Minneconjou, Oglala, Sans Arcs, Sicangu, Sihasapa und Two Kettles. Sie waren nun »gegen alle anderen Menschen verbündet«. Slow Buffalo entsandte andere Itȟáŋčhaŋs in den Osten, in den Westen und in den Norden, nur nicht in den Süden. »Aus dieser Richtung werden andere Menschen kommen«, sagte er.[16]

Die Ankunft dieser »anderen Menschen« wurde bereits jahrelang vorbereitet. Präsident Jefferson wollte nach dem Kauf Louisianas unbedingt die amerikanische Herrschaft über das erworbene Gebiet sichern, war jedoch beunruhigt über seine Größe und seine extreme ethnische Vielfalt. Er meinte, dass die Besiedlung Louisianas 1000 Generationen dauern könnte. Außerdem wusste er fast nichts über die Verbindungen der indigenen Nationen in der Region und fürchtete, sie könnten Bündnisse mit dem britischen Kanada im Norden oder mit Neuspanien im Westen und Süden schließen.[17]

In dem verzweifelten Bemühen, die erstaunliche Neuerwerbung zu sichern, plante er zunächst, 30.000 amerikanische Freiwillige zu verpflichten, von denen jeder zwei Jahre Militärdienst leisten und dafür 65 Hektar Land bekommen sollte. Am Ende wählte er jedoch eine weniger aufwendige Strategie: Eine kleine Erkundungsmission sollte das gewaltige Territorium in seiner ganzen Breite von Ost nach West durchqueren, mit den lokalen

Indianern Bündnisse schließen, die Oberhoheit der USA über das Gebiet geltend machen und den sagenhaften durchgängigen Wasserweg auf der westlichen Hälfte des Kontinents finden. Jefferson bereitete seinen Privatsekretär Meriwether Lewis als Führer der neuen Armeeeinheit Corps of Discovery auf die wichtige Aufgabe vor, eine erste Erkundung des gewaltigen Gebiets durchzuführen. Lewis sollte zugleich Soldat, Diplomat und Naturhistoriker sein, und er suchte sich den pensionierten Armee-Offizier William Clark als zweiten Expeditionsleiter aus. Beide hofften, massenweise fügsame Indianer zu finden, die sie mit Nahrung versorgen und sie zu ihrem Bestimmungsort führen würden, und sie hatten es eilig: Jefferson fürchtete, eine andere Macht könnte Anspruch auf die Pazifikküste erheben, bevor die Vereinigten Staaten dazu in der Lage wären. Außerdem hatte er die unrealistische Vorstellung, er könnte die meisten Indianer aus dem Osten entfernen und in das Gebiet westlich des Mississippi verschieben, wo er ein riesiges Handelsimperium aufbauen wollte, das die Märkte im Osten mit indigenen Produkten und insbesondere Pelzen und Fellen beliefern sollte.[18]

Die Lakota hatten von Anfang an großen Einfluss auf die Pläne von Lewis und Clark. Für die Amerikaner war Saint Louis das Tor zum Westen des Kontinents jenseits des Mississippi, und der Missouri eine Art natürliche Autobahn für Kolonisten. Dies bewirkte, dass sie von allen indigenen Nationen am dringendsten die Lakota gewinnen mussten, weil diese den Oberlauf des Missouri in eisernem Griff hielten. Jefferson hatte sich im Herbst 1803 Truteaus Tagebuch besorgt und es gemeinsam mit Lewis and Clark gelesen. In dem Tagebuch wurde die Machtpolitik der Lakota am Oberlauf des Missouri detailliert beschrieben. Sie zählten laut Truteau »30.000 bis 60.000 (?) Mann und [besaßen] Feuerwaffen im Überfluss« – eine grobe Übertreibung, die die Bevölkerungszahl der Lakota um das Drei- bis Sechsfache überschätzte, aber dennoch einen zutreffenden Eindruck vermittelte, wie sicher die mobilen Lakota das Gebiet am Oberlauf des Missouri beherrschten. Es war offensichtlich, dass die Amerikaner Louisiana nicht regieren konnten, bevor sie die Lakota nicht besiegt und unterworfen hätten. »Sie werden zwar keine Siedlungen der Lakota passieren, aber vermutlich Gruppen von ihnen treffen«, warnte Jefferson seine beiden Expeditionsleiter. »Auf diese Nation«, betonte er, »möchten wir wegen ihrer gewaltigen Macht besonders dringend einen freundlichen Eindruck machen.« Wie genau es sich Jefferson und seine Berater vorstellten, dass Lewis und Clark mit knapp über 40 Mann, die Herrschaft der Vereinigten Staaten über die riesige Neuerwerbung Louisiana etablieren sollten, ist heute noch ein Rätsel. Aber immerhin waren die 40 Mann schon eine Verbesserung, denn anfänglich hatte Jefferson geplant, nur »zwölf oder fünfzehn Mann« nach Louisiana zu schicken.[19]

Lewis und Clark machten eine Reise ins Unbekannte: Die meisten verfügbaren Karten des Missouri-Gebiets waren bloße Skizzen. Spanische und französische Händler kannten das Landesinnere weit besser als die Amerikaner, und die Briten in Kanada wussten mehr über die Machtverhältnisse in der Region als ihre amerikanischen Rivalen. Britische Offizielle standen seit 1799 im Kontakt mit den Lakota, »einer Nation die fraglos über die ultimativen indianischen Krieger in Amerika verfügt (...) alle beritten und insgesamt etwa 6000 Mann«. Im Gegensatz zu den Amerikanern hatten die Briten schon gelernt, dass die Weißen dort kaum etwas tun konnten, ohne sich mit den Indianern zu verständigen.[20]

Im Herbst 1803, gut ein Jahr bevor Lewis und Clark zu ihrer Expedition aufbrachen, hatten die Sicangu Lakota eine Gesandtschaft der Omaha- und der Ponca-Nation aus dem Süden empfangen. Die beiden halb sesshaften, Ackerbau treibenden Nationen »baten« Black Buffalo, einen Itȟáŋčhaŋ der Sicangu, der erst kürzlich »in den höchsten Rang erhoben« worden war, »inständig«, Handelsbeziehungen mit den mächtigen Lakota aufnehmen zu dürfen, wurden aber nur als Spielfiguren in einem internen Machtkampf der Lakota missbraucht. Partisan, ein ehrgeiziger Itȟáŋčhaŋ, der mit Black Buffalo konkurrierte, entsandte sechs seiner Soldaten, um den Frieden zu stören, den Black Buffalo mit den Omaha und Ponca geschlossen hatte. Ihre Mission scheiterte, und die Ponca schlugen zurück, sie griffen aber versehentlich Black Buffalos Dorf an. Um sein Gesicht zu wahren, schickte Black Buffalo seine Soldaten los; sie töteten mehr als die Hälfte der Bewohner einer Stadt der Ponca, vielleicht 150 Männer, Frauen und Kinder, und noch einmal 75 Menschen in einer Stadt der Omaha. Die »früher sehr zahlreichen« Ponca waren nun »sehr sanft«. Kurz darauf zogen Ponca und Omaha in eine einzige Stadt, die den Interessen der Lakota nicht mehr schaden konnte. Lewis und Clark hatten keine Ahnung von diesen dramatischen Veränderungen. Sie wurden zum Spielball einer volatilen geopolitischen Dynamik, die sie weder verstehen noch beeinflussen konnten. Die Lakota hatten unmittelbar vor der Ankunft der US-Vertreter ihre Herrschaft über das Gebiet am Oberlauf des Missouri konsolidiert.[21]

Am 14. Mai 1804 brach das Corps of Discovery in Saint Louis auf und fuhr mit zwei Pirogen und einem mit einer bronzenen Drehbasse bestückten Kielboot den Fluss hinauf. Lewis und Clark hatten es nicht eilig, sondern wollten den Indianern ihre Macht und Großzügigkeit demonstrieren, und das würde Zeit kosten. Zu diesem Zweck hatten sie 4600 Nähnadeln, mehr als 1500 Mokassin-Ahlen, 2800 Angelhaken, 18 000 Scheren, 180 polierte Zinnspiegel und 130 Rollen Tabak dabei, alles, um die indigenen Nationen, auf die sie treffen sollten, friedlich zu stimmen und für sich zu gewinnen. Auf Monticello machte sich Jefferson währenddessen mehr und mehr Sorgen um die Expedition. Einen Monat nach dem Aufbruch schrieb er, Lewis und Clark »müssen sich gut stellen« mit den Osage und den Lakota, »weil wir auf ihrem Gebiet elend schwach sind«. Seiner Ansicht nach waren die Osage »die besten Männer, die wir je gesehen haben«, und »eine großartige Nation«. Neben der früheren Idee einer massiven Vertreibung der Indianer hegte er nun auch die unwahrscheinliche Vision von Louisiana als einem natürlichen Laboratorium, in dem wahrhaft aufgeklärte Männer, einschließlich assimilierter Indianer, für den Rest der Welt zu Vorbildern werden könnten.[22]

Als das Corps of Discovery den Fluss hinauffuhr, dürften die Indianer wahrscheinlich zuerst den hohen Mast und das große Segel des Kielboots erspäht haben, und dann, als das Boot näher kam, die große, bedrohlich aussehende Drehbasse in seinem Bug. Die beiden Pirogen folgten dem Kielboot. Lewis und Clark hatten das Problem, dass ihr Anblick bei den Indianern gemischte Gefühle wecken konnte. Es war nicht klar, ob sie Soldaten oder Diplomaten waren und ob sie die indigene Bevölkerung herumkommandieren oder mit ihr Handel treiben wollten. Die Expedition hatte zwar moderne Gerätschaften und Waren dabei, aber sie waren offensichtlich anders als die französischen oder spanischen Händler, die mit ihren Waren großzügig umgingen, ohne Gehorsam oder Unterwerfung zu verlangen.

Im August erlebte das Corps of Discovery seine erste ernsthafte Prüfung, als es oberhalb der Platte-Mündung in einer Stadt der Oto-Missouria ankam. Lewis und Clark hielten sich bei solchen Begegnungen an ein von Jefferson erdachtes, kompliziertes Verfahren: Sie stolzierten auf die Indianer zu und erklärten ihre Absichten in einer Standardrede, die Pierre Dorion, der begabte Dolmetscher der Expedition, übersetzte. Dann verteilten sie Medaillen, um Anführer zu »küren«. Ein lauter Schuss war der normale Beginn der Prozedur. Doch das imperiale Theater machte nur wenig Eindruck auf die Oto. Nach einer langen Gesprächspause bei den Verhandlungen stellte ihr Anführer Big Horse Forderungen an die Amerikaner. »Nackt bin ich hergekommen und nackt muss ich wieder nach Hause zurückkehren«, beschwerte er sich. Er hatte mit Geschenken gerechnet, die er mit seinen Anhängern teilen konnte. »Ein Löffel eurer Milch wird alles beruhigen«, sagte er zu den Neuankömmlingen. Milch, die für Großzügigkeit stand, konnte auch die amerikanischen Fremden in Verbündete und vielleicht sogar Verwandte verwandeln.[23]

Zehn Wochen darauf näherte sich die Expedition den Yankton am Zufluss des James River in dem Bewusstsein, dass sie sich nun auf dem Territorium der mächtigen Konföderation der Sioux befand. Clark gab sich »große Mühe«, eine passende Rede zu schreiben: Die beiden Expeditionsleiter wollten die Indianer auf keinen Fall durch eine zu wenig ehrfürchtige Ansprache brüskieren. Sie schickten ihnen ein Kanu mit Tabak, Mais und eisernen Kesseln. Am folgenden Morgen präsentierten sich die Yankton den Fremden in all ihrer Pracht; Lewis und Clark legten ihre Ausgehuniformen an, hissten die Flagge und ließen Salut schießen. Dann hielt Lewis seine Standardrede über Handel und Zusammenarbeit und den großen Vater in Washington, der das Land, auf dem sie standen, jetzt beanspruchte. Danach verteilte er Geschenke an die angesehensten Yankton, in der Hoffnung, die Autorität von Anführern zu stärken, mit denen die US-Amerikaner die Sioux-Konföderation kontrollieren konnten. Doch Shake Hand, ein Itȟáŋčhaŋ der Yankton, durchschaute das Manöver. »Hört mir gut zu«, sagte er. »Ich bekam eine Medaille von den Engländern, als ich bei ihnen war. Dann ging ich zu den Spaniern, und sie gaben mir ebenfalls eine Medaille und verschiedene Waren, und ich wünschte, ihr würdet für mein Volk das Gleiche tun.« Half Man, ein anderer Itȟáŋčhaŋ der Yankton, warnte die US-Amerikaner, dass »die Nationen flussaufwärts uns gegenüber ihre Ohren verschließen, und ich fürchte, ihr werdet sie nicht öffnen können«. Er bezog sich auf die wachsende Macht der Lakota. Die Nation der Arikara habe »geschwächt durch ihre Verluste« versucht, ein Bündnis mit den Mandan und Hidatsa zu schließen, doch die Lakota hätten das nicht zugelassen. Lewis und Clark waren inzwischen beunruhigt und beschlossen, Pierre Dorion als Geste des guten Willens bei den Yankton zu lassen.[24]

Die Lakota hatten wahrscheinlich von ihren Verbündeten flussabwärts von der Ankunft der amerikanischen Expedition erfahren. Als die Sicangu, der südlichste Oyáte der Lakota, das Corps of Discovery entdeckten, verstärkten sie sofort ihre Grenzkontrollen, indem sie junge Schwimmer zu dem Kielboot schickten. Diese erklärten den Amerikanern in Zeichensprache, dass sich in der Nähe zwei Dörfer der Lakota befänden. An der Mündung des nächsten Flusses, des Bad River, wurde auf einer Sandbank in der Mitte des Flusses eine Ratsversammlung zum Empfang der US-Amerikaner einberufen. Sie verlief ungünstig. Lewis und Clark erkannten Black Buffalo als »großen Anführer« an, doch das erzürnte Partisan, den ebenfalls anwesenden rivalisierenden Itȟáŋčhaŋ der Sicangu. In der Folge weigerten sich die Sicangu auf dem Kielboot, dieses wieder zu verlassen, und Partisan drohte, eine der Pirogen der Expedition als Tribut zu behalten. Nun packte Black Buffalo das Tau der Piroge, während Partisan zu seinen Soldaten hinüberging, die ihre Bogen ergriffen und die Hähne ihrer Gewehre spannten. Um sich als Führer zu behaupten, verkündete nun Black Buffalo, dass »er ebenfalls Soldaten hatte«. Sie würden den Amerikanern folgen, »sie einen nach dem anderen töten und ihnen alles nehmen«, falls sie »weiterfahren« sollten. Clark, normalerweise ein genialer Problemlöser, setzte nun auf plumpe Einschüchterung und verkündete, »ein Brief an ihren großen Vater, den Präsidenten«, werde »sie alle sozusagen in Minutenschnelle vernichten«.

Clark hatte den Ernst der Lage nicht begriffen und wollte Black Buffalo die Hand reichen, aber dieser ignorierte die Geste und ging zu seinen Soldaten. Er brachte sie in Position, um die Weißen zu töten, gab aber nicht den Feuerbefehl. Durch seine Autorität und Ruhe entschärfte er eine gefährliche Konfrontation, die der Expedition von Lewis und Clark beinahe ein verfrühtes Ende bereitet hätte. Dann fragte er, ob Frauen und Kinder der Sicangu in die Piroge steigen dürften, »weil sie noch nie eine solche gesehen haben«. Als die Frauen und Kinder an Bord waren, schlossen sich Black Buffalo und zwei Männer der Sicangu ihnen an, was de facto eine Übernahme des Bootes bedeutete. Sie fuhren eineinhalb Kilometer flussaufwärts und vertäuten es in der Nähe einer Insel, die der gedemütigte

Clark »Schlechte-Laune-Insel [taufte], weil wir schlechter Laune waren«. Am folgenden Morgen führte Black Buffalo die Amerikaner in die Sicangu-Festung, die als südliche Bastion des Lakota-Gebiets diente. Lewis und Clark waren nun absolut dem Protokoll der Lakota unterworfen. Die stiegen aus dem Boot, und Lakota-Soldaten setzten sie auf weiße Büffelfelle und trugen sie in ein ringförmiges Dorf mit etwa 100 Tipis, die alle aus gegerbten weißen Büffelfellen bestanden, ein indigenes Versailles, das ganz bewusst Ehrfurcht gebietend sein sollte. Die beiden Expeditionsleiter wurden von 70 Soldaten zu einem Tipi des Großen Rates geführt, in dem sich zahlreiche Symbole der internationalen Kontakte der Lakota befanden: Gefangene Omaha, eine US-amerikanische Flagge, zwei spanische Flaggen, kunstvolle Kalumet-Pfeifen und Medizinbeutel – eine sorgfältig geplante Demonstration geopolitischer und spiritueller Macht.[25]

Die Lakota hatten die Illusion aufgedeckt, die der Aufgabe des Corps of Discovery zugrunde lag. Dennoch versuchten Lewis und Clark an ihrem Narrativ der Eroberung festzuhalten, mit dem sie die Herrschaft der Vereinigten Staaten über das Tal des Missouri begründen wollten. Tatsächlich konsolidierten die Lakota im Gefolge der Expedition ihre Herrschaft über das Tal. Statt die Vereinigten Staaten tief in das Innere des Kontinents auszudehnen, hatten Lewis und Clark eine Ehrfurcht gebietende indigene Reaktion ausgelöst, die Jeffersons Vision für den Kontinent zunichtemachte. Als die Expedition die relative Sicherheit des Gebiets der Mandan erreicht hatte, errichteten Lewis und Clark nahe der Westbiegung des Missouri eine Befestigung aus Palisaden, die sie stolz Fort Mandan tauften. Dort zog Clark eine Bilanz des bisherigen Expeditionsverlaufs. Sie war gemischt. Dem Corps war es halbwegs gelungen, Kontakte mit Händlern der Mandan zu knüpfen, aber die Lakota hatten es gründlich gedemütigt. Clark schrieb in seinem Tagebuch so viel über die »Sioux« (er benutzte nicht den Begriff »Lakota«), dass er es schaffte, dem Wort in seiner eigenwilligen Orthografie 27 verschiedene Schreibweisen zu verleihen. Tief gekränkt bezeichnete er die Lakota als »die übelsten Schurken der wilden Rasse, die auf ewig die Piraten des Missouri bleiben müssen«. Tatsächlich waren die Lakota keine opportunistischen Piraten, sondern die Hüter einer frisch etablierten indigenen Hegemonie.

Als Lewis und Clark die Fortsetzung ihrer Expedition flussaufwärts und dann nach Westen planten, war ihnen bewusst, dass ihre nächsten Herausforderungen eher geografischer als politischer Natur sein würden. Sie kamen nun in ein trockeneres Gebiet und hatten zahlreiche Bergketten zu überwinden, die immer höher wurden, je weiter sie nach Westen kamen. Dafür brauchten sie Hilfe. Im November 1804 trafen sie in Fort Mandan Toussaint Charbonneau, einen Händler der North West Company, und seine junge schwangere Frau Sacagawea, die Tochter einer Lemhi-Shoshonin. Sacagawea war im Jahr 1800 bei den Three Forks of the Missouri von Hidatsa gefangen genommen worden und hatte vier Jahre bei ihnen verbracht, bis Charbonneau Lösegeld für sie zahlte. Als sie nun mit Lewis und Clark nach Westen ging, erkannte sie wichtige geografische Merkmale und sorgte für die unverzichtbare Orientierung. Außerdem half sie der Expedition, bei Händlern ihrer Nation die unentbehrlichen Pferde zu kaufen, als sie das Ende des schiffbaren Missouri erreichte. Erstaunlicherweise entpuppte sich der Anführer der shoshonischen Händler als ihr Bruder Cameahwait. Warum Sacagawea trotz dieses Treffens bei der Expedition blieb, ist unklar, doch ihre Hilfe war unersetzlich. Nur durch die Pferde konnte die Expedition den Pazifik erreichen. Außerdem war die Expedition durch ihre Anwesenheit geschützt: Eine Reisegesellschaft mit einer Frau und wenig später auch noch einem Säugling galt als friedlich. Oder wie Clark es erleichtert formulierte, »eine Frau in einer Männergesellschaft ist ein Symbol des Friedens«.[26]

Lewis und Clark bewegten sich in einer indigenen Welt, die sie nur sehr unvollkommen verstanden. Als sie weiter flussaufwärts fuhren, verpassten sie ein wichtiges Ereignis des Missouri-Gebiets: Die Crow hatten ihren ersten Auftritt in der Geschichte, als sie am Knife River, einem Nebenfluss des Missouri, vor Hidatsa und Mandan paradierten. Ein französischer Händler berichtete über das Ereignis. Er kehrte später zu den Crow zurück, überhäufte sie mit Äxten und Messern und rauchte mit ihnen. So kam es, dass die Crow die gemeinsame Welt von Indianern und Europäern als Verbündete der Franzosen betraten.[27]

Das Corps of Discovery bewältigte seine epische Reise an die Pazifikküste und zurück in weniger als zwei Jahren. Es war im April 1806 wieder in Saint Louis, nachdem es mehr als 50 Konferenzen mit Indianern organisiert hatte. Die Rückkehr des Corps war ein von nationalistischen Leidenschaften geprägtes Spektakel. Die Entdecker brachten zahlreiche Geschich-

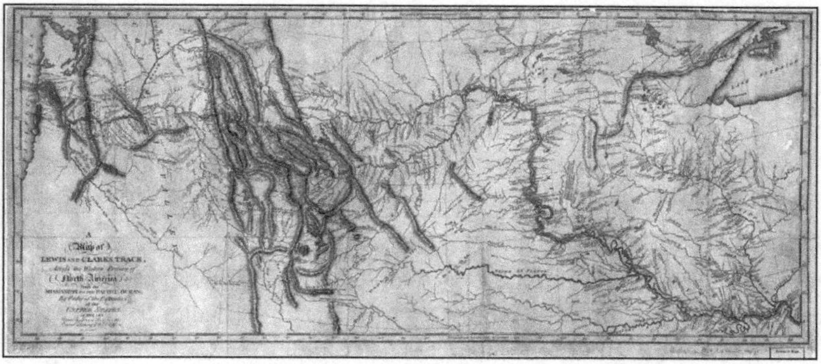

Eine berühmte Karte aus dem Jahr 1814, auf der der »Weg« von Lewis und Clark vom Mississippi zum Pazifik eingezeichnet ist.

ten über ungeahnte Naturschätze und die gewaltige Ausdehnung des Kontinents im Westen mit. Auf einem Dinner zur Feier ihrer Rückkehr wurden Lewis und Clark mit Christoph Columbus verglichen, und der Missouri wurde als »ein Instrument für den Wohlstand aller Nationen der Erde« bezeichnet. Trinksprüche wurden ausgebracht auf »den Handel der Vereinigten Staaten – die Grundlage für den politischen Aufstieg Amerikas«.[28]

Während Lewis und Clark unterwegs waren, hatte sich die Welt verändert. General James Wilkinson hatte seine eigene Expedition gestartet, um den Oberlauf des Mississippi zu erkunden, einerseits, um das Tal für die Vereinigten Staaten zu beanspruchen (seit Jahren kamen schon kanadische Händler den Fluss herab), insbesondere jedoch, um sein eigenes Pelzhandelsimperium zu gründen. Wilkinson war alles andere als wählerisch, was seine Herren betraf, und hatte früher als »Agent 13« in spanischen Diensten gestanden. In dieser Eigenschaft hatte er zu erreichen versucht, dass Kentucky dem spanischen Herrschaftsbereich zugeschlagen wurde, und er hatte die Spanier über die Expedition von Lewis und Clark informiert. Nach dem Erwerb von Louisiana bemühte er sich darum, Gouverneur des neuen Territoriums zu werden. Und Jefferson gab ihm den Posten.

Lewis und Clark hatten es bekanntlich mit den Lakota zu tun, Wilkinson dagegen stieß in das Gebiet ihrer Verwandten, der Dakota, vor, die einen Großteil des Gebiets am Oberlauf des Mississippi beherrschten. Er gab eine Proklamation heraus, die die britischen Händler aus den Tälern des Mississippi und des Missouri verbannte, und schickte Leutnant Zebulon

Pike den Fluss hinauf. Dieser stieß am Zusammenfluss der Flüsse Mississippi, Chippewa und Saint Croix auf Dakota, die eifrig damit beschäftigt waren, Biberfallen aufzustellen. Er traf sich mit Führern der Mdewakanton-Sioux und machte den Vorschlag, für ihre Itȟáŋčhaŋs Little Crow and Penichon ein Fort und einen Handelsposten zu errichten. Die unterzeichneten einen hastig formulierten Vertrag, der nur aus knapp 250 Wörtern bestand. Sie wussten, dass ihnen die Anwesenheit amerikanischer Händler ermöglichen würde, britische und amerikanische Händler gegeneinander auszuspielen und mit beiden bessere Geschäfte zu machen.

Die unautorisierten Machenschaften Wilkinsons und Pikes zeigten, wie schwach die jungen Vereinigten Staaten jenseits der ursprünglichen Staaten im Osten noch waren. Die Amerikaner betrachteten die Indianer als unzivilisierte Staatenlose, tatsächlich jedoch waren diese oft besser als ihre Gegner organisiert. Lakota und Dakota verfügten wie die meisten indigenen Nationen über raffinierte Entscheidungsfindungssysteme, in deren Zentrum regelmäßige Ratsversammlungen mit Teilnahme aller Mitglieder einer Nation standen: Die meisten indigenen Nationen trafen Konsensentscheidungen, und oft waren sowohl Frauen als auch Männer an den Verhandlungen beteiligt. Das Ergebnis bestand darin, dass die Native Americans Außenseitern und Feinden als geschlossene Front gegenübertreten konnten.

Ab 1806 überwachten die Lakota methodisch den Missouri auf einer Länge von etwa 650 Kilometern, inspizierten Boote und Flotten und erhoben Tribute. Manchmal organisierten sie von unterworfenen Städten der Arikara aus auch Hinterhalte gegen amerikanische Eindringlinge. Sie verhinderten dadurch eine weitere Expansion der Vereinigten Staaten nach Westen und vereitelten die ehrgeizigen Pläne amerikanischer Unternehmer wie John Jacob Astor und Manuel Lisa. Die Kontrolle über den Missouri war ein ungemein einträgliches Geschäft und hätte die Lakota leicht entzweien können. Doch ihre Führer hatten seit ihren Begegnungen mit den Spaniern in den 1790er-Jahren Erfahrung in diesen Dingen. Sie hielten sich an die traditionellen Werte der Lakota, zogen bei Konflikten als Erste in die Schlacht und verteilten die Beute gerecht oder verzichteten sogar zugunsten ihrer Anhänger. Das Ergebnis waren Loyalität, Einigkeit und Durchhaltevermögen. Die Entwicklung der Osage nahm den nahezu gegenteiligen Verlauf. Sie verfügten nicht über die zahlenmäßige Stärke und

Mobilität der berittenen Lakota und waren deshalb verwundbarer für koloniale Aggressoren. Im Jahr 1808 trafen sich William Clark und Pierre Chouteau, der eine ein gefeierter Entdecker und der andere ein Politiker, mit den Osage-Führern Pawhuska und Nezuma und vereinbarten die Abtretung von mehr als 200.000 Quadratkilometern ihres Territoriums, ein extremer Verlust für die Osage. Als Entschädigung erhielten sie die erste amerikanische finanzierte Faktorei im Westen jenseits des Mississippi.[29]

KAPITEL 25

DER WEISSE TEUFEL MIT DEM WEIT OFFENEN MAUL

DIE FRISCHGEBACKENE AMERIKANISCHE REPUBLIK war ein Chamäleon, und das nicht freiwillig. Angesichts ihrer Lage am östlichen Rand eines Kontinents mit Hunderten indigener Nationen musste sie sich ständig an die Indigenen und deren Territorien an ihren selbst gesetzten Grenzen anpassen. Alle indigenen Nationen, mit denen die US-Amerikaner in Kontakt kamen, waren einzigartig, was die junge Republik immer wieder zu einer neuen Ausrichtung ihrer Außenpolitik zwang. Die Konfrontation mit den extrem mobilen Lakota war eine völlig andere Herausforderung als die mit Ackerbau treibenden indigenen Nationen und Konföderationen.

Während es den Lakota gelang, ihre Herrschaft über das Tal des Missouri zu festigen und die amerikanischen Pläne für das Landesinnere zu vereiteln, waren andere indigene Nationen mit einer zunehmend aggressiven amerikanischen Republik konfrontiert, die ihre Grenzen und ihre Souveränität nicht respektierte. Das arrogante amerikanische Verhalten verlieh den Zersetzungsstrategien der Briten eine ungeahnte Glaubwürdigkeit. Im Jahr 1802 warnte William Henry Harrison, der mächtige Gouverneur des Indiana Territory, dass britische Agenten aus Upper Canada versuchten, »die Indianer glauben zu machen, dass die Vereinigten Staaten sie durch Pocken vernichten wollen, mit denen sie durch Güter, die sie von uns bekommen, angesteckt werden sollen«.[1]

Im Jahr 1804 eignete sich Harrison mit ähnlichen Methoden wie James Wilkinson durch einen betrügerischen Vertrag mehr als 2500 Quadratkilometer indigenes Land an. Dies brachte die Native Americans dazu, indigene Lösungen für die Katastrophe des Kolonialismus zu suchen. Im Juni 1805 ergriffen die Ochéthi Šakówiŋ die Initiative. Unter Berufung auf das Gesetz »Dish with One Spoon«, schickte der Rat Kriegspfeifen an Sauk, Meskwaki, Odawa und Potawatomi und forderte sie auf, mit den Osage westlich des Mississippi Frieden zu schließen und sich mit ihnen zu verbünden, um sich »dem neuen weißen Volk, das jetzt in unser Land eindringt«, entgegenzustellen. Die Sioux schickten außerdem eine Friedenspfeife an die Briten in Fort Amherstburg an der Mündung des Detroit River und luden sie dazu ein, sich mit den Ochéthi Šakówi gegen die Amerikaner zu verbünden. Die geschwächten und empörten Osage traten für direktere Maßnahmen ein. Sie drohten den Vertretern der US-Regierung im Gebiet des llinois River, sie würden »auf den Kriegspfad gehen und die Silbertransporte ausrauben, die sich dort von einem Ort zum anderen bewegten, wie sie es bereits einige Jahre zuvor mit Erfolg getan hatten«. Die Osage und die Familie Chouteau in Saint Louis stellten eine eigene Armee von 300 Soldaten auf und warnten George Sibley, den für sie zuständigen Indianeragenten, »nie mit den Fingern zu zeigen«, eine Geste, die sie als unhöflich und bedrohlich empfanden.[2]

Den Shawnee hätte die Reaktion der Osage bestimmt gefallen. Die US-Regierung hatte im nördlichen Ohio-Gebiet indigenes Land gekauft, kam aber den vereinbarten jährlichen Zahlungen nicht nach. Die frischgebackene indigene Koalition von Sioux, Sauk, Meskwaki, Odawa, und Potawatomi bereitete sich auf einen Krieg vor. Im Frühjahr 1805 war unter den Kishpoko Shawnee eine tödliche Krankheit ausgebrochen und hatte Angst und Hass ausgelöst. In dieser Zeit fiel Kishpoko Lalaweéthika, ein Alkoholiker und gescheiterter Schamane, in eine tiefe, todesähnliche Trance. Er hatte eine Vision, in der er mit Meteelemelakwe, dem Schöpfer, sprach und sich mit den eigenen Sünden auseinandersetzen musste. Danach sah er seinen Weg klar vor sich. Er wurde Tenskwatawa (»die offene Tür«) und wurde ein Prophet, um Seele und Verstand der Native Americans zu heilen. Gestützt auf die Lehren Neolins, eines Propheten der Lenape, und auf das Christentum, forderte er die Native Americans auf, verwerfliche Dinge der Weißen abzulehnen, so etwa Alkohol, europäische Kleidung, Geliebte, gemischtrassige Kinder, Rinder, Schweine, Schafe, Hühner, Spinnräder und Brot. Ein anderer heiliger Mann der Shawnee, Le Maigouis, klagte die Amerikaner besonders heftig an und bezeichnete sie als »den Schleim des

Großen Wassers, das vom bösen Geist geplagt wurde und dessen Schaum durch einen starken Ostwind in die Wälder getrieben wurde. Sie [die Weißen] sind zahlreich, ich hasse sie«. Tenskwatawa betrachtete die Schöpfung Meteelemelakwes aus einer rassischen Perspektive und verortete Weiße und Indianer in verschiedenen Welten. Für die Indianer war es entscheidend, spirituell und materiell von den Weißen unabhängig zu sein. Tenskwatawa verbannte die Weißen mit Worten aus der Welt der Shawnee.

Für Tenskwatawa war das Gebot der Reinheit allumfassend und ging über die bloße Rassenzugehörigkeit hinaus. Um sein Volk vor der Abhängigkeit von ausländischen Waren zu schützen, verbot er die kommerzielle Jagd und den Pelzhandel mit Kolonisten. Er betonte die Unterschiede zwischen Indianern und Weißen und bezeichnete die US-Amerikaner als ein nicht-menschliches Volk, das in Gestalt einer großen Schlange dem Meer entstiegen sei. Doch er versuchte auch, das Leben seiner indigenen Brüder zu reformieren. Er lehnte Polygamie und Mischehen mit Weißen ab und wollte in seinem Volk die seiner Ansicht nach richtigen Geschlechterrollen durchsetzen, die auf männlicher Dominanz beruhten. Die Männer sollten Soldaten und Versorger sein, und die Frauen sollten Feld- und Hausarbeit leisten und sich aus dem öffentlichen Leben zurückziehen. Doch die Frauen hatten bei der Entstehung und dem Fortbestand des seit Generationen bestehenden Middle Ground zwischen den amerikanischen Ureinwohnern und den Franzosen eine zentrale Rolle gespielt, und das Verbot des Propheten, am öffentlichen Leben teilzunehmen, hätte den Middle Ground beinahe zerstört. Tenskwatawas Weisungen blieben nicht unwidersprochen. Beate, eine ehemalige Christin und indianische Prophetin, mobilisierte den Spiritualismus der Lenape, um Diebstahl, Unzucht, Mord und andere Übel auszumerzen, und stellte damit auf subtile Weise die unnachgiebige Geschlechterordnung des Propheten infrage. Tenskwatawa wiederum inszenierte Hexenjagden gegen Skeptiker.[3]

Dank dem glühenden Spiritualismus der Indigenen und dem seit Langem schwelenden Hass zwischen ihnen und den US-Amerikanern im Ohio-Gebiet fand Tenskwatawa ein begeistertes Publikum. Seine Botschaft verbreitete sich explosionsartig und erreichte die indigenen Nationen von den Großen Seen bis tief ins kontinentale Grasland. Er verbot individuelle Landabtretungen an die Vereinigten Staaten und propagierte eine große indianische Allianz, die eine Einheitsfront gegen die Amerikaner bilden sollte. Er machte Greenville im westlichen Ohio-Gebiet zu seinem Hauptquartier und startete eine Kampagne, die zugleich militärisch, religiös und spirituell war. Er prangerte die amerikanischen Zivilisierungsprogramme als ein Komplott an, das die Indianer in die Sklaverei treiben sollte. Der Große Geist, Aasha Monetoo, hatte den Shawnees nicht nur das Land gegeben, sondern auch *mishaami*, heilige Bündel, in denen das Wohlergehen der Nation enthalten war, und die es den Shawnees erlauben sollten, das Land für immer zu behalten.

Tenskwatawa trennte zwar die Indianer von den Europäern, verwendete aber Elemente des Christentums: den Teufel, das Himmelreich und Gebete; und er schweißte Tausende von Shawnee, Lenape, Wyandot, Potawatomi, Kickapoo, Odawa, Ojibwe, Sauk, Ho-Chunk und andere zusammen. Er ließ mehrere assimilierte Lenape als Hexer hinrichten, und er befahl, traditionelle Medizinbeutel und ihre spirituell aufgeladenen Objekte zu zerstören, weil ihre Besitzer Sünder seien. Seine Vision war allumfassend – eine Erneuerung der Welt. Zum Leidwesen der amerikanischen Indianeragenten kamen Hunderte von Indigenen im Gebiet der Großen Seen, um den Propheten zu sehen und zu hören. Anfang 1808 verlegte er sein Hauptquartier nach Prophetstown, einer neuen multiethnischen Siedlung am Zusammenfluss der Flüsse Wabash und Tippecanoe. Sein Bruder Tecumseh (Sternschnuppe auf Shawnee) stieß kurz darauf zu ihm. Tecumseh kämpfte schon seit seinen 15. Lebensjahr gegen die Europäer. Seine Mutter war eine Muscogee, was den Abschluss von Bündnissen erleichterte. »Wenn wir je gezwungen sind, gegen irgendeinen Stamm das Kriegsbeil zu erheben«, schrieb Jefferson besorgt an den Gouverneur des Michigan Territory, »werden wir es nie mehr niederlegen, bis dieser Stamm vernichtet oder über den Mississippi getrieben ist.« Ein neues indigenen Bündnis war entstanden, um den Kampf der alten Northwest Confederacy fortzusetzen.

In Prophetstown trafen zahlreiche lokale Interessen und Pläne zusammen und vermischten sich. Die Siedlung war ein Zentrum für Gerüchte, Lügen, Spione, Halbwahrheiten und Zweckbündnisse zwischen Indianern, US-Amerikanern, Briten und Franzosen, alles intensiviert durch massiven Konsum von Alkohol, der meistverkauften Ware im Ohio-Gebiet. Prophetstown lag geografisch zentral und war sozial durchlässig, ein nahezu ideales Setting für einen ehrgeizigen Führer, der aufsteigen wollte. Tenskwatawa stellte zusammen mit Tecumseh lokale Führungspersönlichkeiten kalt und konzentrierte mehr und mehr Macht in seinen Händen. Es gab spürbare Spannungen zwischen Tenskwatawa, dem Eiferer, und Tecumseh, dem Pragmatiker. So trieb Tecumseh zum Beispiel weiterhin Handel mit den Franzosen, von denen sich damals noch viele im Ohio-Gebiet aufhielten.

Im Jahr 1809 brach unter den Siedlern Panik aus, als sich den Fluss Wabash entlang bis Vincennes, der Hauptstadt des Indiana Territory, das Gerücht unmittelbar bevorstehender Indianerangriffe verbreitete. Gouverneur Harrison wusste nicht, was er davon halten sollte. Der von den Amerikanern so genannte Nordwesten war die Heimat von beinahe 30.000 Native Americans, und ihre Zahl nahm rasch zu. Frauen der Ho-Chunk, Illini, Sauk und Meskwaki bauten jedes Jahr beinahe 180.000 Kilogramm Blei ab, was ihren Nationen Waffen, Respekt und Macht einbrachte. Solche konkreten und messbaren Erfolge waren alarmierend für die Siedler: die Indianer verschwanden nicht, wie sie es sich gewünscht hatten. Das ganze Grenzgebiet wurde von Paranoia ergriffen.[4]

Nachdem die Gerüchte und der Erfolg ausreichend Angst geweckt hatten, bereiteten Tenskwatawa und Tecumseh tatsächlich den Krieg vor. Dabei machten sie das Beste aus Tecumsehs multiethnischen Shawnee- und Muscogee-Vorfahren. Tecumseh, der sich inzwischen als Führer der Konföderation etabliert hatte, machte eine mehr als 3000 Kilometer lange Reise, um unter den Indianern im Süden Verbündete zu werben. Eine dreimonatige Erdbebenperiode verlieh seiner Botschaft zusätzliche Dringlichkeit, weil die Welt selbst ihre Gestalt zu verändern schien. Bis zum Winter 1811 war die indigene Konföderation kriegsbereit. Doch es gab Bruchlinien unter den Indianern. Pushmataha, ein hartgesottener Führer der Choctaw, bezeichnete Tecumseh als Fremden und Agitator. Nur wenige Choctaw schlossen sich dem Kampf an.

Tecumseh und Tenskwatawa setzten sich auch mit den Briten in Verbindung und baten sie, die Indianer mit Gewehren zu versorgen und gemeinsam die Vereinigten Staaten anzugreifen. Die Amerikaner im Nordwesten glaubten, sie hätten es mit einer ausgewachsenen indianischen Verschwörung zu tun. »Wenn wir nicht ein paar energische und einschneidende Maßnahmen gegen das vom Propheten geschmiedete Bündnis ergreifen«, warnte Gouverneur Harrison, »werden wir bald sämtliche Indianer dieser Gegend gegen uns haben.« Er war außerdem der Ansicht, Tecumseh sei »eines dieser ungewöhnlichen Genies, die gelegentlich auftauchen und Revolutionen hervorbringen und die etablierte Ordnung der Dinge umstürzen«. Tenskwatawa ließ seine Stadt befestigen. Harrison mobilisierte seine Miliz.

Voller Angst baten die Siedler Präsident James Madison um Hilfe gegen die sich bildende antiamerikanische Koalition: »Die Räuberbande unter dem Propheten wird geduldet, wo sie jetzt ist. Die Menschen sind extrem gereizt und alarmiert.« Die Kolonisten erinnerten den Präsidenten daran, dass »das Land im Westen Ihrem Vorgänger zu Dank verpflichtet ist, weil er sich unermüdlich für seinen Wohlstand eingesetzt hat«. Harrison wiederum schrieb an Tenskwatawa und versicherte ihm, dass »die Vereinigten Staaten nicht das Ziel haben, weiteres Land zu erwerben«. Das Indiana Territory habe ungefähr 25.000 weiße Einwohner und mehr Land, »als sie je besiedeln könnten«. Im Gegensatz zu anderen Regionen, bestand der indigene Widerstand im Indiana Territory nicht aus dramatischen militärischen und diplomatischen Manövern wie bei den Six Nations, Lakota, Cherokee, Chickasaw, Choctaw, Catawbas und Comanchen, sondern beschränkte sich auf viele intensive, aber lokal und zeitlich begrenzte Widerstandsaktionen.[5]

Während Tecumseh noch im Süden weilte, das Bündnis erweiterte und Soldaten rekrutierte, ergriff Harrison, durch Tecumsehs Abwesenheit ermutigt, die Initiative. Um die Moral seiner Miliz, die von wachsender Kriegsmüdigkeit heimgesucht wurde, zu erhalten, musste er schnell handeln. Also marschierte er mit einer Armee regulärer Soldaten und Milizionäre geradewegs nach Prophetstown und brannte es nieder. Er hatte leichtes Spiel, denn der Prophet hatte seinen Soldaten gesagt, sie seien kugelsicher; danach war Tenskwatawas Ruf ruiniert, und auch die Position seines Bruders hatte sich massiv verschlechtert. Tecumseh war seiner überaus wichtigen lokalen Machtbasis beraubt und gezwungen, seine Strategie zu ändern. Im Jahr 1812 wurde die lokal begrenzte Auseinandersetzung durch einen viel größeren Konflikt abgelöst, als die Vereinigten Staaten Großbritannien, nicht zuletzt, weil es sich mit den Indianern im Ohio-Gebiet gegen sie verbündet hatte, den Krieg erklärten. Benjamin Hawkins bekam Berichte über fanatische »Propheten«, die alles Amerikanische verurteilten. Der Krieg von 1812 war einerseits ein regionaler Krieg zwischen den Vereinigten Staaten und Native Americans und andererseits ein imperialer Konflikt, weil die Briten amerikanische Seeleute für die Royal Navy zwangsrekrutierten und im Umgang mit den Vereinigten Staaten das Seerecht verletzten. Madison führte die Vereinigten Staaten in einen Krieg gegen Großbritannien, weil er die unrealistische Zuversicht hegte, sie könnten sich mit ihrer kümmerlichen Flotte von nur 16 kampffähigen Schiffen gegen die größte Seemacht der Welt behaupten. Schlimmer noch für ihn, dank dem Konflikt konnten viele Schwarze Sklaven fliehen und gemeinsam mit den Briten gegen die Amerikaner kämpfen.[6]

Der Konflikt zwischen Großbritannien und den USA war vielleicht eher ein Kuriosum, die Native Americans hingegen kämpften um ihr Territorium und ihr Überleben. Im Westen jenseits der Appalachen lebten Hunderttausende Indianer, und fast alle konnten Feinde der Vereinigten Staaten werden, wenn sie herausgefordert wurden. Der Krieg war für die indigenen Völker eine Chance, den Kolonialismus zurückzudrehen, und die Vereinigten Staaten wankten unter den Kosten ihrer vielen Kriege. Denn zusammen mit den vielen Verträgen mit den Indianern hatten sie sich zur größten Ausgabe und zur größten Fehlinvestition der USA entwickelt. Nun standen die US-Amerikaner Tecumsehs Konföderation von Shawnee, Potawatomi, Kickapoo, Ho-Chunk, Menominee, Odawa und Wyandot gegenüber. Die verbündeten Indianer wollten die USA wieder hinter den Ohio zurückdrängen und die Herrschaft über die Flusstäler erringen, welche die Mobilisierung von Truppen erleichterte. Ihr erstes Ziel war das wichtige Fort Detroit, das der Ausgangspunkt des Pontiac-Kriegs gewesen war.

Die Einnahme von Fort Detroit im Jahr 1812 war eine von Tecumsehs größten Leistungen. Er soll seine Soldaten dreimal in Sichtweite des Forts vorbeigeführt und so den Eindruck erweckt haben, dass seine Armee viel größer war als in Wirklichkeit – eine Kriegslist, die den amerikanischen General William Hull zur kampflosen Kapitulation veranlasste. Die Besatzung des Forts trat einen demütigen und katastrophalen Rückzug an. Ein Vorgang, den der amerikanische Offizier Colonel Lewis Cass wie folgt beklagte: »Wir gaben die ganze kanadische Küste auf und überließen die armen Bewohner ihrem Schicksal, die von unserer Bereitschaft und Macht, sie zu schützen, abhängig waren.« Nach diesem Sieg konzentrierten Tecumseh und seine britischen Verbündeten ihre Anstrengungen auf die Belagerung von Fort Meigs am Maumee River, einer gewaltigen Festung, die von mehr als 2000 Soldaten gehalten wurde. Sie schafften es nicht, sie einzunehmen, und danach wendete sich das Blatt zuungunsten von Tecumseh und seinen britischen Verbündeten.[7]

Andernorts wandten sich die indigenen Widerstandsbewegungen nach innen und versuchten, den Kern ihrer Kultur, Identität und Souveränität zu schützen. Bei den Muscogee erhoben sich die sogenannten Red Sticks gegen die wohlhabenden Führer ihrer Nation, die unter dem massiven Einfluss von Benjamin Hawkins das amerikanische Zivilisierungsprogramm akzeptiert hatten. Unter Führung ihres charismatischen Propheten Hillis Harjo machten die Red Sticks den roten Stab der Gerechtigkeit zu ihrem Wahrzeichen und setzten Tecumsehs militärischen Widerstand fort, indem sie mit rot bemalten Kriegskeulen *(atássas)* kämpften. Die Nation der Muscogee spaltete sich kulturell und materiell in die wohlhabenden Upper Muscogee und die ärmeren Lower Muscogee. Die wohlhabenden Muscogee hatten die Macht des nationalen Rates vergrößert und die Lower Muscogee marginalisiert, die sich in der Konföderation der Muscogee nicht mehr zu Hause fühlten. Ähnlich wie Neolin und Skaniadariyo wollten auch die Red Sticks ihre Welt von fremden Elementen wie etwa Spinnrädern, Gabeln, Rindern, Schweinen, Schafen, Baumwolle, Glasperlen, Ackergeräten und Brot befreien, die ihrer Ansicht nach für die ungerechte Machtkonzentration in den Händen der Muscogee-Micos standen. Sie begannen, Upper Muscogee und ihre afrikanischen Sklaven zu töten. Außerdem versuchten sie die traditionellen Geschlechterrollen der Muscogee durchzusetzen, zu diesem Zweck bemächtigten sie sich einer Weißen Frau namens Grayson, zogen sie aus und misshandelten sie. Benjamin Hawkins und die Gouverneure von Tennessee, Georgia und Mississippi gerieten angesichts dieses Terrors in Panik, und General Wilkinson reagierte auf das Chaos, das sich bereits abzeichnete, indem er Mobile an der Golfküste besetzte, um die Spanier in Florida in die Schranken zu weisen.

Zu diesem Zeitpunkt hatte der Aufstand der Red Sticks nicht nur die meisten Städte der Muscogee ergriffen, sondern auch die Seminolen, die von den Spaniern in Pensacola bewaffnet wurden. Inspiriert von Tecumseh, war der Krieg deutlich gegen die USA gerichtet. Die letzten Siege der

Das paternalistische Gemälde zeigt Benjamin Hawkins auf seiner Plantage, wie er den Muscogee (ausgezeichneten Ackerbauern) die Verwendung des Pfluges beibringt.

Indigenen wurden von den Seminolen errungen und führten zur Befreiung amerikanischer Sklaven. Die Seminolen griffen amerikanische Truppen in Florida an und hielten sie aus ihrem Gebiet fern. Sie und ihre Schwarzen Verbündeten waren darauf angewiesen, dass Spanisch-Florida fortbestand, um sich gegen amerikanische Sklavenhändler und Landspekulanten zu wehren. Der Einsatz war hoch, weil es in dem Gebiet nur wenig Land zu besiedeln gab: 90 Prozent der Kolonie bestanden aus Sandböden.[8]

Im Sommer 1813 verwüsteten die Red Sticks abgelegene Plantagen, und bis zum Herbst hatten sie den Krieg vom Tal des Tennessee bis zur Golfküste und vom Tombigbee River bis zum Tal des Tallapoosa ausgedehnt. Im August stürmten Hunderte von Red Sticks Fort Mims und das nahe gelegene Tensaw, eine hauptsächlich von Métis bewohnte Stadt der Muscogee, und töteten mehr als 500 Milizionäre und Zivilisten. Das Massaker zeigte, wie stark die Muscogee gespalten waren, nämlich in radikale Nativisten und in die eher wohlhabenden Muscogee, die sich darüber stritten, wie viel »Amerikanisierung« ihre Nation vertragen konnte. Die Red Sticks verbreiteten Angst und Schrecken bei den Weißen Siedlern, indem sie ihre Siedlungen überfielen, ihr Vieh abschlachteten, ihren Besitz beschlagnahmten, das heißt, sie behandelten sie wie »Weiber« und beschimpften sie als solche. Im Oktober wurde Tecumseh mit seinen britischen Verbündeten von einer viel größeren amerikanischen Armee am Thames River vernichtend geschlagen. Er selbst wurde beim Rückzug von einer Kugel in die Brust getroffen und starb sofort. Er hinterließ eine ausgebrannte Konföderation und einen haltlosen Bruder. Mit ihm starb der Widerstand: Die nicht-indigene Bevölkerung im Ohio-Gebiet war explosionsartig auf 800.000 Menschen gewachsen, und sein Halbbruder Tenskwatawa war sowohl mit den Indianern als auch mit den Vertretern der Briten zerstritten und hatte aufgehört, ein Widerstandsfaktor zu sein.[9]

Die Briten mussten die Native Americans nun nicht mehr wie unabhängige Nationen behandeln, die souverän über ihre eigenen Territorien zwischen dem British Empire und der amerikanischen Republik herrschten. Das Ohio-Gebiet gehörte nun den Siedlern. Kurz nach Tecumsehs Tod starb auch der letzte Kern des Middle Ground und mit ihm eine bemerkenswert kreative und effektive indigene Tradition des Widerstands gegen den Kolonialismus. Die Geschichte schien sich zu wiederholen: Die Indianer waren für die Weißen wieder zu Wilden und Fremden geworden und die Franzosen waren Außenseiter.[10]

Nach der Unterwerfung des panindianischen Bündnisses im Ohio-Gebiet machte sich der von großem Ehrgeiz getriebene General Andrew Jackson daran, das Gebiet der gespaltenen Muscogee im Süden zu erobern. Er mobilisierte eine Armee von fast 3000 Soldaten, Hunderte Cherokee, Choctaw und Chickasaw, marschierte mit ihnen gegen die Red Sticks und tötete in einem genozidalen Feldzug fast 1500 von ihnen. Der Krieg kulminierte in einem Angriff am Horseshoe Bend im Mississippi Territory, bei dem mehr als 800 Red Sticks ums Leben kamen. In den darauffolgenden Verträgen von 1814 und 1816 traten die Muscogee, die fast 2000 Soldaten verloren hatten, mehr als 100.000 Quadratkilometer ihres Territoriums ab, ein riesiges L-förmiges Gebiet im Herzen des indigenen Südens und ein Vorgeschmack auf spätere Vertreibungen indigener Amerikaner aus dem Süden.

Nach langwierigem Kampf und enormem Blutvergießen war die Existenz der Vereinigten Staaten endlich gesichert. Das Ohio-Gebiet war jahrzehntelang eine offene Wunde gewesen, und jetzt hatten die US-Amerikaner die Gelegenheit, sie zu schließen. Die Muscogee hatten die Mehrheit ihrer Soldaten verloren. Jackson, der sich schon bald zu einem leidenschaftlichen Indianerjäger entwickeln sollte, verkündete, dass es die Amerikaner »so sorgfältig vermeiden, diesen Stämmen unrecht zu tun, dass sie sogar sich selbst ungerecht behandeln«, eine Aussage, die ganz dem verzerrten Weltbild der US-Amerikaner und ihrer Missachtung der Tatsachen entsprach. In der Folge zwang Jackson die Muscogee zu einem gnadenlosen Vertrag, der an die Paxton Boys und das Massaker von Gnadenhütten erinnerte. Die lange Ära der Unabhängigkeitskriege hatte ihr zwiespältiges Ende erreicht.[11]

Weiter im Westen, in Spanisch-Louisiana, in Texas und in Alta California und Baja California, hatte der Kolonialismus angesichts der gewaltigen Macht der indigenen Bevölkerung ein anderes Gesicht. Während die Vereinigten Staaten, Großbritannien und Frankreich in mehreren Kriegen um die Kontrolle des Kontinents gekämpft und dabei in einem stetig wechselnden Muster Territorien gewonnen und wieder verloren hatten, waren die Spanier auf die Gebiete westlich des Rio Grande und jenseits der Rocky Mountains beschränkt geblieben und langsam in der Bedeutungslosigkeit versunken. In der zweiten Hälfte des 18. Jahrhunderts jedoch hauchte eine Modernisierungsbewegung unter den von der Aufklärung inspirierten Bourbonen den spanischen Besitzungen in Nordamerika neues Leben ein.

Eine bestimmte Tendenz des spanischen Kolonialismus hatte sich immer für eine Koexistenz mit den Indianern eingesetzt, weil diese, wie man glaubte, nützliche Untertanen der spanischen Krone werden konnten, wenn man sie richtig behandelte. Die bourbonischen Reformer des späten 18. Jahrhunderts reizten diese Politik voll aus. Spanische Beamte verließen sich inzwischen mehr auf Wissenschaftler als auf Soldaten und begannen über die zahlreichen indigenen Nationen an den weit gespannten Grenzen ihres amerikanischen Kolonialreichs Informationen zu sammeln – ein entscheidender erster Schritt auf dem Weg zu gegenseitigem Verstehen, Koexistenz und Frieden. In ihrem Bestreben, die wilden Indianer *(indios bárbaros)* zu zivilisieren und zu befrieden, begannen die Spanier sie als »Versuchsobjekte« in einem kolossalen wissenschaftlichen Experiment zur Schaffung neuer Menschen in der Neuen Welt zu betrachten. Die bourbonischen Reformer glaubten, Mensch für Mensch ein neues spanisches Kolonialreich in Nordamerika aufbauen zu können.[12]

Doch das große Experiment war eine Totgeburt: Es scheiterte am konzertierten indigenen Widerstand. Die Apachen verursachten in der Provinz Sonora »beklagenswerte Zerstörung und Verfall« und zwangen die spanischen Kolonisten, ihre Minen und Siedlungen aufzugeben. Spanien war schlichtweg zu schwach, um seine Herrschaft über die Indianer auszubreiten, und die Vertreter der Bourbonen verboten offensive Kriegshandlungen, weil sie zu riskant und kontraproduktiv waren. Im Jahr 1767 wurde der spanische Jesuitenorden aus Nord- und Südamerika verbannt, weil er die spanische Regierung zu viel kostete und die geschwächte spanische Krone sich seinen extensiven Landbesitz aneignen wollte. Mehr als 2000 spanische Jesuiten verließen damals Amerika.[13]

Der Preis für den spanischen Rückzug aus seinem amerikanischen Imperium war hoch: Die spanischen Kolonien in Nord- und Südamerika wurden weiterhin von *indios bárbaros* bedrängt und eingeengt. Seit den 1760er-Jahren waren die Spanier auf dem ganzen Kontinent in der Krise. Nach der Zurückweisung durch die Indianer kehrten sie wieder zu ihrer alten Methode einer Kombination von Mission und Kriegführung zurück. Im Jahr 1767 schickte José de Gálvez, der dynamische General-Visitor für Neuspanien, eine Armee von 1100 Soldaten nach Sonora, um die Apachen und die Seri zu befrieden. Letztere waren eine Nation von Fischern, Jägern und Sammlern, die an der ariden Küste des Golfs von Kalifornien lebten. Sie hatten aus dem Westen spanische Stützpunkte in Sonora angegriffen, und die Apachen waren aus dem Osten gekommen. Der Konflikt hatte die Spanier ein Vermögen gekostet, denn Sonora war eines der lukrativsten Bergbaugebiete des Kontinents. Der von Gálvez angeordnete Feldzug war ein böser Fehlschlag. Die Seri nutzten das zerklüftete Terrain zu ihrem Vorteil und wehrten die wiederholten Angriffe der Spanier auf ihr felsiges Rückzugsgebiet im Gebiet des Vulkans Cerro Prieto ab. Zwei Jahre darauf besuchte Gálvez selbst die Seri und verkündete, sie hätten die Wahl zwischen zwei Möglichleiten: Frieden oder Vernichtung. Die Seri machten sich darüber keine Sorgen. Sie erwarteten eher, dass die Spanier um Frieden bitten würden.[14]

Diese demütigende Umkehrung der Kräfteverhältnisse motivierte die Spanier, sich neu zu erfinden. Die am stärksten gefährdeten Territorien wurden zu Vizekönigtümern mit stabilen Finanzen und solider Verwaltung erhoben. Im Jahr 1786 schrieb der Vizekönig Bernardo de Gálvez, ein Neffe von José de Gálvez, die wichtige Abhandlung *Instructions for Governing the Interior Provinces of New Spain,* (spanischer Titel: *Instrucciones para gobernar las provincias interiores de Nueva*). In einem neuen Plan zur Kontrolle der Indianer empfahl er unbeschränkten Handel als Instrument, um »durch Täuschung« Frieden zu erreichen. Der Handel, so schrieb er, sei der effektivste Weg, die Indianer zu unterwerfen. »Das Interesse am Handel bindet und verengt die Begierden des Menschen«, verkündete er, »und es ist mein Wunsch, Handelsbeziehungen mit den Indianern herzustellen.« Er betrachtete den Handel als eine kostengünstige Strategie, durch die sich Indianer schnell unter die spanische Herrschaft bringen ließen: »Wir werden davon profitieren, dass wir ihre Begierden befriedigen. Es wird den König weniger kosten, als jetzt für die beträchtliche und nutzlose Verstärkung der Truppen ausgegeben wird. Die Indianer können ohne unsere Hilfe nicht leben. Sie werden sowohl für uns als auch wegen ihrer eigenen kriegerischen Neigungen gegeneinander Krieg führen, oder sie werden möglicherweise ihre Sitten ändern, indem sie unserem guten Beispiel folgen und freiwillig unsere Religion annehmen und unsere Vasallen werden.« Gálvez war absolut gründlich. Er erlaubte, dass den Indianern Gewehre verkauft wurden, schrieb aber vor, dass die Musketen »schwache Schlösser ohne große Zuverlässigkeit« und lange Läufe haben sollten, die ihre Handhabung durch Reiter erschwerten. Dieses Ausmaß an Genauigkeit war typisch für die spanische Bürokratie, aber es verriet auch die Besorgnis des Vizekönigs, was die bedrohliche Anwesenheit der indigenen Nationen an den verwundbaren Grenzen Neuspaniens betraf, eine Schwäche, die auch rivalisierende Kolonialmächte auf den Plan rief. Selbst Russland war interessiert und machte Anstalten, die spanischen Besitzungen in Nordamerika infrage zu stellen.[15]

Die indigenen Nationen im Nordwesten Amerikas – Tlingit, Haida, Salish, Makah, Tsimshian, Kwakiutl, Bella Coola, Kwalhioqua und viele andere – kannten die besten Schifffahrtswege und Fischgründe des Gebiets, hatten sie doch im Lauf von Jahrhunderten eine eindrucksvolle maritime Kultur aufgebaut, die ihren Siedlungen an der Küste Wohlstand bescherte. Im Jahr 1725 ankerte ein ungewöhnliches Schiff an der nordamerikanischen Nordwestküste: Der russische Zar Peter der Große hatte den dänischen

Seefahrer Vitus Bering beauftragt, die Region im Hinblick auf eine mögliche Kolonisierung zu inspizieren. Bering war von der Halbinsel Kamtschatka aus nach Süden gesegelt und hatte bestätigt, dass es zwischen Asien und Nordamerika einen Wasserweg gab, sodass russische Schiffe an der amerikanischen Nordwestküste entlangsegeln konnten. Der Wasserweg war zwar eine wichtige Entdeckung, aber die Russen nutzten ihn erst in den 1740er-Jahren, als ihre Pelzhändler nach Kalifornien vordrangen. Dank Berings Entdeckung entstand mit den Indianern am Golf von Alaska ein ungemein lukrativer Handel mit Seeotterpelzen; und ein »Neurussland« schien eine reale Möglichkeit zu sein. Spanier, Briten und Amerikaner engagierten sich ebenfalls im Pelzgeschäft, und bald blühte an der gesamten Nordwestküste der Handel auf. Doch die russischen Händler behandelten die Indianer schlecht; sie zwangen sie, Seeotter zu jagen, indem sie ihre Frauen als Geiseln nahmen.[16]

Die Indianer der Region wurden wohlhabender, und ihre ohnehin schon großen Häuser wurden noch größer, als sie den künstlerischen Ehrgeiz entwickelten, für ihren Bau auch Kupfer und andere neue Materialien zu verwenden. Indigene Frauen stellten für europäische Märkte Körbe her, und ihre Männer lieferten den russischen Händlern Pelze, die diese größtenteils nach China verkauften. Der Lachs war die Grundlage des indigenen Lebens in der Region. Er lieferte Unmengen Protein und Fett. Die Stromschnellen und Wasserfälle im Columbia River wurden von sehr vielen Fischen überwunden, und die Indianer fingen Lachse in Unterwasserkörben, von denen ein einziger mehr als 2000 Kilogramm Fisch einbringen konnte. Die Frauen trockneten und lagerten den Fang und nahmen die angemessenen Rituale und Zeremonien vor, um auch künftige Fänge zu sichern. Ab der zweiten Hälfte des 18. Jahrhunderts war der indigene Nordwesten zu seinen eigenen Bedingungen in ein blühendes transpazifisches Handelssystem integriert. Die schwerste Belastung für die indigenen Nationen waren nicht die Kolonisten, sondern deren Krankheiten: Pocken, Masern, Tuberkulose, Ruhr und Grippe breiteten sich zusammen mit den Handelsnetzen aus. Wenn es zu einem Ausbruch kam, starben auch Europäer, und tatsächlich führte das gemeinsame Leid zu einer für den pazifischen Nordwesten typischen Verbundenheit zwischen Native Americans und Neuankömmlingen, und sie teilten ihr jeweiliges medizinisches und ökologisches Wissen miteinander.[17]

Die russischen Erfolge in Nordamerika zwangen die Spanier, ihren Einflussbereich auszudehnen. Auf der Suche nach Silber und Seelen, die man bekehren konnte, waren spanische Kolonisten und Soldaten schon früher gelegentlich von Neuspanien aus nach Norden vorgedrungen, und das im Wesentlichen auf zwei Wegen: der Küste entlang und durch die Provinz Nueva Vizcaya. Sie verfügten zwar am Pazifik nur über wenige Stützpunkte, betrachteten aber dennoch sowohl Baja California als auch Alta California als ihr Territorium. Das Vordringen der Russen veranlasste die spanische Krone deshalb, ihre Besitzungen in Nordamerika zu konsolidieren. Deshalb schickten die Spanier sowohl zu Land und zu Wasser Expeditionen nach Alta California und gründeten in der San Diego Bay eine Missionsstation mit Presidio. Anfang Juni 1770 ankerte ein spanisches Schiff in der Monterey Bay und nahm die neue Kolonie offiziell in Besitz. Auch dort bauten die Spanier sofort eine Missionsstation mit zugehöriger Festung, und der Franziskanerpater Junípero Serra, ein früherer Universitätsprofessor, begann damit, Seelen zu retten.[18]

Da es den Spaniern an Soldaten und Militärmacht fehlte, mussten sie, wieder einmal, an die Indigenen appellieren. An der Küste von Alta California lebten 60.000 Indianer, eine ungewöhnlich starke Basis für eine Kolonie. Wie in Texas bauten die Spanier auch in Alta California ihre Kolonie auf einer indigenen Grundlage auf: Sie bauten Missionsstationen in der Hoffnung, die Indianer durch die Sakramente und das Versprechen ewigen Lebens unter ihren Einfluss zu bringen. Wie sich zeigte, war das Unternehmen nervenaufreibend. Die potenziellen Konvertiten sprachen mehr als 90 verschiedene Sprachen und lebten in Dutzenden über Hunderte von Kilometern an der fruchtbaren Küste verstreut liegenden autonomen Gemeinschaften. Sie hatten ihre eigenen Gottheiten, Zeremonien, Mythen, Lieder und Gotteshäuser. Kurz gesagt: Sie hatten bereits eine Religion und kaum Verwendung für eine andere.

Das spanische Königreich fußte auf einem Bündnis zwischen der spanischen Krone und der Kirche, einer moralischen Gemeinschaft göttlicher und menschlicher Gesetze, und es war laut der spanischen Propaganda ein offenes Imperium, das verschiedene Menschen und Glaubensbekenntnisse tolerierte. Die Franziskaner glaubten, dass die Welt in ein drittes Zeitalter eingetreten sei, das Zeitalter des Heiligen Geistes, in dem Zwang und Gewalt nicht mehr gebraucht würden. Gottes Verheißung sollte in Erfüllung gehen, ein neues Jerusalem sollte die Hauptstadt eines messianischen Königreichs werden, alle Menschen auf der Erde sollten sich zum Glauben bekehren, und die bisherige Welt sollte enden. Diese Vision einer gewaltfreien Bekehrung erlebte im »Jesuitenstaat« in Paraguay ihren Höhepunkt. Dort lebten bis 1767 etwa 200 Jesuiten unter 150.000 indigenen Guarani. Die Jesuiten hatten sich gegen die feudalistische Zwangsarbeit der Encomienda gewandt, die sonst im spanischen Kolonialreich praktiziert wurde, und eine selbst versorgende Volkswirtschaft aufgebaut. Die meisten Missionare hatten darauf verzichtet, die heiligen Stätten der Indigenen für den christlichen Gebrauch umzurüsten, und zugelassen, dass sie weiterhin sichtbar blieben. Dennoch hatten sie große Teile der Bevölkerung zum Christentum bekehrt. Doch der Jesuitenstaat war eine Ausnahme. Das Spanische Kolonialreich in Nordamerika war schwach und verwundbar, und das führte zu Furcht und Intoleranz. Für die meisten Spanier war der Begriff »indigene Religion« ein Oxymoron, und wenn sie mit der freiwilligen Bekehrung der Indianer scheiterten, griffen sie schnell zu massiver Gewalt. Ihr Hauptinteresse bestand darin, möglichst viele Native Americans zu ihrem Glauben zu bekehren, friedlich, wo es möglich war, aber mit Gewalt, sobald sie auf Widerstand stießen.[19]

Auch die Franziskaner in Alta California lehnten die Sitten und die Lebensweise der Native Americans ab und versuchten, sie durch methodische Indoktrination zu konvertieren. Von der Körpersprache bis zu den sexuellen Gewohnheiten und Namen musste alles geändert werden. Die Missionsstationen waren totalitäre Institutionen, in denen die Indianer intensiv kontrolliert und von ihrem traditionellen Leben abgeschnitten wurden; am Ende gab es 21 solche Einrichtungen in Alta California. Die Missionare gaben sich große Mühe, den Spiritualismus der Indigenen auszumerzen. Sie ersetzten, wenn möglich, die Verwandtschaftsnetze als Grundlage der Identität durch die Taufe und zerbrachen damit eine überaus wichtige stabilisierende Institution. Statt Tanten, Onkel, Neffen und Nichten waren die Indianer nun entweder *neofitos* (Getaufte) oder *gentils* (Heiden). Weil es den Missionaren an Finanzmitteln fehlte, griffen sie massiv auf Einschüchterung, Auspeitschung, Verbrennung und andere Hinrichtungsarten zurück, um ihre Untertanen zu disziplinieren. Selbst die Kleidung wurde genau kontrolliert: Männer wie Frauen mussten ihren ganzen Körper bedeckt halten. Anfang der 1770er-Jahre betrieben die spanischen Kolonisten an der Küste von Alta California fünf Komplexe mit Presidio und Missionsstation, die einen dunklen Schatten auf das indigene Kalifornien warfen. Die Kinder der Indianer wurden auf Missionsschulen gesteckt, wo sie zum Christentum erzogen wurden; Polygamie wurde verboten, und Scheidungen, für Frauen ein lebenswichtiger Ausweg aus dysfunktionalen Ehen, wurden erschwert. Die 215 Franziskanerpater in der Region weckten Abscheu und Wut, weil sie die traditionelle Sexualmoral der Indianer durch ihre eigene ersetzen wollten.

Die so entstandene Wut kam am 4. November 1775 zum Ausbruch. Damals kamen Dutzende von Kumeyaay-Indianer in die Missionsstation von San Diego de Alcala und baten darum, getauft zu werden. Sie wurden von den Missionaren erfreut willkommen geheißen und zogen sich für die Nacht zurück. Der Angriff erfolgte am Morgen. Die Kumeyaay hatten sich in der Nacht auf der Ranch eines spanischen Kolonisten versammelt, in der 100 Neophyten (Getaufte) wohnten. Am Morgen steckten sie ein Gebäude der Missionsstation in Brand. Von Panik ergriffen suchten die Spanier Zuflucht in anderen Gebäuden, doch die Indianer folgten ihnen und zündeten eines nach dem anderen an. Die Spanier in der Mission waren völlig isoliert. Auch die zehn Kilometer entfernte Mission San Juan Capistrano wurde in Brand gesteckt. Am Morgen fanden die Mönche die Leiche von Pater Luis Jayme in einer Schlucht und seine Eingeweide neben ihm. Die großartigen Pläne der Franziskaner waren schon nach einem Jahr gescheitert. Die Indianer hatten ihre Souveränität sowohl territorial als auch spirituell behauptet, und die Spanier hatten »ihre Macht kennengelernt«. Widerstrebend begannen sie danach, Zuschüsse für Kolonisten anzubieten, damit diese den Missionsgürtel verstärkten. Im Jahr 1785 planten die Kumivit einen Aufstand gegen die Franziskaner, um ihre Herrschaft wiederherzustellen. Sie wurden von Toypurina angeführt, einer Frau, die bei ihnen hohes Ansehen genoss. Das verwirrte und empörte die Spanier. Der Aufstand wurde niedergeschlagen und Toypurina ließ sich taufen, damit sie ihre Führungsposition behalten konnte. Sie verhielt sich äußerlich, wie die Franziskaner es von ihr erwarteten, und schützte dadurch sich und ihr Volk.[20]

Im späten 18. Jahrhundert kam es zu einer richtungsweisenden Veränderung in den Beziehungen zwischen Indigenen und Kolonisten. Der Konflikt um das Land war nicht mehr eine reine Machtfrage, sondern die Kolonialmächte stützten sich beim Umgang mit den Indianern zunehmend auf Gesetze. Das Recht als Instrument der Enteignung war von Anfang an Mittel des europäischen Kolonialismus gewesen, aber erst im späten 18. Jahrhundert gelang es den Kolonialmächten, es in ein effektives Instrument zur Eroberung und Kontrolle zu verwandeln. Verträge wurden das effektivste Mittel der Vereinigten Staaten, um den Native Americans ihr Land wegzunehmen und so große Veränderungen herbeizuführen. Zwischen 1783 und dem Ausbruch des Bürgerkriegs schloss die US-Regierung mehr als 300 Verträge mit indigenen Nationen, die hart und kreativ verhandelten. In den meisten Verträgen wurde Land an die Vereinigten Staaten abgetreten, aber sie hoben die indigene Souveränität nicht auf. Auf den Landkarten der Kolonialmächte waren die indigenen Nationen in ihren jeweiligen Domänen verortet, tatsächlich blieb ihnen jedoch die Freiheit, zu jagen, Handel zu treiben, Krieg zu führen und diplomatische Beziehungen zu knüpfen, mit wem und wo sie wollten. Der Abschluss von Verträgen war nicht nur eine schwierige Übung, sondern auch eine Kunst und eine psychologische Herausforderung. Viele indigene Nationen vermieden es, schriftliche Abkommen zu schließen; Worte, Lieder und Tänze waren genug. Für viele Indianer war Friede ein Geisteszustand.[21]

Die Native Americans waren alles andere als geschlagen. Sie hatten, oft mithilfe französischer und spanischer Händler und Agenten, den Armeen der britischen und amerikanischen Eindringlinge und lokalen Milizen schweren Schaden zugefügt und den größten Teil des nordamerikanischen Westens in ihrem Besitz behalten. Die Expedition von Lewis und Clark, die den Anspruch der USA auf den pazifischen Nordwesten des Kontinents untermauerte, hatte überhaupt nur mit Erlaubnis der Lakota stattfinden können. Dank dem indigenen Widerstand insbesondere im Ohio-Gebiet und in der Region der Großen Seen war ein großer Teil des Kontinents unter indigener Herrschaft geblieben. Zwischen den Kolonialmächten und den indigenen Nationen, zwischen Enteignung und Überleben stand die Northwest Confederacy in ihren verschiedenen Ausprägungen. Ihr entschlossener Widerstand hatte ein wichtiges Ergebnis: Er erkaufte Zeit, Jahrzehnte, für die indigenen Nationen im Westen.

ACHTER TEIL

DAS ZEITALTER DER REITERIMPERIEN

(19. Jahrhundert)

KAPITEL 26

DIE LANGE ÄRA DER ZWANGSUMSIEDLUNG

DIE AMERIKANISCHEN SKLAVENHALTER IN FLORIDA waren empört und entsetzt. Hunderte von Seminolen, Red Sticks und flüchtigen Sklaven kamen 1815 nach Nordflorida, um sich in Sicherheit zu bringen. Ihr Ziel war ein Ort, den die Amerikaner verächtlich das »Negro Fort« nannten. Nach dem Krieg von 1812 hatten die Briten das Fort mit Waffen ausgerüstet und es den Indianern und ihren Schwarzen Verbündeten in der Hoffnung übergeben, für sie eine Zuflucht zu schaffen und damit den Amerikanern zu schaden. Das Fort befand sich auf einer steilen Klippe am Unterlauf des Apalachicola River – einem exzellenten Standort, weil von dort der Zugang zum Landesinneren kontrolliert werden konnte und sich einem ein guter Überblick über die Aktivitäten an der Golfküste bot. Die mit schweren Waffen bestückte Festung hielt den amerikanischen Siedlern und Soldaten stand, die aus Georgia and Alabama nach Süden vorstießen und ihre eigenen Forts bauten, die sie nach amerikanischen Gouverneuren und Generalen benannten. Diese Forts verkörperten die militärische Macht und die Verwaltungshoheit der Vereinigten Staaten nach dem Britisch-Amerikanischen Krieg. Das Negro Fort jedoch war durch seine bloße Existenz eine Herausforderung für den Hegemonieanspruch der USA mit ihrer Ideologie der White Supremacy, ihrer rassistischen Gesellschaftsordnung und ihrer unverhüllten Arroganz.[1]

Ebenfalls 1815 hatten die Sans-Arcs-Lakota 4800 Kilometer weiter nordwestlich in Peoria Bottom an der Mündung des Bad River in den Missouri Erdhäuser errichtet, die sie kurz darauf durch Holzhäuser ersetzten. Sie bereiteten sich auf den Aufschwung des Handels vor, der nach einem

Krieg immer zu erwarten war, und tatsächlich war der Boom nirgends auf dem Kontinent stärker als am Oberlauf des Missouri. Siedler aus Tennessee und Kentucky stießen am Unterlauf des Missouri vor und vertrieben die Osage und damit die einzigen Rivalen der Lakota. Aus diesem Grund verlagerte sich der Handel nach Norden, was den Lakota zusätzliche Gewinne brachte. Schon bald konkurrierten die drei größten Pelzhandelsgesellschaften um die Bisonfelle der Lakota. Die wichtigste war die gigantische American Fur Company von John Jacob Astor. Ihr Kronjuwel, Fort Tecumseh, war eigentlich ein Handelsposten der Lakota, da es im Territorium der Oglala und Sicangu lag.[2]

Im Jahr 1822 verabschiedete ein neu gegründeter Gemeinderat in Prairie du Chien eine Vorschrift, die es Weißen verbot, »nach zehn Uhr abends noch herumzuschleichen«. Die Führer der kreolischen Handelsgesellschaft versuchten, das Verhalten der Amerikaner zu kontrollieren. Das neue Gesetz war eindeutig rassistisch, sollte jedoch der Erhaltung einer pluralistischen Welt dienen. Die Bewohner von Prairie du Chien schützten dadurch eine tatsächlich gemischte Gemeinschaft, in der verschiedene Sitten, Bräuche, Gesetze und politische Ansätze ineinander übergingen. Die Kreolen und ihre indigenen Verbündeten bewahrten ihre territoriale Unabhängigkeit gegenüber dem amerikanischen Staat.[3]

Durch einen genauen Blick auf Fort Tecumseh, das Negro Fort und Prairie du Chien erkennt man gut die ethnische und geopolitische Krise, die Anfang des 19. Jahrhunderts in Nordamerika herrschte. Dennoch galt für die Indianer des Ostens: Sie hatten viele Kriege überstanden und ihre Bevölkerung wuchs rasch. Ihre Gesamtbevölkerung erreichte 100.000, und auch die Lakota und andere Indianer des Westens konnten mit Zuversicht in die Zukunft blicken. Im Sommer 1815, sieben Monate, nachdem der Britisch-Amerikanische Krieg mit dem Frieden von Gent geendet hatte, machten Vertreter der USA den Vorschlag, mit den Vertretern der westlichen Indianer in Portage des Sioux Vertragsgespräche zu führen, um die Ordnung im Landesinneren wiederherzustellen. Die Lakota hatten sich aus dem Krieg herausgehalten, doch sie hatten großes Interesse an der Gestaltung der Nachkriegswelt. Little Crow, der Führer der Mdewakanton-Dakota, war besorgt über die neuen geopolitischen Vereinbarungen, durch die sich die Briten in Kanada isolierten. So klagte er gegenüber einem Vertreter der Briten: »Nachdem wir für euch gekämpft haben, viel

Leid ertrugen, einige unserer Leute verloren und die Rachsucht unserer mächtigen Nachbarn weckten, macht ihr für euch selbst einen Frieden und überlasst es uns, die bestmöglichen Bedingungen auszuhandeln. Ihr braucht unsere Dienste nicht mehr.«

Die Briten hatten eigentlich versprochen, die Rechte ihrer indianischen Verbündeten durch die Schaffung einer gewaltigen indianischen Pufferzone von 650.000 Quadratkilometer im Nordwesten vor dem amerikanischen Expansionismus zu schützen, doch sie besaßen nicht mehr die militärischen Fähigkeiten, um diesen Plan zu verwirklichen. Die Schlacht von New Orleans gegen Ende des Krieges war für sie eine Katastrophe gewesen. Danach hatten sie den zunehmend imperial agierenden Vereinigten Staaten nichts mehr entgegenzusetzen. Die Indianer im Osten mussten nun allein mit den Amerikanern zurechtkommen, und das waren finstere Aussichten. Denn die indigene Bevölkerung wuchs zwar, aber es lebten bereits etwa vier Millionen US-Amerikaner im Westen jenseits der Appalachen.[4]

Aufrichtige Verhandlungen, kluge Kompromisse und ehrliche Versuche der Koexistenz wurden schnell durch aufgezwungene Zivilisierungsprogramme und Landvermessungen und erzwungene Abtretungen von Territorien ersetzt, die als einvernehmliche Verträge getarnt waren. Sowohl viele Politiker als auch viele Normalbürger der USA schlugen die unterschiedlichsten Methoden vor, um Indianerland an Siedler zu transferieren. Isaac McCoy, ein fanatischer baptistischer Missionar, entwickelte 1923 die Idee eines »Indianischen Kanaan«, einer Zuflucht irgendwo westlich des Mississippi, die er »Aboriginia« taufte. Er war nicht der Einzige, der sich durch radikale Ideen hervortat. Guwisguwi, der auch John Ross hieß und der ranghöchste Führer der Cherokee Nation war, hatte eine ganz andere Lösung für die schwelende Krise. Er schlug Präsident Andrew Jackson vor, alle Weißen aus Georgia in den Westen zu verbannen.[5]

Der Konflikt um das Land hatte sich schon mit der Gründung der Vereinigten Staaten verschärft, aber zwei spätere Entscheidungen von Präsident Jefferson führten zu einer massiven Verschärfung des Konflikts. Die erste war der Kauf Louisianas im Jahr 1803 – der Präzedenzfall für einen riesigen Landtransfer. Die zweite kam vier Jahre später, als er Meriwether Lewis, den neu ernannten Gouverneur des Upper Louisiana Territory, damit beauftragte, mit den Osage einen weiteren Transfer von Land auszuhandeln. In der Folge trat der Osage-Führer Pawhuska tatsächlich mehr als

200 000 Quadratkilometer Land zwischen dem Missouri und dem Arkansas River an die Vereinigten Staaten ab, in der Hoffnung, dadurch eine endgültige Verständigung zu erreichen. Der Vertrag war umstritten, und viele Osage waren der Ansicht, dass Pawhuska nicht das Recht gehabt hatte, ihn abzuschließen. Auch den Lenape wurde übel mitgespielt. Ihre Heimat in der Nähe von Cape Girardeau und New Madrid war plötzlich US-Territorium. Seltsamerweise glaubte Jefferson weiterhin gegen alle Vernunft, mit den Native Americans könnte eine Koexistenz möglich sein, obwohl er ihnen ihr Land nahm; nach Jefferson waren diese Gebiete zu groß für die Indianer und deshalb entbehrlich.[6]

Durch den massiven Landgewinn ermutigt, beschloss die US-Regierung, auch eine Gruppe Westlicher Cherokee in das Arkansas Territory umzusiedeln. Einige Führer dieses Volkes wurden dazu gezwungen, Land abzutreten, obwohl es bei den Cherokee verboten war, ohne Zustimmung der gesamten Nation Land zu verkaufen. Jefferson hatte die erste staatlich geförderte Zwangsumsiedlung von Indianern aus ihrem Territorium gestartet: Innerhalb von zwei Jahren wurden fast 1000 Cherokee gegen ihren Willen in das Arkansas-Gebiet umgesiedelt, das sich durch aufeinanderfolgende Erdbeben in den Jahren 1811 und 1812 in einen unwirtlichen Sumpf verwandeln sollte. Außerdem betrachteten die in dem Gebiet ansässigen Osage die Cherokee als Eindringlinge.[7]

Florida war immer ein Problem für amerikanische Politiker und das US-Militär gewesen. Die Hitze, der Sand, die Sümpfe und die vielen verschiedenen Ethnien hatten sie schlichtweg verwirrt. Außerdem waren die Vereinigten Staaten wegen Florida verwundbar. Sie wollten unbedingt die Südgrenze des Landes sichern, indem sie der Zusammenarbeit von Indigenen und entflohenen Sklaven (Maroons) ein Ende setzten, die für die Sklavenhalter des Südens eine Bedrohung darstellte: Solange die USA Florida nicht beherrschten, konnten entflohene Sklaven dort Zuflucht suchen. Außerdem waren die Vereinigten Staaten besorgt über britische Vorstöße nach Florida. Die Briten behandelten die Indianer mit wohlkalkulierter Ehrerbietung, gaben ihre Schwäche offen zu und baten »euch tapfere Häuptlinge und Krieger« um Hilfe. Sowohl die Briten als auch die Spanier hatten Florida ursprünglich für sich beansprucht, nun aber versuchten die USA, sich das gesamte Territorium anzueignen.

Im Jahr 1816 erhielt Major General Andrew Jackson den Befehl, das Negro Fort zu zerstören, das nach seiner Besetzung durch afroamerikanische Soldaten zu einem mächtigen Symbol Schwarzer Freiheit geworden war. Jackson war über den Auftrag begeistert. Er wollte gegenüber den Indianern, Schwarzen und Spaniern seine überwältigende Macht demonstrieren und dadurch seine Chancen auf die heiß ersehnte Präsidentschaft verbessern. Die 5000 Mitglieder starke Nation der Seminolen und die mit ihr verbündeten Red Sticks warnten die Amerikaner, dass »wir kämpfen werden, wenn das Land parzelliert wird«. Dennoch führte die US-Armee gegen das Fort eine Operation durch, die auf drei verschiedene Angriffselemente setzte: Sie brachte schwere Belagerungsanlagen in Stellung, griff mit der Infanterie an und nahm es mit Kanonenbooten unter Beschuss. Die Verteidiger, zu denen auch Soldaten der Muscogee und Choctaw gehörten, leisteten heftigen Widerstand, aber dieser brach zusammen, als das amerikanische Kanonenboot 154 das Pulvermagazin des Forts mit einer glühenden Kanonenkugel traf. Die Kugel verursachte eine verheerende Explosion, bei der 270 der 334 Verteidiger ums Leben kamen.[8]

Im Jahr 1818 entsandte der amerikanische Kriegsminister John C. Calhoun Jackson erneut nach Florida. Er sollte der informellen Zusammenarbeit zwischen Seminolen, Briten und Schwarzen ein Ende setzen, die die US-amerikanische Sklavenjagd in Florida störten. Jackson missachtete Calhouns Befehle und besetzte spanisches Territorium, womit er die US-amerikanische Präsenz in dem Gebiet verstärkte. Ein Jahr darauf trat Spanien den Osten Floridas an die USA ab und gab im Adams-Onís-Vertrag auch seine Ansprüche auf die Pazifikküste auf. Die mit den Spaniern verbündeten Seminolen lehnten das Angebot ab, mit den Spaniern nach Tejas umzusiedeln, und diese Entscheidung zahlte sich aus: Sie schlossen 1823 mit der US-Regierung den Vertrag von Moultrie Creek und sicherten sich dadurch ein Reservat, das sich auf den Großteil des Landesinneren der Halbinsel Florida erstreckte. Der Vertrag von Payne's Landing neun Jahre später kam unter problematischen Umständen zustande. Die Seminolen wollten eigentlich ein größeres Territorium, wurden aber mit betrügerischen Methoden dazu gezwungen, innerhalb von drei Jahren in das »Indianerland« westlich des Mississippi umzusiedeln, wo sie Teil der Muscogee Nation werden sollten.[9]

Die Seminolen und ihre Schwarzen Verbündeten weigerten sich, die in dem Vertrag vereinbarte Landabtretung zu vollziehen, was einen unerklärten Krieg auslöste. Indianer und Schwarze führten einen Guerillakrieg, bei dem sie im Kampf gegen die US-Truppen vom schwierigen Terrain profitierten: Sümpfe, Dickicht, Hammocks – typische Baumgruppen im Marschland von Florida –, Riffe, kleine Inseln und Dschungelgebiete. Die US-Truppen waren mit Kartenmaterial aus dem Buchladen ausgerüstet, das für die Ziehung von Grenzen fast gänzlich ungeeignet war. Normale Dampfboote konnten auf den flachen Flüssen Floridas nicht fahren, weshalb US-Strategen ernsthaft erwogen, bei der Suche nach den schwer zu fassenden Seminolen Heißluftballons einzusetzen. Bis Mitte der 1830er-Jahre beliefen sich die Kosten des Krieges für die Vereinigten Staaten auf über 20 Millionen Dollar – mehr als sie für Louisiana bezahlt hatten. Die Seminolen wiederum bezogen ihre Munition von kubanischen Seehändlern, die den Rum und die Rotbarsche, Meerbarben, Stachelmakrelen und Zackenbarsche der Indianer sehr schätzten.

Am 29. Dezember 1835 griff eine kleine Gruppe von Seminolen unter Führung von Osceola, einem brillanten Strategen, den seine Mutter als Muscogee aufgezogen hatte, Fort King im Norden Floridas an und tötete fünf Amerikaner. Unterdessen lockte eine andere Gruppe zwei Kompanien der US-Armee in einen Hinterhalt bei Fort Brooke an der Mündung des Hillsborough River, dem Ort, von dem aus Seminolen aus Florida deportiert wurden. Indianische Scharfschützen töteten mit ihrer ersten Salve mehr als 50 Soldaten und lösten eine Panik aus. Nur drei Soldaten überlebten. Die Schlacht war die erste des Zweiten Seminolenkriegs. Die Indianer griffen Zuckerrohr- und Baumwollplantagen an, befreiten Schwarze Sklaven und verursachten große Verluste an Geld und Menschenleben. Sie ließen sich auf Verhandlungen ein, nur um den Guerillakrieg erneut aufzunehmen, und versetzten die Amerikaner in Angst und Schrecken, weil sie fürchteten, der gemeinsame Widerstand von Schwarzen und Indianern könnte im ganzen Süden einen Aufstand auslösen: Die inklusive Gesellschaftsordnung der Seminolen stand in diametralem Gegensatz zum Weißen Südstaatenrassismus. Anstatt zu verschwinden oder vertrieben zu werden, wuchs die indigene Bevölkerung Floridas sogar noch.

Während die US-Armee mit den Seminolen und den Briten beschäftigt war, wurde die US-amerikanische Zivilbevölkerung immer unduldsamer, was die Anwesenheit von Native Americans an ihren anderen Grenzen anging. Anfang des 19. Jahrhunderts lebten mehr als 123.000 Indianer zwischen den Appalachen und dem Mississippi (viel zu viele, nach Ansicht der meisten US-Amerikaner). Im Jahr 1817 verabschiedete der Nationalrat der Cherokee, nachdem er sich eine geschriebene Gesetzessammlung gegeben hatte, sechs Artikel, die die Macht zentralisierten und ein Nationalkomitee schufen – eine Maßnahme, dank der die Cherokee den USA noch deutlicher als unabhängige Nation gegenübertreten konnten. Den Plantagenbesitzern und Politikern des Südens war dies allerdings gleichgültig. Sie wollten sämtliche Indianer vertreiben, um Platz für »König Baumwolle« zu schaffen. Die Völker der Cherokee, Muscogee, Choctaw, Chickasaw und Seminolen waren stark gewachsen, sodass ihre Zahl in den 1820er-Jahren mehr als 70.000 betrug. Sie hatten Verträge mit den Vereinigten Staaten geschlossen, die ihnen ihre Souveränität garantierten, hatten Straßen, Geschäfte, Wirtshäuser, Kirchen, Mühlen und Schulen gebaut und Baumwollplantagen angelegt. Sequoyah, ein hervorragender Gelehrter der Cherokee, hatte ein Alphabet für ihre Sprache erfunden.

Viel von alledem war wohlkalkulierte Strategie: Die Cherokee passten sich der amerikanischen Kultur an, um die US-Regierung davon zu überzeugen, sie in ihrer angestammten Heimat bleiben zu lassen. Sie brachten Zeitungen heraus, konnten zu 90 Prozent lesen und schreiben und waren durch intensiven Ackerbau recht wohlhabend. Auch hatten sie, genau wie die Chickasaw, Choctaw und Muscogee, Schwarze Sklaven und waren oft wirtschaftlich erfolgreicher als ihre Weißen Nachbarn in Georgia, Alabama und Mississippi, obwohl sie ihre Sklaven viel weniger brutal behandelten. Die Frauen der Choctaw brachten jedes Jahr mehr als 10.000 Meter Tuch auf den Markt. Aber dieser Erfolg wurde den Indianern zum Verhängnis: Kaum etwas machte die US-amerikanischen Siedler so wütend wie Indianer, die mehr Erfolg hatten als sie. Und so wurde der ganze Süden von einem giftigen Indianerhass erfasst.[10]

Auch die Weißen Südstaatler erfanden sich neu: Sie wurden gewiefte Kapitalisten. Eli Whitneys Egreniermaschine zur Aufbereitung von Rohbaumwolle veränderte in den 1790er-Jahren den amerikanischen Süden und machte aus dem ländlichen Gebiet ein Baumwollkönigreich. Ab Mitte der 1820er-Jahre dominierten dort Baumwollfabriken die Landschaft und entfesselten ein gewaltiges wirtschaftliches Wachstum. Der Deep South wurde zum global führenden Baumwollproduzenten, der knapp die Hälfte der weltweiten Nachfrage deckte. Bald war die Sklaverei im Süden durch ein neues Finanz-, Versicherungs- und Schifffahrtsgeflecht mit dem Kapital des Nordens verbunden und bildete einen übermächtigen geschäftlichen Komplex. Die Jefferson'sche Republik der freien Bauern war nur noch ein philosophisches Artefakt. In jener Zeit fanden drei rassistisch geprägte Zwangsumsiedlungen statt. In der ersten, die Plantagenbesitzer der Südstaaten organisierten, wurden 400.000 schwarze Sklaven aus den älteren Sklavenstaaten im Upper South in die neueren im Deep South deportiert, wo sie im Baumwollanbau eingesetzt wurden. Durch die zweite Umsiedlung, die die Siedler im Süden und die aufsteigenden Baumwollkapitalisten betrieben, sollte das Baumwollkönigreich von den indigenen Bewohnern des Südens, insbesondere jedoch von den Cherokee, Chickasaw, Choctaw und Muscogee befreit werden, denen das fruchtbarste Land auf dem Kontinent gehörte. Nach Ansicht der Weißen nahmen die Indianer zu viel Platz in Anspruch und sollten in ein Gebiet im Westen deportiert werden, das später die Bezeichnung Indian Territory erhielt. Die dritte Zwangsumsiedlung wurde von der US-Regierung selbst in die Wege geleitet und verbannte Tausende Indianer aus dem Norden in den Westen. Präsident John Quincy Adams schlug als abwegige Alternative eine »wohlwollenden Kolonialisierung« vor, bei der Native Americans und Afroamerikaner nach Übersee umgesiedelt werden sollten, um dort ihre eigene Kultur zu entwickeln. Nur wenige führende Native Americans zogen den Vorschlag in Erwägung.[11]

Die Indianer setzten den Umsiedlungsplänen heftigen Widerstand entgegen, und sie hatten ein überzeugendes Argument: Denn sogar der Kongress war besorgt, dass das Angebot an öffentlichem Land die Nachfrage bei Weitem überstieg. Selbst im landhungrigen Georgia gaben Siedler zu, dass sie zu viel Land zu bewirtschaften hatten. Die Enteignung der Native Americans war nicht wirtschaftlich motiviert, sondern rassistisch. Im Jahr 1821 verkündete die Regierung von Georgia den Plan, »die gesamte rote durch eine weiße Bevölkerung zu ersetzen«. Drei Jahre darauf gründete Kriegsminister Calhoun, ohne den Kongress zu informieren, das Bureau of Indian Affairs, eine neue Abteilung des Kriegsministeriums und die erste Kolonialbehörde der USA. Kurz darauf schlug Präsident James Monroe dem Kongress vor, im Westen eine Zuflucht zu schaffen, in die indigene

Bewohner der Südstaaten umgesiedelt werden könnten – eine Maßnahme, die er als humanitäre Lösung verstand.[12]

Angesichts der staatlich betriebenen ethnischen Säuberung war den Indianern in den Südstaaten klar, dass jeder Rückzug angesichts der US-amerikanischen Aggression Enteignung und Niederlage bedeutete. Die US-Amerikaner erkannten nur eine Art von Zivilisation an, und zwar ihre eigene; deswegen mussten die Indianer eine Version dieser Kultur übernehmen, wenn sie als unabhängige Nationen überleben wollten. Das Ergebnis waren nicht nur Zeitungen und Plantagen, sondern auch ein neues rassistisches Denken. Der Cherokee-Führer Guwisguwi lebte damals schon in einem zweistöckigen Haus, besaß ein Anwesen mit mehreren Obstgärten und hatte neunzehn Schwarze Sklaven und eine eigene Fähre. Er gab sich als Aristokrat und Anführer und hatte Erfolg – zu viel Erfolg, wie sich herausstellte. Seine Bekanntheit als Sklavenbesitzer ärgerte seine Weißen Nachbarn und stellte die amerikanischen Vorstellungen vom unzivilisierten und daher zu deportierenden Indianer infrage. Rassistisches Denken begann sich in die Ehegesetze der Cherokee einzuschleichen. Im Jahr 1824 verabschiedeten die Cherokee-Führer, zumeist wohlhabende Pflanzer und Sklavenhalter, gegen den Protest der Cherokee-Frauen ein Gesetz, das »Mischehen zwischen schwarzen Sklaven und Indianern oder [schwarzen Sklaven und] Weißen« verbot. Zuwiderhandelnde erhielten 59 Peitschenhiebe auf den nackten Rücken. Indianische und Weiße Frauen, die einen Schwarzen Sklaven heirateten, erhielten 25 Peitschenhiebe. Eine Änderung des Rassengesetzes im Jahr 1825 legte fest, dass die Nachkommen von Cherokee-Männern und freien Frauen Cherokee-Bürger werden konnten, nicht jedoch die Kinder von Cherokee-Männern und freien Schwarzen Frauen – ein Gedanke, der in einer Gesellschaft, die Zugehörigkeit ansonsten über Verwandtschaft definierte, wenig Sinn ergab. Dennoch betrachteten immer mehr Cherokee die Welt inzwischen durch eine rassistische Brille, selbst wenn sie die Rasse nicht als unveränderliches persönliches Merkmal ansahen.[13]

Die Verfassung der Cherokee, die im Juli 1827 verabschiedet wurde, war nach dem Vorbild der US-Verfassung gestaltet und erklärte die Cherokee zu einem souveränen Volk, das auf der gleichen politischen Ebene wie die Vereinigten Staaten stand. Sie bezog sich auf die »Grenzen dieser Nation, die das Land umfassen, das der Cherokee Nation durch Verträge mit den Vereinigten Staaten feierlich für immer garantiert« worden ist. Die Cherokee beschlossen ein Verfahren, nach dem alle jährlichen Zahlungen der USA für abgetretenes Land an ihren Nationalrat gingen. Der Rat richtete ein Zwei-Kammer-Parlament ein, das einerseits der Konsolidierung der Macht dienen und andererseits die Souveränität der Cherokee Nation gegenüber dem Bundesstaat Georgia hervorheben sollte. Der Rat war ein schlagkräftiges Regierungsorgan, das von einem Oberhaupt geleitet wurde. Es bestimmte in der Praxis das Justizsystem und hatte ein Monopol bei Vertragsabschlüssen und Landverkäufen. Guwisguwi führte den Rat und war damit der Staatschef der Cherokee; er stützte sich auf Frauen und Männer, die an US-amerikanischen Internaten ausgebildet worden waren. Die Traditionalisten wurden entmachtet, und alte Bräuche und Einrichtungen, wie die auf dem Bedürfnis nach Rache beruhende Clan-Justiz und die matrilineare Organisation der Nation, wurden weitgehend abgeschafft.

Durch diese und andere Reformen entstand eine souveräne Nation, wie die Weißen Amerikaner sie verstanden. Doch die Cherokee wurden trotzdem nicht akzeptiert. Sie waren bereit, mit US-amerikanischen Vertretern Gespräche zwischen souveränen Nationen zu führen, hatten aber keinen Erfolg. Die General Assembly von Georgia verlangte, dass John Quincy Adams die Cherokee umsiedelte, und als er sich weigerte, bestritten sie die Souveränität der Cherokee. Im parallelen Fall der Chickasaw entstand eine neue, raffinierte Form des indigenen Widerstands. Die Chickasaw Nation unterschrieb zunächst einen Vertrag, der ihnen ihr Land garantierte; anschließend wurden sie von Indianeragenten und Landspekulanten betrogen. Da sie sich aber über die Vertrauenswürdigkeit des amerikanischen Staates keine Illusionen machten, verkauften sie ihr Land, insgesamt etwa 26.000 Quadratkilometer, darunter einige der besten Böden des Kontinents, noch bevor man es ihnen wegnehmen konnte. Das so erzielte Geld gaben sie dem US-amerikanischen Staat zur Verwaltung, der damit aber ausgerechnet die Liquidität von Landspekulanten durch Kredite absicherte, wodurch diese mehr Indianerland auf den Markt bringen konnten. Geheime Absprachen waren die bevorzugte Methode der Landspekulanten. Sie taten sich zusammen, gründeten Scheinfirmen und überschwemmten den Markt. Wenn die Preise dadurch fielen, kauften sie.[14]

Nicht bei allen amerikanischen Versuchen, das »Indianerproblem« zu lösen, ging es um Land. Im Jahr 1827 gründete Richard Mentor Johnson, ein Politiker aus Kentucky, der 14 Jahre zuvor womöglich Tecumseh getötet hatte, auf einer Plantage in Great Crossings in Zentral-Kentucky die Choctaw Academy, das erste Indianerinternat der USA. Es war eine experimentelle, säkulare Schule mit einer panindianischen Schülerschaft und hatte die Aufgabe, Native Americans zu »zivilisieren«. Die Choctaw stellten die Mehrheit der Schülerschaft, doch das Internat wurde auch von Dakota, Ojibwe und Seminolen besucht, die oft aus wohlhabenden Familien stammten. Die Choctaw Academy war ein Versuch, die kulturelle Kluft zwischen Amerikanern und Native Americans durch Bildung und letztlich durch Assimilation zu schließen, und die Führer der Choctaw schätzten die Bildung als Mittel, um ihre Nation zu schützen. Zugleich widersprach die Choctaw Academy allem, was typisch weiße Südstaatler glaubten. Ihrer Ansicht nach waren Verträge mit den Indianern absurd, und wären sie gefragt worden, hätten sie vermutlich über die Academy dasselbe gesagt. Im Jahr 1842 wurde die Schule geschlossen; sie war von den Choctaw finanziert worden, und die hatte man nach Oklahoma deportiert.[15]

General Andrew Jackson wurde 1829 Präsident und nannte den »Indian removal« (die »Entfernung der Indianer), ein durch und durch euphemistischer Begriff für Zwangsumsiedlung, sein wichtigstes politisches Ziel. Er erkannte die Souveränität der indigenen Nationen nicht an und hatte schon früher die Ansicht vertreten, dass »der Kongress das Recht hat, sie zu nehmen und aus der Welt zu schaffen«. Nun kam es zu einer für die Cherokee gefährlichen Beschleunigung der Ereignisse. Die General Assembly von Georgia wollte ihre Jurisdiktion auf das Territorium der Indianer ausdehnen, und 1828 wurde in der Region Dahlonega im Norden Georgias Gold gefunden, was den ersten Goldrausch der amerikanischen Geschichte auslöste. Das Land gehörte den Cherokee. Jackson vertrat die Ansicht, dass »die Regierung trotz verschwenderischer Ausgaben in diesem Bereich permanent mit ihrer Politik scheitert und sich die Indianer im Allgemeinen immer weiter nach Westen zurückziehen und ihre wilden Sitten beibehalten«. Die Cherokee schickten im März 1830 Abgesandte nach Washington. Diese wohnten in Brown's Hotel, gleich weit entfernt vom Weißen Haus und vom Kongress. Das Repräsentantenhaus debattierte zwei Wochen lang über die Vertreibung der Indianer aus dem Süden, dann verabschiedete sie mit der hauchdünnen Mehrheit von 102 zu 97 Stimmen den

Indian Removal Act. Der Senat stimmte dem Gesetz mit 28 zu 19 Stimmen zu. Jackson erklärte, das neue Gebiet der Indigenen im Westen werde »Indian Territory« heißen.

Er hatte bekommen, was er wollte, doch seine Administration hatte kaum mehr als eine grobe Ahnung, wie die Umsiedlung von 80.000 Indianern ablaufen sollte, eine Zahl, die von einem New Yorker Abgeordneten genannt worden war. In Washington entbrannte nun ein heftiger Kampf zwischen den humanitären Vertretern der indigenen Sache und den Vertreibungsbefürwortern der Regierung, die funktionalistisch und rationalistisch mit ethnischen Säuberungen und Ausrottung umgingen. Präsident Jackson lud Chickasaw, Choctaw, Muscogee und Cherokee zu einem Treffen nach Franklin, Tennessee, in die Nähe seiner eigenen Plantage ein, aber sie lehnten ab, weil sie sein primitives Machtspiel durchschaut hatten. Die Cherokee engagierten den ehemaligen Attorney General der Vereinigten Staaten William Wirt als Anwalt und erhoben Klage vor dem Obersten Gerichtshof. In The Cherokee Nation v. The State of Georgia vertrat Wirt die Ansicht, Georgia habe mit der Ausdehnung des Geltungsbereichs seiner Gesetze auf die Cherokee Nation verfassungswidrig gehandelt und durch Vertragsverletzung die höchsten Gesetze des Landes gebrochen. Wirts Hauptmotiv war die Demütigung von Andrew Jacksons, den er verachtete. John Marshall, der Vorsitzende Richter des Supreme Court, urteilte, dass die Cherokee Nation kein fremder Staat, sondern eine »inländische abhängige Nation« sei und zu den Vereinigten Staaten in einem ähnlichen Verhältnis wie »ein Mündel zu seinem Vormund« stünde. Und er wies am 18. März 1831 die Klage zurück, weil die Cherokee Nation nicht das Recht zur Klageerhebung hätten. Das Gericht formulierte seine Entscheidung allgemein, sodass sie für alle »Stämme gilt, die innerhalb der anerkannten Grenzen der Vereinigten Staaten weilen«.[16]

Möglicherweise war das Urteil von der einen Monat zuvor erhobenen Drohung Jacksons beeinflusst, er werde den Choctaw keine US-amerikanische Unterstützung gegen den Bundesstaat Mississippi anbieten. Die Cherokee erhoben ein Jahr später erneut Klage vor dem Supreme Court, und dieses Mal ließ Marshall die Klage zu; er fällte das Urteil, dass die Cherokee Nation durch einen Bundesvertrag geschützt sei und die Ansprüche Georgias auf ihr Territorium deshalb verfassungswidrig seien. Jackson war durch eine Koalition von Indianern, Humanisten, evangelikalen Christen und dem Obersten Richter seines Landes vorgeführt und in Verlegenheit gebracht worden. Das war schwer zu schlucken. Er wollte die Souveränität der indigenen Amerikaner in Zusammenarbeit mit besorgten Plantagenbesitzern und Südstaatenpolitikern zerstören und die Herrschaft der Siedler zementieren. Und so ignorierte er einfach Marshalls Urteil.

Stattdessen mobilisierte er die Macht des Indian Office und begann mit der systematischen Zwangsumsiedlung. Es ist eine krasse Ironie der Geschichte, dass die US-amerikanischen Zivilisierungsprogramme noch liefen, während die Landvermesser bereits Menschen für die Deportation vormerkten. Die US-Armee übernahm die Aufgabe zu entscheiden, wer umgesiedelt wurde. Führende Choctaw, darunter auch Frauen, die gerade noch als »beloved people« ausgezeichnet worden waren, versuchten 1830 einen Vertrag über die Umsiedlung auszuhandeln, doch die Gespräche scheiterten. Stattdessen wurde ein Vertrag mit einer Minderheit der Choctaw geschlossen, in dem mehr als vier Millionen Hektar Land abgetreten wurden – alles noch verbliebene Land der Choctaw in Mississippi. Im Winter 1831/32 wurden 2000 Choctaw bei einer entsetzlich schlecht geplanten Operation in den Westen gebracht; dabei waren sie dem eiskalten Wetter und einer neuen mörderischen Gefahr, der Cholera, nahezu schutzlos ausgeliefert. Außerdem wurden wegen mangelhaftem Schutz durch die Regierung zahllose indigene Frauen von Weißen Siedlern und Beamten vergewaltigt und umgebracht. Mehr als 3000 Muscogee starben während der Zwangsumsiedlung, was einen jahrelangen, immer wieder aufflammenden Krieg auslöste, durch den große Teile von Alabama und Georgia verwüstet wurden. Die Cherokee wiederum mussten erleben, dass ihr Land durch Losverfahren an Siedler verteilt wurde.[17]

Während dieses Chaos starb Shoeboots, ein alter Patriarch und führender Cherokee. Er hinterließ seine Schwarze Frau Doll und fünf gemeinsame Kinder. Shoeboots und Doll hatten jahrzehntelang als Herr und Sklavin zusammengelebt. Ihre drei ältesten Kinder gehörten nicht zu Shoeboots Vermögen und waren deshalb frei, Doll aber war nach dem Gesetz immer noch eine Sklavin, und dasselbe galt auch für ihre zwei jüngsten Kinder. Die durch Rassismus und Sklaverei geteilte Familie versuchte, sich zu vereinen, doch aufgrund des Gesetzes von 1824, das Mischehen zwischen Cherokee und Schwarzen verbot, blieb sie halb frei und halb versklavt.[18]

1824 war der Shawnee-Prophet Tenskwatawa in Fort Detroit. Dort versuchte ihn Lewis Cass, der Gouverneur des Territory of Michigan, dazu zu bringen, dass er den Rest seiner Jünger verließ und sich für die Umsiedlung der Shawnee in den Westen einsetzte. Tenskwatawa jedoch blieb, wo er war. Er lebte weiter auf die traditionelle Art der Shawnee und kritisierte immer noch die US-amerikanische Indianerpolitik, bis ihn schließlich William Clark aus Mitgefühl davon überzeugte, in ein Reservat mit gutem Boden umzuziehen. Es lag in der Nähe von Saint Louis, dem amerikanischen Tor zum Westen.[19]

Die US-amerikanische Regierung hatte sich lange fast ausschließlich mit den Indianern in den Südstaaten befasst, die auf dem besten Ackerboden des Kontinents lebten. Doch das Bureau of Indian Affairs, der offizielle Repräsentant des amerikanischen Imperiums, setzte sich mit wachsendem Ehrgeiz irgendwann das Ziel, die Indianer auch aus dem Northwest Territory zu entfernen. Der 59. Längengrad wurde zur »Permanent Indian Frontier«, erklärt, eine harte Trennlinie im Herzen des Kontinents. Es dauerte nicht lange, bis amerikanische Beamte die Linie zu überwachen begannen, die ihrer Ansicht nach gefährlich durchlässig und verschwommen war: Es gab keinen ordentlichen Plan, wo sich die deportierten indianischen Nationen ansiedeln sollten. Auch in Prairie du Chien machte die Territorialregierung den Versuch, die Kontrolle über das Territorium der American Indians zu übernehmen, und mischte sich in das Eigentumsrecht und die Heiratsbräuche der indigenen Bevölkerung ein. Dagegen leisteten die kreolischen Frauen heftigen Widerstand, indem sie sich der amerikanischen Fixierung auf Landbesitz und Uniformität widersetzten und ihre alten Verwandtschaftsnetze und gemischten Familien schützten. Sie bauten auf Wohltätigkeit, transkulturelle Vermittlung, alte Traditionen der Gastfreundschaft und ihr Fachwissen als Heilerinnen und Hebammen. Zur gleichen Zeit rissen die US-Amerikaner in Saint Louis die Überreste der alten Hügel bauenden Mississippi-Kultur von Cahokia ab – die Vernichtung der indigenen Kultur war zu einer Epidemie geworden.[20]

Sauk, Meskwaki, Potawatomi, Kickapoo, Iowa, Miami, Shawnee, Lenape, Wyandot, Odawa, Seneca und Anishinaabeg leisteten entschlossenen Widerstand, als sie deportiert werden sollten. Die Sauk lebten unter Führung des 65-jährigen Black Hawk im Westen des Michigansees, seit sie

Ende des 17. Jahrhunderts von den Irokesen nach Westen vertrieben worden waren. Doch sie waren verwundbar, weil sie angeblich einen Vertrag mit den Vereinigten Staaten geschlossen hatten, der große Landverkäufe beinhaltete. Trotz heftigen Widerstands der Frauen, die unbedingt ihre Maisfelder schützen wollten, konnte Black Hawk nur zuschauen, wie 80 Prozent seines Volkes in das später als Indian Territory bezeichnete Gebiet gebracht wurden. Er selbst verschanzte sich mit seinen Anhängern in der Stadt Saukenuk. Der Konflikt erreichte 1831 seinen Höhepunkt, als General Edmund P. Gaines 1500 berittene Milizionäre mobilisierte. Black Hawk floh nach Westen und überquerte den Mississippi, womit er den Amerikanern einen militärischen Sieg verwehrte. Die frustrierten Milizionäre rächten sich, indem sie die Gräber der Ureinwohner schändeten.

Im April 1832 überquerte Black Hawk erneut den Mississippi und beanspruchte die Herrschaft über das umstrittene Land im Illinois-Gebiet. Er mobilisierte eine multinationale Armee von 1100 Soldaten, was die Amerikaner veranlasste, eine Streitmacht von 4000 Soldaten und Hunderten von berittenen Milizionären aufzustellen. Es folgte ein hässlicher Krieg, bei dem die US-Amerikaner Truppen aus Fort Atkinson entsandten, um die Indianer zu jagen, und Frauen und Kinder massakrierten. Außerdem schickten sie die *Warrior*, ein bewaffnetes US-amerikanisches Dampfboot den Mississippi hinauf. Am 1. August wurden die verbündeten Indianer an der Mündung des Bad Axe River massiv mit Kanonen beschossen, und der Krieg war zu Ende. Bis dahin hatten mehr als 500 Indianer den Tod gefunden. Black Hawk floh nach Norden, wurde jedoch gefangen genommen und nach Washington gebracht. Von dort aus wurde er als Sehenswürdigkeit auf eine Rundreise durch die Städte des Ostens geschickt.[21]

Durch den Konflikt von 1832, auch Black-Hawk-Krieg genannt, wurde den Indianern klar, dass sie mit gewaltsamem Widerstand nicht mehr allzu viel erreichen konnten. Also wandten ihre Führer sich an sympathisierende Humanisten, Geistliche und Waldläufer. Davy Crockett bezeichnete den Indian Removal Act von 1830 als »brutale Unterdrückung«, und der Humanist Edward Everett kritisierte Präsident Jackson mit den Worten: »Das Unheil, Sir, ist enorm; die Gewalt ist extrem; der öffentliche Vertrauensbruch beklagenswert, und das unvermeidliche Leid ist von unkalkulierbarem Ausmaß.« Guwisguwi, John Ridge, Elias Boudinot (auch bekannt als Buck Watie) und viele andere Führer der Cherokee kämpften vor Gericht, in Gesprächen mit Regierungsvertretern und auf den Seiten des *Cherokee Phoenix*, der ersten indigenen Zeitung Amerikas, doch es gelang ihnen nicht, eine Aufhebung des Gesetzes zu erreichen. Weiße Missionare und Reformer griffen die Politik der Assimilation an und wandten sich gegen die Auffassung, dass einzelne Staaten das Recht hätten, Gesetze für das Land der Native Americans zu erlassen. Die Indianer siegten vor dem Obersten Gerichtshof, nur um erleben zu müssen, dass Jackson das Urteil missachtete. Alte Konflikte in der Cherokee Nation verschärften sich, als sie sich in Befürworter der Anpassung und Befürworter des Widerstands spalteten. Im Jahr 1835 traf sich die sogenannte Treaty Party, eine Minderheit von Führern der Cherokee in New Echota, der Hauptstadt der Cherokee, mit Vertretern der US-Regierung. Guwisguwi und Buck Watie gehörten zu den Anführern dieser Gruppe, und sie waren der Ansicht, dass die Cherokee lieber einen Vertrag über die Umsiedlung schließen sollten, als ohne einen solchen zur Umsiedlung gezwungen zu werden. Also unterschrieb Guwisguwi am 29. Dezember den Vertrag von New Echota, in dem alles Land der Cherokee östlich des Mississippi für fünf Millionen Dollar an die Vereinigten Staaten abgetreten wurde. Er hoffte, dadurch wenigstens die Bedingungen der Enteignung seines Volkes mitbestimmen zu können.

Die meisten Cherokee betrachteten die Mitglieder der Treaty Party jedoch als Verräter und weigerten sich kategorisch, ihre Heimat zu verlassen. Mithilfe amerikanischer Unterstützer reichten sie im Senat eine Petition ein, die die Aufhebung des Vertrags verlangte, doch der Widerstand der Senatoren aus den Südstaaten war zu stark. Als Martin Van Buren, Jacksons Nachfolger als Präsident, 1838 den Befehl gab, 15.000 Cherokee, die sich der Umsiedlung widersetzt hatten, mit Waffengewalt in das Indian Territory zu führen, waren die Cherokee zu gespalten, um Widerstand zu leisten. Auf dem nun folgenden »Trail of Tears« starben etwa 4000 der 15.000 an Krankheiten, Unterkühlung und verschmutztem Trinkwasser. Unmittelbar nach ihrem Abzug machten sich Horden weißer Landspekulanten die Deportation der Indianer zunutze. Die US-Regierung verkaufte das gestohlene Land für 2,1 Millionen Dollar unter dem Marktwert an die Spekulanten.[22]

Wenngleich die Zwangsumsiedlung in den Westen angesichts der Weißen Übermacht unvermeidlich erscheinen mochte, gelang es Tausenden von Indianern, ihr zu entgehen. Sie entzogen sich den Weißen, indem sie freiwillig ihre Heimatregion mieden und sich in schwer zugängliche Gebiete zurückzogen. Dort lebten sie nomadisch, nutzten ihre profunde Kenntnis des Terrains als Waffe und versteckten sich in Sümpfen, Wäldern und anderem schwierigen Gelände, das sie genau kannten. Manche flohen in die Berge, und manche blieben auch in ihrer Heimat und versteckten sich an Orten, von denen die US-amerikanischen Regierungsbeamten und Soldaten nichts wussten. Sie trotzten der militärischen und administrativen Macht der USA und bewahrten ihre Freiheit. Eine Gruppe von Choctaw flüchtete so weit von den US-Amerikanern, dass deren Beamte sie einfach von den Deportationslisten strichen. Wenn immer möglich, suchten die Indianer Zuflucht an den gefährlichsten und spirituell bedeutsamsten Orten des Südens. Sie vermieden so die Registrierung in den Deportationsbüchern des Indian Office und hielten zugleich den indigenen Süden am Leben. Annähernd 20 Prozent der für die Deportation vorgesehenen Native Americans blieben im Süden – eine Demütigung für den wachsenden bürokratischen Apparat der US-Regierung.[23]

Auch die unbeugsamen Seminolen litten unter den US-amerikanischen Aggressionen. Im Jahr 1836 wurde General Winfield Scott, einer der erfolgreichsten Generäle der Vereinigten Staaten, nach Florida entsandt, um sie zu unterwerfen und zur bedingungslosen Kapitulation zu zwingen. Die US-Truppen ließen kubanische Bluthunde auf die Seminolen los und nahmen etwa 2400 Menschen gefangen oder töteten sie. Im Jahr 1837 wurde der Muscogee-Stratege Osceola bei Waffenstillstandsverhandlungen festgenommen. Er und 237 seiner Anhänger wurden in Ketten nach Fort Marion geführt und dort gefangen gesetzt. Der begabte Stratege starb ein Jahr später in Fort Moultrie. Der Arzt des Forts trennte ihm den Kopf ab und balsamierte ihn ein. Inzwischen hatten sich viele Seminolen in die Sümpfe und Marschen der Everglades zurückgezogen. Im Jahr 1841 war fast die Hälfte der fast 4000 US-Soldaten in Florida krank. Sie hatten in einem Terrain, wo Land und Wasser oft den Platz tauschten, einen jahrelangen Dschungelkrieg geführt und sich diverse Tropenkrankheiten zugezogen. Als die US-amerikanische Regierung das Ende der Feindseligkeiten verkündete, waren 4000 Seminolen und ehemalige Schwarze Sklaven in das Indian Territory deportiert worden. Etwa 1000 Seminolen lebten noch in Florida und kämpften weiter, aber 1842 waren nur noch ein paar Hundert übrig. Ihr Führer Coacoochee entging der Deportation, indem er mit seinen Leuten nach Mexiko floh. Danach erklärten sich die Vereinigten Staaten in einem Krieg zum Sieger, in dem es keine Gewinner gab.[24]

Dass in den späten 1840er-Jahren annähernd 100.000 Native Americans aus den Süd- und Nordstaaten in das Indian Territory deportiert wurden, führte im indigenen Amerika zu zahlreichen unangenehmen Konflikten. Nach der Zwangsumsiedlung der Indianer im Süden und Nordwesten der (damaligen) USA nach Westen zogen sich die Lakota schon ab den 1830er-Jahren freiwillig ein Stück weit aus dem Tal des Missouri zurück und bewegten sich ebenfalls nach Westen. Die Bewegungen hätten freilich kaum verschiedener sein können. Die Indianer aus dem Süden und Nordwesten wurden durch die US-amerikanische Staatsgewalt zur Umsiedlung gezwungen, für die Lakota dagegen bedeutete der Umzug nach Westen schlichtweg eine Erweiterung ihrer Heimat. Für die Indianer aus dem Süden war die Reise nach Westen eine kulturelle Sackgasse, für die Lakota war sie ein Neubeginn.

Sie reagierten auf den Ruf von Ptesáŋwiŋ oder White Buffalo Calf Woman, einem übernatürlichen Wesen, das ihnen den Zugang zu Millionen Bisons und spirituelle Erfüllung versprach. Außerdem folgten sie der magnetischen Anziehungskraft der Pahá Sápa, des mythologischen Geburtsorts des Lakota-Volkes, den sie 1776 wiederentdeckt hatten. Die Geografie selbst schien sie zu rufen, denn die acht großen Nebenflüsse des Missouri mit ihren üppig mit Gras, Pappeln und schützenden Flusswäldern bewachsenen Ufern deuteten wie Finger nach Westen. Der Missouri wurde das Ausgangsgebiet für ehrgeizige Expeditionen. Und die Täler seiner Nebenflüsse wurden die Basis eines ausgedehnten Herrschaftsgebiets der Lakota im Westen. Die Nation hatte eine unumkehrbare Entscheidung getroffen, als sie sich aus dem Tal des Missouri zurückzog, das generationenlang ihre Heimat gewesen war. Die Pahá Sápa, ohnehin schon ein spirituelles Heiligtum, waren nun auch zum politischen und ökonomischen Zentrum der Lakota geworden. Sie erhoben sich in einem einzigartigen Hochland-Mikroklima mit großzügigen Regenfällen, kühlen Sommern, üppigen Weiden und riesigen Bisonherden – ein heiliger Ort, an dem Ptesáŋwiŋs Versprechen spiritueller und materieller Erfüllung Wirklichkeit werden konnte.

Die Lakota wussten, dass die Pahá Sápa auch ein ausgesprochen politischer Ort waren, um den mehrere indigene Nationen konkurrierten. Die

Lakota würden mit ihnen kämpfen müssen, wenn sie an ihren Ursprungsort zurückkehren wollten, und sie waren dabei schwer im Nachteil. Die Kiowa, Crow und Shoshonen, deren Territorien sich rund um die Black Hills erstreckten, waren seit Jahrzehnten Reitervölker, und sie waren entschlossen, keine Eindringlinge zu dulden. Der Große Geist, verkündete Arapooish, ein bekannter Führer der Crow, habe das Gebiet der Crow »genau am richtigen Ort platziert (…) Weiter nördlich ist es kalt«, sagte er. »Die Winter sind lang und bitter, ohne Gras; man kann dort keine Pferde halten, sondern muss mit Hunden reisen. Was ist ein Land ohne Pferde?«

Als die Lakota ihr Territorium entlang der Nebenflüsse des Missouri nach Westen ausdehnten, stießen sie mit mehreren anderen Nationen zusammen. Malereien auf den Felsen der Pahá Sápa zeugen von heftigen Zusammenstößen: Sie zeigen rote Punkte für getötete Feinde, einen Soldaten, der als Mutprobe einen Feind mit einem Stock schlägt, eine Frau, die auf dem Kopf steht, und Kriegsopfer. Da die Lakota nicht wie Crow, Shoshone und andere Feinde über große Pferdeherden verfügten, waren sie zu Verhandlungen gezwungen, um ihre Position zu sichern. Sie schlossen ein Bündnis mit den Cheyenne und den Arapaho, die bereits Reitervölker waren, vertrieben Crow, Kiowa und Shoshone, nahmen die Black Hills in Besitz und begannen dort zu überwintern.[25]

Ihre Ankunft war einer der folgenschwersten Momente der nordamerikanischen Geschichte. Sie besetzten einen zentralen Punkt im Herzen des Kontinents, an dem sie ihren Einfluss in alle Richtungen ausdehnen konnten. Die Pahá Sápa wurden zum Ausgangspunkt für immer abenteuerlichere Unternehmungen. Bisons wurden nur noch beritten gejagd, und die Soldaten der Lakota stahlen Pferde von Crow, Kiowa, Ponca, Pawnee und anderen indigenen Nationen. Auch gab es in den Great Plains südlich des North Platte River Millionen Wildpferde – die Nachkommen entlaufener Pferde der spanischen Konquistadoren, und die Lakota hielten sich genau in dieser Gegend auf. Edwin Thompson Denig, ein altgedienter Pelzhändler des Westens, berichtete über die Nutzung dieser positiven Hinterlassenschaft: »Die wilden Tiere wurden eines nach dem anderen verfolgt, bis sie so erschöpft waren, dass man sie mit dem Lasso einfangen konnte. Oft wurden bei einer einzigen erfolgreichen Expedition 40 bis 60 Pferde nach Hause gebracht.« Eine weiteres Göttergeschenk bestand darin, dass Vertreter der US-Regierung, die die neue indigene Macht unbedingt besänftigen wollten, während einer 1832 ausgebrochenen Pockenepidemie 900 Lakota gegen die Krankheit impften. In der Folge gab es bei den Lakota nur wenige Tote. Dagegen verloren die Pawnee, denen man den Impfstoff nicht angeboten hatte, 4000 Menschen – die Hälfte der Nation. In den Wintercounts der Lakota zwischen 1820 und 1837 wird von keiner Epidemie berichtet. Ende der 1830er-Jahre war die Nation der Lakota auf mehr als 11.000 Mitglieder angewachsen. Im Jahr 1837 kehrten die Pocken in das Tal des Missouri zurück und verursachten erneut bei den Pawnee ein Massensterben. Dagegen blieben die Lakota auch dieses Mal weitgehend verschont. Sie nutzten ihren Vorteil, indem sie durch einen schnellen Reiterangriff ein großes Dorf der Pawnee zerstörten, das letzte seiner Art. Danach waren die Lakota die unbeschränkten Herrscher über die zentralen Great Plains mit ihrem Wildreichtum.[26]

Wie die Comanchen ein Jahrhundert zuvor, profitierten auch die Lakota von den spektakulären Vorteilen des Reitens: der Verdichtung des Raums, der dramatischen Zunahme militärischer Macht, dem leichteren Zugang zu anderen Menschen und ihren Märkten. Und genau wie die Comanchen nutzten auch sie diese Situation aus. Sie entwickelten eine Mischwirtschaft aus pastoralem Nomadismus und Bisonjagd, für die ein sorgfältig organisierter jährlicher Ablauf von Aktivitäten erforderlich war: Sie verteilten sich in der kalten Jahreszeit entlang der schützenden Flusstäler und blieben auf Abstand zueinander, um sich nicht mit Krankheiten anzustecken; außerdem unternahmen sie so wenig wie möglich und ernährten sich von Pemmikan und konserviertem Gemüse, das von den Frauen zubereitet wurde. Ihr wichtigstes Ziel in den kalten Wintermonaten bestand darin, so viele Pferde wie möglich durchzubringen. Im Frühjahr und Sommer dagegen waren sie so aktiv wie möglich. Sie sammelten Beeren und Früchte, weideten und zähmten Pferde, und sie vergrößerten ihre Herden, indem sie ihren Feinden weitere Pferde stahlen. Im Juni, wenn sich die Bisons in der Brunftzeit versammelten, führten sie gemeinsame Jagden durch und erbeuteten massenhaft Fleisch, Fett und Büffelfelle, um den nächsten Winter zu überstehen. Der jährliche Zyklus kulminierte im Sonnentanz, einer Zeremonie der Demut und des Opfers. Sie wurde von heiligen Männern durchgeführt, denen die Geister heilige Worte anvertraut hatten. Der Sonnentanz stellte das Gleichgewicht des Universums wieder her und bekräftigte das takúkichiyapi genannte Zusammengehörigkeitsgefühl des Lakota-Volkes. Er wurde ab den 1830er-Jahren jährlich gefeiert.

Die Lakota waren auf den riesigen Prärien des nordamerikanischen Landesinneren zur dominierenden Macht geworden. Sie hatten seit Jahren intensiven Handel mit Fort Pierre im Tal des Platte River getrieben, nun jedoch weigerten sie sich, ihre Felle und Pelze weiterhin in das Fort zu bringen. Stattdessen verlangten sie, dass John Jacob Astors riesige Handelsgesellschaft, das erste Monopol in der amerikanischen Geschichte, lokale, verlegbare Handelsposten für sie baute. Astor gab nach, obwohl er damit seine Politik der strengen Zentralisierung verletzte. Dann, nach der legendären Fahrt des Dampfboots *Yellow Stone* zur Stelle, wo der Yellowstone in den Missouri mündet, kaufte die Pelzhandelsgesellschaft Fort Laramie am Zusammenfluss der Flüsse Laramie und North Platte und errichtete mehrere Zweigstellen, die durch Dampfboote und Ochsenwagentrecks versorgt wurden. All diese Posten waren für die Lakota bestimmt, was ihnen gegenüber konkurrierenden indigenen Nationen einen entscheidenden Vorteil verschaffte. Das Zentrum des nordamerikanischen Pelzhandels verlagerte sich nach Westen. Bald schon erhoben sich vier neue Forts, Vrain, Vasquez, Jackson und Lupton am Oberlauf des South Platte. Auch sie versorgten die Lakota. Und die Lakota beanspruchten Fort Pierre für sich.[27]

Sie nutzten ihren strategischen Vorteil und vertrieben die Ackerbau treibenden Nationen, Pawnee, Omaha and Oto, aus den Flusstälern der zentralen Plains. Sie brauchten die Täler mit ihren Ressourcen für ihre wachsenden Pferdeherden. An den Wintercounts der späten 1830er und frühen 1840er lässt sich ein gewaltiger Zuwachs an Macht und Ehrgeiz ablesen: »kämpften gegen die Pawnee auf der anderen Seite des zugefrorenen North Platte«; Crazy Dog »ließ die Pfeife kreisen und ging auf den Kriegspfad«; »töteten die Arapaho von 20 Tipis«; »stahlen 200 Pferde von den Flathead«; »Feather-in-the-Ear stahl 30 gefleckte Ponys«; »töteten die Shoshone von vier Tipis und brachten viele Pferde nach Hause«. Die Wintercounts für die Mitte und das Ende der 1840er-Jahre zeichnen das Bild eines Ehrfurcht gebietenden Volkes, sicher und wohlhabend: »riesige Mengen von Büffelfleisch«; »Büffelfleisch im Überfluss«; »viele Feste«. An den Wintercounts ist auch die wachsende territoriale Reichweite der Lakota abzulesen. Die Counts von 1848 und 1851 sind voller Berichte über Zusammenstöße mit den Crow, dem konkurrierenden Reitervolk, das das Land am Powder River zwischen den Black Hills und den Bighorn Mountains beherrschte. Außerdem hatten die Lakota mit den Assiniboine in den nordwestlichen Ebenen Konflikte wegen Jagdgebieten und Handelsstationen. Sie dehnten ihre Macht weit nach Westen und Norden aus und erfanden sich als Imperium neu.[28]

Trotz der wachsenden Ausdehnung ihres Machtbereichs hatten sie jedoch kein territoriales Imperium nach europäischem Verständnis, sondern ein Imperium, in dem sie Menschen, Ressourcen und spirituelle Macht anhäuften. Sie operierten mit ihren Heeren von ihrem Kerngebiet in der Umgebung der Pahá Sápa aus, erbeuteten Pferde und Menschen und hielten Feinde aus ihren Jagdgebieten fern. Auch beherrschten sie inzwischen den Pelzhandel am Oberlauf des Missouri und im Tal des South Platte, bedrängten mit ihren mobilen Kampfgruppen die geschwächten, Ackerbau treibenden Völker der Pawnee, Oto, Ponca, Omaha, Arikara, Mandan und Hidatsa und raubten ihnen Mais, Pferde und Menschen. In ihren eigenen Dörfern verarbeiteten die Frauen jedes Jahr Zehntausende von Büffelfellen für den US-amerikanischen Markt, die sie gegen Munition, Kleidung und Luxusgüter tauschten, was wiederum die militärische Macht und das Prestige ihrer Nation vergrößerte. Alle sieben Oyáte der Lakota verfolgten dieselbe Strategie: Sie hielten ihre Leute und ihr Machtpotenzial in Bewegung und setzten beides ein, wo es gebraucht wurde. Dank dieser Strategie wirkten sie weit furchterregender, als sie in Wirklichkeit waren, und kontrollierten einen übergroßen Teil des Kontinents. Ihr Aufstieg beruhte auf der durch das Pferd ermöglichten Fähigkeit, wichtige Knotenpunkte miteinander zu verbinden und diese zu nutzen: Flusstäler, wichtige Bisonweiden, Mais anbauende Dörfer von Native Americans, amerikanische Handelsposten und die Pahá Sápa. Sie besaßen ein kinetisches Imperium, dessen Macht auf der systematischen Wiederholung zentraler politischer Handlungen beruhte: Raubzüge in der näheren und ferneren Umgebung, Tributerhebung und diplomatische Missionen – Eigenschaften, die ihrem Imperium einen On-Off-Charakter verliehen: Es konnte von einem Augenblick zum anderen massiv in Erscheinung treten oder unsichtbar sein. Die US-Amerikaner wussten nie von seiner Existenz.

Um die Macht, über die sie in ihrem Heimatgebiet verfügten, außerhalb der Reichweite ihres Imperiums zu verbergen, brauchten die Lakota ein ausgeklügeltes Regierungssystem. Die *thióšpaye* oder lokale Gruppe war die grundlegende politische Einheit der Lakota-Nation. Es gab mehrere Dutzend Thióšpayes, jeweils angeführt von Itȟáŋčhaŋs. Jede Gruppe hatte einen Rat, der Streitigkeiten schlichtete, Beziehungen zu anderen Dörfern pflegte und Kriege autorisierte. Wenn ein Rat beschloss, die gesamte Gruppe an einen anderen Ort zu verlegen, übertrug sich die Autorität automatisch auf *Wakícuzas* oder Entscheider und *Akíchitas* oder Marschälle, die ihre Gesichter als Symbol ihrer Autorität mit schwarzen Streifen bemalten. Als die Macht der Lakota Mitte des Jahrhunderts zunahm, reagierten sie innovativ und schufen zwei neue Führungspositionen: die *Nacas*, Führer, die auf oyáte-weite Angelegenheiten spezialisiert waren, und die *Wicháša Yatápikas* oder Hemdenträger – »hochgelobte Männer«, die, als Gegenstück zu den traditionellen militärischen Gesellschaften, das Kriegerethos aufrechterhielten und ein Verwaltungskomitee bildeten. Diese Reformen halfen bei der Etablierung eines stärker zentralisierten Regierungssystems, das ein Imperium aufrechterhalten konnte. Das Timing der Reformen sollte sich als günstig erweisen.[29]

Als die Lakota sich zu einem Imperium entwickelten, verkündete der US-Senator von Missouri, Thomas Hart Benton, 1846, dass das einzige Imperium auf dem Kontinent den Amerikanern gehöre: »Die weiße Rasse erhielt den göttlichen Befehl, sich die Erde untertan zu machen und sie zu füllen! Denn es ist nur diese Rasse, die ihn befolgt hat [und], die einzige, die neue und ferne Länder und sogar eine neue Welt erobert hat, um sie sich untertan zu machen und sie zu füllen (…) Die rote Rasse ist von der Atlantikküste verschwunden: die Stämme, die sich nicht zivilisieren ließen, wurden ausgerottet. Für viele ist dies ein Grund zur Klage. Ich dagegen kann nicht über etwas murren, das allem Anschein nach auf einem göttlichen Gesetzt beruht.« Viele Amerikaner teilten Bentons Ansicht, wonach die indigenen Völker eine zum Untergang verurteile Rasse seien, doch die Lakota sollten diesen Irrtum schon bald aufdecken; sie bewiesen, dass an dem schamlosen Expansionismus der Vereinigten Staaten nichts vorherbestimmt war.[30]

Für den nächsten Schub der US-amerikanischen Expansion nach Westen war erneut Gold verantwortlich. Anfang Februar 1848 wurden am Sutter's Creek in California ungewöhnlich reiche Goldadern gefunden, was einen Goldrausch auslöste. Im Jahr 1849 zogen 27.000 Goldsucher durch das Tal des Platte River über die Prärie nach Westen. Diese Verletzung ihres Territoriums war für die Lakota inakzeptabel, deren eigene Expansion nach Westen mehr als ein Jahrzehnt vor der der Amerikaner stattgefunden hatte. Das Tal des Platte gehörte ihnen, und sie waren auf seine Schätze angewiesen: Trinkwasser, Gras, Pappeln und Unterschlupf für Pferde und Menschen. Schon 1846, warnte They Fear Even His Horses, ein junger Itȟáŋčhaŋ der Oglala, die Amerikaner wegen des Schadens, den die nach Oregon ziehenden Siedler am Platte anrichteten, weil sie dort wichtige Ressourcen verbrauchten. They Fear Even His Horses wollte, dass Thuŋkášila, der Große Vater in Washington, sein Volk dafür entschädigte.

Stattdessen mussten die Lakota mit einer noch größeren Katastrophe fertigwerden: Die US-Amerikaner brachten die Cholera mit; 1848/49 starb einer von sieben Lakota daran. Die Lakota hielten sich von den kranken Siedlern fern, doch das Sterben ging weiter. Schon bald erhob sich die Forderung, alle Eindringlinge zu töten. Ähnlich wie Neolin, der Prophet der Lenape ein Jahrhundert zuvor, begannen die Lakota die weißen Amerikaner als eine eigene Kategorie von Menschen zu betrachten: Sie wurden nun *Wašícus*, weiße Menschen, genannt. Die Vertreter der US-Regierung wurden von Panik ergriffen. Der Zugriff der Vereinigten Staaten auf das Gold in Kalifornien war plötzlich in Gefahr. Wenn die Lakota in den Krieg zogen, würden die Vereinigten Staaten verlieren. Das erst kurz zuvor von der US-Armee erworbene Fort Laramie war der einzige nennenswerte militärische Stützpunkt zwischen den Anfängen der Rocky Mountains und der Pazifikküste.

Und tatsächlich behielten die US-Armee und die US-Regierung recht mit ihren Befürchtungen: Im Frühjahr 1851 schickten die Lakota Läufer aus, die die Prärieindianer zu einer Friedenskonferenz mit den Vereinigten Staaten nach Fort Laramie einluden. 10.000 Indianer, Lakota, Shoshone, Arapaho und Cheyenne, versammelten sich am Horse Creek, in der Nähe des Forts. Die Lakota kamen lässig zum Fort geritten und strahlten große Autorität aus und dominierten von Anfang an die Gespräche. They Fear Even His Horses hatte eine Rundreise bei den Gemeinschaften der Lakota gemacht und dafür gesorgt, dass sie viele Vertreter entsandten. Als die Pawnee hörten, wie groß die Delegation der Lakota war, verweigerten sie die Teilnahme an den Gesprächen. Die Vertreter der USA wiederum verließen sich auf das übliche imperiale Gehabe: Sie verteilten Uniformen, Medaillen und Urkunden, die für verschiedene militärische Ränge standen. Die Führer der Indianer waren damit Lieutenants und Major Generals und alle dazwischenliegenden Ränge – ein allzu durchschaubarer Versuch, sie zu vereinnahmen. Die Amerikaner baten außerdem alle Indianer, einen obersten Anführer zu ernennen, mit dem das Indian Office verhandeln konnte. Clear Blue Earth, der Sprecher der Sicangu, antwortete im Namen der Lakota und belehrte die US-Amerikaner: »Wir haben eine andere Entscheidung getroffen als du, Vater. Wir wollen einen Anführer für jede Gruppe, denn wenn es nur ein oder zwei Anführer für alle gibt, wird das für euch und die Weißen viel besser sein.« Die Lakota hatten den amerikanischen Plan, sich in die Politik der Lakota einzumischen, durchschaut, und Clear Blue Earth hatte die amerikanischen Pläne in aller Ruhe abgelehnt.

Nach dieser Schmach sprachen die Vertreter der Vereinigten Staaten nun die beiden brennenden Probleme an, um die es ihnen ging: Land und Grenzen. Colonel David Mitchell, der leitende Indianeragent des Gebiets, stellte den Plan der US-Regierung vor: Das Zentrum des nordamerikanischen Kontinents sollte in drei Blöcke aufgeteilt werden. Lakota, Crow, Mandan, Assiniboine, Nördliche Cheyenne und Nördliche Arapaho sollten sich ein Herrschaftsgebiet im Norden teilen; Comanchen, Kiowa und Plains-Apachen sollten ein Gebiet im Süden bekommen, und die Südlichen Arapaho und Cheyenne eines in der Mitte. Der Oregon Trail im Norden und der Santa Fe Trail im Süden sollten die Grenzen der drei indigenen Herrschaftsgebiete bilden, was den US-amerikanischen Zugang zu Gold gesichert hätte. Durch den Plan wurde die Permanent Indian Frontier abgeschafft und durch Rassensegregation ersetzt.[31]

Clear Blue Earth brachte den Standpunkt der Lakota dazu zum Ausdruck: »Wir sind eine große Gruppe, und wir erheben Anspruch auf die Hälfte des Landes (...) jagen können wir überall.« Black Hawk, der wichtigste Sprecher der Oglala, untermauerte diesen Standpunkt: »Wenn ich irgendetwas kenne«, sagte er, »dann dieses Land, denn ich bin hier aufgewachsen. Ihr habt das Land gespalten, und das gefällt mir nicht. Wir leben von der Jagd, und wir jagen vom Platte bis zum Arkansas.« Die Indianeragenten hatten den Platte River zur Südgrenze des Lakota-Gebiets erklärt, doch die Lakota verlangten mit dem Recht des Eroberers die Central Plains bis hinunter zum Arkansas. »Diese Gebiete gehörten einst den Kiowa und den Crow«, sagte Black Hawk, »aber wir haben diese Nationen aus ihnen hinausgepeitscht, genau wie es der weiße Mann tut, wenn er das Land der Indianer haben will.« Die Lakota stellten klar, dass ihr Gebiet 320 Kilometer nach Süden reichen sollte, und dass die kolonialen Grenzen in den nördlichen Great Plains in einem Bogen um die Grenzen des Lakota-Gebiets herumführen sollten. Die Amerikaner sollten die Pawnee in den Süden deportieren, um Raum für die Lakota zu schaffen. Die Vereinigten Staaten verbündeten sich mit der mächtigsten indigenen Nation. In dem verzweifelten Bestreben, den Santa Fe Trail zu sichern, überredeten sie Comanchen, Kiowa und Plains-Apachen, sich in einem Gebiet südlich des Arkansas anzusiedeln. Die Indianer nahmen die Geschenke, schlossen den Vertrag und griffen weiterhin die eindringenden Wagentrecks an.[32]

Mitte des 19. Jahrhunderts hatte sich das indigene Amerika im Gefolge der massenhaften Zwangsumsiedlung insgesamt nach Westen verlagert. Fast 100 000 Indianer waren aus dem Gebiet östlich des Mississippi vertrieben worden, und dadurch war westlich des Flusses eine ganz neue indigene Welt entstanden. Die Reservate für Native Americans waren ein Zeichen für die Schwäche, nicht für die Stärke der Vereinigten Staaten. Sie hatten einfach nicht die Fähigkeit, die Indianer zu besiegen und zu zähmen. Wie die Erfahrung mit den überlegenen Lakota gezeigt hatte, hatten die USA nicht einmal die Macht, sie in Schach zu halten.[33]

KAPITEL 27

DER AUFSTIEG DER COMANCHEN

WEIT SÜDLICH DER LAKOTA GAB ES eine weitere dominante indigene Macht: die nahezu 40.000 Mitglieder starke Nation der Comanchen. Sie hatten zwei Expansionsphasen durchgemacht. Die erste, Anfang des 18. Jahrhunderts, war mit sehr viel Gewalt verbunden. Als mächtige Newcomer hatten sie die Staaten, die nördlich an New Mexico angrenzen, nach ihren Vorstellungen gestaltet und unter den dort lebenden Indianern und Spaniern Angst und Schrecken verbreitet. In der zweiten Phase hatten sie sich einer Mischung aus Diplomatie und Zwang bedient. Sie griffen weiterhin Dörfer der Apachen an, nahmen Gefangene und verkauften diese auf den Sklavenmärkten in New Mexico. Ab Mitte des Jahrhunderts brachten sie außerdem den spanischen Beamten bei, wie man richtig Handel treibt. Sie erwarteten von den Spaniern, dass sie ihnen Geschenke überreichten, um freundliche Beziehung zu pflegen, mit ihnen nie um den Preis feilschten und ihnen niemals minderwertige Waren verkauften. Insbesondere mussten die Spanier einen uneingeschränkten Handel mit Waffen, Schießpulver und Blei etablieren. Wurden diese Forderungen nicht erfüllt, griffen Reiterheere der Comanchen und der Ute New Mexico an und zwangen sie dazu.

Die Bewohner des 1000 Jahre alten Taos Pueblo zogen ihre eigenen Schlüsse aus der Situation. Als nördlichstes Pueblo war Taos eine Grenzgemeinde mit gemischter Bevölkerung. Gerüchte begannen sich zu verbreiten, dass Bewohner der Stadt, die Taoseños, den Comanchen und Ute Informationen über spanische Truppenbewegungen lieferten. Sie schienen zu glauben, dass es ihnen unter der Schirmherrschaft der Comanchen besser ginge als unter den allzu strengen Spaniern. Beunruhigt erließ der Gouverneur von New Mexico, Joachín Codallos y Rabál, ein Dekret, wonach jeder Taoseño, der mehr als fünfeinhalb Kilometer von der Stadt entfernt erwischt wurde, mit dem Tod bestraft werden sollte. Als die Comanchen die Grenzsiedlung Abiquiu im Norden New Mexicos verwüsteten, entsandte Codallos 500 spanische Kavalleristen und indianische Hilfstruppen. Sie töteten mehr als 100 Comanchen und Ute, nahmen mehr als 200 Gefangene und erbeuteten fast 1000 Pferde.[1]

Diese Niederlage war paradoxerweise der Beginn des Aufstiegs der Comanchen im Südwesten. Unter dem Schock der Katastrophe entwickelten sie eine neue Außenpolitik und setzten sich mit benachbarten indigenen Nationen in Verbindung. Sie nahmen außerdem mit weit gereisten französischen Händlern Kontakt auf und tauschten Pferde, Büffelfelle und Gefangene gegen Gewehre und Munition sowie Kleidung und andere Fertigwaren. Der blühende Handel mit den Franzosen entwickelte sich zur politischen Waffe. Als spanische Regierungsbeamte erfuhren, dass sich 33 französische Händler auf dem Gebiet von New Mexico in der Nähe von Taos mit den Comanchen getroffen und ihnen im Austausch für Maultiere »viele Musketen« verkauft« hatten, wussten sie, dass sich das Kräftegleichgewicht im Südwesten allmählich verschob. Soldaten der Comanchen und Ute unternahmen, ausgerüstet mit modernen Musketen und Lanzen mit Eisenspitzen, oft bei Nacht einen Angriff nach dem anderen im westlichen Grenzland Mexikos, erbeuteten Pferde und machten Gefangene.

Durch die Kontakte der Comanchen mit den französischen Händlern erhöhte sich für die Spanier das Risiko. Deshalb luden sie 1749 die Comanchen und die Lipan-Apachen zu Gesprächen nach San Antonio ein. In Anwesenheit von Vertretern des Presidio, des Staates und der Kirche begruben die Comanchen auf der Plaza de Armas in San Antonio ein Kriegsbeil, eine Lanze und ein lebendiges Pferd – ihr Friedensschluss mit den Lipan-Apachen. Die Spanier ließen 137 gefangene Apachen frei, in der Hoffnung, die Apachen auf ihre Seite zu ziehen. Der Gouverneur Tomás Vélez Cachupín beklagte sich heftig, dass »der Handel, den die Franzosen über die Wichita mit den Comanchen aufbauen, der Provinz schweren Schaden zufügt. Obwohl die Nation der Cumanche auch mit uns Handel treibt und in das Pueblo Taos kommt (…), nimmt sie dennoch jede Gelegenheit wahr, Pferde zu stehlen oder die Pueblos Pecos und Galisteo anzugreifen.« Aber Vélez Cachupín konnte die Märkte von New Mexico trotzdem nicht für die Comanchen schließen, weil er fürchtete, dass sie das vollends den Franzosen in die Arme treiben oder, schlimmer noch, einen Krieg auslösen würde. Er konnte lediglich über den »verderbten Handel« murren und musste dennoch die Augen davor verschließen. Hunderte von Apachen suchten Zuflucht in New Mexico, um eine möglichst große Distanz zwischen sich und die Comanchen zu schaffen.

In Vélez Cachupíns offenem Bericht wird deutlich, wie schwach New Mexico in seinen Grenzgebieten war. Der Gouverneur musste sich damit abfinden, »Freundschaft und Handel mit dem Stamm der Comanchen zu sichern, und den Franzosen möglichst viele von ihnen abspenstig zu machen, da der Stamm der Comanchen der einzige ist, der [den Franzosen] den Zugang zu diesem Territorium verwehren und der Ruin von New Mexico sein könnte.« Wenn es den Spaniern nicht gelinge, die Comanchen zu befrieden, warnte Vélez seine Vorgesetzten, »ginge ein extrem nützlicher Teil des Handels verloren und werde vollständig von den Franzosen in New Orleans übernommen«. New Mexico nahm sogar Tributzahlungen an die Comanchen in Kauf, um sich zu retten: Es begann, für den Frieden zu zahlen, und sollte dies mehrere Generationen lang tun. Um 1750 machte Vélez Cachupín Taos zu einem Markt der Comanchen, wo, um den ausgesprochen kritischen Kommentar eines spanischen Besuchers zu zitieren, »alle Vernunft sie verlässt (…). Hier wird, kurz gesagt, alles Mögliche für den Handel und Tausch mit diesen Barbaren im Tausch gegen Büffelfelle zusammengetragen, und, was am traurigsten ist, im Tausch gegen indianische Sklaven, Männer und Frauen jeden Alters, kleine und große, eine große Menge beiderlei Geschlechts. Denn sie sind das Gold und Silber im reichsten Schatz der Gouverneure, die sich an diesem Tisch zuerst mit den größten Bissen laben, während der Rest die Brosamen isst.«[2]

Selbst als die Spanier 1751 einen seltenen militärischen Sieg errangen, hatte das nur zur Folge, dass sich das Rapprochement zwischen ihnen und den Comanchen noch mehr vertiefte. Bei einem Vergeltungsschlag für einen Angriff der Comanchen auf die spanische Stadt Pecos belagerte Vélez Cachupín 300 Comanchen in einem Canyon im Llano Estacado, der großen Hochebene im Südosten New Mexicos, tötete 112 und nahm 33 gefangen. Die entsetzten Überlebenden machten ein großes hölzernes Kreuz und brachten es Vélez Cachupín »mit großer Ehrfurcht, indem sie es sich selbst und mir an die Lippen drückten«. Die Spanier hatten für den Moment Ebenbürtigkeit hergestellt, und die Comanchen erklärten sich bereit, mit New Mexico Frieden zu schließen. Vélez Cachupín erkannte sie vertraglich als souveräne Nation an und garantierte ihnen bevorzugten Zugang zu den spanischen Märkten. Die Ute wurden marginalisiert und ihr Bündnis mit den Comanchen löste sich auf. Die Comanchen, deren Zahl rasch wuchs, waren aus dem Bündnis herausgewachsen. Sie besetzten mit Unterstützung der Spanier im nördlichen Llano Estacado Gebiete der Apachen. Diese Abfolge der Ereignisse sollte für die Außenpolitik der Comanchen gegenüber den Kolonialmächten in den folgenden 100 Jahren als Vorlage dienen.[3]

Mitte des Jahrhunderts besaßen die Comanchen genug Pferde für berittene Kriegführung im großen Maßstab und ihre notwendige weitere Expansion: Sie brauchten für ihre wachsende Bevölkerung und ihre immer größeren Pferdeherden eine größere Ressourcenbasis. Also schlossen sie ein breites Bündnis mit Taovaya, Tonkawa, Wichita, Hasinai und Osage – Verbündete, die die besorgten Spanier als *Norteños* bezeichneten – und stießen vom Llano Estacado aus nach Süden in die Kurzgrasprärie vor, die ihre eigenen riesigen Herden von Bisons und Wildpferden beherbergte. Das Weideland besaß große Anziehungskraft, denn die Pferdeherden der Comanchen brauchten riesige Mengen Gras. Ihre »magischen Hunde«, Nachkommen der in Afrika gezüchteten Pferderasse der Berber, gediehen dort und verbesserten sowohl den Speisezettel als auch die Mobilität, die militärische Macht und den Marktzugang der Comanchen. Faktoren die sie zu einer radikalen Vereinfachung ihres Lebens veranlassten. Danach stand die berittene Bisonjagd im Zentrum ihrer Existenz. Fisch zu essen war tabu, das Sammeln von pflanzlicher Nahrung ging zurück, und Vögel wurden nur noch zur Not gegessen, wenn es sonst nichts mehr gab.[4]

Auf ihre Pferde gestützt, gingen die Comanchen daran, mit militärischen Mitteln die Kontrolle über die Prärie im Süden und über den dortigen Wildreichtum zu übernehmen. Die Ebenen der Büffelherden waren keineswegs ungenutzt oder menschenleer, und der Vorstoß der Comanchen verursachte einen langen und erbitterten Krieg mit ihren alten Feinden, den Lipan-Apachen. Diese hatten die Region bis dahin beherrscht und viele Flusstäler in blühendes Ackerland verwandelt. Doch der landwirtschaftliche Erfolg wurde ihnen nun zum Verhängnis. An ihre Felder gefesselt, hatten sie keine Chance gegen Tausende von berittenen Comanchen. In dem verzweifelten Bestreben, sich die Hilfe der Spanier zu sichern, machten sie diesen einen Vorschlag, dem kein Kolonialbeamter widerstehen konnte: zum Christentum überzutreten. Ihre Frauen begannen als Zeichen des Friedens Kreuze zu tragen, und die Spanier bauten in der Apachería, dem Gebiet der Apachen, im Tal des San Saba River, Hunderte Kilometer südlich von New Mexico und 220 Kilometer von San Antonio entfernt eine Missionsstation mit Presidio. Im Juni 1757 besuchten 3000 Comanchen die Baustelle und machten sich ein Bild von der Sache. Acht Monate später kam der Angriff.

Mitte März 1758 versammelte sich eine Armee von 2000 Norteños vor den Toren der Missionsstation. Sie teilten den Spaniern in der Festung mit, dass »sie gekommen waren, um Apachen zu töten«. Ein *Paraibo* (Führer) der Comanchen legte eine französische Uniform an, dann begann ihre Armee mit der Belagerung und setzte die hölzernen Gebäude der Station in Brand. Die Verteidiger hatten den Eindruck, dass die Belagerer über mindestens 1000 französische Musketen verfügten. Nur acht Spanier wurden getötet, doch der Schock war überwältigend. Die französischen Gewehre und Uniformen der Norteños waren ein klarer Beweis für ihre weitreichenden diplomatischen Verbindungen, und die Verwüstung, die sie anrichteten – zerstörter Kirchenschmuck, eine geköpfte Statue des heiligen Franziskus, skalpierte Leichen mit ausgestochenen Augen auf dem Altar –, verrieten einen tiefen Hass auf alles Spanische.[5]

Die Zerstörung der San Saba Mission war ein wichtiger Wendepunkt in der Geschichte des nordamerikanischen Westens, und ihre Schockwellen reichten bis nach Mexico City. Die Comanchen nahmen einige Lipan-Apachen in ihre Reihen auf und vertrieben zahllose andere in die wüstenhaften Gebiete im Westen. Die spanischen Missionare zogen sich mit dem Rest der Lipan-Apachen in neue Missionen zurück. Sie lagen fast 150 Kilometer südlich der Comanchería, des Gebiets der Comanchen. Viele Völker der Apachen sahen sich plötzlich stark an den Rand gedrängt. Die *rancherías* (Siedlungen) der Comanchen waren so mächtig geworden, dass die Apachen sie nicht mehr angreifen konnten, also begannen sie, spanische Rancherías in New Mexico und Teja (US-amerikanisch Texas) heimzusuchen. Viele Lipan-Apachen flohen in den Süden, ließen sich am Rio Grande nieder und stießen bis in die Provinz Coahuila vor. Im Jahr 1760 war der Pueblo Galisteo »der übliche Schauplatz des Krieges mit den Comanchen, und sie sorgen dafür, dass der Pueblo in einem schlechten Zustand ist«. Auch in Santa Fe waren die Spanier ständig auf der Hut vor den Comanchen.[6]

Die Comanchen waren eine territoriale Supermacht. Die Comanchería erstreckte sich inzwischen über den Arkansas River hinaus nach Norden und von dort aus fast 1000 Kilometer weit bis zum Balcones Escarpment nach Süden, wo die Grassteppe in die Küstenebenen übergeht. Die Westgrenze der Comanchería verlief am Pecos River, nahe dem Zentrum von New Mexico, und folgte dann dem Oberlauf des Rio Grande. Das ganze Gebiet hatte eine Fläche von mehr als 650.000 Quadratkilometer Grasland, und war damit bei Weitem das größte indigene Territorium in Nordamerika.

In dem riesigen Herrschaftsbereich war ein rasches Wirtschaftswachstum möglich, dank dem die Comanchen immer größere Pferdeherden halten konnten. Pferde bedeuteten in dieser Welt Macht und Überleben und somit Reichtum. Die Comanchen konnten dank ihrer Pferde effektiver jagen und ein stetes Bevölkerungswachstum aufrechterhalten. Als sich ihre Zahl auf beinahe 40.000 belief, hatten sie auch das Norteño-Bündnis nicht mehr nötig. Und sie nutzten ihren Vorteil. Francisco Antonio Marín del Valle, der Nachfolger von Vélez Cachupín als Gouverneur von New Mexico, erfuhr von einem gefangenen Comanche, dass »sich ein Barbar mit der Erscheinung und Ausstaffierung eines kleinen Königs zu einem solchen erhoben hat. Er hat eine Wache bewaffneter Männer und Pagen, die ihm aufs Pferd und wieder herab helfen. Sie halten einen Baldachin über ihn oder beschatten ihn mit Büffelhäuten, wenn er auf seinem Platz sitzt. Alle gehorchen ihm.« Der »Barbar«, Cuerno Verde oder Green Horn genannt, hatte bei den Comanchen eine dramatische Änderung herbeigeführt: Er hatte mithilfe der Militärgesellschaften die Macht zentralisiert. Der erste Cuerno Verde starb schon bald nach seinem Aufstieg in einer Schlacht, doch sein Sohn übernahm seine Stellung und seinen Namen.[7]

Gouverneur Marín del Valle, ein eitler, aber vorsichtiger Mann, schätzte die Lage falsch ein. Er bewaffnete die Apachen, die eine Bedrohung für die Comanchen darstellten. Sie konnten nun mit spanischen Gewehren Comanchen töten, die keinen verlässlichen Zugang zu europäischer Technologie hatten. Cuerno Verde der Jüngere reagierte auf diese Entwicklung, indem er mehr als ein Jahrzehnt lang immer wieder kriegerische Angriffe startete. Seine Soldaten überfielen Grenzdörfer, machten Gefangene, stahlen Pferde und verbreiteten Angst und Schrecken. Bis zum Ende der 1770er-Jahre hatte er mehrere Siedlungen in New Mexico zerstört, und Tejas war wie gelähmt. Die ohnehin schon spärliche Bevölkerung der Provinz brach zusammen, und sie wurde für die Spanier bedeutungslos. Die Comanchen übernahmen den Handel der Wichita an den Flüssen Red und Brazos. Dann griffen sie die Taovaya an und nahmen viele von ihnen in ihre Reihen auf, während sie zugleich die Osage und die Hasinai, aber auch die Spanier von den Büffelherden fernhielten. Paraibos der Comanchen veranstalteten am Oberlauf des Arkansas Handelsmessen mit ihren Kunden im Norden. Mehrere Gruppen von Native Americans wurden von der Versorgung mit Pferden der Comanchen abhängig und dadurch zu loyalen Verbündeten in ihrem Einflussbereich.

Die Politik der Comanchen hatte weitreichende Auswirkungen. Die Ute verbündeten sich mit den Paiute und siedelten sich im Great Basin an, wo sie zusammen mit den Apachen, Navajo, Tohono O'odham und anderen Nationen Raubzüge unternahmen und Sklaven für die Märkte in New Mexico erbeuteten. Außerdem verlangten sie Zoll von den Amerikanern, die auf dem Old Spanish Trail nach Westen fuhren. Bis ins frühe 19. Jahrhundert gab es in New Mexico Unmengen indianischer Sklaven, und zwar größtenteils Frauen und Kinder. Der Sklavenhandel war das lukrativste Geschäft im Great Basin und weckte Ehrgeiz, Abscheu und Furcht. Niemand auf dem Kontinent, nicht einmal die Comanchen selbst, wusste es damals schon, doch das Zentrum des indianischen Widerstands hatte sich vom Ohio- und Illinois-Gebiet zu den nomadischen Mächten im Westen verschoben.[8]

Der Aufstieg der Comanchen verursachte bei den spanischen Kolonialherren, die noch im Jahr 1779 von einer großen imperialen Zukunft in New Mexico und Tejas träumten, einen plötzlichen Verlust ihrer eingebildeten Macht. Teodoro de Croix, Oberbefehlshaber der frisch gegründeten Provincias Internas, einer riesigen Verwaltungseinheit des Spanischen Reiches, wollte am Red River eine Kette von Vorposten errichten, »ein Palladium des Krieges«, das »der Generalschlüssel für den Norden werden soll, wo die freundlichen Nationen mit aufrichtiger Versöhnlichkeit behandelt, die unfreundlichen wie die Comanchen und die Osage jedoch mithilfe der freundlichen Nationen entweder gewonnen oder erobert werden sollen«. Croix gab den versöhnlichen Standpunkt der bourbonischen Regierungsbeamten auf und zog zunächst in Erwägung, einen Vernichtungskrieg gegen die Apachen zu führen, suchte sich dann jedoch ein neues Ziel. Die Comanchen waren eine stärkere Bedrohung für die spanischen Pläne, und die Spanier machten mobil, um sie zu unterwerfen. Juan Bautista de Anza, der neue Gouverneur von New Mexico, tat, was bisher nur wenige spanische Führer gewagt hatten: Er zog gegen die Comanchen in den Krieg.

Statt auf einen spanischen Angriff zu warten, ergriff Cuerno Verde der Jüngere die Initiative und führte eine kleine Schar von 50 Soldaten gegen Taos. Inzwischen war jedoch Anza bereits mit 800 spanischen Soldaten von Santa Fe aus nach Nordosten marschiert, hatte die offene Ebene umgangen und weit im Norden der Comanchería eine Ranchería der Comanchen mit 120 Tipis angegriffen. Die Spanier töteten 30 Frauen und 18 Männer und nahmen 34 Männer und Frauen gefangen. Die Überlebenden informierten Anza, dass er die Ranchería Cuerno Verdes überfallen hatte. Anza verfolgte Cuerno Verde und trieb ihn mit seinen Männern in eine Schlucht, wo sie ihren Vorteil als Reiter nicht nutzen konnten. Cuerno Verde wurde getötet, und Anza kehrte mit dem Kopfschmuck seines Feindes nach Santa Fe zurück. Dennoch stand den Comanchen die größte Katastrophe erst noch bevor: Sie wurden 1780 von den Pocken heimgesucht, und 16 000 starben an derselben Epidemie, die auch Cornwallis' Armee im Osten dezimiert hatte. In der Folge kümmerten sich die Comanchen um ihre eigenen Probleme und stellten ihre Raubzüge ein. Die übermächtige Nation war wieder normal und verwundbar geworden und begann 1781 Friedensgespräche mit New Mexico.[9]

Dann jedoch erhielten die Comanchen Hilfe durch ein gänzlich unerwartetes Ereignis, nämlich durch den Frieden von Paris, der 1783 den Amerikanischen Unabhängigkeitskrieg beendete. Spanien war empört, dass in dem Vertrag die Südgrenze der Vereinigten Staaten auf den 31. Breitengrad gelegt und die spanischen Ansprüche auf den Zusammenfluss von Ohio und Mississippi ignoriert wurden. Die USA ließen sich nicht auf einen Kompromiss mit den Spaniern ein, und deren Interessen blieben völlig unberücksichtigt. Die Lösung, die Spanien nach dieser Demütigung fand, bedeutete auch für die Comanchen das Ende ihrer Krise. Spanien führte eine säkularisierte Indianerpolitik ein, um seine riesigen territorialen Besitzungen in Nordamerika zu schützen, und bot den indigenen Nationen Unterstützung in Form von Geschenken, Handel und Verträgen an. König Karl III. ernannte Bernardo de Gálvez zum Vizekönig von Neuspanien und gab ihm den Auftrag, die nördlichen Provinzen seines amerikanischen Herrschaftsgebietes (de facto das spanische Territorium im Westen Nordamerikas) zu konsolidieren und zu einem riesigen Puffer gegen die Vereinigten Staaten auszubauen. Als östlichste Provinz war Tejas entscheidend, und Gálvez beauftragte dessen Gouverneur Domingo Cabello y Robles mit der Sicherung der Grenze. Cabello zögerte jedoch. Er hatte offenbar nicht den Schneid, direkt mit den Comanchen zu verhandeln, also rekrutierte er Pedro Vial, einen erfahrenen französischen Händler, und Francisco Xavier Chaves, einen Schmied, um mit ihnen Kontakt aufzunehmen. Chaves war im Alter von acht Jahren von den Comanchen adoptiert worden und sprach fließend Comanche. Cabello entsandte die beiden mit zwei Dienern, vier Maultieren, sechs Pferden und Geschenken im Wert von 400 Pesos, einer Summe, mit der man in San Antonio drei weiße Sklaven kaufen konnte, in die Comanchería.[10]

Im Frühherbst 1785 kamen etwa 200 Soldaten der Comanchen in zwei Reihen aus dem Red River Valley geritten und trafen sich mit den Gesandten der Spanier. Die Spanier begrüßten sie mit Salut aus vielen Gewehren. Vial bezeichnete die beiden Vertreter der Comanchen als »große capitanes der Nation, auf die sie mit großer Ehrfurcht und Aufmerksamkeit hören. Einer wird Capitán de la Camisa de Hierro genannt« (vermutlich ein Paraibo der westlichen Comanchen, der heute besser unter dem Namen Ecueracapa bekannt ist), »weil er ein Kettenhemd trägt, das er einem capitán der Apachen abgenommen hat, und den anderen nennt man den Capitán de la Cabeza Rapada, weil er auf der einen Hälfte diese Frisur [einen kahl rasierten Schädel] und auf der anderen sehr langes Haar trägt«. Dann kamen »weitere zehn, die sie als jefes bezeichnen und die die anderen Nationen capitanes chiquitos nennen. Jeder von ihnen brachte ein paar ältere ranghohe Indianer und viele junge Männer mit.« Die Ranchería war eine Art Mikrokosmos der in raschem Wandel begriffenen Nation der Comanchen. Die Comanchen hatten die Macht in den Händen bewährter Führer konzentriert, die über die notwendige Autorität verfügten, um direkt mit den Kolonialmächten zu verhandeln und wenn nötig auch in den Krieg zu ziehen. Nach der demütigenden Niederlage durch Anza sechs Jahre zuvor und der verheerenden Pockenepidemie trafen sie an ihren Grenzen strenge Sicherheitsmaßnahmen. Sie fragten Vial und Chaves, ob sie »irgendeine Krankheit mitgebracht hätten, die ihrer Nation den Tod bringen werde«.

Dann beriefen sie einen großen Rat ein. Vial und Chaves trugen eine spanische Fahne in »einen sehr großen Kreis, den alle Indianer gebildet hatten, indem sie sich in vier Reihen hintereinander auf den Boden setzten, etwa 700 unserer Ansicht nach. Um den erwähnten Kreis herum standen unendlich viele junge Männer, Frauen und Kinder«. Vial und Chaves machten ein Angebot zur Sicherung des Friedens. Sie ließen Guersec, einen Führer der Taovaya, verkünden, dass »es wichtiger für uns ist, Frieden mit den Spaniern als mit den Comanchen zu haben, weil unser Vater, der Capitain Grande von San Antonio, uns Gewehre, Pulver, Kugeln, Töpfe, Achsen, Hacken, Messer usw. gibt (…). Also sage ich euch, dass es für uns wichtiger ist, die Freundschaft mit den Spaniern zu pflegen als die mit euch«. Daraufhin verkündete Ecueracapa unbeeindruckt: »Wir sind immer noch bereit, einen verlässlichen Frieden zu schließen, wenn unser Vater, der Capitán Grande von San Antonio, ihn von ganzem Herzen annimmt, und wir stellen nur die eine Bedingung, dass er uns freies Geleit durch sein Gebiet garantiert und er sich unserem Krieg gegen die Lipanes, unsere alten Feinde, nicht entgegenstellt. Dann werden wir unseren Vater, den Capitán Grande von San Antonio, oft besuchen – mit Zuversicht.« Die Comanchen, stellte Ecueracapa mit diesen Worten klar, würden gleichberechtigte Verbündete des Spanischen Reiches sein. Als der große Rat zu Ende war, begleiteten Vial und Chaves drei Paraibos der Comanchen nach San Antonio, wo Gouverneur Cabello sie bewirtete und sie dann zusammen mit mehreren Comanche-Frauen, deren Anwesenheit für den Friedensprozess unverzichtbar war, durch die Straßen von San Antonio führte. Die Comanchen schlossen einen formellen Vertrag, in dem sie sich lediglich verpflichteten, den Gouverneur zu informieren, wenn sie gegen die Apachen vorgingen, die immer noch mit den Spaniern verbündet waren. Um seine neuen Verbündeten noch mehr zu besänftigen, baute Cabello ein 45 Meter langes Lehmfachwerkhaus für die Comanchen, die das San Antonio River Valley besuchten, damit sie ungestört ihre täglichen Bäder nehmen konnten.[11]

Im Winter 1785 traf sich Anza am Oberlauf des Arkansas in Big Timbers, dem wichtigsten Handelszentrum der Comanchen, mit Ecueracapa. 6000 Westliche Comanchen hatten sich versammelt, um Zeugen der Verhandlungen zu werden. Ecueracapa war ein gewiefter Taktiker und auf die Herausforderung gut vorbereitet. Um sicherzustellen, dass er zum Führer der Westlichen Comanchen gewählt wurde, warnte er, »dass er sich mit der spanischen Partei verbünden« werde«, falls er sich nicht durchsetzte. Er ließ seinen Rivalen Toroblanco, einen militant antispanischen Paraibo, ermorden und bahnte damit den Weg für einen Frieden mit New Mexico. Doch er war nicht nur skrupellos, sondern auch ein hervorragender Militärstratege und Politiker. Obwohl er innenpolitisch gnadenlos handelte, verfolgte er das außenpolitische Ziel, mit Spanien Frieden zu schließen. Eine Möglichkeit, sich zu verständigen, hatte er gefunden, als seine Spione einen Indianer trafen, der von seiner spanischen Jagdgesellschaft getrennt worden war. Der Mann, José Chiquito, sprach flüssig Spanisch, und Ecueracapa beschloss, ihn als Vermittler einzusetzen. Im Januar 1786 ließ er den Führer einer übrig gebliebenen antispanischen Restgruppe hinrichten, die Pecos angegriffen hatte, und schickte Boten nach Santa Fe, die seine baldige Ankunft ankündigten. Dann besuchte er so viele Rancherías wie möglich, um den breiten Konsens für einen Friedensschluss zu erreichen, der nach den Regeln der Comanchen unbedingt notwendig war.[12]

Ende Februar traf er mit einer spanischen Kavallerieeskorte in Santa Fe ein und ritt ganz entspannt auf der von Schaulustigen gesäumten Hauptstraße durch die Stadt. Als er den Gouverneurspalast erreichte, saß er ab und umarmte Anza. Die Geste prägte den Ton der Gespräche. Ecueracapa hatte klare Vorstellungen von der Nachkriegswelt und strebte einen großen Frieden zwischen dem Spanischen Reich und dem in der Entstehung begriffenen Imperium der Comanchen an. Der Frieden, verlangte er, sollte in gegenseitigen Handel eingebettet sein, deshalb sei es erforderlich, dass die Comanchen »freies und sicheres Geleit durch Pecos nach Santa Fe« bekämen. Mehr Sorgen machte den Spaniern, dass Ecueracapa für die Comanchen auch das Recht forderte, »sich in kurzer Entfernung von den Siedlungen anzusiedeln und dort zu leben«. Er wollte, dass Spanier und Comanchen zusammen Krieg gegen ihre »gemeinsamen Feinde, die Apachen«, führten, und erwartete, dass die Spanier ihre Verbindungen zu den im Grenzland von New Mexico verbliebenen Apachen abbrachen. Er erklärte die Comanchería zu einem Imperium und wollte für den amerikanischen Südwesten eine geopolitische Ordnung, die auf einer Achse zwischen Spaniern und Comanchen beruhte. Die Friedensverhandlungen wurden in Pecos fortgesetzt, wo Anza Ecueracapa einen Amtsstab übergab. Der gab den Stab an seinen Stellvertreter Tosacondata weiter, eine bedeutungsschwangere Geste, durch die er die Führung der Nation der Comanchen erweiterte, die im Begriff war, New Mexico, die stärkste spanische Kolonie in Nordamerika, zu überflügeln.

Ecueracapa hatte den Friedensprozess mit ruhigem Selbstvertrauen organisiert und dabei Anza auf ein menschliches Maß zurechtgestutzt. Der Gouverneur musste improvisieren, um die Autorität der Spanier aufrechtzuerhalten. Er lud Ecueracapa zu einem privaten Treffen ein und gab ihm »ein Symbol oder Dokument, damit er weiteren Menschen, insbesondere in den weit verstreut liegenden Rancherías, beweisen könne, dass der Frieden für ihre ganze Nation Gültigkeit besaß«. Er wollte, dass Ecueracapa, den er für ein »bemerkenswertes Genie« hielt, »die absolute Regierungsverantwortung und die Vertretung ihrer nationalen Interessen übernahm«. Dies war die Standardmethode der Spanier, indigene Führer zu kooptieren, und Ecueracapa durchschaute sie. Gesandte der Ute waren ebenfalls nach Santa Fe eingeladen worden, aber Anza zeigte wenig Interesse an ihnen. Ecueracapa jedoch übernahm in den Gesprächen die Führung und schloss Frieden mit den Ute. Die spanischen Regierungsbeamten waren außer sich vor Freude, als Gesandte der Comanchen »großes Interesse zeigten, unsere Sprache zu verstehen und sich an unsere Sitten anzupassen, wo immer sie sie nachahmen konnten – auch in religiösen Angelegenheiten«. Sie Spanier interpretierten dieses Verhalten als Unterwerfung. Doch es ist wahrscheinlicher, dass die Comanchen, die bisher nur flüchtige Bekanntschaft mit dem Christentum gemacht hatten, ihre neuen Verbündeten und ihre seltsamen Überzeugungen einfach nur genau studierten.[13]

Als die Spanier mit den Comanchen Verträge schlossen, hofften sie, dadurch bei den Indianern mächtigere Führungspersönlichkeiten aufzubauen, mit denen sie verhandeln und die sie manipulieren konnten, um die Comanchen von außen zu steuern. Tatsächlich jedoch verschärften die spanischen Maßnahmen nur die ohnehin schon in Gang befindliche Zentralisierung bei den Comanchen. Schon die beiden Cuerno Verde hatten damit begonnen, und Ecueracapa trieb diesen Prozess weiter voran, indem er hartnäckig mit den Spaniern und anderen Außenstehenden verhandelte. Er war der wichtigste Paraibo der Kotsoteka oder »Büffelesser«, einem von drei Teilen der Comanchen, aber seine Autorität erstreckte sich nicht auf die beiden anderen regionalen Gruppierungen der Nation, die Yamparika oder »Wurzelesser« und die Jupe, »Waldholzleute«. Dieses dezentralisierte Herrschaftssystem war unter den neuen Verhältnissen obsolet geworden, bei denen die Comanchen zusammen mit den Spaniern, die zu einer Art Juniorpartner geworden waren, einen Großteil des Südwestens beherrschten. Als Ecueracapa Anzas Amtsstab Tosacondata überreichte, war er schon dabei, ein neues, robusteres Herrschaftssystem zu schaffen. Er gab seinen jüngsten Sohn in Anzas Obhut, der versprach, »ihn wie seinen eigenen« zu behandeln, und beseitigte durch diesen Schritt jede hierarchische Distanz zwischen sich und dem Gouverneur. Kurz darauf empfing Anza eine Gesandtschaft der Navajo und bat Ecueracapa, ihm, solange sie da war, einen Überraschungsbesuch abzustatten, »damit die Navajo euch sehen und von der Furcht und dem Respekt beeinflusst werden, die sie für diese kriegerische Nation hegen.« Anza hatte schnell gelernt, wer die wirkliche Macht hatte.[14]

Unter Führung von Ecueracapa und Tosacondata begannen die Comanchen eine dritte Expansionsphase, die ihre Vorherrschaft im Südwesten konsolidierte. Das war der Punkt, an dem sich Ecueracapas potenziell gefährliche Konzentration der Macht auszahlte. Die Comanchen bedienten sich einer Mischung aus Diplomatie, Handel, Zwang und Kooptation, um sich wichtige Ressourcen zu sichern. Und sie vertrieben gemeinsam mit spanischen Soldaten die Apachen aus den Grenzgebieten New Mexicos. Die Spanier erlaubten freien Grenzhandel mit den Comanchen, was zum Aufstieg einer neuen, ethnisch diversen Gruppe spezialisierter Händler, der Comancheros, führte.

Durch diese Erfolge ermutigt, bauten die Comanchen ein ausgedehntes Handelssystem auf, das in den Flusstälern verankert war, die die südliche Prärie durchschneiden. Sein Herz war Big Timbers, ein dicht bewaldeter Streifen Land am Oberlauf des Arkansas, der in den harten Präriewintern Pferden Schutz bot. Die Haltung von Pferden im kalten Norden war schwierig, und die meisten dort lebenden Prärieindianer hatten Mühe, genug Pferde für eine effektive berittene Jagd zusammenzubringen. Die Comanchen dagegen besaßen vermutlich mehr als 100.000 Pferde, weit mehr, als sie selbst benötigten, weshalb sie etwa zwei Drittel für den Handel hielten. Big Timbers am Oberlauf des Arkansas wurde zu einem Magneten für benachbarte Indianer, die ihre Herden auf den Märkten der Comanchen wiederaufstockten. Als Gegenleistung bekamen diese Gewehre, Munition, Waffen aus Metall und andere Fertigwaren, die die nördlichen Nationen bei französischen und britischen Händlern erwarben. Die Kiowa luden die Comanchen zu ihrem Sonnentanz ein, um ihrem wichtigsten Verbündeten Kraft zu spenden. Comanche entwickelte sich zur Verkehrssprache des Handels in den gesamten südwestlichen Grenzgebieten – Kennzeichen für eine massive Veränderung des Kräftegleichgewichts in den Beziehungen zwischen Kolonialmächten und Indigenen in der Region.

Während die Comanchen ihre Nation zentralisierten und schließlich ein Imperium aufbauten, behielten die Apachen das fluide und saisonal dynamische politische System bei, das ihnen vor dem Aufstieg der Comanchen gut gedient hatte. Die Autorität der führenden Apachen oder *Nantan* reichte in der Regel nicht über die unmittelbare Verwandtschaftsgruppe hinaus. Dieses horizontale Regierungssystem war für die Apachen gut geeignet gewesen, als sie ihre Ressourcenbasis vom Tal des Pecos aus ohne wesentliche innere Konflikte 500 Kilometer nach Westen erweitert hatten, aber durch den Aufstieg der Comanchen geriet alles in Gefahr. Anfang des 19. Jahrhunderts bestanden die Apachen in der südlichen Prärie insgesamt nur aus etwa 5000 Menschen. Und sie wurden von spanischen Regierungsbeamten als Heiden und »unbezähmbare Wilde«, die man ausrotten sollte, gebrandmarkt.[15]

Der Erfolg der Comanchen als Reiternation lag in einer Abweichung vom üblichen Muster des ökologischen Imperialismus begründet, der zahllose indigene Nationen durch die Einschleppung aggressiven Unkrauts und ansteckender Krankheiten aus Europa extrem geschwächt hatte. Die meisten in Amerika heimischen Pflanzen hatten sich nicht in Koexistenz mit großen Grasfressern entwickelt, und als die eurasische Tierwelt im 16. Jahrhundert importiert wurde, wurden viele dieser Pflanzenarten schnell gefressen und durch widerstandsfähigere europäische ersetzt. In der nordamerikanischen Prärie jedoch hatten sich die Gräser zusammen mit großen Grasfressern, wie insbesondere dem Bison, entwickelt und waren deshalb ausgesprochen widerstandsfähig gegen die Invasion der europäischen Fauna. Als die Comanchen das volle Ausmaß dieses Vorteils begriffen, nahmen sie eine dramatische Anpassung ihrer Wirtschafts- und Lebensweise vor. Sie hörten auf, etwa 100 Pflanzen zu nutzen, das heißt, sie gaben zwei Drittel ihrer ethnobotanischen Tradition auf, und sie knüpften Handelsbeziehungen mit Bauern der Pueblo, Pawnee, Ponca, Kansa, Wichita und Iowa, um sich Kohlenhydrate in Form von Mais, Kürbissen und Bohnen zu sichern. Sie wirkten dadurch wie eine große Pumpe, die Protein und Fett ausstieß und Kohlenhydrate einsog. Ein steter Strom von Mais, Bohnen, Kürbissen, Samen und sogar gebackenem Brot aus benachbarten Ackerbaugesellschaften ermöglichte es ihnen, sich von einer nahezu idealen Diät mit einem mittleren bis hohen Gehalt an Eiweiß, Eisen und Vitamin B12, einem hohen Gehalt an komplexen Kohlehydraten und einem niedrigen Gehalt an gesättigten Fettsäuren, Cholesterin und Natrium zu ernähren. In der Folge erholte sich ihre Bevölkerungszahl von der katastrophalen Pockenepidemie des Jahres 1780 und nahm trotz verschiedenen späteren Epidemien kontinuierlich zu.[16]

Zur gleichen Zeit begannen sie mit westorientierten US-amerikanischen Händlern zu handeln, die von Louisiana aus operierten, und verbanden so die auf ihren Tierprodukten beruhende Ökonomie mit einer gerade entstehenden kapitalistischen Volkswirtschaft, die sie mit modernen Waffen und Werkzeugen versorgte. Wichita und Pawnee wurden bei diesen Geschäften wichtige Zwischenhändler, indem sie amerikanische Fertigwaren in die Comanchería und Pferde der Comanchen nach Louisiana lieferten. Die Omaha, damals noch eine souveräne Nation, schickten eine Gesandtschaft in die Comanchería und tauschten fast all ihre Gewehre und fast ihre gesamte Munition gegen Pferde ein, um sich vor den Lakota zu schützen.[17]

In ihrer sicheren und überlegenen Position begannen die Comanchen den gesamten Südwesten Nordamerikas nach ihren Bedürfnissen umzugestalten. Sie verbündeten sich mit New Mexico und Tejas und verdrängten die noch übrigen Apachen aus dem Grenzgebiet, sodass diese letztendlich keine Bedrohung mehr darstellten. Die Spanier richteten in Sonora und im Norden Chihuahuas acht militärisch geführte Reservate ein (die ersten in Nordamerika), um die Apachen einerseits im Zaum zu halten und andererseits zu schützen. Führende spanische Politiker nannten die Chiricahua Apaches de paz, »friedliche Apachen«, und diese machten schon bald die Hälfte der Apachen aus. Die spanischen Militärs versuchten, die Mobilität der berittenen Chiricahua einzuschränken, indem sie sie an die Scholle banden. Doch die Chiricahua hatten ihre eigene Agenda: Sie behandelten die Reservate als Herrschaftsgebiete mit Ressourcen, die als Basis für Operationen außerhalb dienten.

Die spanischen Behörden waren frustriert, weil sich die Apachen nicht einsperren ließen, und weil sie Geld brauchten, machten sie üble Geschäfte: Sie verkauften gefangene Apachen als Sklaven nach Neuspanien und auf die karibischen Zuckerinseln, wo indianische Sklaven begehrt waren, seit Kolumbus den Sklavenhandel eingeführt hatte. Im Jahr 1791 begleiteten drei Apachen spanische Soldaten 1600 Kilometer weit in die mexikanische Hauptstadt, wo sie an die Kolonialregierung appellierten, ihnen ihre gefangenen Verwandten zurückzugeben. Die Chiricahua und anderen Gruppen der Apachen saßen in der Klemme zwischen dem neuen Imperium der Comanchen und den aggressiven Spaniern, und das machte ihnen schwer zu schaffen. Sie mussten das Überleben sämtlicher Mitglieder ihrer Nation sichern. Die Gesandten der Chiricahua konnten freilich nur einen Gefangenen retten. Die anderen waren bereits in die Sklaverei verkauft. Als zwischen den Spaniern und den südlichen Apachen und den mit ihnen verbündeten Mescalero ein Krieg ausbrach, wurde ein Drittel beider Nationen entweder getötet oder nach Kuba in die Sklaverei verkauft. Der Krieg hinterließ gebrochene Nationen. Weitere Deportationen nach Kuba und Zentralmexiko folgten im frühen 19. Jahrhundert – die neuspanische Version des US-amerikanischen Indian Removal.[18]

Die Comanchen wiederum passten sich weiterhin ihrer Umwelt an. Sie lebten an einer ökologischen Bruchlinie, wo die Bedingungen für Tierherden schlechter wurden, doch sie verwandelten das Problem in einen spektakulären geschäftlichen Erfolg, durch den sie noch mächtiger wurden. Mehrere Tausend Comanchen verbrachten jeweils den größten Teil des Winters im Schutz von Big Timbers, wo sich ihre Pferde von Pappelrinde als Notfutter ernährten. Sie beschränkten ihre Bisonjagden auf kurze Zeiträume, um eine Abwanderung der Herden wegen zu großem Druck zu verhindern, und sie ließen auch ihre Gäste keine Büffel jagen, sondern versorgten sie selbst mit Nahrung. Ranghohe Frauen führten ihre Haushalte, managten die Arbeit der Sklaven, handelten mit Fremden und beaufsichtigten die Erziehung der Kinder. Auch bei der Betreuung der Pferdeherden spielten die Frauen unter Führung der Paraibos eine wichtige Rolle, was viele nicht-indigene Amerikaner als Skandal empfanden. Ein Besucher sagte: »Die Ehe ist bei den Comanchen weniger ein Vertrag zwischen zwei Einzelpersonen als ein Kauf, den der Mann tätigt.« Die Bemerkung war engstirnig, wirft jedoch ein Licht auf die Tatsache, dass sich eine indigene Nation als Imperium neu erfand, in dem Frauenarbeit als Motor funktionierte.[19]

Nach einer Zeit politischer Unruhen und einem langen Krieg spaltete sich Mexiko 1821 von Spanien ab und wurde unabhängig. Agustín de Iturbide, der Führer der royalistischen Kräfte, wurde zum Herrscher des kurzlebigen Kaiserreichs Mexiko gekrönt. Er war mit einer bedrohlichen Situation im Norden des Landes konfrontiert, wo die Comanchen Tejas zu ihrem Klientelstaat gemacht hatten. Die Schwäche dieses Bundesstaats wirkte wie eine Einladung an die Vereinigten Staaten, einzumarschieren und ihn zu annektieren. Im Jahr 1822 wurde Guonique, ein Paraibo der Comanchen, zur Krönung von Iturbide eingeladen und »mit seinem Gefolge großzügig bewirtet«. Die Comanchen waren zum bevorzugten indigenen Verbündeten San Antonios geworden.[20]

Dank der mexikanischen Großzügigkeit herrschte ein paar Jahre relative Ruhe, aber ab Mitte der 1820er-Jahre zogen die Comanchen, im Bündnis mit den Kiowa, auf der Suche nach Pferden und Gefangenen erneut nach Süden. Sie machten Raubzüge in Tejas, New Mexico, Coahuila und Chihuahua und brachten die Vertreter des mexikanischen Staates zur Verzweiflung, die sich angesichts »der wilden Horden, die das Grenzgebiet im Norden verseuchen«, machtlos fühlten. Die Soldaten der Comanchen und der Kiowa reduzierten die nördlichen Gebiete Mexikos zu einem bloßen Durchmarschgebiet ihrer nach Süden reitenden Armeen. Die mexikanische Regierung war offenbar überhaupt nicht mehr in der Lage, ihre Bürger zu schützen, deren überwältigende Mehrheit inzwischen aus Angloamerikanern bestand, die, angelockt von großzügigen Landzuteilungen, seit den 1790er-Jahren nach Tejas eingewandert waren.[21]

Die Kriegstüchtigkeit der Comanchen alarmierte die Bewohner von Tejas und brachte sie gegen die schwache Mexikanische Republik auf. Anfang März 1836 erklärten Delegierte von mehr als 40 texanischen Gemeinden in Washington-on-the-Brazos ihre Unabhängigkeit von Mexiko. Sam

Ein Gemälde von George Catlin aus dem Jahr 1834. Es zeigt berittene Soldaten der Comanchen, die zwischen US-amerikanischen Dragonern und ihrem Dorf aus Tipis in Stellung gehen, um Feinde und Infektionskrankheiten aus ihrem Gebiet fernzuhalten.

Houston, der erste Präsident der Lone-Star-Republik, versuchte, die Beziehungen zu den Comanchen durch Handel zu stabilisieren, doch er verlor 1838 die Wahl gegen Mirabeau B. Lamar, einen echten Indianerhasser. Die Indianer wurden als »rote Nigger« beschimpft, und Lamar begann einen schmutzigen Krieg gegen die Comanchen. Im März 1840 besuchte eine Gruppe Comanchen San Antonio; sie hatten viele Weiße Gefangene, aber brachten nur einen einzigen zurück. Das versetzte die Texaner in Wut. Also erschossen sie 35 Comanchen auf dem Platz und in den Straßen der Stadt. Als Reaktion auf das Massaker führte Potsanaquahip (Buffalo Hump) seine Soldaten durch das Tal des Guadalupe River an die Golfküste hinunter und plünderte die Städte Victoria und Linnville, eine Tat, die als Great Raid in die Überlieferung der texanischen Grenzer eingegangen ist. Auf dem Rückweg lockten texanische Milizionäre die Comanchen in einen Hinterhalt und töteten 140 Männer, Frauen und Kinder.

Das Gemetzel hatte schlimme Folgen. Die Comanchen verbündeten sich mit Charles und William Bent, ehrgeizigen Händlern aus Saint Louis, und baten sie, in der Nähe von Big Timbers im Norden der Comanchería einen Handelsposten zu errichten. So entstand Bent's Fort, eine zweistöckige massive Adobe-Festung. Im Jahr 1840 schlossen sich Comanchen, Kiowa, Cheyenne und Arapaho im sogenannten »Great Peace« zusammen. Durch Bent's Fort und seine Verbindungen nach Osten hatten die Comanchen ihren Geschäftsbereich radikal ausgeweitet. Lamar verlor 1841 die Wahl gegen Houston, und dieser lud die Comanchen zu Friedensgesprächen ein. Um die Texaner nervös zu machen, zögerte Potsanaquahip seine Antwort hinaus. Als er schließlich kam, verlangte er eine Grenzziehung, die den Comanchen mit Ausnahme eines 190 Kilometer breiten Gürtels an der Küste ganz Texas zusprach. Houston trat tatsächlich die Hälfte des von Texas beanspruchten Territoriums vertraglich an die Comanchen ab. Texas war damit total verwundbar geworden.[22]

Nachdem die Comanchen Texas als Bedrohung ausgeschaltet hatten, konnten sie den Südwesten nach ihren Bedürfnissen gestalten. Bent's Fort wurde das nördliche Zentrum des Comanchen-Imperiums und seiner Verbündeten. Es war eine unverzichtbare Versorgungsbasis, in der sich die vier Nationen des Great Peace mit Gewehren, Munition, Metallwerkzeugen, Decken und anderen notwendigen Dingen versorgten. Die Comanchería platzte bald schon aus allen Nähten. Die Pferdeherden der vier Nationen waren so groß, dass die Comanchería sie nicht mehr ernähren konnte, was die Indianer zu der schwierigen Entscheidung zwang: Sie mussten entweder ihre Herden verkleinern oder ihr Gebiet nochmals erweitern.

Die Comanchen wollten keinen Krieg, aber eine Verkleinerung der Herden kam auch nicht infrage, hing doch ihre individuelle und kollektive Macht unmittelbar mit ihrem Reichtum an Pferden zusammen. Also wandten sie sich nach Süden und führten mit Mexiko einen Krieg um Pferde, Weideland und Gefangene. Raubzüge, ohnehin schon ein großes Geschäft, waren im Begriff, ein eigener Industriezweig zu werden. Die Comanchen brachten zahlreiche mexikanische Gefangene in die Comanchería, die ihre wachsenden Pferdeherden hüten mussten. Die Sklaverei wurde in der Welt der Comanchen zu einer wichtigen Institution, aber sie wurde wenig streng als bei den Weißen gehandhabt. Eine große Zahl von Sklaven wurde letztlich von Haushalten der Comanchen adoptiert und als *kwu-hu-pu,* »meine Gefangenen«, bezeichnet.[23]

Ausgangspunkt der Operationen in Texas und Mexiko war Big Spring, ein von einer artesischen Quelle gespeister See nahe des Colorado-Quellgebiets. Von dort aus zogen die indigenen Armeen auf zwei Hauptwegen zum Rio Grande. Dort teilten sich die beiden Marschwege in vier, die die Reiterarmeen tief nach Mexiko hineinführten. Mitte der 1840er-Jahre operierten Armeen der Comanchen bereits in den mexikanischen Tropen, und ihre Expeditionen glichen einer saisonalen Migration. Ihr wichtigster Bestimmungsort war die Mapimí-Wüste, ein riesiges wannenartiges Wüstenplateau, dessen Flüsse nicht zum Meer, sondern zum Zentrum des Plateaus fließen und ein reiches Tier- und Pflanzenleben mit Wasser versorgen. Die Mapimí entwickelte sich zu einer autarken Kolonie der Comanchen auf fremdem Boden. »Im Herbst und Winter«, schrieb ein US-amerikanischer Besucher, »genießen die Comanchen den ungestörten Besitz von einem großen Teil des Landes, wenn sie ihre Expeditionen in das mexikanische Landesinnere unternehmen.« Die Mexikaner glaubten, die Comanchen würden von »Hauptleuten« und »Generälen« geführt, die für strenge Disziplin sorgten, und sie hatten nicht ganz unrecht: »Wenn in Kriegsformation marschiert wird«, notierte ein Beobachter, »reiten die Scouts und Spione voraus und dann kommt der Führer des Stammes an die Spitze seiner Leute, wohingegen die Frauen zurückbleiben. Wenn der Feind auf dem Marsch einen Überraschungsangriff auf ein Lager unternimmt, verteidigen die Frauen ihre Kinder wenn nötig mit Pfeil und Bogen und mit Messern und kämpfen bis zum Tod, wenn sie keine Möglichkeit zur Flucht haben.« Die expansionistische American Democratic Party hatte von Vereinigten Staaten geträumt, zu denen auch der mexikanische Bundesstaat Sonora gehörte, doch es waren die Comanchen und die Kiowa, für die dieser Traum, wenn auch nur vorübergehend, Wirklichkeit wurde.

Zwischen 1834 und 1847 unternahmen die Comanchen und die mit ihnen verbündeten Kiowa mehr als 40 große Feldzüge nach Mexiko, an denen immer mindestens 100 Soldaten beteiligt waren. In ihrem Windschatten stahlen auch die Wichita bei den immer aggressiver werdenden Texanern Pferde, machten Gefangene und rächten sich für erlittenes Unrecht. Außerdem begannen die Chiricahua und die Tohono O'odham im Nordwesten eigene Vorstöße nach Mexiko zu machen. Das Experiment mit den Reservaten für die Apaches de paz war gescheitert, und die Chiri-Basis machten, sowohl Gefangene erbeuten als auch Konflikte mit den Comanchen und Kiowa vermeiden. Sie nutzten, wenn sie von ihren Hochburgen in der Wüste nach Süden vorstießen, die zerklüftete Landschaft zu ihrem Vorteil und waren schwer zu finden und zu besiegen. Sonora und Chihuahua gerieten schon bald ins Wanken, und die Angriffe der Apachen brachten die beiden mexikanischen Bundesstaaten auch miteinander in Konflikt. Chihuahua gestattete den Apachen nämlich im Allgemeinen, ungehindert durch sein Territorium nach Sonora zu ziehen. So kam es, dass José Aguilar, der Gouverneur von Sonora, verzweifelt klagte, dass die Apachen »unsere Grenzgebiete entvölkert haben«. Er war womöglich ein wenig neidisch, als er berichtete, dass die Dörfer der Gileño Papago in Sonora »auf geradezu professionelle militärische Art dicht beieinander platziert sind, damit sie sich besser gegen die Apachen verteidigen können«. Texanische Regierungsbeamte gelangten zu der Ansicht, dass die Comanchen die Mexikaner als »ihre Lagerverwalter und als die Nation, aus der sie Sklaven gewinnen«, betrachteten. In einer Welt, in der Pferde gleichbedeutend mit Macht waren, war das wahrer Reichtum.[24]

Die Comanchen erbeuteten auf ihren Raubzügen in Mexiko bewegliches Eigentum, Pferde und Sklaven, aber eigentlich versuchten sie auch Energie, Gras und Arbeit zu sparen. Mexiko war für sie zu einem ökonomischen Sicherheitsventil geworden: Jeder Mensch und jedes Pferd, das die Comanchen von dort mitbrachten, bedeutete die Erhaltung natürlicher Ressourcen in der Comanchería. Ein gestohlenes Pferd war mehr als das Tier selbst; es war auch die Millionen Kalorien und die Jahre menschlicher Arbeit, die seine Aufzucht gekostet hatte. Deshalb bedeuteten die Raubzüge eine Abwälzung der arbeitsmäßigen und ökologischen Belastung von der Connacheria auf Mexiko.[25]

Die Raubzüge trugen außerdem dazu bei, dass neue Verbindungen entstanden. Dank dem im Süden erbeuteten mexikanischen Vermögen konnten die Comanchen ihr Handelsnetz erweitern. Sie nahmen mit den Indianern aus dem Südosten und mit den deportierten Indianern im Indian Territory Kontakt auf. Anfangs kam es zu gewaltsamen Konflikten, doch die Cherokee passten sich schnell an die neuen Bedingungen an und traten in ein »goldenes Zeitalter« ein. Sie bauten erneut dynamische Gemeinden mit Farmen, Plantagen, Salzbergwerken, Fähren, Kaufläden und insgesamt 126 öffentlichen Schulen auf. Auch der Handel der Comanchen mit den zunehmend vermögenden Cherokee blühte auf. Im Grenzgebiet zwischen der Comanchería und dem Indian Territory hatten sich zwei der einflussreichsten indigenen Nationen gefunden.[26]

Dank der neuen Handelsmöglichkeiten erreichten die Comanchen in den 1840er-Jahren den Höhepunkt ihrer Macht. Inzwischen war vielleicht jeder zehnte indigene Amerikaner ein Comanche. Die US-Amerikaner wussten dies nicht, und wenn doch, hätten sie es nicht erklären können. Die Kriegspfade der Comanchen lagen fast ausschließlich im Süden. Ihr Netz erstreckte sich insbesondere auf die mexikanischen Bundesstaaten Chihuahua, Coahuila, Nuevo León, Tamaulipas, Durango, Zacatecas und San Luis Potosí und machte riesige Teile Mexikos zu einer erweiterten Comanchería, einem ausgebeuteten Reichsteil auf fremdem Boden. Das mexikanische Militär konnte den Comanchen kaum etwas entgegensetzen. In Tamaulipas wollten sich deshalb Dörfer vom Militärdienst befreien lassen. Von Panik ergriffen begann der mexikanische Staat, der Lokalbevölkerung und Kopfgeldjägern Geld für Apachen-Skalps zu bezahlen. Damit alles seine Ordnung hatte, musste die Kopfhaut mit beiden Ohren abgeliefert werden. Saltillo, Chihuahua und Coahuila zahlten Tribut an die Comanchen, um ihr Überleben zu sichern, und wurden Klientelstaaten. Wenn die Comanchen in den Norden zurückkehrten, verkauften sie zuvor stets einen Teil ihrer tierischen und menschlichen Beute in New Mexico und erwarben für den Erlös Gewehre und Fertigwaren. Die Mexikanische Republik war unter dem Ansturm der Comanchen in zahlreiche kleine Einheiten zersplittert, die alle mit ihrem eigenen Überleben beschäftigt waren. Angesichts des fast gänzlich fehlenden Widerstands erreichten die Feldzüge der Comanchen in den Jahren 1846 und 1847 ihren Höhepunkt, als sie jeweils mit mehr als 1000 Soldaten in Mexiko operierten. Bei einem Raubzug des Jahres 1846 wurde die nur 200 Kilometer nördlich von Mexico City liegende Stadt Querétaro angegriffen. So groß waren Ehrgeiz, Macht und Dynamik der Comanchen, dass ihnen Nordamerika zu eng wurde und sie Anstalten machten, bis nach Mittelamerika auszugreifen.[27]

Ihr Imperium hatte seine ganz spezifischen Eigenschaften. Sie beherrschten große Gebiete, aber sie regierten mit leichter Hand, forderten lediglich Ressourcen und Loyalität, nicht jedoch totale Unterwerfung oder Anpassung. Sie erlaubten ihren spanischen und mexikanischen Kolonien, offiziell unabhängige, aber ökonomisch untergeordnete Einheiten zu bleiben, und beuteten deren Ressourcen aus, ohne sie völlig auszusaugen. Als Nomaden wollten sie andere Gesellschaften nicht beherrschen, sondern sich den Zugang zu ihren Ressourcen sichern, den Pferden, Rindern und Gefangenen, die in gewissem Sinne an die Stelle von Landbesitz traten. Die Comanchen machten aus ihrer Mobilität eine imperiale Strategie, indem sie das Pferd nutzten, um Zeit und Entfernungen zu verkürzen. Auf diese Art brachten sie ferne Ressourcen in ihre Reichweite und hielten gleichzeitig die Gewalt im Zaum. Wie das in der Entstehung begriffene Imperium der Lakota war auch ihr Imperium kinetisch. Aus der urbanen Perspektive von New Mexico, Tejas oder Zacatecas gesehen, waren die Comanchen überall und nirgends. Sie wechselten zwischen verschiedenen Aktivitäten ab und verschmolzen sie zu einer vielgestaltigen Ökonomie der Gewalt, der die Kolonisten hilflos ausgesetzt waren. Der Aufstieg der Comanchen beruhte nicht auf territorialer Herrschaft, sondern auf der Fähigkeit, lebenswichtige wirtschaftliche und ökologische Knotenpunkte miteinander zu verbinden: Handelskorridore, grasbewachsene Flusstäler, Getreide produzierende Dörfer und tributpflichtige Kolonialhauptstädte. Mit einem imperialen Ethos, das sich von dem der Vereinigten Staaten und dem der europäischen Nationen in Amerika unterschied, repräsentierten die Comanchen den Höhepunkt der indigenen Macht in Nordamerika.

KAPITEL 28

DER LAKOTA-SCHILD

WÄHREND DIE COMANCHEN IHRE MACHT BIS TIEF nach Mexiko hinein ausdehnten, waren sich die US-Amerikaner uneins, wie sie ihre Republik erweitern sollten. Im Jahr 1836 schlossen sklavenbesitzende angloamerikanische Emigranten (nach der Abschaffung der Sklaverei in Mexiko) und vornehme Tejanos, ethnisch mexikanische Einwohner von Tejas, ein Zweckbündnis und erklärten Tejas für unabhängig. Der mexikanische Präsident Antonio López de Santa Anna marschierte mit 6000 Soldaten nach San Antonio und belagerte Alamo, eine zum Fort ausgebaute alte franziskanische Missionsstation, die nun von 200 Texanern gehalten wurde. Er eroberte die Festung und ließ 200 Verteidiger erschießen, erlitt jedoch bald darauf eine verheerende Niederlage gegen US-amerikanische Streitkräfte. Texas wurde eine unabhängige Republik, wenngleich es keinen allzu großen Wert auf die Unabhängigkeit legte – die Bedrohung durch die Comanchen war zu akut. Wenige Jahre später trieb US-Präsident James K. Polk seine expansionistische Agenda voran und schlug vor, das ganze umstrittene Oregon-Gebiet zu annektieren und die gemeinsame britisch-amerikanische Nutzung des Gebiets zu beenden. Diese bestand seit 1818 und war ein ständiger Anlass von Streitigkeiten gewesen. Großbritannien lehnte den Vorschlag rundheraus ab. Inzwischen führten die USA auch Krieg gegen Mexiko, und im Sommer 1845 schlug Polk vor, nur den südlich des 49. Breitengrads liegenden Teil des Oregon-Gebiets zu annektieren. Dennoch vergrößerten die USA in den drei Jahren zwischen der Annexion von Texas 1845 und den mexikanischen Gebietsabtretungen 1848 ihr Territorium um 66 Prozent.

Die Vereinigten Staaten waren eine imperiale Nation geworden, die

Menschen und Orte als bewegliche Figuren auf der Landkarte betrachtete. In Übereinstimmung mit diesem Zeitgeist ging der Journalist John Louis O'Sullivan in die Geschichte ein, weil er die Amerikaner aufforderte, ihrem gottgegebenen Auftrag, die Demokratie zu verbreiten und minderwertige Völker zu zivilisieren, gerecht zu werden. Dies, verkündete er, sei Amerikas »Manifest Destiny« (»seine offenkundige Bestimmung«). Dem »geistesschwachen und verwirrten« Mexiko sei es bestimmt, Kalifornien zu verlieren, argumentierte er, wobei er die Tatsache ignorierte, dass auch die Vereinigten Staaten durch die wachsende Uneinigkeit über die Sklaverei »verwirrt« waren. Für die Expansion waren viele Amerikaner, aber sie waren sich nicht einig: Die Südstaatler wollten mehrheitlich ein Sklavenhalterimperium karibischen Zuschnitts, wohingegen sich eine Mehrheit der Nordstaatler an Hawaii und Kanada orientieren wollte. Manche Amerikaner wollten auch die gesamte westliche Hemisphäre annektieren.[1]

Ein realistischeres, aber nicht weniger unmoralisches Spiel fand im Februar 1846 im Weißen Haus statt. Dort studierte Präsident Polk mit seinem Kabinett Landkarten, um zu entscheiden, wie viel von Mexiko die Vereinigten Staaten annektieren sollten. Im April erklärten die USA Mexiko den Krieg und gewannen ihn, wie erwartet, mit Leichtigkeit. Der Norden Mexikos war schon vor dem Krieg stark verwüstet gewesen, und die US-Truppen waren auf den Spuren der Comanchen, Kiowa und Apachen nach Süden marschiert, nachdem diese weite Teile von Mexikos Kernland in eine wirtschaftlich schwache, politisch fragmentierte und psychisch erschütterte Welt verwandelt hatten, die reif für die US-amerikanische Eroberung war. Während des Krieges hatten sich amerikanische Offiziere von Soldaten der Comanchen, die in Mexiko immer noch auf Raubzüge gingen, beraten lassen, wie man Mexikaner am besten unterwarf oder tötete. Denn, so verschieden die beiden Imperien auch waren, die USA wurden durch ihre Expansion in den Norden dennoch zu direkten Erben der Macht der Comanchen.[2]

Polk und sein Kabinett machten sich die Schwäche Mexikos geschickt zunutze und eroberten den Nueces-Streifen und die San Francisco Bay. Nach der Annexion dieser Gebiete lag die mexikanische Nordgrenze auf dem 37. Breitengrad. Die wirkliche Frage betraf die Südgrenze von New Mexico. Einige wollten sie auf den 25. Breitengrad verschieben, was in etwa der Südgrenze des Einflussbereichs der Comanchen entsprochen hät-

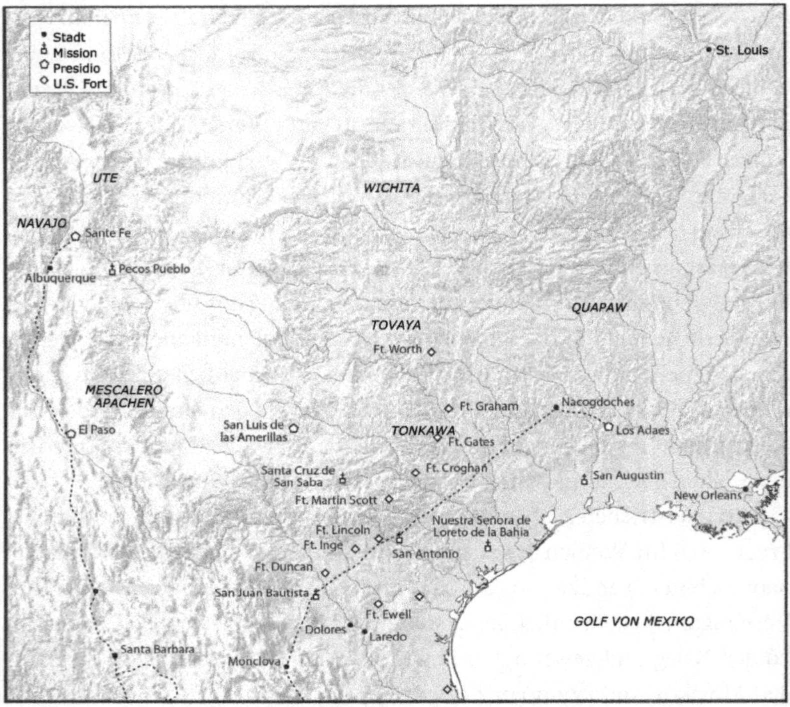

Texas, von Indianern eingekreist,
Mitte des 19. Jahrhunderts.

te. Polk wollte vor allem die kalifornische Küste, und einige seiner Berater ganz Mexiko annektieren. Aber Mexiko hatte noch nicht offiziell kapituliert, und im Vertrag von Guadalupe Hidalgo im Jahr 1848 nahmen sich die Vereinigten Staaten nur Alta California und New Mexico. Mexiko trat insgesamt 1,36 Millionen Quadratkilometer seines Territoriums ab, wodurch sich das Staatsgebiet der USA um 15 Prozent vergrößerte. Durch den Verlust von Tejas hatte die Mexikanische Republik die Hälfte ihres Territoriums verloren. Mit einem Federstrich war der mexikanische Norden zum amerikanischen Südwesten geworden. Doch die Angst vor den Comanchen bestand fort. Zwischen 1849 und 1852 baute die weit überlegene US-Armee acht Forts an der Ostgrenze des Comanchen-Gebiets, um die Comanchen fernzuhalten. Die Texaner hatten entsetzliche Angst vor den Comanchen. Und sie hatten allen Grund dazu: Jetzt warb die mexikanische Regierung Comanchen an, um gemeinsam Krieg gegen die Vereinigten Staaten zu führen.[3]

Die durch den Aufstieg des Kapitalismus enorm beschleunigte massive Expansion der Vereinigten Staaten war für viele Native Americans im Westen eine finstere Zeit. Die westliche Hälfte Nordamerikas war immer noch größtenteils indigen, ein für Polk und die meisten US-Amerikaner inakzeptabler Zustand, weil sie ungehinderten Zugang zum Gold, dem fruchtbaren Land und den pazifischen Verbindungen Kaliforniens haben wollten. Die US-Regierung ging davon aus, dass sie die Indianer durch Verträge und Reservate ruhiggestellt hatten und sie Nordamerika von einem Ozean zum anderen beherrschte. Doch das war Wunschdenken. Die Bürokratie der amerikanischen Zentralregierung war völlig unvorbereitet darauf, Zehntausende von Indianern zu regieren, die in großer Entfernung von allen US-amerikanischen Siedlungen lebten. Die meisten indigenen Nationen wurden nur von einem einzigen Regierungsbeamten betreut, der dafür sorgen sollte, dass sie vom Staat die vereinbarten jährlichen Zahlungen erhielten und dass ihre »Zivilisierung« und letztliche Absorption als reformierte Völker in das amerikanische Gemeinwesen Fortschritte machte.

Angesichts der schwachen Präsenz des US-amerikanischen Staates in den Indianergebieten wurden die Reservate von Spekulanten, Holzdieben, Whiskeyhändlern und anderen zwielichtigen Gestalten überschwemmt. Im neu erworbenen Kalifornien konzentrierten sich die Weißen zunächst darauf, die Indianer zu vertreiben, und gingen dann dazu über, sie zu töten. Die Indianeragenten der Zentralregierung deportierten so viele Native Americans wie möglich in winzige Lager. Das Land, extrem fruchtbar und mit reichen Goldvorkommen gesegnet, war zu gut für die Indianer. Im Jahr 1847 kam es am Walla Walla, einem Nebenfluss des Columbia River zu einer Krise. Die Cayuse, ohnehin schon erzürnt über unfaire Handelspraktiken und den zunehmenden Verkehr auf dem Oregon Trail, waren überzeugt davon, dass sie von den Missionaren Narcissa und Marcus Whitman, die auf ihrem Gebiet eine Missionsstation hatten, vergiftet wurden. Sie griffen die Station an, töteten das Ehepaar und zwölf weitere Weiße und nahmen 53 Geiseln. Die US-amerikanischen Siedler reagierten mit einer blutigen Orgie von Massakern, Entführungen, Morden und Vergewaltigungen, bei der zwischen 9492 und 16.094 Native Americans eines gewaltsamen Todes starben. Dieser Völkermord fiel mit einer Masernepidemie zusammen, auf die eine Pockenepidemie folgte. Und so kam es, dass von den 150.000 Indianern, die 1846 in Kalifornien lebten, 1860 nur noch 35.000 übrig waren.[4]

Im offensichtlichen Gegensatz zur mörderischen US-amerikanischen Aggression in Kalifornien nahm die Hudson's Bay Company, eine große kanadische Handelsgesellschaft, die das Land von den Rocky Mountains bis zur Westküste beanspruchte, 1851 mit den Makah in Neah Bay, in der Nähe des Puget Sound, Handelsbeziehungen auf. Zwei Jahre darauf gründete der US-Kongress das Washington Territory, und Siedler strömten in das Gebiet und bedrohten die Souveränität der Makah. Die Indianer reagierten auf die Invasion der Siedler, indem sie 1855 den Vertrag von Neah Bay unterzeichneten und klarstellten, dass sie jede Verletzung ihrer Souveränität bestrafen würden. Man gelangte zu einer schwierigen Einigung, die auf unterschiedlichen Interessen beruhte: Die US-Amerikaner waren scharf auf die gewaltigen Wälder im Nordwesten, und die Makah wollten weiterhin Zugang zum Meer und seinen Ressourcen. Für sie war die Kontrolle über die maritimen Räume wesentlich wichtiger als die Kontrolle über das Land. Das Meer war und ist »ihr Land«. Dank dem Vertrag von Neah Bay konnten sie ihre wichtigen Fischereirechte bis zur Mitte des 20. Jahrhunderts behalten – allerdings auf Kosten großer Teile ihres Landes: Sie verzichteten auf 300.000 Acre Land, und behielten nur 27.265.[5]

Ein Jahr vor dem Vertrag von Neah Bay und 2400 Kilometer weiter östlich hatte High Forehead, ein Mitglied der Minneconjou-Lakota, eine entlaufene Kuh getötet, die einem Mormonen gehörte, der auf dem Oregon Trail unterwegs war. Lieutenant John Grattan, ein fanatischer Indianerhasser, ergriff die Gelegenheit, um es »den Sioux zu zeigen«. Er prahlte, dass er die Lakota mit 30 Mann in die Knie zwingen werde. Um Blutvergießen zu vermeiden, warnten die Lakota die Amerikaner, dass sie »jede Gruppe, die gegen sie in Marsch gesetzt werde, leicht überwinden könnten«. Grattan drang mit 29 Männern und zwei Kanonen in ein Dorf der Lakota ein. Die Lakota weigerten sich zu verhandeln und Grattan feuerte seine Kanonen ab, verfehlte aber sein Ziel. Danach töteten die Lakota alle Soldaten. Was die US-Amerikaner als das Grattan-Massaker bezeichneten, warf ein scharfes Licht auf die schweren Fehler der US-amerikanischen Indianerpolitik: Sie war willkürlich, kurzsichtig und rassistisch, und sie brachte die Indianer gegen die USA auf. Nur drei Monate zuvor hatte der Kongress den Kansas-Nebraska Act verabschiedet, der es amerikanischen Siedlern erlaubte unter Berufung auf das US-amerikanische Konzept der »popular sovereignty« riesige Gebiete in Besitz zu nehmen und dort ohne Oberaufsicht der Zentralregierung ihre eigenen Gesetze zu machen.[6]

Die Lakota reagierten mit Krieg. Sie griffen im Tal des Platte Züge mit Siedlern und Patrouillen der US-Armee an. Gleichzeitig überfielen weiter im Süden Cheyenne, Arapaho, Ute und die drei Apachen-Gruppen, Jicarilla, Mescalero und Chiricahua, Siedler auf dem Oregon Trail, der an ihren Territorien entlangführte. Die Pläne der US-Regierung für ein unterworfenes indigenes Amerika waren schon nach fünf Jahren Makulatur. Doch die Vereinigten Staaten waren nicht mehr dieselbe Nation, wie sie Lakota, Cheyenne und andere vor dem Mexikanisch-Amerikanischen Krieg gekannt hatten. Sie besaßen jetzt riesige Territorien im fernen Westen, und sie waren fest entschlossen, das Gebiet zwischen dem Osten und diesen Besitzungen zu befrieden. Zu diesem Zweck entsandte das Kriegsministerium General William Harney, den erfolgreichsten Indianerbekämpfer der USA. Er hatte in Louisiana Piraten gejagt und die Flüsse als Wasserstraßen in den Krieg gegen die Seminolen mit einbezogen, was u.a. zu deren Niederlage in Florida beigetragen hatte. Jetzt ritt er mit 600 Dragonern (einem Zehntel der US-Armee) gegen die Lakota. Zunächst führte er am 2. September 1855 in Ash Hollow am Unterlauf des North Platte oberflächliche Gespräche mit Führern der Lakota und Cheyenne. Obwohl die Indianer unbedingt weiterverhandeln wollten, griff Harney ein Dorf an und tötete 86 Männer, nahm 70 Frauen und Kinder gefangen und brannte die Tipis nieder. Trotzdem schloss Harney, weil er die große Schlagkraft der extrem beweglichen Lakota erkannt hatte, einen Vertrag, der den Status quo bestätigte.[7]

Harneys Massaker bestärkte die Lakota aber in ihrem Widerstand. Im Jahr 1857 trafen sich alle Oyáte der Lakota in der Nähe von Bear Butte am nördlichen Rand der Pahá Sápa, um zu beschließen, wie sie die US-Amerikaner aus ihrer Welt fernhalten wollten. Es dauerte mehrere Tage, bis sie einen Konsens gefunden hatten. Die US-Amerikaner sollten den Platte entlangreisen können und Schiffe den Missouri hinaufschicken dürfen, aber alle Gebiete nördlich und westlich davon sollten ihnen von nun an verschlossen bleiben. Nur Händler durften das Gebiet auch weiterhin betreten. Die Lakota wussten, dass es in den Pahá Sápa reiche Goldadern gab, und sie kannten auch die Goldgier der US-Amerikaner. Deshalb beschlossen sie, jeden Indianer hinzurichten, der den Amerikanern von dem Gold erzählte. Und sie bereiteten sich auf eine Verteidigung der Pahá Sápa vor. Sie hatten gelernt, den eigentlich unzähmbaren Bison in Herden zu halten, und verfügten deshalb über eine verlässliche Nahrungsgrundlage im Herzen ihres Imperiums.[8]

Die Lakota waren nicht die Einzigen, die sich gegen die US-amerikanischen Eindringlinge wehrten. Im Jahr 1857 lieferten die Hotamitaniu (Hundesoldaten), eine kriegerische Gruppe der Middle Cheyenne, Colonel Edwin Sumner, der sie mit der 1st U.S. Cavalry angriff, eine Schlacht. Die Hotamitaniu waren eine Bedrohung für den US-amerikanischen Zugang zum Gold im Westen, und das war schlicht und einfach inakzeptabel für die US-Regierung und die US-Armee. Sumner schlug die Cheyenne mit Säbeln in die Flucht, tötete mehrere von ihnen und zerstörte danach ihr bereits verlassenes Dorf mit 200 Tipis. Zwei Jahre darauf erklärte Thomas Twiss, der Agent des Bureau of Indian Affairs für Lakota, Cheyenne und Arapaho, diesen Nationen, dass die Bisons »nun alle vernichtet« sind und der US-Präsident »seine weißen Familien schicken wird, damit sie in diesen Tälern Häuser bauen und sich dort auf Farmen ansiedeln«. Die Hotamitaniu beanspruchten die westliche Hälfte der Central Plains zwischen den Flüssen Arkansas und Platte als ihr Herrschaftsgebiet, eine sichere Zuflucht, die sie durch Waffenstillstände, Verträge und Verwandtschaftspolitik abgesichert hatten. Während der Rat der 44, die Regierung der Cheyenne, auf die Erhaltung des Friedens bedacht war, zogen die Hotamitaniu in den Krieg, um ihre Welt zu retten. Sie weigerten sich außerdem, mit amerikanischen Händlern zu verkehren, und wenn diese ihnen dennoch Waren anboten, verbrannten sie diese. Die Sicangu und Oglala Lakota und die Kiowa schlossen sich den Hotamitaniu oft an, wenn diese Wagentrecks und Goldsucher angriffen; das entsprach einer Erweiterung des Bündnisses, das sich nun über einen Großteil der Central und Northern Plains erstreckte. Frauen aus den genannten Nationen heirateten Männer aus anderen Nationen, sodass das Militärbündnis durch ein großes Verwandtschaftsnetz gestärkt wurde.[9]

Auch die Navajo kämpften gegen die US-amerikanischen Eindringlinge. Im Herbst 1858 drangen amerikanische Soldaten in einem fehlgeleiteten Feldzug in den Canyon de Chelly, »den Sitz der obersten Macht des Navajostamms«, ein. Die Navajo schlugen zurück, indem sie mit fast 1000 Mann Fort Defiance angriffen, den westlichsten Vorposten der US-Armee im New Mexico Territory. Die Schlacht endete unentschieden, und das war symptomatisch. Die Navajo griffen weiterhin Marschkolonnen der US-Armee an und wehrten Angriffe amerikanischer Soldaten ab, die wiederum Pferde und Schafe abschlachteten, um die Lebensgrundlage des Hirtenvolks zu zerstören. Zur selben Zeit überfielen die Coyotero-Apachen amerikanische Ranches im Tal des Sonoita Creek. Sie stießen nur auf schwachen Widerstand und erbeuteten Ochsen.

Anfang 1861 luden amerikanische Offizielle Cochise, den damals schon berühmten Führer der Chiricahua-Apachen, zu Verhandlungen ein, als er gerade in einem Lager am Apache Pass zwischen den Dos-Cabezas- und den Chiricahua-Bergen weilte. Während der Verhandlungen beschuldigten sie ihn plötzlich der Angriffe auf die Ranches und nahmen ihn gefangen. Sie sperrten ihn in ein Zelt, doch er schlitzte es auf und entkam. Nach diesem Vorfall war er fest entschlossen, die Weißen so lange zu bekämpfen, bis sie besiegt waren. Noch schlimmer wurde die Lage, als US-amerikanische Truppen eine Festung der Chiricahua im Apache Pass angriffen und damit eine immer wieder aufflammende Auseinandersetzung auslösten, die 25 Jahre dauern sollte. Cochise ging mit seinen Chiricahua in die Offensive und dehnte seine Operationen nach Westen aus. Die US-Armee war durch die immer zahlreicher werdenden kleinen Kriege gegen indigene Nationen überfordert, zumal ein Bürgerkrieg in den USA damals mit jedem Tag wahrscheinlicher wurde. In Texas, meinte ein besorgter Offizier, »will die ganze Frontier Eroberungszüge gegen die Comanchen unternehmen«.[10]

Das 1849 gegründete Minnesota Territory hatte einen extremen Bevölkerungszuwachs erlebt und war nach weniger als einem Jahrzehnt bereits von 150.000 Siedlern bewohnt. Die Oyáte der Dakota hatten ihr bestes Ackerland am Minnesota River im Austausch für ein Reservat und jährliche Zahlungen über 50 Jahre abgetreten. Als jedoch Minnesota 1858 ein amerikanischer Bundesstaat wurde, war der Vertrag, das Papier, auf dem er stand, nichts mehr wert. Mit Hunger als Waffe zwangen die Vertreter der US-Regierung die Itȟáŋčhaŋ der Dakota zu einem neuen Vertrag, mit dem sie die fruchtbarsten Teile ihres Reservats an Minnesota abtraten. Die US-Zentralregierung beauftragte eine kleine Gruppe US-amerikanischer Händler mit der Auszahlung der jährlichen Entschädigung, doch die Händler waren korrupt und steckten den größten Teil des Geldes in die eigene Tasche. Als auch noch deutsche Siedler in das Reservat der Dakota eindrangen, bereiteten diese sich im Schatten des Amerikanischen Bürgerkriegs auf ihren eigenen Krieg vor. Ihr Führer Little Crow bat, offenbar in einem letzten Versuch, das Blutvergießen zu verhindern, den Händler Andrew Myrick um Hilfe. Doch dieser weigerte sich. »Was mich betrifft«, ließ er seinen Dolmetscher übersetzen, »sollen sie Gras fressen, wenn sie hungrig sind.« Die Dakota zogen in den Krieg und Myrick wurde ihr erstes Opfer. Sein abgetrennter Kopf wurde mit dem Mund voller Gras gefunden.[11]

Die Dakota kämpften ums Überleben. Ihre Soldaten zogen den Minnesota River entlang, töteten Nutztiere, brannten Farmen nieder, nahmen Geiseln und töteten etwa 500 Siedler. Major General John Pope, der gerade die zweite Schlacht am Bull Run verloren hatte, in der 15.000 Soldaten unter seinem Kommando getötet, verwundet, verschollen oder gefangen genommen wurden, wollte sich durch die Ausrottung der Dakota rehabilitieren. Er betrachtete sie nicht als Menschen, sondern verkündete, dass »sie als Wahnsinnige oder wilde Tiere zu behandeln sind«. Im Bestreben, die Amerikaner zu besänftigen, ließen die Dakota 269 Gefangene frei. Doch es half nichts. Pope internierte fast 2000 Männer, Frauen und Kinder in Fort Snelling. 400 Dakota wurden wegen Gräueltaten gegen Weiße angeklagt. Schnell zusammengestellte Militärtribunale verurteilten 303 der Angeklagte zum Tode, aber Abraham Lincoln genehmigte nur bei Vergewaltigern oder Massenmördern die Hinrichtung. Am 26. Dezember 1862 wurden in der Grenzstadt Mankato 35 Dakota und drei französisch-indianische Männer gehängt. Im selben Jahr verabschiedete der Kongress den Homestead Act, der jedem amerikanischen Staatsbürger westlich des Mississippi 65 Hektar Bundesland zusprach, ein Gesetz, das die Enteignung der Native Americans weiter beschleunigte.[12]

Die massenhafte Internierung und Hinrichtung waren eine Warnung. Die indigenen Nationen hatten es inzwischen mit einem administrativen Ungeheuer zu tun, das immensen Schaden verursachte. Die Tötungen, der Bruch der Verträge und der rein ethnisch begründete Hass trieben die

Ochéthi Šakówiŋ, die Sieben Ratsfeuer der Sioux, zum Aufstand. Mit ihrem Imperium waren die Lakota das scharfe Schwert des Widerstands. Im Bündnis mit Cheyenne und Arapaho bekämpften sie die eindringenden US-Soldaten auf einem riesigen Kriegsschauplatz zwischen dem Red River und dem Minnesota River im Osten und dem Little Missouri River im Westen. Inkpáduta, ein Wahpekute-Dakota, mobilisierte zusammen mit den Hunkpapa-Führern Sitting Bull und Gall eine Armee von 16.000 berittenen Soldaten, die sich schnell von einem Angriffsziel zum anderen bewegte und die US-Truppen stark verunsicherte. Der erste Zusammenstoß fand beim stark bewaldeten Killdeer Mountain unmittelbar nördlich des Little Missouri statt. Für die Lakota war es »der erste Kampf mit weißen Männern«. Die US-Armee erreichte ihr Ziel nicht, doch die Amerikaner beanspruchten dennoch den Sieg.[13]

Die Kriegslogik der Sioux erschloss sich den US-Amerikanern, die einfach nur Indianer töten wollten, nicht. Im Gegensatz zu ihnen sahen die Lakota jeden Kampf, der nicht mit großen Verlusten auf ihrer Seite verbunden war, als gesteigerte Chance zu gewinnen. Die Amerikaner operierten in einer fremden Umgebung, sie hatten Nachschubprobleme, und die Lakota lockten sie immer weiter von ihren Forts weg. Schließlich brachten die verbündeten Indianer die US-Truppen dazu, ihnen in die Little Missouri Badlands zu folgen, ein knochentrockenes Felsenlabyrinth, wo sie von erhöhten Positionen aus einen Soldaten nach dem anderen abschießen konnten. Die US-Armee hatte nicht nur das Ziel verfehlt, die Lakota zu unterwerfen; sie hatte sich einen Feind gemacht, den zu bekämpfen sie sich nicht leisten konnte. Im Sommer 1864 griffen berittene Soldaten der Lakota, Cheyenne und Arapaho überall in einem riesigen Kriegsgebiet, das von Minnesota bis zu den Rocky Mountains reichte und von den US-Amerikanern größtenteils noch nicht kartiert war, amerikanische Soldaten, Reisende und Goldsucher an. Colonel John Chivington rächte sich, indem er mit 700 Milizionären aus Colorado am Sand Creek ein friedliches Dorf der Cheyenne angriff. Sie ermordeten mehr als 150 Menschen, größtenteils Frauen, Kinder und Alte. Einer der US-Amerikaner tötete eine schwangere Frau, schlitzte ihr den Bauch auf und skalpierte den Fötus. Andere schmückten sich mit Körperteilen. Als Chivington wegen der Brutalität des Angriffs zur Rede gestellt wurde, sagte er: »Aus Nissen werden Läuse.« Kurz darauf griffen US-Truppen ohne offiziellen Befehl Shoshone in Utah an und töteten mehr als 200 Menschen. Es war nicht das erste US-amerikanische Massaker, von dem die Shoshonen betroffen waren. Aus indigener Sicht fand in dieser Zeit nicht in erster Linie ein inneramerikanischer Bürgerkrieg statt, sondern vielmehr ein imperialer Krieg.[14]

In der Zeit zwischen der Massenhinrichtung in Mankato und dem Sand-Creek-Massaker verwandelten sich die Vereinigten Staaten in ein genozidales Regime. Anfang 1865 schlugen Cheyenne, Arapaho und Lakota zurück, indem sie fast alle Ranches, alle Rasthäuser und alle Siedlungen im Tal des South Platte niederbrannten. Die Lakota griffen auch Dampfschiffe und Forts am Oberlauf des Missouri an, die ohne ihre Genehmigung errichtet worden waren, und drohten, »alle Weißen im Land zu vernichten«. Angesichts des immer noch tobenden Amerikanischen Bürgerkriegs zwischen Nord- und Südstaaten kam das Kriegsministerium endlich zu der Einsicht, dass es für den Konflikt keine militärische Lösung gab. Vertreter der US-Regierung schlugen Vertragsgespräche vor, in der Hoffnung, die indigenen Reiternationen wiederherstellen zu können. Aber noch während am Missouri über die Verträge verhandelt wurde, ließ das Kriegsministerium im Sommer 1866 nördlich des Platte, am Bozeman Trail, Forts errichten, denn im Montana Territory war Gold gefunden worden. Red Cloud, ein bekannter Hemdenträger der Oglala, übernahm zusammen mit They Fear Even His Horses, einem anderen wichtigen Führer der Oglala, die Führung des Kampfes. Soldaten der Lakota, Cheyenne und Arapaho störten systematisch die US-Truppen, die die Forts am Bozeman bauten. Doch die Soldaten zogen sich nicht zurück, und Red Cloud setzte den Krieg fort.

In Dezember 1866 verkündete Captain William J. Fetterman angeblich, dass er mit 80 Mann durch das gesamte Gebiet der Sioux reiten werde. Als er tatsächlich von Fort Kearny aus mit 80 Mann in das Lakota-Gebiet vorrückte, lockte ihn Crazy Horse, ein genialer Taktiker der Oglala, mit einer kleinen Gruppe Reiter, die als Lockvögel fungierten, in einen Hinterhalt. Dort fielen die verbündeten Indianer über die Soldaten her und töteten sie bis auf den letzten Mann. »Sie töteten 100 weiße Männer bei Phil Kearney [Fort Kearny]«, heißt es im Wintercount der Oglala für jenes Jahr. Als die US-Amerikaner später das Schlachtfeld inspizierten, fanden sie abgeschnittene Ohren, Nasen, Finger, Hände und Füße, die auf Felsen gelegt worden waren – eine Warnung des Lakota-Imperiums.[15]

Die Lakota und ihre Verbündeten hatten den Kampf gewonnen, der als Red Cloud's War in die Geschichte eingehen sollte. Als unterlegene Partei schlugen die Vereinigten Staaten Friedensgespräche vor. Im April 1867 suchten amerikanische Gesandte die Lakota auf. Red Cloud wartete, bis alle Forts am Bozeman Trail abgebaut waren, erst dann stimmte er einem Waffenstillstand zu. Die Amerikaner verhandelten in einer Position der Schwäche, was sich 1868 im Vertrag von Fort Laramie deutlich niederschlug. Darin erkannten sie die Herrschaft der Lakota über die nördlichen Great Plains an, übertrugen ihnen Zehntausende von Quadratkilometern, die vertraglich anderen indigenen Nationen gehörten, und garantierten ihnen großzügige Jagdrechte außerhalb der Great Sioux Reservation, die sich über etwa 125 000 Quadratkilometer erstreckten. In dem Vertrag wurden ferner die Gebiete östlich der Bighorn Mountains und nördlich des North Platte als »nicht abgetretenes Indianerland« bezeichnet, doch die Grenzen des Gebiets wurden nicht festgelegt, was eine weitere Expansion der Lakota ermöglichte.[16]

In Oktober 1867 unterzeichneten die Cheyenne unter Führung von Black Kettle den Vertrag von Medicine Lodge. Nur einen Monat darauf griff Lieutenant Colonel George Custer, von brennendem Ehrgeiz getrieben, Black Kettles Dorf am Washita River an und tötete Dutzende Männer, Frauen und Kinder. Die US-amerikanische Indianerpolitik war fehlgeleitet, bösartig und inkompetent zugleich. Sie verwickelte die Vereinigten Staaten in unnötige Kriege und schwächte ihre Autorität im wichtigen Zentrum des nordamerikanischen Kontinents. Das Ganze war eine massive Fehleinschätzung, die die US-Armee teuer zu stehen kommen sollte. Die Central Plains wurden gefährlich für US-Amerikaner, und schon bald klagte ein Regierungsvertreter, dass die Kiowas und Comanchen »viel von diesem Unheil angerichtet haben. Ich werde jedoch weiterhin mein Möglichstes tun, um diese Gewaltakte zu verhindern.« Die US-Amerikaner hatten sich einfach viel zu viele Feinde gemacht.[17]

Anfang der 1870er-Jahre stahlen die Lakota Pferde im Land der Crow und kauften Gewehre und Munition von Händlern der kanadischen Métis. Vor allem jedoch suchten sie nach Bisons. Die Herden schrumpften rasch wegen der intensiven Jagd, die sowohl die indianer als auch die Weißen auf sie machten, und das trieb die Lakota dazu, ihr Imperium zu erweitern. Sie stießen gleichzeitig nach Kanada und weit in den Süden vor, wo sie wieder auf die Pawnee trafen. Aber ihre Hauptstoßrichtung zielte nach Westen. Dort hielten sie die US-Armee aus dem Gebiet des Powder River fern und erweiterten ihr Territorium bis zum Little Bighorn River. Sie beschimpften den US-Präsidenten als »weißen Narren und hirnlosen Hund ohne Augen und Gehirn«, weil er allem Anschein nach nicht zuhören konnte. Aus Angst sorgten Indianeragenten dafür, dass die Lakota jährliche Warenlieferungen bekamen, die eigentlich für die Crow bestimmt waren. Bald schon beherrschten die Lakota auch »den größeren Teil« des Crow-Reservats — eine böse Peinlichkeit für die US-Behörden.[18]

Aber nicht nur die Lakota, sondern auch die Vereinigten Staaten wurden aggressiver. Während die US-Armee gegen Lakota, Cheyenne, Arapaho und Shoshone kämpfte, setzte Colonel Kit Carson auch die Jicarilla-Apaches am Oberlauf des Rio Grande unter ständigen Druck. Die Jicarilla wehrten sich, indem sie das Vieh von US-Amerikanern schlachteten, um sich zu ernähren, und Eindringlinge gefangen nahmen. Im Jahr 1863 führte Carson die New Mexico Volunteers gegen die Mescalero-Apachen, schlug diese und zwang sie, in ein Lager im Bosque Redondo im Tal des Pecos zu ziehen. Dann nahm er sich die Navajo vor und führte drei Viertel von ihnen im sogenannten »Long Walk« (der tatsächlich aus einer Serie von Umsiedlungen bestand) ebenfalls in das Lager Bosque Redondo. Genau wie im Süden und Norden gab es auch im Westen eine Ära der Zwangsumsiedlung, die bis in die 1860er-Jahre andauerte. 9000 Navajo wurden Kriegsgefangene, und die US-Amerikaner beschlagnahmten 100.000 Schafe auf ihren Rancherías. Die Navajo wurden vier lange Jahre zusammen mit ihren Feinden, den Mescalero, interniert. Dennoch blieb der Südwesten ein Unruheherd. Ute und Apachen missachteten die mit den Vereinigten Staaten geschlossenen Verträge und machten weiterhin Raubzüge in New Mexico, das nun zu den USA gehörte. Im Jahr 1868 wurde eine hochkarätig besetzte Indian Peace Commission damit beauftragt, den amerikanischen Westen zu befrieden, indem sie mit den indigenen Nationen Friedensverträge aushandelte. Entsetzt über das Leid der Navajo und alarmiert »über die sehr großen Kosten für die Regierung«, gestattete die Kommission den Navajo, in ihre alte Heimat Dinétah zurückzukehren, die in der Region Four Corners, zwischen den vier heiligen Bergen und vier Bundesstaaten, liegt.

Die schreckliche Erfahrung im Bosque Redondo hatte die Navajo dazu getrieben, sich als Nation der Navajo neu zu erfinden, damit sie den US-Amerikanern eine gemeinsame Front entgegensetzen konnten. Nach ihrer Rückkehr nach Dinétah bekam ihr Leben beinahe sofort eine positive Wendung. Sie nahmen ihr Leben als Schaf-, Ziegen- und Pferdehirten wieder auf, und bis 1870 war ihre Zahl auf 15.000 Menschen angewachsen. In scharfem Gegensatz zur Erfahrung der Dakota in Minnesota, gelang es ihnen, ihr Reservat zu erweitern. Zwischen 1878 und 1886 wurde ihr Territorium durch fünf Landzuteilungen vervierfacht und es wurde auch nie gemäß dem General Allotment Act zwangsweise parzelliert. Mit einer Fläche von mehr als 70.000 Quadratkilometern ist ihr Reservat bis heute mit Abstand das größte indigene Herrschaftsgebiet in Nordamerika.

Im Gegensatz zu den Navajo lebten die zahlreichen Gruppen der Apachen weiterhin von Raubzügen und suchten amerikanische Siedlungen heim, wo sie Vieh und Gefangene erbeuteten. Die wenigen weit verstreuten Forts im Südwesten waren nicht in der Lage, dies zu verhindern, und verzweifelte amerikanische Beamte versuchten der Lage durch Auspeitschungen, Geiselnahmen und Erhängungen Herr zu werden, Maßnahmen, mit denen sie sich die eigentlich friedlichen Führer der Apachen, Cochise, Mangas Coloradas und Geronimo, zu erbitterten Feinden machten. Geronimo hasste die Mexikaner, weil Mexikaner seine Frau, seine Mutter und seine drei Kinder bei einem Angriff auf deren Lager getötet hatten. Cochise klagte, er habe 15 Jahre lang mit nicht erfüllten Versprechen der US-Amerikaner gelebt.

Wie die Comanchen stießen auch die Apachen bei ihren Raubzügen weit nach Mexiko vor, nahmen Gefangene, stahlen Nahrungsmittel, griffen Städte und Bergarbeitersiedlungen an, überfielen Postkutschen und wichen US-Truppen aus. Die USA hatten sich im Vertrag von Guadalupe Hidalgo gegenüber Mexiko verpflichtet, indigene Einfälle nach Mexiko zu verhindern, aber ihre Truppen hatten mit dem unvertrauten Terrain jenseits der Grenze zu kämpfen. Auch besaßen ihre lokalen Beamten nicht die Vollmacht, bindende Verträge mit den Apachen zu schließen, und die US-Armee war zu schwach, um die dezentralisierten Apachen zu unterwerfen. Sie musste sie oft über die mexikanische Grenze nach Mexiko hinein verfolgen, wenn sie sie auf frischer Tat ertappten – eine peinliche Demütigung für die US-Amerikaner. Im Gegensatz zu den Comanchen vereinigten sich

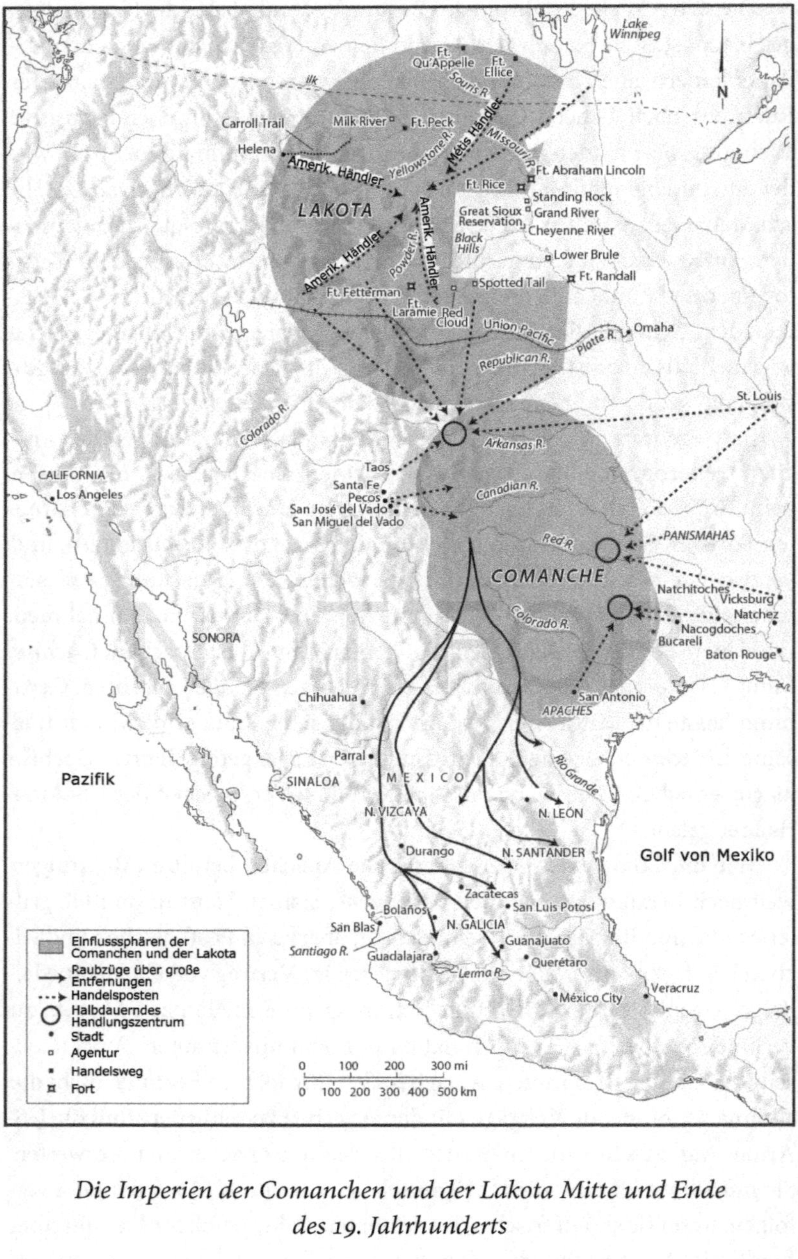

Die Imperien der Comanchen und der Lakota Mitte und Ende des 19. Jahrhunderts

die vielen Nationen der Apachen nie zu einem einzigen Bund oder Imperium, aber ihre dezentrale Organisation kam ihnen gut zustatten: Sie konnten ihre Raubzüge fortsetzen.[19]

Der Amerikanische Bürgerkrieg war 1865 offiziell zu Ende, aber Texas blieb rebellisch – eine weitere Peinlichkeit für die Vereinigten Staaten. Der besiegte Lone Star State hatte sowohl gegen beide Armeen des Nordens als auch gegen die Indianer gekämpft, und die größte Schlacht zwischen Indianern und US-Amerikanern hatte bei Adobe Walls, einem Handelsposten der Bents in Texas, stattgefunden. Dort hatten etwa 1300 Comanchen und Kiowa unter Führung von Quanah Parker, dem charismatischen Sohn eines indianischen Vaters und einer Weißen Mutter, und von Isatai, einem jungen Medizinmann, Kit Carson mit seinen Truppen und Ute-Scouts in die Flucht geschlagen. Es war das erste größere Gefecht der Kiowa mit der US-Armee gewesen. In dem verzweifelten Bestreben, die Kämpfe zu beenden, führte die Indian Peace Commission Vertragsverhandlungen mit den Comanchen. Diese hatten seit dem Ende des mexikanischen Bürgerkriegs im Jahr 1848 wegen einer schlimmen Dürre in den südlichen Plains einen massiven Niedergang erlebt: Als das Gras verdorrte, hatte sich das Imperium der Comanchen in heiße Luft aufgelöst. Unter Ausnutzung dieser Notlage machten die Indianeragenten einen Vorschlag: Die Comanchen sollten im Austausch gegen jährliche Unterhaltszahlungen 360.000 Quadratkilometer ihres Territoriums abtreten, sich mit einem Reservat von etwa 14.000 Quadratkilometern zufriedengeben und zulassen, dass die US-Armee in der Comanchería Forts errichtete. Das Angebot war eine Beleidigung und ein Verrat. Die Comanchen lehnten eine Abtretung ihres Territoriums ab, unterzeichneten aber 1867 den Vertrag von Medicine Lodge, in dem ihre traditionellen Jagdrechte in den südlichen Plains anerkannt wurden. Für die Comanchen waren Jagdrechte in einem Territorium und dessen Besitz dasselbe. Auch wenn sie dezimiert waren, stellten sie immer noch eine Macht dar, die die US-Amerikaner nicht ignorieren konnten. Die amerikanischen Regierungsvertreter erwarteten, dass die Comanchen Nutzpflanzen anbauen und in Frieden leben würden; aber diese ließen die Feldarbeit größtenteils von ihren mexikanischen Gefangenen erledigen und unternahmen Raubüberfälle auf die Navajo, Choctaw, Cherokee und Lenape im Indian Territory. Wie die Irokesen verstanden es auch die Comanchen noch im Niedergang, Angst und Schrecken zu verbreiten und anderen ihren Willen aufzwingen.[20]

Den Vertretern der US-Regierung war das nicht klar, und so krachte der amerikanische Koloss nahezu blind gegen eine nomadische Mauer. Durch den Bürgerkrieg mit seinen entsetzlich hohen Verlusten waren die Native Americans zu einer sekundären Bedrohung geworden. Die Comanchen profitierten davon, dass die USA unter dem Bürgerkrieg litten und durch ihn abgelenkt waren. Sie konnten sich unbehelligt erholen, und der Südwesten war plötzlich ungeschützt. Also nahmen die Comanchen ihre Raubzüge wieder auf und raubten schon bald Pferde und Gefangene in ganz Texas und bis nach Mexiko hinein. Ende der 1860er-Jahre erstreckte sich ihre Einflusssphäre 1300 Kilometer von Nord nach Süd und 800 Kilometer von Ost nach West. Sie verkauften massenweise gestohlene Texas Longhorns an Comancheros und machten riesige Gewinne, mit denen sie sich gegen die Amerikaner bewaffnen konnten. Ein US-amerikanischer Indianeragent bezeichnete die Comanchen als »die wildesten, verräterischsten, kriegerischsten und brutalsten aller Indianer«. Hätten die Zeitgenossen Comanchen und Lakota zusammen betrachtet, hätten sie gesehen, dass sich das Gebiet ihrer – jeweils getrennt unternommenen – Raubzüge von den mexikanischen Tropen bis zur kanadischen Grenze erstreckte.[21]

Überall im Westen mussten Vertreter der US-amerikanischen Regierung Brände löschen. Selbst nach vier Jahrhunderten Kolonialismus verfügten die Indigenen immer noch über erstaunliche Macht. Während die Cherokee ihre Souveränität gegenüber der US-amerikanischen Anmaßung behaupteten, hatten allein die Lakota und die Comanchen ihren Herrschaftsbereich auf einen gewaltigen Teil des Kontinents und den Großteil des amerikanischen Westens ausgedehnt. Wie die Lakota weiter im Norden dehnten auch sie ihren Machtbereich erneut aus, und zwar jetzt innerhalb und an den Grenzen des US-amerikanischen Staates. Den USA gelang es erst ab 1872, die Comanchen zu schwächen, als von der US-Armee großzügig unterstützte Berufsjäger dank dem Kansas Pacific Railway in industriellem Maßstab Büffel töteten und deren Felle in den Osten verfrachteten. Die Jagd war eine unglaubliche Verschwendung und hätte den Bison der südlichen Plains beinahe ausgerottet. 1874 gründete Isatai, ein junger Medizinmann der Comanchen mit großer *puha* (heiliger Macht) eine Bewegung, indem er verkündete, dass er Tote auferwecken und die Soldaten der Comanchen kugelsicher machen könne. Derartige männlich dominierte Rituale versetzten Männer in die Lage, Autorität, Status und Anhänger zu gewinnen, wenn sie in den Krieg zogen. Als sich auch Kiowa und Cheyenne der Bewegung anschlossen, brach bei den amerikanischen Behörden Panik aus. Geführt von Scouts der Tonkawa, jagten amerikanische Truppen die Comanchen bis zum Palo Duro Canyon, wo sie den größten Teil der 1500 Überlebenden einschlossen. Sie brauchten keinen Einzigen zu töten, nur ihre Pferde töteten sie.[22]

Der lange Kampf um den nordamerikanischen Westen war von mächtigen Nationen, großen Konföderationen und langwierigen Kriegen geprägt, die von einer großen Zahl von Soldaten geführt wurden. Comanchen, Lakota, Cheyenne und Apachen hielten die Vereinigten Staaten jahrzehntelang auf Abstand. Sie schützten ihre eigenen Territorien und damit auch die von zahlreichen kleineren indigenen Nationen. Als indigener Kontinent war Nordamerika schon immer durch zahlreiche enge Zusammenhänge gekennzeichnet gewesen, sodass jede Schlacht und jeder Krieg eine Vielzahl von politischen, territorialen, kulturellen und spirituellen Anpassungen zur Folge hatte. Allein diese Dynamik funktionierte wie ein riesiger schützender Schild: Sie bewirkte, dass der indigene Westen für die US-Amerikaner fast gänzlich undurchschaubar war.

Der nordamerikanische Westen stellte im Wesentlichen eine räumliche Herausforderung dar, und die US-Armee formulierte auch eine räumliche Lösung. General Ulysses S. Grant wurde 1869 dank seines Rufs als Bürgerkriegsheld Präsident, entschied sich jedoch für einen nicht-militärischen Ansatz in der Indianerfrage, der als »Peace Policy« bezeichnet wurde. Seine Administration beschloss, die Indianer von den Siedlern zu trennen, und wollte sie in gut geschützte Reservate umsiedeln, die von den Kirchen verwaltet werden sollten. Diese waren von dem Angebot begeistert. Man hatte ihnen eine große Gemeinde angeboten, die nicht weglaufen konnte. Doch das Projekt war eine Katastrophe. Die verschiedenen Konfessionen konkurrierten miteinander um Gemeindeglieder und sabotierten, was eine einheitliche Politik hätte sein sollten. Die Kriege gingen nicht nur weiter, sondern eskalierten sogar noch, und schon bald war der Westen erneut zum Schlachtfeld geworden. Die Regierung musste feststellen, dass sie jeden Tag 144.000 Dollar für den Kampf gegen die Prärieindianer ausgab. General Philip Sheridan sagte später, »keine andere Armee der

Welt hat eine so schwierige Front in Ordnung zu halten«, und er prahlte, dass »keine andere Nation der Welt die Reduktion dieser wilden Stämme und die Besetzung ihres Landes mit weniger als 60.000 bis 70.000 Mann versucht hätte, während die gesamte in dieser riesigen Region eingesetzte und verstreute Streitmacht (…) nie mehr als 14.000 Mann zählte«. Die Vereinigten Staaten entwickelten sich zu einer imperialen Nation ohne Grenzen.[23]

Noch ein weiteres Massaker, das 1871 im Südosten Arizonas stattfand, bewies, wie unmoralisch, inkonsequent und verfehlt die Indianerpolitik der Vereinigten Staaten war. Am 30. April marschierte eine Gruppe amerikanischer Milizionäre, Tohono O'odham-Idianer und Mexikaner in der Dunkelheit zu einem Lager der Apachen im Aravaipa Canyon, etwa 100 Kilometer nordöstlich von Tucson. Bei den Angreifern hatte jede der drei Gruppen ihr eigenes Motiv, warum sie bei der Aktion mitmachte. Die Amerikaner wollten sich das Land der Apachen aneignen und ihre Mobilität einschränken, die beim Widerstand gegen die Aggression der Kolonisten die wirksamste Strategie darstellte. Die Mexikaner wollten den Raubzügen der Apachen ein Ende setzen, und die Tohono O'odham ergriffen die Gelegenheit, Feinde zu dezimieren, gegen die sie schon generationenlang kämpften. Sie alle fielen über die Pinal- und Aravaipa-Apachen in dem Lager her und töteten 144 Menschen im Schlaf. Das Ereignis wurde später als Camp Grant Massacre bezeichnet. Sieben Menschen wurden dafür in Tucson vor Gericht gestellt – und freigesprochen.[24]

Die große transhemisphärische Mobilität der Apachen war eine Gefahr und eine Peinlichkeit für die Vereinigten Staaten, aber sie hatten bereits Maßnahmen getroffen, um sie und andere aufmüpfige Native Americans im Zaum zu halten. Anfang der 1870er-Jahre verfügten die USA über ein transkontinentales Eisenbahnnetz, ein von einer Küste zur anderen reichendes Telegrafensystem und zahllose Brücken, deren Kombination es der Armee ermöglichte, schnell und massiv Truppen zu mobilisieren. Dank dieser machtvollen Infrastruktur – ein Fernzug bestand im Durchschnitt aus 20 Wagen von je 10 Tonnen Gewicht – befand sich die US-Regierung in einer Position der Stärke. Cochise und andere führende Apachen verhandelten hart, aber schnell, weil sie wussten, dass die Zeit nicht auf ihrer Seite war: Jede weitere Gesprächsrunde versprach noch schwieriger zu werden. Bei den Verhandlungen wurden für die verschiedenen

Gruppen der Apachen Reservate vereinbart, und die US-Vertreter berieten mit ihnen über die Standorte. Die meisten Apachen waren für die Reservate, weil sie Schutz vor der US-Armee boten und gute Winterquartiere abgaben. Ende der 1870er-Jahre gab es im amerikanischen Südwesten fünf Reservate der Apachen. Zwei befanden sich neben Forts der Armee, ein Anzeichen für die Angst der US-Amerikaner vor dem Widerstand der Apachen. Als ein amerikanischer Regierungsinspektor 1875 ein Reservat der Chiricahua besuchte, stellte er fest, dass sie gut bewaffnet waren und über ausreichend Pferde verfügten.[25]

Im der Warm Springs Reservation im Nordwesten, südlich des Columbia River, verfolgten die Vertreter der US-Regierung einen streng bürokratischen Ansatz für das »Apachenproblem«. Die von dem 80-jährigen Nana geführten Chiricahua hatten es inzwischen mit US-Amerikanern zu tun, die sie nicht mehr ausrotten, sondern zu Posten in ihren Büchern reduzieren wollten. »Jedes Familienoberhaupt bekam eine Lebensmittelkarte und im Büro wurden Listen geführt«, berichteten die Chiricahua. »Wir lagerten bis Samstag, dem Ausgabetag, in der Umgebung der Mühle, und dann stellten wir uns an einer langen Schlange von Mescaleros hinten an, bis wir am Fenster vorbeikamen. Doch die Apachen ließen sich nicht einsperren und überwachen. Sie setzten ihre uralte Praxis der Raubzüge fort und nutzten die Reservate als Vorratslager.«[26]

Auf einem großen Gipfeltreffen im Powder-River-Gebiet beschlossen die Lakota die *iwaštegla*, eine neue politische Philosophie, die anerkannte, dass sie letztlich mit den Amerikanern koexistieren mussten. Crazy Horse, der perfekte Oglala-Soldat, und Sitting Bull, der charismatische, kompromisslose Führer der nördlichen Lakota, verzichteten darauf, Krieg zu führen. Sie wollten sich zuerst auf die unvermeidliche Verschmelzung der Welt der Lakota und der der US-Amerikaner einstellen können.

Seit Red Cloud, der Militärführer der Lakota, 1868 Captain Fetterman und seine Leute vernichtend geschlagen hatte, war er zu einem Diplomaten geworden, der sich für den Frieden einsetzte. Im Jahr 1870 besuchte er Washington DC, speiste im Weißen Haus und registrierte mit großer Distanz und Würde die gigantische bürokratische und militärische Macht der Vereinigten Staaten nach dem Bürgerkrieg. Mandan, Hidatsa, Arikara, Assiniboine, Crow und Blackfoot hatten Reservate im oberen Tal des Missouri akzeptiert. Die Comanchen hatten mit einer langwierigen Dürre zu kämpfen, durch die das Imperium der Lakota zur letzten Hoffnung des indigenen Kontinents geworden war. Im Jahr 1872 verhandelte Red Cloud auf einer weiteren Reise nach Washington mit der US-Regierung über die jährlichen Zahlungen und die Agenturen auf dem Gebiet der Lakota, wobei er den Amerikanern abwechselnd schmeichelte und ihnen seine Verachtung zeigte. Iwaštegla bedeutete nicht Kapitulation, es bedeutete, die USA näher an sich zu binden und sich den Zugang zu ihren gewaltigen Ressourcen zu sichern. Dass die Lakota Agenturen der US-Regierung auf ihrem Territorium zuließen, war ein Zeichen von Zuversicht, nicht von Schwäche: Die Agenturen lieferten die Güter, die Kleidung und die Waffen, die die US-Regierung nach der Niederlage gegen Red Cloud versprochen hatte. Gut bewaffnet und durchsetzungsfähig erweiterten die Lakota ihr Imperium in der nördlichen Prärie, um sich genügend Bisons für den eigenen Bedarf zu sichern. Sie verdrängten Crow, Ute, Shoshone und Flathead aus ihren Gebieten und erwarteten, dass die US-Amerikaner ihre Haltung akzeptierten.

Dann jedoch wurde ihnen wieder einmal das Gold zum Verhängnis. Eine Expedition der US-Armee unter George Armstrong Custer fand 1874 Spuren von Gold in den Black Hills und löste einen weiteren Goldrausch aus. Während die Comanchen unter Quanah Parker einen verzweifelten Verteidigungskrieg gegen die US-Amerikaner führten, wurden die Lakota zu den wichtigsten Vertretern des indigenen Widerstands. Die Amerikaner setzten sie unter Druck, die Black Hills entweder zu verkaufen oder zu verpachten, drohten damit, ihre jährlichen Zahlungen einzustellen, und verlangten, dass sie »arbeiteten«. Empört zogen die Lakota und ihre Verbündeten daraufhin in den Krieg, um ihr Heiligtum, ihre Souveränität und ihre Rechte zu schützen. Ihr Imperium machte mobil.

Die Lakota besaßen vielleicht nicht die militärische und technologische Macht der Vereinigten Staaten mit ihren Eisanbahnen, Dampfbooten und Maschinengewehren, aber sie hatten sehr viel Wissen über die Strategien und Schwächen der US-Armee gesammelt. Und sie besaßen drei charismatische Führer, die seit mehr als einem Jahrzehnt gegen die US-Amerikaner kämpften: die Oglala Red Cloud und Crazy Horse und den Hunkpapa Sitting Bull, der nördlich von den Oglala lebte. Crazy Horse war ein brillanter Stratege, der seiner eigenen Ansicht nach nur für den Krieg taugte, und Sitting Bull war ein mitreißender spiritueller Führer. Er mobilisierte die Lakota im Norden für den Krieg, indem er beim Sonnentanz Fleisch opferte und sich 50-mal schnitt, bevor er bewusstlos zu Boden sank. Red Cloud zog nicht in die Schlacht, sondern residierte in seiner Agentur und hielt diplomatische Kanäle offen, falls der Krieg durch Verhandlungen beendet werden musste.

Die Lakota erreichten Anfang 1876 in der Schlacht am Rosebud Creek ein Unentschieden, indem sie den Plan General Sheridans vereitelten, sie und die mit ihnen Verbündeten Cheyenne durch eine Zangenbewegung einzukesseln. Es folgte eine verwirrende Kampfpause, die die Lakota nutzten, um weitere Soldaten zu mobilisieren. Ihre Reiter verließen die Great Sioux Reservation und versammelten sich entlang des Little Bighorn River, der von Lakota Greasy Grass getrennt wird. Sie hatten die Mobilisierung der US-Truppen am Yellowstone River beobachtet, die von einem Raddampfer unterstützt wurde. Als die Amerikaner angriffen, waren die Lakota und ihre Verbündeten gut vorbereitet. Sie schlugen die erste amerikanische Angriffswelle zurück, vereitelten Sheridans Zangenbewegung und zwangen den Feind zu einer flüssigen fragmentierten Schlacht, in der sie ihre Stärken ausspielen konnten und in der die US-Amerikaner die Orientierung verloren. In dem entscheidenden kreativen Manöver führte Crazy Horse eine Gruppe Soldaten am Little Bighorn fast eineinhalb Kilometer flussabwärts und umging die Flanke der Amerikaner. Bald waren nur noch 100 US-Amerikaner einschließlich Custer am Leben. Sie erschossen ihre Pferde und gruppierten sich, in dem Bewusstsein, dass sie todgeweiht waren, um einen kleinen runden Hügel. Die Indianer schafften es, sich ihnen durch ein raffiniertes Manöver zu nähern, und erschlugen sie mit Äxten und Kriegskeulen. Sie »machten keinen einzigen Gefangenen, sondern töteten alle: keiner lebte noch länger als fünf Minuten«. Custer durchstachen sie den Penis mit einem Pfeil, damit er verstümmelt im Jenseits ankam.«[27]

Die Lakota hatte einen überwältigenden und ermutigenden Sieg errungen, aber sie sollten den Krieg verlieren. Custers demütigende Niederlage im 100. Jubiläumsjahr der Vereinigten Staaten rief eine massive Reaktion hervor. Leitartikler verglichen seinen »Todeshügel« mit Golgatha und forderten Vergeltung. Die US-Armee führte basierend auf der modernen Infrastruktur eine Serie von Winterangriffen durch und nahm wichtige Führer der Lakota gefangen. Crazy Horse widersetzte sich seiner Festnahme und wurde in der Nähe seiner Hütte mit einem Bajonett erstochen. Sitting Bull entkam nach Norden und überquerte die »Medicine Line«, einen 160 Kilometer langen Abschnitt der US-kanadischen Grenze, an der seine US-amerikanischen Verfolger wie durch Zauberkraft anhielten. Ein rachsüchtiger Kongress beschloss in bewusster Verletzung des Vertrags von Laramie die Annexion der Pahá Sápa, und die Armee zwang die indigenen Reitervölker durch ihre Angriffe in Reservate, wodurch sie ihren wichtigsten Vorteil, die Mobilität, verloren. Die schiere Größe des Westens jenseits des Mississippi hatte den indigenen Reitervölkern jahrzehntelang zum Vorteil gereicht und ihnen immer wieder erlaubt, große Entfernungen zwischen sich und die US-Amerikaner zu legen. Nun jedoch lag der Mobilitätsvorteil bei den US-Amerikanern. Ihre Eisenbahnen waren der Bote einer modernen kapitalistischen Welt mit der Wall Street als Zentrum, in der die Indianer keinen Platz mehr hatten. Indem die USA die Entfernungen durch Bahnlinien verkürzten, ließen sie den Westen auf eine handhabbare Größe schrumpfen, und zugleich störten die Schienenstränge und Züge die für die Indianer lebenswichtigen Wanderungen der Bisonherden. Ende 1876 klagte Spotted Tail, ein bekannter Führer der Sicangu Lakota, als er sich im Indian Territory mit US-Vertretern und einer Delegation von Muscogee traf: »Mein Land ist mit Gold bedeckt. Ich habe mit dem Großen Vater vereinbart, es zu verkaufen, weil der weiße Mann kam, um es zu nehmen (…) Alle Menschen sind arm. Mein Land ist mit Gold bedeckt, und ich muss dafür zahlen.«[28]

Als furchterregendster Feind der imperialen Vereinigten Staaten hatten die Lakota bei ihrem Kampf gegen sie den anderen indigenen Nationen unabsichtlich Zeit verschafft. Geführt von Quanah Parker, hatten die Comanchen weiterhin Wagentrecks angegriffen, US-amerikanische Büffeljäger getötet und US-amerikanische Pferde gestohlen. Sie hatten die südliche Prärie dadurch in einem Zustand der Unsicherheit gehalten, der es ihnen erlaubte, an ihrer traditionellen Lebensweise festzuhalten. Die fortdauernde Macht der Lakota und Comanchen im nordamerikanischen Westen hatte sich auch auf die Gebiete in ihrem Rücken ausgewirkt und kleineren Nationen das Überleben ermöglicht. Im Jahr 1877 jedoch war der Krieg zu Ende. Die Vereinigten Staaten entfesselten ihre ungeheure Macht in Gestalt des Repetiergewehrs, der transkontinentalen Eisenbahn und der rapiden Vermehrung der Postämter, die die wichtigste Ware des Kontinents verbreiteten:

Nachrichten. Quanah Parker und seine Comanchen waren plötzlich dem Zugriff der Armee preisgegeben und mussten sich in einem Reservat niederlassen. Der Kongress bewilligte 200 000 Dollar für Forts im Yellowstone-Gebiet und begann einen weiteren systematischen Winterfeldzug gegen Lakota und Cheyenne. »Custer's Avengers« brachten das große Bündnis von Lakota und Cheyenne binnen eines Jahres zum Zusammenbruch. Der nächste – und letzte – Feldzug sollte nicht so offen geführt werden.[29]

Die Nez Percé lebten in relativem Frieden zwischen den Flüssen Spokane und Snake in ihrer Hochlandheimat auf dem Columbia Plateau, die über fischreiche Gewässer und von wildreichem Wald gesäumtes Grasland verfügte. Das Gebiet war hervorragend für die Pferdezucht geeignet, und die Nez Percé wurden ein ausgezeichnetes Reitervolk. Geschützt von hohen Bergen, die ihr Territorium umschlossen, hatten sie es bis in die späten 1850er-Jahre geschafft, die US-Amerikaner aus ihrem Gebiet fernzuhalten. Dann jedoch eröffneten Vertreter der US-Regierung Verhandlungen mit den Nationen des Columbia Plateau: Sie hatten es nicht nur auf ihr Gebiet abgesehen, sondern wollten weiter im Westen einen Zugang zum Pazifik über den Puget Sound, und sie förderten die Kolonisierung, indem sie durch Verträge mit den Indianern und die Gründung neuer westlicher Staaten Land an Siedler vergaben.

Die Nez Percé inszenierten eine dramatische Ankunft bei den Verhandlungen, die an die Ankunft der Lakota in Fort Laramie im Frühjahr 1851 erinnerte. Nach kontroversen Verhandlungen erklärten sich Walla Walla, Umatilla, Cayuse, Yakama und Nez Percé bereit, Verträge abzuschließen und in Reservate zu ziehen. Im Jahr 1860 jedoch wurde im Reservat der Nez Percé Gold entdeckt, und es kam zu einem langen Kampf zwischen den Indianern, lokalen Beamten und der US-Armee. Die Vereinigten Staaten zwangen den Nez Percé ungünstige Verträge auf, während landhungrige Siedler an den Grenzen ihres Reservats knabberten. Mitte der 1870er-Jahre waren die Nez Percé vom Washington und vom Idaho Territory und von dem Bundesstaat Oregon eingeschlossen, und sie waren mit US-amerikanischen Regierungsvertretern konfrontiert, die Gehorsam forderten und damit drohten, sie von ihrem Land zu vertreiben.[30]

Also gingen sie, geführt von Chief Joseph (auch Thunder Rolling Down the Mountain), auf den Kriegspfad. Der erste Zusammenstoß mit US-

Truppen im Juni 1877 am Clearwater Creek war von großräumigen Manövern, heftigen Gewehrsalven und wiederholten Kavallerieangriffen gekennzeichnet und endete unentschieden. Bald darauf verließen die Nez Percé ihre Heimat. Die US-Armee verfolgte sie und sie begannen eine Art Bewegungskrieg, den sie seit mehreren Jahrzehnten perfektioniert hatten. In einer scheinbar endlosen Serie von Scharmützeln, Rückzügen und Neugruppierungen entfernten sie sich von den US-Truppen, die versuchten, sie durch Sturmangriffe kampfunfähig zu machen. Die Nez Percé führten einen großen und gut koordinierten Feldzug, dank dem sie 2000 Pferde, Dutzende von Hunden und mehrere Dörfer behalten konnten. Mitte September brachen 800 Nez Percé unter Führung von Chief Joseph nach Kanada auf und überquerten dreimal die Kontinentale Wasserscheide, um sich zur Medicine Line am 49. Breitengrad durchzuschlagen. Sie legten in 115 Tagen 2400 Kilometer zurück, bis sie, nur 60 Kilometer von der kanadischen Grenze entfernt, von US-Truppen gestellt wurden. Die Soldaten eskortierten sie zum nächsten Fort und nach langen Irrwegen wurden sie im Indianerterritorium von Oklahoma angesiedelt. Die letzte offizielle militärische Auseinandersetzung zwischen den Vereinigten Staaten und den indigenen Völkern Nordamerikas war zu Ende.[31]

Die indigenen Nationen konnten gegen den US-amerikanischen Leviathan keinen Krieg mehr gewinnen, doch das bedeutete nicht, dass Nordamerika kein indigener Kontinent mehr gewesen wäre oder die Indianer zum Untergang verurteilt gewesen wären. Die westliche Hälfte des Kontinents war mit großen Reservaten übersät, und auch in der östlichen Hälfte gab es noch zahlreiche kleinere. Die Territorien der Native Americans waren zwar geschrumpft, und ihre Zahl war stark zurückgegangen, aber im Westen standen immer noch große Bereiche unter indigener Kontrolle, und dort gab es viele Nationen, die von den Vereinigten Staaten weder besiegt noch enteignet worden waren. Dennoch hatte der Expansionismus der USA von nun an einen entscheidenden Vorteil, denn es drohte eine Kettenreaktion: Wenn eine indigene Nation unterworfen war, wurde die nächste verwundbar. Deshalb konnten die US-Amerikaner ihre Kräfte immer auf jeweils eine Nation konzentrieren. Die indigenen Völker waren mehr und mehr gezwungen, sich auf die Waffen der Schwachen zu stützen: Mobilität, Ausweichmanöver, Unsichtbarkeit und heimlicher Widerstand.

Die Östlichen Shoshonen, ein Ehrfurcht gebietendes Reitervolk, hatten seit Mitte des 17. Jahrhunderts Teile der Rocky Mountains, des Columbia Plateau, des Wyoming Basin und der Great Plains dominiert und zwischenzeitlich Konflikte mit Blackfoot, Yakama, Walla Walla, Cree, Nez Percé und Umatilla ausgetragen. Auch sie hatte die Höhenlage ihres Herrschaftsgebiets lange vor eindringenden Kolonisten bewahrt: Nur wenige US-amerikanische Siedler wollten in den Bergen leben, denn dort war man isoliert, und die Landwirtschaft war schwierig. Als in den 1850er-Jahren die Migration nach Westen begann, suchten die Shoshone im Wyoming Basin Schutz. Sie behandelten die US-Amerikaner, die (auf dem Weg nach Westen) ihr Gebiet durchquerten, freundlich, trieben Tauschhandel mit ihnen und versorgten sie mit Lebensmitteln, verzichteten aber bewusst auf formelle politische Verträge, weil sie den persönlichen Umgang vorzogen. Der Mormonenführer Brigham Young, der damals im Utah Territory Superintendent für Indianerangelegenheiten war, klagte, dass die Shoshone »in so viele kleine Gruppen zersplittert sind, dass es unmöglich ist, mit irgendeiner Sicherheit ihre Zahl zu schätzen«. Er wollte, dass sie »für ihren Lebensunterhalt nicht von der Jagd abhingen, sondern sich an guten Orten ansiedelten, wo sie Getreide anbauen konnten«. Young versuchte, die Shoshone sichtbar, handhabbar und produktiv zu machen. Aber sie ignorierten ihn einfach. Unauffälligkeit bedeutete Sicherheit für sie. Als jedoch mormonische Siedler in ihr Gebiet eindrangen, wehrten sie sich, indem sie Dutzende töteten und verwundeten. Im Jahr 1863 griffen Streitkräfte der Nordstaaten ein und ermordeten im sogenannten Bear River Massaker mehrere Hundert Shoshonen. Die Mormonen suchten noch nach weiteren Wegen, wie sie durch die Indianer ihren Wohlstand mehren konnten. Da sie Sklaverei für etwas Natürliches hielten, aber sowohl Afrikaner als auch Indianer als »dunkel und abscheulich« ansahen, begannen sie in großem Umfang, indianische Kinder zu kaufen.[32]

Wie die Shoshone hatten auch die Blackfoot in den Vorbergen der Rocky Mountains eine Nische gefunden. Sie hielten Distanz zu den imperialen Mächten und beschränkten ihren Kontakt zu den Weißen auf den Pelzhandel. Schon seit Generationen erlaubten sie der Hudson's Bay Company, am Rand ihres Territoriums Handelsposten zu betreiben, weil die Gesellschaft nur handeln wollte und nicht an Land interessiert war und weil sie wie eine Art Ersatzregierung zwischen Indianern und Siedlern vermittelte. Die Blackfoot hatten gelegentliche Gefechte mit Briten und US-Amerikanern ausgetragen, einen regelrechten Krieg jedoch stets vermieden. Ähnlich wie die benachbarten Shoshone und im Gegensatz zu anderen großen indigenen Nationen, waren sie für die US-amerikanische Expansion kein direktes Problem. Nur wenige Kolonisten wollten sich in den Rockies ansiedeln. Sie waren für die meisten nur ein Hindernis, das es zu überqueren galt. Die Blackfoot lebten also auf einem blinden Fleck der Kolonisten, und dort ging es ihnen eineinhalb Jahrhunderte lang gut. In den frühen 1870er-Jahren jedoch wurde die Koexistenz mit den Weißen schwierig. Die alten multiethnischen Verwandtschaftsnetze konnten die gemeinsame Welt angesichts des Ansturms Weißer Siedler und des um sich greifenden Rassismus nicht mehr aufrechterhalten. Ende Januar 1870 attackierten 200 berittene US-Soldaten am Marias River wegen eines einzigen Rachemords eine Gruppe von Pikani aus der Konföderation der Blackfoot. Nach einer Stunde waren etwa 200 Kinder, Frauen und Männer tot. Ursachen waren der US-amerikanische Expansionismus und die bloße Anwesenheit von Indigenen in der Nähe US-amerikanischer Siedlungen. Nach dem Massaker suchten viele Blackfoot in Kanada Zuflucht, aber sie fanden keine. Wie die Vereinigten Staaten hatte inzwischen auch Kanada eine Siedler-Mentalität entwickelt. Im Jahr 1867 hatten sich die kanadischen Kolonien mit dem Hauptmotiv, die Expansion im Westen zu fördern, zum Dominion of Canada zusammengeschlossen.[33]

Allerdings konnten indigene Völker in der Kälte weit nördlich der Medicine Line immer noch eine Zuflucht finden. Dort, im subarktischen Kanada, konnten sie weitgehend unbehelligt von US-amerikanischen Siedlern mit Europäern koexistieren und kooperieren. Die kanadischen Pelzhandelsgesellschaften Hudson's Bay Company und North West Company hießen indigene Jäger und Fallensteller als wertvolle Verbündete willkommen. Es ging um viel Geld, denn der Pelzhandel im Norden war ein lukratives Geschäft mit mehr als 600 großen und kleinen Handelsposten, bei dem Cree, Gros Ventre, Ojibwe, Chippewa, Assiniboine und andere heftig um Handelsprivilegien konkurrierten. Das subarktische Kanada war immer noch eine indigene Welt. Es war kein Paradies; der Wettbewerb um Pelze, Gewehre und Handelsware führte permanent zu Animositäten, Zusammenstößen und offenen Kriegen. Doch die Kriege wurden zu indigenen Bedingungen ausgefochten, das heißt, Verhandlungen zählten mehr als Zwang und Verwandtschaftsbande mehr als harte Grenzen.[34]

Die Métis hielten Abstand zum Dominion und spannen ihre unverzichtbaren Handelsnetze von ihrer Basis in der Red River Colony aus, die ihnen die Hudson's Bay Company 1811 verliehen hatte. Die extrem mobile Nation produzierte Unmengen von Bisonfellen und Pemmikan. Sie hatte einen weiten Aktionsradius, der vom Grasland, wo viele Bisons lebten, über Parklandschaften bis zu den biberreichen Wäldern am Rand kolonialer Zentren reichte, und sie handelte nicht nur mit der Hudson's Bay Company, sondern auch mit deren großem Rivalen, der North West Company. Dabei missachteten ihre Mitglieder nach Belieben die Autorität der USA und Kanadas, indem sie die Grenze beider Staaten nach Belieben überquerten. Die Verwandtschaftsnetze der Métis hatten ein nahezu koloniales Ausmaß, wodurch sie sich in einer Welt, in der Nationalstaat zur Norm wurde, zu einer formidablen Macht entwickelten.

Im Jahr 1869 verrechnete sich das Dominion of Canada, als es sich Rupert's Land, ein riesiges Territorium in der Umgebung der Hudson Bay und im nördlichen Grasland, aneignen wollte. Die Métis erhoben sich. Ihr Führer Louis Riel beharrte auf ihrer Herrschaft über das Gebiet und bestand darauf, dass Landverkäufe nur zwischen der Red River Colony und Kanada und nicht zwischen Kanada und der Hudson's Bay Company abgewickelt werden dürften. Kanada gab nach und erkannte die Forderungen der Métis an. Aber die Métis konnten ihren Sieg nicht lange genießen, denn sie wurden 1870 von einer verheerenden Pockenepidemie heimgesucht. Auch weil die kanadische Regierung ihre vertraglichen Verpflichtungen nur unzureichend erfüllte, führte die Epidemie zu einem schweren Bevölkerungsrückgang, durch den ein Großteil des kanadischen Westens für Siedler frei wurde.[35]

Die Apachen gingen mit ihrer Strategie des Ausweichens weiter als jedes andere Volk. Sie verließen ständig die ihnen zugewiesenen Reservate, überfielen Siedlungen, wo sie Gefangene machten, und zogen sich dann in die Berge oder in tiefe Canyons zurück. Die ihnen zugewiesenen Reservate besuchten sie hauptsächlich, um Vorräte und Kämpfer zu holen. Wenn sie von größeren Truppeneinheiten unter Druck gesetzt wurden, suchten sie Zuflucht in Mexiko oder auf schwierigem Terrain, und auch wenn sie zum Kampf gezwungen werden sollten, gelang es ihnen oft, den Feind durch ihre Guerillataktik zu verwirren und ihn ohne greifbares Ziel zurückzulassen. Wurden sie verfolgt, so verschmutzten sie Wasserquellen und legten Feuer, um die US-amerikanischen Soldaten aufzuhalten. Wenn all das nicht fruchtete, befestigten sie ihre Lager mit Steinwällen und Brustwehren, um sich effektiv zu verteidigen. In anderen Fällen zerstreuten sie sich und sammelten sich wieder, und sie benutzten Spiegel und Rauchsignale, um Botschaften zu übermitteln. Wenn sie sich in großen Gruppen bewegten, hatten sie eine präzise Marschordnung mit einer zentralen Kolonne, die von Wachen vor, neben und hinter dem Zug geschützt wurde. Aus US-amerikanischer Sicht waren sie überall und nirgends. Das Ausweichen war erst in zweiter Linie eine militärische Strategie. Sein Hauptzweck bestand darin, dass es ihnen ermöglichte, weiterhin in ihren Wüstenfestungen zu leben und die Früchte ihrer Operationen zu genießen: geräumige Tipis, große Pferdeherden und Gefangene sowie Maultierladungen von Wasserkrügen, Metallwaren und Kleidung. Als das Ausweichen immer schwieriger wurde, wurden die Frauen der Apachen aktive Kombattantinnen; sie organisierten Kampfgruppen und nahmen in der Schlacht Rache. Lozen, eine Prophetin der Chiricahua, wurde eine mächtige Anführerin beider Geschlechter.[36]

Sowohl die USA als auch Mexiko mussten die Apachen unbedingt befrieden. Ihre ständigen grenzüberschreitenden Raubzüge verhinderten die Gründung von Siedlungen und verdarben das Geschäft. Beide Regierungen zahlten immer noch Belohnungen für Apachen-Skalps; auf den Kopf von Victorio, dem Führer der Chihenne, waren 2000 Dollar ausgesetzt, doch das verstärkte nur den Widerstand der Apachen. Die Grenze zwischen den USA und Mexiko besaß für sie praktisch keine Bedeutung. Sie überwanden sie mühelos. In den frühen 1870er-Jahren richteten die USA an der mexikanisch-amerikanischen Grenze ein Reservat für die Chiricahua ein. Doch es wurde sofort zum Ausgangspunkt neuer Raubzüge, die die Apachen bis tief ins Landesinnere von Mexiko führten, mit der Folge, dass die Mexikaner mehrere Bergwerke, Farmen und Haciendas verließen.

Danach entsandte die US-Armee General George Crook, dem es dank der unverzichtbaren Hilfe freundlich gesinnter Apachen-Scouts gelang, die Chiricahua 1877 zur Umsiedlung in das San-Carlos-Reservat im Südosten Arizonas zu zwingen. Von da an standen sie unter verschärfter Kontrolle der USA und Mexikos. Ihre Ausweichtaktik hatte ihnen zusätzliche

Jahre in Freiheit gebracht, nun aber konnten sie gegen beide Staaten keine Schlacht und schon gar keinen Krieg mehr gewinnen. Die US-Amerikaner wollten inzwischen alle Indianer befriedet und an einem festen Ort eingesperrt sehen. Crook bekam den Auftrag, Geronimo einzufangen, die Personifikation des indigenen Widerstands und den lebenden Beweis für das Scheitern der US-Amerikaner bei der Sicherung des Kontinents. Im Jahr 1882 schlossen die USA und Mexiko einen Vertrag, der die grenzüberschreitende Verfolgung von Apachen erlaubte. Als die sich der Verfolgung nicht mehr durch Grenzübertritte entziehen konnten, bekamen sie schnell massive Schwierigkeiten.

Geronimo ergab sich schließlich 1886 nach jahrelanger Flucht im Skeleton Canyon, unmittelbar nördlich der mexikanischen Grenze. Er hatte nur 80 Leute dabei. Sie wurden alle in einen Zug gesetzt und nach Florida gefahren. Dort wurde Geronimo, den man immer noch für gefährlich hielt, von den anderen getrennt und in das fünf Kilometer entfernte Fort Pickends gebracht. Seine Bitte, in den Westen zurückkehren zu dürfen, wurde nicht erfüllt. Kurz nach seiner Überstellung nach Florida wurden die Chiricahua erneut umgesiedelt, diesmal nach Fort Sill in Oklahoma, wo sie unter schrecklichen Bedingungen 20 Jahre als Kriegsgefangene festgehalten wurden. John Gregory Bourke, ein aufstrebender amerikanischer Ethnologe, machte Interviews mit den dort internierten Frauen der Apachen. So schnell waren die Apachen zu Studienobjekten geworden.[37]

Bourke wollte die Überlieferung der Apachen sichern, bevor sie verschwand, doch er übersah, dass ihre Geschichte und ihre Traditionen seines Rettungsversuchs nicht bedurften. Jede Gruppe der Apachen besaß einen umfassenden Bericht über ihre Vergangenheit, der von den Ältesten weitererzählt wurde, und diese Überlieferung überlebte die Zwangsumsiedlungen, die bösartige Arroganz der US-amerikanischen Regierungsbeamten, den eingefleischten Rassismus der amerikanischen Zivilisierungsprogramme und, als das 19. Jahrhundert zu Ende ging, auch die zynische Vernachlässigung durch die Vereinigten Staaten. Bourkes Versuch, die Kultur der Apachen zu sichern, war dank einer viel mächtigeren historischen Kraft überflüssig, der Resilienz der Apachen.

EPILOG

RACHE UND WIEDERBELEBUNG

ALS SPÄTE REAKTION AUF DIE SCHLACHT am Little Bighorn verbot das Indian Office im Jahr 1882 den Sonnentanz und erzeugte dadurch bei vielen indigenen Nationen ein spirituelles Vakuum. Im Winter 1889 erfuhren die Lakota von einer neuen Religion, dem Geistertanz, die von Wovoka, einem heiligen Mann der Northern Paiute, verkündet wurde. Gesandte der Lakota fuhren mit dem Zug nach Nevada, um aus erster Hand vom Propheten zu lernen. Mit seiner Mischung aus millenaristischen und modernen Elementen schien der Geistertanz den Indianern die Mittel an die Hand zu geben, um in einer sich rasch wandelnden Welt zu überleben, und füllte allmählich das Vakuum, das das Verbot des Sonnentanzes hinterlassen hatte. Im Winter 1889/90 tanzten die Lakota in dem verzweifelten Wunsch, die Bisons und ihre toten Verwandten wieder zum Leben zu erwecken. Doch die US-Amerikaner hatten noch immer Angst vor ihnen und missdeuteten ihren zukunftsgerichteten Geistertanz als Verschwörung. Sie mobilisierten die Armee gegen die Tänzer und stellten eine Gruppe von ihnen am Wounded Knee Creek. Das einst von Custer befehligte 7. Kavallerieregiment nahm die wehrlosen Indianer von einer Anhöhe aus unter Feuer. Mindestens 270 Menschen starben, mindestens 170 waren Frauen und Kinder. Das Massaker war ein Racheakt des Regiments für die 14 Jahre zuvor erlittene Demütigung. Zwanzig Soldaten erhielten die Congressional Medal of Honor (die höchste militärische Auszeichnung der US-amerikanischen Regierung) für ihre Beteiligung an dem Gemetzel.[1]

Das apokalyptische Blutbad von Wounded Knee war ein Zeichen für die Schwäche und die Furcht der US-Amerikaner. Als die Indianerkriege 1877 zu Ende gingen, waren die Vereinigten Staaten sowohl erschöpft als auch fest entschlossen, sich zu behaupten. Seit ihrer Gründung im Jahr

1776 hatte es mehr als 1600 offiziell registrierte militärische Gefechte mit Native Americans gegeben. Außerdem war in den Vereinigten Staaten, während sie mit den Indianern kämpften, der extrem verlustreiche und demoralisierende Bürgerkrieg ausgebrochen und hatte 750 000 US-Amerikaner das Leben gekostet. Als der Frieden endlich kam, verfolgten die USA das Ziel einer doppelten Erneuerung *(Reconstruction)*: Sie wollten sowohl den amerikanischen Süden als auch den indigenen Westen umstrukturieren. Im Westen hatten sie unter einer 100-jährigen Autoritätskrise gelitten und wollten unbedingt ihre Herrschaft durchsetzen. Verglichen mit der Umstrukturierung des amerikanischen Südens, die auch versöhnliche Elemente enthielt, war die des Westens insgesamt sehr hart und von Rachsucht geprägt. Es gab »Zivilisierungsprogramme« und Internate mit dem Wahlspruch »den Indianer töten, um den Mann zu retten« und eine Landverteilungspolitik, deren Akteure die indigenen Territorien als »überschüssiges Land« bezeichneten. Richard Henry Pratt, der Gründer der Carlisle Indian Industrial School, fragte sich, warum die Vereinigten Staaten, die verbliebenen Indianer nicht einfach absorbierten und ihre Kulturen auslöschten, und er war eigentlich ein Freund der Indianer.[2]

Wie viele andere Siedlerstaaten in der Geschichte, versuchten auch die Vereinigten Staaten die indigenen Völker an ihren Grenzen im Zaum zu halten und ihnen die Bewegungsfreiheit zu nehmen. Das Indian Office wurde von eifrigen liberalen Reformern, evangelikalen Christen, Ranchern, Siedlern im Westen und Eisenbahnförderern kaltgestellt, die alle die Indianerreservate abschaffen wollten. Auch die Führer der Native Americans wurden entmachtet, und ihre traditionellen Regierungssysteme, Gesellschaften, Zeremonien, Tänze und Feste, also alles, was die Indianer zu Indianern machte, wurden entweder unterdrückt oder verboten. Die Reaktion der Native Americans war breit und überwältigend. Sie zeigte, wie konsequent sich die indigenen Amerikaner gegen die weißen Siedler behauptet und wie effektiv sie dem Kolonialismus widerstanden hatten. Es bestand eine direkte Verbindung zwischen den militärischen Erfolgen der Native Americans und dem Gefühl der Verwundbarkeit und dem Rachedurst in den Vereinigten Staaten.[3]

Während des 400-jährigen Kampfes der Native Americans gegen die Kolonisierung ihres Kontinents waren die Kolonisten der europäischen Mächte immer wieder an die Grenzen ihrer Belastbarkeit gestoßen. Die enorme Ausbreitung der indigenen Nationen und die Vielfalt ihres Widerstands hatten viele Kolonisten entmutigt und viele das Leben gekostet. Manche indigene Nationen verließen sich ausschließlich auf Gewalt, um die Ausbreitung der Kolonialmächte zu bremsen oder rückgängig zu machen, andere verbündeten sich mit ihnen. Manche knüpften Verbindungen mit anderen indigenen Nationen und gründeten Konföderationen. Die mächtigsten Nationen und Konföderationen wie die Six Nations der Irokesenkonföderation, die Northwest Confederacy und die Nationen der Wyandot, Lakota, Comanchen, Muscogee, Cherokee und Seminolen gewannen mehrfach Schlachten gegen die Kolonisten und kontrollierten die darauffolgenden diplomatischen Verhandlungen. Sie besaßen die Autorität und die Klugheit, dem spanischen, dem französischen, dem britischen und dem US-amerikanischen Reich die Bedingungen zu diktieren. Die Irokesen waren generationenlang die dominante imperiale Macht im Herzen Nordamerikas, und im frühen 19. Jahrhundert gründeten die Comanchen und die Lakota ihre eigenen Imperien – auch, um den Kolonialismus zu überleben. Ihre Imperien wurden von den Kolonisten nicht bekämpft, sondern beschwichtigt. Sie wollten unbedingt ihre Verbündeten und nicht ihre Feinde sein. Sie verbanden sich mit der Macht.

Kleinere indigene Nationen griffen zu differenzierteren, komplizierteren Mitteln. Statt sich den Kolonialmächten direkt in der Schlacht zu stellen, vermieden sie es, ihre Aufmerksamkeit zu wecken, indem sie sich unter Ausnutzung der verblüffenden landschaftlichen Vielfalt Nordamerikas klein machten und unauffällig verhielten. Die Catawba, Shoshonen, Ute, Nez Percé, Blackfoot, Seminolen und andere fanden Zuflucht in Wüsten, Bergen und Sümpfen und wichen dadurch den Siedlern aus, die vor schwierigem und unbekanntem Terrain zurückschreckten. Die Shawnee wiederum, »die großartigsten Reisenden in Amerika«, reagierten auf die Zwangsumsiedlung durch die Kolonisten mit einer hoch organisierten indigenen Diaspora. Am Unterlauf des Mississippi entwickelten sich die kleinen Nationen durch strategische Mobilität, kalkulierte Gewalt und die richtigen Bündnisse zu starken Regionalmächten und entzogen sich so dem imperialen Blick der sie umgebenden Kolonialreiche. Die Catawba waren Mitte der 1820er-Jahre auf 110 Personen zusammengeschrumpft, aber diese 110 reichten aus, damit die Nation überlebte.[4]

Die indigene Macht in Nordamerika erreichte Mitte bis Ende des 19.

Jahrhunderts ihren Höhepunkt. Dieser Sachverhalt ist auf den ersten Blick kontraintuitiv, denn in jener Zeit betraten die Vereinigten Staaten mit ihren »monströsen zusammenhängenden Wirtschaftsräumen« erstmals die Weltbühne, lösten in Deutschland Angst und Schrecken aus und wurden in Italien als die »größte Bedrohung« empfunden. Die imperialen Vereinigten Staaten hielten die Unterwerfung der unabhängigen indigenen Nationen und die Auslöschung ihrer Souveränität durch den Einsatz ihrer überwältigenden militärischen Macht und ihres technologischen Vorsprungs einschließlich der Eisenbahnen für leicht zu erledigen. Aber auch die indigenen Nationen gingen, teilweise in Reaktion auf den Aufstieg des US-amerikanischen Imperiums, neue Wege. Die Comanchen bauten ein Imperium auf, das einen Großteil der Mexikanischen Republik als ein auszubeutendes Hinterland betrachtete und sie zur Herrschaft über einen übergroßen Teil des amerikanischen Westens befähigte. Die Lakota wurden, gestützt auf ihre Mobilität als Reitervolk, auf ein breites Netzwerk von Bündnissen und auf ihre generationenlange Erfahrung in der Abwehr kolonialer Bestrebungen, zur führenden, wenn auch unbeabsichtigten Schutzmacht des indigenen Kontinents. Für einen Zeitraum von sechs Jahrzehnten machten sie wieder und wieder die US-amerikanischen Expansionsbestrebungen zunichte und beschützten Nationen, die kleiner und verwundbarer waren als sie. Wir haben keine Möglichkeit, die Zahl der so geretteten Menschenleben zu bestimmen, aber angesichts der zweifellos genozidalen Tendenzen der US-amerikanischen Siedler war die schützende Existenz des Lakota-Imperiums vielleicht der wichtigste einzelne Faktor, was die Erhaltung des indigenen Kontinents betrifft. Aus indigener Perspektive gesehen war Custers Last Stand (sein Tod in der Schlacht am Little Big Horn) weder eine Anomalie noch eine Gräueltat, sondern erwartbar und notwendig. Wenn man vom nordamerikanischen Westen aus den Blick nach Osten richtet, erscheint die Geschichte Nordamerikas als eine kontinuierliche Geschichte entschlossenen Widerstands, der dafür sorgte, dass der größte Teil des Kontinents viele Generationen lang indigen blieb.[5]

Die indigenen Völker setzen ihre lange Geschichte des Widerstands bis heute fort. Tatsächlich bekämpfen sie den Kolonialismus inzwischen mehr als fünf Jahrhunderte und nicht nur vier, indem sie sich gegen zahlreiche imperiale Pläne wehren und diese vereiteln und den Kontinent auch in das

20. und das 21. Jahrhundert hinein indigen halten. Sie haben eine große Bandbreite von Strategien entwickelt und sich reibungslos von Diplomatie und Krieg auf Appeasement und Ausweichen umgestellt. Schon das bloße Überleben war schwierig. In den 1890er-Jahren gab es nur noch 250.000 Indianer, eine entsetzlich niedrige Zahl, die auf die Monstrosität der genozidalen Kampagnen der USA schließen lässt. Durch die US-amerikanische Expansion war die indigene Bevölkerung Nordamerikas um 70 Prozent geschrumpft.[6]

Doch die 250.000 Native Americans waren genug, um eine Wiederbelebung zu ermöglichen. Heute erleben viele indigene Nationen und Communitys ein schnelles zahlenmäßiges Wachstum. Der Kontinent ist mit Hunderten von indigenen Nationen übersät, die die indigene Souveränität und nationale Identität aufrechterhalten. Jede einzelne steht für jahrhundertelangen Widerstand gegen koloniale Gewalt und Expansion, sei sie spanisch, französisch, britisch, niederländisch, kanadisch oder US-amerikanisch. Die Kolonisten hätten sich jeden Quadratzentimeter nordamerikanischen Bodens angeeignet, wenn sie daran nicht von den indigenen Bewohnern des Kontinents gehindert worden wären.

An einer heutigen Karte der Indianerreservate in Nordamerika lässt sich die Geschichte des indigenen Kontinents ablesen. Kanada hat Hunderte von Indian Reserves, von denen die meisten einer einzelnen Gruppe von Indigenen gehören, ein zentralisiertes System, das sich massiv von dem im Zuge der Zwangsumsiedlungspolitik der Vereinigten Staaten entstandenen unterscheidet, aus der 1830 das Indian Territory hervorging. Im Jahr 2016 lebte die Hälfte der First-Nation-Völker Kanadas in Reserves, die relativ gleichmäßig über die Provinzen verteilt waren, wobei die größte Konzentration an der Pazifikküste herrschte. Südlich des 49. Breitengrads ist die Lage eine andere. Die Ostküste und die Ebenen an der Küste südlich der Chesapeake Bay waren vom 17. Jahrhundert an heftig umkämpft, und in diesen Regionen gibt es heute keine Reservate. Dasselbe gilt auch für die Orte, wo die indigenen Nationen den US-Amerikanern auf dem Höhepunkt des amerikanischen Imperialismus im späten 18. und frühen 19. Jahrhundert gegenüberstanden: das Ohio-Gebiet, der Deep South und Texas. Die größten Reservate in den USA befinden sich im Westen und gehören den Navajo, Ute, Comanchen, Tohono O'odham, Oglala Lakota, Hunkpapa Lakota, Sihasapa Lakota, den Östlichen Shoshonen, den Nördlichen Arapaho und den Crow. All diese Nationen kämpften generationenlang gegen verschiedene Kolonialmächte, um ihr Territorium und ihre Souveränität zu schützen. Außerdem gibt es große Ansammlungen von Reservaten in der Region der Großen Seen, wo der indigene Widerstand die Kolonialisten zwang, die Lebensweise der Indigenen zu respektieren, mit ihnen zu kooperieren und ihre Autorität anzuerkennen.[7]

David Treuer, ein Schriftsteller aus der Nation der Ojibwe, vertritt die Ansicht, es sei »Amerika gelungen, im Lauf der letzten 245 Jahre eher indianischer als weniger indianisch zu werden«, was die Ansichten über die Wildheit des Kontinents betrifft. Treuer kommentiert damit den andauernden, oft unsichtbaren Einfluss der indigenen Kultur. Aber auch über seine spezifische Behauptung hinaus lohnt es sich innezuhalten und sich zu vergegenwärtigen, wie jung die Vereinigten Staaten und ihr Aufstieg eigentlich sind. Die 400 Jahre des Kolonialismus, die auf die Ankunft von Kolumbus in Amerika folgten, konnten die indigene Herrschaft über Nordamerika nicht auslöschen. Erst vor 130 Jahren, einem kleinen Zeitraum im Vergleich zu der langen Zeit, in der das indigene Amerika zuvor schon Kontakt mit Weißen gehabt hatte, konnten die Vereinigten Staaten den Anspruch erheben, eine kritische Masse der Native Americans unterworfen zu haben. Demgegenüber hatte die Macht der Irokesen vom 16. Jahrhundert bis weit ins 19. Jahrhundert gedauert, ihre Nation ist also älter und historisch zentraler als die der Vereinigten Staaten. So gesehen sind die Vereinigten Staaten ein bloßer Fleck auf einer indigenen Zeitskala.

Im Gesamtzusammenhang der Geschichte des indigenen Kontinents bekommt die US-amerikanische Geschichte ein ganz neues Gesicht. Und dasselbe gilt auch für die amerikanische Gegenwart. Das souveräne indigene Amerika lebt heute weiter in der Dynamik der modernen indigenen Communitys, in den nach wie vor bestehenden traditionellen Lebensweisen und in ständiger Weiterentwicklung der primären indianischen Reaktion auf den Kolonialismus: des Widerstands.[8]

DANK

VIELE MENSCHEN HALFEN MIR bei meinen Recherchen und beim Schreiben dieses Buches, und es ist mir ein großes Vergnügen, ihnen zu danken: Fred Anderson, Rani Andersson, Juliana Barr, James Belich, Lance Blythe, Patrick Bottiger, Paul Conrad, Jane Dinwoodie, François Furstenberg, Daniel Green, Patrick Griffin, Mandy Izadi, Paul Kelton, John Kessell, Matthew Kruer, Sami Lakomäki, Joy Porter, Charles Prior, Andrés Reséndez, Nancy Shoemaker, Coll Thrush, Camilla Townsend, und Samuel Truett opferten großzügig ihre Zeit, um über dieses Projekt zu sprechen; sie lasen Teile des Manuskripts und sorgten durch ihre Einsichten dafür, dass es besser wurde. James Merrell las das ganze Manuskript und übte detaillierte und kluge Kritik; ich bin ihm für seinen Rat zutiefst zu Dank verpflichtet. Mein Herausgeber Daniel Gerstle hat das Buch durch sein scharfsinniges Feedback enorm verbessert. Dankbar bin ich auch Zeba Arora für ihre Arbeit mit den Abbildungen. Es war wunderbar, bei den Karten wieder mit Bill Nelson zusammenzuarbeiten. Auch meiner Agentin Geri Thoma danke ich herzlich für ihre Unterstützung, ihren Enthusiasmus und ihre Klugheit. Sehr viel Dank schulde ich auch meiner Lektorin Stephanie Hiebert. Sie hat nicht nur das Manuskript enorm verbessert, sondern mir auch eine Menge über das Schreiben beigebracht. Auch Kaspar Supinen und Lidia Supinen danke ich für ihre Einsichten und ihre Unterstützung. Wie immer hat mir Veera Supinen mit ihrem brillanten Verstand immens geholfen.

Einige der Ideen und Argumente von *Der indigene Kontinent* habe ich zum ersten Mal in dem Essay »The Shapes of Power: Indians, Europeans, and North American Worlds from the Seventeenth to the Nineteenth Century« veröffentlicht. Er ist in dem von Juliana Barr und Edward Countryman herausgegebenen Sammelband *Contested Spaces of Early America*

2014 in Philadelphia erschienen. Ich bin den Autoren dieses Werks sehr dankbar für ihr Feedback und danke auch allen Teilnehmern an dem Manuskript-Workshop, der vor der Publikation des Buches stattfand. Insbesondere möchte ich Matthew Babcock, Juliana Barr, Ned Blackhawk, Edward Countryman, Chantal Cramaussel, Brian DeLay, Elizabeth Fenn, Allan Freer, Raúl José Mandrini, Cynthia Radding, Birgit Brander Rasmussen, Alan Taylor und Samuel Truett meinen Dank aussprechen.

ANHANG

ABKÜRZUNGEN

AHR American Historical Review.

ARCIA U. S. Department of the Interior, *Annual Reports of the Commissioner of Indian Affairs* (Washington, DC: Government Printing Office), University of Wisconsin–Madison Libraries, UW-Digitized Collections, Documents Relating to Native American Affairs, https://search.library.wisc.edu/digital/A3YVW4ZRARQT 7J8S.

ARI Colin G. Calloway, The American Revolution in Indian Country: Crisis and Diversity in Native American Communities, New York 1995.

BR Daniel K. Richter, Before the Revolution: America's Ancient Pasts, Cambridge, MA 2011.

CE Pekka Hämäläinen, The Comanche Empire, New Haven, CT 2008.

CW Fred Anderson, Crucible of War: The Seven Years' War and the Fate of Empire in British North America, 1754–1766, New York 2000.

EW Jon Parmenter, The Edge of the Woods: Iroquoia, 1534–1701, East Lansing 2010.

HAC R. Cole Harris (Hg.), Historical Atlas of Canada, Bd. 1, From the Beginning to 1800, Toronto 1987.

IALT Charles J. Kappler (Hg.), Indian Affairs: Laws and Treaties Washington, DC: Government Printing Office, 1929, 4 Bde.

JAH Journal of American History.

JLCE Gary E. Moulton (Hg.), Journals of the Lewis & Clark Expedition, Lincoln 1983–2001, 13 Bde.

JP The Papers of Sir William Johnson, Albany 1921–1965, 14 Bde.

JR Reuben Gold Thwaites (Hg.), The Jesuit Relations and Allied Documents, Cleveland, OH 1896-1901, 73 Bde.

LA Pekka Hämäläinen, Lakota America: A New History of Indigenous Power, New Haven, CT 2019.

MG Richard White, The Middle Ground: Indians, Empires, and Republics in the Great Lakes Region, 1650–1815, New York 1991.

MPCP Samuel Hazard (Hg.), Minutes of the Provincial Council of Pennsylvania from the Organization to the Termination of the Proprietary Government, Harrisburg, Partei 1838, 6 Bde.

MPHC Michigan Pioneer Historical Society: Collections and Researchers, Lansing, MI 1877–1929, 40 Bde.

NEQ New England Quarterly.

NOT Claudio Saunt, A New Order of Things: Property, Power, and the Transformation of the Creek Indians, 1733–1816, New York 1999.

NWA Colin G. Calloway, New Worlds for All: Indians, Europeans, and the Remaking of Early America, Baltimore 1998.

NYCD John Romeyn Brodhead, Documents Relative to the Colonial History of the State of New York; Procured in Holland, England, and France, hrsg. von F. B. O'Callaghan, Albany, New York 1853–1887, 15 Bde.

OBK Lisa Brooks, Our Beloved Kin: A New History of King Philip's War, New Haven, CT 2018.

OL Daniel K. Richter, The Ordeal of the Longhouse: The Peoples of the Iroquois League in the Era of European Colonization, Chapel Hill 1992.

PNAS Proceedings of the National Academy of Sciences of the United States of America.

SA D. W. Meinig, The Shaping of America: A Geographical Perspective on 500 Years of History, New Haven, CT 1986–2005), 4 Bde.

SFNA David J. Weber, Spanish Frontier in North America, New Haven, CT 1992.

SG Jeremy Ostler, Surviving Genocide: Native Nations and the United States from the American Revolution to Bleeding Kansas, New Haven, CT 2019.

WHC Lyman C. Draper and Reuben G. Thwaites (Hg.), Collections of the State Historical Society of Wisconsin, Madison, WI 1855–1911, 20 Bde.

WMQ William and Mary Quarterly.

WUH Gregory Evans Dowd, War under Heaven: Pontiac, the Indian Nations, and the British Empire, Baltimore 2002.

YSF Candace S. Greene und Russell Thornton (Hg.), The Year the Stars Fell: Lakota Winter Counts at the Smithsonian, Washington, DC 2007.

ANMERKUNGEN

Einleitung: der Mythosvom kolonialen Amerika

1 Ich übernahm die »Unendlichkeit der Nationen« (»infinity of nations«) aus: Michael Witgen, *An Infinity of Nations: How the Native New World Shaped Early America,* Philadelphia 2012.

2 Nancy Shoemaker, »2019 Presidential Address: Sameness and Difference in Ethnohistory«, in: *Ethnohistory* 67, Nr. 4 (Oktober 2020), S. 537–549.

1 Die Welt auf dem Rücken der Schildkröte

1 Alice B. Kehoe, *North American Indians: A Comprehensive Account,* Englewood Cliffs, NJ 21992, S. 1–11; Stuart J. Fiedel, »Older Than We Thought: Implications of Corrected Dates for Paleoindians«, in: *American Antiquity* 64 (Januar 1999), S. 95–115; Jennifer Raff, *Origin: A Genetic History of the Americas,* New York 2022.

2 J. V. Moreno-Mayar/L. Vinner/P. de Barros Damgaard/C. de la Fuente/J. Chan/J. P. Spence/M. E. Allentoft et al., »Early Human Dispersals within the Americas«, in: *Science* 362, Nr. 6419, 2018, https://doi.org/10.1126/science.aav2621; Todd J. Braje/Tom D. Dillehay/Jon M. Erlandson/Richard G. Klein/Torben C. Rick, »Finding the First Americans«, in: *Science* 358, Nr. 6363 (November 2017), S. 592–594; Fen Montaigne, »The Fertile Shore«, in: *Smithsonian Magazine,* Januar/Februar 2020, https://www.smithsonianmag.com/science-nature/how-humans-came-to-americas-180973739. Zur Datierung bestehen erhebliche Meinungsverschiedenheiten; einige Wissenschaftler sind der Ansicht, dass Menschen bereits vor 22 000 Jahren nach Monte Verde gelangten. Zu dieser Debatte vgl. Charles C. Mann, *Amerika vor Kolumbus: Die Geschichte eines unentdeckten Kontinents,* Reinbek 2016, S. 264–273; Matthew R. Bennett/David Bustos/Jeffrey S. Pigati/Kathleen B. Springer/Thomas M. Urban/Vance T. Holliday/Sally C. Reynolds et al., »Evidence of Humans in North America during the Last Glacial Maximum«, in: *Science,* Nr. 6562 (24. September 2021), S. 1528–1531.

3 Lisa Ford, *The Common Pot: The Recovery of Native Space in the Northwest,* Minneapolis 2008, S. 2f.; William N. Fenton, »This Island, the World on the Turtle's Back«, in: *Journal of American Folklore* 75 (Oktober–Dezember 1962), S. 283–300; Dean R. Snow, *The Iroquois,* Malden, MA 1994, S. 3f.; Daniel P. Barr, *Unconquered: The Iroquois League at War in Colonial America,* Westport, CT 2006, S. 3.

4 George Bird Grinell, »Pawnee Mythology«, in: *Journal of American Folklore* 6 (April–Juni 1893), S. 114–130.

5 James Mooney (Hg.), *Mythen der Cherokee: Der Aufstand der vierfüßigen Völker und die Eulenspiegeleien von Tricksterhase,* Berlin 1992, hier: S. 7–9 (»Wie die Welt entstand«). [Originalausgabe: *Myths of the Cherokee,* Washington, DC 1902.]

6 Richard Erdoes/Alfonso Ortiz (Hg.), *Der Tanz der Büffel: Das Buch der indianischen Mythen und Legenden,* Bern/München/Wien 1997, S. 554–557 (»Die Neuerschaffung der Welt«, Zitate auf S. 554, 556). [Titel der Originalausgabe: *American Indian Myths and Legends,* New York 1984.]

7 N. [Natachee] Scott Momaday, *Der Weg zum Regenberg,* Idstein 1991, S. 22. [Originalausgabe: *The Way to the Rainy Mountain,* Albuquerque 1903.]

8 Louise Lamphere, »Symbolic Elements in Navajo Ritual«, in: *Southwestern Journal of Anthropology* 25 (Herbst 1969), S. 279–305; Gladys A. Reichard, »Destinctive Features of Navajo Religion«, in: *Southwestern Journal of Anthropology* 1 (Sommer 1946), S. 210–213; Gary Witherspoon, »The Central Concepts of Navajo World View«, in: *Linguistics* 12, Nr. 119 (1974), S 41–60; Gary Witherspoon, *Navajo Kinship and Marriage,* Chicago 1975, S. 15–22, S. 68f.

9 Alice Beck Kehoe, *North America before the European Invasions,* New York 2002, S. 9; Robert N. Zeitlin/Judith Francis Zeitlin, »The Paleoindian and Archaic Cultures of Mesoamerica«, in: Richard E. Adams/Murdo J. MacLeod, *The Cambridge History of the Native Peoples of the Americas,* Bd. 2, *Mesoamerica,* New York 2000, S. 45–121 (bes. S. 51–53).

10 Vine Deloria jr., *Red Earth, White Lies: Native Americans and the Myth of Scientific Fact,* New York 1995; Mathias vom Hau/Guillermo Wilde, »›We Have Always Lived Here‹: Indigenous Movements, Citizenship and Poverty in Argentina«, in: *Journal of Development Studies* 46, Nr. 7 (2010), S. 1283–1303; Erdoes/Ortiz (Hg.), *American Indian Myths and Legends,* S. xiv. Eine überzeugende Argumentation zur zentralen Bedeutung von Land in der amerikanischen Geschichte bietet: Roxanne Dunbar-Ortiz, *An Indigenous Peoples' History of the United States,* Boston 2014.

11 Clark Wissler/D. C. Duvall, *Mythology of the Blackfoot Indians,* Anthropological Papers of the American Museum of Natural History, Bd. 2, 1. Teil, New York 1908, S. 121–133; Donald K. Grayson/David J. Meltzer, »A Requiem for North American Overkill«, in: *Journal of Archaeological Science* 30 (Mai 2003), S. 585–593; Jacquelyn L. Gill/John W. Williams/Stephen T. Jackson/Katherine B. Lininger/Guy S. Robinson, »Pleistocene Megafaunal Collapse, Novel Plant Communities, and Enhanced Fire Regimes in North America«, in: *Science* 326, Nr. 5956 (November 2009), S. 1100–1103; Gary Haynes (Hg.), *American Megafaunal Extinctions at the End of the Pleistocene,* New York 2009.

12 Jeff M. Martin/Jim I. Mead/Perry S. Barboza, »Bison Body Size and Climate Change«, in: *Ecology and Evolution,* Mai 2018, S. 4564–4574; Stuart J. Fiedel, *Prehistory of the Americas,* Cambridge ²1992, S. 143–146.

13 Fiedel, *Prehistory of the Americas,* S. 66; James E. McClellan III/Harold Dorn, *Werkzeuge und Wissen: Naturwissenschaft und Technik in der Weltgeschichte,* Hamburg 2001, S. 17f.; John C. Whittaker/Devin B. Pettigrew/Ryan J. Grohsmeyer, »Atlatl Dart Velocity: Accurate Measurements and Implications for Paleoindian and Archaic Archaeology«, in: *PaleoAmerica* 3, Nr. 2 (2017), S. 161–181.

14 Kehoe, *North American Indians,* S. 403.

15 Joshua L. Reid, *The Sea Is My Country: The Maritime World of the Makahs, an Indigenous Borderlands People,* New Haven, CT 2015, S. 4–12; Steven W. Hackel, *Children of Coyote, Missionaries of Saint Francis: Indian-Spanish Relations in Colonial California, 1769–1850,* Chapel Hill 2005, S. 17–20; Colin G. Calloway, *One Vast Winter Count: The Native American West before Lewis and Clark,* Lincoln 2003, S. 45–50; Kehoe, *North American Indians,* S. 429–434.

16 Kehoe, *North American Indians,* S. 434–457; Allan Greer, »Commons and Enclosure in the Colonization of North America«, in: *AHR* 117, Nr. 2 (April 2012), S. 370.

2 Der egalitäre Kontinent

1 J. M. J. De Wet/J. R. Harlan/C. A. Grant, »Origin and Evolution of Teosinte (*Zea mexicana* [Schrad.] Kuntze.)«, in: *Euphytica* 20, Nr. 2 (1971), S. 255–265; Andrew Sluyter/Gabriela Dominguez, »Early Maize *(Zea mays* L.)«, in: *PNAS* 103 (Januar 2006), S. 1147–1151.

2 D. R. Piperno/K. V. Flannery, »The Earliest Archaeological Maize *(Zea mays* L.) from Highland Mexico: New Accelerator Mass Spectrometry Dates and Theory Implications«, in: *PNAS* 98 (Februar 2001), S. 2101–2103; Robert M. Rosenswig, »Sedentism and Food Production in Early Complex Societies of the Soconusco, Mexico«, in: *World Archaeology* 38 (Juni 2006), S. 330–355.

3 Steadman Upham/Richard S. MacNeish/Walton C. Galinat/Christopher M. Stevenson, »Evidence concerning the Origin of Maiz de Ocho«, in: *American Anthropologist* 89 (Juni 1987), S. 410–419.

4 J. H. Garrison Wilkes, »Maize and Its Wild Relatives«, in: *Science* 177 (September 1972), S. 1071–1077; M. Jensen, »Native American Women and Agriculture: A Seneca Case Study«, in: *Sex Roles* 3, Nr. 5 (1977), S. 423–441; C. Margaret Scarry, »Crop Husbandry Practices in North America's Eastern Woodlands«, in: Elizabeth Reitz/C. Margaret Scarry/Sylvia J. Scudder (Hg.), *Case Studies in Environmental Archaeology,* New York 2008, S. 391–404.

5 Paul S. Martin, »Prehistory: Mogollon«, in: Alfonso Ortiz (Hg.), *Southwest,* Bd. 9 des *Handbook of North American Indians,* hg. von William Sturtevant, Washington, DC 1979, S. 61–74; George G. Gumerman/Emil W. Haury, »Prehistory: Hohokam«, in: Ortiz (Hg.), *Southwest,* S. 75–90; Suzanne K. Fish/Paul R. Fish, »Prehistoric Landscapes of the Sonoran Desert Hohokam«, in: *Population and Environment* 13 (Sommer 1992), S. 269–283; *BR,* S. 15–17; Thomas C. Windes/Dabney Ford, »The Chaco Wood Project: The Chronometric Reappraisal of Pueblo Bonito«, in: *American Antiquity* 61 (April 1996), S. 295–310.

6 Kevin Rafferty, »The Virgin Anasazi and the Pan-southwestern Trade System, A.D. 900–1150«, in: *Kiva* 56, Nr. 1 (1990), S. 324; Timothy A. Kohler/Kathryn Kramer Turner, »Raiding for Women in the Pre-Hispanic Northern Pueblo Southwest?«, in: *Current Anthropology* 47 (Dezember 2006), S. 1035–1045; Alice B. Kehoe, *North American Indians,* S. 120–122; Amanda J. Landon, »The ›How‹ of the Three Sisters: The Origins of Agriculture Mesoamerica and the Human Niche«, in: *Nebraska Anthropologist* 40 (2008), S. 110–124; *BR,* S. 19f.

7 Carrie Heitman, »Houses Great and Small: Reevaluating the ›House‹ in Chaco Canyon, New Mexico«, in: Robin A. Beck (Hg.), *The Durable House: House Society Models in Archaeology*, Carbondale, IL 2007, S. 248–272 [Occasional Paper 35, Center for Archaeological Investigations, Southern Illinois University].

8 Jon L. Gibson, *The Ancient Mounds of Poverty Point: A Place of Rings*, Gainesville 2001; Jenny Ellerbe/Siena M. Greenlee, *Poverty Point: Revealing the Forgotten City*, Baton Rouge 2015.

9 Sarah E. Baires, »Cahokia's Rattlesnake Causeway«, in: *Midcontinental Journal of Archeology* 39, Nr. 2 (2014), S. 145–162.

10 Die Literatur zu Cahokia ist äußerst umfangreich und wächst nach wie vor. Ich stützte mich besonders auf Sarah E. Baires, *Land of Water, City of the Dead: Religion and Cahokia's Emergence*, Tuscaloosa 2017; Timothy R. Pauketat, *Cahokia: Ancient America's Great City on the Mississippi*, New York 2009; und Biloine Whiting Young/Melvin L. Fowler, *Cahokia: The Great Native American Metropolis*, Urbana 2000.

11 Young/Fowler, *Cahokia*, S. 192; Mary Beth D. Trubitt, »Mound Building and Prestige Goods Exchange: Changing Strategies in the Cahokia«, in: *American Antiquity* 65 (Oktober 2000), S. 669–690; Kathryn M. Koziol, »Performances of Imposed Status: Captivity in Cahokia«, in: Debra L. Martin/Ryan P. Harrod/Ventura R. Pérez (Hg.), *Bioarchaeology of Violence*, Gainesville 2012, S. 227f.; Samuel L. Munoz/Kristine E. Gruley/Ashtin Massie/David A. Fike/Sissel Schroeder/John W. Williams, »Cahokia's Emergence and Decline Coincided with Shifts of Flood Frequency on the Mississippi River«, in: *PNAS* 112 (Mai 2015), S. 6319–6324; Larry V. Benson/Timothy R. Pauketat/Edward R. Cook, »Cahokia's Boom and Bust in the Context of Climate Change«, in: *American Antiquity* 74 (Juli 009), S. 467–483. Einen allgemeinen Überblick zur Kleinen Eiszeit bietet: Brian Fagan, *The Little Ice Age: How Climate Made History, 1300–1850*, bearbeitete Neuauflage, New York 2019.

12 Ruth M. Van Dyke, »Memory, Meaning, and Masonry: The Late Bonito Chacoan Landscape«, in: *American Antiquity* 69 (Juli 2004), S. 423–427; Nancy M. Mahoney/Michael A. Adler/James W. Kendrick, »The Changing Scale and Configuration of Mesa Verde Communities«, in: *Kiva*, Herbst 2000, S. 67–90; Julie Zimmermann Holt, »Rethinking the Ramey State: Was Cahokia the Center of a Theater State?«, in: *American Antiquity* 74 (April 2009), S. 231–254.

13 *BR*, S. 30f.; Lynn S. Teague, »Prehistory and the Traditions of the O'Odham and Hopi«, in: *Kiva* 58, Nr. 4 (1993), S. 435–454; Don Watson, *Indians of the Mesa Verde*, Ann Arbor, MI 1953, S. 136.

14 Paul E. Minnis/Michael E. Whalen, *Discovering Paquimé*, Tucson 2016, S. 23–52; Dean R. Snow, *Archaeology of Native North America*, New York 2009, S. 123.

15 Kehoe, *North American Indians*, S. 124–126; Richard E. W. Adams, *Prehistoric Mesoamerica*, Norman 1991, S. 301–307; Jorge E. Hardoy, *Pre-Columbian Cities*, London 1973, S. 58; Terence N. D'Altroy, *The Incas*, Chichester, UK 2014, S. 2014, S. 174–176; Robert J. Sharer, *Maya Civilization*, Westport, CT 2009, S. 100–107.

16 Celina Campbell/Ian D. Campbell, »The Little Ice Age and Neutral Faunal As-

semblages«, in: *Ontario Archaeology* 49 (1989), S. 13–33; Sam White, *A Cold Welcome: The Little Ice Age and Europe,* Cambridge, MA 2017, S. 109–131; David Wishart, *An Unspeakable Sadness: The Dispossession of the Nebraska Indians,* Lincoln 1994, S. 4; Elizabeth A. Fenn, *Encounters at the Heart of the World: A History of the Mandan People,* New York 2014, S. 8–26; Colin G. Calloway, *One Vast Winter Count,* S. 109f. [Kap. 1, Anm. 15]; *BR,* S. 30–36; Geoff Cunfer, »The Decline and Fall of the Bison Empire«, in: Geoff Cunfer/Bill Waiser (Hg.), *Bison and People on the North American Great Plains: A Deep Environmental History,* College Station 2016, S. 8f.; Dan Flores, »Reviewing the Iconic Story: Environmental History and Demise of the Bison«, in: Cunfer/Waiser (Hg.), *Bison and People on the North American Great Plains,* S. 39.

17 Liz Bryan, *The Buffalo People: Pre-contact Archaeology on the Canadian Plains,* Surrey, BC 2005, S. 69; Beth R. Ritter, »Piecing Together the Ponca Past: Reconstructing Degiha Migrations to the Great Plains«, in: *Great Plains Quarterly* 22 (Herbst 2002), S. 271–284; Elliott West, *The Contested Plains: Indians, Goldseekers, and the Rush to Colorado,* Lawrence 1998, S. 36–41; George Bird Grinnell, *Blackfoot Lodge Tales: The Story of a Prairie People,* Lincoln 1962, S. 228; Jack W. Brink, *Imagining Head-Smashed-In: Aboriginal Buffalo Hunting on the Northern Plains,* Edmonton, AL 2008.

18 Benjamin Madley, »Reexamining the American Genocide Debate: Meaning, Historiography, and New Methods«, in: *AHR* 120 (Februar 2015), S. 98f.

3 Blinde Eroberungen

1 Brian Fagan, *The Little Ice Age* [Kap. 2, Anm. 11]; Philipp Blom, *Die Welt aus den Angeln: Eine Geschichte der Kleinen Eiszeit von 1570 bis 1700 sowie der Entstehung der modernen Welt, verbunden mit einigen Überlegungen zum Klima der Gegenwart,* München 2017; Chris Wickham, *Framing the Early Middle Ages: Europe and the Mediterranean, 400–800,* Oxford 2005; Peter Brown, *Welten im Aufbruch: Die Zeit der Spätantike,* Bergisch-Gladbach 1980; Gerald A. J. Hodgett, *A Social and Economic History of Medieval Europe,* London 1972, S. 185–198; *BR,* S. 38–41.

2 Zum Aufstieg der Steuern erhebenden Militärstaaten vgl. Charles Tilly, *Coercion, Capital, and European States, AD 990–1992,* Malden, MA 1990; Geoffrey Parker, *Die militärische Revolution: Die Kriegskunst und der Aufstieg des Westens 1500–1800,* Frankfurt/M. 1990, S. 36–67.

3 Als kleine Auswahl wichtiger Werke seien hier genannt: Fernand Braudel, *Sozialgeschichte des 15.–18. Jahrhunderts,* Bd. 2, *Der Handel,* München 1986; John Huxtable [J. H.] Elliott, *Spain, Europe and the Wider World 1500–1800,* New Haven, CT 2009; Joseph F. O'Callaghan, *Reconquest and Crusade in Medieval Spain,* Philadelphia 2003.

4 John Horace [J. H.] Parry, *The Spanish Seaborne Empire,* Berkeley 1966, S. 39–42; Alfred W. Crosby, *Die Früchte des weißen Mannes: Ökologischer Imperialismus 900–1900,* Darmstadt 1991, S. 73–94 (Kap. »Die ersten Kolonien«), Originaltitel: *Ecological Imperialism: The Biological Expansion of Europe,* 900–1900, New York

1986, dort: S. 70–92; John E. Kicza, »Patterns in Early Spanish Overseas Expansion«, in: *WMQ* 49 (April 1992), S. 233–238.

5 Henry Vignaud, *Toscanelli and Columbus: The Letter and Chart of Toscanelli on the Route to the Indies by Way of the West, Sent in 1474 to the Portuguese, Fernam Martins, and Later On to Christopher Columbus*, New York 1902; Carl Ortwin Sauer, *The Eary Spanish Main*, Berkeley 1966, S. 12–16 (Zitat »Nachfolger«: S. 16); Gene Rhea Tucker, »Place Names, Conquest, and Empire: Spanish and Amerindian Conceptions of Place in the New World«, Diss., University of Texas at Arlington 2011, S. 101–110; J. H. Elliott, *Imperial Spain, 1469–1716*, London 1963, S. 45–76.

6 Andrés Reséndez, *The Other Slavery: The Uncovered Story of Indian Enslavement in America*, Boston 2016, S. 35f.; Samuel Eliot Morison, *Admiral des Weltmeeres: Das Leben des Christoph Columbus*, Bremen-Horn 1948, bes. S.33f., S. 62–65, S. 180–284.

7 Crosby, *Die Früchte des weißen Mannes*, S. 101f. ; Morison, *Admiral des Weltmeeres*, S. 379–483; Sauer, *Early Spanish Main*, S. 23–35, S. 71; Jace Weaver, »The Red Atlantic: Transoceanic Cultural Exchanges«, in: *American Indian Quarterly* 35 (Sommer 2011), S. 426.

8 Sam White, *A Cold Welcome*, S. 9f. [Kap. 2, Anm. 16]; Molly A. Walsh, »Enslaved Pearl Divers in the Sixteenth Century Caribbean«, in: *Slavery and Abolition* 31 (September 2010), S. 345–362; Kicza, »Patterns«, S. 243. Zum Bevölkerungsrückgang vgl. Massimo Livi-Bacci, »The Depopulation of Hispanic America after the Conquest«, in: *Population and Development Review* 32 (Juni 2006«, S. 199–232; Russell Thornton, *American Indian Holocaust and Survival: A Population History since 1492*, Norman 1987, S. 3–47; D. S. Jones, »Virgin Soils Revisited«, in: *WMQ* 60 (Oktober 2003), S. 703–742.

9 *SA*, Bd. 1, S. 8f.

10 James Lockhart, *Spanish Peru: A Colonial Society, 1532–1560*, Madison 1968, S. 13–37; John Hemming, *The Conquest of the Incas*, New York 1970; Timothy J. Yaeger, »Encomienda or Slavery? The Spanish Crown's Choice of Labor Organization in Sixteenth-Century Spanish America«, in: *Journal of Economic History* 55 (Dezember 1995), S. 842–849; Hugh Thomas, *Die Eroberung Mexikos: Cortés und Montezuma*, Frankfurt/M. 1998, S. 251–349 (Kap. 13–17), S. 488f.; Ross Hassig, *Mexico and the Spanish Conquest*, Norman [2]2006, bes. S. 65–124.

11 Alfred W. Crosby, *The Columbian Exchange: Biological and Cultural Consequences of 1492*, Westport, CT 1972; Elliott, *Imperial Spain*, S. 77–163; *SA*, Bd. 1, S. 11–17; Timothy R. Walton, *The Spanish Treasure Fleets*, Sarasota, FL 1994.

12 Andrés Reséndez, *A Land So Strange: The Epic Journey of Cabeza de Vaca*, New York 2007, S. 21–23; Bartolomé de Las Casas, *Kurzgefaßter Bericht von der Verwüstung der Westindischen Länder [Brevísima Relación de la Destrucción de las Indias*, 1542], Frankfurt/M. 2005.

4 Terra nullius

1 *SFNA*, S. 33f.; John L. Kessell, *Spain in the Southwest: A Narrative History of Colonial New Mexico, Arizona, Texas, and California*, Norman 2002, S. 4–13; T. Frederick Davis, »Ponce de Leon's Second Voyage and Attempt to Colonize Florida«, in: *Florida Historical Society Quarterly* 14 (Juli 1935), S. 55; Patricia Seed, *Ceremonies of Possession in Europe's Conquest of the New World, 1492–1640*, New York 1995, S. 13.

2 John H. Hann, »Political Leadership among the Natives of Florida«, in: *Florida Historical Quarterly* 71 (Oktober 1992), S. 188–193; Jane Landers, »Social Control on Spain's Contested Frontier«, in: Jesús de la Teja/Ross Frank (Hg.), *Choice, Persuasion, and Coercion: Social Control on Spain's North American Frontiers*, Albuquerque 2005, S. 27; Victor D. Thompson/Michael H. Marquardt/Michael Savarese/Karen J. Walker/Lee A. Newson/Isabelle Lulewich/Nathan R. Lawres/Amanda D. Roberts Thompson/Allan R. Bacon/Christopher A. Walser, »Ancient Engineering of Fish capture in Southwest Florida«, in: *PNAS* 117 (April 2020), S. 8374–8381; *SFNA*, S. 34; *NWA*, S. 33.

3 Andrés Reséndez, *The Other Slavery*, S. 16, S. 40–45 [Kap. 3, Anm. 6].

4 Russell Thornton, *American Indian Holocaust and Survival: A Population History since 1492*, Norman 1987, S. 65.

5 Andrés Reséndez, *A Land So Strange*, S. 43–48 [Kap. 3, Anm. 12]; *SFNA*, S. 42f..

6 Reséndez, *A Land So Strange*, S. 64, S. 76–110.

7 Reséndez, *A Land So Strange*, S. 91–102.

8 Álvar Núñez Cabeza de Vaca, *Schiffbrüche: Bericht über die Unglücksfahrt der Narváez-Expedition nach der Südküste Nordamerikas 1527–1536*, übersetzt von Franz Termer, Haar b. München ²1963, S. 39f. (Zitate: S. 39, S. 40). [Zuerst 1542 und 1555.]

9 Cabeza de Vaca, *Schiffbrüche*, S. 40 (»von Weitem wie Riesen«); Reséndez, *A Land So Strange*, S. 103–106, S. 111–131, S. 133–167.

10 Reséndez, *A Land So Strange*, S. 133–167.

11 George Parker Winship, »The Coronado Expedition, 1540–1542«, in: *The Fourteenth Annual Report of the Bureau of Ethnology*, Washington, DC 1896, S. 351f.; *SA*, Bd. 1, S. 87.

12 Percy M. Baldwin, »Fray Marcos de Niza and His Discovery of the Seven Cities of Cibola«, in: *New Mexico Historical Review* 1, Nr. 2 (April 1926), S. 193–223 (»Unser Herr«, »niemand«, S. 217); *SFNA*, S. 45f.; »Vazquez de Coronado's Letter to the King, October 20, 1541«, in: Richard Flint und Shirley Cushing Flint (Hg., Übers.), *Documents of the Coronado Expedition, 1539–1542: »They Were Not Familiar with His Majesty, nor Did They Wish to Be His Subjects«*, Albuquerque 2005, Dok. 26 (»großartigere Städte«, »aus goldenem Geschirr«).

13 »Vázquez de Coronado's Letter to the Viceroy, August 3, 1540«, in: Flint/Flint (Hg., Übers.), *Documents of the Coronado Expedition*, Dok. 19 (Zitat); *SFNA*, S. 46–48.

14 George Parker Winship (Hg., Übers.), *The Journey of Coronado*, 1540–1542, New York 1904, S. 226–236, S. 243 (»Fische«, »unter einem großen Baum«, S. 243);

NWA, S. 93f.; Richard Flint, »Juan Troyano, the Eighth *de Oficio* Witness«, in: ders., *Great Cruelties Have Been Reported: The 1544 Investigation of the Coronado Expedition*, Albuquerque 2002, S. 169–173; George Peter Hammond/Agapito Rey (Hg., Übers.), *Narratives of the Coronado Expedition*, Albuquerque 1940, Bd. 1, S. 189 (»bis zu einem Ort«).

15 *SFNA*, S. 49.

16 Alfred W. Crosby, *Die Früchte des weißen Mannes*, S. 73–105; John E. Kicza, »Patterns in Early Spanish Overseas Expansion«, in: *WMQ* 49 (April 1992), S. 229–253; Heather Miyano Kopelson, »Women, Gender, Families, and States«, in: Eliga Gould/Paul Mapp/Carla Gardina Pestana (Hg.), *Cambridge History of America and the World*, New York 2021, S. 444f.

17 Barnard Ship, *The History of DeSoto and Florida: Or, Record of Fifty-Six Years, from 1512–1568*, Philadelphia 1851, S. 287–297, S. 608 (»Sohn der Sonne«, S. 608); James F. Barnett, *The Natchez Indians*, Jackson 2007, S. 3–5; Ann F. Ramenofsky, *Vectors of Death: The Archaeology of European Contact*, Albuquerque 1987, S. 7; Robin A. Beck, *Chiefdoms, Collapse, Coalescence in the Early American South*, Cambridge 2013, S. 23, S. 66; *NWA*, S. 95; Jon T. Coleman, *Nature Shock: Getting Lost in America*, New Haven, CT 2020, S. 14–19.

18 Juliana Barr, »There's No Such Thing as ›Prehistory‹: What the Longue Durée of Caddo and Pueblo History Tells Us about Colonial America«, in: *WMQ* 74 (April 2017), S. 208–210; Timothy K. Perttula, *The Caddo Nation: Archaeological and Ethnohistoric Perspectives*, Austin 1992, S. 85. Es gibt keine genauen Quellen zur Pueblo-Bevölkerung, und die Zahl »100 000« stammt von John Kessell, in einer E-Mail vom 21./22. Juni 2020 an den Autor. Vgl. außerdem Ann M. Malkovich, »Historic Population of the Eastern Pueblos: 1540–1910«, in: *Journal of Anthropological Research* 41 (Winter 1985), S. 401–426.

19 *SFNA*, S. 80f.; »The Articles of Agreement Which the Viceroy, Don Luís de Velasco, Made with Don Juan de Oñate, Governor and Captain-General of the Provinces of New Mexico«, in: Charles W. Hackett (Hg.), *Historical Documents Relating to New Mexico, Nueva Vizcaya, and Approaches Thereto, to 1773*, Washington, DC 1923–1937, Bd. 1, S. 273; Ramón A. Gutiérrez, *When Jesus Came, the Corn Mothers Went Away: Marriage, Sexuality, and Power in New Mexico, 1500– 1846*, Stanford, CA 1991, S. xxiii; George Peter Hammond/Agapito Rey, »Act of Taking Possession of New Mexico«, in: Hammond/Rey, *Don Juan de Oñate, Colonizer of New Mexico, 1595–1628*, Albuquerque 1953, Bd. 1, S. 335 (»vom Laub«); Kessell, *Spain in the Southwest*, S. 75–80; Zum *Requirimiento* vgl. Seed, *Ceremonies of Possession*, S. 69–72, S. 96f.

20 Hammond/Rey, *Don Juan de Oñate*, Bd. 1, S. 470 (»kastilische Hurenböcke«); »Relation of Provinces Discovered in the Year 1598 by Don Juan de Oñate, Governor of the Provinces of New Mexico«, in: George P. Hammond/Agapito Rey (Hg.), *New Mexico in 1602: Juan de Montoya's Relation of the Discovery of New Mexico*, Albuquerque 1938, S. 44–47 (»dieses Vergehen«, S. 47); *SFNA*, S. 84–86; Kessell, *Spain in the Southwest*, S. 80f.; Nan A. Rothschild, *Colonial Encounters in a Native American Landscape*, Washington, DC 2003, S. 54.

21 Hammond/Rey, *Narratives of the Coronado Expedition*, Bd. I, S. 459 (Zitat).

22 Marc Simmons, *The Last Conquistador: Juan de Oñate and the Settling of the Far Southwest,* Norman 1991, S. 179f.; John L. Kessell, *Kiva, Cross, and Crown: The Pecos Indians and New Mexico, 1540–1840,* Washington, DC 1979, S. 85.
23 *SFNA,* S. 82.

5 Das Powhatan-Reich

1 Frederick A. Ober, *John and Sebastian Cabot,* New York 1908, S. 101 (Zitate); *SA,* Bd. 1, S. 50.
2 Rainer Baehre, »Newfoundland's West Coast and the Gulf of St. Lawrence Fishery, ca. 1755–83«, in: Claire Elizabeth Campbell/Edward MacDonald/Brian Payne (Hg.), *The Greater Gulf: Essays on the Environmental History of the Gulf of St. Lawrence,* Montreal 2019, S. 71–73.
3 Samuel Eliot Morison, *The Great Explorers: The European Discovery of America,* New York 1978, S. 94–96; Bruce G. [Graham] Trigger, *Natives and Newcomers: Canada's »Heroic Age« Reconsidered,* Montreal 1985, S. 124.
4 *SA,* Bd. 1, S. 50f., S. 56f.; David Hackett Fischer, *Champlain's Dream: The European Founding of North America,* New York 2008, S. 112f.; James H. Merrell, »›The Customes of Our Countrey‹: Indians and Colonists in Early America«, in: Bernard Bailyn/Philip D. Morgan (Hg.), *Strangers within the Realm: Cultural Margins of the First British Empire,* Chapel Hill, NC 1991, S. 121; *Dictionary of Canadian Biography,* Stichwort »Donnacona«, abgerufen am 28. März 2020, http://www.biographi.ca/en/bio/donnacona_1E.html.
5 André Vachon, *Dreams of Empire: Canada before 1700* [Übersetzung: John F. Flinn], Ottawa 1982, S. 23, Abb. 7 (Zitate), mit freundlicher Genehmigung des Public Records Office, London, England: Chancery, Warrants for the Great Seal, ser. 2, C 82/146, Nr. 6; *SA,* Bd. 1, S. 51, S. 55.
6 *BR,* S. 95; Benjamin Woolley, *Savage Kingdom: Virginia and the Founding of English America,* London 2007, S. 8 (»bösartige lutherische Sekte«); »Francisco López de Mendoza Grájales's Account of the Conquest of Florida, 1565«, in: Kathleen DuVal/John DuVal (Hg.) *Interpreting a Continent: Voices from Colonial America,* Lanham, MD 2009, S. 233–240 (»Lutheraner«, S. 240). Zum Land als Handelsware vgl. Daniel K. Richter, *Facing East from Indian Country: A Native History of Early America,* Cambridge, MA 2001, S. 54f.
7 Trigger, *Natives and Newcomers,* S. 127; David Childs, *Invading America: The English Assault on the New World, 1497–1630,* Barnsley, UK 2012, S. 192–194; Jane Landers, »Social Control on Spain's Contested Frontier«, in: Jesús de la Teja/Ross Frank (Hg.), *Choice, Persuasion, and Coercion,* S. 27–30 [Kap. 4, Anm. 2]; Charles E. Bennett, »A Copy of a Letter Coming from Florida, Sent to Rouen and Then to M. D'Everon, Together with the Plan and Picture of the Fort Which the French Built There [1564]«, und »Description of the Land and Sea Animals and Monstrous Beasts Encountered on the Island of Florida«, in: Bennett, *Laudonnière & Fort Caroline: History and Documents,* Tuscaloosa 2001, S. 70–74 (Zitate: S. 74).
8 *SFNA,* S. 60–75; Sarah M. S. Pearsall, »›Having Many Wives‹ in Two American

Rebellions: The Politics of Households and the Radically Conservative«, in: *AHR* 118 (Oktober 2013), S. 1001f., S. 1011–1014; Robert Allen Matter, »Missions in the Defense of Spanish Florida, 1566–1710«, in: *Florida Historical Quarterly* 54 (Juli 1975), S. 19f.; J. Michael Francis/Kathleen M. Kole, *Murder and Martyrdom in Spanish Florida: Don Juan and the Guale Uprising of 1597*, American Museum of Natural History [New York], Anthropological Papers 95, 2011, https://core.ac.uk/download/pdf/18228437.pdf.

9 Nicholas Canny, »Origins of Empire: An Introduction«, in: ders. (Hg.), *Origins of Empire: British Overseas Enterprise to the Close of the Seventeenth Century* (= Oxford History of the British Empire, Bd. 1), New York 1998, S. 3f.; Anthony Padgen, »The Struggle for Legitimacy and the Image of Empire in the Atlantic to c. 1700«, in: *Origins of Empire*, S. 51; Richard Hakluyt, *A Discourse concerning Western Planting* [1584], hrsg. von Leonard Woods, Cambridge 1877, S. 48, S. 95, S. 154, S. 158 (»an den Mündungen«, S. 95; »der spanische König«, S. 154; »den Ruhm mehren«, »die wahre Religion bringen«, S. 158); Timothy Sweet, »Economy, Ecology, and Utopia in Early Colonial Promotional Literature«, in: *American Literature* 71 (September 1999), S. 399–427.

10 Arthur Barlowe, *The First Voyage Made to the Coasts of America, with Two Barks, Wherein Were Captains M. Philip Amadas and M. Arthur Barlowe, Who Discovered Part of the Countrey Now Called Virginia, Anno 1584. Written by One of the Said Captaines, and Sent to Sir Walter Ralegh, Knight, at Whose Charge and Direction, the Said Voyage Was Set Forth* [1584], Boston 1898, S. 4f. (»Sein Erscheinen«, »rührte er sich nicht«, S. 4; »vor den Pfeilen«, S. 5).

11 Nicholas P. Canny, »The Ideology of English Colonization: From Ireland to America«, in: *WMQ* 30 (Oktober 1973), S. 575–598; John Locke, *Zwei Abhandlungen über die Regierung*, Frankfurt/M. 1977, S. 222 (aus: II. *Über den wahren Ursprung, die Reichweite und den Zweck der staatlichen Regierung*, 5. Kapitel: *Über das Eigentum*, § 36), zuerst: 1690, anonym, u.d.T. *Two Treatises of Government;* Andrew Lipman, *The Saltwater Frontier: Indians and the Contest for the American Coast*, New Haven, CT 2015, S. 35–37.

12 Michael Leroy Oberg, *The Head in Edward Nugent's Hand: Roanoke's Forgotten Indians*, Philadelphia 2008, S. 57–73 (»sehr schnell«, S. 73); David J. Silverman, *Red Brethren: The Brothertown and Stockbridge Indians and the Problem of Race in Early America*, Ithaca, NY 2010, S. 13; Karen Ordahl Kupperman, *Roanoke: The Abandoned Colony*, Lanham, MD 22007, S. 71–86.

13 Kathleen Donegan, *Seasons of Misery: Catastrophe and Colonial Settlement in Early America*, Philadelphia 2014, S. 21–68; Childs, *Invading America*, S. 68–71; Oberg, *Head in Edward Nugent's Head*, S. 81–100, S. 113; Andrew Lawner, »It Was America's First English Colony. Then It Was Gone«, in: *National Geographic*, Juni 2018, https://www.nationalgeographic.com/magazine/2018/06/lost-colony-roanoke-history-theories-croatoan; David B. Quinn, *Set Fair for Roanoke: Voyages and Colonies*, Chapel Hill 1985, S. 368–375.

14 *SFNA*, S. 75. Zum Merkantilismus vgl. Mark Blaug, *The Early Mercantilists: Thomas Mun, 1571–1641, Edward Misselden, 1608–1634, and Gerard De Malynes, 1586–1623*, Cheltenham, UK 1991; John P. Appleby, »War, Politics,

and Colonization, 1558–1625«, in: Nicholas Canny (Hg.), *Origins of Empire,* S. 65.

15 Helen C. Rountree, *Pocahontas, Powhatan, Opechancanough: Three Indian Lives Changed by Jamestown,* Charlottesville 2005, S. 53–60; Alan Taylor, *American Colonies,* New York 2001, S. 136. Zu einer umfassenderen Darstellung der Welt der Powhatan und des Wissens über Kolonialmächte und ihre Vorstöße vgl. Charlotte M. Gradie, »The Powhatans and the Spanish Empire«, in: Helen C. Rountree (Hg.), *Powhatan Foreign Relations, 1500–1722,* Charlottesville 1993, S. 154–172. Eine überzeugende Argumentation zum mit der Seefahrt verbundenen Kolonialismus bietet Lauren A. Benton, *A Search for Sovereignty: Law and Geography in European Empires,* New York 2010. Zur Art der Kriegführung der Powhatan vgl. Frederic W. Gleach, *Powhatan's World and Colonial Virginia: A Conflict of Cultures,* Lincoln 1997, S. 43–54; George R. Stewart, *Names on the Land: A Historical Account of Place-Naming in the United States,* New York 1945, S. 23 (»an einem großen Fluss«).

16 Helen C. Rountree, *Pocahontas's People: The Powhatan Indians of Virginia through Four Centuries,* Norman 1990. S. 3–28; Gleach, *Powhatan's World and Colonial Virginia,* S. 33; *NWA,* S. 95f.; Patricia Seed, *Ceremonies of Possession,* S. 16–23 [Kap. 4, Anm. 1]; John Smith, *The Generall Historie of Virginia, New England and the Summer Isles with the Names of the Adventurers, Planters, Governours from Their First Beginning Anno: 1584 to This Present 1624,* London 1629, Bd. 1, S. 37f. (»die Form«, S. 37; »ist ein Gesetz«, S. 38); Martin D. Gallivan, »Powhatan's Werowocomoco: Constructing Place, Polity, and Personhood in the Chesapeake, C.E. 1200–C.E. 1609«, in: *American Anthropologist* 109 (März 2007), S. 85–100; Helen C. Rountree/E. Randolph Turner, »The Evolution of the Powhatan Paramount Chiefdom in Virginia«, in: Elsa M. Redmond (Hg.), *Chiefdoms and Chieftaincy in the Americas,* Gainesville 1998, S. 265–296; James Axtell, »The Rise and Fall of the Powhatan Empire«, in: ders., *After Columbus: Essays in the Ethnohistory of Colonial North America,* New York 1988, S. 189; Ethan A. Schmidt, »Cockacoeske, Weroansqua of the Pamunkeys, and Indian Resistance in Seventeenth-Century Virginia«, in: *American Indian Quarterly* 36 (Sommer 2012), S. 292–294, S. 297f. Es sind zahlreiche Ansichten zur Bezeichnung der Powhatan-Herrschaftsform vorgetragen worden. Vgl. hierzu Gleach, *Powhatan's World and Colonial Virginia,* S. 22–24. Die Powhatan wurden von mächtigen Mamanatowicks geführt, die ein Netz von Kleinstädten befehligten, von denen viele gewaltsam unterworfen worden waren, und »Reich« (»empire«) scheint hier die treffendste Bezeichnung zu sein. Zu Powhatans Ambitionen vgl. *BR,* S. 125.

17 Camilla Townsend, *Pocahontas and the Powhatan Dilemma,* New York 2004, S. 52–60; Rountree, *Pocahontas, Powhatan, Opechancanoug,* S. 113f; John Smith, *A True Relation of Virginia* [1608], Boston 1866, S. 66–73 (Zitat: S. 73); Helen C. Rountree, »Powhatan Indian Women: The People Captain John Smith Barely Saw«, in: *Ethnohistory* 45 (Winter 1998), S. 1–29; *BR,* S. 125f.

18 Smith, *Generall Historie,* S. 35 (»drei große«); Captain John Smith, *Travels, History of Virginia: The True Travels, Adventures and Observations of Captain John Smith,* Cambridge 1908 (Nachdruck 2011), S. 117 (»auf der Spitze«, »an die

sechzig Fuß«). Zum Salzgehalt des James River und der Chesepeake Bay vgl. Charles C. Mann, *1493: Kolumbus' Erbe: Wie Menschen, Tiere, Pflanzen die Ozeane überquerten und die Welt von heute schufen,* Reinbek bei Hamburg 2013, S. 88f., S. 108; sowie Carville V. Earle, »Environment, Disease, and Mortality in Early Virginia«, in: Thad W. Tate/David L. Ammerman (Hg.), *The Chesapeake in the Seventeenth Century: Essays on Anglo-American Society,* Chapel Hill 1979, S. 96–122.

19 John Smith, *A Description of New-England,* London 1616, S. 17; Smith, *Generall Historie,* S. 31, S. 44 (»gesehen zu werden«, S. 31; »Zu trinken«, S. 44).

20 James Horn, *A Land as God Made It: Jamestown and the Birth of America,* New York 2005, S. 189f.; Smith, *Generall Historie,* S. 53 (»Es gab«); Allan Greer, »Commons and Enclosure in the Colonization of North America«, in: *AHR* 117 (April 2012), S. 372f.; Helen C. Rountree, »The Powhatans and the English: A Case of Multiple Conflicting Agendas«, in: Rountree (Hg.), *Powhatan Foreign Relations,* S. 183–190; Sam White, *A Cold Welcome,* S. 114 [Kap. 2, Anm. 16]; Joseph Stromberg, »Starving Settlers in Jamestown Colony Resorted to Cannibalism«, in: *Smithsonian Magazine,* 30. April 2013, https://www.smithsonianmag.com/history/starving-settlers-in-jamestown-colony-resorted-to-cannibalism-46000815.

21 Donegan, *Seasons of Misery,* S. 34, S. 69–116.

22 Townsend, *Pocahontas and the Powhatan Dilemma,* S. 13, S. 85–88, S. 111–113, S. 129f., S. 135–158; Richter, *Facing East from Indian Country,* S. 41–51; *BR,* S. 126f.; Heather Miyano Kopelson, »Women, Gender, Families, and States«, in: Eliga Gould/Paul Mapp/Carla Gardina Pestana (Hg.), *Cambridge History of America and the World,* New York 2021, bes. S. 442; Appleby, »War, Politics, and Colonization«, S. 73. Zu Pocahontas' anderen Namen vgl. Townsend, *Pocahontas and the Powhatan Dilemma,* Kap. 1 und 7.

23 Gleach, *Powhatan's World and Colonial Virginia,* S. 210; Virginia DeJohn Anderson, *Creatures of Empire: How Domesticated Animals Transformed Early America,* Oxford 2002, S. 177–179, S. 188; Smith, *Generall Historie,* S. 144 (»nur wenige oder niemand«); Edward Waterhouse an die Honorable Companie of Virginia, in: Susan Myra Kingsbury (Hg.), *Records of the Virginia Company of London, 1606–26,* Washington, DC 1906–1985, Bd. 3, S. 551, S. 557 (»an jenem unheilvollen«, S. 551; »sie zu erobern«, S. 557); Jay Miller, »Blending Worlds«, in: Betty Ballantine/Ian Ballantine (Hg.), *The Native Americans: An Illustrated History,* Atlanta, GA 1993, S. 186 (»zu verschlingen«).

24 Council of Virginia an die Virginia Company in London, 30. Januar 1623/24, und Council of Virginia an den Earl of Southampton und die Company of Virginia, 2. Dezember 1624, in: Kingsbury (Hg.), *Records of the Virginia Company,* Bd. 4, S. 450, S. 508 (»Wir haben«, S. 450; »eine reiche«, S. 508).

25 John Winthrop, *Winthrop's Journal: »History of New England«, 1630–1649,* hrsg. von James Kendall Hosmer, New York 1908, Bd. 2, S. 167 (»die Engländer«); Robert Beverley, *The History of Virginia, in Four Parts* [1705], Richmond, VA 1855, S. 48f. (»Die raffinierten Indianer«, »unruhig«, S. 48; »Seine Augenlider«, S. 49); Taylor, *American Colonies,* S. 134–136. Zur Taktik der Powhatan vgl.

James D. Rice, »War and Politics: Powhatan Expansionism and the Problem of Native American Warfare«, in: *WMQ* 77 (Januar 2020), bes. S. 24.

26 Robert Beverley, *The History and Present State of Virginia: A New Edition,* Chapel Hill 2013, S. 48.

27 Joyce Lorimer (Hg.), *English and Irish Settlement on the River Amazon, 1540–1646,* ser. 2 [1989], New York 2018, bes. Kap. 2; Taylor, *American Colonies,* S. 136; Anderson, *Creatures of Empire,* S. 107–113; Adriaen van der Donck, *A Description of New Netherland* [1655], Neuausgabe, übersetzt von Diederik Willem Goedhuys, Lincoln 2008; April Lee Hatfield, »Geography, Law, and Anglo-Spanish Relations in the Western Caribbean and Southeastern North America«, Diskussionspapier, WMQ-EMSI Workshop, 2006. Zur relativen Schwäche des englischen Staates im globalen Kontext vgl. Alison Games, *The Web of Empire: English Cosmopolitans in an Age of Expansion, 1560–1660,* New York 2008.

6 Kriege an der Küste

1 Margaret Ellen Newell, »Indian Slavery in Colonial New England, in: Alan Gallay (Hg.), *Indian Slavery in Colonial America,* Lincoln 2009, S. 35f.; *OBK,* S. 8f.; John Smith, *A Description of New-England,* S. 5 [Kap. 5, Anm. 19].

2 Adriaen van der Donck, *A Description of New Netherland,* S. 7f. [Kap. 5, Anm. 27]; Christopher Bilodeau, »The Paradox of Sagadahoc: The Popham Colony, 1607–1608«, in: *Early American Studies* 12, Nr. 2 (2014), S. 1–35; David Childs, *Invading America,* S. 261f. [Kap. 5, Anm. 7].

3 John S. Marr/John T. Cathey, »New Hypothesis for Cause of Epidemic among Native Americans, New England, 1616–1619«, in: *Emerging Infectious Diseases* 16 (Februar 2020), S. 281–286; »A Relation or Journal of a Plantation Settled at Plymouth in New England, and Proceedings Thereof, 1622«, in: Massachusetts Historical Society, *Collections of the Massachusetts Historical Society,* Boston 1802, Bd. 8, S. 221 (»ein großes Stück«); [Robert Cushman], »Reasons and Considerations Touching the Lawfulness of Removing Out of England into the Parts of America«, in: John Demos (Hg.), *Remarkable Providences, 1600–1760,* New York 1972, Bd. 1, S. 28 (»Unser Land«); Andrew Lipman, *The Saltwater Frontier,* S. 101 [Kap. 5, Anm. 11]; David Silverman, *This Land Is Their Land: The Wampanoag Indians, Plymouth Colony, and the Troubled History of Thanksgiving,* New York 2019, S. 169–171; William Bradford/Edward Winslow, »Journal«, in: Alexander Young, *Chronicles of the Pilgrim Fathers of the Colony of Plymouth, from 1602 to 1625,* Boston [2]1844, S. 189f., S. 202–213; Michael Freeman, »Puritans and Pequots: The Question of Genocide«, in: *NEQ* 68 (Juni 1995), S. 282f.; Richard Middleton/Anne Lombard, *Colonial America to 1763,* Malden, MA 42011, S. 80–83. Zur Denkweise der Puritaner in Neuengland vgl. Perry Miller, *The New England Mind: The Seventeenth Century,* Cambridge, MA 1939.

4 Robert Cushman, »The State of the Colony, and the Need of Public Spirit in the Colonists« und »Reasons and Considerations Touching the Lawfulness of Removing Out of England into the Parts of America«, in: Alexander Young, *Chronicles of the Pilgrim Fathers of the Colony of Plymouth,* S. 243, S. 265 (»Gott

spricht heute«, S. 243; »Das Land«, S. 265); Virginia DeJohn Anderson, *Creatures of Empire*, S. 144f. [Kap. 5, Anm. 23]; Christine M. DeLucia, *Memory Lands: King Philip's War and the Place of Violence in the Northeast*, New Haven, CT 2018, S. 36. Zur gemeinschaftlichen Ethik der Wampanoag vgl. David J. Silverman, *Faith and Boundaries: Colonists, Christianity and Community among the Wampanoag Indians of Martha's Vineyard, 1600–1871*, New York 2005, S. 183f.

5 Patricia Seed, *Ceremonies of Possession*, S. 16f. [Kap. 4, Anm. 1]; Mark Peterson, *The City-State of Boston: The Rise and Fall of an Atlantic Power, 1630–1865*, Princeton, NJ 2019, S. 11–13; Allan Greer, *Property and Dispossession: Natives, Empires and Land in Early Modern North America*, Cambridge 2018, S. 194–197; Christopher Tomlins, *Freedom Bound: Law, Labor, and Civic Identity in Colonizing English America, 1580–1865*, Cambridge 2006, S. 175–177.

6 *SA*, Bd. 1, S. 41f.; Wim Klooster, »The Dutch Atlantic«, in: Hans Krabbendam/Cornelis A. van Minnen/Giles Scott-Smith (Hg.), *Four Centuries of Dutch-American Relations, 1609-2009*, Albany 2009, S. 63–73; Simon Hart, *The Prehistory of the New Netherland Company: Amsterdam Notarial Records of the First Dutch Voyages to the Hudson*, Amsterdam 1959, S. 17–21.

7 Matthew R. Bahar, *Storm of the Sea: Indians and Empires in the Atlantic's Age of Sail*, New York 2018, S. 17–37, S. 40f., S. 67–69, S. 101–103; Lynn Ceci, »The Value of Wampum among the New York Iroquois: A Case Study in Artifact Analysis«, in: *Journal of Anthropological Research* 38 (Frühjahr 1982), S. 97–107; Kenneth M. Morrison, *The Embattled Northeast: The Elusive Ideal of Alliance in Abenaki*, Berkeley 1984, S. 75–77, S. 103–105; David Graeber, *Schulden: Die ersten 5000 Jahre*, Stuttgart 2012, S. 139–144; *BR*, S. 141f., S. 157–160; *OL*, S. 85; Gail D. MacLeitch, *Imperial Entanglements: Iroquois Change and Persistence on the Frontiers of Empire*, Philadelphia 2011, S. 35f.; Sarah M. S. Pearsall, *Polygamy: An Early American History*, New Haven, CT 2019, S. 108–110.

8 David D. Hall, *A Reforming People: Puritanism and the Transformation of Public Life in New England*, Chapel Hill 2011, S. 36–39, S. 80–82, S. 177–183; Alfred A. Cave, »The Pequot Invasion of Southern New England: A Reassessment of the Evidence«, in: *NEQ* 62 (März 1989), S. 27–33; Margaret Ellen Newell, *Brethren by Nature: New England Indians, and the Origins of American Slavery*, Ithaca, NY 2015, S. 20; William Wood, *Wood's New England Prospect* [1634], Boston 1865, S. 70 (»weibische Männer«). Zur politischen Organisation der Pequot vgl. William A. Starna, »The Pequots in the Early Seventeenth Century«, in: Laurence M. Hauptman/James D. Wherry (Hg.), *Pequots in Southern New England: The Fall and Rise of an American Indian Nation*, Norman 1990, S. 33–47.

9 John Winthrop an Sir Simonds E'Ewes, 21. Juli 1634, in: *The Winthrop Papers*, hg. von Allyn Bailey Forbes, Boston 1943, Bd. 3, S. 171f.

10 John Underhill, *Newes from America; or, A New and Experimentall Discoverie of New England; Containing, a Trve Relation of Their War-like Proceedings These Two Yeares Last Past, with a Figure of the Indian Fort, or Palizado*, hg. von Paul Royster [1638], Electronic Texts in American Studies, Libraries at University of Nebraska-Lincoln, https://digitalcommons.unl.edu/cgi/viewcontent.cgi?article=1037&context=etas, 2f. (»das Blut«, S. 3).

11 Ronald Dale Karr, »›Why Should You Be So Furious?‹: The Violence of the Pequot War«, in: *JAH* 85 (Dezember 1998), S. 890f.; Underhill, *Newes from America,* S. 8, S. 13–15 (»feuerten«, S. 13; »viele«; »alles, was ihnen«, S. 14f.); John Winthrop, *A Journal of the Transactions and Occurrences in the Settlement of Massachusetts and the Other New-England Colonies, from the Year 1630 to 1644,* Hartford, CT 1790, S. 124 (»sich uns … anzuschließen«); Roger Williams, *The Complete Writings of Roger Williams* [1644], Eugene, OR 2007, Bd. 1, S. 31 (»die Pequot«).

12 Lipman, *Saltwater Frontier,* S. 133–137.

13 Lipman, *Saltwater Frontier,* S. 135f.; Alfred A. Cave, *The Pequot War,* Amherst 1996, S. 63–68.

14 John Mason, *A Brief History of the Pequot War,* Boston 1736, S. 5–8 (»zwei Forts«, S. 6; »einen so furchtbaren Schrecken«, S. 8); »Journal of the Proceedings of the Congress Held at Albany, in 1754«, in: *Collections of the Massachusetts Historical Society,* 3. Serie, Bd. 5, Boston 1836, S. 25 (»kämpften … verzweifelt«).

15 Underhill, *Newes from America,* S. 2, S. 35f., S. 38 (»unverschämt«, S. 2; »gefragt werden kann«, S. 35; »Manchmal«, S. 36; »Unsere Indianer«, S. 38); Andrew Lipman, »›A Meanes to Knitt Them Togeather‹: The Exchange of Body Parts in the Pequot War«, in: *WMQ* 65 (Januar 2008), S. 3–28 (»schrien *mach it*«, S. 19).

16 Donck, *Description of the New Netherland,* S. 5 (»nicht bewusst sind«).

17 *BR,* S. 136–142, S. 159f.; Oliver A. Rink, *Holland on the Hudson: An Economic and Social History,* Ithaca, NY 1986, S. 118; Daniel P. Barr, *Unconquered,* S. 5f., S. 31–33 [Kap. 1, Anm. 3]; Middleton/Lombard, *Colonial America to 1763,* S. 113f.; Eric E. Jones, »Population History of the Onondaga and Oneida Iroquois, A.D. 1500–1700«, in: *American Antiquity* 75 (April 2010), S. 387–407; Newell, *Brethren by Nature,* S. 22; Donck *Description of New Netherland,* S. 14f.; Jaap Jacobs, *New Netherland: A Dutch Colony in Seventeenth Century America,* Leiden 2005, S. 76f.; Timothy Walker, »European Ambitions and Early Contacts: Diverse Styles of Colonization, 1492–1700«, in: Louise A. Breen (Hg.), *Converging Worlds: Communities and Cultures in Colonial America,* New York 2012, S. 33f.; William A. Starna/José António Brandão, »From the Mohawk-Mahican War to the Beaver Wars: Questioning the Pattern«, in: *Ethnohistory* (Herbst 2004), S. 737; Lipman, *Saltwater Frontier,* 25f., S. 117–121.

18 Evan Haefeli, »Kieft's War and the Cultures of Violence in Colonial America«, in: Michael A. Bellesiles (Hg.), *Lethal Imagination: Violence and Brutality in American History,* New York 1999, S. 17–31; Lipman, »›Meanes to Knitt Them Togeather‹«, S. 14.

19 »Declaration of Harmen Meyndertsen van den Bogaert and Others respecting an Attack by the Raritan Indians«, in: *New York Historical Manuscripts: Dutch,* Bd. 2, *Registrar of the Provincial Secretary, 1642–1647,* hg. und übersetzt von Arnold J. F. Van Laer, Baltimore 1974, S. 409 (Zitate); *NWA,* S. 98.

20 David Pietersz. de Vries, »Korte historiael ende journaels aenteyckeninge«, in: J. Franklin Jameson (Hg.), *Original Narratives of Early American History,* Bd. 8, *Narratives of New Netherland, 1609–1664,* New York 1909, S. 227f. (Zitate).

21 Haefeli, »Kieft's War«, S. 32–35.

22 Jacobs, *New Netherland*, 78f. (»die armen«, »insgesamt«); Charles Gehring (Hg., Übers.), *Correspondence, 1647–1653*, New Netherlands Documents, Syracuse, NY 2000, S. xx (»innerhalb der Reichweite«); Wayne Bodle, »The Middle Colonies«, in: Breen (Hg.), *Converging Worlds*, S. 227.

23 Alden T. Vaughan, *New England Frontier: Puritans and Indians, 1620–1675*, Norman [3]1995, S. 95 (»geübt«, »mit Ausnahme«); *OBK*, S. 32. Zur zentralen Bedeutung von Schusswaffen für Kriegführung, Handel und Diplomatie der Native Americans vgl. David J. Silverman, *Thundersticks: Firearms and the Violent Transformation of Native America*, Cambridge, MA 2016.

7 Die Pequot sollen nicht mehr Pequot heißen

1 Michael Leroy Oberg, *Uncas: First of the Mohegans*, Ithaca, NY 2003, S. 38f.; Yasuhide Kawashima, *Igniting King Philip's War: The John Sassamon Murder Trial*, Lawrence 2002.

2 Alden T. Vaughan, *New England Frontier*, S. 155-157 [Kap. 6, Anm. 23]; Michael Parker, *John Winthrop: Founding the City upon a Hill*, New York 2014, S. 90f.; »Articles of Agreement between the English in Conneticutt and the Indian Sachems«, 21. September 1638, Yale Digital Collections, http://findit.library.yale.edu/catalog/digcoll:2389 (»sollen nicht mehr«); Michael L. Fickes, »›They Could Not Endure That Yoke‹: The Captivity of Pequot Women and Children after the War of 1637«, in: *NEQ* 73 (März 2000), S. 60f.; Christine M. DeLucia, *Memory Lands*, S. 290–295 [Kap. 6, Anm. 4]; »Treaty of Hartford, Articles of Agreement between the English in Connecticut in 1638«, Venture Smith's Colonial Connecticut, abgerufen am 23. November 2021, https://venturesmithcolonialct.org/library/treaty-of-hartford-1638 (»sobald«).

3 Michael Leroy Oberg, »›We Are All the Sachems from East to West‹: A New Look at Miantonomi's Campaign of Resistance«, in: *NEQ* 77 (September 2004), S. 478–499; Andrew Lipman, *The Saltwater Frontier*, S. 161–163 [Kap. 5, Anm. 11]; John W. De Forest, *History of the Indians of Connecticut*, Hartford, CT 1852, S. 153–200. Ich habe De Forests detaillierte *History* gegen den Strich gelesen. Anstatt Uncas als ichbezogenen Opportunisten zu sehen, habe ich sein Handeln als Sachem untersucht, als Anführer seines Volkes. Dabei ergibt sich ein anderes Bild.

4 *SA*, Bd. 1, S. 153; Robert D. Mitchel, »American Origins and Regional Institutions: The Seventeenth-Century Chesapeake«, in: *Annals of the Association of American Geographers* 73 (September 1983), S. 413; Stephen Warren, *The Worlds the Shawnees Made: Migration and Violence in Early America*, Chapel Hill 2014, S. 85–88.

5 *BR*, S. 129; Richard Hakluyt (Hg.), *The Principall Nauigations, Voiagess, and Discoueries of the English Nation*, London 1589, S. 723; Bruce M. Trigger, *Natives and Newcomers*, S. 135–137, S. 147f. [Kap. 5, Anm. 3].

6 David Hackett Fischer, *Champlain's Dream*, S. 42–60 [Kap. 5, Anm. 4]; Patricia Seed, *Ceremonies of Possession*, S. 64f. [Kap. 4, Anm. 1].

7 Samuel de Champlain, *The Works of Samuel Champlain*, hg. von H. P. Biggar, Toronto 1922–1936, Bd. 1, S. 137 (»die Freiheit ... zu sichern«); Samuel de

Champlain, *Die Erforschung der Ostküste Nordamerikas,* übersetzt und eingeleitet von Udo Sautter, Wiesbaden 2020, S. 183 (»zielte direkt«), S. 183f. (»erstaunte sie erneut«); Pierre-François-Xavier de Charlevoix, *History and General Description of New France,* übersetzt und hg. von John Gilmary Shea, New York 1900, Bd. 2, S. 7–9; Fischer, *Champlain's Dream,* S. 227–280; *NWA,* S. 92f.; Daniel P. Barr, *Unconquered,* S. 20 [Kap. 1, Anm. 3]; *JR,* Bd. 1, S. 109.

8 *OL,* S. 6f., S. 31–39; Bruce G. Trigger, *Children of Aataentsic: A History of the Huron People to 1660,* Montreal 1987, S. 27–31; *NWA,* S. 36; Colin G. Calloway, *One Vast Winter Count,* S. 220 [Kap. 1, Anm. 15]. Zum frühen Handel mit Europäern vgl. *EW,* S. 10f.

9 Barr, *Unconquered,* S. 31.

10 *JR,* Bd. 6, S. 297 (»Der Biber«, »Er macht«, »lustig machte«); Champlain, *Works,* Bd. 6, S. 197 (»beider Geschlechter«); Charlevoix, *History and General Description,* S. 41; Allan Greer, *Property and Dispossession,* S. 154–161 [Kap. 6, Anm. 5].

11 Sarah M. S. Pearsall, »Native American Men – and Women – at Home in Plural Marriages«, in: *Gender & History* 27 (November 2015), S. 591–610; Greer, *Property and Dispossession,* S. 154.

12 Charlevoix, *History and General Description,* S. 41; Samuel de Champlain, »Abstract of the Discoveries in New France, 1631«, in: *NYCD,* Bd. 9, S. 1 (Zitat).

13 *JR,* Bd. 10, S. 77 (Zitate).

14 *SA,* Bd. 1, S. 50f.

8 Der Aufstieg der Five Nations League

1 *OL,* S. 9–17, S. 30f.; Leanne Simpson, »Looking after Gdoo-naaganinaa: Precolonial Nishnaabeg Diplomatic and Treaty Relationships«, in: *Wicazo Sa Review* 23 (Herbst 2008), S. 29–42.

2 Nancy Shoemaker, »Introduction«, in: dies. (Hg.), *Negotiators of Change: Historical Perspectives on Native American Women,* New York 1995, S. 7f.; Shoemaker, »Kateri Tekakwitha's Tortuous Path to Sainthood«, in: *Negotiators of Change,* S. 61f.; Judith Brown, »Economic Organization and the Position of Women among the Iroquois«, in: *Ethnohistory* 17 (Sommer 1970), S. 151–167 (»nichtbarbarisches (…) realer ist«, S. 153); *OL,* S. 1, S. 30–49; Timothy J. Shannon, *Iroquois Diplomacy on the Early American Frontier,* New York 2008, S. 23–30; José António Brandão (Hg.), *Nation Iroquoise: A Seventeenth-Century Ethnography of the Iroquois,* Lincoln 2004, S. 63 (»Er oder sie«); *JR,* Bd. 51, S. 237 (»Ihre Politik«); Robert Launay, »Lafitau Revisited: American ›Savages‹ and Universal History«, in: *Anthropologica* 52, Nr. 2 (2010), S. 340f.

3 Chad L. Anderson, *The Storied Landscape of Iroquoia: History, Conquest, and Memory in the Native Northwest,* Lincoln 2020, S. 137f.

4 *OL,* S. 55–57; *JR,* Bd. 5, S. 203 (Zitate).

5 John Winthrop an Sir Simonds D'Ewes, 24. Juli 1634, Papers of John Winthrop Family, 1537–1990, in: Massachusetts Historical Society, *Publications of the Colonial Society of Massachusetts,* Bd. 7, *Transactions: 1900–1902,* Boston 1905, S. 71f.; *BR,* S. 162.

6 *JR*, Bd. 15, S. 41 (»noch [nicht] weiß«); *OL*, S. 58f.; Matthew Dennis, *Cultivating a Landscape of Peace: Iroquois Encounters in Seventeenth-Century America*, Ithaca, NY 1993, bes. S. 85–91.

7 *JR*, Bd. 26, S. 57 (»All die Menschen«); *MG*, S. 1–23; Charlevoix, *History and General Description of New France*, S. 209 [Kap. 7, Anm. 7].

8 Arnoldus Montanus (d. i. Arnold van den Berghe), *Description of New Netherland*, Amsterdam 1671, S. 117 (Zitat); *OL*, S. 94f.; Lois M. Feister, »Linguistic Communication between the Dutch and the Indians in New Netherland, 1609–1664«, in: *Ethnohistory* 20 (Winter 1973), S. 36f.

9 *JR*, Bd. 27, S. 249–251 (»als Zeichen«, S. 249; »Wir haben«, S. 251).

10 *JR*, Bd. 27, S. 257, S. 261 (»Dort«, S. 257; »nur eine einzige«, S. 261).

11 *JR*, Bd. 41, S. 79 (»Wüten«, »das Ende«); Michael Witgen, *An Infinity of Nations*, S. 19–21 [Einleitung, Anm. 1]; Heidi Bohaker, »›Nindoodemag‹: The Significance of Algonquian Kinship Networks in the Eastern Great Lakes Region, 1600–1701«, in: *WMQ* 63 (Januar 2006), S. 23–52; *EW*, S. 80; Allan Greer, *Property and Dispossession*, S. 146 [Kap. 6, Anm. 5].

12 *MG*, S. 1–23; Charlevoix, *History and General Description*, S. 209.

13 Daniel P. Barr, *Unconquered*, S. 15 [Kap. 1, Anm. 3]; *OL*, S. 31–38; *EW*, S. 290; *JR*, Bd. 24, S. 295 (»geschickt im Umgang«); *JR*, Bd. 44, S. 61–63, S. 191 (»nicht absichtlich«, »hindern müssen«, »in Sichtweite«, S. 191). Eine umfassende Darstellung des rituellen und realen Kannibalismus bieten Carla Cevasco, »This Is My Body: Communion and Cannibalism in Colonial New England and New France«, in: *NEQ* 89 (Dezember 2016), S. 556–586; Henry R. Schoolcraft, *Notes on the Iroquois: Or Contributions to American History, Antiquities, and General Ethnology*, New York 1846, S. 29, S. 51 (»ihre Nationalität«, S. 29; »einen Körper, den man … zerschneidet«, S. 51).

14 *JR*, Bd. 41, S. 79 (»alle vier«); *JR*, Bd. 42, S. 55 (»Meine Brüder«).

15 *JR*, Bd. 44, S. 61–63, S. 213 (»Wollte man«, S. 63); *JR*, Bd. 45, S. 213 (»keinem Zweifel«).

16 *JR*, Bd. 44, S. 117–119; *JR*, Bd. 45, S. 189 (»Überall«); *JR*, Bd. 46, S. 205 (»Letzes Jahr«); *JR*, Bd. 47, S. 107 (»überzogen die Umgebung«); »Instructions for Sieur Gaudais Sent by the King to Canada«, in: *NYCD*, Bd. 9, S. 9f. (»alle französischen«, S. 10); *OL*, S. 98f. Zu den *filles du roi* vgl. Peter Gagné, *King's Daughters and Founding Mothers: The Filles du Roi, 1663–1673*, Pawtucket, RI 2001.

17 *OL*, S. 85; Johannes Megapolensis, »A Short Account of the Mohawk Indians, Their Country, Language, Stature, Dress, Religion, and Government, Thus Described and Recently, August 26, 1644«, in: Dean R. Snow/Charles T. Gehring/William A. Starna (Hg.), *In Mohawk Country: Early Narratives of a Native People*, New York 1996, S. 41 (»die bedeutendste«); »Marie de L'Incarnation to Her Son, 1667«, in: Kathleen DuVal/John DuVal (Hg.), *Interpreting a Continent*, S. 195 [Kap 5., Anm. 6]; »Propositions Made by Mohawk Sachems«, 19. Oktober 1659, in: *NYCD*, Bd. 13, S. 122 (weitere Zitate in diesem Abschnitt).

9 Feinde des Glaubens

1 *JR*, Bd. 34, S. 25 (Zitat).

2 *JR*, Bd. 34, S. 27 (Zitate).

3 *JR*, Bd. 34, S. 141 (Zitat).

4 Allan Greer, »Introduction«, in: ders. (Hg.), *The Jesuit Relations: Natives and Missionaries in Seventeenth-Century North America*, Boston 2000, S. 3–12; Allan Greer, *Mohawk Saint: Catherine Tekakwitha and the Jesuits*, New York 2015, S. 75. Zu den Jesuiten als Aufbauhelfern des Imperiums vgl. Bronwen McShea, *Apostles of Empire: The Jesuits and New France*, Lincoln 2019.

5 *JR*, Bd. 34, S. 25, S. 123–125 (»für den Beginn«, »Feinde der Huronen«, S. 123; »Dieses Dorf«, S. 125); Thomas J. Craughwell, *Death in the Wilderness: The Harrowing Story of the Eight Martyrs of North America*, New York 2017; »A Veritable Account of the Martyrdom and Blessed Death of Father Jean Breboeuf and of Father Gabriel L'Alemant, in New France, in the Country of the Hurons, by the Iroquois, Enemies of Faith«, in: S. R. Mealing (Hg.), *Jesuit Relations and Allied Documents: A Selection*, Montreal 1978, https://www.jstor.org/stable/j.ctt7zt2f2 (»Feinde des Glaubens«).

6 *JR*, Bd. 34, S. 137, S. 197, S. 205, S. 207, S. 217 (»damit sie nicht«, »flüchteten«, S. 197; »heimgesucht«, S. 207); *JR*, Bd. 35, S. 59, S. 77, S. 79, S. 107 (»in Sichtweite«, S. 59; »stürzten sich«, S. 77; »den Tod finden«, S. 79).

7 *JR*, Bd. 35, S. 81, S. 89, S. 163, S. 189 (»Wandermissionen«, S. 81; »der Geist«, S. 163; »Meine Feder«, S. 189); *JR*, Bd. 35, S. 283; *JR*, Bd. 36, S. 191.

8 Bruce R. Trigger, *Children of Aataentsic*, S. 789 [Kap. 7, Anm. 8]; *JR*, Bd. 35, S. 211; *JR*, Bd. 36, S. 119, S. 123, S. 133–137; S. 143, S. 165 (»kommen«, S. 143; »wäre ein irdisches Paradies«, S. 165).

9 *JR*, Bd. 37, S. 111.

10 *JR*, Bd. 40, S. 157 (Zitate).

11 Robert Michael Morrissey, *Empire by Collaboration: Indians, Colonists, and Governments in Colonial Illinois Country*, Philadelphia 2015, S. 31f.; Trigger, Children of Aataentsic, S. 795f.; Daniel K. Richter, »Iroquois versus Iroquois: Jesuit Missions and Christianity in Village Politics, 1642–1686«, in: *Ethnohistory* 32 (Winter 1985), S. 3; *JR*, Bd. 41, S. 55–57 (»die Huronen-Kolonie«, S. 55; »in ebenso großer«, S. 57).

12 *JR*, Bd. 44, S. 205 (»die Irokesen«); *HAC*, S. 86 (»nicht durch eine Tür«); Allan Greer, *Property and Dispossession*, S. 368–371 [Kap. 6, Anm. 5]; James Pritchard, *In Search of Empire: The French in the Americas, 1670–1730*, Cambridge 2004, S. 153f,; Alan Taylor, *American Colonies*, New York 2001, S. 113 [Kap. 5, Anm. 15]; Claiborne A. Skinner, *The Upper Country: French Enterprise in the Colonial Great Lakes*, Baltimore 2008, S. 15f.

13 Gilles Havard/Cécile Vidal, *Histoire de l'Amérique* Française, Paris 2005, S. 413–435; *JR*, Bd. 49, S. 141–143 (»Wilde«, S. 141; »die Irokesen«, S. 143).

14 *OL*, S. 99–104.

15 Richard Aquila, *The Iroquois Restoration: Iroquois Diplomacy on the Colonial Frontier, 1701–1754*, Detroit 1983, S. 40f.; *EW*, S. 128–132; *HAC*, Tafel 37.

16 *JR*, Bd. 54, S. 275, S. 281 (»Es ist ein Zeichen«, S. 275); *JR*, Bd. 55, S. 35 (»kleine Kirche«, »bewundernswerten Respekt«); David L. Preston, *The Texture of Context: European and Indian Settler Communities on the Frontiers of Iroquoia, 1667–1783*, Lincoln 2009, S. 27–29; Greer, *Property and Dispossession*, S. 182.

17 *OL*, S. 134–137; *EW*, S. 148f.; Eric Hinderaker, *The Two Hendricks: Unraveling a Mohawk Mystery*, Cambridge, MA 2010, S. 32f.; *HAC*, S. 87.

18 *EW*, S. 149f.

19 Lawrence H. Leder (Hg.), *The Livingston Indian Records, 1666–1723*, Gettysburg, PA 1956, S. 45f., S. 51 (»Wir sind eins«, S. 45f.; »Burgen«, S. 51); Five Nations, *Propositions Made by the Five Nations of Indians to His Excellency Richard Earl of Bellomont*, New York 1698, S. 4 (»bis zur äußersten«).

20 Louis Hennepin, *A New Discovery of a Vast Country in America*, hg. von Reuben Gold Thwaites, Chicago 1903, Bd. 1, S. 47f.; ders., *Neue Entdeckung vieler sehr grossen Landschafften in America Zwischen Neu-Mexico und dem Eyß-Meer gelegen*, Bremen 1699, S. 27 (Zitate; Übersetzung: M. J. G. Langen), abrufbar unter: www.digitale-sammlungen.de/de/view/bsb11448612?page_80,81.

21 *HAC*, S. 86f.; Carolyn Podruchny, *Making the Voyageur World: Travelers and Traders in the North American Fur Trade*, Lincoln 2006, S. 21–25; eine umfassende Darstellung der Waldläufer bietet Gilles Havard, *Histoire des coureurs de bois: Amérique du Nord, 1600–1840*, Paris 2016.

22 *JR*, Bd. 62, S. 155–157, S. 223 (»Nachdem sie«, S. 155; »alle mit uns«, S. 155–157; »erlangt«, S. 157; »Die Angst«, S. 223); M. l'abbé De Belmont, *Histoire Du Canada* [1840], S. 12–17 (»als Onontio« [»que de mettre Onontio á la Chaudière«], S. 14). Einen umfassenderen Kontext bietet Jacob F. Lee, *Masters of the Middle Waters: Indian Nations and Colonial Ambitions along the Mississippi*, Cambridge, MA 2019.

23 *EW*, S. 169; M. de la Barre an M. de Seignelay, 4. November 1683, in: *NYCD*, Bd. 9, S. 201–210 (»die tapferste«, S. 201; »Sie werden nicht«, S. 202; »Fortgeschrittenes«, S. 210).

24 Isaac Joslin Cox (Hg.), *The Journeys of Réne Robert Cavelier, Sieur de La Salle*, New York 1922, Bd. 1, S. 12 (»sie würden nicht«); *EW*, S. 159–161 (»christliche Indianer«, »Fleisch und Blut«, S. 161); William Hand Browne (Hg.), *Archives of Maryland*, Baltimore 1896, Bd. 15, S. 176 (»die Oberläufe abzusuchen«).

25 Zu einer detaillierten Analyse dieser Dynamik vgl. *OL*, S. 105–161.

26 Louis Hennepin, *Description of Louisiana*, New York 1880, S. 267 (Übersetzung: John Gilmary Shea); ders., *Beschreibung der Landschafft Lovisiana Welche, Auf Befehl des Königs in Frankreich, neulich gegen Sudwesten Neu-Frankreichs in Amerika entdecket worden*, Nürnberg 1689, S. 255f., www.digitale-sammlungen.de/de/view/bsb10912722?page=260,261.

27 Zur Playoff-Politik der Irokesen vgl. Daniel K. Richter, *Facing East from Indian Country*, S. 164 [Kap. 5, Anm. 6]. Lefèvre de La Barre an den König, 4. November 1683, in: Pierre Margry (Hg.), *Découvertes et établissements des Français dans l'ouest et dans le sud de l'Amérique septentrionale (1614–1754): Mémoires et documents originaux*, pt. 5, *Première formation d'une chaine de postes entre le Fleuve*

Saint-Laurent et le Golfe du Mexique (1683–1724), Paris 1883, S. 7 (»die alleinigen Herren«); *JR,* Bd. 62, S. 223 (»vollständig vernichtet«).

28 *EW,* S. 140–145; *JR,* Bd. 62, S. 175 (Zitate); »Letter of Father Claude Chauchetière, respecting the Iroquois Mission of Sault St. François Xavier, near Montreal«, 14. Oktober 1682, in: *JR,* Bd. 62, S. 165–189. Ich habe mich hier auf Greer, *Mohawk Saint,* gestützt.

29 Nancy Shoemaker, »Kateri Tekakwitha's Tortuous Path to Sainthood«, in: dies. (Hg.), *Negotiators of Change,* S. 61f. [Kap. 8, Anm. 2].

30 *JR,* Bd. 62, S. 163 (Zitate); *EW,* S. 128, S. 146.

10 Die Macht der Schwäche

1 *JR,* Bd. 62, S. 155–163 (»zu den Herren«, S. 155; »zerstören«, »des ganzen Handels«, S. 159; »Wenn dieser Krieg«, S. 161); *HAC,* S. 87.

2 *HAC,* Tafel Nr. 36.

3 »Relation of the Events of the War, and State of the Affairs in Canada, October 30, 1688«, in: *NYCD,* Bd. 9, S. 388–390 (»auf allen Seiten«, »Die Leichtigkeit«, S. 390).

4 *OL,* S. 105–132; *JR,* Bd. 54, S. 263–265 (»Lasst Onnontio«, S. 263; »Für wen«, S. 263–265).

5 *JR,* Bd. 49, S. 227–231 (»Großer Onnontio«, S. 227–229; »den größten«, S. 231).

6 *MG,* S. 20f.; Michael Witgen, *An Infinity of Nations,* S. 93f. [Einleitung, Anm. 1]; zu den Wyandot vgl. Kathryn Magee Labelle, *Dispersed but Not Destroyed: A History of the Seventeenth-Century Wendat People,* Vancouver 2013.

7 *JR,* Bd. 54, S. 191–193 (»Ihre Sitten«, »mit einer Holzgabel«); *JR,* Bd. 51, S. 53 (»eine Sprache«); *JR,* Bd. 55, S. 167–169 (»Eine allgemeine Liga«); Witgen, *Infinity of Nations,* S. 66–68.

8 *JR,* Bd. 54, S. 191 (»die Irokesen«); *JR,* Bd. 58, S. 255–257 (»Nation«, »die gemeinsamen«, »drängten auch noch«, »zehn der Wagemutigsten«, »massakrieren«, S. 255; »nach Rache dürstend«, S. 257). Zu den Irokesen in der Rolle des Hammers vgl. *MG,* S. 11.

9 Claude Charles Le Roy, Bacqueville de la Potherie, *History of the Savage People Who Are Allies of New France,* in: Emma H. Blair (Hg.), *The Indian Tribes of the Upper Mississippi Valley and Region of the Great Lakes,* Cleveland, OH 1911/12, Bd. 1, S. 343–347 (»in Besitz nehmen«, S. 343; »als seine Untertanen«, S. 346; »wie seine eigenen Kinder«, »Wenn Feinde«, S. 347).

10 »Lettre du Sieur Du Lhut a M. le Comte de Frontenac«, 5. April 1679, in: Pierre Margry (Hg.), *Découvertes et établissements des Français dans l'ouest et dans le sud de l'Amérique septentrionale (1614–1754): Mémoires et documents originaux,* pt. 6, *Exploration des affluents du Mississipi et découverte des Montagnes Rocheuses (1679–1754),* Paris 1886, S. 30 (»Nährboden für den Biber« [»pépinière de castors«]); *MG,* S. 78–82; »Lettre du Père Enjalran à Lefèvre de La Barre, gouverneur de la Nouvelle-France«, 26. August 1683, in: Margry (Hg.), *Découvertes et établissements des Français,* pt. 5, S. 5 [Kap. 9, Anm. 27]; *JR,* Bd. 65, S. 241; *HAC,* Tafel Nr. 38; Helen Hornbeck Tanner, *Atlas of Great Lakes History,* Nor-

man 1986, Karte Nr. 6; »The Voyage of St. Cosme, 1698–99«, in: Louise Phelps Kellogg (Hg.), *Early Narratives of the Northwest, 1634–1699,* New York 1917, S. 344. Zum Handel mit Schusswaffen vgl. *MG,* S. 136.

11 *MG,* S. IXf., S. 99–104.

12 Bacqueville de la Potherie, *History of the Savage People,* in: Blair (Hg.), *The Indian Tribes,* Bd. 1, S. 354–366 (»Hört«, »führende«, »Welches Kind«, S. 354; »Würgt«, »eurem Vater«, S. 355).

13 Nicolas Perrot, *Memoir on the Manners, Customs, and Religion of the Savages of North America,* in: Blair (Hg.), *The Indian Tribes,* Bd. 1, S. 262 (Zitat); David Andrew Nichols, *People of the Inland Sea: Native Americans and Newcomers in the Great Lakes Region, 1600–1870,* Athens 2018, bes. S. 3; Daniel K. Richter, *Facing East from Indian Country,* S. 66 [Kap. 5, Anm. 6].

14 Diese Darstellung ist eine Synopse von Richard Whites Buch *The Middle Ground: Indians, Empires, and Republics in the Great Lakes Region, 1650–1815,* Cambridge 1991.

15 *JR,* Bd. 55, S. 203–205 (»Wir bedienten uns«, S. 203; »freien Zugang«, S. 205); Erik R. Seeman, »Reading Indians' Deathbed Scenes: Ethnohistorical and Representational Approaches«, in: *JAH* 88 (Juni 2001), S. 17–47.

16 »Extract from a Letter by Du Luth«, 12. April 1684, in: *WHC,* Bd. 16, S. 118–120 (»die Anschuldigungen erhoben«, »Diese Konfrontation«, »wegen Mordes«, »Es ist genug«, S. 118; »alle drei«, »zu behandeln«, »Ich hielt es«, S. 119; »Würde ich die Strenge«, S. 120); Witgen, *Infinity of Nations,* S. 202–211.

17 *WHC,* Bd. 16, S. 121 (Zitate).

18 Susan Sleeper-Smith, »Women, Kin and Catholicism: New Perspectives on the Fur Trade«, in: *Ethnohistory* 47 (Frühjahr 2000), S. 425–428.

19 Witgen, *Infinity of Nations,* S. 55 [Einleitung, Anm. 1]; »Mémoire du sieur Greyselon Du Lhut adressé à Monsieur le Marquis de Seignelay«, in: Margry (Hg.), *Découvertes et établissements,* Bd. 6, S. 22 (»Frieden … schließen« [»faire la paix avec les Nadouesioux, leurs communs ennemis«]); »Lettre du sieur Du Lhut à M. le Comte de Frontenac«, 5. April 1679, S. 27–30 [Anm. 10]. Eine ausgezeichnete Rekonstruktion des Friedensprozesses bietet Witgen, *Infinity of Nations,* S. 143–148.

20 Bacqueville de la Potherie, *History of the Savage People,* S. 367–372 (»badete«, S. 368; »dies … sei«, »stillen«, »Sie fanden«, S. 372«); *LA,* S. 38–41. Zu Schätzungen der Bevölkerungszahl vgl. Pierre-Esprit Radisson, *Voyages of Peter Esprit Radisson: Being an Account of His Travels and Experiences among the North American Indians, from 1652 to 1684,* Boston 1885, S. 219f.; sowie Perrot, *Memoir,* S. 170. Alle Schätzungen zur Zahl der Sioux sind auf Sachkenntnissen beruhende Vermutungen. Gary Clayton Anderson vertritt die Ansicht, dass die Gesamtzahl der Sioux-Bevölkerung im Jahr 1650 bei 38 000 Menschen gelegen haben könnte. Vgl. Anderson, *Kinsmen of Another Kind: Dakota-White Relations in the Upper Mississippi Valley, 1650–1862,* Lincoln 1997 [Reprint], S. 16–19 [zuerst: 1984].

21 Perrot, *Memoir,* Bd. 1, S. 365 (Zitate).

11 Die Engländer als kleines Kind

1 James Pritchard, *In Search of Empire: The French in the Americas, 1670–1730,* Cambridge 2004, S. 16; Mark F. Boyd, »Enumeration of the Florida Spanish Missions in 1675«, in: *Florida Historical Quarterly* 27, Nr. 2 (1948), S. 181–188; *SFNA,* S. 90, S. 101–103; *HAC,* Tafel Nr. 38; Sylvia Van Kirk, *Many Tender Ties: Women in Fur-Trade Society, 1670–1870,* Norman 1980, S. 9–73.

2 Nancy H. Steenburg, »Murder and Minors: Changing Standards in the Criminal Law in Connecticut«, in: Robert Asher/Lawrence B. Goodheart/Alan Rogers (Hg.), *Murder on Trial: 1620–2002,* Albany 2005, S. 131, Anm. 3.

3 *OBK,* S. 107–109; Daniel K. Richter, *Facing East of Indian Country,* S. 100f. [Kap. 5, Anm. 6]; Russell Bourne, *Red King's Rebellion: Racial Politics in New England, 1675–1678,* New York 1991, S. 89. Bei der Bezeichnung der englischen Kolonien als »Siedlergesellschaften« stütze ich mich auf Patrick Wolfes Begrifflichkeit; vgl. Wolfe, »Settler Colonialism and the Elimination of the Native«, in: *Journal of Genocide Research* 8 (Dezember 2006), bes. S. 387. Es gibt ein breites Spektrum von Einschätzungen zur Anwendbarkeit der Bezeichnung Siedlerkolonialismus in der frühen amerikanischen Geschichte; vgl. hierzu »Forum: Settler Colonialism in Early American History«, in: *WMQ* 76 (Juli 2019), S. 361–450.

4 Nathaniel B. Shurtleff (Hg.), *Records of the Colony of New Plymouth, in New England,* Boston 1855, Bd. 3–4, S. 192 (Zitate).

5 Alan Taylor, *American Colonies,* S. 202 [Kap. 5, Anm. 15]. Zu den Ansichten der Puritaner über die Seele vgl. Elizabeth Reis, »The Devil, the Body, and the Feminine Soul in Puritan New England«, in: *JAH* 82 (Juni 1995), S. 15–36. Zum Half-Way Covenant vgl. Jenny Hale Pulsipher, *Subjects unto the Same King: Indians, English, and the Contest for Authority,* Philadelphia 2005, S. 89–91.

6 Harold W. Van Lonkhuyzen, »A Reappraisal of the Praying Indians: Acculturation, Conversion, and Identity at Natick, Massachusetts«, in: *NEQ* 63 (September 1990), S. 396–428; David J. Silverman, *Faith and Boundaries,* S. 63f. [Kap. 6, Anm. 4]; Virginia DeJohn Anderson, »King Philip's Herds: Indians, Colonists, and the Problem of Livestock in Early New England«, in: *WMQ* 51 (Oktober 1994), S. 601–606; Jill Lepore, *The Name of War: King Philip's War and the Origins of American Identity,* New York 1998, S. 35; Pulsipher, *Subjects unto the Same King,* S. 74; James Axtell, *Invasion Within: The Contest of Cultures in Colonial North America,* New York 1985, S. 140–145, S. 179; *NWA,* 74–76.

7 *OBK,* S. 4f., S. 72–88. Eine detaillierte Untersuchung zu Martha's Vineyard, den Missionaren und der Haltung und Taktik der Indigenen bietet Silverman, *Faith and Boundaries,* bes. S. 16–89.

8 Mark Peterson, *The City-State of Boston,* S. 125–138 [Kap. 6, Anm. 5]; Wendy Warren, *New England Bound: Slavery and Colonization in Early America,* New York 2016, S. 9; Margaret Ellen Newell, *Brethren by Nature,* S. 6 [Kap. 6, Anm. 8]; Stephen Warren, *The World the Shawnees Made,* S. 67–70 [Kap. 7, Anm. 4].

9 »The Charter of the Colony of the Massachusetts Bay in New England, 1628–9«, in: Nathaniel B. Shurtleff (Hg.), *Records of the Governor and Company of the Massachusetts Bay in New England,* Boston 1853, Bd. 1, S. 3f.; gekürzte dt. Über-

setzung der First Charter of Massachusetts vom 4. März 1629 in: Herbert Schambeck et al. (Hg.), *Dokumente zur Geschichte der Vereinigten Staaten von Amerika,* Berlin [2]2007, S. 21–24; Jean M. O'Brien, *Dispossession by Degrees: Indian Land and Identity in Natick, Massachusetts,* New York 1997, S. 40–42; William Cronon, *Changes in the Land: Indians, Colonists, and the Ecology of New England,* New York 1983, bes. S. 48–53, S. 54–75, S. 108–139; Anderson, »King Philip's Herds«.

10 *OBK,* S. 21–23, S. 31, S. 121–131, Warren, *New England Bound,* bes. S. 9–14, S. 11–28, S. 36–64; Newell, *Brethren by Nature,* S. 133–154, S. 211–236 (»an irgendeinen Ort«, S. 215); O'Brien, *Dispossession by Degrees,* S. 42.

11 *OBK,* S. 27–54; Francis Jennings, *The Invasion of America: Indians, Colonialism, and the Cant of Conquest,* Chapel Hill 1975, S. 288–290.

12 *OBK,* S. 67–71, S. 131–134.

13 Lepore, *Name of War,* S. 30–32, S. 39; Newell, *Brethren by Nature,* S. 95f.; *OBK,* S. 63f., S. 118–124; Increase Mather, *A Brief History of the Warr with the Indians in New-England,* Boston 1676, S. 10f. (»nur einen Grund«, »Er war«, S. 11), S. 12 (»So begann«).

14 Lepore, *Name of War,* S. 22–25; John Easton, »A Relation of the Indian War, by Mr. Easton, of Rhode Island, 1675«, hg. von Paul Royster, Faculty Publications, UNL Libraries, Libraries at University of Nebraska-Lincoln, S. 2–8 (»niemandem etwas zuleide tun«, S. 3; »sie kein Unrecht begangen«, S. 4; »Alle Engländer«, »sie die Ersten gewesen seien«, S. 5f.; »habe ihnen überlassen«, S. 6; »40 Jahre lang«, S. 8), https://digitalcommons.unl.edu/libraryscience/33.

15 *OBK,* S. 131–147; Daniel R. Mandell, *King Philip's War: Colonial Expansion, Native Resistance, and the End of Indian Sovereignty,* Baltimore 2010, S. 48–50.

16 *OBK,* S. 147–161, S. 177f.; Easton, »Relation of the Indian War«, S. 8 (Zitat); Mandell, *King Philip's War,* S. 48–59, S. 74–85.

17 *OBK,* S. 130, S. 236f.; Mandell, *King Philip's War,* S. 64–71; Scott Weidensaul, *The First Frontier: The Forgotten History of Struggle, Savagery and Endurance in Early America,* Boston 2012, S. 163; O'Brien, *Dispossession by Degrees,* S. 17 (»Nqussutam«).

18 *OBK,* S. 236–247; Christine DeLucia, »The Memory Frontier: Uncommon Pursuits of Past and Place in the Northeast after King Philip's War«, in: *JAH* 98 (März 2012), S. 980f.; Linford D. Fisher, »›Dangerous Designes‹: The 1676 Barbados Act to Prohibit New England Indian Slave Importation«, in: *WMQ* 71 (Januar 2014), S. 99–124; Margaret Ellen Newell, »Indian Slavery in Colonial New England«, S. 46 [Kap. 6, Anm. 1]; Mather, *Brief History,* S. 34–37 (»ein merkwürdiges«, S. 37). Zu den Praktiken in Neuengland beim Pressen von Soldaten vgl. Kyle Zelner, *A Rabble in Arms: Massachusetts Towns and Militiamen during King Philip's War,* New York 2009.

19 *OBK,* S. 271f., S. 274; Lepore, *Name of War,* S. 105.

12 Metacoms Angriff

1 »A Short Accompt of the Generall Concerns of New Yorke from October 1674 to November 1677«, in: *NYCD*, Bd. 3, S. 254f. (Zitat).

2 Richard Middleton/Anne Lombard, *Colonial America to 1763*, Malden, MA [4]2011, S. 189f.; »Council Minutes«, 16. April 1675, und »Propositions of the Mohawks to Governor Colve and His Answers, May 22, 1674«, in: *NYCD*, Bd. 13, S. 479f., S. 483 (»immer ein Leib«, S. 479; »ermutigte«, »nicht … zu belästigen«, S. 483); Increase Mather, *A Brief History of the Warr*, S. 38 (»als Spione«) [Kap. 11, Anm. 13]; James David Drake, *King Philip's War: Civil War in New England, 1675–1676*, Amherst 1999, S. 174; Eric B. Schultz/Michael J. Tougias, *King Philip's War: The History and Legacy of America's Forgotten Conflict*, Woodstock, VT 1999, S. 183f.; William Berkeley an [Secretary Thomas Ludwell?], 16. Februar 1676, Henry Coventry Papers, Bd. 77, Folio 56, Library of the Marquis of Bath at Longleat, Wiltshire, England, Bodleian Library, Oxford (»die ungünstige Beeinflussung«, »wären uns gerne los«).

3 *OBK*, S. 272–275; Erik R. Seeman, *Death in the New World: Cross-Cultural Encounters, 1492–1800*, Philadelphia 2010, S. 178; Charles Henry Lincoln (Hg.), *Narratives of the Indian Wars, 1675–1699*, New York 1913, S. 86 (»verhöhnten«); Steven D. Neuwirth, »The Images of Place: Puritans, Indians, and the Religious Significance of the New England Frontier«, in: *American Art Journal* 18 (1986), S. 47–51.

4 Mather, *Brief History*, S. 40–47 (»Gott die Mohawk … losgelassen hatte«, S. 47); *OL*, S. 135f.; Jill Lepore, *Name of War*, S. 112–114 [Kap. 11, Anm. 6]; Alan Taylor, *American Colonies*, S. 201 [Kap. 5, Anm. 15]; *OBK*, S. 286–295, S. 305–307, S. 320f.

5 Mather, *Brief History*, S. 60–62 (»Die Heiden«, S. 60); *OBK*, S. 307–324; Drake, *King Philip's War*, S. 168f.; Daniel R. Mandell, *King Philip's War*, S. 134f. [Kap. 11, Anm. 15]; Guy Chet, *Conquering the American Wilderness: The Triumph of European Warfare in the Colonial Northeast*, Amherst 2003, S. 45.

6 James H. Merrell, »›The Customes of Our Countrey‹«, S. 121 [Kap. 5, Anm. 4]; Colin G. Calloway, *The Western Abenakis of Vermont, 1600–1800: War, Migration, and the Survival of an Indian People*, Norman 1990, S. 76–89; Increase Mather, *An Earnest Exhortation to the Inhabitants of New-England*, Boston 1676, S. 12 (Zitat). Ich danke Matthew Kruer für die Beratung zu zeitgenössischen Währungen.

7 *The Soveraignty and Goodness of God, Together with the Faithfulness of His Promises Displayed: Being a Narrative of the Captivity and Restauration of Mrs. Mary Rowlandson*, Boston 1720, S. 69 (Zitat); Lepore, *Name of War*, S. 48–52.

8 *BR*, S. 291–294. Zu Andros vgl. Mary Lou Lustig, *The Imperial Executive in America: Sir Edmund Andros, 1637–1714*, Madison, NJ 2002, S. 15–18; Middleton/Lombard, *Colonial America*, S. 182–186.

9 Mary Beth Norton, *In the Devil's Snare: The Salem Witchcraft Crisis of 1692*, New York 2002, S. 98–111; James Weems, »A Short Account of the Losse of Pemiquid

Fort in New England August 3d 1689«, Colonial Office Papers, Public Record Office, London 5/855, f76 (»all ihr Land); *BR*, 312f.; Middleton/Lombard, *Colonial America*, S. 182–189; Mark Peterson, *The City-State of Boston*, S. 181 [Kap. 6, Anm. 5]; John Emerson, »A Faithful Account of Many Wonderful and Surprising Things Which Happened in the Town of Glocester, in the Year 1692«, in: Lincoln (Hg.) *Narratives of the Indian Wars*, S. 246f. (»leibhaftiger Franzosen«, S. 246f.; »Bedrängnis«, S. 247) [Anm. 3].

10 Stacy Schiff, *The Witches: Salem, 1692*, New York 2015, S. 15–19, S. 53–60, S. 93, S. 124; Norton, *In the Devil's Snare*, S. 44–140; Louise A. Breen, »Judgment at Salem: War, Witchcraft, and Empire«, in: Breen (Hg.), *Converging Worlds*, S. 281–391 [Kap. 6, Anm. 17]. Zum umfassenderen Kontext von Hexenprozessen vgl. John Demos, *Entertaining Satan: Witchcraft and the Culture of Early New England*, Oxford 1982; Virginia DeJohn Anderson, »New England in the Seventeenth Century«, in: Nicholas Canny (Hg.), *Origins of Empire*, S. 207 [Kap. 5, Anm. 9]

13 Bürger- und andere Kriege in Virginia

1 Wilcomb E. Washburn, »Governor Berkeley and King Philip's War«, in: *NEQ* 30 (September 1957), S. 373 (Zitat); Kevin Butterfield, »Puritans and Religious Strife in the Early Chesapeake«, in: *Virginia Magazine of History and Biography* 109, Nr. 1 (2001), S. 5–36.

2 Edmund S. Morgan, *American Slavery, American Freedom: The Ordeal of Colonial Virginia*, New York 1975, S. 185–195, S. 215–249; Kathleen M. Brown, *Good Wives, Nasty Wenches, and Anxious Patriarchs: Gender, Race, and Power in Colonial Virginia*, Chapel Hill 1996, S. 319–366; Lorena S. Walsh, *From Calabar to Carter's Grove: The History of a Virginia Slave Community*, Williamsburg 2000; Warren M. Billings, *Sir William Berkeley and the Forging of Colonial Virginia*, Baton Rouge 2004, S. 174–209.

3 Warren M. Billings, »The Causes of Bacon's Rebellion: Some Suggestions«, in: *Virginia Magazine of History and Biography* 78 (Oktober 1970), S. 409–435; James D. Rice, *Nature and History in the Potomac Country: From Hunter-Gatherers to the Age of Jefferson*, Baltimore 2009, S. 10–142. Zur anhaltenden Furcht und Sorge an der Ostküste vgl. Karen Ordahl Kupperman, *Indians and English: Facing Off in Early America*, Ithaca, NY 2000.

4 James D. Rice, *Tales from a Revolution: Bacon's Rebellion and the Transformation of Early America*, New York 2012, S. 4–7; Matthew Kruer, »Bloody Minds and Peoples Undone: Emotion, Family, and Political Order in the Susquehannock-Virginia War«, in: *WMQ* 74 (Juli 2017), S. 416f.

5 Richard J. S. McCracken, »Susquehannocks, Brulé, and Carantouannais: A Continuing Research Problem«, in: *Bulletin and Journal of Archaeology for New York State* 91 (1985), S. 46–48; April Lee Hatfield, *Atlantic Virginia: Intercolonial Relations in the Seventeenth Century*, Philadelphia 2004, S. 199f.; Kruer, »Bloody Minds and Peoples Undone«, S. 417–421; James D. Rice, »Bacon's Rebellion in Indian Country«, in: *JAH* 101 (Dezember 2014), S. 733–735; John Berry/Francis

Moryson, »A True Narrative of the Rise, Progresse, and Cessation of the Late Rebellion in Virginia, Most Humbly and Impartially Reported by His Majestyes Commissioners Appointed to Enquire into the Affaires of the Said Colony«, in: Charles M. Andrews (Hg.), *Narratives of the Insurrections, 1675–1690*, New York 1915, S. 107f. (»drohende Katastrophe«, S. 108); Rice, *Tales from a Revolution*, S. 30f., S. 36; Matthew Kruer, E-Mail an den Autor, Mai 2020.

6 *BR*, S. 268.

7 Kruer, »Bloody Minds and Peoples Undone«, S. 419f.; Alan Taylor, *American Colonies*, S. 149f. [Kap. 5, Anm. 15].

8 »Bacon's Declaration in the Name of the People 30 July 1676«, American History from Revolution to Reconstruction and Beyond, http://www.let.rug.nl/usa/documents/1651-1700/bacons-declaration-in-the-name-of-the-people-30-july-1676.php (»die Indianer ... beschützt, begünstigt und ermutigt«); »Mr. Bacon's Acct of Their Troubles by Ye Indians, July 18, 1676«, in: *WMQ* 9 (Juli 1900), S. 2, S. 8 (»wir ... vernichteten«, S. 2; »Befriedigung«, »so erbost«, »nach Hause zurückkehrte«, S. 8); Warren M. Billings (Hg.), *Papers of Sir William Berkeley, 1605–1677*, Richmond 2007, S. 516; Rice, »Bacon's Rebellion«, S. 746.

9 Berry/Moryson, »True Narrative«, S. 114f.; »Mrs. Bacon to Sister of Nathaniel Bacon«, 29. Juni 1676, in: *WMQ* 9 (Juli 1900), S. 4 (Zitat).

10 Kruer, »Bloody Minds and Peoples Undone«, S. 429f.; Leslie Scott Philyaw, *Virginia's Western Visions: Political and Cultural Expansion on an Early American Frontier*, Knoxville 2004, S. 7–9; Taylor, *American Colonies*, S. 149–151; Marcia Brownell Bready, »A Cavalier in Virginia – The Right Hon. Sir Wm. Berkeley, His Majesty's Governor«, in: *WMQ* 18 (Oktober 1909), S. 28, S. 123–130 (»alten Narren«, S. 28); Stephen Saunder Webb, *1676, the End of American Independence*, New York 1984, S. 75f.

11 JR, Bd. 59, S. 251 (»vollständig besiegten«, »Ihre Anmaßung«); *OL*, S. 135–142; Gail D. MacLeitch, *Imperial Entanglements*, S. 40f. [Kap. 6, Anm. 7]. Eine theoretische Diskussion geschlechterbezogener Metaphern bietet Nancy Shoemaker, »An Alliance between Men: Gender Metaphors in Eighteenth-Century American Indian Diplomacy East of the Mississippi«, in: *Ethnohistory* 46 (Frühjahr 1999), bes. S. 241. Zur »Wald-Diplomatie« vgl. Claudia B. Haake, »Appeals to Civilization and Customary ›Forest Diplomacy‹: Arguments against Removal in Letters Written by the Iroquois, 1830–1857«, in: *Wicazo Sa Review* 30 (Herbst 2015), S. 100–128.

12 »Treaty between Virginia and the Indians, 1677: Articles of Peace between the Most Mighty Prince & Our Dread Soveraigne Lord Charles the II by the Grace of God King of Greate Brittaine France, and Ireland Defender of the Ffaith &c: And the Severall Indian Kings and Queens &c Assentors and Subscribers Hereunto Made and Concluded at the Camp of Middle Plantation, May: 1677; Being the Day of the Most Happy Birth & Restauration of Our s'd Soveraigne Lord, and in the 29 Yeare of His Said Ma'ties Reigne«, in: *Virginia Magazine of History and Biography* 14 (Januar 1907), S. 290–294 (»indianischen Könige und Königinnen«, S. 290; »jeder indianische«, S. 293; »im Monat März«, S. 294); Martha W. McCartney, »Cockacoeske, Queen of Pamunkey: Diplomat and Suzeraine«, in:

Peter H. Wood/Gregory A. Waselkow/M. Thomas Hatley (Hg.), *Powhatan's Mantle: Indians in the Colonial Southeast,* Lincoln 1989, S. 173–195.

13 Taylor, *American Colonies,* S. 266–269; John Huxtable (J. H.) Elliott, *Empires of the Atlantic World: Britain and Spain in America,* 1492–1830, New Haven, CT 2006, S. 212; EW, 170f.; Stephen Warren, *The World the Shawnees Made,* S. 158 [Kap. 7, Anm. 4]; Eric Hinderaker, *Elusive Empires: Constructing Colonialism in the Ohio Valley, 1673–1800,* New York 1997, S. 103–105; Daniel K. Richter, »Land and Words: William Penn's Letter to the Kings of the Indians«, in: ders., *Trade, Land, Power: The Struggle for Eastern North America,* Philadelphia 2013, S. 135–154.

14 *OL,* S. 150–153; Louis Armand de Lom d'Arce, Baron de Lahontan, *New Voyages to North-America,* hg. von Reuben Gold Thwaites [1703, englische Ausgabe], Chicago 1905 [Reprint], Bd. 1, S. 78–82 (»Die Krieger«, »sei es, den Handel … zu zerstören«, »habe ich den ausdrücklichen«, S. 78; »Franzosen, die Brüder«, »auf das Ende«, »sich mit dem Gouverneur … verbünden«, S. 79; »Onontio«, »Ich muss«, S. 80; »wir als freie Männer geboren … sind«, S. 82); »Abstract of Proposalls of the Onoundages and Cayouges Sachims at New Yorke«, 2. August 1684, in: *NYCD,* Bd. 3, S. 347 (»sie vor den Franzosen zu beschützen«); »Abstract of the Proposalls of the Onoundages and Cayouges Sachems at New York, August 2«, in: E. B. O'Callaghan (Hg.), *The Documentary History of the State of New-York,* Albany, NY 1849, Bd. 1, S. 400–402 (»Penns Leute«, S. 402).

15 *EW,* S. 175–179; M. de Denonville an M. de Seignelay [Jean-Baptiste Colbert], 9. September 1686, in: *NYCD,* Bd. 9, S. 295–298 (»Ich bedauere außerordentlich«, S. 295; »Die Irokesen«, »die Kolonie«, S. 298).

14 Der große Aufstand im Südwesten

1 »Declaration of Pedro Naranjo of the Queres Nation, December 19, 1681« und »Autos Drawn Up as a Result of the Rebellion of the Christian Indians, August 9, 1680«, in: Charles Wilson Hackett (Hg.)/Charmion Clair Shelby (Übers.), *Revolt of the Pueblo Indians of New Mexico and Otermin's Attempted Reconquest, 1680–1682,* Albuquerque 1942, Bd. 2, S. 3f., S. 245–249 (Zitat, S. 3f.). Zu Po'pay und den Läufern vgl. Andrés Reséndez, *The Other Slavery,* S. 152–155 [Kap. 3, Anm. 6].

2 Alonso de Benavides, *A Harvest of Reluctant Souls: Fray Alonso de Benavides's History of New Mexico, 1630,* hg. und übersetzt von Baker H. Morrow, Albuquerque 1996, S. 39–41 (Zitat, S. 41); *SFNA,* S. 92–100; Andrew L. Knaut, *The Pueblo Revolt of 1680: Conquest and Resistance in Seventeenth-Century New Mexico,* Norman 1995, S. 17–52. Zum Chichimeca-Krieg vgl. Philip Wayne Powell, *Soldiers, Indians, and Silver: The Northward Advance of New Spain,* Berkeley 1952.

3 Ramón A. Gutiérrez, *When Jesus Came,* S. 108–112 [Kap. 4, Anm. 19]; Henry R. [Heinrich Richert] Voth, *The Traditions of the Hopi,* Field Columbian Museum Publication 96, Anthropological Series, Nr. 8, Chicago 1905, S. 268f.

4 Alonso de Benavides, *Revised Memorial of 1634,* Albuquerque 1945, S. 171 (Zitat); James Brooks, *Captives and Cousins: Slavery, Kinship, and Community in the Southwest Borderlands,* Chapel Hill 2002, S. 50f.

5 J. H. Elliott, *Empires of the Atlantic*, S. 190f. [Kap. 13, Anm. 13]; *NWA*, S. 30; *SFNA*, S. 122–126, S. 130; Reséndez, *The Other Slavery*, S. 125–129, S. 158f.; Gutiérrez, *When Jesus Came*, S. 4–10.

6 Fray Juan Bernal an das Tribunal, Santo Domingo, 1. April 1669, in: Charles W. Hackett (Hg.), *Historical Documents Relating to New Mexico, Nueva Vizcaya, and Approaches Thereto, to 1773*, Washington, DC 1923–1937, Bd. 3, S. 272 (Zitat); James E. Ivey, »›The Greatest Misfortune of All‹: Famine in the Province of New Mexico, 1667–1672«, in: *Journal of the Southwest* 36 (Frühjahr 1994), S. 81–87.

7 Ned Blackhawk, *Violence over the Land: Indians and Empires in the Early American West*, Cambridge, MA 2006, S. 24–32; Gary Clayton Anderson, *The Indian Southwest, 1580–1830: Ethnogenesis and Reinvention*, Norman 1999, S. 22–27, S. 105–111; Gutiérrez, *When Jesus Came*, S. 107.

8 Ivey, »›Greatest Misfortune of All‹«, S. 87–89; Anderson, *Indian Southwest*, S. 15–29. Ein umfassendes Werk über die Jumano ist Nancy Parrott Hickersons Buch *The Jumanos: Hunters and Traders of the Southern Plains*, Austin 1994.

9 Samuel Truett, *Fugitive Landscapes: The Forgotten History of the U. S.-Mexico Borderlands*, New Haven, CT 2006, S. 25–27; Anderson, *Indian Southwest*, S. 21–27; J. Charles Kelly, »The Historic Indian Pueblos of La Junta de los Ríos«, in: *New Mexico Historical Review* 27 (Oktober 1952), S. 265–268; Paul Conrad, *The Apache Diaspora: Four Centuries of Displacement and Survival*, Philadelphia 2021, S. 23.

10 Gutiérrez, *When Jesus Came*, S. 10–36; Reséndez, *The Other Slavery*, S. 158–166; Conrad, *Apache Diaspora*, S. 17–19.

11 Charles Wilson Hackett, »The Revolt of the Pueblo Indians of New Mexico in 1680«, in: *Quarterly of the Texas State Historical Association* 15 (Oktober 1911), S. 98–102; James F. Brooks, »Women, Men, and Cycles of Evangelism in the Southwest Borderlands, A.D. 750 to 1750«, in: *AHR* 118 (Juni 2013), S. 738–764, https://academic.oup.com/ahr/article/118/3/738/42174.

12 »Antonio Otermín Describes the Pueblo Revolt«, in: K. DuVal/J. DuVal (Hg.), *Interpreting a Continent* [Kap. 5, Anm. 6], S. 254 (Zitat); Hackett, »Revolt of the Pueblo Indians of New Mexico in 1680«, S. 103–144 (»zum höheren Nutzen«, S. 143); Conrad, *Apache Diaspora*, S. 29f., S. 75; *SFNA*, S. 135; Reséndez, *Other Slavery*, S. 167–171.

13 Hackett, »Revolt of the Pueblo Indians of New Mexico in 1680«, S. 105–130; John L. Kessell, *Kiva, Cross, and Crown*, S. 231–237 [Kap. 4, Anm. 22]. Zum gegen Spanien und gegen das Christentum gerichteten Charakter der Revolte vgl. Gutiérrez, *When Jesus Came*, S. 134–136; und Matthew Liebmann, *Revolt: An Archaeological History of Pueblo Resistance and Revitalization in 17th Century New Mexico*, Tucson 2012, S. 29–82.

14 Tracy Brown, »Tradition and Change in Eighteenth-Century Pueblo Indian Communities«, in: *Journal of the Southwest* 46 (Herbst 2004), S. 463–500; *SFNA*, S. 136.

15 Conrad, *Apache Diaspora*, S. 77.

16 Jack D. Forbes, *Apache, Navajo, and Spaniard*, Norman 1960, S. 292–311. Eine

umfassende Untersuchung zur spanischen Rückeroberung bietet Manuel Espinosa, *Crusaders of Rio Grande: The Story of Diego de Vargas and the Reconquest and Refounding of New Mexico,* Chicago 1942.

17 Diego de Vargas an den Conde de Galve, 20. Mai, 2. und 3. Juni (zwei Briefe) sowie 14. Oktober 1694, in: John L. Kessell/Rick Hendricks/Meredith D. Dodge (Hg.), *Blood on the Boulders: The Journals of Don Diego de Vargas, New Mexico, 1694–97,* Albuquerque 1998, S. 242–266, S. 416–419 (»über dem Amtssitz«, S. 265); Angélino Chavez, *Our Lady of Conquest,* Santa Fe 1948, S. 21–28; Kessell, *Kiva, Cross, and Crown,* S. 252–267; David Roberts, *The Pueblo Revolt: The Secret Rebellion That Drove the Spaniards Out of the Southwest,* New York 2005, S. 182–191.

18 *SFNA,* S. 139–141; Gutiérrez, *When Jesus Came,* S. 143–146, S. 156f.

19 Conrad, *Apache Diaspora,* S. 77.

20 Colin Calloway, *One Vast Winter Count,* S. 177–185 [Kap. 1, Anm. 15].

21 »Diary of Juan de Ulibarri to El Cuartelejo, 1706«, in: Alfred Barnaby Thomas (Hg., Übersetzer), *After Coronado: Spanish Exploration Northeast of New Mexico, 1696–1727,* Norman 1935, S. 61; Brooks, »Women, Men, and Cycles of Evangelism«, bes. S. 739.

15 Die Linie halten

1 Francis Nicholson, »Catawba Deerskin Map«, Library of Congress, abgerufen am 22. Oktober 2021, https://www.loc.gov/resource/g3860.ct000734/?r=-0.0335,-0.0023,1.773,0.764,0 (»den englischen Weg«); Mary Elizabeth Fitts, »Mapping Catawba Coalescence«, in: *North Carolina Archeology* 55 (2006), S. 8–14; James H. Merrell, »The Racial Education of the Catawba Indians«, in: *Journal of Southern History* 50 (August 1984), S. 363–365 (»Nichtse«, S. 365); John Lawson, *A New Voyage to Carolina; Containing the Exact Description and Natural History of That Country: Together with the Present State Thereof,* London 1709, S. 44 (»unser Gastgeber«); James H. Merrell, »›Our Bond of Peace‹: Patterns of Intercultural Exchange in the Carolina Piedmont, 1650–1750«, in: Wood/Waselkow/Hatley (Hg.), *Powhatan's Mantle,* S. 282 [Kap. 13, Anm. 12]; Joshua Piker, *Okfuskee: A Creek Indian Town in Colonial America,* Cambridge, MA 2004, S. 38f.; Nancy Shoemaker, »How Indians Got to Be Red«, in: *AHR* 102 (Juni 1997), S. 625–644; Jacob F. Lee, *Masters of the Middle Waters,* S. 84–86 [Kap. 9, Anm. 22].

2 Bradley J. Dixon, »›His One Netev Ples‹: The Chowans and the Politics of Native Petitions in the Colonial South«, in: *WMQ* 76 (Januar 2019), S. 41–74.

3 Middleton/Lombard, *Colonial America to 1763,* S. 149 [Kap. 12, Anm. 2]; Lawson, *New Voyage to Carolina,* S. 241, S. 244, S. 251 (»absolute Herren«, S. 241; »in einem so entlegenen«, »umgeben von so vielen«, »Wilden«, S. 251); Thomas C. Parramore, »The Tuscarora Ascendancy«, in: *North Carolina Historical Review* 59 (Oktober 1982), S. 307–326; James Atkinson, *Splendid Land, Splendid People: The Chickasaw Indians to Removal,* Tuscaloosa 2003, S. 30–32.

4 Kathryn E. Holiand Braund, »Guardians of Tradition and Handmaidens to Change: Women's Roles in Creek Economic and Social Life during the Eighteenth

Century«, in: *American Indian Quarterly* 14 (Sommer 1990), S. 239–258; Theda Perdue, *Cherokee Women: Gender and Culture Change, 1700–1835,* Lincoln 1998, S. 38; Michelene E. Pesantubbee, *Choctaw Women in a Chaotic World: The Clash of Cultures in the Colonial Southeast,* Albuquerque 2005, S. 175; John Archdale, *A New Description of That Fertile and Pleasant Carolina* [1707], Reprint, Charleston, SC 1822, S. 14 (»Charles-Town«); *NOT,* S. 39–42; Felicity Donohoe, »›Decoying Them Within‹: Creek Gender Identities and the Subversion of Civilization«, in: Gregory D. Smithers/Brooke N. Newman (Hg.), *Native Diasporas: Indigenous Identities and Settler Colonialism in the Americas,* Lincoln 2014, S. 187f.

5 U. S. Census Bureau, *Historical Statistics of the United States, Colonial to 1975,* Bicentennial Edition, Washington, DC 1975, Bd. 2, S. 1168, https://www2.census.gov/prod2/statcomp/documents/CT1970p2-13.pdf.

6 Zu dieser Epidemie und zum umfassenderen historischen Zusammenhang vgl. Paul Kelton, *Epidemics and Enslavement: Biological Catastrophe in the Native Southeast, 1492–1715,* Lincoln 2007, S. 101–160.

7 Andrew Preston, *Sword of the Spirit, Shield of Faith: Religion in American War and Diplomacy,* New York 2012, S. 51–54; Alejandra Dubcovsky, »Defying Indian Slavery: Apalachee Voices and Spanish Sources in the Eighteenth-Century Southeast«, in: *WMQ* 75 (April 2018), S. 295–322; Alan Gallay, *The Indian Slave Trade: The Rise of the English Empire in the American South, 1670–1717,* New Haven, CT 2002, S. 135–140, S. 144–154; John H. Hann, *Apalachee: The Land Between the Rivers,* Gainesville, FL 2017, S. 15; *NWA,* S. 102; Stephen Warren, *The Worlds the Shawnees Made* [Kap. 7, Anm. 4], S. 81 (»Kriegspfade«).

8 Coll Thrush, *Indigenous London: Native Travelers at the Heart of Empire,* New Haven, CT 2016, S. 73–76; *OL,* S. 201f.

9 South Carolina Board of Commissioners of the Indian Trade, *Journals of the Commissioners of the Indian Trade: September 20, 1710 – August 29, 1718,* hg. von William L. McDowell, The Colonial Records of South Carolina, Ser. 2, The Indian Books, Columbia 1955, S. 56.

10 Henry Read [H. D.] McIlwaine (Hg.), *Executive Journals of the Council of Colonial Virginia,* Bd. 3, *May 1, 1705 – October 23, 1721,* Richmond, VA 1928, S. 291; Gallay, *Indian Slave Trade,* S. 275–277, S. 283–302; Verner W. Crane, *The Southern Frontier, 1670–1732,* Durham, NC 1929, S. 158–161; *OL,* S. 238f.; *NWA,* S. 103; Taylor, *American Colonies,* S. 233.

11 James H. Merrell, *The Indians' New World: Catawbas and Their Neighbors from European Contact through the Era of Removal,* Chapel Hill 1989, S. 68–75; Merrell, »›Our Bond of Peace‹«, S. 285.; Steven J. Oatis, *A Colonial Complex: South Carolina's Frontiers in the Era of the Yamasee War,* Lincoln 2004, S. 210 (»50 Nationen«); Crane, *Southern Frontier,* S. 162–172; Steven C. Hahn, *The Invention of the Creek Nation, 1670–1763,* Lincoln 2004, S. 82, S. 94–96; Amanda Hall, »The Persistence of Yamasee Power and Identity at the Town of San Antonio de Pocotalaca, 1716–1752«, in: Denise I. Bossy (Hg.), *The Yamasee Indians: From Florida to South Carolina,* Lincoln 2018, S. 221–223; Christina Snyder, *Slavery in Indian Country: The Changing Face of Captivity in Early America,* Cambridge, MA 2010, S. 76.

12 Gary B. Nash, *Red, White, and Black: Peoples of Early North America,* Englewood Cliffs, NJ 1974, S. 123; Gallay, *Indian Slave Trade,* S. 337–341; James H. Merrell, »›Their Very Bones Shall Fight‹: Catawba-Iroquois Wars«, in: Daniel K. Richter/James H. Merrell (Hg.), *Beyond the Covenant Chain: The Iroquois and Their Neighbors in Indian North America,* Philadelphia 1987, S. 124. Zu den Mittelspersonen vgl. James H. Merrell, *Into the American Woods: Negotiations on the Pennsylvania Frontier,* New York 1999; Jane T. Merritt, »Metaphor, Meaning, and Misunderstanding: Language and Power on the Pennsylvania Frontier«, in: Andrew R. L. Cayton/Fredrika J. Teute (Hg.), *Contact Points: American Frontiers from the Mohawk Valley to the Mississippi,* S. 6–87; William B. Hart, »Black ›Go-Betweens‹ and the Mutability of ›Race‹, ›Status‹, and Identity on New York's Pre-Revolutionary Frontier«, in: Cayton/Teute (Hg.), *Contact Points,* S. 88-113; Judith Carney, »The African Origins of Carolina Rice Culture«, in: *Ecumene* 7 (April 2000), S. 125–149; Piker, *Okfuskee,* S. 22–26; Alejandra Dubcovsky, *Informed Power: Communication in the Early American South,* Cambridge, MA 2016, S. 198.

13 Patrick Gordon an James Oglethorpe, 15. Juni 1732, in: Samuel Hazard et al. (Hg.), *Pennsylvania Archives,* Philadelphia, Ser. 1., Bd. 1, 1851–1853, S. 322 (Zitate); Phinizy Spalding, »Oglethorpe, William Stephens, and the Origin of Georgia Politics«, in: Phinizy Spalding/Harvey H. Jackson (Hg.), *Oglethorpe in Perspective: Georgia's Founder after Two Hundred Years,* Tuscaloosa 1889, S. 80–98; D. Andrew Johnson, »Displacing Captives in Colonial South Carolina: Native American Enslavement and the Rise of the Colonial State after the Yamasee War«, in: *Journal of Early American History* 7 (Juli 2017), S. 115–140.

14 Die Landbesitzer von Georgia an James Oglethorpe, undatiert, in: *Collections of the Georgia Historical Society,* Savannah 1842, Bd. 2, S. 166 (»den uralten Brauch«); Benjamin Martyn, *Reasons for Establishing the Colony of Georgia,* London 1733, S. 3; *SA,* Bd. 1, S. 181f.; James Edward Oglethorpe, *A New and Accurate Account of the Provinces of South-Carolina and Georgia,* London 1732, S. 13 (»zu jeder Zeit«).

15 Martyn, *Reasons for Establishing,* S. 6–15; William B. O. Peabody, »Life of James Oglethorpe, the Founder of Georgia«, in: *Lives of James Otis and James Oglethorpe,* Library of American Biography, Bd. 12, Boston 1844, S. 241 (»geheime Feinde«); Ralph Gray/Betty Wood, »The Transition from Indentured to Involuntary Servitude in Colonial Georgia«, in: *Explorations in Economic History* 13, Nr. 4 (1976), S. 353–366; Kathryn E. Holland Braund, »The Creek Indians, Blacks, and Slavery«, in: *Journal of Southern History* 57 (November 1991), S. 605–609; Rodney M. Baine, »Indian Slavery in Colonial Georgia«, in: *Georgia Historical Quarterly* 79 (Sommer 1995), S. 418–424; »Oglethorpe's Treaty with the Lower Creek Indians«, in: *Georgia Historical Quarterly* 4 (März 1920), S. 14; Jace Weaver, »The Red Atlantic: Transoceanic Cultural Exchanges«, in: *American Indian Quarterly* 35 (Sommer 2011), S. 422f. Zu den intimen Verbindungen zwischen den Kolonisten und den Muscogee vgl. Bryan C. Rindfleisch, *George Galphin's Intimate Empire: The Creek Indians, Family, and Colonialism Early America,* Tuscaloosa 2019.

16 Theda Perdue, »Cherokee Relations with the Iroquois in the Eighteenth Century«, in: Richter/Merrell (Hg.) *Beyond the Covenant Chain,* S. 136; Peter H. Wood, »Circles in the Sand: Perspectives on the Southern Frontier at the Arrival of James Oglethorpe«, in: Spalding/Jackson (Hg.), *Oglethorpe in Perspective,* S. 9; William Stephens an die Treuhänder, 19. Januar und 27. Februar 1737/38, Stephens an Harman Verelst, 19. Januar 1737/38, Thomas Causton an die Treuhänder, 1. März 1737/38, James Oglethorpe an Joseph Jekyll, 19. September, Oglethorpe an die Treuhänder, 19. September 1738, in: *The Colonial Records of the State of Georgia,* Bd. 22, *Original Papers, Correspondence, Trustees, General Oglethorpe and Others: 1737–1740,* Pt. 1, *1737–1739,* Atlanta 1913, S. 69–110, S. 251, S. 252 (»außer Gefahr«, S. 110; »diese Provinz«, S. 251; »das Parlament«, S. 252). Zur zentralen Bedeutung von *gadugi* vgl. Julie Reed, *Serving the Nation: Cherokee Sovereignty and Social Welfare, 1800–1907,* Norman 2016.

17 »Oglethorpe's Treaty«, in: *Georgia Historical Quarterly,* S. 2–9 (»Die Engländer«, S. 7f.; »Rechtmäßigen«, S. 9); Piker, *Okfuskee,* S. 1-12.

18 William Stephens an Harman Verelst, 27. Mai 1738, James Pierce an Verelst, 14. Juli 1738, William Bull an die Lords of Trade, 20. Juli 1738, Causton an die Treuhänder, 26. August 1738, Oglethorpe an Jekyll, 19. September 1738, und Oglethorpe an die Treuhänder, 19. September 1738, in: *Original Papers, Correspondence, Trustees,* Pt. 1, S. 175, S. 193, S. 212–216, S. 231, S. 251–253 (»10 000 Kämpfer«, S. 193; »Den armen Leuten«, S. 251; »das Elend«, S. 253).

19 Patrick Tailfer, »A True and Historical Narrative of the Colony of Georgia, Charles Town 1741 [P. Timothy, »for the authors«, ist als Verleger angegeben], S. 20 (»Seine erste Tat«); *NOT,* S. 46; John R. Wunder, »›Merciless Indian Savages‹ and the Declaration of Independence: Native Americans Translate the Ecunnaunuxulgee Document«, in: *American Indian Law Review* 25 (2000/2001), S. 65–92 (»Ecunnaunuxulgee«, S. 66); Louis DeVorsey jr., »Indian Boundaries in Colonial Georgia«, in: *Georgia Historical Quarterly* 54 (Frühjahr 1970), S. 63–78.

20 U. S. Census Bureau, *Historical Statistics,* S. 1168; James H. Merrell, »›The Customes of Our Countrey‹: Indians and Colonists in Early America«, in: Bailyn/Morgan (Hg.), *Strangers Within the Realm,* S. 11–156 [Kap. 5, Anm. 4]; Merrell, *Indians' New World,* S. 77; Jean O'Brien, »Divorced from the Land: Accommodation Strategies of Indian Women in Eighteenth-Century New England«, in: Mary Jo Maynes/Ann Waltner/Brigitte Soland/Ulrike Strasser (Hg.), *Gender, Kinship, and Power: A Comparative and Interdisciplinary History,* New York 1996, S. 319–333; William Cronon, *Changes in the Land,* S. 159–170 [Kap. 11, Anm. 9]; Virginia DeJohn Anderson, »King Philip's Herds«, S. 601–624 [Kap. 11, Anm. 6]; Ruth Wallis Herndon/Ella Wilcox Sekatau, »The Right to a Name: The Narragansett People and Rhode Island Officials in the Revolutionary Era«, in: *Ethnohistory* 44 (Sommer 1997), S. 440–443; Margaret Ellen Newell, »Indian Slavery in Colonial New England«, in: Gallay (Hg*), Indian Slavery in Colonial America,* S. 33–66 [Kap. 6, Anm. 1]; Warren, *The Worlds the Shawnees Made,* S. 101f. (»fünfzig Gewehre«); Pekka Hämäläinen, »The Shapes of Power: Indians, Europeans, and North American Worlds from the Seventeenth to the Nineteenth Century«, in: Juliana Barr/Edward Countryman (Hg.), *Contested Spaces*

of Early America, Philadelphia 2014, S. 31–68. Zur »modernen indianischen Politik« vgl. Merrell, *Indians' New World*, S. 134-166.

16 Sie rochen wie Alligatoren

1 Havard/Vidal, *Histoire de l'Amérique Française*, S. 105–108 [Kap. 9, Anm. 13]; David W. Miller, *The Forced Removal of American Indians from the Northeast: A History of Territorial Cessions and Relocations, 1620–1854*, Jefferson, NC 2011, S. 36; Morissey, *Empire by Collaboration*, S. 32–34, S. 40 [Kap. 9, Anm. 11].

2 Morrissey, *Empire by Collaboration*, S. 32–36; Zenobius Membré, »Narrative of the Adventures of La Salle's Party at Fort Crevecoeur, in Illinois«, in: Isaac Joslin Cox (Hg.), *The Journeys of René Robert Cavelier, Sieur de La Salle*, New York 1922, S. 106–130; Comte de Frontenac an den König, 6. November 1679, in: *NYCD*, Bd. 9, S. 129 (»riesige«); *JR*, Bd. 62, S. 10 (»töteten und aßen«); »M. Du Chiesnau's Memoir on the Western Indians, &«, in: Samuel Hazard et al. (Hg.), Pennsylvania Archives, Philadelphia, Ser. 2, Bd. 6, 1852, S. 9 (»kümmerten sich nicht«, »die sehr zahlreich«); Statistics Canada, »Early French Settlements (1605 to 1691)«, abgerufen am 22. Januar 2012, https://www150.statcan.gc.ca/n1/pub/98-187-x/4064812-eng.htm.

3 Comte de Frontenac an den König, 2. November 1681, und »M. Du Chesneau's Memoir on the Western Indians«, in: *NYCD*, Bd. 9, S. 147 (»dass wir unseren Verbündeten«, »Mangel an Macht«).

4 Pierre Talon/Jean Talon, »Voyage to the Mississippi through the Gulf of Mexico«, Ann Linda Bell (Übersetzung), in: Mary Christine Morkovsky/Patricia Galloway (Hg.), Ann Linda Bell/Robert S. Weddle (Übersetzung), *La Salle, the Mississippi and the Gulf: Three Primary Documents*, College Station, TX 1987, S. 225–228; Daniel H. Usner jr., *Indians, Settlers, and Slaves in a Frontier Exchange Economy: The Lower Mississippi Valley before 1783*, Chapel Hill 1992, S. 14f. Zu La Salles Charakter vgl. Peter H. Wood, »La Salle: Discovery of a Lost Explorer«, in: *AHR* 89 (April 1984), S. 323.

5 Paul W. Mapp, *The Elusive West and the Contest for Empire, 1713–1763*, Chapel Hill 2011, S. 194–232.

6 Havard/Vidal, *Histoire de l'Amérique Française*, S. 110–112; *HAC*, S. 87; *EW*, S. 247–263, S. 287; Timothy J. Shannon, *Iroquois Diplomacy*, S. 46 [Kap. 8, Anm. 2]; *OL*, S. 180–189; David L. Preston, *The Texture of Contact*, S. 87 [Kap. 9, Anm. 16]; »An Account of the Most Remarkable Occurrences in Canada from the Departure of the Vessels«, in: *NYCD*, Bd. 9, S. 678–687 (»vollkommene Freiheit genießen«, S. 687); Gail D. MacLeitch, *Imperial Entanglements*, S. 37 (Kap. 6, Anm. 7]; Frank McLynn, *1759: The Year Britain Became the Master of the World*, New York 2005, S. 27.

7 Gilles Havard, *The Great Peace of Montreal of 1701: French-Native Diplomacy in the Seventeenth Century*, Montreal 2001, S. 111–178; James H. Merrell, »›Their Very Bones Shall Fight‹«, in: Richter/Merrell (Hg.), *Beyond the Covenant Chain* [Kap. 15, Anm. 12], S. 118–133 (»Frieden«, S. 120); *EW*, S. 287; Michael Witgen, *An Infinity of Nations*, S. 274–276 [Einleitung, Anm. 1]; Richard Aquila, *The Iro-*

quois Restoration, S. 205–210 [Kap. 9, Anm. 15]; Thomas R. Berger, *A Long and Terrible Shadow: White Values, Native Rights in the Americas, 1492–1992,* Vancouver 1991, S. 60 (»die fünf irokesischen Nationen«).

8 Eine detaillierte Schilderung des Überfalls bieten Evan Haefeli/Kevin Sweeney, *Captors and Captives: The French and Indian Raid on Deerfield,* Amherst 2003. Zu Kanenstenhawi vgl. John Demos, *The Unredeemed Captive: A Family Story from Early America,* New York 1994.

9 Brett Rushforth, *Bonds of Alliance: Indigenous and Atlantic Slaveries in New France,* Chapel Hill 2012, bes. 193–253; Tiya Miles, *The Dawn of Detroit: A Chronicle of Slavery in the City of the Straits,* New York 2017, S. 39–46; Havard/Vidal, *Histoire de l'Amérique Française,* S. 413–435; *HAC,* Tafeln Nr. 46 und 47.

10 Pierre Le Moyne d'Iberville, *Iberville's Gulf Journals,* übers. und hrsg. von Richebourg Gaillard McWilliams, Tuscaloosa 1981, S. 17–105; Jean-Baptiste Bénard de La Harpe, »Historical Journal of the Establishment of the French Louisiana«, in: B. F. French (Hg.), *Historical Collections of Louisiana,* New York 1851, Bd. 3, S. 12–19; Joe Bassette Wilkins, »La Moyne de d'Iberville, Pierre«, in: Alan Gallay (Hg.), *Colonial Wars of North America, 1512–1763: An Encyclopedia* [1996], Reprint, New York 2015, S. 378f.

11 Patricia K. Galloway, »Choctaws at the Border of the Shatter Zone: Spheres of Exchange and Spheres of Social Value«, in: Robbie Ethridge/Sheri M. Shuck-Hall (Hg.), *Mapping the Mississippian Shatter Zone: The Colonial Indian Slave Trade and Regional Instability in the American South,* Lincoln 2009, S. 333–356; Pierre Magry (Hg.), *Découvertes et établissements des français* [Kap. 9, Anm. 27], Bd. 4, *Découverte par mer des bouches du Mississipi et établissements de Lemoyne d'Iberville sur le Golfe du Mexique (1694–1703),* Paris 1880, S. 517–519 (»an die Irokesen«), www.digitale-sammlungen.de/de/view/bsb11547667; James Atkinson, *Splendid Land, Splendid People,* S. 59f. [Kap. 15, Anm. 3].

12 Carl J. Ekberg, *French Roots in the Illinois Country: The Mississippi Valley Frontier in Colonial Times,* Urbana 2000, S. 54–58.

13 Robert Michael Morrissey, »The Power of the Ecotone: Bison, Slavery, and the Rise and Fall of the Grand River of Kaskaskia«, in: *JAH* 102 (Dezember 2015), S. 667–691; Havard/Vidal, *Histoire de l'Amérique Française,* S. 132; Daniel P. Barr, *Unconquered,* S. 81 [Kap. 1, Anm. 3]; *MG,* S. 160.

14 *MG,* S. 82–90, S. 149–154; *OL,* S. 223f.; Brett Rushforth, »Slavery, the Fox Wars, and the Limits of Alliance«, in: *WMQ* 63 (Januar 2006), S. 57–65; Joseph Marest an Philippe de Rigaud, Marquis de Vaudreuil, 4. Juni 1708, François Clairambault D'Aigremont, Brief, 14. November 1708, und Philippe de Rigaud und Jacques Raudot, »Report of the Colonies«, 14. November 1708, in: *Historical Collections. Collections and Researches Made by the Pioneer and Historical Society of Michigan,* Lansing, MI 1904, Bd. 33, S. 383–387, S. 404–406, S. 431–446; Witgen, *Infinity of Nations,* S. 288–295; »Charlevoix's journal historique«, in: *WHC,* Bd. 16, S. 417f. (»großen Schaden«, S. 417).

15 Havard/Vidal, *Histoire de l'Amérique Française,* S. 131f.; James Pritchard, *In Search of Empire,* S. 25f., S. 44 [Kap. 9, Anm. 12]; David MacDonald, *Lives of Fort de Chartres: Commandants, Soldiers, and Civilians in French Illinois, 1720–1770,*

Carbondale 2016, S. 37; J. F. Lee, *Masters of the Middle Waters,* S. 92 [Kap. 9, Anm. 22]; Sophie White, *Wild Frenchmen and Frenchified Indians: Material Culture and Race in Colonial Louisiana,* Philadelphia 2012, S. 28; Light Townsend Cummins/Judith Kelleher Schafer/Edward F. Haas/Michael L. Kurtz/Bennett H. Wall/John C. Rodrigue, *Louisiana: A History,* hg. von Wall und Rodrigue, Malden ^{6}2014, S. 40; Usner, *Indians, Settlers, and Slaves,* S. 31f.; Mathé Allain, *Not Worth a Straw: French Colonial Policy and the Early Years of Louisiana,* Lafayette 1988, S. 67f.

16 Richard White, *The Roots of Dependency: Subsistence, Environment, and Social Change among the Choctaws, Pawnees, and Navajos,* Lincoln 1983, S. 48f.; Antoine de la Mothe Cadillac/Pierre Liette, *The Western Country in the 17th Century: The Memoirs of Lamothe Cadillac and Pierre Liette,* hg. von Milo Milton Quaife [ca. 1702], Reprint, Chicago 1947, S. 78 (Zitate); Jeffrey P. Brain, »The Natchez ›Paradox‹«, in: *Ethnology* 10 (April 1971), S. 215–222.

17 Usner, *Indians, Settlers, and Slaves,* S. 27–29; Daniel H. Usner jr., *American Indians in the Lower Mississippi Valley: Social and Economic Histories,* Lincoln 1998, S. 23; Gilles Havard, »›Protection‹ and ›Unequal Alliance‹: The French Conception of Sovereignty over Indians in New France«, in: Robert Englebert/Guillaume Teasdale (Hg.), *French and Indians in the Heart of North America, 1630–1815,* East Lansing 2013, S. 113–138.

18 Havard/Vidal, *Histoire de l'Amérique Française,* S. 392f.; Kathleen DuVal, *The Native Ground: Indians and Colonists in the Heart of the Continent,* Philadelphia 2006, S. 778–782.

19 DuVal, *Native Ground,* S. 79–83, S. 104–107; Kathleen DuVal, »Living in the Reordered World, 1680–1763«, in: Frederick E. Hoxie (Hg.) *The Oxford Handbook of American Indian History,* New York 2016, S. 58f.; Lee, *Masters of the Middle Waters,* S. 165–167.

20 Jean-Baptiste Bienville an die Ratsmitglieder, 1. Februar 1723, in: *Mississippi Provincial Archives, 1704–1734: French Dominion,* hrsg. und übers. von Dunbar Kowland und A. G. Sanders, Jackson 1927–1984, Bd. 3, S. 343 (»diese Barbaren«); James Adair, *The History of the American Indians,* London 1775, S. 260 (»die Ältesten«).

21 Jean-Bernard Bossu, *Travels in the Interior of North America, 1752–1762,* übers. und hrsg. von Seymour Feiler, Norman 1962, S. 83f. (Zitate, S. 84). Zu Bourgmont vgl. A. P. Nasatir (Hg.), *Before Lewis and Clark: Documents Illustrating the History of the Missouri, 1785–1804* [1952], Reprint, Lincoln 1990. Bd. 2, S. 12–22; und Elliott West, *The Essential West: Collected Essays,* Norman 2012, S. 137–141.

22 DuVal, *Native Ground,* S. 104–110; »Memoir on Indians by Kerlérec«, in: *Mississippi Provincial Archives* [Anm. 20], Bd. 5, S. 206; Willard H. Rollings, *The Osage: An Ethnohistorical Study of Hegemony on the Prairie-Plains,* Columbia 1992, S. 127–133; Colin Calloway, *One Vast Winter Count* [Kap. 1, Anm. 15], S. 363, S. 381 (»die Osage«, S. 381); Lee, *Masters of the Middle Waters,* S. 167–171.

23 Elizabeth Ellis, »The Natchez War Revisited: Violence, Multinational Settlements, and Indigenous Diplomacy in the Lower Mississippi Valley«, in: *WMQ* 77 (Juli 2020), S. 455–463; Mary Ann Wells, *Native Land: Mississippi, 1540–1798,*

Jackson 1994, S. 119–121; Usner, *Indians, Settlers, and Slaves,* S. 70–72; Usner, *American Indians in the Lower Mississippi Valley,* S. 24f.; Patricia D. Woods, »The French and the Natchez Indians in Louisiana: 1700–1731«, in: *Louisiana History* 19 (Herbst 1978), S. 432–434; Havard/Vidal, *Histoire de l'Amerique Française,* S. 301–305.

24 Ellis, »Natchez War Revisited«, S. 1 (»Die Kolonie«); Usner, *Indians, Settlers, and Slaves,* S. 46f., S. 70–76; Daniel H. Usner jr., »Indian-Black Relations in Colonial and Antebellum Louisiana«, in: Stephan Palmié (Hg.), *Slave Cultures and the Cultures of Slaves,* Knoxville 1995, S. 151; Daniel H. Usner jr., »From African Captivity to American Slavery: The Introduction of Black Laborers to Colonial Louisiana«, in: *Louisiana History* 20 (Winter 1979), S. 40; Rushforth, »Slavery, the Fox Wars«, S. 72–80; Witgen, *An Infinity of Nations,* S. 293–295; R. David Edmunds/Joseph L. Peyser, *The Fox Wars: The Mesquakie Challenge to New France,* Norman 1993, S. 159; Charles de la Boiche de Beauharnois und Gilles Hocquart an den französischen Minister, 2. November 1730, in: *WHC,* Bd. 17, S. 113, S. 167 (»völlige Vernichtung«, S. 113; »den letzten Schlag«, S. 167).

25 Kathleen DuVal, »Indian Intermarriage and Métissage in Colonial Louisiana«, in: *WMQ* 65 (April 2008), S. 267-304; Ellis, »Natchez War Revisited«, S. 442.

26 Patricia Galloway (Hg.), *Mississippi Colonial Archives: French Dominion,* Neubearbeitung, Baton Rouge, LA 1984, Bd. 4, S. 262 (»jeder, der uns Land«); Wells, *Native Land,* S. 161 (»Bollwerk«); Usner, *Indians, Settlers, and Slaves,* S. 76–81.

27 »Relation du sieur St. Pierre, commandant au poste des Sioux, jointe à la lettre de M. le Marquis de Beauharnois«, 14. Oktober 1737, in: Margry (Hg.), *Découvertes et établissements des Français,* Bd. 6 [Kap. 10, Anm. 10], S. 577 (»mit Überlegung und planvoll«); »Paroles d'un chef renard adressées à Coulon de Villiers«, MG1-C11A, F-49, fol. S. 521–521v, Library and Archives Canada; Constant le Marchand de Lignery an Beauharnois, 30. August 1728, in: *WHC,* Bd. 17, S. 33f.; Beauharnois an den französischen Minister, 19. Mai 1729, 21. Juli 1729 und 1. Oktober 1731, in: *WHC,* Bd. 17, S. 62f., S. 139–141; Charles des Champs de Boishébert an Beauharnois, 28. Februar 1732, in: *WHC,* Bd. 17, S. 148–152; »Report of Trade for 1732«, in: *WHC,* Bd. 17, S. 167–169 (»bewirkt«, S. 167); »Réponse de Beauharnois aux paroles des Sioux, Sakis, Renards, Puants, Sauteux de la Pointe de Chagüamigon et Folles-Avoines«, 28. Juli 1742, Library and Archives Canada, MG1-CiiA, C-2394, fol. 236v (»Meine Kinder« [Mes enfans, comme je vois nûs, je vous donne de quoy vous couvrir]); Rushforth, *Bonds of Alliance,* S. 193f.

28 *LA,* S. 76–78.

17 Unendlich viele Rancherías

1 Henri Joutel, *Joutel's Journal of La Salle's Last Voyage, 1684–7,* Albany 1906, S. 159–161; F. Todd Smith, *The Caddo Indians: Tribes at the Convergence of Empires, 1542–1854,* College Station 1995, S. 21–37.

2 Debbie S. Cunningham (Hg.), »The Domingo Ramón Diary of the 1716 Expe-

dition into the Province of the Tejas Indians: An Annotated Translation«, in: *Southwestern Historical Quarterly* 107 (Juli 2006), S. 39–66 (»unendlich viele«, S. 65; »Ich ernannte«, S. 66).

3 *SFNA*, S. 161–167; James L. McCorkle jr., »Los Adaes and the Borderland Origins of East Texas«, in: *East Texas Historical Journal* 22, Nr. 2 (1984), S. 3–12; Juliana Barr, »A Diplomacy of Gender: Rituals of First Contact in the ›Land of the Tejas‹«, in: *WMQ* 61 (Juli 2004), bes. S. 396; Gary Clayton Anderson, *The Indian Southwest*, S. 94 [Kap. 14, Anm. 7].

4 Juliana Barr, »Geographies of Power: Mapping Indian Borders in the Early Southwest«, in: *WMQ* 68 (Januar 2011), S. 11 (»genauso gut angelegt«); Barr, »Diplomacy of Gender«, S. 405; Bénard de La Harpe, »Historical Journal«, in: B. F. French (Hg.), *Historical Collections*, Bd. 3 [Kap. 16, Anm. 10], S. 9f. (»weder Posten«).

5 Richard White, *The Roots of Dependency*, S. 53–56 [Kap. 16, Anm. 16]; Juliana Barr, »Beyond Their Control«, in: de la Teja/Ross (Hg.), *Choice, Persuasion, and Coercion*, S. 160 [Kap. 5, Anm. 7].

6 Havard/Vidal, *Histoire de l'Amérique Française*, S. 305f. [Kap. 9, Anm. 13]; Usner, *Indians, Settlers, and Slaves*, S. 81–85, S. 88 [Kap. 16, Anm. 4]; Michael McDonnell, *Masters of Empire: Great Lakes and the Making of America*, New York 2015, S. 130f.; Arrell M. Gibson, *The Chickasaws*, Norman 1971, S. 50–53 (»völlige Vernichtung«); J. F. Lee, *Masters of the Middle Waters*, S. 89f., S. 100–109 [Kap. 9, Anm. 22]; James Atkinson, *Splendid Land, Splendid People*, S. 38, S. 43f., S. 58–60, S. 68 [Kap. 15, Anm. 3].

7 Richard Campanella, *Time and Place in New Orleans: Past Geographies in the Present Day*, Gretna, LA 2002, S. 54; *SA*, Bd. 1, S. 197; Michael Witgen, *An Infinity of Nations*, S. 302–308 [Einleitung, Anm. 1]; Colin Calloway, *One Vast Winter Count*, S. 298 [Kap. 1, Anm. 15]; Bill Moreau, »The Death of Père Aulneau, 1736: The Development of Myth in the Northwest«, in: *CCHA Historical Studies* 69 (2003), S. 54–60; Arthur J. Ray, *Indians in the Fur Trade: Their Role as Trappers, Hunters, and Middlemen in the Lands Southwest of Hudson Bay, 1660–1870*, Toronto 1998, S. 59f.

8 Lawrence J. Burpee, *The Search for the Western Sea: The Story of the Exploration of North-Western America*, New York 1908; James Pritchard, *In Search of Empire*, S. 3 [Kap. 9, Anm. 12]; Richard Middleton/Anne Lombard, *Colonial America to 1763*, S. 377, S. 396 [Kap. 12, Anm. 2]; *LA*, 67–70.

9 Elizabeth Ellis, »Petite Nation with Powerful Networks: The Tunics in the Eighteenth Century«, in: *Louisiana History* 58 (Frühjahr 2017), S. 136-140; Elizabeth N. Ellis, »The Many Ties of the Petites Nations: Relationships, Power, and Diplomacy in the Lower Mississippi Valley, 1685–1785«, Diss., University of North Carolina, 2015, S. 38–52, S. 96–142.

10 Sami Lakomäki, *Gathering Together: The Shawnee People through Diaspora and Nationhood, 1600–1870*, New Haven, CT 2014, S. 13–24.

11 Lakomäki, *Gathering Together*, S. 24–29; Isaac Joslin Cox (Hg.), *The Journeys of Réne Robert Cavalier*, Bd. 1 [Kap. 9, Anm. 24], S. 277–83 (»seien nicht«, »im fruchtbarsten«, S. 283); *MG*, S. 49 (»wäre sinnlos«); Charles Callender, »Shaw-

nee«, in: William C. Sturtevant (Hg.), *Handbook of North American Indians,* Bd. 15, *Northeast,* hrsg. von Bruce G. Trigger, Washington, DC 1978, S. 623.

12 Lakomäki, *Gathering Together,* S. 73, S. 101; Stephen Warren/Randolph Noe, »›The Greatest Travelers in America‹: Shawnee Survival in the Shatter Zone«, in: Robbie Ethridge/Sheri M. Shuck-Hall (Hg.), *Mapping the Mississippian Shatter Zone* [Kap. 16, Anm. 11], S. 165–167; Frederick Webb Hodge (Hg.), *Handbook of North American Indians North of Mexico,* Washington, DC 1912, Bd. 2, S. 536.

13 Warren/Noe, »›Greatest Travelers in America‹«, S. 169–176; Samuel Hazard (Hg.), *Hazard's Register of Pennsylvania,* Philadelphia 1828, Bd. 1, S. 190 (»Freiheit«, »ohne Furcht«); Lakomäki, *Gathering Together,* S. 30–36; Stephen Warren, *The Worlds the Shawnees Made,* S. 84, S. 92 [Kap. 7, Anm. 4]; Gail D. MacLeitch, *Imperial Entanglements,* S. 28 [Kap. 6, Anm. 7]; »Council Held at Philadelphia, June 23, 1711«, in: *MPCP,* Bd. 2, S. 533f. (»er selbst«); John Lawson, *A New Voyage to Carolina* [Kap. 15, Anm.1], S. 42 (»berühmte«). Zur rassistischen Einstufung vgl. Theda Perdue, »American Indian Survival in South Carolina«, in: *South Carolina Historical Magazine* 108 (Juli 2007), S. 218f.

14 »Council Held at Philadelphia«, 12. Juli 1720, in: *MPCP,* Bd. 3, S. 94 (»William Penn«, »mit ihrem Freund«); »Journal of a Mission to Onondaga«, in: *NYCD,* Bd. 5, S. 376 (»gaben ihre Burgen auf«); »Conference between Governor Hunter and the Indians«, 14. September 1714, in: *NYCD,* Bd. 5, S. 387, S. 571 (»als unsere Kinder«, S. 387; »das Gleichgewicht«, »den Untergang«, S. 571).

15 Lakomäki, *Gathering Together,* S. 38–45; William Burnet an die Lords of Trade, 21. November 1722, »Conference between Governor Burnet and the Indians«, 27. August 1722, und »Answer of Mahikanders or River Indians to William Burnet«, 22. August 1722, in: *NYCD,* Bd. 5, S. 655–663 (»niemals belästigen würden«, S. 657; »Wir haben jetzt«, S. 663); Warren, *Worlds the Shawnees Made,* S. 14; Susan Sleeper-Smith, *Indigenous Prosperity and American Conquest: Indian Women of the Ohio River Valley, 1690–1792,* Williamsburg, VA 2018, S. 13–16, S. 44–46.

16 Edmond Atkin an die Lords Commissioners of Trade and Plantations, 30. Mai 1755, in: Wilbur R. Jacobs (Hg.), *Indians of the Southern Colonial Frontier,* Columbia 1954, S. 65 (Zitate).

17 Paul Kelton, *Epidemics and Enslavement,* S. 182–184, S. 191f. [Kap. 15, Anm. 6]; Christina Snyder, *Slavery in Indian Country,* S. 74f. [Kap. 15, Anm. 11]; Gregory A. Waselkov, *Old Mobile Archaeology,* Tuscaloosa 1999, S. 44–46; John H. Hann, *Apalachee,* S. 227–285 [Kap. 15, Anm. 7].

18 James H. Merrell, *Indians' New World,* S. 49–91 [Kap. 15, Anm. 11]; Robin A. Beck jr., »Catawba Coalescence and the Shattering of the Carolina Piedmont, 1540–1676«, in: Ethridge/Shuck-Hall (Hg.), *Mapping the Mississippian Shatter Zone,* S. 138.

19 Merrell, *Indians' New World,* S. 92–133; John Lawson, *The History of Carolina, Containing the Exact Description and Natural History of that Country,* London 1714, S. 71, S. 232 (»sehr große«, S. 71; »bedeutende«, S. 232); Charles L. Heath, »Catawba Militarism: Ethnohistorical and Archaeological Overviews«, in: *North Carolina Archaeology* 53 (2004), S. 81–83.

20 Malinda Maynor Lowery, *The Lumbee Indians: An American Struggle*, Chapel Hill 2018, S. 19–47; Adolph L. Dial/David K. Eliades, *I Know: A History of the Lumbee Indians*, Syracuse, NY 1996, S. 1–5.

21 James H. Merrell, »The Racial Education of the Catawba Indians«, in: *Journal of Southern History* 50 (August 1984), S. 367–373; Merrell, *Indians' New World*, S. 555; Martha M. Bentley, »The Slaveholding Catawbas«, in: *South Carolina Historical Magazine* 92 (April 1991), S. 85–92; Henry Read [H. R.] McIlwaine (Hg.), *Executive Journals of the Council of Colonial Virginia*, Bd. 3, S. 442f. [Kap. 15, Anm. 10].

18 Zauberhunde

1 Pekka Hämäläinen, »The Rise and Fall of Plains Indian Horse Cultures«, in: *JAH* 90 (Dezember 2003), S. 835–853; *YSF*, S. 74.

2 Ryan Hall, *Beneath the Backbone of the World: Blackfoot People and the North Carolina Borderlands*, 1720–1877, Chapel Hill 2020, S. 13–26; David Thompson, *David Thompson's Narrative of His Explorations in Western America*, 1784–1812, hrsg. von Joseph Burr [J. B.] Tyrrell, Toronto 1916, S. 328–330 (»Die Peegan«, S. 328; »Zu diesem Zeitpunkt«, S. 330) [Titel der um 16 Kapitel (von 38) gekürzten dt. Ausgabe: David Thompson, *Im Wilden Norden Amerikas: 1784–1812*, Berlin 1988].

3 Thompson, *David Thompson's Narrative*, S. 334f. (»Wir lebten«, »zu der Zeit«, »durch einen Pfeilschuss«, »Wir alle«, S. 334; »Der Schrecken«, S. 335); Kathleen DuVal/John DuVal, *Interpreting a Continent*, S. 131 [Kap. 5, Anm. 6].

4 Colin Calloway, *One Vast Winter Count*, S. 267 [Kap. 1, Anm. 15]; Vaclav Smil, *Energy in Nature and Society: General Energetics of Complex Systems*, Cambridge, MA 2008, S. 80.

5 Elliott West, *The Contested Plains*, S. 34–54 [Kap. 2, Anm. 17]; Dan Flores, *Caprock Canyons: Journeys into the Heart of the Southern Plains*, Austin 1990, S. 382 (Zitat).

6 John C. Ewers, *The Blackfeet: Raiders on the Northwestern Plains*, Norman 1958, S. 23f.

7 *LA*, S. 57–61, S. 86f. (»Kam und griff zu Pferd an«, S. 59).

8 *CE*, S. 21–24.

9 Marvin K. Opler, »The Origins of Comanche and Ute«, in: *American Anthropologist* 45 (Januar–März 1943), S. 155–158; Thomas W. Kavanagh, »Comanche«, in: William C. Sturtevant (Hg.), *Handbook of North American Indians*, Bd. 13, *The Plains*, hg. von Raymond J. De Mallie, Washington, DC 2001, 2. Teil, S. 902; »Opinion of Ensign Bernardo Casillas«, 19. August 1719, in: Alfred Barnaby Thomas (Hg., Übers.), *After Coronado* [Kap. 14, Anm. 21], Norman 1935, S. 104 (»Krieg«). Zur sich verändernden Dynamik zwischen Comanchen und Ute vgl. Ned Blackhawk, *Violence over the Land*, S. 35f. [Kap. 14, Anm. 7].

10 *CE*, S. 28–33; Manuel San Juan de la Cruz an Marqués de Valero, 1719, in: Thomas (Hg.), *After Coronado*, S. 138.

11 Juliana Barr, *Peace Came in the Form of a Woman: Indians and Spaniards in the*

Texas Borderlands, Chapel Hill 2007, S. 160–176; Blackhawk, *Violence over the Land,* S. 21–40; James Brooks, *Captives and Cousins,* S. 30–40 [Kap. 14, Anm. 4]; Andrés Reséndez, *The Other Slavery,* S. 212 [Kap. 3, Anm. 6]; Max L. Moorhead, »Spanish Deportation of Hostile Apaches: The Policy and the Practice«, in: *Arizona and the West* 17 (Herbst 1975), S. 205–222; David J. Weber, *Bárbaros: Spaniards and Their Savages in the Age of Enlightenment,* New Haven, CT 2005, S. 150.

12 »Opinion of Captain Miguel de Coca«, 19. August 1719, in: Thomas (Hg.), *After Coronado,* S. 105 (»sich zusammentun«); Cruz an Valero, 1719, in: *After Coronado* (»zu erbitten«, »so nah«, S. 138).

13 Log and Itinerary of Antonio Valverde Cosio in His Campaign against the Utes and Comanches, 1719, Bancroft Library, University of California, Berkeley, BANC MSS P-E-43, S. 1, S. 17, S. 22 (»der Mordtaten«, S. 1; »Wenn sie«, S. 17; »den Schutz«, S. 22).

14 Antonio Valverde y Cosio, »Diary of a Campaign … against Ute and Comanche Indians, 1719«, in: Thomas (Hg.), *After Coronado,* S. 110–119; Blackhawk, *Violence over the Land,* S. 43–44.

15 Pedro de Rivera an Casa Fuerte, 26. September 1727, in: Thomas (Hg.), *After Coronado,* S. 214 (»das bewahren«).

16 *CE,* S. 35–38.

17 Pekka Hämäläinen, »The Politics of Grass: European Expansion, Ecological Change, and Indigenous Power in the Southwest Borderlands«, in: *WMQ* 67 (April 2010), S. 173–208. Zu europäischen Forschungsreisen und zur mangelnden Vertrautheit mit dem nordamerikanischen Binnenland vgl. Paul W. Mapp, *The Elusive West,* S. 166–201 [Kap. 16, Anm. 5].

19 Kriege bis zum Ende der Welt

1 Francis Jennings, *The Ambiguous Iroquois Empire: The Covenant Chain Confederation of Indian Tribes with English Colonies,* New York 1984, S. 328–340; *OL,* S. 274; James Logan an die Eigentümer, 25. Juni 1735, in: Samuel Hazard et al. (Hg.), *Pennsylvania Archives,* Philadelphia, Ser. 2, Bd. 7, 1876–1890, 1896, S. 178; *A Treaty of Friendship Held with the Chiefs of the Six Nations, at Philadelphia, in September and October, 1736,* Philadelphia 1737, S. 13.

2 Susan E. Klepp, »Demography in Early Philadelphia, 1690–1860«, in: *Proceedings of the American Philosophical Society* 133 (Juni 1989), S. 95; James H. Merrell, *Into the American Woods,* S. 20, S. 35–37 [Kap. 15, Anm. 12]; Matthew C. Ward, »The ›Peaceable Kingdom‹ Destroyed: The Seven Years' War and the Transformation of the Pennsylvania Backcountry«, in: *Pennsylvania History* 74 (Sommer 2007), S. 261.

3 »Council Held at the Proprietors«, 12. Juli 1742, in: *MPCP,* Bd. 4, S. 579f. (»Cousins«, S. 579; »sofort abzuziehen«, S. 580); »Council Held at Philadelphia«, 23. April 1743, in: *MPCP,* Bd. 4, S. 668 (»überzeugen«); Judith Ridner, »Building Urban Spaces for the Interior: Thomas Penn and the Colonization of Eighteenth-Century Pennsylvania«, in: Martin Brückner (Hg.), *Early American Cartogra-*

phies, Chapel Hill 2012, S. 309; Gunlög Fur, *A Nation of Women: Gender and Colonial Encounters among Delaware Indians,* Philadelphia 2009, S. 164; Richard Aquila, *Iroqouis Restauration,* S. 223f. [Kap. 9, Anm. 15].

4 »[Meeting] in the Court House Chamber at Lancaster, June 30, 1744«, in: *MPCP,* Bd. 4, S. 721 (Zitat); Nancy Shoemaker, »An Alliance Between Men«, S. 241 [Kap. 13, Anm. 11].

5 James H. Merrell, *Indians' New World,* S. 161–166 [Kap. 15, Anm. 11].

6 Richard White, *The Roots of Dependency,* S. 65 [Kap. 16, Anm. 16]; *NWA,* S. 120; Daniel K. Richter, *Facing East from Indian Country,* S. 169–171 [Kap. 5, Anm. 6]; Claudio Saunt, »›Domestick … Quiet Being Broke‹: Gender Conflict among the Creek Indians in the Eighteenth Century«, in: Cayton/Teute (Hg.), *Contact Points,* S. 156 [Kap. 15, Anm. 12].

7 Kathryn E. Holland Braund, Deerskins and Duffels: The Creek Indian Trade with Anglo-America, 1685–1815, Lincoln 1993, S. 70f., S. 97; Theda Perdue, Cherokee Women: Gender and Culture Change, 1700–1835, Lincoln 1998, S. 65– 72; Woody Holton, Forced Founders: Indians, Debtors, Slaves, and the Making of the American Revolution in Virginia, Chapel Hill 1999, S. 5 (»mehr wie ein Mann«); Verner W. Crane, The Southern Frontier, S. 161 [Kap. 15, Anm. 10]; Edmond Atkin an die Lords Commissioners, in: Jacobs (Hg.), Indians of the Southern Colonial Frontier [Kap. 17, Anm. 16], S. 22–29, S. 61, S. 66 (»sich … warfen«, S. 23f.; »den Austausch … erleichtern«, S. 66); White, Roots of Dependency, S. 61.

8 David Treuer, *The Heartbeat of Wounded Knee: Native America from 1890 to the Present,* New York 2019, S. 49f.

9 *CW,* S. 16–18; Elizabeth A. Perkins, »Distinctions and Partitions amongst Us: Identity and Interaction in the Revolutionary Ohio Valley«, in: Cayton/Teute (Hg.), *Contact Points,* S. 205–234 [Kap. 15, Anm. 12]. Zum Ohio Valley als »Krisenherd« vgl. François Furstenberg, »The Significance of the Trans-Appalachian Frontier in Atlantic History«, in: *AHR* 113 (Juni 2008), S. 650–652.

10 Allan Greer, *The People of New France,* Toronto 1997, S. 19; Alan Taylor, *American Colonies* [Kap. 5, Anm. 15], S. 426 (»auf wessen Seite«); Richter, *Facing East from Indian Country,* S. 174f.; *WUH,* S. 26; *State of the British and French Colonies in America,* London 1755, S. 37 (»mehr Forts«).

11 Richter, Facing East from Indian Country, S. 169f.

12 »Trent's Journal«, in: Mary Carson Darlington (Hg.), *History of Colonel Henry Bouquet and the Western Frontiers of Pennsylvania, 1747–1764,* o. O. [Pittsburgh] 1920, S. 21 (»die Engländer«); *CW,* S. 5–7, S. 12, S. 50–65; David L. Preston, *Braddock's Defeat: The Battle of the Monongahela and the Road to Revolution,* Oxford 2015, S. 26–30, S. 33; Robert L. O'Connell, *Revolutionary: George Washington at War,* New York 2019, S. 24

13 Alan Taylor, *The Divided Ground: Indians, Settlers and the Northern Borderland of the American Revolution,* New York 2006, S. 3; Gail D. MacLeitch, *Imperial Entanglements,* S. 65–68 [Kap. 6, Anm. 7]; *BR,* S. 377f.; »Meeting in the Court House in Albany«, 2. Juli 1754, in: *NYCD,* Bd. 6, S. 869f. (»Ihr habt uns«, S. 869; »beide … streiten«, S. 870). Zur Enthüllung von Theyanoguins Identität vgl. Barbara J. Si-

vertsen, *Turtles, Wolves, and Bears: A Mohawk Family History*, Bowie, MD 1996; und Eric Hinderaker, *The Two Hendricks*, S. 238–241 [Kap. 9, Anm. 17].

14 *ARI*, S. 6f.; *MG*, S. 240–268; *WUH*, S. 27.

15 Benjamin Franklin, *Autobiographie*, übersetzt von Berthold Auerbach, München 2003, S. 196, S. 199 (»Die einzige«, S. 196; »Diese Wilden«, S. 196 und S. 199) [erste vollständige amerikanische Ausgabe: 1868].

16 Preston, *Braddock's Defeat*, S. 151; Beverly W. Bond jr., »The Captivity of Charles Stuart, 1755–57«, in: *Mississippi Valley Historical Review* 13 (Juni 1926), S. 63 (Zitate); Matthew C. Ward, *Breaking the Backcountry: Seven Years' War in Virginia and Pennsylvania, 1754–1765*, Pittsburgh, PA 2004, S. 40f.; John Mack Faragher, *A Great and Noble Scheme: The Tragic Story of the Expulsion of the French Acadians from Their American Homeland*, New York 2005, S. 297.

17 *CW*, S. 67 (»Ganz Nordamerika«); Edmond Atkin, »The Appalachian Frontier: The Edmond Atkin Report and Plan of 1755«, in: Alan Gallay (Hg.), *Voices of the Old South: Eyewitness Accounts, 1521–1861*, Athens 1994, S. 46 (»Die Bedeutung«); Gregory Evans Dowd, »›Insidious Friends‹: Gift Giving and the Cherokee-British Alliance«, in: Cayton/Teute (Hg.), *Contact Points* [Kap. 15, Anm. 12], S. 125.

18 *MG*, S. 186–189.

19 Colin G. Calloway, *The Indian World of George Washington: The First President, the First Americans, and the Birth of the Nation*, New York 2018, S. 110– 112; Preston, Braddock's Defeat, S. 165–215, S. 282f.

20 Britisch-Amerika unter Belagerung

1 *CW*, S. 106f.; David L. Preston, *Braddock's Defeat*, S. 148f. [Kap. 19, Anm. 12]; Matthew C. Ward, *Breaking the Backcountry*, S. 39f., S. 44f. [Kap. 19, Anm. 16]; George Washington an Robert Dinwiddie, 9. November 1756, und Washington an John Robertson, 9. November 1756, in: John C. Fitzpatrick (Hg.), *Writings of George Washington*, 39 Bd., Washington, DC 1931–1939, Bd. 1, S. 494, S. 505 (»in sehr schwachem«, S. 494; »ruinösem Zustand«, S. 505); »Council Held at Philadelphia«, 24. Juli 1755, und »Council Held at Philadelphia«, 22. August 1755, in: *MPCP*, Bd. 6, S. 486 »den grausamen Einfällen … ausgesetzt«). Zum »Kleinkrieg« vgl. Bruce Buchan, »Pandours, Partisans, and Petite Guerre: Two Dimensions of Enlightenment Discourse on War«, in: *Intellectual History Review* 23, Nr. 3 (2013), S. 329–347; und Preston, *Braddock's Defeat*, S. 84.

2 *State of the British and French Colonies in North America*, London 1755, S. 4 (»schädlichen Folgen«, »Durch die günstige Lage«); *CW*, S. 106f.; Allan Greer, *Property and Dispossession*, S. 170f. [Kap. 6, Anm. 5]; Ward, *Breaking the Backcountry*, S. 39f., S. 44f.; »At a Council Held at Philadelphia«, 22. August 1755, in: Samuel Hazard (Hg.), *Colonial Records of Pennsylvania*, Harrisburg, PA 1851, Bd. 6, S. 590; »Minutes of the Provincial Council«, in: Hazard (Hg.), *Colonial Records of Pennsylvania*, Bd. 6, S. 590 (»ihren wehrlosen Zustand«, »ihre Frauen«); Preston, *Braddock's Defeat*, S. 86f. (»halb verhungerten«, S. 86; »zu was für einem«, S. 87); James H. Merrell, »Shamokin, ›the Very Seat of the Prince of

Darkness‹: Unsettling the Early American History«, in: Cayton/Teute (Hg.), *Contact Points* [Kap. 15, Anm. 12], S. 16–59; Jane T. Merritt, »Metaphor, Meaning, and Misunderstanding«, in: Cayton/Teute (Hg.), *Contact Points,* S. 62, S. 73; Ruth Ann Denasi, »The Penn's Creek Massacre and the Captivity of Marie le Roy and Barbara Leininger«, in: *Pennsylvania History* 74 (Sommer 2007), S. 307–332; James H. Merrell, *Into the American Woods,* S. 48, S. 186–236 [Kap. 15, Anm. 12]; »Governor Dinwiddie to the Sachems and Warriors of the Great Nations of Cherokees and Catawbas«, 4. November 1754, in: R. A. Brock (Red.), *The Official Records of Robert Dinwiddie, Lieutenant-Governor of the Colony of Virginia, 1751–1758,* Richmond 1883, Bd. 1, S. 391, S. 395 (»eine große Zahl«, S. 391, »entgegenzutreten«, S. 395).

3 »Council Held in the Council Chamber«, 3. April 1756, in: *MPCP,* Bd. 7, S. 70f. (»sehr scharf getadelt«, »gedrängt«, S. 71); Jay Miller, »The Delaware as Women: A Symbolic Solution«, in: *American Ethnologist* 1 (August 1974), S. 507f.; Roger M. Carpenter, »From Indian Women to English Children: The Lenni-Lenape and the Attempt to Create a New Diplomatic Identity«, in: *Pennsylvania History* 74 (Winter 2007), S. 1–20; Jeffrey Ostler, »›To Extirpate the Indians‹: An Indigenous Consciousness of Genocide in the Ohio Valley and Lower Great Lakes, 1750–1810«, in: *WMQ* 72 (Oktober 2015), S. 596; Scott Weidensaul, *The First Frontier,* S. 354–357 [Kap. 11, Anm. 17].

4 Daniel P. Barr, »›A Road for Warriors‹: The Western Delawares and the Seven Years War«, in: *Pennsylvania History* 73 (Winter 2006), S. 20 (»später mit den Franzosen«); *CW,* S. 135–137; *SG,* S. 187.

5 Preston, *Braddock's Defeat,* S. 80f., S. 159f.; *HAC,* Tafel 42; Gunlög Fur, *A Nation of Women,* S. 179f. [Kap. 19, Anm. 3]; Robert Daiutolo jr., »The Role of Quakers in Indian Affairs during the French and Indian War«, in: *Quaker History* 77 (Frühjahr 1988), S. 4f.; »Minutes of Conferences, Held with the Indians, at Easton, in the Months of July and November, 1756«, Evans Early American Imprint Collection, abgerufen am 15. Dezember 2020, https://quod.lib.umich.edu/e/evans/N06248.0001.001/1:2.7?rgn=div2;view=fulltext; Merrell, *Into the American Woods,* S. 239; James H. Merrell, »›I Desire All That I Have Said ... May Be Taken Down Aright‹: Revisiting Teedyuscung's 1756 Treaty Council Speeches«, in: *WMQ* 63 (Oktober 2006), S. 778–782.

6 *CW,* S. 152–156, S. 185–201.

7 Gail D. MacLeitch, *Imperial Entanglements,* S. 66–77 [Kap. 6, Anm. 7]; Daniel Claus an Johnson, 5. April 1756, in: *JP,* Bd. 2, S. 439 (»Wenn wir«).

8 Gregory Evans Dowd, »›Insidious Friends‹« [Kap. 19, Anm. 17], S. 114f., S. 120–123; Theda Perdue, *Cherokee Women,* S. 88 [Kap. 15, Anm. 4]; *CW,* S. 238; Paul Kelton, »The British and Indian War: Cherokee Power and the Fate of Empire in North America«, in: *WMQ* 69 (Oktober 2012), S. 766–776; »At a Meeting of Three Mohawk Chiefs, Two Seneca Sachems and Two Cherokee Indians«, 12. September 1757, in: *NYCD,* Bd. 7, S. 325 (»Krieg ... führen«); Theda Perdue, »Cherokee Relations with the Iroquois«, S. 136f. [Kap. 15, Anm. 16].

9 *HAC,* Tafel 42, *CW,* S. 250–268; *NWA,* S. 108; Dowd, »›Insidious Friends‹«, S. 114–120.

10 *CW,* S. 227–233, S. 258, S. 267–283; Colin G. Calloway, *Indian World of George Washington,* S. 125f. [Kap. 19, Anm. 19]. Ich beziehe mich hier auf Kathleen DuVal, *Independence Lost: Lives on the Edge of the American Revolution,* New York 2015, S. 293. Das zentrale Argument von DuVals Buch ist, dass im Amerikanischen Unabhängigkeitskrieg »die Unabhängigkeit von anderen abhing«.

11 *CW,* S. 330–339; »The Reply of the Six Nations to Johnson's Speech«, 16. April 1759, in: *NYCD,* Bd. 7, S. 386–394; »Journal of the Siege of Fort Niagara«, in: *NYCD,* Bd. 10, S. 977–990; »The Journal of Christian Frederick Post, from Philadelphia to the Ohio«, in: Reuben Gold Thwaites (Hg.), *Early Western Travels, 1748–1846,* Cleveland, OH 1904, Bd. 1, S. 214 (Zitate); Merrell, »Shamokin«, S. 42.

12 *CW,* S. 355–365, S. 457–468. Zum später so bezeichneten »Anglo-Cherokee War« vgl. John Oliphant, *Peace and War on the Anglo-Cherokee Frontier, 1756–63,* Baton Rouge 2001.

13 *CW,* S. 387–409; *HAC,* Tafel 42; Tom Hatley, *The Dividing Paths: Cherokees and South Carolinians through the Revolutionary Era,* New York 1995, S. 119–156; P. M. Hamer, »Fort Loudoun in the Cherokee War«, in: *North Carolina Historical Review* 24 (Oktober 1925), S. 442–458; Perdue, *Cherokee Women,* S. 96; William R. Nester, *»Haughty Conquerors«: Amherst and the Great Indian Uprising of 1763,* Westport, CT 2000, S. 2 (»weniger nehmen«).

14 Peter Wraxall, *An Abridgement of the Indian Affairs: Contained in Four Folio Volumes, Transacted in the Colony of New York, from the Year 1678 to the Year 1751,* hrsg. von Charles Howard McIlwain, Cambridge, MA 1915, S. 220 (Zitat).

15 Gilles Havard/Cécile Vidal, *Histoire de l'Amérique Française,* S. 677 (»Nur Mut«) [Kap. 9, Anm. 13]; Alexander Henry, *Alexander Henry's Travels and Adventures in the Years 1760–1776,* hrsg. von Milo Milton Quaife, Chicago 1921, S. 43 (»Der französische König«); Gregory Evans Dowd, »The French King Wakes Up in Detroit: ›Pontiac's War‹ in Rumour and History«, in: *Ethnohistory* 37 (Sommer 1990), S. 254–259.

16 Merrell, *Into the American Woods,* S. 81f., S. 100; George Croghan an Henry Bouquet, 10. Dezember 1762, in: *Sir Jeffery, 1st Baron Amherst, Official Papers, 1740–1783,* London, World Microfilm Publications, 1979, Mikrofilmrolle Nr. 30, S. 216f.; »Council Held in the Council Chamber at Savannah«, 4. Januar 1763, in: *The Colonial Records of the State of Georgia,* Bd. 9, *Proceedings and Minutes of the Governor and Council from January 4, 1763, to December 2, 1766,* Atlanta, GA 1907, S. 13f. (»Ihr wisst«, S. 13f.; »Wir können«, »die Choctaw … anzusehen«, »gut zu benehmen«, S. 14).

17 Rick Atkinson, *The British Are Coming: The War for America,* New York 2019, S. 6f., S. 13; Colin G. Calloway, *A Scratch of a Pen: 1763 and the Transformation of North America,* New York 2006, S. 37, S. 112–116, S. 133, S. 150–164; Alan Taylor, »The People of British America, 1700–75«, in: *Orbis* 47 (Frühjahr 2003), S. 247–261; Havard/Vidal, *Histoire de l'Amérique Française,* S. 677f.; George Croghan an Henry Bouquet, 19. März 1763, Bouquet Papers, Add. Mss 21,649, fol. 87–88v., Reel 25, British Library, London, England (»zur Verzweiflung«); John Mack Faragher, *A Great and Noble Scheme* [Kap. 19, Anm. 16].

18 Charles E. Cleland, *Rites of Conquest: The History of and Culture of Michigan's Native Americans,* Ann Arbor 1992, S. 131 (»schädliches Ungeziefer«); François Furstenberg, »The Significance of the Trans-Appalachian Frontier«, S. 651f. [Kap. 19, Anm. 9]; *WUH,* S. 101, S. 118–120; Heidi Bokaker, »›Nindoodemag‹«, S. 23–52 [Kap. 8, Anm. 11].

19 Alfred A. Cave, »The Delaware Prophet Neolin: A Reappraisal«, in: *Ethnohistory* 46 (Frühjahr 1999), S. 265–290; *WUH,* S. 92–105; *CW,* S. 536f.; Peter C. Mancall, *Deadly Medicine: Indians and Alcohol in Early America,* Ithaca, NY 1995, S. 53f.; Walter S. Dunn, *Frontier Profit and Loss: The British Army and the Fur Traders, 1760–1764,* Westport, CT 1998, S. 178–189; Rob Harper, *Unsettling the West: Violence and State Building in the Ohio Valley,* Philadelphia 2018, S. 43; Anthony F. C. Wallace, *The Death and Rebirth of the Seneca,* New York 1970, S. 120 (Zitat).

21 Weltliche und außerweltliche Unabhängigkeitskriege

1 *WUH,* S. 12–15, S. 64f.; Michael Witgen, *An Infinity of Nations,* S. 65 [Einleitung, Anm. 1]; Heidi Bohaker, »›Nindoodemag‹«, S. 23–51 [Kap. 8, Anm. 11]; Robert Rogers an Johnson, 7. Oktober 1763, in: *JP,* Bd. 10, S. 871f.; Henry Gladwin an Jeffery Amherst, 20. April 1763, in: *JP,* Bd. 4, S. 95 (»wolle sie zu«); »Journal or Narrative of a Conspiracy of the Indians against the English, and the Siege of Fort Detroit by Four Different Tribes (Beginning) May 7, 1763«, in: M. Agnes Burton (Hg.), *Journal of Pontiac's Conspiracy 1763,* Detroit 1912, S. 18–20; »Pontiac's Speech to an Ottawa, Potawatomi, and Huron Audience, 1764«, in: Kathleen DuVal/John DuVal (Hg.), *Interpreting a Continent* [Kap. 5, Anm. 6], S. 79–83 (»Warum findet ihr euch … ab?«, S. 81).

2 Richard Middleton, »Pontiac: Local Warrior or Pan-Indian Leader?«, in: *Michigan Historical Review* 32 (Herbst 2006), S. 1–32; James Piecuch, »French and Indian War«, in: Louise A. Breen (Hg.), *Converging Worlds,* S. 576 [Kap. 6, Anm. 17]; *WUH,* S. 124f.; James H. Merrell, »Shamokin«, in: Cayton/Teute (Hg.), *Contact Points,* S. 40f. [Kap. 15, Anm. 12].

3 Tiya Miles, *Dawn of Detroit,* S. 36f. [Kap. 16, Anm. 9]; *WUH,* S. 132–135; Amherst an Bouquet, 23. Juni 1763, in: *MPHC,* Bd. 19, S. 203 (»Ich möchte«); Melanie Armstrong, *Germ Wars: The Politics of Microbes and America's Landscape of Fear,* Oakland 2017, S. 36 (»Wir sind«).

4 Elizabeth A. Fenn, »Biological Warfare in Eighteenth-Century North America: Beyond Jeffery Amherst«, in: *JAH* 86 (März 2000), S. 1553–1557 (»die erwünschte Wirkung«, S. 1554; »Könnte man es nicht«, S. 1555; »Sie werden«, S. 1556f.).

5 *WUH,* S. 135–145.

6 Robert Etherington an Henry Gladwin, 12. Juni 1763, in: *WHC,* Bd. 7, S. 162f. (Zitate, S. 163).

7 Amherst an den Earl of Egremont, 23. Juli 1763, in: *NYCD,* Bd. 7, S. 529 (»den gegenwärtigen«); Benjamin Franklin, *Works of Benjamin Franklin,* Philadelphia 1840, Bd. 4, S. 318 (»Ich kenne«); James Atkinson, *Splendid Land, Splendid People,* S. 89 (Kap. 15, Anm. 3].

8 François Furstenberg, »The Significance of the Trans-Appalachian Frontier«,

S. 653f. [Kap. 19, Anm. 9]; *CW*, S. 547f.; Collin G. Calloway, *A Scratch of a Pen* [Kap. 20, Anm. 17], S. 75, S. 97 (»Mein Bruder«, S. 75; »werde sich … erweisen«, S. 97); »Mississippi Land Company Articles of Agreement, 3. June 1763«, Founders Online, National Archives, abgerufen am 4. Januar 2022, https://founders.archives.gov/documents/Washington/02-07-02-0134, (»durch den Beistand«).

9 William R. Nester, *»Haughty Conquerors«*, S. 212f. [Kap. 20, Anm. 13]; Celia Barnes, *Native American Power in the United States, 1783–1795*, Madison, NJ 2003, S. 19; *WUH*, S. 151–168.

10 WUH, S. 177–179; Woody Holton, *Forced Founders*, S. 3–38 [Kap. 19, Anm. 7]; James H. Merrell, *Into the American Woods*, S. 285–287 [Kap. 15, Anm. 12]; Kevin Kenny, *Peacable Kingdom Lost: The Paxton Boys and the Destruction of William Penn's Holy Experiment*, New York 2009, S. 1f.; Alan Taylor, *American Revolutions: A Continental History*, 1750–1804, New York 2016, S. 60.

11 Johnson an die Lords of Trade, 13. November 1763 und 20. Januar 1764, in: *NYCD*, Bd. 7, S. 573–580, S. 600 (»angemessen unterstützt«, »mit dem Recht«, S. 573; »Es besteht keine«, »Jede Konföderation«, »werden wir«, S. 600).

12 *WUH*, S. 77f., S. 168–173. Zum Thema Gerüchte vgl. *WUH*, S. 63, S. 142.

13 *CW*, S. 619–625.

14 *CW*, S. 625–631; Holton, *Forced Founders*, S. 15 (Zitat).

15 Johnson an Cadwallader Colden, 23. August 1764, in: *JP*, Bd. 4, S. 511–514; Claudio Saunt, *West of the Revolution: An Uncommon History of 1776*, New York 2014, S. 166.

16 *MG*, S. 300; *WUH*, S. 229–231; Francis Parkman, *The Conspiracy of Pontiac and the Indian War after the Conquest of Canada*, New York 101895, Bd. 1, S. 255f. (»zwei Sekretäre«). Zum Gestaltwechsel von Anishinaabe vgl. Witgen, *Infinity of Nations*, S. 367f.

17 *MG*, S. 303–307; »Proceedings of Sir William Johnson with the Ohio Indians, July 4, 1765«, in: *NYCD*, Bd. 7, S. 750 (»Die Engländer«, »Kinder«, »und ihm zu gehorchen«); Robert Rogers an Johnson, 28. Juni 1766, in: *JP*, Bd. 12, S. 120; »Proceedings of Sir William Johnson with Pondiac and Other Indians«, 23. Juli 1766, in: *NYCD*, Bd. 7, S. 784, S. 854–859 (»Mein Vater«, S. 784; »Ich nehme heute«, S. 858); Der Herzog von Grafton an Mr. Pitt, 18. Januar 1766, in: William Stanhope (Hg.), *The Correspondence of William Pitt, Earl of Chatham*, London 1838, Bd. 2, S. 372 (»bei einer guten Sache«).

18 *MG*, S. 313.

22 Eine zweite Chinesische Mauer

1 »Proceedings of Sir William Johnson with the Ohio Indians, July 4, 1765«, in: *NYCD*, Bd. 7, S. 754 (Zitat); *MG*, S. 307.

2 Gail D. MacLeitch, *Imperial Entanglements*, S. 227 [Kap. 6, Anm. 7]; Timothy J. Shannon, *Iroquois Diplomacy*, S. 167–169 [Kap. 8, Anm. 2].

3 *MG*, S. 351–365; »Proceedings of Sir William Johnson with the Indians at Fort Stanwix to Settle a Boundary Line«, 1768, in: *NYCD*, Bd. 8, S. 111–120 (»wegen der vielen Verluste«, S. 114; »Ich gehe«, »Bruder, jetzt«, S. 116); Woody Holton,

Forced Founders, S. 10 [Kap. 19, Anm. 7]; Reuben Gold Thwaites/Louise Phelps Kellogg (Hg.), *The Revolution in the Upper Ohio, 1775–1777,* Madison 1908, S. 58 (»gruben ein Loch«); Rob Harper, *Unsettling the West,* S. 33f. [Kap. 20, Anm. 19]; Sami Lakomäki, *Gathering Together,* S. 96–101 [Kap. 17, Anm. 10].

4 Alan Taylor, *American Revolutions,* S. 56, S. 67–69 [Kap. 21, Anm. 10]; Gage an Johnson, 9. November 1767, in: *JP,* Bd. 12, S. 379 (»Männer«); *MG,* S. 313, S. 323–339; Patrick Griffin, *The American Leviathan: Empire, Nation, and Revolutionary Frontier,* New York 2007, S. 125f.; Stephen Aron, *How the West Was Lost: The Transformation of Kentucky from Daniel Boone to Henry Clay,* Baltimore 1996, S. 30f., S. 55; Harper, *Unsettling the West,* S. 48–55, S. 64f.; Claudio Saunt, *West of the Revolution,* S. 17–23 [Kap. 21, Anm. 15]; Holton, *Forced Founders,* S. 15 (»Übergriffe zu vergessen«).

5 Edward R. Lambert, *History of New Haven before and after the Union with Connecticut,* New Haven, CT 1838, S. 96.

6 Taylor, *American Revolutions,* S. 68, S. 73f.; Aron, *How the West Was Lost,* S. 21–23; Harper, *Unsettling the West,* S. 47–49; »A Friend to the True Interests of Britain in America«, in: *Virginia Gazette,* 14. Januar 1773 (»nicht einmal«); *SG,* S. 53f.; Griffin, *American Leviathan,* S. 98f.

7 Philip J. Deloria, *Playing Indian,* New Haven, CT 1998, S. 27–37.

8 William Christian an William Preston, 15. Oktober 1774, John Floyd an William Preston, 16. Oktober 1774, und Isaac Shelby an John Shelby, 16. Oktober 1774, in: Reuben Gold Thwaites/Louise Phelps Kellogg (Hg.), *Documentary History of Dunmore's War, 1774,* Madison 1905, S. 261–275 (»Ihre tapfersten Männer«, S. 275); Matthew L. Rhoades, »Blood and Boundaries: Virginia Backcountry Violence and the Origins of the Quebec Act, 1758–1775«, in: *West Virginia History* 3 (Herbst 2009), S. 1–22.

9 Griffin, *American Leviathan,* S. 125f.; Aron, *How the West Was Lost,* S. 30f., S. 35–37; Rick Atkinson, *The British Are Coming,* S. 24 [Kap. 20, Anm. 17]; Harper, *Unsettling the West,* S. 48–55, S. 64f.; Saunt, *West of the Revolution,* S. 17–23; Alan Taylor, *The Divided Ground,* S. 80f. [Kap. 19, Anm. 13].

10 Christina Snyder, *Slavery in Indian Country,* S. 156–167 [Kap. 15, Anm. 11].

11 William W. Campbell, *Annals of Tryon County, or the Border Warfare of New-York, During the Revolution,* New York 1831, S. 35 (»die wir … fürchten«); Herbert Schambeck et al., *Dokumente zur Geschichte der Vereinigten Staaten von Amerika,* Berlin 2007, »Die Unabhängigkeitserklärung, 4. Juli 1776«, S. 113–118 (Zitat: S. 117); Thomas Paine, *Common Sense* [1776], Stuttgart 1982, S. 73 (»Der nackte und ungebildete«); »From John Adams to James Sullivan, 26 May 1776«, Founders Online, National Archives, abgerufen am 12. September 2020, https://founders.archives.gov/documents/Adams/06-04-02-0091 (»Macht«). Zu Adams' Ansichten über Indianer vgl. Daniel H. Usner, »›A Savage Feast They Made of It‹: John Adams and the Paradoxical Origins of Federal Indian Policy«, in: *Journal of the Early Republic* 33 (Winter 2012), S. 607–641.

12 David J. Silverman, *The Red Brethren,* S. 25, S. 72, S. 88–101 [Kap. 5, Anm. 12]; *ARI,* S. 85–93 (»Die Rebellen«, S. 93).

13 Worthington Chauncey Ford/Gaillard Hunt (Hg.), *Journals of Continental Con-*

gress, 1774–1789, Washington, DC 1905, Bd. 3, 1775, S. 401 (»die Indianer«); Sami Lakomäki, E-Mail an den Autor, 15. Oktober 2020.

14 Ronald Wright, *Geraubtes Land: Amerika aus indianischer Sicht seit 1492,* Braunschweig 1992, S. 159–161 (»Wenn ihr […] unsere Hilfe?«, S. 160); *NWA,* S. 110; William R. Nester, *The Frontier War for American Independence,* Mechanicsburg, PA 2004, S. 103 (»Wenn ihr«); *ARI,* S. 28–34; John Almon (Hg.), *The Remembrancer, or Impartial Repository of Public Events for the Year 1776,* Bd. 3, Teil 3, London 1776, S. 53f. (»Wir müssten«).

15 Taylor, *American Revolutions,* S. 252; Samson Occom an John Thornton, 1777, in: Harold Blodgett, *Samson Occom,* Hanover, NH 1935, S. 164f. (»Es tut mir«); Linford D. Fisher, »Religion, Race, and the Formation of Pan-Indian Identities in the Brothertown Movement, 1700–1800«, in: Smithers/Brooke (Hg.), *Native Diasporas,* S. 151–186 [Kap. 15, Anm. 4]; Anthony Wonderley, »Brothertown, New York History, 1785–1796«, in: *New York History* 81 (Oktober 2000), S. 457–492.

16 Harper, *Unsettling the West,* S. 86; Aron, *How the West Was Lost,* S. 35–39; *ARI,* S. 182–200; *SG,* S. 59, S. 189; Henry Timberlake, *Memoirs, 1756–1765,* Johnson City, TN 1927, S. 58 (»die Metropole«).

17 François Furstenberg, »The Significance of the Trans-Appalachian Frontier«, S. 660 [Kap. 19, Anm. 9]; Alan Taylor, *The Civil War of 1812: American Citizens, British Subjects, Irish Rebels, and Indian Allies,* New York 2010, S. 27. Zur wachsenden Macht des Staates vgl. Sveinn Jóhannesson, »›Securing the State‹: James Madison, Federal Emergency Powers, and the Rise of the Prerevolutionary America«, in: *JAH* 104 (September 2017), S. 364; William H. Bergman, *The American National State and the Early West,* New York 2012; und Arthur Whitaker, *The Spanish-American Frontier, 1783–1795,* New York 1927, S. 1–5.

18 Kathleen DuVal, *Independence Lost,* S. 14–23 [Kap. 20, Anm. 10]; Jason Herbert, »To Treat with All Nations: Invoking Authority in the Chickasaw Nation, 1783–1795«, in: *Ohio Valley History* 18, Nr. 1 (Frühjahr 2018), S. 35 (»oberster führender Krieger«).

19 »Draft for the Governor General of Canada, the Duke of Connaught, by Duncan Scott, Deputy Superintendent General of Indian Affairs«, undatiert, National Archives of Canada, Indian Affairs, Bd. 2284, S. 57, S. 169–171; *ARI,* S. 33f.; J. David Lehman, »The End of the Iroquois Mystique: The Oneida Land Cession Treaties of the 1780s«, in: *WMQ* 47 (Oktober 1990), S. 525.

20 *ARI,* S. 129–141; Matthew Dennis, *Seneca Possessed: Indians, Witchcraft, and Power in the Early American Republic,* Philadelphia 2010, S. 35f.; Karim M. Tito, »A ›Civil‹ War? Rethinking Iroquois Participation in the American Revolution«, in: *Explorations in Early American Culture* 4 (2000), S. 148–165; Griffin, *American Leviathan,* S. 130; Harper, *Unsettling the West,* S. 100–118.

21 Richard Peters (Hg.), *The Public Statutes at Large of the United States of America,* Bd. 7, Boston 1856, S. 13–15; Peter Cozzens, *Tecumseh and the Prophet: The Shawnee Brothers Who Defied a Nation,* New York 2020, S. 74; Aron, *How the West Was Lost,* S. 35–49; Sarah M. S. Pearsall, »Women in the American Revolution War«, in: Jane Kamensky/Edward G. Gray (Hg.), *Oxford Handbook of the*

American Revolution, New York 2012, S. 279f. (»ein Wort«, S. 279); Kevin Kokomoor, »›Burning & Destroying All Before Them‹: Creeks and Seminoles on Georgia's Revolutionary Frontier«, in: *Georgia Historical Quarterly* 98 (Winter 2014), S. 312f.; John Bowman an Edward Hand, 12. Dezember 1777, in: Reuben Gold Thwaites/Louise Phelps Kellog (Hg.), *Frontier Defense on the Upper Ohio, 1777–1778,* Madison 1912, S. 181–183; Jane T. Merritt, »Native Peoples in the Revolutionary War«, in: Kamensky/Gray (Hg.), *Oxford Handbook of the American Revolution,* S. 242; Lakomäki, *Gathering Together,* S. 109–112; ARI, S. 205–207; Susan Sleeper-Smith, *Indigenous Prosperity and American Conquest,* S. 215–219 [Kap. 17, Anm. 15]; *SG,* S. 61; Griffin, *American Leviathan,* S. 160 (»in ein Häufchen Asche verwandelt«).

22 »Journal of Joseph Bowman«, in: *Collections of the Illinois State Historical Library,* Springfield 1915–1940, Bd. 8, S. 159; Ben Kiernan, *Erde und Blut: Völkermord und Vernichtung von der Antike bis heute,* München 2009, S. 422 (»er damit rechne«, »den tödlichen Streich«).

23 Daniel P. Barr, *Unconquered,* S. 144–163 [Kap. 1, Anm. 3]; *ARI,* S. 222–225; Janice Potter-MacKinnon, *While the Women Only Wept: Loyalist Refugee Women in Eastern Ontario,* Montreal 1993, S. 49, S. 67f.; George Washington, »General Orders, 17 Oct., 1779«, in: Benjamin L. Huggins (Hg.), *The Papers of George Washington, Revolutionary War Series,* Bd. 22, *1 August – 21 October 1779,* Charlottesville 2013, S. 448, S. 741 (»ist überrannt … worden«, S. 448; »Vierzig«, S. 741); Pearsall, »Women in the American Revolution War«, S. 279f. (»die wahrhaftigsten Eigentümerinnen«, S. 280); Gregory Evans Dowd, *Groundless: Rumors, Legends, and Hoaxes on the Early American Frontier,* Baltimore 2015, S. 181–183; Dennis, *Seneca Possessed,* S. 36f.; Taylor, *American Revolutions,* S. 256; Max M. Mintz, *Seeds of Empire: The American Revolutionary Conquest of the Iroquois,* New York 1999, S. 117.

24 Griffin, *American Leviathan,* S. 128f.; Barbara Graymont, *The Iroquois in the American Revolution,* Syracuse, NY 1972, S. 230–233; *MG,* S. 403–407; Haldimand an Arent DePeyster, 10. August 1780, in: *MPHC,* Bd. 10, S. 416 (»Die Indianer«); Alan Michelson, »*Hanödaga:yas* (Town Destroyer) and Mantle«, in: *Third Text* 32 (2018), S. 689–692.

25 George Rogers Clark an Mason, 19. November 1779, in: *WHC,* Bd. 8, S. 123f. (»Ihr mögt einen«); *ARI,* S. 140–142; Griffin, *American Leviathan,* S. 160 (»man … schicken konnte«). Zum umfassenden Kontext vgl. *MG,* S. 368–375.

26 Taylor, *American Revolutions,* S. 254; Frederick Haldimand an Richard B. Lernoult, 23. Juli 1779, in: *MPHC,* Bd. 10, S. 345; Elizabeth A. Fenn, *Pox Americana: The Great Smallpox Epidemic of 1775–82,* New York 2001, S. 126–131; Elizabeth A. Fenn, *Encounters at the Heart of the World,* S. 163 [Kap. 2, Anm. 16]; John McNeill, *Mosquito Empires: Ecology and War in the Greater Caribbean, 1620–1914,* New York 2010, S. 197–234; Ashley Jackson, *Das Britische Empire,* Stuttgart 2015, S. 106f., S. 121f.

27 Griffin, *American Leviathan,* S. 138–141, S. 156–161; *MG,* S. 396, S. 412; Peyster an Haldimand, 26. Januar 1782, in: *MPHC,* Bd. 10, S. 547f. (»keiner besseren«, »Ich habe … gearbeitet«, S. 548).

28 Amy S. Greenberg, »US Expansionism during the Nineteenth Century: ›Manifest Destiny‹«, in: Peter Fibiger Bang/C. A. Baily/Walter Scheidel (Hg.), *The Oxford World History of Empire,* New York 2021, S. 1014f. Zu den Kontinuitäten vgl. Thomas Bender, *A Nation among Nations: America's Place in World History,* New York 2006, S. 79–87.

29 *ARI,* S. 273–276; Colin G. Calloway, »Suspicion and Self-Interest: The British-Indian Alliance and the Peace of Paris«, in: *Historian* 48 (November 1985), S. 51–57; Daniel Robertson an Secretary Matthews, 6. September 1784, in: *MPHC,* Bd. 11, S. 453 (»Lügner«, »ihn und andere«, »verachten sie jetzt«). Zum Gesetz des »Dish with one Spoon« vgl. Lisa Ford, *The Common Pot,* S. 106–162 [Kap. 1, Anm. 3].

30 Frank G. Speck, »The Delaware Indians as Women: Were the Original Pennsylvanians Politically Emasculated?«, in: *Pennsylvania Magazine of History and Biography* 70 (Oktober 1946), S. 377–389; Saunt, *West of the Revolution,* S. 167.

23 Der amerikanische Schmelztiegel

1 »Treaty with the Delawares: 1778«, Avalon Project, Yale Law School, Lillian Goldman Law Library, abgerufen am 22. Mai 2020, https://avalon.law.yale.edu/18th_century/del1778.asp. Zu den Vereinigten Staaten als gewalttätigem Regime siehe Patrick Griffin, *The American Leviathan: Empire, Nation, and Revolutionary Frontier,* New York 2007.

2 Maya Jasanoff, *Liberty's Exiles: The Loss of America and the Remaking of the British Empire,* New York 2011, S. 6–9; Alan Taylor, *American Revolutions: A Continental History, 1750–1804,* New York 2016, S. 366f.

3 James H. Merrell, »American Nations, Old and New: Reflections on Indians and the Early Republic«, in: *Native Americans and the Early Republic* (Hg.), Frederick E. Hoxie, Ronald Hoffman und Peter J. Albert, Charlotte, 1999, S. 336f.; *SA,* Bd. 1, S. 358–361; Stephen Aron, *How the West was Lost; The Transformation of Kentucky from Daniel Boone to Henry Clay,* Baltimore 1996, S. 73.

4 Griffin, *American Leviathan,* S. 168–175; Peter R. Silver, *Our Savage Neighbors: How Indian War Transformed Early America,* New York 2008, 267ff.; Rob Harper, *Unsettling the West: Violence and State Building in the Ohio Valley,* Philadelphia 2018, S. 135; Gunlög Fur, *A Nation of Women: Gender and Colonial Encounters among Delaware Indians,* Philadelphia 2009, S. 156f.

5 Max M. Mintz, *Seeds of Empire: The American Revolutionary Conquest of the Iroquois,* New York 1999, S. 175 (»Weder Krieg noch Frieden …«); Taylor, *American Revolutions,* S. 261f.; Griffin, *American Leviathan,* S. 164f., 168–170, 173 (»ist in einer fürchterlichen Lage« S. 173); Silver, *Our Savage Neighbors,* S. 278–282.

6 Elizabeth Mancke, »The Ohio Country and Indigenous Geopolitics in Early Modern North America, circa 1500–1760«, in: *Ohio Valley History* 18 (Frühjahr 2018), S. 7; Sami Lakomäki, *Gathering Together: The Shawnee People through Diaspora and Nationhood, 1600–1870,* New Haven, CT 2014, S. 116f., 122ff.; Patrick Bottiger, *Borderland of Fear: Vincennes, Prophetstown, and the Invasion of the Miami Homeland,* Lincoln 2016, S. 36f.; *NOT,* S. 234.

7 *NOT*, S. 70–77; John Walton Caughey, *McGillivray of the Creeks,* Norman 1938, S. 66 (»die Spanische Krone …«).

8 *SA*, Bd.1, S. 354; *NOT*, S. 79–89; J. Leitch Wright Jr., »Creek-American Treaty of 1790: Alexander McGillivray and the Diplomacy of the Old Southwest«, in: *Georgia Historical Quarterly* 51 (Dezember 1967), S. 385ff.; Anthony F. C. Wallace, *Jefferson and the Indians: The Tragic Fate of the First Americans,* Cambridge, MA 1999, S. 220.

9 »Treaty with the Six Nations: 1784«, Avalon Project, Yale Law School, Lillian Goldman Law Library, abgerufen am 21. Februar 2020, https://avalon.law.yale.edu/18th_century/six1784.asp; Harper, *Unsettling the West,* S. 167, 170; *SG*, S. 186. Für die Six Nations als »Onkel«, siehe Frank G. Speck, »The Delaware Indians as Women: Were the Original Pennsylvanians Politically Emasculated?«, in: *Pennsylvania Magazine of History and Biography* 70 (October 1946), S. 384; Gregory Ablavsky, »Species of Sovereignty: Native Nationhood, the United States, and International Law, 1783–1795«, in: *JAH* 106 (Dezember 2019), S. 598 (»freies und unabhängiges …«); Barbara Graymont, *The Iroquois in the American Revolution,* Syracuse, New York, 1972, S. 281 (»einem unterworfenen Volk«).

10 Bethel Saler, *The Settlers' Empire: Colonialism and State Formation in America's Old Northwest,* Philadelphia 2015, S. 13–40; »Locating Settler Colonialism in Early American History«, *WMQ* 76 (Juli 2019), S. 444; *SA*, Bd. 1, 342f.

11 *SA*, Bd. 1, S. 355–359; *NOT*, S. 139; Robbie Ethridge, *Creek Country: The Creek Indians and Their World,* Chapel Hill 2003, S. 119; Jeffrey Washburn, »Directing Their Own Change: Chickasaw Economic Transformation and Civilization Plan, 1750s–1830s«, in: *Native South* 13 (2020), S. 94–111 (»treiben mehr Ackerbau …«, S. 95; Peter S. Onuf, *Statehood and Union: A History of the Northwest Ordinance,* Bloomington 1987, S. 58 (»robust und fleißig«).

12 *MG*, S. 416f.; *SG*, S. 187f.; »Treaty with the Wyandot, etc., 1785«, »Treaty with the Six Nations, 1784«, »Treaty with the Cherokee, 1785«, »Treaty with the Choctaw, 1786«, »Treaty with the Chickasaw, 1786«, in: *IALT*, Bd. 2, S. 8–23; Eric Hinderaker, *Elusive Empires: Constructing Colonialism in the Ohio Valley, 1673–1800,* New York 1997, S. 247ff.; Kathleen DuVal, »Indian Intermarriage and Métissage in Colonial Louisiana«, in: *WMQ* 65 (April 2008), S. 300.

13 *ARI*, S. 205–209; *SA*, Bd. 1, S. 351, 354; Jon W. Parmenter, »Dragging Canoe (Tsi'ya-gûnsi'ni): Chickamauga Cherokee Patriot«, in: Nancy L. Rhoden und Ian K. Steele (Hg.), *The Human Tradition in the American Revolution,* Wilmington, DE 2000, S. 128–131; Tiya Miles, »The Narrative of Nancy, a Cherokee Woman«, in: *Frontiers* 29 (2008), S. 59–80; *SG*, S. 189.

14 *ARI*, S. 213–243 (»Volk für uns selbst«, S. 243); *SG*, S. 189; James Atkinson, *Splendid Land, Splendid People: The Chickasaw Indians to Removal,* Tuscaloosa 2003, S. 64.

15 Jane G. Landers, *Atlantic Creoles in the Age of Revolutions,* Cambridge, MA 2010, S. 99ff; Gilbert C. Din, »William Augustus Bowles on the Gulf Coast, 1787–1803: Unraveling a Labyrinthine Conundrum«, in: *Florida Historical Quarterly* 89 (Sommer 2010), S. 11; Lyle N. McAlister, »William Augustus Bowles and the State of Muskogee«, in: *Florida Historical Quarterly* 40 (April 1962), S. 325f.;

NOT, S. 205–212, 220; Tribal Historic Preservation Office, verfügbar unter: http://www.stofthpo.com/History-Seminole-Tribe-FL-Tribal-Historic-Preservation-Office.html, abgerufen am 2. Februar 2020. Zum Nationalismus der Muscogee siehe Evan Nooe, »Common Justice: Vengeance and Retribution in Creek Country«, in: *Ethnohistory* 82 (April 2005); und Amy S. Greenberg, »US Expansionism during the Nineteenth Century: ›Manifest Destiny‹« in Peter Fibiger Bang, C. A. Baily und Walter Scheidel (Hg.), *The Oxford World History of Empire*, New York 2021, S. 1020f. (»Vereinigte Staaten der Creek und Cherokee«).

16 François Furstenberg, »Significance of the Trans-Appalachian Frontier in Atlantic History«, in: *AHR* 113 (Juni 2008): S. 651–660; *SA*, Bd. 1, S. 355; Secretary of War, »Report« 15. Januar 1791, in: *American State Papers, Class II. Indian Affairs* Washington, DC 1832, Bd 1, S. 112; Taylor, *American Revolutions*, S. 333.

17 Gervasio Cruzat y Cóngora an Estevan Rodriguez Miró, August 23, 1784, in: Lawrence Kinnaird (Hg.), *Spain in the Mississippi Valley, 1765–1794: Post War Decade, 1782–1794*, Washington DC 1946, S. 117 (»spanischen Vater«, »Seit wir das Unglück hatten …«); Furstenberg, »Significance of the Trans-Appalachian Frontier«, S. 655. Was die Entzweiung dessen betrifft, was James Belich als die »Anglo-world« bezeichnet, siehe Belich, *Replenishing the Earth: The Settler Revolution and the Rise of the Anglo-Worlds, 1783–1939*, New York 2009, insb. S. 48–57.

18 Cruzat an Miró, 23. August 1784, und Bernardo del Campo an José Moñino Floridablanca, 11. Dezember 1783, in: Kinnaird, *Spain in the Mississippi Valley*, S. 118f. (»werten Anführer …«, »die beängstigende Lage …«, »euch alle Einwohner …«, »ob die Spanier …«, S. 118; »an bestimmten Punkten …«, S. 119); David J. Weber, *Bárbaros: Spaniards and Their Savages in the Age of Enlightenment*, New Haven, 2005, 204–208; Claudio Saunt, *West of the Revolution: An Uncommon History of 1776*, New York 2014, S. 167.

19 Furstenberg, »Significance of the Trans-Appalachian Frontier«, S. 656f.

20 Taylor, *American Revolutions*, S. 346 (»eine lebende Mauer; »die Umstände zwingen uns«); Alan Taylor, »Remaking Americans: Louisiana, Upper Canada, and Texas«, in: *Contested Spaces of Early America*, Philadelphia 2014, S. 212 (»Wir sollten …«,); Aron, *How the West Was Lost*, S. 82–86.

21 Jefferson an Washington, 2. April 1791, in: Julian P. Boyd (Hg.), *The Papers of Thomas Jefferson*, Princeton, NJ 1982, Bd. 20, S. 97 (»dass uns auf diese Weise …«); Alan Taylor, *The Divided Ground: Indians, Settlers, and the Northern Borderland of the American Revolution*, New York 2006, S. 214–219; Carolyn Podruchny, *Making the Voyager World: Travelers and Traders in the North American Fur Trade*, Lincoln 2006, S. 5; Lucy Eldersveld Murphy, *Great Lakes Creoles: A French Community in the Northern Borderlands, Prairie du Chien, 1750–1860* New York 2014, S. 24–30.

22 Peter Cozzens, *Tecumseh and the Prophet: The Shawnee Brothers Who Defied a Nation*, New York 2020, S. 65; Celia Barnes, *Native American Power in the United States, 1783–1795*, Madison, NJ 2003, S. 72 (»Es ist sicher …); James E. Seelye und Steven A. Littleton (Hg.), *Voices of the American Indian Experience*, Bd. 1, Teil B: *1716–1826*, Santa Barbara, CA 2013, S. 165 (»Alle mit den Vereinigten Staaten

geschlossenen Verträge …«, »jegliche Abtretung …«). Zum gemeinsamen Topf siehe Lisa Brooks, *The Common Pot: The Recovery of Native Space in the Northeast,* Minneapolis 2008.

23 Griffin, *American Leviathan,* S. 199f.; Alan S. Brown, »The Role of the Army in Western Settlement: Josiah Harmar's Command, 1785–1790«, in: *Pennsylvania Magazine of History and Biography* 93 (April 1969), S. 173 (»beinahe unglaublicher«); Bottiger, *Borderland of Fear,* S. 33–37.

24 Furstenberg, »Significance of the Trans-Appalachian Frontier«, S. 660–663; »Treaty with the Six Nations«, 9. Januar, 1789, in: *IALT,* Bd 2, S. 18f.; *SG,* S. 322–325; Timothy J. Shannon, *Iroquois Diplomacy on the Early American Frontier* (New York 2008), S. 207f.; Taylor, *Divided Ground,* 241-246; »Timothy Pickering to Washington, 4. Dezember 1790«, Founders Online, National Archives, abgerufen am 16. Mai 2019, https://founders.archives.gov/documents/Washington/05-07-02-0014 (»weitaus wilder …«, »in höchstem Maße beschämend …«).

25 Lakomäki, *Gathering Together,* S. 126; »To George Washington from Arthur St. Clair, 1 May 1790«, Founders Online, National Archives, abgerufen am, 4. Juli 2020, https://founders.archives.gov/documents/Washington/05-05-02-0239; »Proclamation on the Treaty of Fort Harmar, 29 September 1789«, Founders Online, National Archives, abgerufen am 4. Juli 2020, https://founders.archives.gov/documents/Washington/05-04-02-0076 (»Es tut mir sehr leid …«; Clarence Edwin Carter und John Porter Bloom (Hg.), The *Territorial Papers of the United States,* Bd. 2, *The Territory Northwest of the River Ohio, 1787–1803,* Washington DC 1934, S. 245 (»auf den niedrigsten Stand der Armut…«); »Instructions to Brigadier General Charles Scott, March 9, 1791«, in: *American State Papers, Class II. Indian Affairs,* Bd. 1 S. 129 (»den Indianern …«); Charles Scott, »To the Various Tribes of Piankeshaws, and All the Nations of Red People, Lying on the Waters of the Wabash River, June 5, 1791«, in: *American State Papers, Class II. Indian Affairs,* B.1 S. 133 (»Solltet ihr dieses Angebot ablehnen …«).

26 Harper, *Unsettling the West,* S. 167; Colin G. Calloway, *The Victory with No Name: The Native American Defeat of the First American Army,* New York 2014, S. 3; Bottiger, *Borderland of Fear,* S. 36; Taylor, *American Revolutions,* S. 404; Secretary of War, »Report«, 15. Januar 1791, in: *American State Papers, Class II. Indian Affairs,* Bd. 1, S. 113 (»die Einwohner …«).

27 Secretary of War, »Report«, 22. Januar 1791, in: *American State Papers, Class II. Indian Affairs,* Bd. 1, S. 113 (»die Vereinigten Staaten…«); Taylor, *Divided Ground,* S. 238; Joseph D. Ibbotson, »Samuel Kirkland, the Treaty of 1792, and the Indian Barrier State«, in: *New York History* (Oktober 1938): S. 374–391; *Annals of Congress,* House of Representatives, 2nd Cong., 1st Sess., 26. Januar 1792, S. 338 (»Solange wir …«).

28 Helen Hornbeck Tanner, »The Glaize in 1792: A Composite Indian Community«, in: *Ethnohistory* 25 (Winter 1978): S. 15–39; Andrew R. L. Cayton, *The Frontier Republic: Ideology and Politics in the Ohio Country, 1780–1825,* Kent, OH 1986, S. 38f.; Cozzens, *Tecumseh and the Prophet,* S. 81–87; Parmenter, »Dragging Canoe«, S. 128–131; James Wilkinson an Washington, 6. September 1792, in: »Extracts of Correspondence on Indian Affairs«, Oktober 1792, Founders Online, National

Archives, https://founders.archives.gov/documents/Washington/05-11-02-0164, abgerufen am 18. September 2020 (»diesen Mond …«); William H. Bergman, *The American National State and the Early West*, New York 2012, S. 75; Bottiger, *Borderland of Fear*, S. 37; Susan Sleeper-Smith, *Indigenous Prosperity and American Conquest: Indian Women of the Ohio River Valley, 1690–1792*, Williamsburg, VA 2018), 243–279; »Reply of the Six Nations«, 24. April 1794, in: *American State Papers, Class II. Indian Affairs*, Bd. 1, S. 481 (»der gleichen Ansicht wie …«).

29 *SA*, Bd. 1, S. 351–353; Thomas P. Slaughter, *The Whiskey Rebellion: Frontier Epilogue to the American Revolution*, New York 1986, S. 117, 16–169; Taylor, *Divided Ground*, S. 291f.; Anthony Wayne an den Kriegsminister, 15. August 1794, und Henry Knox an George Washington, 29. Dezember 1794, in: *American State Papers, Class II. Indian Affairs*, Bd. 1, S. 490, 544 (»das große Handelszentrum …«, »sehr ausgedehnten …«, »von der Arbeit vieler Hände …«, S. 490).

30 Calloway, *Victory with No Name*, S. 97f.; J. F. Lee, *Masters of the Middle Waters: Indian Nations and Colonial Ambitions along the Mississippi*, Cambridge, MA 2019, S. 213; Gordon S. Wood, *Empire of Liberty: A History of the Early Republic, 1789–1815*, New York 2009, S. 135–139; Gregory H. Nobles, *American Frontiers: Cultural Encounters and Continental Conquest*, New York 1997, S. 99–132; Knox an Washington, 29. Dezember 1794, in: *American State Papers, Class II. Indian Affairs*, Bd. 1, S. 544 (»die völlige Ausrottung …«); SG, S. 110.

31 Lakomäki, *Gathering Together*, S. 126–130; Witgen, »A Nation of Settlers: The Early American Republic and the Colonization of the Northwest Territory«, *WMQ* 76 (Juli 2019), S. 397ff.; Furstenberg, »Significance of the Trans-Appalachian Frontier«, S. 668; *MG*, 467–548; Andrew R. L. Cayton, »›Noble Actors‹ upon ›the Theatre of Honour‹: Power and Civility in the Treaty of Greenville«, in: Cayton und Fredrika J. Teute (Hg.), *Contact Points: American Frontiers from the Mohawk Valley to the Mississippi*, Chapel Hill 1998, S. 235–339; Bottiger, *Borderland of Fear*, 38f.; *SA*, Bd. 1, S. 353ff.; Reginald Horsman, *Race and Manifest Destiny: The Origins of American Racial Anglo-Saxonism*, Cambridge, MA 1986; Greenberg, »US Expansionism«, S. 1014f.; Cayton, *Frontier Republic*, S. 39; »Treaty with the Tribes of Indians, Aug. 9, 1795«, in: *American State Papers, Class II. Indian Affairs*, Bd. 1, S. 570f. (»Die Grenze …«, S. 570; »unser Tomahawk«, S. 571).

32 Wallace, Jefferson and the Indians, S. 206–214; David Andrew Nichols, *Engines of Diplomacy: Indian Trading Factories and the Negotiation of American Empire*, Chapel Hill 2016, S. 32, 69-88; Anne F. Hyde, *Empires, Nations, Families: A History of the North American West, 1800–1860*, Lincoln 2011, S. 243; Bergman, *American National State and the Early West*, S. 172ff.; Thomas Jefferson an Meriwether Lewis, 21. August 1808, in: »From Thomas Jefferson to Meriwether Lewis, 21. August 1808«, Founders Online, National Archives, letzter Zugriff 23. Mai 2023, https://founders.archives.gov/documents/Jefferson/99-01-02- 8555 (»Der Handel …).

33 *SA*, Bd. S. 348 f., 355–360; Reginald Horsman, *Expansion and American Indian Policy, 1783–1812*, East Lansing, 1967, S. 53–65; Bernard W. Sheehan, *Seeds of Extinction: Jeffersonian Philanthropy and the American Indian*, New York 1973, S. 45–65; Cayton, *Frontier Republic*, S. 56.

24 Versprechungen des Westens

1 *SFNA*, S. 289; *SA*, Bd. 2, S. 6f.

2 *SA*, Bd. 1, S. 367ff. Zu den Reisezeiten siehe J. F. Lee, *Masters of the Middle Waters: Indian Nations and Colonial Ambitions along the Mississippi*, Cambridge, MA 2019, S. 181 (»Resident Foreign Nations«).

3 William Lytle Schurz, »The Spanish Lake«, in: *Hispanic American Historical Review* 5 (Mai 1922): S. 181–194; Pekka Hämäläinen, »How Native Americans Shaped Early America«, in: Eliga Gould, Paul Mapp und Carla Gardina Pestana (Hg.), *Cambridge History of America and the World*, New York 2021, S. 199.

4 Gilles Havard und Cécile Vidal, *Histoire de l'Amérique Française*, Paris 2005, S. 704–711; Hämäläinen, »How Native Americans Shaped Early America«, S. 199f.

5 *New York Daily Advertiser*, 12. Februar 1802 (»könnten die Bewohner …«).

6 Thomas Jefferson an Robert R. Livingston, 18. April 1802 (»Es gibt …«), https://www.loc.gov/item/mtjbib011277; Thomas Jefferson, »Draft of First Inaugural«, 4. März 1801 (»Platz für alle …«), Thomas Jefferson Papers at the Library of Congress, ser. 1, General Correspondence, 1651–1827, https://www.loc.gov/item/mtjbib009728. Stanley Elkins und Eric McKitrick, *The Age of Federalism: The Early American Republic, 1788–1800*, New York 1995, S. 406–430; Robert L. Paquette, »Revolutionary Saint Domingue in the Making of Territorial Louisiana«, in: David Barry Gaspar und David Patrick Geggus (Hg.), *A Turbulent Time: The French Revolution and the Greater Caribbean*, Bloomington 1997, S. 204–225.

7 Robert Lee, »Accounting for Conquest: The Price of the Louisiana Purchase in Indian Country«, in: *JAH* 103 (März 2017), S. 912–942; Nicholas Guyatt, »›The Outskirts of Our Happiness‹: Race and the Lure of Colonization in the Early Republic«, in: *JAH* 95 (März 2009), S. 995; Kent McNeil, »The Louisiana Purchase: Indian and American Sovereignty in the Missouri Watershed«, in: *Western Historical Quarterly* 50 (Spring 2019), S. 17–42.

8 Christa Dierksheide, »›The Great Improvement and Civilization of That Race‹: Jefferson and the ›Amelioration‹ of Slavery, ca. 1770–1826«, in: *Early American Studies* 6 (Spring 2008): S. 165–197; Anthony F. C. Wallace, *Jefferson and the Indians: The Tragic Fate of the First Americans*, Cambridge, MA 1999, S. 216; Jack D. L. Holmes, »Benjamin Hawkins and United States Attempts to Teach Farming to Southeastern Indians«, in: *Agricultural History* 60 (Spring 1986): S. 216–232; *NOT*, S. 164 (»die Süßigkeiten …«, »den Wert …«); »From Thomas Jefferson to Benjamin Hawkins«, 18. Februar 1803, Founders Online, National Archives, abgerufen am 29. November 2020, https://founders.archives.gov/documents/Jeffer son/01-39-02-0456 (»Tatsächlich besteht …«); Theda Perdue, *Cherokee Women: Gender and Culture Change, 1700–1835*, Lincoln 1998, S. 116f., 122, 152.

9 Anthony F. C. Wallace, *The Death and Rebirth of the Seneca*, New York 1970, insb. 233–253; Elisabeth Tooker, »On the Development of the Handsome Lake Religion«, in: *Proceedings of the American Philosophical Society* 133 (März 1989), S. 35–50; Arthur C. Parker, »The Code of Handsome Lake, the Seneca Prophet«, in: *Education Department Bulletin* 530 (November 1912).

10 Claudio Saunt, *West of the Revolution: An Uncommon History of 1776,* New York 2014, 149ff.

11 *LA*, S. 95f.; Pierre-Antoine Tabeau, *Tabeau's Narrative of Loisel's Expedition to the Upper Missouri,* hrsg. v. Annie Heloise Able, Norman 1939, S. 123f. (»ein kläglicher Rest«); Raymond J. DeMallie, Douglas Parks und Robert Vezina (Hg.), *A Fur Trader on the Upper Missouri: The Journal and Description of Jean-Baptiste Truteau, 1794–1796,* übers. von Mildred Mott Wedel, Raymond J. DeMallie, und Robert Vezina, Lincoln 2017, S. 177ff.; Elizabeth A. Fenn, *Encounters at the Heart of the World: A History of the Mandan People,* New York 2014, S. 166; *YSF*, S. 95, 103 (»Sie brannten …«, S. 95; »Sie griffen …«, S. 103).

12 *YSF*, S. 118ff.; *LA*, S. 99.

13 Louis F. Burns, *A History of the Osage People,* Tuscaloosa 2004, S. 242; SA, Bd. 2, S. 15; Lee, *Masters of the Middle Waters,* S. 158ff., 170f., 179ff.; Saunt, *West of the Revolution,* S. 180; Anne F. Hyde, *Empires, Nations, and Families: A History of the North American West, 1800–1860,* Lincoln 2011, S. 239f.

14 »Extract from the Journals of the Voyage of J-Bte Truteau«, in: DeMallie, Parks, und Vezina, (Hg.), *Fur Trader on the Upper Missouri,* S. 103-107 (»böse Männer …«, »werde nur dafür benutzt …«, S. 103; »die schlechten Handelswege …«, »Es war der blanke Raub …«, S. 105; »eine entsprechende …« S. 107); Thomas Jefferson an Meriwether Lewis, 16. November 1803, Thomas Jefferson Papers at the Library of Congress, ser. 1, General Correspondence, 1651–1827, http://www.loc.gov/resource/mtj1.029_0512_0513 (»die größten …«).

15 *Tabeau's Narrative,* S. 130f., 138 (»eine Art Leibeigene …«, S. 130; »und eine Barriere …«, »setzen sie …«, »von Wäldern umgeben …«, »ruinöse Handel«, S. 131; »den Ricaras …«, S. 138).

16 Raymond J. DeMallie (Hg.), *The Sixth Grandfather: Black Elk's Teachings Given to John G. Neihardt,* Lincoln 1984, S. 307f. (»Wir sind …«, S. 307; »Aus dieser Richtung …«, S, 308); Steven Sabol, *»The Touch of Civilization«: Comparing American and Russian Internal Colonization,* Boulder 2017, S. 62; James R. Walker, *The Lakota Society,* hrsg. von Raymond J. DeMallie, Lincoln 1992, S. 125 (»Verbündete …«).

17 Peter S. Onuf, »The Revolution of 1803«, in: *Wilson Quarterly* 27 (Winter 2003), S. 24.

18 *SA*, Bd. 2, S. 14ff.; »From Thomas Jefferson to John Jay, 23 August 1785«, Founders Online, National Archives, abgerufen am 12. Januar 2021, https://founders.archives.gov/documents/Jefferson/01-08-02-0333; Christian B. Keller, »Philanthropy Betrayed: Thomas Jefferson, the Louisiana Purchase, and the Origins of Federal Indian Removal Policy«, in: *Proceedings of the American Philosophical Society* 144 (März 2000), S. 33–66.

19 *SA*, Bd. 1, S. 60; Thomas Jefferson an Meriwether Lewis, 6. November 1803 und 22. January 1804, in: Donald Jackson (Hg.), *Letters of the Lewis and Clark Expedition with Related Documents, 1783–1854,* Urbana 1962, S. 138, 166 (»30 000 …«, S. 138; »Sie werden zwar…«, S. 166); »Journal of Jean Baptiste Truteau on the Upper Missouri, ›Premiere Partie‹, 7. Juni 1794 bis 26. März 1795«, in: *AHR* 19 (Januar 1914), S. 299–333; Thomas Jefferson to Congress, 18. Januar 1803, https://

tile.loc.gov/storage-services/service/mss/mtj//mtj1/027/027_0841_0844.pdf (»zwölf oder fünfzehn Mann«).

20 Prideaux Selby an Peter Russell, 23. Januar 1799, in: *WHC*, Bd. 18, S. 460 (»einer Nation …«).

21 *Tabeau's Narrative*, S. 99f., 110 (»in den höchsten Rang …«, »früher sehr zahlreichen«, S. 99; »sehr sanft«, »baten«, »inständig«, S. 110); *JLCE*, Bd. 3, S. 399.

22 Jefferson an Robert Smith, 13. Juli 1804, Thomas Jefferson Papers at the Library of Congress, ser. 1, General Correspondence, 1651–1827, https://www.loc.gov/resource/mtj1.030_1058_1058 (»müssen sich gut stellen«, »Weil wir …«, »die besten …«, »eine großartige Nation«); Joseph J. Ellis, *American Sphinx: The Character of Thomas Jefferson*, New York 1996, S. 246–253; John D. Seelye, *Beautiful Machine: Rivers and the Republican Plan, 1755–1825*, New York1991, S. 193–209; *LA*, S. 129.

23 *JLCE*, Bd. 2, 438–441, 487–493 (»Nackt bin ich …« S. 491; »Ein Löffel …«, S. 492); James P. Ronda, *Lewis and Clark among the Indians*, Lincoln 1984, S. 21ff.

24 *JLCE*, Bd. 3, S. 21, 29f. (»große Mühe«, S. 21; »Hört mir gut zu …«, S. 29; »die Nationen flussaufwärts …«, S. 30); *Tabeau's Narrative*, S. 127 (»geschwächt«).

25 *JLCE*, Bd 3, S. 111–114, 139 (»großen Häuptling«, S. 111; »Schlechte-Laune-Insel …«, S. 114; »weiterfahren«, »einen nach dem anderen …«, S. 139; John Ordway, »Sergeant Ordway's Journal«, in: Milo M. Quaife (Hg.), *The Journals of Captain Meriwether Lewis and Sergeant John Ordway*, Madison 1916, S. 138f. (»er ebenfalls Krieger hatte«, »ein Brief …«, »sie alle sozusagen …« S. 139).

26 James P. Ronda, »Appendix: A Note on Sacagawea«, in: *Lewis and Clark among the Indians*, Journals of the Lewis and Clark Expedition Online, abgerufen am 6. September 2020, https://lewisandclarkjournals.unl.edu/item/lc.sup.ronda.01.ap pendix; *JLCE*, Bd. 5, S. 114 (»eine Frau in …«, S. 23); *JLCE*, Bd. 3, S. 418 (»die übelsten Schurken …«); *LA*, 139–143.

27 Frederick E. Hoxie, *Parading through History: The Making of the Crow Nation in America, 1805–1935*, New York 1995, S. 30–37.

28 »Arrival of Lewis and Clark at St. Louis«, in: *Western World*, 1. Oktober 1806, zitiert in: James P. Ronda, »St. Louis Welcomes and Toasts the Lewis and Clark Expedition: A Newly Discovered Newspaper Account«, in: *Explorations into the World of Lewis & Clark*, (Hg.), Robert A. Saindon, Scituate, MA 2003, Bd. 3, S. 1280f. (»ein Instrument …«, »den Handel …«)

29 Robert J. Miller, *Native America, Discovered and Conquered: Thomas Jefferson, Lewis & Clark, and Manifest Destiny*, Westport, CT 2006, S. 104–107; Jared Orsi, Citizen Explorer: *The Adventurous Life of Zebulon Pike*, New York 2014, S. 95–103; »General Wilkinson's Proclamation«, 24. August 1805, National Archives Microfilm Publications, Nr. 222, Letters Received by the Secretary of War, Unregistered Series, 1789–1860, roll 2, unregistered file.

25 Der weiße Teufel mit dem weit offenen Maul

1 William Henry Harrison an den Kriegsminister, 19. Februar 1802, in: Logan Esarey (Hg.), *Governors Messages and Letters: Messages and Letters of William*

Henry Harrison Concluded, John Gibson, Thomas Posey, Indianapolis 1922, Bd. 1, S. 38. (»die Indianer glauben zu machen …«).

2 Gregory Evans Dowd, *A Spirited Resistance: The North American Indian Struggle for Unity, 1745–1815*, Baltimore 1992, insb. S. 29; *MG*, S. 512 (»dem neuen weißen Volk …«); Anne F. Hyde, *Empires, Nations, and Families: A History of the North American West, 1800–1860*, Lincoln 2011, S. 245–250; »Marquis of Casa-Calvo, May 28, 1804«, in: Pierre-Antoine Tabeau, *Tabeau's Narrative of Loisel's Expedition to the Upper Missouri*, hrsg. von Annie Heloise Able, Norman 1939, S. 241 (»auf den Kriegspfad …«).

3 Sami Lakomäki, *Gathering Together: The Shawnee People through Diaspora and Nationhood, 1600–1870*, New Haven, CT 2014, S. 143f.; *MG*, S. 502–509; *WUH*, S. 272; »Extract from a Talk Delivered at Le Maiouitinong, Entrance of Lake Michigan, by the Indian Chief Le Maigouis, or the Trout, May 4, 1807«, in: *State Papers and Public Documents of the United States*, Boston 1817, Bd. 8, S. 435 (»den Schleim …«); R. David Edmunds, *Tecumseh and the Quest for Indian Leadership*, Boston 1984, S. 71f.; Gregory A. Waselkov, *A Conquering Spirit: Fort Mims and the Redstick War of 1813–1814*, Tuscaloosa 2006, S. 74–77; Daniel K. Richter, *Facing East from Indian Country: A Native History of Early America*, Cambridge, MA 2001, S. 230.

4 Sara Mohammedi, »The Interpretation of Christianity by American Prophets«, in: *Indigenous Nations Studies Journal* 3 (Herbst 2002), S. 71–88; »From Thomas Jefferson to Henry Dearborn, 28 August 1807«, Founders Online, National Archives, abgerufen am 17. April 2021, https://founders.archives.gov/documents/Jefferson/99-01-02-6267 (»wenn wir je …«); Adam Jortner, *The Gods of Prophetstown: The Battle of Tippecanoe and the Holy War for the American Frontier*, New York 2011; Peter Cozzens, *Tecumseh and the Prophet: The Shawnee Brothers Who Defied a Nation*, New York 2020, S. 48; Patrick Bottiger, *Borderland of Fear: Vincennes, Prophetstown, and the Invasion of the Miami Homeland*, Lincoln 2016, S. 114ff., 140–143; *SG*, 187f.

5 Bottiger, Borderland of Fear, S. 74, 82–92; Edmunds, *Tecumseh and the Quest*, S. 223; Lakomäki, *Gathering Together*, S. 143–150; Gordon S. Wood, *Empire of Liberty: A History of the Early Republic, 1789–1815*, New York 2009, S. 675; John Sudgen, *Tecumseh: A Life*, New York 1997, S. 215 (»eines dieser …«); Christina Snyder, *Great Crossings: Indians, Settlers, and Slaves in the Age of Jackson*, New York 2017, S. 35; Harrison an den Kriegsminister, 10. Juli 1811, und »Petition to James Madison, President of the United States«, 31. Juli 1811«, in: *Governors Messages and Letters*, hrsg. von Logan Esarey, Bd. 1, S. 532, 534, 540 (»bald sämtliche …«, S. 532); »Vereinigten Staaten nicht …«, »als sie je …«, S. 534; »das Land im Westen …«, »die Räuberbande …«, S. 540).

6 Wood, *Empire of Liberty*, S. 659–662; Kathryn E. Holland Braund (Hg.), »Introduction«, in: *Tohopeka: Rethinking the Creek War and the War of 1812* Tuscaloosa 2012, S. 3. Zu den entflohenen Sklaven siehe Alan Taylor, *The Internal Enemy: Slavery and War in Virginia, 1772–1832*, New York 2013.

7 Hyde, *Empires, Nations, and Families*, S. 235f.; Sheehan, *Seeds of Extinction*, New York 1973, S. 121; Lewis Cass to Return J. Meigs, 12. August 1812, in: E. A.

Cruikshank (Hg.), *Documents Relating to the Invasion of Canada and the Surrender of Detroit, 1812*, Ottawa 1912, S. 137 (»Wir gaben die ganze ...); Bottiger, *Borderland of Fear*, S. 137ff.; Alan Taylor, »The War of 1812 and the Struggle for the Continent«, in: Andrew Shankman (Hg.), *The World of the Revolutionary American Republic: Land, Labor, and the Conflict for a Continent*, New York 2014, S. 250; *NOT*, S. 237–248; Rembert W. Patrick, *Florida Fiasco: Rampant Rebels on the Georgia-Florida Border, 1810–1815*, Athens 1954, S. 29f., 179–182.

8 Claudio Saunt, »›Domestick ... Quiet Being Broke‹: Gender Conflict among the Creek Indians in the Eighteenth Century«, in: Andrew R. L. Cayton und Fredrika J. Teute (Hg.), *Contact Points: American Frontiers from the Mohawk Valley to the Mississippi*, Chapel Hill 1998, S. 151–174; *NOT*, S. 249–272; Patrick, *Florida Fiasco*, 29f., 179–182; Waselkov, *Conquering Spirit*, S. 86, 96f.

9 Waselkov, *Conquering Spirit*, S. 96-100, 140; Saunt, »›Domestick...«, S. 151–154; *NOT*, S. 264ff.; Dowd, *Spirited Resistance*, S. 155.

10 R. Douglas Hurt, *The Ohio Frontier: Crucible of the Old Northwest, 1720–1830*, Bloomington 1996, S. 340f.; Cozzens, *Tecumseh and the Prophet*, S. 398–419; *MG*, S. 523.

11 Hurt, *Ohio Frontier*, S. 375; Susan M. Abram, »Cherokees in the Creek War: A Band of Brothers«, in: Kathryn E. Holland Braund (Hg.), *Tohopeka*, S. 135; Andrew Jackson an William H. Crawford, 10. Juni 1816, in: *American State Papers, Class II. Indian Affairs*, Washington, DC:, Bd. 2 S. 111 (»so sorgfältig ...«); Richter, *Facing East from Indian Country*, S. 233.

12 David J. Weber, *Bárbaros: Spaniards and Their Savages in the Age of Enlightenment*, New Haven, CT 2005, S. 5, 31–41.

13 D. A. Brading, *The First America: The Spanish Monarchy, Creole Patriots, and the Liberal State, 1492–1867*, New York 1991, S. 499; Weber, Bárbaros, S. 72–75 (»beklagenswerte ...«), 109f.

14 Weber, *Bárbaros*, S. 143f.

15 Bernardo de Gálvez, *Instructions for Governing the Interior Provinces of New Spain 1786*, übers. und hrsg. von Donald E. Worcester, Berkeley, CA 1951, S. 40ff., 48f. (»durch Täuschung«, S. 40; »Wir werden ...«, S 41; »Das Interesse ...«, S. 42; »schwache Schlösser ...« S. 49); Weber, *Bárbaros*, S. 179–220.

16 Alan Taylor, *American Colonies*, New York 2001, S. 446ff.; Colin Calloway, *One Vast Winter Count: The Native American West before Lewis and Clark*, Lincoln 2003, S. 399.

17 *SFNA*, 237f.; *NWA*, 48f.; Jennifer Seltz, »Epidemics, Indians, and Border-Making in the Nineteenth-Century Northwest«, in: Benjamin H. Johnson und Andrew Graybill (Hg.), *Bridging National Borders in North America: Transnational and Comparative Histories*, Durham, NC 2010, S. 91–100; Joseph E. Taylor, *Making Salmon: An Environmental History of Northwest Fisheries*, Seattle 1999, S. 13–17; Richard White, *The Organic Machine: The Remaking of the Columbia River*, New York 1995, S. 16–22.

18 *SFNA*, S. 246; Albert Hurtado, *Intimate Frontiers: Sex, Gender, and Culture in Old California*, Albuquerque 1999, S. 1–6; Steven W. Hackel, *Children of Coyote*,

Missionaries of Saint Francis: Indian-Spanish Relations in Colonial California, 1769–1850, Chapel Hill 2005, S. 28f.

19 J. H. Elliott, *Empires of the Atlantic World: Britain and Spain in America, 1492–1830*, New Haven, CT 2006, S. 204–218; Michael Kammen, *Mystic Chords of Memory: The Transformation of Tradition in American Culture*, New York 1991, S. 208; Walter Nonneman, »On the Economics of the Socialist Theocracy of the Jesuits in Paraguay (1609–1767), in: Mario Ferrero und Ronald Wintrobe (Hg.), *The Political Economy of Theocracy*, New York 2009, S. 119f.

20 Lisbeth Haas, *Saints and Citizens: Indigenous Histories of Colonial Missions and Mexican California*, Berkeley 2014, S. 55–80; Jennifer M. Spear, »Beyond the Native/Settler Divide in Early California«, in: *WMQ* 76, (Juli 2019), S. 361–368; Claudio Saunt, *West of the Revolution: An Uncommon History of 1776*, New York 2014, S. 59–64; *SFNA*, S. 249f.; Felipe Neve an Antonio María Bucareli, 26. Februar 1777, in: Edwin A. Beilharz, *Felipe de Neve, First Governor of California*, San Francisco 1971), S. 83; James A. Sandos, »Social Control within Missionary Frontier: Alta California, 1760–1821«, in: Jesús F. de la Teja und Ross Frank (Hg.), *Choice, Persuasion, and Coercion: Social Control on Spain's North American Frontiers*, Albuquerque 2005, S. 253–264; Taylor, *American Colonies*, S. 458 (»ihre Macht kennengelernt«).

21 Stuart Banner, *How the Indians Lost Their Land: Law and Power on the Frontier*, Cambridge, MA 2005, S. 3–9; Colin G. Calloway, *Pen and Ink Witchcraft: Treaties and Treaty Making in Colonial America*, New York 2013, S. 1–11; Max M. Edling, *A Hercules in the Cradle: War, Money, and the American State*, Chicago 2014, S. 7–8.

26 Die lange Ära der Zwangsumsiedlung

1 Matthew J. Clavin, *The Battle of Negro Fort: The Rise and Fall of a Fugitive Slave Community*, New York 2019, S. 1–2; *NOT*, S. 273f. Der Titel dieses Kapitels stützt sich auf *SG*, S. 191, 361f.

2 *YSF*, S. 157–161.

3 Lucy Eldersveld Murphy, *Great Lakes Creoles: A French Community in the Northern Borderlands, Prairie du Chien, 1750–1860*, New York 2014, S. 65f.

4 Paul Williams, *The Dakota Conflict and Its Leaders, 1862–1865: Little Crow, Henry Sibley und Alfred Sully*, Jefferson, NC 2020, S. 143 (»Nachdem wir für euch …«); Alan Taylor, *The Civil War of 1812: American Citizens, British Subjects, Irish Rebels, and Indian Allies*, New York 2010, S. 413–421; Clavin, Battle of Negro Fort, S. 16; François Furstenberg, »The Significance of the Trans-Appalachian Frontier in Atlantic History«, in: *AHR* 113 (Juni 2008): S. 675; SG, S. 190.

5 Nicholas Guyatt, *Bind Us Apart: How Enlightened Americans Invented Racial Seg regation*, New York 2016, S. 317f; Claudio Saunt, *Unworthy Republic: The Dispossession of Native Americans and the Road to Indian Territory*, New York 2020, S. 3–11.

6 J. F. Lee, *Masters of the Middle Waters: Indian Nations and Colonial Ambitions along the Mississippi*, Cambridge, MA 2019, S. 217ff.; Nicholas Guyatt, »›The

Outskirts of Our Happiness‹: Race and the Lure of Colonization in the Early Republic«, in: *JAH* 95 (März 2009), S. 994.

7 Sean M. Theriault, »Party Politics during the Louisiana Purchase«, in: *Social Science History* 30 (Sommer 2006): S. 293–324; Theda Perdue, »The Conflict Within: The Cherokee Power Structure and Removal«, in: *Georgia Historical Quarterly* 73 (Herbst 1989), S. 471ff.; S. Charles Bolton, »Jeffersonian Indian Removal and the Emergence of Arkansas Territory«, in: *Arkansas Historical Quarterly* 62 (Herbst 2003), S. 253–271; John P. Bowes, »American Indian Removal beyond the Removal Act«, in: *Native American and Indigenous Studies* 1 (Frühjahr 2014), S. 65–87; Anthony F. C. Wallace, *Jefferson and the Indians: The Tragic Fate of the First Americans,* Cambridge, MA 1999, S. 206; Kathleen DuVal, *The Native Ground: Indians and Colonists in the Heart of the Continent,* Philadelphia 2006, S. 199–205; William G. McLoughlin, »New Angles of Vision on the Cherokee Ghost Dance Movement of 1811–1812«, in: *American Indian Quarterly* 5 (November 1979), S. 315–345.

8 Clavin, *Battle of Negro Fort,* S. 104, 113f., 121–126 (»euch tapfere Häuptlinge …«, »wir kämpfen werden …«, S. 104); Frank Lawrence Owsley Jr. und Gene A. Smith, *Filibusters and Expansionists: Jeffersonian Manifest Destiny, 1800–1821,* Tuscaloosa 1997, S. 111; *SG,* S. 189.

9 Jon Meacham, *American Lion: Jackson in the White House,* New York 2008, S. 35f.; *SFNA,* S. 299f.; John K. Mahon, »The Treaty of Moultrie Creek«, in: *Florida Historical Quarterly* 40 (April 1962): S. 350–372; John K. Mahon, »Two Seminole Treaties: Payne's Landing, 1832, and Ft. Gibson, 1833«, in: *Florida Historical Quarterly* 41 (July 1962): S. 1–21.

10 Tiya Miles, *Ties That Bind: The Story of an Afro-Cherokee Family in Slavery and Freedom,* Berkeley 2016, S. 103ff.; SG, S. 189; Anne F. Hyde, *Empires, Nations, and Families: A History of the North American West, 1800–1860,* Lincoln 2011, S. 229ff.; Saunt, *Unworthy Republic,* S. 41–47, 54; Christina Snyder, *Slavery in Indian Country: The Changing Face of Captivity in Early America,* Cambridge, MA 2010, S. 90–93; Guyatt, »›Outskirts of Our Happiness‹«, S. 1003.

11 Joshua D. Rothman, *Flush Times and Fever Dreams: A Story of Capitalism and Slavery in the Age of Jackson,* Athens 2012, S. 3f.; Walter Johnson, *River of Dark Dreams: Slavery and Empire in the Cotton Kingdom,* Cambridge, MA 2013, S. 1–45, 245–330; Sven Beckert, *Empire of Cotton: A Global History,* New York 2014, S. 102ff; Edward E. Baptist, *The Half Has Never Been Told: Slavery and the Making of American Capitalism,* New York 2014, S. 3–38, 175–185; *SG,* S. 189; Guyatt, »›Outskirts of Our Happiness‹«. Zur Zwangsumsiedlung der Indianer im Norden siehe: John P. Bowes, *Land Too Good for Indians: Northern Indian Removal,* Norman 2016.

12 Saunt, *Unworthy Republic,* S. 31ff. (»die gesamte rote …« S. 33); *SA,* Bd. 2, S. 80f. Zum Bureau of Indian Affairs als Kolonialbehörde siehe Brian DeLay, »Indian Politics, Empire, and the History of American Foreign Relations«, in: *Diplomatic History* 39 (November 2015), S 935.

13 Miles, *Ties That Bind,* S. 104; Theda Perdue, *Cherokee Women: Gender and Culture Change, 1700–1835,* Lincoln 1998, S. 155ff.; Fay A. Yarbrough, *Race and the*

Cherokee Nation: Sovereignty in the Nineteenth Century, Philadelphia 2008, S. 25–32; Fay A. Yarbrough, »Legislating Women's Sexuality: Cherokee Marriage Laws in the Nineteenth Century, in: *Journal of Social History 38* (Winter 2004), S. 385–406 (»Mischehen …«); Barbara Krauthammer, *Black Slaves, Indian Masters: Slavery, Emancipation, and Citizenship in the Native American South*, Chapel Hill 2013, S. 39.

14 Miles, *Ties That Bind*, S. 109–112; »Constitution of the Cherokee Nation«, in: *Cherokee Phoenix* 1, Nr. 1 (21. Februar 1828), https://www.wcu.edu/library/DigitalCollections/CherokeePhoenix/Vol1/no01/constitution-of-the-cherokee-nation-page-1-column-2a-page-2-column-3a.html, (»grenzen dieser Nation …); M. Amanda Moulder, »Cherokee Practice, Missionary Intentions: Literacy Learning among Early Nineteenth-Century Cherokee Women«, in: *Indigenous Ethnic Rhetorics* (September 2011): S. 75–96; Theda Perdue, »Traditionalism in the Cherokee Nation: Resistance to the Constitution of 1827«, in: *Georgia Historical Quarterly* 66 (Sommer 1982): S. 159–170; Emilie Connolly, »Panic, State Power, and Chickasaw Dispossession«, in: *Journal of the Early Republic* 40 (Winter 2020), S. 683–689; Saunt, *Unworthy Republic*, S. 205.

15 Eine einschneidende Studie der Choctaw Academy ist Christina Snyder, *Great Crossings: Indians, Settlers, and Slaves in the Age of Jackson*, New York 2017.

16 Andrew Jackson und James Monroe, 4. März 1817, in: Harold D. Moser, David R. Hoth und George H. Hoemann (Hg.), *The Papers of Andrew Jackson*, Knoxville 1994, S. 95 (»der Kongress …«); Andrew Jackson, »First Annual Message to Congress, December 8, 1829«, in: Francis Paul Prucha (Hg.), *Documents of United States Indian Policy*, 3. Ausgabe, Lincoln 1975, S. 47 (»die Regierung trotz …«); DeLay, »Indian Politics, Empire«, S. 936; Saunt, *Unworthy Republic*, S. 69–77, 86, 97–100; *SG*, S. 249f.; Miles, *Ties That Bind*, S. 132; John Faragher, »More Motley than Mackinaw: From Ethnic Mixing to Ethnic Cleansing on the Frontier of the Lower Missouri, 1783–1833«, in: Andrew Cayton und Frederika Teute (Hg.), *Contact Points: American Frontiers from the Mohawk Valley to the Mississippi, 1750–1830*, Chapel Hill 1998, S. 305; Michael L. Oberg, »William Wirt and the Trials of Republicanism«, in: *Virginia Magazine of History and Biography* 99, Nr. 3 (Juli 1991) S. 312ff.; »The Cherokee Nation vs. The State of Georgia, Supreme Court, January, 1831 Term«, abgerufen am 24. November 2021, https://www.sfu.ca/~palys/USSC1831CherokeevGeorgia.htm (»inländische …«, »ein Mündel …«, »Stämme, die …«).

17 Lisa Ford, *Settler Sovereignty: Jurisdiction and Indigenous People in America and Australia, 1788–1836*, Cambridge, MA 2010, S. 3f., 130, 155f., 175–182; Krauthammer, *Black Slaves, Indian Masters*, S. 38f.; Saunt, *Unworthy Republic*, 124–170; John T. Ellisor, *The Second Creek War: Interethnic Conflict and Collusion on a Collapsing Frontier*, Lincoln 2010, S. 47–181. Zu den Frauen der Choctaw, siehe Michelene E. Pesantubbee, *Choctaw Women in a Chaotic World: The Clash of Cultures in the Colonial Southeast*, Albuquerque 2005, S. 2. Zur Vergewaltigung und Ermordung indigener Frauen siehe Sarah Deer, *The Beginning and End of Rape: Confronting Sexual Violence in Native America*, New York 2015, insb. S. 68–71.

18 Miles, *Ties That Bind*, S. 7f., 130ff.

19 Peter Cozzens, *Tecumseh and the Prophet: The Shawnee Brothers Who Defied a Nation*, New York 2020, S. 427–433.

20 *SA*, Bd. 4, S. 158; Murphy, *Great Lakes Creoles*, S. 148–186; Lee, *Masters of the Middle Waters*, S. 230ff. Was die Deportation der Indianer im Norden betrifft, siehe Bowes, *Land Too Good for Indians*, insb. S. 78–210.

21 Lucy Eldersveld Murphy, »Autonomy and the Economic Roles of the Fox-Wisconsin River Region, 1763–1832«, in: Nancy Shoemaker (Hg.), *Negotiators of Change: Historical Perspectives on Native American Women*, New York 1995, S. 72; *SG*, S. 297–320; James H. Merrell, »American Nations, Old and New: Reflections on Indians and the Early Republic«, in: Frederick E. Hoxie, Ronald Hoffman und Peter J. Albert, (Hg.), *Native Americans and the Early Republic* Charlotte 1999, S. 338. Eine umfassende Studie von Black Hawks Krieg ist Patrick J. Jung, *The Black Hawk War of 1832*, Norman 2007.

22 Jeremiah Evarts (Hg.), *Speeches on the Passage of the Bill for the Removal of Indians Delivered in the Congress of the United States*, Boston 1830, S. 253, 299 (»brutale Unterdrückung«, S. 253; »das Unheil …«, S. 299); Daniel Walker Howe, *What God Hath Wrought: The Transformation of America, 1815–1848*, New York 2007, S. 352–57, 414ff.; Saunt, Unworthy Republic, S. 201–226, 256–266; Theda Perdue und Michael D. Green, *The Cherokee Nation and the Trail of Tears*, New York 2008, S. 137ff.; Matthew T. Gregg, »Shortchanged: Uncovering the Value of Preremoval Cherokee Property«, in: *Chronicles of Oklahoma 3* (2009): S. 320–330.

23 Jane Dinwoodie, »Evading Indian Removal in the American South2, in: *JAH* 108 (Juni 2021), S. 17–41.

24 Nathaniel Millet, *The Maroons of Prospect Bluff and Their Quest for Freedom in the Atlantic World*, Gainesville 2013, S. 239–249; Snyder, *Slavery in Indian Country*, 224ff.; Dinwoodie, »Evading Indian Removal«, S. 30f.; *SA*, Bd. 2, S. 89f.; Jack E. Davis, *The Gulf: The Making of an American Sea*, New York 2017, S. 12–22; Saunt, *Unworthy Republic*, S. 239–242, 281–298, 305f. Zur Geografie Floridas und ihren geopolitischen Auswirkungen siehe Michele Currie Navakas, *Liquid Landscape: Geography and Settlement at the Edge of Early America*, Philadelphia 2017; *SG*, S. 284; Susan A. Miller, *Coacoochee's Bones: A Seminole Saga*, Lawrence 2003.

25 Washington Irving, *The Adventures of Captain Bonneville: In the Rocky Mountains and the Far West*, New York 1868, S. 240 (»genau am richtigen Ort …«; *LA*, S. 164–169; Claudio Saunt, *West of the Revolution: An Uncommon History of 1776*, New York 2014, S. 158–175.

26 Alan J. Osborn, »Ecological Aspects of Equestrian Adaptations in Aboriginal North America«, in: *American Anthropologist* 85 (September 1983), S. 568ff.; Elliott West, *The Contested Plains: Indians, Goldseekers, and the Rush to Colorado*, Lawrence 1998, S. 70f.; Edwin Thompson Denig, *Five Indian Tribes of the Upper Missouri: Sioux, Arickaras, Assiniboines, Crees, Crows*, hrsg v. John Ewers, Norman 1961, S. 17 (»Die wilden Tiere …«; J. Diane Pearson, »1851 Cass and the Politics of Disease: The Indian Vaccination Act of 1832«, in: *Wicazo Sa Review* 18 (Herbst 2003): S. 9–35; David Wishart, *An Unspeakable Sadness: The Dispossession of the Nebraska Indians*, Lincoln 1994, S. 80; *LA*, S. 186f. *YSF*, S. 202f.; Kings-

ley M. Bray, »Teton Sioux: Population History, 1655–1881«, in: *Nebraska History* 75 (1994): S. 179.

27 *LA*, S. 160–163, 168–173.

28 *YSF*, S. 200–218 (»kämpften gegen die Pawnee …«, S. 200; »ließ die Pfeife kreisen …«, S. 204; »töteten 20 …«, stahlen 200…«, S. 208; »Feather-in-the-Ear …«, S. 209; »töteten vier …«, S. 213; »Büffelfleisch im Überfluss«, »viele Feste« S. 217; »riesige Mengen …«, S. 218.

29 *LA*, 193–207.

30 William M. Meigs, *The Life of Thomas Hart Benton*, Philadelphia 1904, S. 309f. (»Die weiße Rasse …).

31 *Missouri Republican*, 2. November 1851, (Wir haben …«).

32 Ebenda, (»Wir sind …«); *Missouri Republican*, 9. November 1851 (»Wenn ich …«); »Treaty with the Sioux-Sisseton and Wahpeton Bands, 1851«, »Treaty with the Sioux-Mdewakanton and Wahpakoota Bands, 1851«, »Treaty of Fort Laramie with Sioux, etc., 1851«, »Treaty with the Comanche, Kiowa, and Apache, 1853«, in: *IALT*, Bd. 2 S. 588–596, 600ff.

33 Saunt, *Unworthy Republic*, S. 314; Richard White, *»It's Your Misfortune and None of My Own«: A New History of the American West*, Norman 1991, S. 91ff; U.S. Department of the Interior, Census Office, Report on Indian and Indians Not Taxed in the United States, Washington DC 1894, S. 15f.; Benjamin Madley, *An American Genocide: The United States and the California Indian Catastrophe, 1846–1873*, New Haven, CT 2016, S. 3–12.

27 Der Aufstieg der Comanchen

1 *CE*, S. 38–42, 240; James Brooks, *Captives and Cousins: Slavery, Kinship, and Community in the Southwest Borderlands*, Chapel Hill 2002, S. 64.

2 *CE*, S. 42-50 (»viele Musketen«, S. 43); »New Mexico in Mid-eighteenth Century: A Report Based on Governor Vélez Cachupín's Inspection«, hrsg. und übers. von Robert Ryal Miller in: *Southwestern Historical Quarterly* 79, Nr. 2 (Oktober 1975), S. 173 (»der Handel …«, »verderbten Handel«, »Freundschaft und Handel …«, »ginge ein extrem nützlicher …«); Paul Conrad, *The Apache Diaspora: Four Centuries of Displacement and Survival*, Philadelphia 2021, S. 88f.; Juliana Barr, *Peace Came in the Form of a Woman: Indians and Spaniards in the Texas Borderlands*, Chapel Hill 2007, S. 174f.; »Report of the Reverend Father Provincial, Fray Pedro Serrano, to the Most Excellent Señor Viceroy, the Marquis of Cruillas. In regard to the *Custodia* of New Mexico. In the Year 1761«, in: Charles W. Hackett (Hg.), *Historical Documents Relating to New Mexico, Nueva Vizcaya, and Approaches Thereto, to 1773*, Washington, DC 1923–1937, Bd. 3, S. 486f. (»alle Vernunft …«).

3 *CE*, S. 45–48; Conrad, *Apache Diaspora*, S. 80–94; Tomás Vélez Cachupín an Juan Francisco de Güemes Padilla y Horcasitas, conde de Revillagigedo I, 27. November 1751, in: *The Plains Indians and New Mexico, 1751–1778: A Collection of Documents Illustrative of the Eastern Frontier of New Mexico*, hrsg. und übers. v. Alfred Barnaby Thomas, Albuquerque 1940, S. 73 (»mit großer Ehrfurcht …«).

4 *CE*, S. 48–58.

5 *CE*, S. 59f.; Barr, *Peace Came*, S. 175–185; »Deposition of Joseph Gutiérrez«, in: *San Sabá Papers: A Documentary Account of the Founding and Destruction of the San Sabá Mission*, hrsg. von Lesley Bird Simpson, übers. von Paul D. Nathan, 1959; Nachdruck Dallas, TX 2000, S. 43 (»sie gekommen waren …«); Juan M. Romero de Terreros, »The Destruction of the San Sabá Apache Mission: A Discussion of the Casualties«, in: *Americas* 60 (April 2004), S. 617–627.

6 Eleanor B. Adams, »Bishop Tamarón's Visitation of New Mexico«, in: *New Mexico Historical Review* 28 (Oktober 1953), S. 212 (»der übliche Schauplatz …«); Conrad, *Apache Diaspora*, 108f.; Barr, *Peace Came*, 185f.

7 Die Bevölkerungszahl beruht auf einer Zusammenfassung zeitgenössischer Schätzungen, die sich alle nur auf einen Teil der Comanchería beziehen. Siehe J. Gaignard, »Journal of an Expedition up the Red River, 1773–1774«, in: Herbert Eugene Bolton (Hg.), *Athanase de Mézières and the Louisiana-Texas Frontier, 1768–1780*, Cleveland, OH 1914, Bd. 2, S. 83–100; Francisco Xavier Ortiz to Juan Bautista de Anza, 20. Mai 1786, in: *Forgotten Frontiers: A Study of the Spanish Indian Policy of Don Juan Bautista de Anza, Governor of New Mexico, 1777–1787: From the Original Documents in the Archives of Spain, Mexico, and New Mexico*, hrsg. und übers v. Alfred Barnaby Thomas, Norman 1932, S. 321–324, insb. 323; »List of Comanches Who Came to Make Peace in New Mexico, 1786«, in: *Forgotten Frontiers*, hrsg und übers. v. Thomas, S. 325ff.; Curtis D. Tunnell und W. W. Newcomb Jr., *A Lipan Apache Mission: San Lorenzo de la Santa Cruz, 1762–1771*, Austin: Texas Memorial Museum, 1969, S. 167–172; Pedro Vermín de Mendinueta to Viceroy, 18. Juni 1767, in: *Plains Indians and New Mexico*, hrsg. und übers. von Alfred Barnaby Thomas, S. 167 (»sich ein Barbar …«).

8 John L. Kessell, *Kiva, Cross, and Crown: The Pecos Indians and New Mexico, 1540–1840*, Albuquerque 1987, S. 385; Ned Blackhawk, *Violence over the Land: Indians and Empires in the Early American West*, Cambridge, MA 2006, S. 102–144; Juliana Barr, »Beyond Their Control: Spaniards in Native Texas«, in: Jesús F. de la Teja und Ross Frank (Hg.), *Choice, Persuasion, and Coercion: Social Control on Spain's North American Frontiers*, Albuquerque 2005, S. 150; Brooks, *Captives and Cousins*, S, 73f.; CE, S. 98–103; Natale A. Zappia, *Traders and Raiders: The Indigenous World of the Colorado Basin, 1540–1859*, Chapel Hill 2014, S. 66ff.

9 Mézières an Juan María Vicencio, Barón de Ripperdá, 4. Juli 1772, in: Bolton, (Hg.), *Athanase de Mézières*, Bd. 1, S. 297–303; Elizabeth A. Fenn, *Pox Americana: The Great Smallpox Epidemic of 1775–82*, New York 2001, S. 146–166, 211–215; Elizabeth A. H. John (Hg.), »Inside the Comanchería, 1785: The Diary of Pedro Vial and Francisco Xavier Chaves«, übers. v. Adan Benavides Jr., in: *Southwestern Historical Quarterly* 98, Nr. 1 (Juli 1994), S. 37, 49; *CE*, S. 99f. (»ein Palladium des Krieges« S. 99; »der Generalschlüssel …«, S. 100).

10 *CE*, S. 112ff.; Douglas W. Richmond, »Africa's Initial Encounter with Texas: The Significance of Afro-Tejanos in Colonial Tejas, 1528–1821«, in: *Bulletin of Latin American Research* 26 (April 2007), S. 204.

11 John, »Inside the Comanchería«, S. 37–46 (»große *capitanes* …«, »weitere zehn …«,

»irgendeine Krankheit«, S. 37; »einen sehr großen ...« S. 39; »es wichtiger für uns ist ...« S. 44; »Wir sind immer noch bereit ...«, S. 46); *CE*, S. 117; Juliana Barr, »Geographies of Power: Mapping Indian Borders in the Early Southwest«, in: *WMQ* 68 (Januar 2011), S. 38. Zu Camisa de Hierro alias Ecueracapa, siehe Thomas W. Kavanagh, *The Comanches: A History, 1706–1875* Lincoln 1996, S. 119ff.

12 Pedro Garrido y Duran, »An Account of the Events Which Have Occurred in the Provinces of New Mexico and concerning Peace Conceded to the Comanche Nation and Their Reconciliation with the Utes since November 17 of the Last Year and July of the Current [1786]«, in: *Forgotten Frontiers*, hrsg. und übers. v. Alfred Barnaby Thomas, S. 295f. (»dass er sich mit der spanischen Partei ...«, S. 295); *CE*, S. 118f.

13 *CE*, 107, 120–123; Garrido, »Account of the Events«, S. 300ff. (»sich in kurzer Entfernung ...«, S. 300; »freies und sicheres Geleit ...«, S. 300f.; »»gemeinsamen Feinde ...«, »ein Symbol ...«, S. 301; »bemerkenswertes Genie«, »die absolute Regierungsverantwortung ...«, S. 302; »großes Interesse zeigten«, S. 317f.).

14 Garrido, »Account of the Events«, S. 314 (»ihn wie seinen eigenen«); Pedro Garrido Duran, »Account Received of What Was Done in the Province of New Mexico by Governor Don Juan Bautista de Anza ...«, in: *Forgotten Frontiers*, hrsg. und übers. v. Alfred Barnaby Thomas, S. 348 (»damit die Navajo ...«).

15 *CE*, S. 125–164; Pekka Hämäläinen, »The Politics of Grass: European Expansion, Ecological Change, and Indigenous Power in the Southwest Borderlands«, in: *WMQ* 67 (April 2010), S. 186; Gary Clayton Anderson, *The Indian Southwest, 1580–1830: Ethnogenesis and Reinvention*, Norman 1999, S. 116–127; Conrad, *Apache Diaspora*, 115–126 (»unbezähmbare Wilde ...«, S. 126); Jennifer Graber, *Religion and the Struggle for the American West*, New York 2018, S. 23.

16 Brooks, *Captives and Cousins*, S. 78; Hämäläinen, »Politics of Grass«, S. 180, 187; Dan Flores, »Bison Ecology and Bison Diplomacy: The Southern Plains from 1800 to 1850«, in: *JAH* 78 (September 1991), S. 471; Andrew C. Isenberg, *The Destruction of the Bison: An Environmental History, 1750–1920*, New York 2000, S. 22f. Zum ökologischen Imperialismus siehe Alfred W. Crosby, *Ecological Imperialism: The Biological Expansion of Europe, 900–1900*, New York 1986.

17 *CE*, 152; Grant Foreman, *Advancing the Frontier, 1830–1860*, Norman 1933, S. 172; M. Duval an William L. Marcy, 31. Mai 1847, in: *Letters Received by the Office of Indian Affairs, 1824–1881: Seminole Agency, 1824–1876*, Washington DC, National Archives, 1956, Microfilm, Rolle 801, S. 47f.

18 Conrad, *Apache Diaspora*, S. 113–167, 176f. Zu den Reservaten der Apachen siehe Matthew Babcock, *Apache Adaptation to Hispanic Rule*, Cambridge 2016; und Samuel Truett, *Fugitive Landscapes: The Forgotten History of the U.S.-Mexico Borderlands*, New Haven, CT 2006, S. 27f.

19 Jean Louis Berlandier, *The Indians of Texas in 1830*, hrsg. John C. Ewers, übers. v. Patricia Reading Leclercq, Washington DC 1969, S. 118 (Die Ehe ...«); *CE*, S. 240–250.

20 »Treaty with the Comanche«, 13. Dezember 1822, in: *Documents of American Indian Diplomacy: Treaties, Agreements, and Conventions, 1775–1979*, comp.

Vine Deloria und Raymond DeMallie, Norman 1999, S. 150ff; »Delegation from the Comanche Nation to the Mexican Congress«, in: *Papers concerning Robertson's Colony in Texas*, comp. und hrsg v. Malcolm McLean, Austin 1974–1993, Bd. 4, S. 428 (»mit seinem Gefolge …«); *CE*, S. 190ff.

21 »Tadeo Ortiz de Ayala and the Colonization of Texas 1822–33«, in: *Southwestern Historical Quarterly* 32 (Juli 1928), S. 32 (»der wilden Horden …«).

22 *CE*, S. 207-218; Gary Clayton Anderson, *The Conquest of Texas: Ethnic Cleansing in the Promised Land, 1820–1875*, Norman 2005, S. 173–181; Pekka Hämäläinen, »The Shapes of Power: Indians, Europeans, and North American Worlds from the Seventeenth to the Nineteenth Century«, in: Juliana Barr und Edward Countryman (Hg.), *Contested Spaces of Early America*, Philadelphia 2014, S. 63.

23 *CE*, S. 250–255.

24 Brian DeLay, *War of a Thousand Deserts: Indian Raids and the U. S. Mexican War*, New Haven, CT 2008, S. 61f., 117ff., 274–288; Truett, *Fugitive Landscapes*, S. 14ff., 22, 29, 41, 48, 187 (»unsere Grenzgebiete …«, S. 29); *CE*, S. 224–229; John Russell Bartlett, *Personal Narrative of Explorations and Incidents in Texas, New Mexico, California, Sonora, and Chihuahua, connected with the United States and Mexican Boundary Commission, during the Years 1850, '51, '52, and '53*, New York 1854, Bd. 2, S. 386 (»Im Herbst …«); Amy S. Greenberg, »US Expansionism during the Nineteenth Century: ›Manifest Destiny‹«, in: Peter Fibiger Bang, C. A. Baily und Walter Scheidel (Hg.), *The Oxford World History of Empire*, New York 2021, S. 1028f.; Berlandier, *Indians of Texas in 1830*, S. 82 (»Wenn in Kriegsformation …«); F. Todd Smith, *The Wichita Indians: Traders of Texas and the Southern Plains*, College Station 2000, S. 145–153; Jennifer Bess, »The Tohono O'odham ›Attack‹ on El Plomo: A Study in Sovereignty, Survivance, Security, and National Identity at the Dawn of the American Century«, in: *Western Historical Quarterly* 51 (Summer 2020), S. 143f.; Kieran McCarty, »Sonorans Plan a New Frontier: The 1849 Report of Governor José Aguilar«, in: *Journal of Arizona History* 39 (Winter 1998), S. 381 (»auf geradezu professionelle Art …«); »Report of Standing Committee on Indian Affairs, Oct, 12, 1837«, in: Dorman H. Winfrey und James M. Day (Hg.), *The Indian Papers of Texas and Southwest, 1825–1916*, (1966; Nachdruck 1995), Bd. 1, S. 24 (»ihre Lagerverwalter …«).

25 Hämäläinen, »Politics of Grass«.

26 Ebenda, S. 196ff.; Tiya Miles, *Ties That Bind: The Story of an Afro-Cherokee Family in Slavery and Freedom*, Berkeley 2016, insb. S. 71–79; *CE*, S. 152–156; Rennard Strickland und William M. Strickland, »Beyond the Trail of Tears: One Hundred Fifty Years of Cherokee Survival«, in: William L. Anderson (Hg.), *Cherokee Removal: Before and After*, Athens 1991, 112–115.

27 *CE*, S. 227–232; Ralph A. Smith, »Indians in American-Mexican Relations before the War of 1846«, in: *Hispanic American Historical Review* 43 (Februar 1963), S. 46; DeLay, *War of a Thousand Deserts*, S. 159f., 270–273; Lance R. Blyth, *Chiricahua and Janos: Communities of Violence in the Southwestern Borderlands, 1680–1880*, Lincoln 2012, S. 132f.; Ralph A. Smith, »The Scalp Hunter in the Borderlands, 1835–1850«, in: *Arizona and the West* 6 (Frühjahr 1964), S. 20.

28 Der Lakota-Schild

1 Richard White, »*It's Your Misfortune and None of My Own*«: *A New History of the American West*, Norman 1991, S. 76f.; Andrés Reséndez, *Changing National Identities at the Frontier: Texas and New Mexico, 1800–1850*, New York 2005, S. 164–170; John O'Sullivan, in: *United States Magazine and Democratic Review* 17 (July–August 1845), S. 5 (»geistesschwachen und abgelenkten«); Nicholas Guyatt, *Providence and the Invention of the United States, 1607–1876*, New York 2007, S. 216–219; Amy S. Greenberg, »US Expansionism during the Nineteenth Century: ›Manifest Destiny‹«, in: Peter Fibiger Bang, C. A. Baily und Walter Scheidel (Hg.), *The Oxford World History of Empire*, New York 2021, S. 1013. Zu der vom Kapitalismus getriebenen US-amerikanischen Expansion siehe Walter Johnson, *River of Dark Dreams: Slavery and Empire in the Cotton Kingdom*, Cambridge, MA 2013; und Matthew Karp, *This Vast Southern Empire: Slaveholders at the Helm of American Foreign Policy*, Cambridge, MA 2016.

2 Brian DeLay, *War of a Thousand Deserts: Indian Raids and the U.S. Mexican War*, New Haven, CT 2008, S. 253–273.

3 David J. Weber, *The Mexican Frontier, 1821–1846: The American Southwest under Mexico*, Albuquerque 1982, S. 274; DeLay, *War of a Thousand Deserts*, 288f.; Natale A. Zappia, *Traders and Raiders: The Indigenous World of the Colorado Basin, 1540–1859*, Chapel Hill 2014, S. 101–111; *SA*, Bd. 2, S. 145–153; M. L. Crimmins, »The First Line of Army Posts Established in West Texas in 1849«, in: *West Texas Historical Association Year Book* 19 (1943), S. 121; CE, S. 301.

4 David Igler, *The Great Ocean: Pacific Worlds from Captain Cook to the Gold Rush*, New York 2013, S. 99–128; White, »*It's Your Misfortune*«, S. 90–94, 99f.; Susan Lee Johnson, *Roaring Camp: The Social World of the California Gold Rush*, New York 2000, S. 59f., 220ff.; Benjamin Madley, *An American Genocide: The United States and the California Indian Catastrophe, 1846–1873*, New Haven, CT 2016, insb. S. 12, 59–132, 346; Sarah Deer, *The Beginning and End of Rape: Confronting Sexual Violence in Native America*, New York 2015, S. 67; Cameron Addis, »The Whitman Massacre: Religion and Manifest Destiny on the Columbia Plateau, 1809–1858, in: *Journal of the Early Republic* 25 (Sommer 2005): S. 221–258; Jennifer M. Spear, »Beyond the Native/Settler Divide in Early California«, in: *WMQ* 76 (July 2019), S. 427–443.

5 Joshua L. Reid, *The Sea Is My Country*, S. 88–163, 211, 272f.; *SA*, Bd. 2, S. 119, 210–111.

6 George E. Hyde, *Red Cloud's Folk* (1937; Nachdruck, Norman 1975), S. 72 («den Sioux zu zeigen«); Charles Page an W. Hoffman, 28. Mai 1855, und Ed. Johnson an Hoffman, 10. Oktober 1855, Sen. Ex. Doc. 91, 34th Cong., 1st Sess., 11; Alfred J. Vaughan an Alfred Cumming, 21. März 1854, in: *Letters Received by the Office of Indian Affairs, 1824–1881: Upper Missouri Agency, 1824–1874; 1852–1864*, Missoula, Mansfield Library, 1956, Mikrofilm, Rolle 885, (»jede Gruppe oder Anzahl …«); David J. Wishart, *An Unspeakable Sadness: The Dispossession of the Nebraska Indians*, Lincoln 1994, S. 101–140; Anne F. Hyde, *Empires, Nations, and Families: A History of the North American West, 1800–1860*, Lincoln 2011, S. 478ff.

7 *LA*, S. 227-230; Robert M. Utley, *Frontiersmen in Blue: The United States Army and the Indian, 1848–1865*, Lincoln 1967, S. 146–153.

8 C. K. Warren, Preliminary Report of the Explorations in Nebraska and Dakota in the Years 1855–'56-'57, Washington DC 1875, S. 18ff., 51f.

9 Elliott West, *The Contested Plains: Indians, Goldseekers, and the Rush to Colorado*, Lawrence 1998, S. 194–201; Thomas Twiss, »Proceedings of a Council«, 18. September 1859, Sen. Ex. Doc. 35, 36th Cong., 1st Sess., 7 (»nun alle vernichtet«, »seine weißen Familien schicken …«); Paul Conrad, *Apache Diaspora*, S. 190.

10 Utley, *Frontiersmen in Blue*, S. 161ff., 167–172; Samuel Truett, *Fugitive Landscapes: The Forgotten History of the U.S.-Mexico Borderlands*, New Haven 2006, S. 47ff.; Conrad, *Apache Diaspora*, S. 190; Megan Kate, *The Union, the Confederacy, and Native Peoples in the Fight in the West*, New York 2020, S. 46; Claudia B. Haake, »Resistance and Removal: Yaqui and Navajo Identities in the Southwest Borderlands«, in: Gregory D. Smithers und Brooke N. Newman (Hg.), *Native Diasporas: Indigenous Identities and Settler Colonialism in the Americas*, Lincoln 2014, S. 237, 267–272; T. H. Espy an Sam Houston, 15. Februar 1860, in: *The Indian Papers of Texas and the Southwest, 1825–1916*, hrsg. v. Dorman H. Winfrey und James M. Day (1966; Nachdruck, Austin 1995), Bd. 4, S. 9 (»die ganze Frontier …«); Andrés Reséndez, *The Other Slavery: The Uncovered Story of Indian Enslavement in America*, Boston 2016, S. 242 (»dem Sitz …«).

11 »Treaty with the Sioux – Sisseton and Wahpeton Bands, 1851«, »Treaty with the Sioux – Mdewakanton and Wahpakoota Bands«, »Treaty with the Sioux – Mendawakanton and Wahpahoota Bands, 1858«, »Treaty with the Sioux –Sisseeton and Wahpaton Bands, 1858«, in: *IALT*, Bd. 2, S. 588–593, 781–789; Barbara T. Newcombe, »›A Portion of the American People‹: The Sioux Sign a Treaty in Washington in 1858«, in: *Minnesota History* 45 (Fall 1976), S. 82–96; Gary Clayton Anderson, *Kinsmen of Another Kind: Dakota-White Relations in the Upper Mississippi Valley, 1650–1862*, 1984; Nachdruck Lincoln1997, S. 177–260; Waziyaṭawiŋ Angela Wilson, *Remember This!: Dakota Decolonization and the Eli Taylor Narratives*, Lincoln 2005, S. 5f.; Winifred W. Barton, *John P. Williams: A Brother to the Sioux*, New York 1919, S. 49f. (»Was mich betrifft …« S. 49).

12 H. H. Sibley an Alex Ramsey, 20. August 1862, und John Pope an Sibley, 28. September 1862, in: *Minnesota in the Civil and Indian Wars*, comp. und hrsg. v. Board of Commissioners, St. Paul, MN 1893, Bd. 2, S. 257 (»sie als Wahnsinnige …«); Alvin M. Josephy, *The Civil War in the American West*, New York 1991, S. 133–139; Eric Foner, *The Fiery Trial: Abraham Lincoln and American Slavery*, New York 2010, S. 261. Für einen umfassenden Bericht über den Dakota-Krieg siehe Gary Clayton Anderson, *Massacre in Minnesota: The Dakota War, the Most Ethnic Conflict in American History*, Norman 2019.

13 Ned Blackhawk, *Violence over the Land: Indians and Empires in the Early American West*, Cambridge, MA 2006, S. 226–266; *YSF*, S. 255 (»der erste Kampf… «). Zum veränderten Charakter der Vereinigten Staaten siehe Jerome J. Rockwell, *Indian Affairs and the Administrative State in the Nineteenth Century*, Cambridge 2010, S. 217–245; Max M. Edling, *A Hercules in the Cradle: War, Money, and the American State*, Chicago 2014; und Steven Hahn, *A Nation without Bor-*

ders: The United States and Its World in an Age of Civil Wars, 1830-1910, New York 2016.

14 *LA*, S. 255–264; »Henry Halleck to John Pope, 3. November 1864,« in: *South Dakota Historical Collections* 8 (1916), S. 348f.; Ari Kelman, *A Misplaced Massacre: Struggling over the Memory of Sand Creek*, Cambridge, MA 2013, S. xi, 22ff.; Brigham D. Madsen, *Glory Hunter: A Biography of Patrick Edward Connor*, Salt Lake City1990, S. 78ff. Zu den Vereinigten Staaten als imperialer Nation siehe Hahn, *Nation without Borders*; und Robert G. Thrower, »Causalities and Consequences of the Creek War«, in: Kathryn E. Holland Braund, (Hg.), *Tohopeka: Rethinking the Creek War and the War of 1812*, Tuscaloosa 2012, S. 24 (»Aus Nissen werden Läuse.«).

15 J. R. Hanson an D. S. Stanley, 24. Mai 1867, Letters Received by HQS, Department of Dakota, 1866–1877, M1734, National Archives, roll 1 (»alle Weißen …«); White, *»It's Your Misfortune«*, S. 96f.; Kingsley M. Bray, *Crazy Horse: A Lakota Life*, Norman 2006, S. 98–102; N. B. Buford an E. M. Stanton, 6. Juni 1867, National Archives and Records Service, Record Group 393, »Special Files« of Headquarters, created by the Military Division of the Missouri, Relating to Military Operations and Administration, 1863–1885, M1495; *YSF*, S. 259 (»Sie töteten …«); *LA*, S. 280.

16 *LA*, 281–293.

17 *ARCIA*, 1867, S. 314f. (»viel von diesem Unheil …«). Zu dem Ereignis, das später als das Washita-Massaker bezeichnet wurde, siehe Stan Hoig, *The Battle of the Washita: The Sheridan-Custer Indian Campaign 1867–1869*, Lincoln 1976.

18 *LA*, S. 303, 322–332; *ARCIA*, 1870, S. 208 (»weißen Narren …«); Frederick E. Hoxie, *Parading through History: The Making of the Crow Nation in America, 1805–1935*, New York 1995, S. 80ff., 100–107; Dexter E. Clapp an Edward P. Smith, 10. September 1877, in: *ARCIA*, 1875, S. 303 (»den größeren Teil …).

19 White, *»It's Your Misfortune«*, S. 99ff.; Megan Kate Nelson, *The Three-Cornered War: The Union, the Confederacy, and Native Peoples in the Fight for the West*, New York 2020, S. 196; »Report to the President by the Indian Peace Commission, 7. Januar 1868«, abgerufen am 1. Dezember 2020, https://en.wikisource.org/wiki/Report_to_the_President_by_the_Indian_Peace_Commission,_January_7,_1868 (»sehr großen Kosten …«); James Brooks, *Captives and Cousins: Slavery, Kinship, and Community in the Southwest Borderlands*, Chapel Hill 2002, S. 331; Reséndez, *The Other Slavery*, S, 242ff.; Peter Cozzens, *The Earth Is Weeping: The Epic Story of the Indian Wars for the American West*, London 2016, S. 380–391; Peter Iverson, *Diné: A History of the Navajos*, Albuquerque 2002, S. 60–73; Robert M. Utley, *Geronimo*, New Haven 2012, S. 27; Alice L. Baumgartner, »The Line of Positive Safety: Borders and Boundaries in the Rio Grande Valley, 1848–1880«, in: *JAH* 101 (März 2015), S. 1106–1122; Conrad, *Apache Diaspora*, S. 187; Lance R. Blyth, *Chiricahua and Janos: Communities of Violence in the Southwestern Borderlands, 1680-1880*, Lincoln 2012, S. 155–186.

20 Hampton Sides, *Blood and Thunder: An Epic of the American West*, New York 2006, S. 372–277; Jennifer Graber, *Religion and the Struggle for the American West* New York 2018, S. 69; *CE*, S. 308f., 319–325.

21 *CE*, S. 313–330; Pekka Hämäläinen, »Reconstructing the Great Plains«, in: *Journal of the Civil War Era* 6 (Dezember 2016), S. 493; *ARCIA*, 1866, S. 145 (»die wildesten …«).

22 David La Vere, *Contrary Neighbors: Southern Plains and Removed Indians in Indian Territory,* Norman 2000, S. 167–176; Jennifer Graber, *The Gods of Indian Country: Religion and the Struggle for the American West,* New York 2018, S. 109–112; CE, S. 336ff.; Juliana Barr, *Peace Came in the Form of a Woman: Indians and Spaniards in the Texas Borderlands,* Chapel Hill 2007, S. 207f.

23 P. E. Sheridan an E. D. Townsend, 25. Oktober 1878, in: *Report of the Secretary of War, 1878*, Washington DC 1878, Bd. 1, S. 10, 33 (»»keine andere Nation …«, S. 10; »keine andere Armee …« S. 33); Mark Wahlgren Summers, *The Ordeal of Reunion: A New History of Reconstruction,* Chapel Hill 2014, S. 181f.; David E. Wilkins, *American Indian Sovereignty and the U. S. Supreme Court: The Masking of Justice*, Austin 1997, S. 12; Ron Chernow, *Grant*, London 2017, S. 657ff. Zu Grants Vision, siehe Ulysses S. Grant, »First Annual Message«, 6. Dezember 1869, in: *A Compilation of the Messages and Papers of the Presidents*, comp. James D. Richardson, New York: Bureau of National Literature, 1897–1922, Bd. 9, S. 3993. Zum größeren Kontext siehe Hahn, *Nation without Borders.*

24 Karl Jacoby, *Shadows at Dawn: An Apache Massacre and the Violence of History,* New York 2008.

25 Conrad, *Apache Diaspora*, S. 190–198; Sam Truett, »Borderlands and Border Crossings«, in: Jay Sexton und Kristin Hoganson (Hg.), *Cambridge History of America and the World*, Cambridge 2021, Bd. 2, S 594–616. Zur Infrastruktur siehe William Adler, *Engineering Expansion: The U.S. Army and Economic Development, 1787–1860*, Philadelphia 2021. Zu den Eisenbahnen siehe James Belich, *Replenishing the Earth: The Settler Revolution and the Rise of the Anglo-Worlds, 1783–1939*, New York 2009, S. 107f.

26 Eve Ball, *In the Days of Victorio: Recollections of a Warm Springs Apache*, Tucson 1970, S. 25f. (»Jedes Familienoberhaupt …«).

27 *SA*, Bd. 4, S. 159; *LA*, S. 299–330, 351–370; »Red Horse Account«, in: *Lakota and Cheyenne: Indian Views of the Great Sioux War, 1876–1877*, comp. und hrsg. von Jerome A. Greene, Norman: University of Oklahoma Press, 1994, S. 37 (»machten keinen einzigen«).

28 Richard Slotkin, *The Fatal Environment: The Myth of the Frontier in the Age of Industrialization, 1800–1890,* Norman 1985, S. 458 (»Todeshügel«); LA, S. 370–373; Beth LaDow, *The Medicine Line: Life and Death on an American Borderland,* New York 2001, S. 40ff., 65f.; Richard White, *Railroaded: The Transcontinentals and the Making of Modern America,* New York 2011, insb. S. 59–62, 134–139, 496ff.; *The Indian Journal,* 7. Dezember 1876, re: visit of the Sioux Indian Territory, University of Oklahoma Libraries Western History Collection, abgerufen am 22. Januar 2021, https://digital.libraries.ou.edu/cdm/ref/collection/creek/id/6 (»mein Land«).

29 Hermann Lehmann, *Nine Years among the Indians, 1870–1879: The Story of the Captivity and Life of a Texan among the Indians,* 1927; Nachdruck, University of New Mexico Press, 1993, S. 75–90; Thom Hatch, *The Last Days of George Arm-*

strong Custer, New York 2015, S. 203–213; *LA*, S. 370–373; David D. Smits, »The Frontier Army and the Destruction of the Buffalo: 1865–1883«, in; WMQ 25 (Herbst 1994), S. 312–338. Zu den Postämtern siehe Cameron Blevins, *Paper Trails: The US Post and the Making of the American West*, New York 2021.

30 Elliott West, *The Last Indian War: The Nez Perce Story*, New York 2009, S. 60–70.

31 West, *Last Indian War*, S. 98–155, 243–299; LaDow, *Medicine Line*, S. 71; Francis Haines, »Chief Joseph and the Nez Perce Warriors«, in: *Pacific Northwest Quarterly* 45 (Januar 1954): S. 1–7.

32 Adam R. Hodge, *Ecology and Ethnogenesis: An Environmental History of the Wind River Shoshones, 1000–1868*, Lincoln 2019, S. 116–137, 212, 238–239; Dale L. Morgan, »*Shoshonean Peoples and the Overland Trails: Frontiers of the Utah Superintendency of Indian Affairs*«, hrsg. von Richard L. Saunders, Logan 2007, S. 209 »in so viele kleine Gruppen ...«, »für ihren Lebensunterhalt ...«; Reséndez, *Other Slavery*, S. 266–275.

33 Bei dieser Zusammenfassung der Geschichte der Blackfoot habe ich mich gestützt auf Ryan Hall, *Beneath the Backbone of the World: Blackfoot People and the North American Borderlands, 1720–1877*, Chapel Hill 2020. Zum Massaker am Marias River und seinem Kontext siehe Andy Graybill, *The Red and the White: A Family Saga of the American West*, New York 2013.

34 Theodore Binnema, *Common and Contested Ground: A Human and Environmental History of the Northwestern Plains*, Norman 2001, S. 106–196; *HAC*, Tafel 62.

35 Truett, »Borderland«, S. 871ff.; James William Daschuk, *Clearing the Plains: Disease, Politics of Starvation and the Loss of Aboriginal Life*, Regina 2013, S. 99–126; *SA*, Bd. 2, S. 69ff. Für eine umfassende Studie über den Pemmikanhandel siehe George Colpitts, *Pemmican Empire: Food, Trade, and the Last Bison Hunts in the North American Plains*, New York 2014.

36 Robert N. Watt, »Victorio's Military and Political Leadership of the Warm Springs Apaches«, in: *War in History*, November 2011, S. 457–494; Eve Ball, *Indeh, an Apache Odyssey*, Norman 1980, S. 2–9; »Lozen: An Apache Woman Warrior«, in: Theda Perdue (Hg.), *Sifters: Native American Women's Lives*, New York 2001, S. 98-103.

37 Truett, *Fugitive Landscapes*, S. 57–61, 179–226; Conrad, *Apache Diaspora*, S. 224–250; Cozzens, *Earth Is Weeping*, S. 362–379.

Epilog: Rache und Wiederbelebung

1 Jeffrey Ostler, *The Plains Sioux and U. S. Colonialism from Lewis and Clark to Wounded Knee*, Cambridge 2004, S. 222–229; Jerry Green, »The Medals of Wounded Knee«, in: *Nebraska History* 75 (Sommer 1994), S. 200–208. Zum größeren Kontext des Geistertanzes und seinem modernisierenden, zukunftsweisenden Impuls siehe Louis S. Warren, *God's Red Son: The Ghost Dance Religion and the Making of Modern America*, New York 2017.

2 J. David Hacker, »Census-Based Count of the Civil War Dead«, in: *Civil War History* 57 (Dezember 2011), S. 307–348; Pekka Hämäläinen, »The Shapes of Power:

Indians, Europeans, and North American Worlds from the Seventeenth to the Nineteenth Century«, in: Juliana Barr und Edward Countryman (Hg.), *Contested Spaces of Early America*, Philadelphia 2014, S. 65; Richard White, *The Republic for Which It Stands: The United States during Reconstruction and the Gilded Age, 1865–1896*, New York 2017, S. 604f. Zu den beiden gleichzeitigen Umstrukturierungen, die Elliot West als »the Greater Reconstruction« bezeichnet, siehe West, »Reconstructing Race«, in: *Western Historical Quarterly* 34 (April 2003), S. 6–26; Philip J. Deloria, »From Nation to Neighborhood: Land, Policy, Culture, Colonialism, and Empire in U.S.-Indian Relations«, in: James W. Cook, Lawrence B. Clickman und Michael O'Malley (Hg.), *The Cultural Turn in U.S. History: Past, Present, and Future*, Chicago 2008, S. 364; K. Tsianina Lomawaima und Jeffrey Ostler, »Reconsidering Richard Henry Pratt: Cultural Genocide and Native Liberation in an Era of Racial Oppression«, in: *Journal of American Indian Education* 57 (Frühjahr 2018): S. 79–100 (»den Indianer töten …« S. 79).

3 Richard Henry Pratt, »The Advantages of Mingling Indians with the Whites«, in: Francis Paul Prucha (Hg.), *Americanizing the American Indians: Writings by the »Friends of the Indian« 1880–1900*, Cambridge, MA 1973, S. 260–271.

4 SG, S. 186; Sami Lakomäki, *Gathering Together: The Shawnee People through Diaspora and Nationhood, 1600–1870*, New Haven, CT 2014, S. 15 (»die größten …«).

5 Sven Beckert, »American Danger: United States Empire, Eurafrica, and the Territorialization of Industrial Capitalism, 1870–1950«, in: *AHR* 122 (Oktober 2017): S. 1137–1170 (»monströsen …«, »größte Bedrohung«, S. 1137). Zu den Themen Genozid, ethnische Säuberung und Massaker siehe Ned Blackhawk, *Violence over the Land: Indians and Empires in the Early American West*, Cambridge, MA 2006; Ari Kelman, *Misplaced Massacre: Struggling over the Memory of Sand Creek*, Cambridge, MA 2013; Gary Clayton Anderson, *Conquest of Texas: Ethnic Cleansing in the Promised Land, 1820–1875*, Norman 2005; Karl Jacoby, *Shadows at Dawn: An Apache Massacre and the Violence of History*, New York 2008; und Andy Graybill, *The Red and the White: A Family Saga of the American West*, New York 2013.

6 Benjamin Madley, »Reexamining the American Genocide Debate: Meaning, Historiography, and New Methods«, in: *AHR* 120 (Februar 2015), S. 1. Die Zahl 70 Prozent stammt aus *SG*, S. 12.

7 Russell Thornton, *American Indian Holocaust and Survival: A Population History since 1492*, Norman 1987, S. 43; *The Canadian Encyclopedia*, unter »Indigenous Peoples in Canada«, abgerufen am 4. Januar 2021, https://www.thecanadianencyclopedia.ca/en/article/aboriginal-people; World Population Review, »Native American Population, 2021«, abgerufen am 12. Mai 2021, https://worldpopulationreview.com/state-rankings/native-american-population.

8 Ich stütze mich hier auf David Treuer, *The Heartbeat of Wounded Knee: Native America from 1890 to the Present*, New York 2019; und David Treuer, »Return the National Parks to the Tribes«, in: *Atlantic*, Mai 2021 (»Amerika gelungen …«).

BILDNACHWEIS

S. 34: Quelle https://www.goodfreephotos.com/albums/united-states/illinois/cahokia-mounds/illinois-cahokia-half-picture-of-cahokia.jpg

S. 39: Bob Adams, Albuquerque, NM - Own work, CC BY-SA 3.0, https://commons.wikimedia.org/w/index.php?curid=8835849

S. 40: Quelle https://commons.wikimedia.org/wiki/File:Paquime1.jpg

S. 47: Quelle https://commons.wikimedia.org/wiki/File:Atlantic_ Ocean,_Toscanelli,_1474.jpg

S. 49: Quelle https://en.wikipedia.org/wiki/Haiti#/media/File:Columbus_landing_on_Hispaniola_adj.jpg

S. 60: Quelle https://en.wikipedia.org/wiki/Jacques_le_Moyne

S. 85: Quelle https://commons.wikimedia.org/wiki/File:Capt_John_Smith%27s_map_of_ Virginia_1624.jpg

S. 86: William Hole - Detail from: Image:Virginia map john smith large.jpg (replaced by File:Virginia map 1606.jpg). Virtual Jamestown – http://www.virtualjamestown.org/jsmap_large.html, Public Domain, https://commons.wikimedia.org/w/index.php?curid=388554

S. 91: Quelle https://commons.wikimedia.org/wiki/File:Pocahontas_by_Simon_van_de_Passe_(1616).png

S. 95: University of Oxford

S. 97: KMap reproduction courtesy of the Norman B. Leventhal Map & Education Center at the Boston Public Library", https://collections.leventhalmap.org/search/commonwealth:q524n611v

S. 99: Sutro Library, https://commons.wikimedia.org/wiki/File:Wampanoag2.jpg

S. 105: Quelle New York Public Library Digital Collection: http://digitalgallery.nypl.org/nypldigital/id?808137, Public Domain, https://commons.wikimedia.org/w/index.php?curid=12809663

S. 108: John Wolcott Adams (1874–1925) and I.N. Phelps Stokes (1867–1944) – New-York Historical Society Library, Maps Collection, Public Domain, https://commons.wikimedia.org/w/index.php?curid=2081061

S. 120: Quelle https://www.collectionscanada.gc.ca/obj/h24/f1/nlc000855-v6.jpg

S. 122: Division of Rare and Manuscript Collections, Cornell University Library, https://digital.library.cornell.edu/catalog/ss:574092

S. 130: Quelle https://commons.wikimedia.org/wiki/File: Theiroquoislonghouse.png

S. 152: Massachusetts Historical Society: http://www.masshist.org/maps/PlansandForts/PlansAndFortsp24.htmIntro page (with origin data): http://www.masshist.org/maps/PlansandForts/intro.htm, Public Domain, https://commons.wikimedia.org/w/index.php?curid=8989820

S. 156: Library and Archives Canada, https://commons.wikimedia.org/wiki/File:Shooting_the_Rapids_1879.jpg

S. 188: Quelle https://commons.wikimedia.org/wiki/File:KingPhilip_1827_BenjaminChurch_SamuelDrake04264001.jpg

S. 200: Quelle Page 33 of Harper's New Monthly Magazine No. LXXXV. – June, 1857. – Vol. XV https://babel.hathitrust.org/cgi/pt?id=uc1.

S. 226: Jean Nicolas Du Tralage – UTA Libraries Cartographic Connections: map / text, Public Domain, https://commons.wikimedia.org/w/index.php?curid=80309069

S. 230: John Mackenzie Burke, https://commons.wikimedia.org/wiki/File:Taos_Pueblo_2017-05-05.jpg

S. 242: Library of Congress, Geography and Map Division. https://www.loc.gov/item/2005625337/

S. 255: Library of Congress, Geography and Map Division. https://www.loc.gov/resource/g3924s.pm001305/?r=-0.12,-0.196,1.111,0.97,0

S. 262: Library of Congress, Geography and Map Division, Louisiana: European Explorations and the Louisiana Purchase.
https://www.loc.gov/resource/g3700.ct000666/?r=-0.268,-0.253,1.433,1.251,0

S. 319: Library of Congress, Geography and Map Division. https://www.loc.gov/resource/g3824p.ar130800/?r=0.209,-0.045,1.111,0.97,0

S. 326: Library of Congress Geography and Map Division

S. 330: Thayendanegea , National Gallery of Canada, http://www.warmuseum.ca/cwm/education/toolkit/kitwarart_e.shtml image, Public Domain, https://commons.wikimedia.org/w/index.php?curid=34962892

S. 357: Library of Congress, Geography and Map Division.
https://www.loc.gov/resource/g3301r.ar011800/?r=-0.632,-0.548,2.263,1.976,0

S. 376: Henry Timberlake, Memoirs (1765), Public Domain,
https://commons.wikimedia.org/w/index.php?curid=16863713

S. 409: Quelle http://www.army.mil/media/220062, Public Domain, https://commons.wikimedia.org/w/index.php?curid=45163053

S. 417: Library of Congress: Facsimile of manuscript of L'Enfant plan. Created and published by the United States Coast and Geodetic Survey, Washington, D.C. (1887), Public Domain, https://commons.wikimedia.org/w/index.php?curid=50638693

S. 437: Quelle Library of Congress, Geography and Map Division, Louisiana: European Explorations and the Louisiana Purchase. https://www.loc.gov/resource/g4126s.ct000028/

S. 448: Greenville County Museum of Art.
https://commons.wikimedia.org/wiki/File:Benjamin_Hawkins_and_the_Creek_Indians.jpg

S. 504: George Catlin, Smithsonian American Art Museum

Karten: Bill Nelson

REGISTER

Kanada 119, 160, 252, 268, 272, 342, 359, 386, 401, 411, 429, 431, 462, 511, 522, 536, 537, 545

Titel der Originalausgabe: *Indigenous Continent. The Epic Contest for North America*
Umschlaggestaltung: Heidi Sorg und Christof Leistl
Umschlagmotiv: Bemalte Büffelhaut, die von den Heldentaten eines Sioux- oder Mandan-Häuptlings während der Kriege zwischen Arikara, Sioux und Mandan erzählt. © bpk / RMN - Grand Palais / Claude Germain
Typografie und Satz: frese-werkstatt.de
Druck und Bindung: CPI – Clausen und Bosse, Leck
ISBN 978-3-95614-636-7